David Sedaris · Fuselfieber

DAVID SEDARIS

Fuselfieber

AUS DEM AMERIKANISCHEN
VON
HARRY ROWOHLT

ZWEITAUSENDEINS

Lizenzausgabe mit freundlicher Genehmigung der
Haffmans Verlag AG Zürich für Zweitausendeins,
Postfach, D-60381 Frankfurt am Main.

Printed in Germany.

Dieses Buch gibt es nur bei Zweitausendeins im Versand,
Postfach; D-60348 Frankfurt am Main,
Telefon 0 69 - 4 20 80 00 oder 0 18 05 - 23 2001,
Fax 0 69 - 415 003 oder 01805 - 24 2001,
Internet www.zweitausendeins.de,
E-Mail info@zweitausendeins.de.
Oder in den Zweitausendeins-Läden in Berlin, Düsseldorf,
Essen, Frankfurt, Freiburg, 2 x in Hamburg, in Hannover,
Köln, Mannheim, München, Nürnberg, Saarbrücken, Stuttgart.
In der Schweiz über buch 2000, Postfach 89,
CH-8910 Affoltern a.A.

Gesamtherstellung: Ebner Ulm
ISBN 3-86150-384-0

Inhalt

Die mit den Locken

Heute nachmittag brachte ich den Müll der Rosenblatts weg, als das Dienstmädchen von nebenan die Tür hinter sich zumachte, ihre weiße Uniform straffzurrte und auf den Knopf für den Aufzug drückte. Wir sind hier im elften Stock, vier Apartments pro Etage und nur ein Aufzug, deshalb dauert es meist ein bißchen. Ich sah zu, wie sich dem Dienstmädchen zwei kleine Kinder, von einem irischen Kindermädchen begleitet, anschlossen. Während sie warteten, griff die Bonne in ihre Leinentasche und gab dem Jungen eine Tüte Cheetos, die er öffnete und sofort auf den Fußboden entleerte, wobei er kreischte: »Ich wollte aber doch die mit den LOCKEN. Weißt du denn GAR NICHTS?«

Das Kindermädchen senkte den Kopf, während das Dienstmädchen und ich einen Blick wechselten und mit den Schultern zuckten, als wollten wir sagen: »Was soll man machen?« Der Aufzug kam, und sie stiegen ein, hinter sich eine orangefarbene Matte aus Cheetos ohne Locken, die von den Mietern der elften Etage zertreten werden, bis ein Hausmeister nach oben geschickt wird, um sie aufzufegen.

Ich habe dieses Dienstmädchen von nebenan schon drei-

oder viermal gesehen. Sie ist eine kühlschrankgroße, dunkelhäutige Frau mit hinten abgeschnittenen Halbschuhen, damit sie bequemer gehen kann. Ich sehe sie und denke an Lena Payne.

Meine Mutter war nie eine große Hausfrau, und es trieb mich in den Wahnsinn, wie chaotisch es bei uns zu Hause war. Als wir schon fünf Jahre lang in Raleigh wohnten, standen immer noch Umzugskartons im Wohnzimmer. Ich kam von der Schule, versorgte Mantel und Bücher säuberlich in meinem Zimmer, warf den Staubsauger an und machte mich an die Arbeit, wobei ich die Klamotten meiner Schwestern, ihre halbleeren Gläser und die Schüsseln mit Kartoffelchipskrümeln einsammelte, die vor dem Fernseher stehengeblieben waren. Ich spülte Geschirr, polierte die Möbel und fand, *so ging es nicht.* Ich war bei der Geburt vertauscht und in den falschen Haushalt verschleppt worden. Irgendwo verbrachte meine leibliche Familie ihre Tage damit, sich unter strikt sterilen Laborbedingungen zu fragen, was wohl aus mir geworden sein mochte. Mein Zimmer war makellos, ein Schrein. Ich machte es jeden Tag sauber. Meinen Schwestern war es nicht gestattet, die Schwelle zu überschreiten. Sie standen in der Diele und betrachteten mich, als wäre ich ein exotisches Zootier, ausgestellt in seinem natürlichen Habitat.

Während meine Mutter mit ihrem sechsten Kind schwanger ging, gab mein Vater schließlich nach und erlaubte ihr einmal pro Woche eine Haushaltshilfe. Als Lena vorgestellt wurde, dachte ich, jetzt geht es endlich voran. Ich machte mich auf den Schulweg, während meine Mutter den tragbaren Fernseher anschaltete und ihr eine Tasse Kaffee überreichte. Ich kam sieben Stunden später aus der Schule zurück, fand in der Küche ein Bügelbrett, sowie Mom und Lena mehr oder weniger in derselben Position vor –, mit Kaffee vor dem Fernseher.

Es kam mir vor wie der vollkommene Zusammenschluß: Die beiden faulsten Menschen auf dem Antlitz der Erde haben sich gefunden, um gemeinsam *Mike Douglas* und *General Hospital* zu sehen. Ich lief zum Staubsauger, um ihn zu berühren. Er war kalt wie Erz. So ging es nicht.

Normalerweise fuhr Mom Lena zum Einkaufszentrum, wo sie von einer Freundin mit nach Hause genommen wurde, aber eines Tages hatte es im Fernsehen etwas Gutes gegeben, und Lena war länger geblieben. Meine Mutter bot an, sie nach Hause zu fahren, und ich fuhr mit. Wir verließen das Raleigh, das ich kannte, mit seinen asphaltierten Straßen, und fuhren auf unbefestigten Wegen, die mit Hütten gesäumt waren –, echten Hütten, die Art, die ich in *Life* gesehen hatte. Als unser Kombi hielt, leerte sich Lenas Hütte, und auf der Veranda versammelten sich sieben Kinder, die nach uns Ausschau hielten. Der Vorgarten war ein kahler, staubiger Hühnerhof. Ich hatte noch nie ein lebendiges Huhn gesehen und beschloß, eins als Haustier haben zu wollen. Lena sagte, ich könne eins haben, wenn ich es fangen könne. Ich identifizierte das Huhn meiner Wahl und malte mir sofort aus, wie es in meinem persönlichen grasbewachsenen Vorgarten wohnte und possierlich um Körnerfutter bat. Es würde Penny heißen und jeden Tag niederknien und Gott danken, daß es bei mir und nicht bei Lena lebte. Ich dachte, das Huhn kommt vielleicht zu mir, wenn ich mit beruhigender Stimme auf es einrede. Ich dachte, man könnte ein Huhn überzeugen, wenn man ihm ein besseres Leben verspricht. Als das nicht funktionierte, beschloß ich, ein Huhn zu überwältigen, und ich versuchte es, immer und immer wieder. Ich warf mich auf das Huhn und verdreckte meine Schulklamotten in Wolken von Schmutz und Staub. Schließlich gab ich auf. Als ich aufstand, um mir den Lehm aus dem Gesicht zu wischen, merkte ich, daß mich alle auslachten: Lena, ihre sieben Kinder, sogar meine eigene

Mutter krümmte sich auf dem Vordersitz. Ich weiß noch, wie ich die Hütte anschrie: »Ich brauche eure dreckigen Hühner nicht. Wir kaufen uns unsere eigenen –, im Laden.«

Im Auto auf dem Nachhauseweg versuchte meine Mutter vergeblich, mir die Schande zu vermitteln, die ich über sie gebracht hatte, aber ich hörte gar nicht zu. Ich verzichtete lediglich die nächsten paar Wochen lang auf Hühnchen. Sobald eins serviert wurde, stellte ich mir den dampfenden Kadaver vor, wie er zeichentrickfilmmäßig das Köpfchen hebt und mich auslacht. Es dauerte Jahre, bis sich meine Einstellung änderte.

Heute nachmittag bin ich in G.L.s Wohnung gegangen, um seine Jalousien sauberzumachen, die bei einem Brand drekkig geworden waren. Ich habe diesen Mann letzte Woche kennengelernt, als ich losgeschickt worden war, um seine Bücher auszupacken und alphabetisch in die Regale zu ordnen. Er hat eine ziemliche Bibliothek: ledergebundene Jane-Austen- und Emile-Zola-Ausgaben als linke und rechte Begrenzung mehrerer Kochbücher und zahlloser Handbücher, die sich dem Studium des Sex in seiner sadomasochistischen Spielart widmen. Als G.L. mir die Tür aufmachte, trug er einen Bademantel und trank Kaffee aus einer stiefelförmigen Tasse. Er ist kein angenehmer Mensch, scheint aber ganz gut zurechtzukommen, solang es nach seinem Willen geht. Er führte mich zum nächsten Fenster und schlug vor, ich sollte Sofix-Speziallöser und Küchenrolle nehmen, aber dann hätte ich Wochen gebraucht. Da ich Erfahrung mit Jalousien habe, dachte ich, es ist schneller und produktiver, wenn ich sie abnehme und in der Wanne wasche. Ich dachte, er streitet mit mir, aber er zog den Bademantel aus und sagte: »Klar, meinetwegen.« Er stand kurz in Unterhose herum, dann ging er ins Badezimmer und ließ Wasser ins Waschbecken, um sich irgendwo zu rasieren. G.L.s Badezimmer ist winzig, und ich dachte, er braucht vielleicht ein bißchen Privatsphäre, deshalb stand ich nur so dumm im Wohnzimmer herum, bis er rief: »He, wollen Sie jetzt diese Jalousien saubermachen oder nicht? Ich bin ja schließlich kein Krösus.«

Ich nahm eine der Jalousien ab, langsam und vorsichtig, als würde ich einen Tumor aus dem besonders empfindlichen Teil des Hirns herausoperieren. Ich hielt die Jalousie in Händen und zählte bis zwanzig. Dann bis dreißig. Wieder rief er, und ich mußte mich an ihm vorbeidrücken, als ich das Badezimmer betrat. Ich schaffte es an ihm und dem Waschbecken vorbei bis zur Wanne, vor der ich niederkniete, um die Jalousie in Wasser mit Ammoniak zu baden. Neben dem Waschbecken hatte G.L. einen Fernseher aufgestellt, einen tragbaren Fernseher von der Größe einer Autobatterie, den er beständig beschimpfte und umschaltete. Ich konnte den Bildschirm nicht sehen, hörte aber zu, wie er sich von einem Samstagsnachmittagsprogramm zum nächsten meckerte, bis er bei einem Infomercial hängenblieb, in dem es um etwas ging, was DER SAUERSTOFFCOCKTAIL genannt wurde. Aus dem, was ich hören konnte, reimte ich mir zusammen, daß DER SAUERSTOFFCOCKTAIL eine kleine Stärkung aus gereinigter Luft ist. Die Werbesendung deutete an, der frühe Höhlenmensch habe einen zutiefst befriedigenden Sauerstoffanteil genossen, aus welchem er die Kraft schöpfte, großartige Höhlenmalereien hervorzubringen und immer noch genug Energie auf die Jagd von Mastodons verwenden zu können. Teilnehmer der gerade stattgehabten Olympiade bezeugten die Tugenden DES SAUERSTOFFCOCKTAILS, und ich lauschte, über den Wannenrand gebeugt, wobei ich eine Sadistenjalousie mit Ammoniak schrubbte. Ich hätte gern den Duschvorhang gelupft, weil ich neugierig auf DIESEN SAUERSTOFFCOCKTAIL war. Gibt es ihn in Dosen,

Flaschen, als Nasenspray? Trugen die Olympioniken Badeanzüge oder Straßenkleidung?

Die Jalousien wurden nicht in dem Maße sauber, wie ich das gehofft hatte, weshalb ich der Mischung noch etwas Clorix beifügte, was dumm war. Wenn man Ammoniak mit Chlorid kombiniert, kann das tödlich sein, ich habe aber entdeckt, daß die Kombination wahre Wunder vollbringen kann, solange man sich sagt: »Ich will leben, ich will leben ...« Ich versuchte mich daran zu erinnern. Ich malte mir aus, wie ich den Auftrag erledige und dann zu EINEM ERFRISCHENDEN SAUERSTOFFCOCKTAIL nach Hause eile. Mein Hals begann zu brennen, und ich hörte, wie G.L. anfing zu würgen und zu husten. Als er den Vorhang teilte, um mich zu fragen: »Versuchen Sie, mich umzubringen?« mußte ich schwer überlegen, um auf die richtige Antwort zu kommen.

Bart und ich haben schon wieder die Wohnung von jemandem saubergemacht, der für die *Sesamstraße* schreibt; das ist in diesem Monat der dritte. Kennengelernt habe ich noch keinen davon, aber jeder hat einen kleinen Schrein, in dem Plüschmodelle von Grobi und Bibo sowie acht Emmy-Trophäen für Verdienste um das Kinderfernsehen ausgestellt sind. Acht Stück. Ich hatte noch nie persönlich eine Emmy gesehen und stellte fest, wie der Stil sich mit den Jahren geändert hat. Die Drehbuchautorin von heute nachmittag hatte ihre Trophäen säuberlich im Gänsemarsch auf dem Fensterbrett aufgestellt. Ich fand es traurig, wie einige der früheren Modelle von Korrosion befallen waren. Ich hatte mir immer vorgestellt, daß sie aus purem Golde wären, sie sind aber nur beschichtet. Immerhin haben sie ein zufriedenstellendes Gewicht, eine Schwere, die Leistung suggeriert. Ich hob jede Trophäe an, um das Fensterbrett sauberzumachen, und solange ich sie in Händen hielt, posierte ich vor dem mannshohen Spiegel und sah demütig aus.

»Das kommt für mich völlig überraschend«, sagte ich und hoffte, das Publikum glaubt es. Ich habe den größeren Teil meines Lebens damit verbracht, meine Dankreden zu planen, und fange immer mit diesem Spruch an. Es ist ermüdend, Gewinnern dabei zuzuhören, wie sie Leuten danken, von denen die meisten von uns noch nie etwas gehört haben, aber in meinen Preisphantasien erwähne ich gern alle, von meinem Englischlehrer in der zwölften Klasse bis hin zu dem koreanischen Laden, wo ich Zigaretten und Katzenfutter kaufe. Und das ist das Schöne an acht Emmys. Ich hielt jede einzelne hoch und sagte zum Spiegel: »Aber am allerherzlichsten möchte ich Amy, Lisa, Gretchen, Paul, Sharon, Lou und Tiffany für ihre Unterstützung danken.« Dann schnappte ich mir die nächste und fuhr mit Hugh, Evelyne, Ira, Susan, Jim, Ronnie, Marge und Steve fort. Bei meiner achten Emmy suchte ich bereits nach Namen. Ich stand da und versuchte darauf zu kommen, wie die Vertrauensperson im Ferienlager geheißen haben mochte, als Bart den Raum betrat und mir schamhaft bewußt wurde, daß ich vergessen hatte, ihm zu danken.

Don's Story

Vielen, vielen, vielen Dank. Ich kann einfach nicht glauben, daß dies wirklich geschieht. Ich meine, das ist jetzt das wievielte? – das dritte Mal, daß ich heute abend hier oben bin: Bester Schauspieler, Bester Regisseur und jetzt auch noch Bester Film. Wie soll ich all die Preise nach Hause kriegen? Mit einem Lastwagen? Ha ha.

Ich möchte hier einen Augenblick lang innehalten, denn, wie ich schon sagte, ich hätte wirklich nicht gedacht, daß dies passieren wird. Ich habe viel, viel Zeit damit verbracht, mir zu *wünschen,* daß es passiert, aber daß es tatsächlich stattfindet, das ist schon, ha ha, ein ganz klein wenig überwältigend.

Wie ich bereits früher am Abend erwähnte, als ich meinen Oscar als Bester Schauspieler entgegennehmen konnte, bin ich vor fast einem Jahr hier in Los Angeles, Kalifornien, ohne die geringste Erfahrung angekommen. Ich hatte vorher noch nie im Leben als Schauspieler oder Regisseur oder Produzent gearbeitet. Ich war nur ein Typ aus Cumberland, North Carolina –, ein Mann mit einem Traum.

»Was ist denn hier los?« fragen Sie sich jetzt wahrscheinlich. »Dieser Don hier, dieser Träumer, hat noch keinen Tag in seinem Leben geschauspielert, und trotzdem räumt er hier die Oscars ab. Wie hat er das geschafft? Was ist denn so besonders an ihm?«

Nun, genau darum geht es in meinem Film, *Don's Story.* Es ist alles drin: von dem Tag, an dem ich mit siebzehn die High School abbrach, bis zu dem Tag, an dem ich mit sechsunddreißig meine Sachen packte, um nach Hollywood abzuhauen. Ich stelle mir vor, daß Sie jetzt gerade das interessiert, was *nicht* im Film vorkommt.

»Wie hat er es geschafft? Dieser Niemand, dieser Träumer.«

Nun, wie ich schon sagte, vor fast einem Jahr verließ ich Cumberland in einem Greyhound-Bus mit einem kleinen Beutel Kartoffelchips, acht Dollar und einem Traum. Ich machte mich lang und dehnte mich bis kurz hinter Gatlinburg auf zwei Plätze aus, wo ich dann gezwungen wurde, einen der beiden Plätze an eine Frau abzutreten, die Mrs. Patricia Toni hieß. Mrs. Toni wollte nach Encino, Kalifornien.

»Was ist denn in Encino?« fragte ich, weil ich versuchte, ein guter Nachbar zu sein.

Es stellte sich heraus, daß Mrs. Tonis Tochter in Encino war, in einem Krankenhaus, weil sie an Erschöpfung litt. Ich weiß nicht viel über Erschöpfung, aber ich stelle mir vor, daß sie einen ganz schön mitnimmt, also sagte ich: »Das ist ja furchtbar.« Und sie faltete ihre Zeitung auseinander und sagte: »Da haben Sie verdammt recht, das ist furchtbar.«

Bei jedem Halt kaufte Mrs. Toni die Lokalzeitung und erörterte die Geschichten über Verbrechen und Mord.

»Hören Sie mal hier, da steht, da ist dieser Mann in eine Tankstelle gegangen und hat vier Menschen erschossen. Das ist meiner Meinung nach gemein. Sowas finde ich wirklich furchtbar. Wenn ich eine der Geschworenen wäre, würde ich ihn so schnell schuldig sprechen, daß ihm der

Kopf schwirrt. Ich würde keine Zeit verschwenden und dem Steuerzahler sein Geld wegfressen. Einfach die Gaskammer durchstarten und weiter im Text zum nächsten Fall. Der Mistkerl. Hier steht, wo er einem fünf Jahre alten Jungen durch den Hals geschossen hat. Die Kugel ist hier rein- und da wieder rausgegangen. Ich finde sowas furchtbar, Sie nicht?«

Nun, ich kannte den Todesschützen nicht. Vielleicht hatte er ja, wer weiß, einen ganz guten Grund für das, was er tat, aber um des lieben Friedens willen stimmte ich ihr zu und sagte, ich fände das auch furchtbar.

»Da haben Sie verdammt recht, das ist furchtbar. Genau durch den Hals. Der Hals ist ein sehr empfindlicher Bereich. Das weiß jeder. Ganz furchtbar ist sowas. Ich fand das neulich schon furchtbar, als dieser Spinner in Little Rock den Collie seiner Mutter erstochen hat. Siebzehnmal, einen bildhübschen Collie namens Moxie. Die Mutter hat nur noch geweint. Siebzehnmal hat er bei diesem Hund zugestochen. Ein- oder zweimal hätten doch gereicht, aber er hat es siebzehnmal gemacht, und sowas finde ich furchtbar. Sie nicht?«

Verbrechen passieren im ganzen Land, und Mrs. Toni nahm bei Tag und Nacht bis Reno von ihnen Notiz, wo sie einen Halt verschlief und die Gelegenheit verpaßte, eine frische Zeitung zu kaufen. An diesem Punkt, nachdem wir fast drei Tage miteinander verbracht hatten, fragte sie mich endlich, wie ich hieß und wohin ich fuhr und warum, und ich sagte ihr, daß ich Don heiße und daß ich ins Gebiet von Los Angeles fahre, um mir einen Namen in der Filmindustrie zu machen, und sie sah mich an und sagte: »Das *kann* doch wohl nicht Ihr Ernst sein –, *Sie?*« Dann wandte sie sich an den Mann auf der anderen Seite des Mittelgangs, zeigte auf mich und sagte: »Der hier glaubt, er wird so 'ne Art Filmstar.« Und sie legte sich die Hände auf den Bauch und krümmte sich vor Lachen vornüber, und da habe ich sie . . .

naja, gehauen, sowas Ähnliches jedenfalls. Ich habe sie ganz schnell mit dem Kloschlüssel, den ich bei der letzten Haltestelle gekriegt hatte, gestochen. Ich habe sie einfach . . . mit dem Ding richtig schnell . . . gepiekt, und da hat sie, ha ha, einen Riesenaufstand gemacht. Der Busfahrer mußte anhalten, und sie hat ihren Pullover hochgezogen und allen die kleine Stelle auf der Seite gezeigt –, nur eine ganz kleine Kerbe, und sie zeigte auf mich und sagte: »Ich finde sowas furchtbar. Ganz ernsthaft jetzt. Da steigt man in den Bus, um seine Tochter zu besuchen, die klinisch erschöpft ist, und wird am helllichten Tage praktisch erstochen. Und sowas kommt dann in die Zeitung, finde ich jedenfalls. ›Frau in Bus erstochen.‹ Sowas ist furchtbar.«

Also warf mich der Busfahrer hinaus, auf die staubige Fernstraße hinaus. Ohne Fahrgelderstattung oder so, einfach rausgeschmissen. Inzwischen hatte ich nur noch zwei Dollar, also habe ich den Daumen in die Luft gehalten und wurde von einem Mann namens Enrique Maldonado mitgenommen, und heute abend stehe ich hier zur Oscar-Verleihung auf der Bühne und möchte ihm öffentlich danken. Das Glück wollte es, daß er die ganze Strecke bis Los Angeles fuhr und mich bei der Münzwäscherei gleich da, wo er wohnte, abgesetzt hat. Glücklicherweise gab es in der Münzwäscherei ein Telefonbuch, und ich hatte einen Vierteldollar dabei, also habe ich zwei und zwei zusammengezählt und bei Paramount Pictures angerufen. Als die Empfangsdame den Hörer abnahm, habe ich gesagt: »Geben Sie mir den Menschen, der bei Ihnen das Sagen hat.«

Sie sagte: »Augenblick, bitte.«

Dann, im Hintergrund, hörte ich sie sagen: »Mr. Tartikoff, da ist ein Anruf für Sie.«

Und ich hörte, wie er sagte: »Ach, gut.«

Er kam ans Telefon, und ich sagte: »Mr. Tartikoff, ich heiße Don Singleton, und ich würde gern einen Film machen.«

Er sagte: »Hmmmm. Einen Film worüber?«

Und ich blickte hinüber und sah, wie jemand das Flusensieb ausleerte, und ich sagte: »Einen Film über mein Leben.«

»Ich bin ganz Ohr, Don«, sagte Mr. Tartikoff.

In dem Augenblick schaltete sich das Fräulein vom Amt ein, sagte mir, ich solle weitere Münzen einwerfen, und Mr. Tartikoff sagte: »Don, rufen Sie von einem Münzfernsprecher aus an?«

Ich gestand, daß dies der Fall war, und er fragte mich, ob wir uns irgendwie mal persönlich unterhalten könnten, also gab ich ihm die Adresse, und kurz darauf fuhr eine riesige Langlimousine vor, und Mr. Tartikoff kam in den Waschsalon, formte die Hände zu einem Schalltrichter und schrie: »Befindet sich hier ein Don Singleton?« und ich sagte: »Ja, das bin ich.«

Wir gaben uns die Hand, und er sah sich um, und er sagte: »Sagen Sie, Don, hier ist es echt feucht. Was meinen Sie, gehen wir irgendwo anders hin?«

Er sagte, er sei auf eine große Promi-Party eingeladen, und fragte, ob ich Lust hätte mitzukommen, und ich habe etwa, ha ha, zwei Sekunden darüber nachgedacht und sagte, klar. Dann öffnete sein Fahrer die Tür, und wir stiegen in die Limousine, und auf dem Weg zur Party stellte mir Mr. Tartikoff, Brandon, Fragen über mein Leben.

Er schenkte uns jedem ein Glas Scotch von der Bar ein und studierte mich und sagte: »Wie alt sind Sie, Don –, etwa fünfunddreißig?«

»Sechsunddreißig.«

»Haben Sie je gearbeitet?«

Ich sagte ihm, ich hätte fast vier Jahre lang als Geschirrwäscher in der K&W-Cafeteria gearbeitet. Da habe ich mit siebzehn angefangen und bin mit einundzwanzig gefeuert worden, weil ich ins Essen gespuckt hatte.

»*Dafür* haben die Sie gefeuert?« sagte Brandon. »Die

spinnen doch. Jeder, den ich kenne, spuckt ständig in irgendwas.« Er spuckte in sein Glas und trank daraus. »Wegen sowas kann man doch um Gottes willen *nie*manden feuern.«

Dann spuckte ich mir auf die Finger, beugte mich vor und rieb die Spucke dem Fahrer in den Nacken.

Da sah Brandon mich an und sagte: »Ich habe bei dir so ein Gefühl, Don –, und zwar ein gutes«, und wir tranken einander klimpernd zu.

Etwa um diese Zeit bog die Limousine ab, und wir fuhren über eine lange baumbestandene Allee bis zu einem großen Herrenhaus mit weißen Säulen und Fenstern mit Hinterglasmalerei und einem seichten Burggraben voller Schwäne und Schildkröten, und jemand kam und öffnete den Wagenschlag, und ich blickte auf und sah Barbra Streisand, und sie trug . . . nun, genau das, was sie heute abend auch anhat. Sie und Brandon umarmten sich, und dann wandte sie sich mir zu und hob die Augenbrauen, als wollte sie sagen: »Wer zum Kuckuck ist denn das?« Brandon sagte Barbra, daß ich Don heiße und früher in der K&W-Cafeteria Geschirrspüler war, und ha ha, ich kann Ihnen sagen, Barbra Streisand kam aus dem Fragen gar nicht mehr heraus.

»Geschirrspüler? Erzählen Sie doch mal, war das ein durchlaufendes ›Waste King‹-Düsenstrahlsystem mit Fließband oder eine Doppelheißbecken-Anlage? Welche Spülmittel habt ihr verwendet? Bei welcher Temperatur wird ein Trinkglas in Anführungsstrichen ›sauber‹?« Sie nahm mich am Arm und führte mich ins Haus, wo es vor lauter Berühmtheiten nur so wimmelte: Joey Bishop, Faye Dunaway, Shari Lewis, Kevin Costner, Gene Rayburn, Tatum O'Neal, Tom Cruise, Cathy Lee Crosby, Carol Channing, Buddy Ebsen – ich könnte noch ewig so weitermachen. Barbra Streisand gab mir einen Champagner-Cocktail und stellte mich überall vor, und ich fühlte mich, ha ha, als gäbe ich eine

Pressekonferenz, so viele Menschen haben mir Fragen zu meinem Leben gestellt.

»Was haben Sie gemacht, nachdem Sie den Job in der Cafeteria verloren hatten?« fragte Chastity Bono.

Und ich habe gesagt: »Nichts, hab nur so zu Hause herumgehangen.«

Michael Douglas hat gefragt, was meine Eltern *da*zu zu sagen hatten, und ich habe gesagt: »Naja, Sie kennen ja meine Eltern.« Und dann wurde mir klar, nein, diese Berühmtheiten *kannten* meine Eltern ja gar nicht. In meinem Film, *Don's Story,* werden meine Eltern von Charles Bronson und Don Rickles gespielt. Ich finde, sie haben ganz phantastische Arbeit geleistet –, besonders Don Rickles, der meine Mutter gespielt hat. Eine ganze Reihe von Schauspielerinnen war scharf auf die Rolle, aber als Regisseur habe ich mich für Don Rickles entschieden, und zwar nicht, weil meine Mutter komisch wäre – ganz und gar nicht –, und auch nicht, um Mr. Rickles' Karriere einen kleinen Auftrieb zu verschaffen, sondern weil man einfach, ha ha, dem Mann eine Perücke aufsetzt, und schon sieht er genauso aus wie sie. Ha ha. Und Charles Bronson –, was soll ich sagen? Er ist einer der Besten in der Branche. Und das ist das Merkwürdige im Showbusiness, daß es ein stetiger Lernprozeß ist . . . Für jeden. Letztes Jahr, als diese Berühmtheiten mich fragten, wie meine Eltern denn so wären, ist es mir schwergefallen, die richtigen Worte zu finden.

Meinen Job bei K&W habe ich im Alter von einundzwanzig verloren, und die nächsten vierzehn Jahre lang haben mich meine Eltern nie, auch nicht ganz kurz, in Frieden gelassen. Ständig versuchten sie mir ein schlechtes Gewissen einzuimpfen, weil ich nicht gearbeitet habe. Wenn ich für jedesmal, das sie an meine Schlafzimmertür gedonnert und »WAS TREIBST DU EIGENTLICH DA DRIN?« gekreischt haben, fünf Cent gekriegt hätte, hätte ich mehrere

Millionen Dollar verdient. Naja, ha ha, inzwischen habe ich, glaube ich, mehrere Millionen Dollar verdient, aber so wäre es schon viel früher passiert.

»WAS TREIBST DU EIGENTLICH DA DRIN?«

Und dann habe ich gesagt, ich plante, Hollywood im Sturm zu nehmen, und dann haben sie gebrüllt: »DU HAST SIE DOCH NICHT MEHR ALLE. DU BIST WAHNSINNIG. VERSTEHST DU? WAHNSINNIG. KOMM AUS DIESEM ZIMMER RAUS UND BESORG DIR EINEN JOB. DEIN BRUDER HAT AUCH EINEN JOB, UND DER HAT NICHT MAL EINE LINKE HAND –; WENN DEIN BRUDER ARBEITEN KANN, KANNST DU DAS AUCH. HÖRST DU MICH ÜBERHAUPT? KOMM AUS DIESEM SCHLAFZIMMER RAUS.«

»Das muß sehr schwer für Sie gewesen sein«, sagte Dr. Joyce Brothers. Und das mußte ich zugeben, ja, es war schwer. Dann hat mich jemand gefragt, was für ein Schloß ich an meiner Schlafzimmertür hatte, und Brandon Tartikoff fing meinen Blick auf und machte so eine schneidende Geste am Hals, und ich, ha ha, habe sie, obwohl ich noch keine zwei Stunden in Hollywood verbracht hatte, sofort verstanden, was wahrscheinlich auch viel damit zu tun hat, daß ich heute abend mit dem Oscar für die beste Regie abhauen werde. »Und Schnitt!« Danke, Brandon.

Es war gräßlich, mich von all meinen wunderbaren neuen Freunden aus dem Showbusiness verabschieden zu müssen, aber es wurde allmählich Zeit, und Brandon geleitete mich zur Tür hinaus zu unserer wartenden Limousine. Und gerade als ich mich auf dem Rücksitz niederließ, sah ich, wie Barbra Streisand sich an Vincent Price wandte und zu ihm sagte: »Ich mag den Jungen. Er weiß, wie man überlebt.«

Du auch, Barbra. Du auch.

Wir verließen die Party und fuhren zu einem Restaurant

namens Spago, wo Brandon und ich mehrere Stunden lang redeten und Spaghetti aßen. Er schien so interessiert an jedem Aspekt meines Lebens und hatte eine Unmenge Fragen.

»Erzählen Sie doch mal, Don, nachdem Sie die Cafeteria verlassen hatten, haben Sie die nächsten vierzehn Jahre lang absolut *nichts* gemacht. Gott, das ist faszinierend.«

Ich merkte, wie Leute an den Tischen ringsum die Ohren spitzten und versuchten, unser Gespräch mit anzuhören, also meinte Brandon, wir sollten in ein Séparée umziehen.

»Wie war Ihr Tag? Wann sind Sie aufgewacht?«

Ich erzählte ihm, daß ich die Augen für gewöhnlich um halb zwei, zwei geöffnet habe, aber erst gegen Viertel vor drei aus dem Bett gestiegen bin, wenn meine Mutter ihre Leuchtfarben-Weste anzog und das Haus verließ, um vor der Brooks-Grundschule freiwillig als Schülerlotsin tätig zu sein. Dann bin ich runtergegangen und habe die Küche durchstöbert und bis etwa vier ferngesehen, wenn ihr Auto in die Einfahrt einbog. Das war der Punkt, an dem ich in mein Zimmer zurückging und die Tür abschloß und bis etwa halb sechs meine Hände anstarrte.

»Ihre Hände sind mir gleich aufgefallen«, sagte Brandon. »Sie sind wirklich ganz was Besonderes. Wann haben Sie sich zum letzten Mal die Fingernägel geschnitten?«

»Neunzehnhundertdreiundachtzig, vierundachtzig.«

»Waschen Sie sich je die Hände?« fragte er.

»Vielleicht«, sagte ich. »Vielleicht auch nicht.« Ich war nicht schwierig –, nur geheimnisvoll.

In dem Moment brachte uns der Kellner unsere Rechnung, und er sagte: »Ihre Hände sind mir gleich aufgefallen, als Sie reinkamen. Sie sind faszinierend. Hände sagen ja so viel über einen Menschen aus. Ich glaube, Sie sollten bei uns anfangen.«

»Nun mal langsam«, sagte Brandon. »Ich glaube, Don hat

bis an sein Lebensende genug von der Arbeit in Restaurants.«

Als wir wieder in der Limousine saßen, fragte Brandon, ob ich schon eine Bleibe habe, und als ich gestand, ich hätte keine, rief er über Autotelefon beim Beverly Wilshire an und nahm eine Reservierung vor. Dann sagte er: »So, na gut, Don, jetzt ist es, sagen wir, halb sechs, und Sie haben den späten Nachmittag damit verbracht, sich Ihre Hände anzusehen. Was dann?«

Ich habe ihm erzählt, daß mein Vater von der Arbeit nach Hause kam, und, ha ha, lieber Gott, ich konnte ihn bis oben hören: »WO IST ER? WAS HAT ER HEUTE GEMACHT? WAS MEINST DU DAMIT, DU HAST IHN NICHT GESEHEN?« Dann kuckte er in den Kühlschrank und fing an zu brüllen: »ZUR HÖLLE MIT IHM. WO IST DER REST VON DER FÜLLUNG? DER WAR DOCH GESTERN ABEND NOCH DA! VERDAMMTNOCHMAL. HE, DU DA OBEN –, ICH REDE MIT DIR.«

»Das ist sehr lustig nachgemacht«, sagte Brandon. »Ich meine, ich kenne den Mann ja gar nicht, aber ich kann ihn mir total vorstellen. Bitte mehr davon.«

»WAS ZUM TEUFEL IST DENN DEIN PROBLEM? DA HABE ICH HIER EINEN VOLL AUSGEWACHSENEN SOHN, DER UMS VERRECKEN KEINEN JOB FINDET –, DER NICHT MAL DAS VERDAMMTE HAUS VERLÄSST UND SOBALD ICH DEN RÜCKEN KEHRE, RUNTERKOMMT UND MIR MEINE FÜLLUNG WEGFRISST. ICH HABE FÜR DIESE FÜLLUNG SCHLIESSLICH SCHWER GEARBEITET. HÖRST DU MICH DA OBEN ÜBERHAUPT? VON JETZT AN GILT FÜR DIESE KÜCHE BEI DIR ›BETRETEN VERBOTEN!‹, MISTER! FÜR DICH GIBT'S NICHTS MEHR ZU SPACHTELN. WENN ICH MIT DIR FERTIG BIN, WIRST DU DAS ISOLIER-

MATERIAL AUS DEN WÄNDEN FRESSEN, DU VERDAMMTER NICHTSNUTZ!«

Dann kam er und donnerte gegen meine Tür, und ich setzte mir meine Kopfhörer auf und hörte mir Platten an, um ihn zu übertönen.

»Hatten Sie eine große Plattensammlung?« fragte Brandon.

Ich habe ihm gesagt, daß ich zwei Schallplatten hatte, *Look at Yourself* von Uriah Heep und *Don't Look Down* von den Ozark Mountain Daredevils –, beides Platten, die ich mir gekauft hatte, als ich in der Cafeteria Arbeit hatte.

»Das sind echt tolle Platten«, sagte Brandon. Wir kamen beim Hotel an und haben in das Zimmer eingecheckt, und das war echt, ha ha, groß, mit Wohnzimmer und Schlafzimmer und Vorhängen und einem Beistelltisch. Ich konnte gar nicht drüber wegkommen. Brandon ging an die Hausbar und schenkte uns einen Schlummertrunk ein und sagte: »Also gut, Don, Sie hören sich Ihre Platten an –, und was dann?«

Ich habe ihm erklärt, daß ich mir die Platten angehört habe, bis meine Eltern eingeschlafen waren, meist gegen halb zwölf oder zwölf, und dann bin ich nach unten gegangen und habe nachgesehen, was ich zum Abendessen finden konnte. Nach etwa 1986 haben meine Eltern nur noch genug für sich selbst gekocht, aber ein bißchen was konnte ich immer finden. Manchmal waren es nur ein paar Handvoll rohe Makkaroni oder ein halbes Stückchen Butter, aber irgendwas war es immer. Dann habe ich im Portemonnaie meiner Mutter oder unter den Sofakissen nach Kleingeld gesucht.

»Jede Nacht?«

»Jede Nacht, und über die Jahre kam da, ha ha, ganz schön was zusammen. Dann habe ich ferngesehen, bis das normale Programm aus war und nur noch Testbilder gesendet wurden. Da habe ich mir dann vielleicht noch ein paar Stunden lang Testbild angesehen, um einen klaren Kopf zu bekommen, und bin ins Bett gegangen und habe am nächsten Tag wieder ganz von vorne angefangen.«

Brandon bot mir eine bereits angezündete Zigarette an, sah auf seinen Schlummertrunk hinunter und fragte: »Warum sind Sie abgehauen, Don? Warum?«

Ich sagte ihm, ich wäre einen Tag, nachdem mein Vater den Kühlschrank und alle Küchenschränke mit Vorhängeschlössern versehen hätte, von zu Hause abgehauen. An diesem Punkt zählte ich mein Kleingeld, zerkratzte und zerfetzte jedes Möbelstück im Hause und schritt zur Tür hinaus, um mich meinem Schicksal zu stellen.

Brandon schüttelte den Kopf und sagte: »Don, diese Geschichte hat *alles*.«

Und noch in derselben Nacht unterschrieb ich einen Vertrag. So einfach war das –, genauso, wie ich es mir immer vorgestellt hatte.

Und ich möchte Brandon dafür danken, daß er meine Fähigkeiten erkannt und mir die komplette künstlerische Kontrolle übertragen hat, von der Besetzung bis hin zu allem anderen. Ich möchte Uriah Heep und den Ozark Mountain Daredevils dafür danken, daß sie die Filmmusik beigesteuert haben. Ich möchte allen Akademiemitgliedern dafür danken, daß sie mir ihre Stimme gegeben haben, aber am allermeisten möchte ich mich bei den Bürgern dieses Landes dafür bedanken, daß sie *Don's Story* zum Kassenschlager Nummer eins gemacht haben, denn, das kann ich euch sagen, Akademie hin, Akademie her, wegen eurer beständigen Unterstützung ist der Oscar zu dem geworden, was er ist. Gewisse Menschen mögen diese Übertragung jetzt mit Wut und Eifersucht ansehen –; gewisse Menschen, die mich falsch behandelt und unterschätzt haben, wünschen sich wahrscheinlich jetzt, alles rückgängig machen zu können, nochmal ganz von vorn mit mir anzufangen, aber ich fürchte, dazu ist es nun zu spät. Darüber würde ich gern auch noch sprechen, aber unser Moderator steht neben der Bühne und zeigt auf seine Uhr, ich werde diesen kleinen Hinweis verstehen und sage gute Nacht, vielen Dank, ich liebe euch alle.

Tagebuch eines Rauchers

*I*ch fuhr mit meinem Fahrrad bis zum Bootsteich im Central Park, kaufte mir dort einen Becher Kaffee und setzte mich auf eine Bank, um zu lesen. Ich zündete mir eine Zigarette an und freute mich des Lebens, als die Frau, die vier Meter von mir entfernt am anderen Ende der Bank saß, plötzlich mit den Händen vor ihrem Gesicht herumzufuchteln begann. Ich dachte, sie will eine Biene verscheuchen.

Sie fuhrwerkte in der Luft herum und rief: »Entschuldigen Sie, macht es Ihnen was aus, wenn wir diese Bank zur Nichtraucherbank machen?«

Bei so einer Aussage weiß ich gar nicht, wo ich anfangen soll. »Macht es Ihnen was aus, wenn *wir* diese Bank zur Nichtraucherbank machen?« Es gibt kein »wir«. Bei dieser Abstimmung erklären beide die Stimme des jeweils anderen für ungültig. Was sie meinte, war: »Macht es Ihnen was aus, wenn *ich* diese Bank zur Nichtraucherbank mache?« Ich könnte es verstehen, wenn wir zusammen in einem Aufzug oder im Kofferraum eines Autos zusammengesperrt wären, aber hier waren wir unter freiem Himmel. Wer dachte sie denn, wer sie ist? Diese Frau trug Sandalen, was immer ein sicheres Zeichen für Ärger ist. Sie sahen aus wie die Art

Schuhwerk, welches Moses getragen haben mochte, als er Vorschriften in Steintafeln meißelte. Ich sah ihre Sandalen und ihre wildbewegten Arme an und drückte meine Zigarette aus. Ich tat, als gäbe es da gar kein Problem und starrte dann die Seiten meines Buchs an. Ich haßte sie und Moses – alle beide.

Der Ärger mit aggressiven Nichtrauchern ist, daß sie meinen, sie täten einem einen Gefallen, wenn sie einem das Rauchen verbieten. Sie scheinen zu glauben, daß man eines Tages zurückblicken und ihnen für jene kostbaren fünfzehn Sekunden danken wird, um die sie unser Leben gerade verlängert haben. Sie verstehen nicht, daß es nur weitere fünfzehn Sekunden sind, die man damit verbringen kann, sie inbrünstig zu hassen und auf Rache zu sinnen.

Meine Schulversicherung läuft in ein paar Wochen aus, und ich machte einen Termin für eine ärztliche Routineuntersuchung. Die zahlen sie noch; alle anderen Beschwerden wurden als »kosmetisch« abgetan.

Wenn man eine Nierentransplantation will, zahlen sie die, aber wenn man verzweifelt eine Haarbalgverpflanzung braucht, ist das »kosmetisch«. Sagen *Sie* mir, was das soll.

Ich stand zwanzig Minuten lang im Untersuchungszimmer herum und hatte Angst, mich ein bißchen umzusehen, weil ständig eine Krankenschwester oder ein verwirrter Patient die Tür aufmachte und reinkam. Und es ist schon schlimm genug, in der Unterhose ertappt zu werden, aber noch schlimmer, in der Unterhose ertappt zu werden, wenn man sich auf einem wildfremden Rezeptblock Valium verschreibt.

Als der Arzt endlich kam, überflog er meine Unterlagen und sagte: »He, wir haben fast am selben Tag Geburtstag. Ich bin einen Tag jünger als Sie!«

Das wirkte wahre Wunder und stärkte meine Moral. Das

ist mir ja noch nie passiert, daß mein Arzt jünger ist als ich. An sowas war gar nicht zu denken.

Er fing mit ein paar einleitenden Fragen an und sagte dann: »Rauchen Sie?«

»Nur Zigaretten und Gras«, antwortete ich.

Er sah mich an: »Nur Zigaretten und Gras? Nur?«

»Kein Crack«, sagte ich. »Das Zeug rühre ich nicht an. Zigarren auch nicht. Schreckliche Angewohnheit, ganz scheußlich.«

Ich war auf Montage und taute bei jemandem die Tiefkühltruhe ab, als ich den Bericht der Verbraucherschutzorganisation über das Passivrauchen hörte. Er kam im Radio, und sie berichteten es immer und immer wieder. Der Bericht hatte auf mich die gleiche Wirkung wie die früheren Berichte der Verbraucherschutzorganisation auf Autohersteller und Betreiber chemischer Fabriken: Ich fand ihn reaktionär und !!!! unfair. Der Bericht beschuldigt Raucher, besonders rauchende Eltern, der kriminellen Fahrlässigkeit, als wären das Menschen, die geladene Pistolen auf dem Beistelltisch herumliegen lassen, neben Rasiermessern und Krügen voll Benzol.

Über Weihnachten sahen wir Kartons mit Familienfotos durch und spielten das Spiel »Mom finden, Moms Zigaretten finden«. Auf jedem Foto ist eine. Wir haben Fotos von ihr, wie sie schwanger ist und sich über ein brennendes Streichholz beugt, und andere, auf denen sie mit ihren neugeborenen Babys posiert, mit einem Heiligenschein aus Zigarettenrauch über unseren Köpfen. Diese Fotos wärmten unser Herz.

Sie rauchte in der Badewanne, wo wir ihre ersoffenen Kippen säuberlich neben der Shampooflasche aufgereiht fanden. Sie rauchte während der Mahlzeiten und benutzte ihren halbleeren Teller oft als Aschenbecher. Moms Theorie lautete, wenn man das Essen kochte und den Abwasch machte, durfte man seinen Teller verwenden, wie man wollte. Wir fanden, das hatte Sinn.

Selbst nachdem bei ihr Lungenkrebs festgestellt worden war, rauchte sie weiter, allerdings nicht mehr so oft. Auf ihrer letzten Fahrt ins Krankenhaus, mit schwerer Lungenentzündung, sagte sie meinem Vater, sie habe zu Hause etwas liegengelassen, und er mußte noch einmal wenden. Und dann stand sie am Küchentresen und genoß ihre, wie sie wußte, letzte Zigarette. Ich hoffe, sie hat sie sehr genossen.

Keiner von uns kam je auf die Idee, Mom könnte mit dem Rauchen aufhören. Sie sich ohne Zigarette vorzustellen, war, als versuchte man, sie sich auf Wasserskiern vorzustellen. Jeder von uns soll sich seine eigene Lebensqualität aussuchen und Spaß haben, wo er ihn findet, nur soll er sich dabei klar sein, daß, wie Mom zu sagen pflegte, »es dich früher oder später erwischt«.

Mich hat es erwischt, sobald ich von der Arbeit nach Hause kam und Hugh seine Interpretation des Berichts der Verbraucherschutzorganisation vortrug. Er sagte mir, ich dürfe in keinem Zimmer mehr rauchen, in dem er sich gerade aufhalte. Unsere Wohnung ist klein –, vier winzige Räume.

Ich sagte ihm, da ich die halbe Miete zahlte, müßte ich während der halben Zeit, in der wir uns im selben Zimmer aufhielten, rauchen dürfen. Er stimmte zu, unter der Bedingung, daß, sobald ich mir eine Zigarette anzünde, sämtliche Fenster aufgerissen werden müssen.

Es ist kalt draußen.

Der Michelin-Mann hat das Wort

Um meinem Pastor einen Gefallen zu tun, hat mir Carlton Manning Arbeit in seiner Tankstelle gegeben, obwohl ich nicht Auto fahren kann. Sie könnten sagen, das wäre, als beugte sich ein kahler Friseur oder ein zahnloser Zahnarzt mit guten Ratschlägen über einen. Sie könnten sagen: »Was weiß der denn schon?« Ich möchte wetten, daß er mehr weiß, als Sie denken. Ich wette, daß er den Zähnen, die für Sie das Selbstverständlichste von der Welt sind, große Hochachtung und Bewunderung entgegenbringt. Hören Sie auf ihn. Der Mann verfügt über Insider-Informationen.

Manchmal gehe ich zu Fuß zur Arbeit, aber für gewöhnlich nehme ich den Bus. Viele fahren mit dem Bus, weil ihre eigenen Autos kaputt oder unzuverlässig sind. Diese Menschen sehen mich in meiner Uniform und denken weißgott was, aber sie benehmen sich, als befände sich ein Arzt im Haus. Carlton sagt, sie wollen gute Ratschläge abstauben. Da ich keinerlei Kenntnisse vom Automobil besitze, sei es nun ausländisch oder eingeheimst, formuliere ich ihre Fragen so um, daß sie mir Kameradschaft gestatten –, daß Fremdlinge zu Freunden werden.

Im Bus habe ich einige schöne Freundschaften geschlossen. Freunde in der Not: Alle befinden sich in der einen oder anderen Notlage; mal brauchen sie einen bis zwei Dollar, dann wieder einen Kamm oder mein Transistorradio. Letzte Woche habe ich einer Frau meine Turnschuhe geschenkt, nachdem ich erfahren hatte, daß Vandalen den Sattel des Motorrads ihres Sohnes aufgeschlitzt und zerfetzt hatten. Da er nichts mehr hat, worauf er sitzen kann, ist ihr Sohn gezwungen, zwischen seiner Wohnung und der Kirche, in der er seine Mahlzeiten einnimmt, hin- und herzulaufen.

»Wie kann ich nur helfen?« fragte ich mich. »Ich besitze keine schneiderischen Fertigkeiten, die es mir gestatten würden, einen zerrissenen Motorradsattel zu reparieren. Was kann ich tun?«

»Was du tun kannst? Schenk ihr deine Schuhe«, kam die Erwiderung von irgendwoher tief in meinem Herzen.

Ich tat es. Ich schenkte ihr meine Schuhe.

»Was soll ich denn mit denen?« fragte die Frau.

»Das wird sich zu gegebener Zeit offenbaren«, erwiderte ich.

Jetzt frage ich die Frau jedesmal, wenn ich sie sehe: »Hat es sich schon offenbart?« Sie sagt, bisher noch nicht, aber ich werde der erste sein, der es erfährt.

Freunde! Jeden Tag bietet mir der Busfahrer das Steuerrad an, und jeden Tag bin ich gezwungen, sein Angebot abzulehnen. Zwar würde mir nichts mehr Genuß bereiten, als diese Passagiere an ihren Bestimmungsort zu geleiten, aber Staats- wie Bundesgesetz gebieten, seine freundliche Einladung nicht wahrzunehmen.

Ich kann wegen meiner Augen nicht fahren, die von Tag zu Tag schwächer werden. Die Hand des Schicksals wird mich in Zukunft mit Blindheit schlagen. Meine geringe Sehkraft ist genital bedingt, d. h. von der Mutter her vererbt. Ich habe mich gegen jede Anzahl von »Operationen« entschieden, denn ich kann nicht so vermessen sein, daß ich die Hand Gottes in eine andere Richtung zwinge. Willig will ich den Pfad beschreiten, den Er mir vorgezeichnet hat. Ob ich denn wandle oder strauchle oder krieche, ist an Ihm, nicht an mir. Carlton hat Schwierigkeiten, meine Einstellung zu verstehen. Er sagt, in ein bis zwei Jahren wird er an einer neuen Leber interessiert sein. Er fragt immer hübsche Mädchen, ob sie eine haben, die sie entbehren können. Carlton sagt, er bittet sie um ihre Leber und stiehlt ihnen dabei das Herz.

Im Radio höre ich von Menschen, deren Zeit gekommen ist, sie verschließen sich jedoch der Wahrheit und versuchen, mit einem Plastikherzen, im aufgeschnittenen Brustkorb angebracht, zu leben. Aber was für ein Leben ist das, wenn man eine Herzbatterie über das zerklüftete irdische Terrain schiebt? Gott sieht auf jene herab, so versuchen, Ihm Seinen Plan abzuschmeicheln, und ich glaube, Er lacht in Sich hinein. Er gönnt ihnen ihre Minute in der Sonne, und dann ruft Er sie zur Beratung zu Sich. Der Herr gibt diesen Menschen gerade genug Strick, um sich zu erhängen, aber auf sanfte und schlaue Weise, wie sie niemand imitieren oder ignorieren kann.

Da ich eine sehr rasche Auffassungsgabe habe, brauchte ich nur wenige Wochen, bis ich meine Stellung als Tankwart meisterte. Die erste Schwierigkeit bestand darin, die Benzintanks zu finden, die von Spitzenkräften so entworfen wurden, daß sie mit der Oberfläche des Automobils verschmelzen.

Warum?

Ich kann diese Frage nicht beantworten. Ich kann nur spekulieren. Vielleicht würden diese Spitzenkräfte Sie gern davon überzeugen, daß ein Automobil von selbst und aus freien Stücken läuft, wie ein Tier, das von Ort zu Ort hetzt. Sie sehen vielleicht, sagen wir, einen Hund, der neben der

Straße einherläuft, und fragen sich, warum er läuft. Sie denken nie an den Benzintank des Hundes, einen Freßnapf und ein Schälchen Wasser neben seinem Körbchen. Diese Spitzenkräfte würden gern natürliche und mechanische Welt gegeneinander eintauschen.

Können sie die Öffentlichkeit täuschen?

Vielleicht.

Können sie mich täuschen?

Nein.

Sobald ich die Tanks gefunden hatte, fand ich es schwierig, die Zahlen an der Zapfsäule zu lesen und gleichzeitig Benzin zu verabreichen.

»Zu sieben Dollar bleifrei«, sagt vielleicht ein Kunde.

»Wie fühlt sich das an?« frage ich mich dann vielleicht. Bleifreies Benzin zu sieben Dollar geht schnell vorbei. Es ist eine kurze Zeitspanne, verglichen mit dem Gegenwert von sieben Dollar, den man von einem Film bekommt, oder von der Zeit, die man vielleicht braucht, um eine Mahlzeit in einem Lieblingsrestaurant zu genießen. Denken Sie mal drüber nach!

Obwohl ich so schlecht sehe, konnte ich ganz deutlich sehen, daß viele Tankstellenbesucher mehr als nur Benzin brauchten. Es war schwer, von meiner Position am Heck des Wagens aus zu konversieren, aber wo ein Wille ist, ist ein Weg. Während der frischen Wochen des April fand ich mich bereits gegen Mittag heiser und mußte die Stimme über das Lärmen des Verkehrs und des Lebens als solchem erheben. Ich war all meinen Kunden gleichermaßen behilflich, fand aber die größte Herausforderung in Gestalt gewisser junger Menschen, die zu glauben schienen, daß die Hölle nicht schlimmer ist als ein heißer Tag am Strand. Ich wäre glücklicher als glücklich gewesen, diese jungen Menschen zu beraten, einzeln und von Mensch zu Mensch. Wenn ich bis an mein Lebensende damit zu tun hätte, würde ich freudig die

Herausforderung annehmen. Traurigerweise wies die Mehrheit mein Angebot, sie zu führen, zurück.

»F---k dich doch ins Knie«, sagten sie gern. »Zur Hölle mit deinen Marotten, Maulwurf.«

Ohne zu zahlen, scherten sie aus der Tankstelle aus und fädelten sich mit quietschenden Reifen in den fließenden Verkehr ein, wobei sie ihr Radio so laut spielen ließen, daß ich sie noch viele Straßen weiter hören konnte. Ich rief ihnen Bedenkenswertes nach. Zufällig weiß ich, daß die Hölle ganz und gar nicht so ist wie der Strand. In der Hölle gibt es keinen Sand und auch kein Wasser. In der Hölle ist es so heiß, daß der Sand geschmolzen ist. Denkt mal drüber nach!

Viele Menschen sprachen mit mir über den Ärger, den sie mit ihren Autos hatten. Sie fühlten, wie etwas am Steuerrad zog, oder hörten ein Geräusch, als poche jemand, den es unter die Motorhaube verschlagen hatte, geduldig, um freigelassen zu werden. Carlton befahl mir, ihnen zu sagen, es höre sich an wie ein Getriebeproblem, und sie sollten einen Termin vereinbaren, damit sich einer unserer Männer das mal ansieht. Ich verstand, daß dies Carltons Plan war, Menschen zu fangen, indem er sich ihre Ängste zunutze machte. Nach der dritten Woche sagte ich ihm, an so etwas könne ich nicht mehr teilhaben. Er schien nicht ärgerlich noch überrascht, sondern er meinte, ein Job, der mir mehr Einsamkeit biete, sage mir vielleicht mehr zu.

Ich begann mit einer kürzeren, aber späteren Schicht, einem Job, der vollen Einsatz verlangte, so recht dazu angetan, mich mit der Demut anzufreunden. Ich säuberte die Toiletten und fand dort unaussprechliche Dinge. Männer priesen sich mit Filzschreibern und scharfen Messern an den Wänden an. Carlton hatte die Tür der Kabine auf dem Männerklo entfernen lassen, als er entdeckte, daß sie von verwirrten und einsamen Männern als abartiges Vereinsheim genutzt wurde. Täglich wischte ich den Fußboden und reinigte Waschbecken und Kloschüssel.

»Menschlicher Abfall ist, zuoberst, menschlich«, sagte ich mir. »Ich bin ein Mensch, sie sind Menschen.« Zusammen sind wir eine Menschheit, die sich durchaus die ein, zwei Augenblicke Zeit nehmen könnte, die es braucht, um hinter uns sauberzumachen.

Die Frauen waren genauso schlimm wie die Männer, manchmal schlimmer. Aus Angst vor Bazillen benutzten viele Frauen Handtücher und Klopapier, um sich ein Nest zu bauen, auf dem sie sitzen konnten. Der Toilettenfußboden war feuergefährlich. Ich fand nicht wenige Kleidungsstücke auf der Damentoilette. Mir oblag die Organisation einer Kiste für Fundsachen in unserer Tankstelle. Bisher hat sich niemand gemeldet, um etwas einzufordern, und ich erwäge, diese Bekleidungsartikel den Bedürftigen zu spenden. Letztes Jahr wurde ein neugeborenes Baby in einer Sunoco-Tankstelle in der Glenwood Avenue gefunden. Es war ein Mädchen, immer noch am Leben. Es wurde ins Krankenhaus gebracht und nach einem Buchstaben des Alphabets benannt. Nach einem Monat meldete sich die Mutter und machte Ansprüche auf ihr Kind geltend.

Die Mutter sagte, es sei ein Mißverständnis gewesen. Sie sagte, nie wieder würde sie ihren Freund darum bitten, aufs Baby aufzupassen. Wie also hat ihr Freund heimlich ein Baby auf die Damentoilette geschafft? Das möchte die Öffentlichkeit doch erfahren. Ich habe den Fall genau verfolgt, was eine Fügung ist, dachte ich doch, ich hätte erst letzte Woche im Damenklo unserer Tankstelle ein winziges Baby entdeckt. Ich folgte meinen Instinkten und rief die Polizei, einen Krankenwagen und Pastor Holden an. Die Augenblicke vergingen wie Stunden, und in meiner Ungeduld griff ich in die Toilette, zog das Objekt in Babygestalt heraus, dachte, es könne noch am Leben sein, und betete, daß es mir gelänge, es zu retten. Dank sei Gott, ich hatte mich geirrt. Es war dann doch kein Baby. (Aber groß genug war es bestimmt!)

Nach dieser Episode entschied Carlton, daß Taylor die Toiletten saubermachen sollte, da er eine Familie zu ernähren habe und das Überstundengeld gut gebrauchen könne. Außerdem beauftragte er Taylor damit, die Wasserbälle und 1,2-Liter-Flaschen Pepsi anzuschleppen, die wir Kunden, die mindestens zwanzig Dollar ausgeben, als Prämie anbieten. Wenn ich ganz ehrlich sein soll, so war ich ein ganz kleines bißchen neidisch. Hier war nun Taylor und kriegte all die guten Jobs (fand ich). Es stimmt zwar, daß er ein Kind zu unterstützen hatte, es stimmt aber auch, daß das Kind siebenundzwanzig Jahre alt ist und gegenwärtig in der JVA Feeny residiert, allwo es eine fünfjährige Haftstrafe wegen bewaffneten Raubüberfalls abbüßt. Es stellte sich überdies heraus, daß es eine Tankstelle überfallen hat. Carlton weiß nichts davon. Ihm hat man gesagt, Taylors Sohn sei fünf Jahre alt und brauche dringend eine kostspielige rhinoplastische Operation, welche hoffentlich die Atembeschwerden des Kindes korrigiere.

»Wie geht's dem Jungen?« fragt Carlton gern.

»Nicht gut, gar nicht gut«, antwortet Taylor dann. »Hab seit drei Tagen keine Nacht ein Auge zugemacht. Hört sich an, wie wenn jemand mit einer Schaufel übers Pflaster schabt. Genauso hört sich das an, wenn man diesem Baby zuhört, wie es versucht, Atem zu holen. Es ist ein Ton, der einem Mann das Herz brechen kann.«

Taylor sagte mir später, eine Schaufel auf Pflaster ist das Geräusch, das seine Schwester beim Schnarchen macht, wenn sie neben ihm im Bett schläft. Es ist falsch, Carlton anzulügen, und ich habe viele lange Stunden damit verbracht, mir das durch den Kopf gehen zu lassen. Wenn Carlton auf mich zukommen und mich fragen sollte: »Ist Taylors Sohn ein Kleinkind oder ein Sträfling?« würde es mir die Ehre gebieten, die Wahrheit zu sagen. Bisher hat er nicht gefragt, sollte er aber fragen, so bin ich bereit, mit der Wahrheit herauszurücken und zu beten, daß Taylor dafür Verständnis aufbringt.

Mein nächster Job bestand darin, den Bereich um den Schuttabladeplatz zu säubern und vor Dienstschluß die Schläuche und Reifen hereinzutragen. Auf diese Weise kam mein Bild in die Zeitung. Ich trug ein ganzes Bündel Schläuche um den Körper gewickelt, als jemand davon einen Schnappschuß anfertigte. Ich hatte den Pfad von der Zapfsäulenplattform bis zur Garage auswendig gelernt und war es gewohnt, im Dunkeln zu gehen, insofern war es kein Problem für mich. Ich war direkt in der Abendzeitung, aber mein Gesicht war nicht zu sehen, nur meine Beine.

Jetzt will Carlton, daß ich das jeden Tag mache. Ich komme um sechzehn Uhr dreißig und stehe, mit Schläuchen behängt, bis achtzehn Uhr oder noch länger vor der Tankstelle. Carlton sagt, das ist ein Blickfang während der Stoßzeit und gut für das Verhältnis zur Kundschaft. Während ich hin- und herrenne, kann ich oft Carltons laute Stimme hören, wie er mit den Kunden scherzt. Er sagt: »Ich hoffe, es *schlaucht* ihn nicht zu sehr«, und: »Leute, an diesem Job kann er nur *reifen*.« Ich wünschte, ich könnte die Gesichter der Menschen sehen, wenn sie mich voll Verwunderung betrachten, einen Mann aus Schläuchen, der sie vor dem Ertrinken retten kann.

Giantess

»Schriftsteller gesucht! Spaß haben und gleichzeitig ein paar Dollar dazuverdienen – mit dem Schreiben von Erotika! Das Magazin *Giantess* braucht Storys über Mädels, die zu gigantischen Proportionen heranwachsen! Arbeitsproben an: D. L. Publications.«

Ich malte einen Kringel um diese Anzeige in der Morgenzeitung, ließ sie auf dem Schreibtisch liegen und ging zur Arbeit, die darin bestand, die Bücherregale eines Art Directors abzubeizen. Dieser Mann hatte, neben anderen Kunstgegenständen, zwei empfindliche Porzellanteller, auf denen je einmal die tollkühne Reise eines Spermatozoons in Richtung Ei dargestellt war. Als der Nachmittag zur Hälfte verstrichen war, besaß dieser Mann nur noch einen solchen Teller. Es war nicht unbedingt unsere Schuld; es ist nur so passiert. Die Frau, mit der ich zusammenarbeitete, meinte, wir sollten ein Bekennerschreiben hinterlassen, aber ich fand, es wäre vielleicht eine bessere Idee, ihm zu sagen, ein Eichhörnchen wäre zum Fenster hereingekommen, auf die Anrichte gesprungen, hätte den Teller zerschmettert und wäre so plötzlich wieder verschwunden, wie es gekommen sei. Ich fand, wir sollten die Oberfläche der Anrichte zerkratzen, um zerstörerische Pfotenspuren zu suggerieren. Lili entschied, es sei besser, mir die ganze Schuld zuzuschieben, da der Kunde ein Freund ihres Bruders war. So machten wir es dann auch.

Ich kam nach Hause, schrieb einen Brief an *Giantess* und legte eine Geschichte bei, die ich vor einigen Jahren geschrieben hatte. Ich habe nicht zufällig irgendwelche Riesinnengeschichten im Hause herumliegen und habe ihnen etwas über einen kleinen Mann geschickt. Ich hoffte, sie merken, daß Körpergröße das Thema ist.

Heute habe ich für Marylin Notkin gearbeitet. Ich habe ihre Schlafzimmerfenster mit einer Lötlampe von alten Farbschichten befreit. Ich war etwa eine halbe Stunde tätig gewesen, als mir eine Sicherung rausflog, weshalb ich meine Lötlampe absetzte und in den Keller zum Sicherungskasten eilte. Auf dem Rückweg in Marylins Wohnung platzte ich in das Apartment im Parterre und sah mir mit Kim zusammen ein paar Minuten von der Talkshow mit Oprah Winfrey an. Heute morgen waren Oprahs Gäste Menschen, die das Unverzeihliche verziehen hatten. Eine Frau hatte zugunsten des Mannes ausgesagt, der ihr zwanzig Messerstiche verpaßt hatte. Eine andere hat den Mann umarmt, der im Suff ihren einzigen Sohn überfahren hatte. Jetzt lädt sie ihn über die Feiertage und zum Sonntagsschmaus zu sich nach Hause ein.

»Er ist jetzt wie ein zweiter Sohn für mich«, sagte sie und griff nach seiner Hand. »Ich würde Craig für nichts eintauschen.« Der Schwerverbrecher starrte seine Füße an und zuckte mit den Schultern. Ich fand, eine längere Haftstrafe wäre viel angenehmer gewesen, als wenn man die Stelle des Menschen einnehmen muß, den man umgebracht hat. Ich fand das komisch und lachte, als ich in der Ferne ein hohes Heulen hörte, wie von einem Auto-Alarm, aber nein, es war kein Auto-Alarm. Es war schrill und hörte nicht wieder auf, und ich versuchte, es zu identifizieren, als mir die Lötlampe wieder einfiel, und ich rannte die Treppe hoch in Marylins Schlafzimmer, wo die flammende Fensterbank gerade die blütenweißen Vorhänge in Brand gesetzt hatte. Der Rauchmelder kreischte, ich erstarrte kurz und beobachtete, wie die Vorhänge die Farbe wechselten. Und dann drückte ich sie an meine Brust und patschte mit den Händen auf die Flammen. Ich hatte aufgehört zu denken, so verängstigt war ich. Das Feuer erstarb in meinen Händen, und danach, als ich verzweifelt versuchte, meine Spuren zu verwischen, fragte ich mich, was man zu jemandem sagt, dessen Wohnung man gerade abgefackelt hat.

»Nein, ernsthaft, es tut mir wirklich, wirklich leid, und um das zu beweisen, will ich mal für heute nichts in Rechnung stellen. Geht alles auf mich.«

Der Redakteur von *Giantess* rief mich an, er habe meinen Brief erhalten und fände mich vielleicht ausbaufähig. Er stellte sich als Hank vor und sagte: »Deine Story hat mir gefallen, Dave, aber für *Giantess* mußt du die Albernheiten weglassen und gleich an die erregenden Sachen ran, falls du verstehst, was ich meine. Verstehst du, was ich meine, Dave?« Er sagte mir, seine Leser interessierten sich für Frauen, die irgendwo zwischen drei und neunzehn Metern angesiedelt seien, und zögen den allerhöchsten Genuß aus der physischen Beschreibung einer Riesin, die aus ihren Klamotten herauswächst. »Weißt du, wovon ich spreche, Dave? Ich muß *hören* können, wie diese Klamotten nachgeben, bis sie reißen. Meinst du, du kannst das für mich machen?«

Es schien etwas zu sein, wozu ich vielleicht imstande war. Hank bot an, mir ein paar frühere Ausgaben zu schicken, und ich sagte, klingt gut. Später am Nachmittag ging ich einkaufen und fragte mich, wodurch eine Frau wohl zu solchen

Proportionen heranwachsen mag. Es muß doch schrecklich einsam sein, neunzehn Meter groß zu sein. Man hätte überhaupt kein Privatleben mehr, und bei jedem Stuhlgang würden ganze Städte evakuiert. Was würde man denn essen? Ein Brathuhn wäre so groß wie eine Erdnuß. Man würde fünf Dutzend verputzen und hätte das Gefühl, nur einen kleinen Imbiß zu sich genommen zu haben.

Diese Woche arbeite ich auf der Upper East Side und assistiere einem Anstreicher namens Jeffrey Lee. Die Kunden renovieren ihre Fünfzehn-Zimmer-Wohnung in der Fifth Avenue und lassen gerade eins ihrer Schlafzimmer zum Badezimmer für ihre Hunde umbauen. So einen Wohlstand hatte ich noch nie gesehen –, bis heute nachmittag, als Jeffrey und ich zum Mittagessen in der Wohnung des zuständigen Innenarchitekten waren. Ich staunte über die Pracht: ein Gemälde von Sargent im Arbeitszimmer, ein kleiner Bosch in der Küche an die Wand gelehnt –, Zimmer für Zimmer mit Schätzen gefüllt. Der Innenarchitekt war nicht zu Hause, deshalb aßen Jeffrey und ich mit einem Taxator und drei stämmigen Männern, welche die Eßzimmerfenster auswechseln sollten. Ich nahm an, wir würden beisammensitzen und die Erhabenheit bewundern, aber Jeffrey Lee telefonierte, und die Männer fachsimpelten –, und die ödeste Fachsimpelei auf Erden ist die Fenstersimpelei.

»Was haltet ihr von diesen eindreiviertelzölligen nahtlosen Scheibenleisten?« fragte einer der Männer. »In der Ost-Vierundachtzigsten habe ich mit denen gearbeitet, und ich kann euch sagen: Das Hochziehen ist echt Scheiße, aber beim Verglasen kann man nur noch staunen.«

»Verdammt«, sagte ein anderer Mann und zerrte an seinem T-Shirt. »Für den Achter von Champion würde ich keine zwei Cent raustun. Da nehme ich lieber doppelt verglaste Dreiviertel-Stets, aber jederzeit. Allein schon bei der

Montage sind die so gut wie zwei Dutzend Champions. Diese Stets im Doppelverbund mit kupferlegiertem Toby-Stahlkopf –: Da habt ihr ein Fenster.«

Ein Fensterputzer erschien an der Tür, der Obermontierer zeigte auf einen seiner Männer und sagte: »Byron, nimm doch mal Meister Proper mit ins Eßzimmer und zeig ihm, worauf es bei den neuen Moldonatos ankommt.«

Der Fensterputzer sagte, er putze seit nunmehr zweiunddreißig Jahren Fenster und wisse wahrscheinlich bereits, worauf es ankomme. Er wollte noch nicht so richtig anfangen zu arbeiten, weshalb er sich eine Zigarette anzündete und über die Tragödie zu sprechen begann, die sich jüngst mit Eric Claptons kleinem Sohn zugetragen hatte, der etwa fünfzig Stockwerke tief aus dem Wohnzimmerfenster gefallen war.

»Das war in Nummer Sieben-Siebenundfünfzig, stimmt's?« fragte der Vorarbeiter.

Die Fenstermänner nickten.

»In Sieben-Siebenundfünfzig haben sie diese Magnum-Doppelhänger, die fangen fünfundvierzig Zentimeter über dem Fußboden an. Das ist ganz schön niedrig. Dieser Clapton-Heini hätte einen gottverdammten Kinderrost anbringen lassen sollen und fertig!«

Die Fenstermänner stimmten ihm zu.

Dann erzählte der Fensterputzer eine Geschichte über einen jungen Typ, der an seinem ersten Tag als Fensterputzer fünf Stockwerke tief runtergefallen ist, weil er Fenster geputzt hat, die auch von innen hätten geputzt werden können. »Dieses Kind hatte keinen Schimmer von den neuen *Acorn*-Kipp-&-Kehrs. Da macht er doch tatsächlich seine Haken an den – muß man sich mal vorstellen! – Markisenringen fest! Scheiß-Markisenringe halten nicht mal das Gewicht einer Hauskatze, aber er voll rein und fällt WUMMSTI – fünf Etagen tief.«

Die Fenstermänner fuhren eine Schweigeminute.

Ich fragte, ob der junge Mann gestorben sei, und alle stöhnten, von meiner Blödheit zermürbt.

»Natürlich ist er gestorben«, sagte der Fensterputzer. »Mehr als drei Stockwerke überlebt niemand, jedenfalls nicht in dieser Stadt.«

Dann kam Jeffrey Lee vom Telefonieren zurück und sagte, wenn er die Wahl hätte, würde er lieber von einem höheren Stockwerk runterfallen, weil dann das Leben mehr Zeit habe, vor seinem geistigen Auge vorüberzuziehen.

Die Fenstermänner sagten, das käme alles auf das Leben an, welches man vorher geführt habe. Und dann wechselten sie das Thema und begannen, sich über Weiber auszutauschen.

Heute kamen mit der Post zwei Nummern von *Giantess*, beiliegend ein Brief von Hank, und Hank schreibt: »Bitte immer dran denken, daß Geschichten, in denen kontinuierliches, spektakuläres Wachstum vorkommt, bei unseren Lesern am beliebtesten sind.« In den Magazinen stehen Geschichten mit Titeln wie »Die Heranwachsende«, »Das Lustschiff« und »Die große Unbekannte«. Es gibt Illustrationen und Anzeigen für Videos, eins mit dem Titel *Niedertrampeln und Zerquetschen.* Dies ist eine Publikation für Männer, die sich danach sehnen, eine Vagina so zu erkunden, wie andere vielleicht die Höhlen von Luray besichtigen möchten. Bei der Lektüre stellte ich fest, daß die Frauen, sobald sie anfangen zu wachsen, sehr launisch und aggressiv werden, und die kniehohen Männer scheinen es zu lieben.

Meine Schwester gab mir mal ein Magazin namens *Angebufft und schießwütig,* welches nackte, schwangere Frauen vorstellte, die mit Feuerwaffen hantierten –, Pistolen, Jagdflinten, Uzis, alle Sorten. Ich kann mir nicht vorstellen, daß *Angebufft und schießwütig* weite Verbreitung findet, aber ich bin sicher, daß seine Abonnenten auf ihre Weise beschäftigt und zufrieden sind. Trotzdem habe ich – wie bei *Giantess* – so meine Schwierigkeiten, ihnen bei ihrem Fetisch zu folgen. Mir schaudert beim Gedanken an Brustwarzen, so groß wie Gullydeckel. Unter der Oberfläche scheint der *Giantess*-Leser ein Mann zu sein, der sich in seine frühe Kindheit zurücksehnt. Gern blickt er auf die Zeit zurück, da er von seiner Mutter zum Zwerg gemacht wurde, und sie ihn schalt, wenn er sich befleckt hatte. Und das ist nun wirklich die allerletzte Erfahrung, die ich erneut durchleben möchte. Klar habe ich ein paarmal den Arsch versohlt bekommen, aber ich sehe diese Züchtigungen nicht als Höhepunkte. Ich habe mich weiterentwickelt und bin im Leben vorangekommen. Etwa nicht?

Parade

Vor einiger Zeit war ich bei Oprah in ihrer Talkshow und sprach darüber, wie ich zu sehr geliebt habe. Haben Sie's gesehen? Die anderen Gäste waren Männer, die immer noch zu sehr lieben. Diese Männer machten durch, was ich selbst einst durchgemacht hatte, und sie taten mir leid. Ich war der Gast, der es vom Zu-sehr-Lieben zum Zu-sehr-geliebt-*Werden* geschafft hatte. Jeder liebt mich. Ich bin der wichtigste Mensch im Leben von fast allen, die ich kenne, und außerdem noch von einer ganzen Reihe von Leutchen, die ich mein Lebtag nicht gesehen habe. Ich sage das nicht so lässig dahin; ich will nur andeuten, daß ich weiß, wovon ich spreche.

Weil ich das Problem von beiden Seiten kenne, werde ich ständig um Rat gebeten. Die Leute wollen wissen, wie ich es geschafft habe. Sie wollen wissen, ob ich einen Therapeuten empfehlen kann. Wieviel es kosten wird, wie lang es dauern wird, bis die Therapie anschlägt. Denen sage ich dann, genau wie jetzt Ihnen, daß ich noch nie in meinem Leben bei einem Therapeuten gewesen bin. Ich bin mit allem selbst zurechtgekommen. Ich sehe das nicht als große Leistung an. Ich habe lediglich mein Lebensmuster betrachtet, entschieden, daß es mir nicht gefiel, und dann habe ich mich geändert. Ich war ja auch nur bereit, bei Oprah aufzutreten, weil ich fand, ihre Show könnte ein bißchen Glanz vertragen. Oprah ist eine echte Süßmaus, aber darauf würde man nie kommen, wenn man nur ihre Show sieht, diese Parade von Trunkenbolden und einarmigen Sozialschmarotzern. Außerdem habe ich das natürlich gemacht, um den Menschen zu helfen. Man tut halt, was man kann.

Als ich heranwuchs, waren meine Eltern so mit sich selbst beschäftigt, daß ich wenig Liebe und Zuwendung bekam. Deshalb habe ich jeden, mit dem ich in Berührung kam, schier totgequetscht. Wenn ich eine Verabredung hatte, habe ich den Betreffenden schon am ersten Abend in die Flucht geschlagen, indem ich sagte, dies sei es nun tatsächlich, das Liebeserlebnis, auf das ich immer schon gewartet hätte. Ich habe sofort Zukunftspläne geschmiedet. Alles, was wir zusammen unternahmen, hatte für mich eine Bedeutung und blieb mir strahlend im Gedächtnis haften. Bei der zweiten Verabredung erschien ich mit einem Koffer und mehreren kleinen Möbelstücken in der Wohnung des Freundes, damit ich, wenn ich endgültig bei ihm einzog, keine komplette Möbelpackerriege brauchte. Wenn diese Freunde es mit der Angst bekamen und sich von mir zurückzogen, mietete ich Detektive, die ihnen überallhin folgten. Ich mußte einfach wissen, daß sie mich nicht betrogen. Ich liebte meine Bekanntschaften bis zur Besessenheit. Ich zog mich an wie sie, dachte wie sie, hörte die Platten, die ihnen gefielen. Ich vergaß mich völlig!

Kurz und gut, ich sprach schließlich meine Eltern direkt darauf an, und sie sagten mir, sie seien nur deshalb ausschließlich mit sich selbst beschäftigt gewesen, weil sie Angst hatten, ich könnte sie zurückweisen, wenn sie mich so intensiv geliebt hätten, wie sie vorgaben, sich selbst zu lieben. Auch sie waren verletzt, und sie waren bemerkenswert verletzlich. Sie wußten immer, daß ich was Besonderes war, daß ich was ganz Spezielles an mir hatte, daß ich irgendwann eine große Berühmtheit werden würde, die der ganzen Welt gehören sollte und nicht nur ihnen. Und sie hatten recht. Ich kann sie nicht dafür hassen, daß sie recht hatten. Ich krempelte mein Leben um und legte mich ins Zeug.

Haben Sie die Sendung gesehen? Chuck Connors und Cyrus Vance sind da meiner Ansicht nach nur aufgetreten, um wieder etwas Schwung in ihre absackende Karriere zu bringen. Aber Patrick Buchanan nicht. Mann, ich dachte, ich wäre schlimm dran! Patrick Buchanan hat jeden Freund vertrieben, den er jemals hatte, und er macht es immer noch. Patrick ist eine große Heulsuse. Irgendwie hat er sich in mich verkrallt, und seit der Show ruft er ständig an und weint. Das ist sein Markenzeichen, weinen und mit Selbstmord drohen, wenn ich nicht zuhöre. Dieser Typ ist ein totaler emotionaler Krüppel, aber die anderen Talkshow-Gäste schienen überhaupt nichts zu dem Thema beitragen zu können. E. G. Marshall zum Beispiel sprach darüber, wie er am Haus seines Ex-Freunds vorbeigefahren ist und ihn mitten in der Nacht angerufen hat, nur um seine Stimme zu hören. Chuck Connors sagte, er habe seine Freunde mit kostspieligen Geschenken überschüttet. Er versuchte, sich ihre Liebe zu erkaufen. Chuck Connors würde Liebe nicht erkennen, wenn sie seine eigene Hand wäre, und E. G. Marshall würde sie nicht erkennen, wenn sie beide Hände wäre, eine da unten und die andere sanft an seiner Kehle.

Diese Woche bin ich in *People,* aber nicht auf dem Umschlag. Bruce Springsteen ist auf dem Umschlag, mit Wieheißtsienoch, seiner plattgesichtigen neuen Ehegattin, Patty Scholastica oder Scoliosis – irgend so ähnlich. In dem Artikel spricht sie von Bruce immer als vom »Boss« und läßt sich darüber aus, wie er »privat« sei.

Wenn sie Bruce den »Boss« nennt, kann ich Ihnen sagen, daß sie absolut keinen Schimmer hat, wie er »privat« ist.

Ich war der Boss, als Bruce und ich zusammenwaren. Vielleicht sollte ich diese Person, diese Patty, mal anrufen und ihr sagen, wie man es Bruce besorgen muß, ihr ein paar Tips geben und diese »Boss«-Kiste ein für allemal klären. Ihr sagen, wie Bruce angekrochen kam und um eine kleine Aufgabe bat und wie er sich benommen hat, als ich ihn abweisen mußte. Ich hatte gesagt: »Was hast du davon, daß du Multimillionär bist, wenn du herumläufst wie ein Schweißer von der zweiten Schicht bei der U.S. Röhren- & Kesselbau?« Bruce will mit seinen »Leuten« in Berührung bleiben, mit seinem »Volk«, was theoretisch natürlich bewundernswert ist, aber grotesk, wenn man bedenkt, daß sein »Volk« zu gleichen Teilen Benzin, einheimisches Bier und Aknesalbe konsumiert.

Bruce war sehr getroffen und riß, um sich darüber hinwegzutrösten, diese ganzen Frauen auf. Ich weiß noch, wie ich mal seiner letzten Frau, dem Model, auf einer Party über den Weg lief. Da waren sie, ich, Morley Safer und Waylon Jennings. Wir warteten auf den Aufzug, und sie sagte zu Waylon, Bruce habe gerade eine siebenstellige Summe für wohltätige Zwecke gespendet, und ich habe gesagt: »Egal, wie großzügig er ist –, sobald er die Spendierhosen ausgezogen hat, wird es ganz schön eng.« Das war ihr natürlich zu hoch, aber Morley wußte, was ich gemeint hatte, und wir lächelten uns eins.

In dieser Woche stehe ich in *People* und feiere Charlton Heston und unsere Liebe. Da sind Bilder, wie ich ihm ein Kissen an den Kopf werfe, und wir tun so, als wären wir bei einem kleinen spielerischen Knatsch erwischt worden. Man merkt aber auch, daß wir unsere Beziehung ernst nehmen, denn auf der nächsten Seite sieht man, wie ich auf den Zehen stehe und ihm einen dicken Kuß auf den Hals gebe, während Burgess Meredith, Bobby Packwood und noch ein paar alte Tucken im Hintergrund stehen und applaudieren. Dann bin ich in der Küche und jongliere mit Pfannkuchen, damit man sieht, daß ich auch belastbar bin. Dann gehe ich mit Charlton Heston die Straße entlang, und dann starre ich aufs Meer hinaus, die nackten Zehen tief im Sand vergraben, alles diese Woche in *People*.

Die Nachricht von meiner Beziehung zu Mike Tyson ist für die Presse ein gefundenes Fressen. Wir haben es versucht geheimzuhalten, aber für Mike und mich kann es kein Privatleben geben. Erstens sind wir immer für einen schönen Text gut, und zweitens sehen wir einfach so verdammt gut miteinander aus, so perfekt, daß jeder Bilder will.

Mit Charlton Heston und mir ist es vorbei, und er ist verletzt. Das kann ich verstehen, aber, wenn ich ehrlich sein soll, leid tun kann er mir nicht. Er hatte schon lange angefangen, mir auf den Wecker zu gehen, schon vor der Geschichte in *People,* vor unserem Fernseh-Special, sogar schon vor dem »Marsch der Zehncentstücke«-Telefon-Marathon. Charlton versucht, einen zu bevormunden, und er kann sehr besitzergreifend sein. Offenbar habe ich lange gebraucht, bis mir bewußt wurde, daß ich die ganze Zeit in den *alten* Charlton Heston verliebt gewesen war, den, der in *Planet der Affen* vor den Schranken des Primatengerichts steht. Den, dem Dr. Zaus den Lendenschurz heruntergefetzt hat, und der nackt dastand, nackt, aber furchtlos. Was hatte Charlton Heston doch für einen Wahnsinns-Arsch, aber damit ist es wie mit allem anderen bei ihm: Nichts ist mehr, was es mal war.

In den Zeitungen winselt Charlton über unsere Beziehung und darüber, wie sehr ich ihn verletzt habe. Ich fürchte, wenn Charlton nicht allmählich lernt, wie man den Mund hält, wird er erfahren, was das Wort *verletzt* tatsächlich bedeutet. Mike ist im Augenblick sehr böse auf Charlton –, sehr, sehr böse.

Der Ordnung halber möchte ich betonen, daß Mike Tyson, obwohl er mich mit Geschenken überschüttet, mich *nicht* für meine Gesellschaft bezahlt. Die entgegengesetzten Gerüchte finde ich genauso widerlich. Mike und ich sind beide wohlhabend und beliebt. Die Öffentlichkeit liebt uns, und wir lieben uns. Ich brauche Mike Tysons Geld genausowenig wie er meins. So ein Lebenskonzept ist für viele schwer nachzuvollziehen, viele, die vielleicht neidisch sind auf das, was da zwischen Mike und mir gewachsen ist. Das war bei Charlton Heston der Fall, der den größten Teil seines Geldes mit einer Reihe unüberlegter Investitionen eingebüßt hat. Traurig, sowas. Eben ist der Mann noch ein großer Star, der ein Vermögen damit macht, daß er die Zehn Gebote liefert, und gleich danach verliert er alles als stiller Teilhaber bei der *Sambo's*-Restaurantkette.

Liebend gern würden Mike und ich alles, was wir haben, gegen ein kleines bißchen Privatleben eintauschen. Wir könnten locker in einem Zelt leben und Frankfurter Würstchen über einem offenen Feuer auf dem Stück Land kochen, das wir uns ganz in der Nähe von Reno gekauft haben. So verliebt sind Mike Tyson und ich. Zu schade, daß es uns unser Promi-Status verbietet, diese unsere Liebe öffentlich zu feiern. Seitdem wir händchenhaltend bei einem Spiel der Lakers gesehen wurden, ist der Teufel los, und der Spruch mit »nur gute Freunde« funktioniert nicht mehr. All das ist nicht sehr hilfreich, weder für Mike bei seiner Scheidung, noch für mich bei meiner Trennung von Charlton, der, wie ich vielleicht noch hinzufügen möchte, irgendeine Art Regelung fordert. Zur Zeit sind Mike Tyson und ich erst mal untergetaucht. Es bringt uns um, aber wir mußten unsere Beziehung auf Sparflamme stellen.

Ich habe aus Versehen Mike Tysons Gebiß verschluckt. Ich kann es gar nicht glauben! Die Zähne waren aus Gold, aber Geld ist nicht das Entscheidende. Unter uns: Wir könnten jedem Mann, jeder Frau und jedem Kind Goldzähne kaufen, plus das passende Zahnfleisch. Um Geld geht es wirklich nicht.

Es war spät geworden, und Mike hatte für den Abend die Zähne herausgenommen. Er hatte sie in ein Wasserglas getan, das immer am Bett steht. Mike konnte auch mit Gebiß schlafen, aber Sie können mir glauben, ohne war es noch besser. Wir hatten es gerade sehr anstrengend, sehr komplett miteinander getrieben, und ich griff nach diesem Glas Wasser und trank es auf einen Zug aus, einschließlich der Zähne. Es brachte alles durcheinander. Das Problem war, daß Mike diese Zähne zu einem Freundschafts-Medaillon für mich umarbeiten lassen wollte. Er nahm es sehr gelassen und versöhnlich und sagte, gar kein Problem, da läßt er eben ein paar andere anfertigen. Aber diese Zähne waren was Besonderes, seine ersten echten Goldzähne. Es waren die Zähne, die sich in all die exotischen Speisen gegraben hatten, mit denen ich ihn vertraut gemacht hatte. Es waren die Zähne, die ich bei unseren ersten Verabredungen mit meiner Zunge poliert hatte, die Zähne, die mich über einem von Kerzen erleuchteten Tisch hypnotisiert hatten, die Zähne, welche die Liebe reflektierten, die in meinen Augen schimmerte. Ich habe Mike Tysons Zähne verschluckt und ihn enttäuscht.

Ich warte nun schon seit Tagen, aber sie sind immer noch nicht wieder aufgetaucht. Früher oder später müssen sie doch rauskommen, oder? Selbst wenn ich sie finde, kann ich nicht erwarten, daß Mike sie sich wieder in den Mund steckt. Das hätte nämlich ein wichtiger Teil unserer Loyalitätszeremonie werden sollen. Ich sollte mir in den Mund fassen und eine ziemlich teure diamantbezogene Kennkarte mit Kettchen herausziehen, die ich hatte anfertigen lassen, und Mike sollte sich in den Mund fassen und das Medaillon herausziehen. Mike sagte, was soll's, ist doch nicht so, daß er seine Zähne noch nie in meinem Arsch gehabt hätte, gern auch ein bißchen tiefer drin, es war das Prinzip der Sache, was mich so fertiggemacht hat.

Mike Tyson und ich haben uns gestritten, wie wir das Kätzchen nennen wollen, das wir gekauft hatten. Ich hätte jederzeit eins der vielen Gratis-Kätzchen genommen, die uns ständig angeboten werden. Alle wollten Mike und mir Kätzchen schenken. Ich dachte, wir nehmen einfach eins von denen, aber Mike sagte nein. Er wollte das Kätzchen, das eine Woche zuvor im Schaufenster einer Tierhandlung sein Herz gewonnen hatte, eine weiße Perser/Himalaja-Katze, weiblich. Ich mache mir sowieso nichts aus Flauschkatzen, und diese, mit ihrem platten Gesicht, hat mich an Wieheißtsienoch erinnert, Bruces neue Freundin, Patty. Aber ich hab gesagt: »In Ordnung, Mike.« Ich hab gesagt: »Wenn du diesen Perser/Himalaja-Mix willst, dann nehmen wir ihn auch.« Ich kann so gut wie alles lieben, was vier Beine hat, also hab ich gesagt: »Gut, meinetwegen.« Ich meine, eine langhaarige Katze ist das eine, aber eine weiße Perser/Himalaja-Mischung namens Pitty Ting ist wieder ganz was anderes.

Ich hatte das Kätzchen Sabrina 2 nennen wollen. Ich hatte mal jahrelang eine andere Katze gehabt, meine Sabrina, bis sie gestorben ist. Ich hatte mich an den Namen gewöhnt und an die Assoziationen, die er in meinem Kopf hervorrief. Mike war aber unnachgiebig und bestand auf dem Namen Pitty Ting, was unfair war, weil ich ja sowieso keine Flauschkatze gewollt hatte, noch dazu eine weiße, die man nicht sauberhalten konnte. Außerdem sollte es in unserer Beziehung immer Kompromisse geben. Ich habe ein bißchen nachgegeben, warum konnte er das nicht?

Auf der Heimfahrt von der Tierhandlung fing der Streit an. Mike sagte ein paar sehr grobe Dinge, und ich zahlte ihm in gleicher Münze heim. Er fuhr wie ein dressierter Seehund und benutzte die gesamte Fahrbahn. Von diesen ewigen Schlangenlinien wurde mir richtig schlecht. Hinten saß das Kätzchen, jaulte und benahm sich, daß es gar nicht zu glauben war. Ich drehte mich um, sagte der Katze, sie soll den Mund halten, und sah plötzlich, aus dem Augenwinkel, wie Mike die Faust hob. Ich dachte, er bedroht einen anderen Autofahrer oder will das Fenster schließen. Es passierte alles so schnell. Ich sah seine erhobene Faust und dann vielleicht auch doch wieder nicht.

Nachdem er mich geschlagen hatte, stieg ich aus und ging zu Fuß. Ich habe mich durchaus auch schon physisch mit Freunden gestritten, mit Norman Mailer und Peter Jennings, um nur zwei zu nennen, ein aufbrausendes Temperament ist für mich also nichts Neues. Aber diesmal bin ich einfach weggegangen. Mike folgte mir. Er fuhr auf den Bürgersteig, aber ich bin einfach weitergegangen, hab so getan, als bemerkte ich ihn gar nicht. Dann stieg Mike aus und fing an zu betteln, hat auf den Knien gebettelt und gewinselt. Ich legte mir die Hand aufs Auge, tat, als wischte ich mir etwas von dem Blut ab, und dann, Junge, hab ich ihm eine gescheuert!

Solange er bewußtlos war, habe ich das Kätzchen aus dem Auto gelassen und ihm einen kleinen Tritt verpaßt, kein Problem. So eine Flauschkatze findet doch sofort jemanden, der sie liebt. Als er zu sich kam, hatte Mike den gesamten Vorfall vergessen. Das passiert ständig –, er vergißt was. Er hat nicht mal gefragt, warum wir so blutüberströmt waren. Er hat gefragt: »Was war denn los?« und ich hab geantwortet: »Weißt du das nicht mehr? Du hast gesagt, du willst mir ein Pony kaufen.« Da haben wir dann ein wunderschönes weißes Shetland-Pony namens Sabrina 2 erstanden. Wir ließen einfach Namen Namen sein; konnte man alles vergessen; alles, bis auf unsere Beziehung. Wir sind immer und immer und immer wieder auf unserem Pony um den Block geritten, welches unter dem kollektiven Gewicht unserer umfassenden und übewältigenden Fähigkeit, Liebe zu schenken und Verständnis aufzubringen, stöhnte.

Mike Tyson fing an sich aufzuspielen, und das ging mir auf die Nerven. Einen kleinen Vorfall hier und da kann ich übersehen, aber Mike schien es regelrecht drauf anzulegen. Als wir zum Beispiel mal bei Bill und Pat Buckley abends zum Dinner waren. Ich kenne Bill und Pat ja schon seit Jahren. Wir haben zusammen Urlaub gemacht (wir sind leidenschaftliche Segler), und ich glaube, wir verstehen uns ganz gut. Bill und Pat führen eine dieser zweckmäßigen Ehen, ein Arrangement, welches ihnen gestattet, nebenbei sexuelle Beziehungen einzugehen, ohne daß böses Blut aufkommt. Bill Buckley habe ich kennengelernt, als er noch mit Redd Foxx ging, und das ist Jahre her.

Pat hatte sich gerade von Elizabeth Dole getrennt und unglücklicherweise beschlossen, sich mit den trübseligen Einzelheiten der Trennung als Hauptthema des Tischgesprächs zu befassen. Das ist bei ihr eine alte Angewohnheit. Man schütte ein paar Drinks in Pat Buckley hinein, und sie erzählt einem alles, ob man es hören will oder nicht. Wenn sie mich zwingt, in der Angelegenheit Partei zu ergreifen, werde ich, fürchte ich, Liz Dole die Stange halten müssen, aber Mike sah das ganz anders. Wir waren immerhin beim Essen, als Pat anfing, uns von einigen von Liz' eher obskuren Sexualpraktiken zu erzählen. Als Bill vorschlug, sie möge vielleicht das Thema wechseln, holte Mike aus und schlug ihn, wobei er ihm übrigens die Kinnlade brach. Danach hat sich Pat Buckley bei Mike Tyson dafür bedankt, daß er ihrem Mann die Kinnlade gebrochen hat. Sie sagte, sie hätte die letzten vierzig Jahre damit verbracht, sich von Männern wie Bill Buckley gönnerhaft behandeln zu lassen. Also was macht Mike? Er lädt Pat ein, sie soll zu uns ziehen! Na, ich weiß ja, wie Pat Buckley wirklich ist, und ich möchte nicht, daß sie in unserem Haus wohnt und ständig zu jeder Nachtzeit fremde Mädchen anschleppt und wieder rausschmeißt. Ich habe Pat Buckley in Aktion erlebt. Ich weiß über ihr Alkohol-, über ihr Drogenproblem, über alles Bescheid, und deshalb habe ich, mit zusammengebissenen Zähnen, »Mickiiiiiii!« gesagt. Ich habe ihn unter dem Tisch getreten, und er hat zurückgetreten.

Mike Tyson schneidet diese Woche in der »Newsmakers«-Rubrik von *Newsweek* ein häßliches Gesicht; ein häßliches Gesicht, das mir gilt. Ich empfinde weniger Angst als Scham und Sorge. Auf dem Bild wirkt Mikes Haut teigig und fleckig. Er sieht aus, als hätte er sich in einem Aschenbecher gewälzt. Unsere Trennung war hart für ihn, aber wenn er sich bei der Presse ausheult, hilft ihm das auch nicht weiter.

Ich habe ihn verlassen, sobald Pat Buckley eingezogen war. Ich nehme an, Mike dachte, ich ändere meine Meinung und heiße sie in unserem Leben willkommen. Ich nehme an, Mike hat sich getäuscht.

Pat Buckley blieb nicht lange. Zu der Zeit traf sie sich mit Mackenzie Phillips und blieb nur drei Wochen, bevor sie nach Cannes oder Rio oder sonstwohin abhaute. Wenn ich auf all das zurückblicke, kann ich Pat nicht die alleinige Schuld geben. Mike und ich hatten bereits Probleme, bevor sie auftauchte, große Probleme, mit denen wir uns früher oder später hätten auseinandersetzen müssen. Ich möchte, was unsere Beziehung betrifft, nicht ins Detail gehen, aber der guten Ordnung halber muß ich sagen, daß an den Gerüchten über mich und Morley Safer nichts, aber auch nichts Wahres dran ist. Ich finde Mikes Vorwurf, Morley und ich seien mehr als nur gute Freunde, schlichtweg widerlich.

Ich finde Mike Tysons vor Selbstmitleid triefende Tricks, mit denen es ihm immer wieder gelingt, sich Aufmerksamkeit zu verschaffen, widerlich. Ich finde seine Andeutung, ich hätte mit ihm ein falsches Spiel getrieben, widerlich. Im Gegensatz zu ihm liegt mir nichts daran, mich über die unangenehmen Aspekte unserer Beziehung auszulassen. Ich denke viel lieber an eine Zeit zurück, als Mike und ich, nach einer simplen Partie Karten, nebeneinander auf bequemen Sesseln mit verstellbarer Rückenlehne saßen. Mike nahm meine Hand in seine und begann, ganz sanft, meine Finger zu liebkosen, indem er jeden einzeln abküßte und mit ihm sprach, als wäre er ein Mensch, ein unverwechselbarer.

Mein Manuskript

Ach, Chad«, rief Mrs. Holt heiter mit ihrer lästigen heiteren Stimme. »Hier ist Besuch für dich!«

Chad stöhnte und stieg aus der Dusche, wobei er besondere Mühe darauf wandte, seinen ~~zehn Zentimeter seinen achtzehn Komma fünf seinen~~ enormen, dreiunddreißig Komma sieben fünf Zentimeter langen ~~Penis~~ Pimmel abzutrocknen. Er war ein Hengst –, *und er wußte es.* Sein Arsch war von den Marathonbohrungen mit den Jungs von der Autofabrik immer noch ein bißchen wund, aber sonst hatte er keine Beschwerden. Nur mit einem knappen Handtuch verhüllt, betrat er die Küche und bekam einen gigantischen Schock, als er sah, daß seine gesamte ~~grauenhafte neugierige unausstehliche Familie~~ von einem Dutzend nackter, aber schwerbewaffneter ~~Jungs~~ Hengste umringt war.

»ÜBERRASCHUNG!« schrien sie alle. Und überrascht war er!!! Chad hatte seinen Geburtstag komplett vergessen. Sein Vater trat vor und reichte ihm einen alkoholhaltigen Cocktail. »Wir haben uns gedacht, vielleicht schenken wir dir doch mal genau das, was du dir gewünscht hattest«, sagte Holt d. Ä., und alle lachten in gutherziger Weise.

Chad stürzte seinen potenten Highball mit einem Schluck

herunter, drehte das Glas um und gab damit das geheime Signal, welches bedeutete, daß die Hengste das Feuer eröffnen und alle in der Familie außer ihm umbringen sollten.

Als sie fertig waren, sagte Chad: »Danke, Männer. Ihr habt mir genau das geschenkt, was ich mir immer gewünscht hatte«, und indem er über die Leichen stieg, gingen Chad und die Hengste in Richtung großes Schlafzimmer, um mit einer ~~tollen lustvollen sexy~~ sexsationellen Orgie zu beginnen, die keiner von ihnen so bald vergessen sollte!!!!

Letzte Weihnachten bekam ich eine Garnitur Golfschläger, die, wie mein Vater mich gern erinnert, ein gottverdammtes Vermögen gekostet haben. Er sagt, er würde seinen rechten Arm für so eine schöne Garnitur Golfschläger geben. Da drängt sich doch die Lösung auf, daß er seine Scheiß-Golfschläger behält und mir einfach das schenkt, was ich mir gewünscht habe. Ich hatte mir eine Schreibmaschine gewünscht – und gedacht, das wäre doch wirklich nicht zuviel verlangt. Terry Glassman hat letztes Jahr eine gekriegt, und der ist genauso alt wie ich. Terry benutzte seine Schreibmaschine, um langweilige und phantasielose Briefe in lausiger Rechtschreibung zu verfassen, die er seinem Vater in Arizona schickte. Ich kann es Dr. Glassman nicht verdenken, daß er sie nie beantwortet hat. Als sie ihn anfing zu langweilen, hat Terry die Schreibmaschine vom Dach seines Elternhauses geschmissen.

In meinem Manuskript spielt Terry Glassman eine Nebenrolle als undankbarer und verwöhnter Pfadfinder, der die Bedeutung des Ausdrucks *harte Zeiten* erfährt, als er nackt und verletzlich von einer Gruppe geiler Förster aufgegriffen wird, die ihn für eine Verdienstmedaille im Bereich *Persönliches Entgegenkommen* fit machen! Terry sollte dafür dankbar sein, daß er in meinem Buch vorkommt, aber wie ich ihn kenne, wird er wahrscheinlich mit einer Klage drohen. Aber so ist Terry Glassman. Da gibt man ihm gute zwanzig Zentimeter und die Möglichkeit, unsterblich zu werden, und er wendet sich genauso gegen mich wie letztes Jahr, als ich ihn gebeten hatte, mir für ein paar Aktskizzen Modell zu stehen. Undank.

Letztes Jahr habe ich mir zu meinem vierzehnten Geburtstag ein tragbares Tonbandgerät mit einem diskreten Mikrofon von der Größe eines Hämorrhoidalzäpfchens gewünscht, aber habe ich etwa eins gekriegt? Natürlich nicht! Das wäre ja auch zu plump, jemandem zu schenken, was er sich wünscht. Mein Vater hat mir gesagt, wenn ich Musik hören will, soll ich lernen, wie man selbst welche macht. Wer hat denn was von Musik erwähnt? Dad hat gesagt, der Typ, der Gitarre spielen kann, bringt Leben in jede Party. Er verwechselt Leben mit Tod. Das echte Leben der Party liegt flach unter dem Bett und nimmt tatsächlich stattfindende geschlechtliche Vereinigungen auf, anstatt im Schneidersitz mit einer Gitarre auf dem Fußboden zu sitzen und sich und andere in Verlegenheit zu bringen.

Ich habe zwei Monate lang Gitarrenunterricht bei Mr. Chatam gehabt, einem echten Zwerg, der bei *Instrument City* in der Northgate Plaza arbeitet. Mr. Chatam saß geduckt auf dem Rand eines Schemelchens und trug Klamotten wie ein Kind: Anzüge mit Schachbrettmuster und Ansteckfliege sowie Schnallenschuhe. Die Gitarre lastete riesig auf seinem Schoß, und er fing beinahe an, mir leid zu tun, als er seinen winzigen Mund öffnete, um so etwas Dummes zu sagen wie: »Hier ist eine kleine Nummer, die deine Freundinnen vielleicht ganz gern hören würden!« und zwang mich, in den Kehrreim einzufallen, wenn er eine weitere leidige Ballade aus etwas spielte, was *Zeitgenössisches Liederbuch für den jungen Menschen* hieß.

In meinem Manuskript wird Mr. Chatam in einem Waisenhaus gehalten, komplett nackt, Kopf und Körper kahlgeschoren, bis ihn eine Gruppe lastwagenfahrender Hengste adoptiert, um ihn als Sex-Baby zu verwenden. Im Gegensatz zu den meisten Babys liebt es Mr. Chatam, wenn man ihm den Hintern versohlt, und sobald er anfängt zu plärren, gibt es nur eine Methode, um ihn ruhigzustellen!

Außer während des Unterrichts habe ich diese verdammte Gitarre nie angefaßt, weshalb mein Vater mir letzte Woche sagte, jetzt sei aber Schluß mit den Gitarrenstunden. Buuhuu. Ich dachte, als nächstes droht er, meine Gitarre an jemanden weiterzugeben, der sie verdient und so ein teures Geschenk nicht von oben herab betrachtet, aber das wäre zu schön gewesen. Statt dessen hat er mir einen Fernlehrgang mit fünf Schallplatten gekauft und will, daß ich es mir im Selbstunterricht beibringe. Auf Platte spielt der Typ »If I Had a Hammer« und »Kumbaya« und sagt Sachen wie »Los, und jetzt alle zusammen!« Leben in die Party.

Als er aufwuchs, lebte mein Vater in, wie er sie gern beschreibt, »denkbar beengten Verhältnissen« in einer kleinen, häßlichen Wohnung. Mit denkbar beengten Verhältnissen meint mein Vater, daß sie einen Vorhang statt einer Badezimmertür hatten. Er hatte nie ein eigenes Zimmer, er mußte auf einem marternden Ausklappsofa schlafen und vor und nach der Schule zur Arbeit, Schuhe putzen und Zeitungen verkaufen. Da hat er recht, das ist denkbar beengt. Unglücklicherweise haben sie ihm dafür nie einen Orden gegeben, und das Ergebnis ist, daß er immer wieder damit ankommt.

Auf dem Heimweg von meiner finalen Gitarrenstunde legte mein Vater noch einmal los und sagte mir, was für ein Glück ich doch habe. Ich dachte, er soll mal eine Stunde lang »Up, Up, and Away« spielen, mit einem Zwerg in einen fensterlosen Raum gesperrt, bevor er mir gegenüber mit Glück anfängt. Was weiß er denn? Während der Depression hatten meine beiden Elternteile Verwandte, die irgendwo hervorgekrabbelt kamen, um bei meinen Großeltern zu wohnen. Sie waren zwar nur Schmarotzer, aber auf ihre eigene Weise gelang es ihnen, Eindruck zu machen. Als er mich von meiner letzten Gitarrenlektion abholte, erzählte mein Vater mir eine Geschichte über den längsten Schmarotzer, einen Typ, der auf griechisch-orthodoxer Pope studierte. Er war kein Blutsverwandter, aber flüstern Sie in Gegenwart meiner Großmutter das Wort *Pope,* und sie fällt auf die Knie und bekreuzigt sich mit einer Geschwindigkeit, die man ihr in dem Alter gar nicht mehr zugetraut hätte. Also zog der Popenstudent ein und schlief zusammen mit meinem Vater auf dem marternden Ausklappsofa. Da stecken ja meiner Meinung nach jede Menge Möglichkeiten drin. Ein Schmarotzer kann genauso heiße Ware sein wie jeder andere. Ich fragte meinen Vater, wie der Popenstudent aussah, und er sagte, das sei unwichtig.

Eines Tages, sagte mein Dad, kam er früher als sonst von der Schule nach Hause. Beide Eltern waren auf Arbeit, und er überraschte den Popen, wie er ohne irgendeine Hose auf dem Bett meiner Großeltern lag. Der Student schien weder schockiert noch verlegen zu sein. Er sagte meinem Vater, er mache nur gerade ein kleines Experiment. Dann zog er die Beine an, hielt sich ein brennendes Streichholz nah an den Arsch und furzte, so daß das Streichholz aufloderte. Er sagte meinem Vater, er solle sich neben ihn legen und es auch mal versuchen, aber, ich kenne doch meinen Dad, der hat sich geweigert. Mein Vater sagte, seinen Eltern habe er es nicht sagen können, aber in diesem Augenblick wußte er, daß dieser Priestertyp ein warmer Bruder war, eine Schwuchtel. Ich glaube zwar nicht, daß man durch das Anzünden von Fürzen zwangsläufig zur Schwuchtel wird, aber ich spielte mit und hielt den Rand. Der Flammenwerfer blieb noch drei Monate, und mein Vater schlief solange auf dem harten, kalten Fußboden. Als er von echten Blutsverwandten mit mehr Geld und einem Gästezimmer erfuhr, zog der Pope weiter, und man hörte nie wieder von ihm. Dies alles erzählte mir mein Vater, während wir im Auto saßen. Normalerweise spricht er überhaupt nicht, aber diesmal war das Timing perfekt. Oben in der Einfahrt hielt er inne, drehte sich zu mir um und fragte: »Hast du schon mal so einen kennengelernt?«

Und ich sagte: »Was, einen Popen?«

Gottverdammte Mrs. Peacock! Mrs. Peacock hat gesprochen, und meine Eltern haben beschlossen zuzuhören. Das wirft meine Mutter und meinen Vater noch ein paar Kerben weiter zurück, und das ist nicht gut, da sie ohnehin schon seit einiger Zeit tief in den roten Zahlen stehen. Wenn man Mrs. Peacock zuhört, ist das, als versuchte man zu entziffern, was ein Waldmurmeltier meint, wenn es dreimal mit der Zunge schnalzt und mit einer Hinterpfote an der Erde scharrt. Mrs. Peacocks Gedanken und Handlungen mögen für Verhaltensforscher auf der Suche nach dem fehlenden Glied von Interesse sein, aber davon abgesehen ist diese Frau wertlos, und ich verwünsche den Tag, an dem sie gewaltsam in mein Leben trat.

Als mein Bruder geboren wurde, habe ich meinen Eltern gesagt, daß ich, so sehr ich mich für sie freue, mein Zimmer nie, unter keinen Umständen, mit jemandem teilen werde. Ich hatte immer mein eigenes Zimmer, und das soll auch so bleiben. Meine Mutter platzt immer herein, um zu sagen: »Warum heiterst du hier drin nicht alles ein bißchen auf, hängst ein paar Poster auf und bringst ein bißchen Leben in die Bude?« Meine Mutter würde keins der Poster sehr mögen, die mir vielleicht gefallen, und es tobt eine ständige Schlacht, in der es darum geht, daß ich mein Zimmer von allem reinhalte, was sie als »ein bißchen Leben« bezeichnen könnte. Ich habe ein kleines Bett, eine Lampe, eine Kommode und einen Schreibtisch. Das einzige, was ich nicht habe, ist eine Schreibmaschine. Ich halte mein Zimmer sehr sauber und habe es schon immer sehr saubergehalten. Ich mache mein Bett, seitdem ich gehen kann, und bin bestens dazu in der Lage, meine eigene Kleidung zu waschen und zu bügeln. Ich kann für mich selbst sorgen und würde die Möglichkeit begrüßen, dies in einem Apartment oder einem kleinen Haus oder sogar in einem Wohnwagen tun zu können. Zwar meinen sie es gut, ich habe aber keinerlei Verwendung für meine Eltern oder Mrs. Peacock, das Dienstmädchen, das sie kurz nach der Geburt meines Bruders einstellten. Sie sagt, sie ist Haushälterin und kein Dienstmädchen, wobei der Unterschied darin besteht, daß eine Haushälterin weiß, ein Dienstmädchen dagegen farbig ist. Sie reitet kleinlich auf Wörtern herum. Wenn, wie sie sagt, eine Haushälterin mehr Geld verdient als ein Dienstmädchen, verdient dann eine Hure mehr Geld als eine Nutte?

Seit Mrs. Peacock unser Haus betreten hat, habe ich ihr weder Sympathie noch Vertrauen entgegengebracht. Sie sieht aus, als wäre sie gerade aus einer Höhle gekrochen –, absolut wild. Sie ist ein Tier, und keine weiße Uniform kann das verhüllen. Hin und wieder spielt sie mit meinem Bruder herum, was Zeitverschwendung ist, und dann kommt sie ganz nah an sein Gesicht ran und sagt: »Ich werde dich fressen! Ja, ich werde dich, werde dich fressen«, was ihn zu Tode erschreckt, weil es durchaus möglich scheint.

An ihrem zweiten Arbeitstag platzte Mrs. Peacock ungebeten in mein Zimmer und riß die Bettdecke vom Bett, welches ich gerade froh belegte. Glücklicherweise trug ich eine Pyjamahose, aber woher sollte sie das wissen? Das macht sie bei meinen Schwestern auch, aber denen scheint das nichts auszumachen, da sie bereitwillig jede Erniedrigung ertragen, solang ihnen jemand das Bett macht.

Ich klebte mir ein ordentlich beschriftetes Schild an die Tür: »Wer dies lesen kann, ist bereits zu nah dran. Gehen Sie weg. Bügeln Sie, fegen Sie die Einfahrt, ledern Sie das Auto ab oder räumen Sie die Geschirrspülmaschine aus, aber lassen Sie dieses Zimmer in Ruhe.« Mein Schild half nichts, wahrscheinlich weil sie nicht mal lesen kann. Ich hätte stählerne Fußangeln auslegen oder einen Eimer mit Batteriesäure über der Tür anbringen sollen, da nichts als rohe Gewalt diesen jagenden und sammelnden Primaten aus meiner Privatsphäre fernhalten kann. Als Mrs. Peacock zum ersten Mal in mein Privatleben eindrang, durchwühlte sie meine Kommodenschubladen und erbeutete ein altes T-Shirt aus dem Sommerlager, welches ich benutze, um ... Ideen für mein Manuskript zu testen. In gedruckter Form bezeichne ich es als meinen Phantasiefetzen. Ich kam von der Schule nach Hause, und sie hatte den Nerv, mich damit zu konfrontieren. Sie hielt es in ihren eingedellten Händen soweit von ihrem aufgedunsenen Körper weg wie möglich.

»Was ist das?« sagt sie zu mir und wedelt mir mit dem steifen T-Shirt vor den Augen herum. In Beantwortung ihrer Frage sagte ich ihr, sie wisse verdammt genau, was es sei, jeder, der fünf Kinder habe, sollte Samen erkennen, wenn er ihn sehe. Sie sagt: »Ich habe noch nie ...«, als wären ihre Kinder nicht durch zwischenmenschlichen Kontakt entstanden, sondern unter einem der Autoreifen gefunden worden, die bei ihr im Vorgarten liegen. Ich nahm ihr mein Eigentum ab und sagte ihr, wenn ich sie jemals wieder in meinem Zimmer anträfe, würde ich sie wegen Hausfriedensbruchs verklagen und sie anschließend, nur so aus Spaß, hetzen und ihren leeren Schädel zerquetschen. Da hat sie mir eine gescheuert. Ich konnte es gar nicht glauben. Sie hat mich erwischt, als ich meine Deckung vernachlässigt hatte, und es tut immer noch weh, wenn ich auf der linken Seite meines Gesichts schlafe. »So hat noch niemand mit mir gesprochen«, sagte sie.

Niemand? In meinem Buch sind alle vernünftigen Frauen

ausgewandert, um in Europa zu leben, und Mrs. Peacock ist das einzige weibliche Wesen, das in den Vereinigten Staaten von Amerika geblieben ist. Zunächst erregt sie das, weil sie eine nymphomanische Schlampe ist, die sich darauf freut, sich von Maine bis Kalifornien durchzuficken und zu -lutschen. Unglücklicherweise, für sie unglücklicherweise werden ihre Träume jedoch nicht in Erfüllung gehen. Mit ihr als einziger Alternative wird jeder einzelne Mann in Amerika zum unersättlichen Homosexuellen, der nur auf mein Kommando hört. Sie sind Sklaven, nur ihrer Wollust, sowie mir, untertan. Ich befehle zwei Dutzend meiner nackten und muskulösen Arbeiter, sie sollen Mrs. Peacock ins Chad Holt (so heiße ich in dem Buch) Naturgeschichtliche Museum tragen, wo sie als permanente Leihgabe in ihrer Eigenschaft als ungewöhnliches und besonders häßliches Exemplar eine brutale, untergegangene Welt repräsentiert, die es nicht mehr gibt.

Ich hatte überlegt, ob ich meine Mutter ebenfalls ausstellen soll, beschloß dann aber, sie mitsamt der übrigen Sippe nach Europa zu schicken. Sie bemüht sich ja, auf ihre Weise, aber immer wieder kommt ihr ihr loses Mundwerk dazwischen.

Vor ein paar Tagen bekam ich in der Schule den Notfallzettel, ein gelbes Stück Papier. Gelb bedeutet gewöhnlich entweder Tod oder Zerstörung. Ich fühle mich keinem in meiner Familie übermäßig verbunden, und meine Eltern sind schwerstversichert, also versuchte ich auf dem Weg ins Büro, die Sache von der heiteren Seite zu nehmen. Meine Mutter war am Telefon, um mir zu sagen, daß Mrs. Peacock Blut in meiner Unterhose bemerkt habe. Ich kann es nicht glauben. Diese Unterhose befand sich in einer Papiertüte ganz unten in der Mülltonne. Ich dachte, da harrt sie sicher ihrer Zerstörung entgegen, aber Mrs. Peacock muß den Abfall durchstöbert haben, bevor die Hengste von der Müllabfuhr kamen, um ihn abzuholen. Sie durchstöbert alles. »Sowas wollt ihr doch nicht wegwerfen, oder?« sagt sie, und dann spricht sie über die Reiskörner unten im Salzstreuer. »Nein, Mrs. Peacock, auf gar keinen Fall, nehmen Sie sie doch. Die können Sie ganz prima weiterverwenden, wenn Ihr Sohn aus dem Gefängnis entlassen wird und Ihre Nichte heiratet.« Sie will diese Sachen gar nicht, nicht wirklich. Ihr Trick ist, daß sie so tut, als wäre sie über jeden alten Fetzen glücklich. Das macht sie, damit wir schlecht aussehen, und damit sie meinen Eltern leid tut. Ich glaube es einfach nicht, was sie für ein Gewese wegen dieser Unterhose macht.

Am Telefon erzählte ich meiner Mutter, ein paar Typen in der Schule hätten Quatsch gemacht, den besten Schülern rohe Hühnerlebern auf den Stuhl gelegt, und ich hätte mich auf eine draufgesetzt. Diese Arschlöcher in der 8. Klasse sind zu allem fähig, wenn es nur blöde und kleinkariert genug ist. In meinem Manuskript jedoch sind sie zu allem fähig – Punkt! Ich könnte mir selbst in den Arsch treten, weil ich diese Unterhose nicht verbrannt habe. Ist es nicht eine Schande, wenn es bereits so weit gekommen ist, daß man Sachen verbrennen muß? Es hat da hinten vor ein paar Wochen angefangen zu bluten, aber ich habe das jetzt unter Kontrolle.

Zwar hat die Phantasie durchaus auch ihren Platz, aber ich finde, daß es für einen Schriftsteller wichtig ist, gewisse Kapitel mit einem bißchen eigener Erfahrung abzustützen, weshalb ich vor ein paar Monaten begann, mich auf dem Klo von JCPenney herumzudrücken, in der Hoffnung, genau das zu bekommen –, ein bißchen Erfahrung.

Ich stand fast zwei Stunden lang vor dem Pinkelbecken, bis endlich jemand nach dem Köder schnappte und mir ein Signal gab, aus dem hervorging, daß er ebenfalls zur Sache kommen wollte. Als sich unsere Blicke trafen, verstand ich, daß ich ihn als meinen Recherchen-Hengst benutzen konnte, als Manuskriptfutter –, eine kleine Fußnote, die meine zukünftigen Biographen in den Wahnsinn treiben und meine Leser atemlos und gierig nach mehr hinterlassen würde. Recherchen-Hengst und ich übersprangen die gesamte Affenkacke, die jeder sonst so durchzumachen hat: die förmliche Vorstellung, die Telefonate, die Verabredungen –; wir kamen dort bereits in der Koje bis zum Ausrufungszeichen! Danach verdarb er irgendwie alles, indem er mir sagte, er habe an der North Carolina State University Politologie als Hauptfach belegt, und er heiße Julian. Ich hasse diesen Namen. In meinem Manuskript nenne ich ihn Dirk. Ich habe ihn etwa siebeneinhalb Zentimeter größer gemacht und ihm gute, dicke sechsundzwanzigzweidrittel Zentimeter zwischen die Beine geschrieben. Julian und ich haben uns noch ein paarmal auf dem Klo getroffen, bevor wir von einem Warenhausdetektiv unterbrochen wurden, der, da bin ich ganz sicher, an der Zusammenstellung eines flotten Dreiers interessiert war. Danach fingen wir an, es in Julians Auto zu treiben. Er fuhr uns aufs Land und parkte hinter einem leerstehenden Haus auf einer Schotterpiste.

Julian war in Ordnung, aber in keiner Weise der Teufelskerl und Top-Typ, zu dem ich ihn in meinem Manuskript gemacht habe. In Wirklichkeit war er sehr steif und verklemmt. Wenn wir es trieben und ich flüsterte: »Sprich mit mir, sprich mit mir«, fing er an, mir von seinem Sommerjob als Gerichtsdiener zu erzählen. Das war nicht die Art Ansprache, die mir vorgeschwebt hatte. Ich fragte ihn, ob er Freunde hat, die er vielleicht nächstes Mal mitbringen kann. Ich wollte für mein geistiges Auge ein deutliches Bild, wie es mit drei oder vier Hengsten gleichzeitig wäre, die drauflosrammeln und alles mitmachen. Als Julian einen Rückzieher machte, ging ich aufs Klo vom Continental-Trailways-Omnibusbahnhof und fand ein paar richtige Männer, die mir weiterhelfen konnten.

Recherchen-Hengste Nr. vier und fünf waren absolute Pferde. Bei denen werde ich gar nichts verändern. Meine Leser werden die zügellose Wahrheit erfahren, was diese Pimmelritter betrifft. Ich hatte nur nicht mit diesem Bluten da hinten gerechnet. Es blutete nicht eimerweise, aber langsam und stetig und dauerte etwa fünf Tage, in denen ich erwog, eine meiner Schwestern um ein Tampon zu bitten.

Als mein Vater auf den Popen zu sprechen kam, hatte ich so ein benommenes Gefühl, daß etwas im Busch war, daß er mehr wußte, als er zugeben wollte. Es ist verwirrend, wenn ein dummer Mensch sich dumm stellt.

Später heute nacht werde ich mit einer Taschenlampe hinausgehen und überprüfen, ob mein Manuskript immer noch da ist, hinter dem Schuppen, wo ich es vergraben habe.

Die Dichterlesung

19:45. Eine Stunde und fünfzehn Minuten vor Beginn seiner Lesung im Pavillon der Gedanken treffe ich in Malisons Hotel ein. Der Rezeptionist schießt einen Blick auf mich ab, welcher bedeutet, daß er genug Interesse aufbringen könnte, um sein Gewicht zu verlagern. Anstatt an ihm vorbeizugehen, setze ich mich lieber in die Empfangshalle und zünde mir eine Zigarette an. Er bedenkt mich mit einem weiteren Blick.

»Mein Mann haßt es, wenn ich auf dem Zimmer rauche«, sage ich.

Er sagt: »Was?«

Ich sage: »Mein Mann, er haßt den Rauch, deshalb setze ich mich nur rasch hierher, bevor ich auf unser Zimmer gehe.«

Der Empfangsmensch sagt: »Na toll, na und« und wendet seine Aufmerksamkeit wieder einem kleinen Fernseher zu, einem dieser Watchmans.

Ich kann nicht glauben, daß Malison hier im Chesterton abgestiegen ist. Das ist doch Ironie, das paßt doch gar nicht zu Malison. Es ist absolut stimmig. Ich hatte bei jedem Hotel in der Stadt angerufen, ob bei ihnen ein Malison gemeldet ist, war aber natürlich nicht der Fall. Ich meine, wir sprechen hier nicht von Herrn Nachwuchsdichter Kleinverlag-Niemand. Malison ist MALISON, und er muß seine Privatsphäre schützen. Ich kann das verstehen. Ich habe wieder herumtelefoniert und gefragt, ob jemand einen Gast namens Smithy Smithy hat; so heißen sämtliche handelnden Personen in Malisons zweitem Roman. Alle Rezeptionisten sagten nein. Sie sagten: »Was zum Teufel soll das denn für ein Name sein?« Ich finde ja auch, Smithy Smithy wäre zu offensichtlich gewesen, also habe ich es immer wieder versucht und dachte, vielleicht hat er sich unter dem Namen einer Nebenfigur aus Rotunda: Brandung eingetragen. Schließlich habe ich ihn hier im Chesterton gefunden, eingetragen unter dem Namen A. Davenport, der Figur, die sich in Magnetstecker einer unnötigen Kolostomie unterzieht. Malison ist hier, auf Zimmer 822.

Typisch Malison, daß er einen Decknamen verwendet, besonders hier im Chesterton, wo er mit jedem seichten Mittelstandsklischee in Berührung kommt, dem man immer schon aus dem Wege gehen wollte, genau mit der Art Menschen, die er in seinen Romanen bloßstellt. Typisch Malison, typisch absolute Ironie.

20:04. Ich hatte wirklich gehofft, Malison zu erwischen, bevor er zu seiner Lesung aufbrach, aber da bei ihm niemand die Tür aufmacht, muß ich davon ausgehen, daß ihn die Fakultätshäuptlinge im *Crow's Nest* oder in *Andrea's Butcher Block,* einem der besseren Schlachthäuser, die in dieser Stadt als Restaurants durchgehen, an Händen und Füßen gefesselt haben und nicht wieder weglassen. Ich sehe es ganz klar vor mir: der Dekan und seine Spaniels schippen sich gabelweise das rote Fleisch rein, während der arme Malison dabeisitzt, ihre läppische Konversation ausblendet und angesichts des Gemetzels auf seinem Teller das Würgen kriegt. In dieser

Stadt wird sogar das Gemüse in Blut gegart. Ich glaube, es ist ziemlich offensichtlich, daß die Englische Fakultät nichts über Malison weiß. Sie sehen ihn einfach als weitere Feder an ihrem Hut, einen Namen, den sie benutzen können, um neue Studenten zu ködern. Sowas macht mich krank. Sie fliegen ihn für ein paar Tage ein, hetzen ihn über den Campus wie ein Windspiel, und dann langweilen sie ihn mit ihrem Gerede über Etatkürzungen und das Uni-Who's-Who zu Tode. Ich stehe jetzt seit zwanzig Minuten vor dieser Tür, es ist also, glaube ich, ganz klar, daß sie Malison direkt vom Restaurant in den Pavillon der Gedanken treiben.

Zuerst war ich wegen der Lesung heute abend aufgeregt, aber jetzt finde ich, man kann sie vergessen –; wenn Malison den ganzen Tag von diesen Universitätsköpfen herumgescheucht wurde, wird er jetzt zu erschöpft sein, um sich auszudrücken. Ich hatte das bereits im Gefühl gehabt, deshalb habe ich organisiert, daß ein paar Leute die Lesung heute abend im Pavillon aufnehmen. Wenn man Bethany sich selbst überläßt, neigt sie dazu, einen Tick kunstgewerblicher zu werden, als gut für sie ist, deshalb habe ich Daryll zur Unterstützung eingeteilt. Tief in seinem Mittelstandsherzen wäre Daryll nur zu gern Kameramann in einem großen Fernsehstudio. Einen Overall anhaben und Leute herumkommandieren, das wäre es doch. So sehr ich ihn politisch hasse, so traue ich ihm rein fachlich doch mehr zu als Bethany. Letzten Monat hat sie die Vorlesung von John Cage aufgenommen und die Kamera die ganze Zeit auf seine Füße gerichtet, dabei hat er gar nicht getanzt oder so!

Ein weiterer Grund, die heutige Lesung zu boykottieren, ist, daß ich nicht glaube, ich kann mich einfach zurücklehnen und mit ansehen, wie Malison seine Zeit damit verschwendet, daß er einem Publikum vorliest, welches aus tausend Kindern besteht, die sein Werk nicht einmal ansatzweise kapieren. Die Studenten haben schon Stunden vorher angefangen, vor dem Pavillon Schlange zu stehen. In der einen Hand haben sie Malisons Buch und in der anderen irgendeinen BWL-Kack, BWL oder Politologie oder wofür sie sich sonst tatsächlich interessieren. Die meisten haben vor Rotunda: Brandung noch nie von Malison gehört, aber sie tun, als hätten sie immer schon Malison gelesen. Ich würde ihnen gern mal eine unbequeme Frage stellen. Ich möchte sie fragen, wo sie waren, als Malison physisch attakkiert wurde, nachdem Magnetstecker erschienen war. Wo waren sie, als Malison Unterstützung gebraucht hätte, nachdem Smithy Smithy von den Medien zerfetzt worden war? Diese Kinder tun alle, als verstünden sie Malison, und es macht mich krank, wenn ich ihre lahmarschigen Meinungsäußerungen zu seinem Werk höre. Heute nachmittag habe ich zufällig mit angehört, wie ein Mädchen seinem Freund erzählte, Malisons Arbeiten hielten der Oppression, wie sie der kapitalistischen Gesellschaft des Westens inhärent sei, einen Spiegel vor. Das hat sie vom Klappentext abgelesen. Nicht soviel versteht sie von Malison. Sie hatte Klamotten an, die Malison echt gehaßt hätte. Die Frau ist doch ein Witz. Hier an der Uni bin ich von Witzen wie ihr geradezu umzingelt.

Mir schwirrt immer noch der Kopf von der Lesung, die Malison heute nachmittag in meinem Magisterseminar für Kreatives Schreiben veranstaltet hat. Ich hatte mich auf einen Kontakt von Mensch zu Mensch gefreut, aber der Saal wimmelte von Leuten, die noch nicht einmal im Seminar eingeschrieben waren. Diese Kinder waren keine angehenden Schriftsteller, diese Kinder waren Schwindler. Aber hat der Prof sie gebeten, den Saal zu verlassen? Hat Professor Niemand ihnen gesagt, daß dies der Kurs für ernsthafte angehende Schriftsteller ist? Natürlich nicht. Er maskiert seine Feigheit mit dieser »Wir sind alle hier, um zu lernen«-Munterkeit, die mich echt krank macht. Es war absolut stimmig, wie Malison in den Hörsaal kam. Er sah die vielen Exemplare von O'Flannery auf unseren Tischen, und *mein* Exemplar hob er auf und sagte: »Wer läßt euch diese Scheiße lesen?« Es war absolut stimmig. Professor Niemand stand einfach da und tat, als hätte er Malisons Bemerkung nicht gehört. Er stand einfach da und steckte sich das Hemd in die Hose. Nicht mal dazu bekennen konnte er sich! Ich glaube, Malison haßt die O'Flannery aus den gleichen Gründen wie ich, denn sie ist Faschistin, typisch bourgeoise Rassistin, ein rechtslastiger, zu Vorverurteilungen stets bereiter christlicher Papagei, und als Schriftstellerin ist sie zaghaft und verläßt sich auf Grammatik, damit sie die nächste Seite übersteht. Ich hasse die O'Flannery, ach, wie ich sie hasse.

Malisons Lesung war wunderbar bestimmt. Er las ein paar Abschnitte aus *Rotunda: Brandung,* Teile, die ich praktisch auswendig kann, obwohl das Buch erst letzten Monat erschienen ist. Er numeriert ja seine Seiten nie, aber vom Anfang des zweiten Teils hat er mindestens sechs Millimeter dick Papier vorgelesen. Ich habe, während er las, stumm die Wörter mitgesprochen. Ich habe das nicht gemacht, um seine Aufmerksamkeit zu erregen; es ist nur eine Reflexhandlung, weil ich sein Werk, sein Gesamtwerk, so gut kenne. Nach der Lesung sagte Professor Niemand, jetzt könnten gern Fragen gestellt werden, was ein Fehler war, denn es sind immer die Dümmsten, die die meisten Fragen stellen. Zum Beispiel hob ein Typ, der nicht mal *im* Seminar ist, die Hand und sagte: »Ich habe versucht, Ihren dritten Roman zu lesen, aber ich hab's aufgegeben, als mir klarwurde, daß alle handelnden Personen Smithy Smithy heißen. Ich fand das verwirrend; ich hatte da ein echtes Problem mit.«

Ach ja, *er* hatte da ein Problem mit.

Malison war großartig. Er sah den Typ einfach an und sagte: »Tja, wenn *Ihnen* das Schwierigkeiten bereitet, werde ich es wohl ganz einfach in schlichteren Worten neu schreiben müssen. Ich dachte, ich könnte weiter an meinem neuen Projekt arbeiten, aber wenn *Smithy Smithy* Sie verwirrt, tja, dann muß ich wohl nochmal ran.«

Alle lachten, aber man merkte, daß sie ebenfalls mit *Smithy Smithy* Probleme hatten. Ich habe nicht gelacht, denn ich habe überhaupt keine Probleme damit. Ich habe keine Probleme mit Malison. Bethany hob die Hand und fragte Malison, ob er in New York City aufgewachsen sei, was er natürlich ist. Das geht klar und deutlich aus seinen Schriften hervor, und außerdem steht das auf all seinen Büchern hinten drauf. Malison hat ihr geantwortet; er hat einfach »Ja« gesagt, aber in einem so gelangweilten Ton, daß die Blödheit ihrer Frage sofort bestätigt wurde. Es war wirklich eine dumme Frage, und ich habe gelacht, als sie sie gestellt hat. Ich war die einzige, die gelacht hat, was einfach beweist, wie gut ich Malisons Leben kenne. Er hat mir einen kleinen Blick zugeworfen, ein kleines Lächeln, als ich gelacht habe. Ich habe viel Zeit in New York City verbracht, und mir wird auch oft genau diese Frage gestellt. Ich bin nicht dort aufgewachsen, aber ich hätte dort ganz leicht aufgewachsen sein können. Im Dschungel der Großstadt macht mir so leicht keiner was vor.

Es wurden weiter Fragen gestellt, die alle unglaublich dumm waren, bis ich Malison fragte, ob die große blonde weibliche Romanfigur in *Rotunda: Brandung* auf seiner früheren Freundin Cassandra Lane, dem Mannequin, beruhe. Ich wollte Malison nur die Gewißheit vermitteln, daß es ein paar von uns gibt, die sein Leben und Werk verstehen. Mein New Yorker Freund Russell Marks war mit Cassandra Lane auf die Foxmore Academy gegangen und hat mich immer mit reichlich Details versorgt, zum Beispiel was für eine Zicke sie in Wirklichkeit ist und wie sie die Leute ausnutzt. Cassandra Lane hat Malison in Zusammenhang mit diesem künstlich aufgebauschten Mißbrauch-Skandal richtig schlimm durch die Mangel gedreht. Um in die Medien zu kommen, würde sie alles tun. Dabei ist sie gar nicht mal so schön.

Ich stellte die Frage, und Malison sah mich schmerzerfüllt an, mit ganz viel Schmerz und Seelenpein in den Augen, und sagte, *Rotunda: Brandung* sei ein belletristisches Werk, und seine Inspirationen gingen niemanden was an. Ein paar Leute lachten, als er das sagte. Ich habe auch gelacht, denn ich weiß, daß meine Frage, oberflächlich betrachtet, neugierig klang, aber so hatte ich sie nicht gemeint. Mir ist klar, daß es für ihn unmöglich gewesen wäre, sich in dieser Atmosphäre, von so vielen Menschen umgeben, die ihn nicht so kennen, wie ich ihn kenne, zu öffnen und wirklich über seine Arbeit zu sprechen. Ich kann Malisons kreativen Prozeß und sein Leben verstehen, und deshalb muß ich mich wirklich mal hinsetzen und mit ihm reden. Ich habe diesen Schmerz in seinen Augen gesehen. Ich muß mich wirklich mit ihm hinsetzen und ihm zu verstehen geben, daß ich hundert Prozent hinter ihm stehe.

Nach ein paar weiteren Fragen fragte Professor Niemand Malison, in welche Richtung sich seiner Ansicht nach diese postmoderne metafiktionale Bewegung entwickle, und Malison nahm einfach seine Bücher und Papiere und sagte: »In jede außer diese« und verließ den Saal. Er meinte, in jede Richtung, außer in die der kleinen Welt des Schulbetriebs, aber das war allen eindeutig zu hoch. Nachdem er gegangen war, nahm ich meinen Krempel und ging ebenfalls, aber Malison hatte das Gebäude bereits verlassen. Seitdem konnte ich ihn nirgends finden.

21:19. Ich sitze in der Cocktail Lounge des Chesterton, einem grotesken Laden voller Messing, der ironischerweise *Reflections* heißt, was irrigerweise andeuten soll, daß ich mich in dieser Bar oder in irgendeinem ihrer Gäste widergespiegelt sehen werde. Ich sitze an einem Tisch, hole mein Tagebuch hervor, und bestelle, als die Kellnerin kommt, ein »Gedeck«. Die Kellnerin tut schockiert, weil eine Frau die Stirn hat, ein Bier und einen Schnaps zu bestellen und nicht irgendein gefrorenes Daiquiri-Erzeugnis, und ich bedenke sie mit einem Blick, und sie macht, daß sie wegkommt, hin zu einer Gruppe von Leuten, von denen sie glaubt, daß die sie vielleicht süß finden.

Genau in diesem Augenblick fängt Malisons Lesung an; das kann ich spüren. Ich finde es sehr passend, sehr aufschlußreich, daß er genau jetzt vor einem Publikum steht, das aus Menschen besteht, die ihn nicht kapieren, und zur selben Zeit sitze ich in dieser Bar, die voller Menschen ist, die, da bin ich ganz sicher, keinerlei Hoffnung haben dürfen, mich je zu kennen oder zu verstehen. Es ist ein einsames Gefühl, aber lieber bin ich allein, als daß ich mich für eine niedrigere Verständnisebene verbiege. Die Kellnerin bringt mir meinen Schnaps und mein Bier und sieht mich an, während ich den Schnaps in das Bier kippe. Sie tut, als hätte ich ihr den ganzen Spaß verdorben. Wenn das Spaß sein soll, den es ihr vielleicht macht, in so einem Laden zu arbeiten und ihr langweiliges, von keinem Zweifel getrübtes Leben zu führen, dann kann sie ihn haben. Viel Spaß! Die Gäste sehen mich genauso an. Mit jemandem, der nicht auf ihrer Ich-bin-ja-so-jovial-und-das-ist-meine-Frau-Schiene fährt, kommen sie nicht zurecht, mit jemandem, der einen genauen Blick auf die bröckelnden Häuserblocks wirft, die das Fundament ihrer nutzlosen Vorstadt-Existenzen bilden. Mit jemandem wie mir.

Dieser Laden erinnert mich an die Bar, die Malison in *Magnetstecker* beschrieben hat, außer daß die Leute vollständig bekleidet sind und nicht aus Benzinkanistern trinken. Die Kellnerin kehrt zurück, und ich bestelle ein weiteres »Gedeck«.

22:20. Ich sitze im schicken Vestibül der Damentoilette hier im Chesterton. Ich hätte auf diese Gedecke nicht auch noch diesen Champagner trinken sollen, aber wenn ich sehr still sitze, kriege ich das bestimmt wieder auf die Reihe. Im Grunde ist es mir nicht einmal peinlich, daß ich mich in der Bar übergeben habe. Ich hatte Probleme, meine Gefühle in Worte zu fassen, also war Kotzen eigentlich eine sehr ironische, sehr angemessene Geste. Ich möchte mich von sowas nicht runterziehen lassen, aber trotzdem verfluche ich diesen verkrüppelten Menschen, weil er mich so abgelenkt hat. Malisons Lesung ist wahrscheinlich inzwischen vorbei, und jetzt dürfte er auf dem Weg zu seinem Hotelzimmer sein. Gottseidank hatte ich Klamotten zum Wechseln dabei. Mein Lieblings-Outfit ist es nicht, aber wenn man bedenkt, daß die erste Wahl mit Kotze bespritzt ist, muß es die zweite Wahl wohl auch tun.

Dieser alte Typ sitzt wahrscheinlich immer noch in der Bar, benutzt seine Serviette, um das Erbrochene aufzuwischen, und versucht die Kellnerin davon zu überzeugen, daß die Welt im Grunde gar nicht so schlecht ist. Er war an meinen Tisch gekommen und hatte gefragt, ob er sich dazusetzen darf, und ich sah von meiner Schreiberei auf und sagte: »Nur zu, setzen Sie sich«, nicht, weil ich Gesellschaft wollte, sondern weil er ganz offensichtlich irgendwo sitzen mußte und alle anderen Stühle schon besetzt waren. Dieser Mann ging an zwei Stöcken, und seine Beine waren verdreht. Jeder Fuß zeigte in eine andere Richtung, als wären sie seitwärts angebracht. Er setzte sich und bat die Kellnerin, sie möge uns die beste Flasche Champagner bringen. Die Kellnerin fragte: »Was feiern Sie denn?« und der Mann breitete einfach die Arme aus und sah sich im Raum um, einmal hin und zurück. Ich sagte: »Feiern Sie diese Bar?« und er sagte: »Nein, ich feiere das Leben!« Ich hätte aufstehen und gehen sollen, aber statt dessen sah ich diesen Mann als jemanden, den ich für einen Text verwenden kann, an dem ich gerade arbeite. Er ist jemand, den Malison als Selbsthypnotiseur beschreiben würde, einer dieser Menschen, der sich selbst davon überzeugt, daß das Leben eine Bedeutung hat, denn die Wahrheit würde ihn zugrunde richten. Es ist, als hätte ihn jemand hypnotisiert, indem er ein Stück Scheiße vor seinem Gesicht hin und her bewegt und sagt: »Sie werden schläfrig . . . Ganz schläfrig.«

Als der Champagner kam, grinste der Krüppel von einem Ohr zum anderen. Und das meine ich wörtlich. Er hatte den breitesten Mund, den ich je an einem menschlichen Wesen gesehen habe. Ich glaube, er hätte sich da problemlos eine Untertasse reinstecken können. Er hatte diesen breiten Mund und sandfarbenes blondes Haar, das ihm seitlich in Büscheln aus dem Kopf wuchs. Obenrum hatte er eine Glatze mit Flecken und Sommersprossen. Er machte großen Wirbel mit dem Öffnen der Sektflasche, und die Leute an den anderen Tischen sahen alle herüber und feuerten ihn an. Alle benahmen sich, als wäre dies wichtig und unvergeßlich. Der Mann schenkte zwei Gläser ein, bemerkte dann mein Tagebuch und sagte: »Ah, wie ich sehe, sind Sie Schriftstellerin.« Das ist, als hätte man seine beiden Stöcke bemerkt, die er gegen den Tisch gelehnt hatte, und gesagt: »Ah, wie ich sehe, sind Sie Krüppel«, aber ich habe mir auf die Zunge gebissen und nur »Ja, ich bin Schriftstellerin« gesagt. Der Mann sagte, er hätte nie viel geschrieben, nur Briefe, aber Lesen sei sein größtes Vergnügen. Dann ratterte er eine Liste der Schriftsteller herunter, die er bewunderte – kleinteilige, mehrheitsfähige Zeitgenossen –, und ich sagte: »Sind die nicht alle längst tot?« und er griff sich ans Herz und sagte: »Ich hoffe nicht!« Es war ihm meterweit zu hoch. Er fragte, wen ich denn gerne lese, und als ich sagte: »Malison«, zuckte er zusammen. Als hätte ich ihm ins Glas gespuckt. Es hat mich angekotzt. Ich brauche die Zustimmung dieses

Mannes nicht, um *irgend*was zu lesen. Ich bin nicht dazu da, seinen Erwartungen gerecht zu werden. Lieber sterbe ich, als daß ich seinen Erwartungen gerecht werde. Seine Einstellung ging mir auf die Nerven, und ich hätte einfach meinen Krempel zusammenpacken und abhauen sollen. Ich fragte ihn, ob er denn auch tatsächlich schon mal was von Malison gelesen hätte, und er sagte, ja, habe er zufällig. Er sagte, er habe neulich mit dem Greyhound-Bus nach St. Louis fahren müssen und plötzlich festgestellt, daß sein Aktenkoffer mit allen Büchern zusammen mit allem übrigen Gepäck unten im Bus verstaut worden war. Er sagte, er hätte acht Stunden damit verbracht, ein Exemplar von *Rotunda: Brandung* zu lesen, welches jemand auf dem Sitz nebenan verlassen hatte. Genau das Wort hat er gebraucht, *verlassen,* um anzudeuten, daß jemand absichtlich von einem gebundenen Malison weggeht.

Dieser Mann fuhr fort, indem er das in Frage stellte, was er Malisons »Abwehrhaltung« nannte, und sagte, er habe bei der Weisheit, wie sie im Prolog zu *Rotunda: Brandung* zum Ausdruck komme, so seine Zweifel. Das ist ja nun der Gipfel der Ironie, daß dieser Mann, dieser Spaßvogel mit den Krückstöcken und dem breiten Mund, Malison in Frage stellen zu dürfen glaubt. Wer glaubt er denn, wer er ist? Dieser Prolog ist eine meiner Lieblingsstellen im ganzen Buch. Da schreibt Malison: »Wenn Du, Leser, Deinen Kopf lang genug aus Deinem eigenen Arsch hochkriegst, daß Du das erste Kapitel bis zu Ende liest, mach nicht den Fehler, Dich selbst zu beglückwünschen. Du besitzt nichts als flüchtigen, momentanen Mut. Die Scheiße auf Deinem Gesicht ist immer noch naß. Sie ist Deine Maske.« Es ist so wahr, aber ich merkte, daß dieser verkrüppelte Typ überhaupt nicht damit klarkam, weil Malison sich mit dem Prolog genau an Leute wie ihn richtet –, an Menschen, die eine Maske tragen. Zwar respektierte ich diesen Breitmaulmann dafür, daß er die Gelegenheit wahrgenommen hatte, aus seiner geistlosen Existenz auszubrechen, ich sah aber, daß er Malisons Welt nur oberflächlich betrachtet hatte. Er schenkte uns Champagner nach, und ich sagte, ich fände nicht, daß es Malisons Aufgabe sei, eine behagliche Welt für Eskapisten zu erschaffen, irgendein Blumenparadies, in welchem Mr. und Mrs. Amerika Hand in Hand lustwandeln und sich für wunderbare Menschen halten können. Malisons gesamte Aussage zielt doch gerade darauf ab, daß kaum jemand ein wunderbarer Mensch ist. Es hatte einen Grund, daß alle Figuren in *Rotunda: Brandung* durchsichtige Körper hatten: die meisten Menschen *sind* durchsichtig. Malison kann durch Mittelstandsmenschen direkt hindurchsehen, und ich kann das auch. Einige von uns haben diese Fähigkeit. Malison und ich sind die Art Schriftsteller, die immer draußen stehen und hineinsehen werden. Hineinsehen, aber nicht anklopfen werden, um eingelassen zu werden. Wir wollen nicht hinein, wenn »drin« bedeutet, daß wir den Preis bezahlen müssen, indem wir genauso seicht und durchsichtig werden wie alle anderen.

Der verkrüppelte Mann kam damit überhaupt nicht zurecht. Er sagte: »Niemand auf dieser Erde ist durchsichtig. Nicht einmal wir.« Ich dachte, er spricht über sich und die anderen Leute in der Bar, und er tat mir leid. Dann schnallte ich plötzlich, daß er sich und mich meinte. Er fand, wir saßen im selben Boot, dabei waren wir nicht mal auf demselben Scheiß-Ozean. Er sagte, wir haben Glück, daß wir in einer Welt leben, die mit einzigartigen komplexen Menschen bevölkert ist. Da ging es mit mir durch, und ich habe mich auf den Tisch übergeben. Es war das perfekte Timing. Alle, die ihn vorher beim Öffnen der Flasche beobachtet hatten, sahen jetzt wieder herüber, aber mit einem ganz anderen Gesichtsausdruck. Ich griff mir einfach meinen Krempel und rannte weg, rannte aufs Klo in der Empfangshalle.

Glücklicherweise hatte ich Kleider zum Wechseln mit. Die frischen Klamotten waren in meinem Matchbeutel, außerdem noch eine Haarbürste, flache Schuhe, meine Zahnbürste, alle Bücher von Malison, ein Walkman, Bänder mit mehreren Lesungen von Malison, die letzten drei Trimesterklausuren, die ich über seine letzten drei Romane geschrieben habe (von den haarsträubenden Kommentaren meiner Lehrer verunstaltet), Kopien aller aufmunternden Briefe, die ich Malison über die Jahre geschrieben habe, ein bißchen Shit, zwei Valium, mein Pessar, alle Kurzgeschichten, die ich geschrieben habe, seit ich fünfzehn war, mein in Entstehung begriffener Roman (zu dem ich wirklich seine Meinung brauche), ein bißchen Tesa und die Lösung für meine Kontaktlinsen. Heute abend wird nichts dem Zufall überlassen!

23:11. Seit einer halben Stunde stehe ich auf dem Flur vor Malisons Hotelzimmer und lese mal wieder meine Lieblingspassagen aus *Magnetstecker* und *Smithy Smithy*. Inzwischen muß seine Lesung längst vorbei sein, und ich habe Angst, sie haben ihn wieder mit so einer sinnentleerten Frage-und-Antwort-Sitzung als Geisel genommen. Mein Gott, was soll er sich denn noch alles bieten lassen?!

Er hatte so müde ausgesehen, als ich ihn heute nachmittag vor meinem Magisterseminar sah. Ich war aufgestanden und auf dem Weg zum Klo, als ich auf dem Korridor an ihm vorbeiging. Es war unglaublich. Die Luft war aufgeladen. Malison trug eine Soldatenhose in Tarnfarben und eine Sportjacke, die aus irgendwas Rauhem hergestellt war, aus Sackleinen oder so. Ich hatte gedacht, er hätte silbriges Haar, aber aus der Nähe konnte ich sehen, daß es irgendwie normal grau war, eine Farbe, die ich viel schöner finde als Silber. Seine Augenlider waren dunkel und geschwollen, weil die Fakultätshäuptlinge ihn ermüdet hatten, aber die Augen als solche hatten eine seltene, intensive Braunfärbung, wie zwei geputzte, glänzende Pennys. Malison ging in Richtung Hörsaal, wobei ihn Brouner, der Dekan, begleitete, dem schier der Mund überging vor lauter Gelaber über sein Lieblingsthema –, sich selbst. Brouner sagte: »Sie haben vielleicht schon von mir gehört. Ich hatte letzten Monat einen Essay über Kunst und Analyse in *Forefront*«, und Malison sagte: »Wenn Sie was in *Forefront* veröffentlicht haben, dann, nein, dann habe ich nichts von Ihnen gehört.« Malison ist so geradeheraus, so sachlich, so uninteressiert an diesen kleinen Spielchen. Er würde lieber sterben als sich bei der Lektüre von *Forefront* erwischen lassen.

Ich versuchte im Korridor, einen Blick mit ihm zu tauschen. Ich wollte ihm zu verstehen geben, daß jeder weiß, was für ein Arschloch Brouner ist, aber dann erschien Professor Niemand und kläffte mich an, mein Aufsatz sei überfällig, und Malison wurde in ein Büro abgedrängt. Ich kann mir gar nicht vorstellen, was ihn jetzt noch aufhält. Wie ich Malison kenne, steht ihm die Englische Fakultät bis hier; er wird durch keine weiteren Reifen springen, die sie ihm hinhalten. Wo könnte er sein? Ich werde hier noch ein paar Minuten lang warten, und wenn er nicht kommt, gehe ich nochmal hinüber zum Pavillon der Gedanken. Die Spannung bringt mich um.

00:09. Ich stehe unter dem Dach der Bushaltestelle auf dem westlichen Unigelände und warte, daß der Scheißregen aufhört, damit ich zum Hotel zurückkann. Der Pavillon der Gedanken war leer, als ich hinkam. Die Show war vorbei. Ich war auf dem Rückweg zum Hotel, als ich vor dem Ratskeller Bethany über den Weg lief, die aufs Geratewohl Leute mit ihrer Videokamera aufnahm (als wäre das nicht schon tausendmal gemacht worden). Bethany legte sofort mit der Malison-Lesung los. »Wo warst du? Mein Gott, du hast es verpaßt. Das glaub ich doch nicht.« Manchmal kann Bethany richtig anmaßend, richtig insidermäßig sein, und das macht mich rasend. Außerdem lügt sie oft. Manchmal glaube ich, sie merkt gar nicht, daß sie lügt. Sie gab sich schon wieder so überlegen und sagte mir, kurz vor der Lesung heute abend hätte Malison sie angesprochen, um eine Zigarette angeschnorrt und etwas Zeit mit ihr verbracht.

Genau, mit Bethany.

Dann hat sie mir gesagt, er hätte eine kapitelähnliche Passage aus einem gerade entstehenden Werk vorgelesen, und ich habe mir die Ohren zugehalten, denn was es auch ist, ich will es nicht von Bethany hören. Sie ist eine erbärmliche Geschichtenerzählerin, und ich will nicht, daß sie Malisons Werk durch ihre Übersetzung zerkaut. Sie sagte, sie hätte die Lesung auf Video, aber keine Aufzeichnung könne die Intensität der Lesung einfangen. Sie sagte, ich kann mir das Band gern mal ansehen, werde es aber wahrscheinlich nicht kapieren können, da ich nicht persönlich dabei war.

Diese Einstellung macht mich echt krank. *Ich* kann wahrscheinlich Malison nicht kapieren? *Ich?* Das ist aber schon die reine Ironie, besonders aus dem Munde von Bethany, die von Malison noch nicht mal gehört hatte, bis ich ihr letztes Semester mein Exemplar von *Smithy Smithy* geliehen habe. *Ich* kann es wahrscheinlich nicht kapieren?

Also habe ich gesagt: »Bethany, Malison ist *mein* Schriftsteller, und ich glaube, ich könnte ihn auch verstehen, wenn er Ägyptisch spräche.« Und sie hat gesagt: »Mir war gar nicht klar, daß du irgendwelche Schriftsteller besitzt, Anastasia. Hast du noch mehr davon in deinem Stall?« *Stall* ist ein vertrautes Wort für Bethany. Bevor ich sie auf Malison angetörnt habe, kam sie mit Scheiß-Reithose in die Uni, trug einen dicken Zopf und zeichnete in ihrem Notizheft Pferdeprofile auf die Seitenränder. Bevor ich sie auf Malison angetörnt habe, bestand Bethanys schriftliches Werk aus blumigen kleinen Sätzen, die mit »'s ist« und »Oftmals« anfingen, als hätte sie mit einem Scheiß-Gänsekiel geschrieben, den sie in ein Tintenfaß tunkt, wobei sie auf einem bestickten Sessel sitzt, von sanftem Kerzenschimmer beleuchtet. Dann fing sie über Nacht an, wie Malison zu schreiben, und unternahm sonstwas, um seinen Namen im Unterricht zu erwähnen. Wenn es dann »Nehmen Sie Stellung« hieß, zerfetzte sie meine Geschichte und sagte, mein Schreiben sei offensichtlich stark von Malison beeinflußt. Ich habe schon wie Malison geschrieben, als ich noch gar nicht wußte, wer Malison war. Ich habe schon immer wie Malison geschrieben, also habe ich gesagt: »Vielleicht schreibt Malison wie ich«, und sie hat gesagt, (vor dem gesamten Leistungskurs) hat sie gesagt: »Und *wo* genau hätte Malison etwas von *dir* gelesen?« Sie ist so von sich eingenommen, seitdem diese Geschichte in *Post-Plane* erschienen ist. Wer liest denn schon *Post-Plane?*

Bethany ist so durchsichtig. Ich bin sicher, wenn Malison tatsächlich mit ihr gesprochen hat, dann nur, um ein Gefühl für die Dummheit seines Publikums zu kriegen. Sie sagte mir, sie hätte ihn zu einem Drink nach der Lesung eingeladen, aber er habe gesagt, er müsse sofort zurück nach New York, weil seine Frau ein Baby erwarte. Das war nur ein Vorwand, um Bethany loszuwerden. Malison hat gelogen, er wollte sie nur abhängen. Ich weiß das, weil Russell Marks mir erzählt hat, daß er Malisons Frau, Teresa Compton, vor zwei Monaten in einem Restaurant in New York City gesehen hat, und Mark hat mir erzählt, es hätte ausgesehen, als hätte Teresa Compton abgenommen. Abgenommen! Wie schwanger kann sie da sein? Mark hat mir außerdem gesagt, daß Malison und Teresa die Scheidung eingereicht haben und jetzt getrennt leben, ich bezweifle also stark, daß sie schwanger ist. Malison hat nur eine Nebelkerze geworfen, um sich vor Bethany zu schützen. Ich weiß das zuverlässig, weil ich sofort, nachdem ich mit Bethany gesprochen hatte, im Chesterton angerufen und gefragt habe, ob A. Davenport schon ausgezogen sei. Dann habe ich mich mit Zimmer 822 verbinden lassen. Als Malison ans Telefon ging, habe ich aufgelegt. Ich wollte mich nicht am Telefon vorstellen, deshalb habe ich höflich aufgelegt, und wenn dieser Regen nicht innerhalb der nächsten sechzig Sekunden aufhört, werde ich sagen, dann eben nicht, und zu diesem Hotel zurückrennen, ob es nun regnet oder nicht.

00:54. Ich bin wieder im Chesterton, im Vestibül des Damenklos, und warte, daß meine Strumpfhose trocknet. Ich habe sie in den Händetrockner gestopft, und das ist sehr lästig, weil ständig Frauen reinkommen und mich deswegen behelligen. Sollen sie sich doch die Hände am Rock abtrocknen, das bringt sie auch nicht um. Wer sind sie denn? Meine Zweitklamotten sind pitschnaß, deshalb habe ich jetzt wieder die eigentliche erste Wahl an. Das meiste habe ich schon früher im Laufe des Abends rausgespült, und man bemerkt kaum noch Kotze, außer auf meiner Bluse. Wenn ich davon ausgehen könnte, daß eine dieser Frauen auch nur ein Jota Mitgefühl aufbringt, hätte ich gefragt, ob ich einen Spritzer Parfum ausborgen kann, der das hartnäckige Geruchsproblem gelöst hätte, aber Verständnis scheint hier im Chesterton Mangelware zu sein. Ich habe mein Make-up erneuert und den Händetrockner bei meinem Haar eingesetzt, bevor ich die Strumpfhose hineingestopft habe. Es ist schwer, die Frisur in Form zu bringen, wenn man sich dabei so vorbeugen muß. Sie wurde dann sehr 70er-Jahre-mäßig, so eine Art Jerry-Hall-über-die-Schulter-Kiste, aber damit werde ich wohl leben müssen.

Später. Ich klopfe an Malisons Tür, Zimmer 822. Ich höre, daß im Fernsehen ironischerweise *Die Stunde des Gebets* läuft, ich weiß also, daß er noch da ist. Ich klopfe ein bißchen lauter, und es ist mir so peinlich, als ich, nach der fünften Runde – und inzwischen ballere ich richtig gegen die Tür –, höre, wie die Toilettenspülung betätigt wird. Ich hasse es, wenn sowas passiert, wirklich wahr. Ich trete einen Schritt zurück und sammle mich und senke den Blick und betrachte die Auslegware, und jemand öffnet die Tür, aber es ist nicht Malison. Es ist dieser Mann aus der Bar, der Mann mit den beiden Stöcken, und er stützt sich auf sie und grinst wie ein geschnitzter Kürbis. Und das Allerschlimmste, das Widerwärtigste daran ist, daß er nicht im mindesten erstaunt scheint, mich zu sehen.

Musik für Liebende

Anita O'Day wurde neulich im Radio interviewt, auf einem der Sender, die ich so mag. Sie war jahrelang drogenabhängig, behauptet aber, sie sei wieder davon losgekommen. Sie sagte dem Interviewer, sie hätte Drogen genommen, weil ihr danach gewesen sei, Drogen zu nehmen. Dann, als ihr nicht mehr danach war, ist sie nach Hawaii gegangen, wo die Drogenhändler sie nicht kannten. Ich fand, sie hörte sich betrunken an. Sie sagte: »Ich heiße O'Day; das ist ein Schüttelreim, und D'Oay heißt Kohle, Kohle, jede Menge Kohle.« Sie muß betrunken gewesen sein, wenn sie so einen Stuß verzapft. Sie hat behauptet, ihre Plattenfirma wird von ihrem Hund geleitet und finanziert. Besoffen.

Es stellt sich heraus, daß bei Anita O'Day das Zäpfchen fehlt, dieser kleine Fleischbeutel, der bei fast jedem hinten am Gaumen hängt. Ihr Zäpfchen wurde in ihrer Kindheit bei einer Mandeloperation versehentlich entfernt. Damals war sie jung. Inzwischen hat sie sich angepaßt, hat sich ganz schön einen Namen gemacht.

Ich hatte Anita O'Day vorher schon x-mal singen gehört, war aber sehr aufgeregt, als der Sender, gegen Ende des Interviews, ein paar ihrer Songs spielte. Es hörte sich für mich vollständig neu an, weil ich jetzt wußte, daß ihr das Zäpfchen fehlt. Offensichtlich ist, außer dem Blinddarm-Appendix und den Mandeln, das Zäpfchen auch etwas, ohne das wir auskommen können. Seit dem Interview kriege ich ihn nicht mehr aus dem Kopf, den Gedanken an dieses Übergepäck. Ich muß würgen, aber trotzdem stochere ich ständig mit allem, was sich gerade dafür eignet, an meinem Zäpfchen herum. Ganz komisch. Am liebsten würde ich eine Schere nehmen und das verdammte Ding abschnippeln. Es würde natürlich bluten wie der Teufel, aber es würde mich nicht umbringen.

Ich bin kein Arzt, habe aber genug gelesen, um zu wissen, daß alles längst nicht so kompliziert ist, wie es klingen soll. Das meiste ist schlicht gesunder Menschenverstand. Zum Beispiel habe ich bei meiner Tochter, Dawn, mehrfach Wunden vernäht. Wenn man einen Knopf an ein Hemd nähen kann, kann man auch eine Wunde nähen. Man muß nur aufpassen, daß man eine saubere, spitze Nadel und einen starken Faden nimmt. Ich empfehle ungewachste Zahnseide. Verwenden Sie auf gar keinen Fall Garn. Letztes Jahr war ein Engpaß, und Dawn macht mich immer noch für die Narbe auf ihrer Stirn verantwortlich. Ich habe damals gesagt, und ich sage auch jetzt, daß ich nie und nimmer irgendeinem Doktor dreihundert Dollar zahle, nur weil meine Tochter sich betrunken hat und hingefallen ist. Sie hat bestimmt nicht soviel Geld, und der, der sie geschubst hat, ist auch nicht vorgetreten und hat gesagt, er will zahlen. Ich stottere immer noch den letzten Krankenhausbesuch ab. Den werde ich wahrscheinlich bis an ihr Lebensende abzahlen. Ärzte, Krankenhäuser und Versicherungen. Je weniger wir mit solchen Leuten zu tun haben, desto besser geht es uns. Die glauben, mit uns können sie alles machen, und wenn es nach ihnen geht, soll das auch so bleiben.

Vor zwei Jahren, als Dawn fünfzehn war, ist sie vom

Dach gefallen. Sehen Sie mich nicht an. Ich habe keine Ahnung, was sie da oben gemacht hat. Ich danke Gott, daß sie auf den Beinen gelandet ist. Ich habe sie aufgelesen, als sie über den Rasen taumelte, und habe mir wegen ihrer Fußknöchel Sorgen gemacht. Sie fühlten sich geschwollen an, also habe ich sie eingerenkt und zwei prima Gipsverbände angelegt, die, wie sich herausstellte, ein bißchen zu stramm saßen. Schließlich war ich gezwungen, sie zum Krankenhaus zu tragen, wo ein machthungriger Chirurg entschied, er müsse ihr beide Füße amputieren. Ich bin immer noch überzeugt, daß ihre Füße diese Farbe nicht wegen Wundbrand hatten, sondern weil sie dreckig waren. Wessen Füße wären wohl nach drei Wochen in Gips nicht dreckig?

Anita O'Day ist die erste Musik, die ich mir angehört habe, seitdem ich den Stereo losgeworden bin. In meinem Ohr steckt immer noch ein Stückchen Klopapier. Das mußte ich mir hineinschieben, um die neue Musik, die Dawn immer hörte, auszusperren. Das Papier steckt ganz weit oben im Gehörgang, und ich traue mich nicht, es selbst herauspulen zu wollen. Alle sagen: »Keine spitzen Gegenstände ins Ohr stecken.« Damit stößt man bei mir auf offene Ohren (ha ha). Aber ernsthaft, das Ohr ist komplex und empfindlich. Meine Ohren jedenfalls.

In letzter Zeit hätte ich statt Papier lieber ein Stück Metall im Ohr. Dann könnte ich es mit einem starken Magneten wieder herausziehen. Es würde ein befriedigendes Geräusch machen, wenn es gegen den Magneten prallt. Klink!

Wenn ich Musik höre, entspanne ich mich gern und stelle mir vor, welchen Platz ich dort einnehmen würde. Ich glaube, das ist allgemein üblich. Ich stelle mich mir gern als den Sänger vor, oder, wenn eine Frau singt, tue ich, als hätte ich den Song geschrieben und spielte alle wichtigen Instrumentalsoli. Im allgemeinen höre ich keine Musik im Radio. Da fehlt mir die Zeit, mich angemessen in Szene zu setzen.

Ich wüßte zum Beispiel gern, wo ich auftrete. Wie viele Leute sind im Publikum? Wie sind die zusammengesetzt? Üblicherweise male ich mir aus, wie ich in kleinen Klubs auftrete, wo das Publikum während meines Sets nicht trinken oder herumwandern darf. Sie ruinieren mit ihrem verdammten Gläserklirren meine Konzentration. Fast immer stelle ich mir Carol vor, meine Ex-Frau und Dawns Mutter, wie sie während meines Nachtklub-Auftritts auftaucht. Manchmal gestatte ich ihr, bis zum Ende meines Sets zitternd am Eingang zu stehen, und dann rennt sie zu mir und bettelt um Vergebung. Das Dumme daran ist, daß Carol sich nicht mal tot in einem der Klubs blicken lassen würde, die ich in meiner Phantasie bespiele. Balladen sind ihr absolut wurscht, alles, was nicht schnell und tanzbar ist.

Es wird sehr kompliziert und ermüdend, sich das alles vorzustellen, deshalb höre ich kaum noch Musik. Rundfunksendungen dagegen verfolge ich mit großer Aufmerksamkeit, und ich habe eine ganz eindrucksvolle Tonbandsammlung. Ich habe sämtliche Iran-Contra-Hearings auf Maxell aufgenommen, in Studioqualität. Ich habe versucht, Dawn für die Hearings zu begeistern, aber sie war nicht interessiert. Daniel Inouye fehlt ein Arm, und das hat ihn auch nicht aufhalten oder vom Radio fernhalten können! Ich habe eine komplette Sammlung, drei Jahre *National Press Club,* plus mehrere nicht leicht zu kriegende Kommentare von Noel Proctor. Ich habe Bänder, auf denen ich selbst bei »Larry King Live!« anrufe und persönlich mit Gästen wie Ed Meese, Tommy Smothers, Bob Hope und mit Jim Brady spreche, vor *und* nach seinem Unfall. Welches war das bessere Gespräch? Urteilen Sie selbst. Die Moderatoren der Lokalsender erkennen mich an der Stimme und respektieren, wie ich ihre Gäste herausfordere. Es ist nicht leicht, zu einer dieser Sendungen durchzukommen, aber wenn man hartnäckig ist und etwas zu sagen hat, findet man auch einen Weg, seine Meinung zu verbreiten.

Ich versuche oft, Dawn zu ermutigen, sie soll doch auch mal bei ein paar Sendungen anrufen und offen ihre Meinung zu den anstehenden Problemen äußern. Wie dumm von mir, Zeitverschwendung. Entweder klebt sie vor dem Fernseher, oder sie klammert sich ans Telefon und ruft ihre sogenannten Freunde an. Manchmal möchte ich sie einfach schütteln, bis das Leben aus ihr schwindet, um auf die Ätherwellen im Nachthimmel zu deuten und ihr zu sagen, gottverdammtnochmal, da draußen denken Menschen.

Nachdem ich den Fernseher losgeworden war, fing Dawn damit an, sich jede Menge Rockmusik anzuhören. Ich kann mich an keinen einzigen Namen dieser Bands erinnern. Für mich war das einfach eine einzige, grauenvolle Platte. Diese ganzen Engländer mit ihren lustlosen Stimmen erinnern mich an Leute, die sehr langsam durch den Müll latschen, den sie auf dem Antlitz dieser Erde verstreut haben. Dawn saß in ihrem Sessel und hörte diese Platten, eine direkt nach der anderen, und das war einfach nicht gesund. Es war Musik, die populär war, als sie sich mit einem Jungen namens Rusty Miller traf. Rusty hinten, Rusty vorne, so ging das die ganze Zeit. Mit Rusty ging die Sonne auf, mit Rusty ging sie unter. Rusty war nicht der richtige Typ für Dawn, aber das konnte, wollte sie natürlich nicht sehen. Meiner Meinung nach hat er seinem Haar zuviel Aufmerksamkeit geschenkt. Oben war es hochgesprüht und an den Seiten schulterlang. Schönes Haar, wie bei einem Mädchen. Dawns Haar sollte mal so gut aussehen. Mehr als einmal hat sie gedroht, mit diesem Rusty-Typen durchzubrennen. Dramatisch. Sie versuchte mich davon zu überzeugen, daß sie von ihm schwanger ist und ihn heiraten muß. Dazu wollten sie in den nächsten Bundesstaat fahren. Ich wußte, daß sie log. Eher werde ich schwanger, aber ich habe gesagt: »Na gut, na schön, wie man sich bettet, so liegt man.« Aber wo war Miller, als meine Tochter ihre Füße verlor? Sagen Sie's mir. Er war kein Freund für schlechte Zeiten, und ich sage ihr, gut, daß sie das gemerkt hat, bevor es zu spät war. Ich habe das bei Carol zu spät gemerkt. »Sieh mich an«, habe ich gesagt.

Ich nahm an, daß Dawn sich mit jemand anderem angefreundet hatte, als sie anfing, diese neue Musik zu hören. Sie hört sie im Radio und hat sich auch ein paar Platten besorgt, große 45er, so groß wie normale LPs. Das sind Songs, die retuschiert worden sind, so daß die Sänger stottern und die Musik auf sich selbst zurückfällt. Derselbe Text wird immer und immer wieder wiederholt, als wäre er zum Auswendiglernen gedacht. Simple, dumme Texte, die ständig wiederholt werden. »I I I I I I I, I need, I need you.« Es ist, als wäre die Platte absichtlich zerkratzt. Normale, denkende Menschen fragen sich vielleicht: »Habe ich diesen Satz nicht schon gehört?« Sie stellen vielleicht fest, daß diese unermüdliche Wiederholung – bestenfalls – überflüssig und – schlimmstenfalls – eine Beleidigung der menschlichen Fähigkeit ist, sich auf irgend etwas von Wert zu konzentrieren. Dawn sagt, zu dem Beat kann man fein tanzen. Tanzen? Sie? Ich sage: »Ich will ja nicht kleinlich sein, aber braucht man zum Tanzen nicht zwei Füße?« Diese Musik ermutigt sie noch dazu, in einer Phantasiewelt zu leben, in der alles rosig und ganz leicht möglich ist –, man braucht nicht zu arbeiten, lehnt sich einfach zurück und träumt, träumt, verträumt das ganze Leben.

Sie kriegt diese Platten von irgendeinem Jungen, der hier in der Nähe wohnt. Ich habe ihn ein paarmal auf der Straße gesehen, barfuß und ohne Hemd, aber mit einer großen Haarbürste, die aus dem Bund seiner Turnhose ragt. Barfuß geht er doch nirgendwohin, also wozu braucht er eine Haarbürste? Er legt es doch geradezu darauf an, auf einen Nagel oder eine der Glasscherben zu treten, die ich vor Dawns

Fenster ausgestreut habe, und ich kann es gar nicht erwarten, daß er das endlich mal macht.

Von den Songs, die Dawn ständig spielte, bekam ich Kopfschmerzen, bekamen wir beide Kopfschmerzen. Meine gingen weg, als ich den Plattenspieler auf ein hohes Regal in meinem Schlafzimmer gestellt hatte. An das Regal kommt Dawn nie ran. Ich persönlich muß die Trittleiter benutzen, was mir ganz recht ist, weil es mich dazu zwingt, für die Musik zu arbeiten, die ich früher als selbstverständlich hingenommen habe. Als Dawns Kopfschmerzen nicht weggingen, habe ich mir gedacht, daß es wahrscheinlich mit ihren Weisheitszähnen zu tun hatte. Haben Sie eine Ahnung, wieviel es kostet, sich die Weisheitszähne von einem Zahnarzt ziehen zu lassen? Ich habe etwas Forschung betrieben, und die Prozedur ist wirklich nicht so kompliziert, wie man vielleicht glaubt. Das schaffe ich schon. Diese Zähne müssen raus. Wenn die unbehandelt bleiben, könnten sie sich durch ihren Schädel und in ihr Gehirn hineinfressen und jeden anständigen Gedanken auslöschen, zu dem sie möglicherweise noch fähig ist.

Wir kommen zurecht

Wir wischen die Küche in der leerstehenden Kellerwohnung, meine Mutter und ich. Sie öffnet den Schrank unter dem Spülstein und nimmt den Schimmel zur Kenntnis, der sich in die Ecken kuschelt. »Ich werde dich zerstören«, flüstert sie und betätigt langsam den Abzug der Sprühflasche mit dem Desinfektionsmittel. »Du bist Abschaum, hörst du? Abschaum.«

Wenn sie jeden Fleck persönlich anredet, ist das ein untrügliches Zeichen, daß meine Mutter allmählich rachsüchtig wird. Ich stelle das Radio an und hoffe, sie damit abzulenken. »Bitte nicht«, sagt sie. »Nicht sowas, nicht jetzt.« Sie sagt es, als wäre ich ein Freier, der ihr beim ersten Stelldichein die Hand unter die Schürze zu stecken versucht. An diesem Punkt ballere ich mit der Faust gegen die Kühlschranktür und sage: »Ma, ich bin einsam.«

Gestern nacht habe ich gesehen, wie jemand das im Fernsehen machte, ein hübscher, sonnenverbrannter Pionierjunge in einem verschmutzten Planwagen. In dem Film umarmte die Mutter den Jungen, streichelte ihm den Kopf, spendete ihm Worte des Trostes und starrte den hellen Horizont an, der plötzlich vor ihr auftauchte.

In der Kellerwohnung wringt meine Mutter ihren Schwamm aus und sagt: »Einsam? Was einsam ist, wirst du merken, wenn du nicht sofort aufhörst, dich wie ein gottverdammter Affe zu benehmen, und dich statt dessen mal ein bißchen am Riemen reißt. Dann merkst du nämlich, was einsam ist.«

Wie ein Affe? Gott segne sie, meine Mutter glaubt, ohne sie wäre ich einsamer.

»Du bist jetzt der Mann«, sagte sie, als mein Vater gestorben war, »du bist der Mann.« Dann drehte sie sich zu Popeye um, unserem gescheckten Kater, und sagte: »Du bist jetzt der Kater, Popeye, du bist der Kater«, als hätte sie die ganze Zeit einen Schleier vor dem Gesicht getragen und nie gewußt, daß wir immer schon Menschen und Katzen waren.

In der Nacht nach seiner Beerdigung zerschmetterte meine Mutter die Fenster des Pontiac mit einem Golfschläger. Ich war im Bett und sah fern, als ich den Lärm hörte und barfuß im Bademantel nach draußen rannte, weil ich dachte, es wäre jemand, vielleicht irgendwelche Kinder, und da stand sie mit dem Golfschläger neben dem Auto. Die Windschutzscheibe war mit einem Netz von Rissen überzogen und sackte langsam in sich zusammen, und sie trat zurück, um noch einmal auszuholen. Auf ihrer Stirn saß ein Nachtfalter. Ich nahm ihr den Schläger aus den Händen und sagte: »Mutter, hör mir zu. Das ist *unser* Auto. Warum nicht das von den Dinellos oder von den Ablemans?« Sie sagte, sie nimmt lieber den Pontiac, weil es ihr gutes Recht ist, ihren eigenen Besitz zu zerstören.

Ein weiterer Nachtfalter, strahlend und gefleckt, ließ sich auf ihrer Schulter nieder, und wir alle sahen zu, wie sich die Windschutzscheibe eindellte und zusammenfiel und Klümpchen wie zerkleinerte Eiswürfel auf Armaturenbrett und Vordersitze regneten.

Wir ersetzten als Übergangsmaßnahme die Windschutzscheibe durch Plastik. Ich fahre aufs Geratewohl mit, den Kopf wie ein Hund aus dem Fenster gesteckt, während meine Mutter langsam fährt und flucht, und die Zigarette hängt ihr aus dem Mund wie eine Zündschnur. Die Fahrer hinter uns schimpfen und hupen.

»Hör sie dir an«, sagt meine Mutter und klammert sich ans Steuer, »wie eilig sie es alle haben, damit sie ihren großen, dicken Herzinfarkt nicht verpassen.« Es berührt mich peinlich, daß sie sich nicht in anderen erkennen kann. »Der Trick ist, daß man sich von seiner Wut nicht auffressen läßt«, flüstert sie zwischen zusammengebissenen Zähnen hervor, bleich die Fingerknöchel. Sie sagt, sie hätte gern seine Leiche exhumiert, damit sie drauf spucken kann.

»Das wird Geld kosten.«

»Wir fahren nachts mit Schaufeln hin, nur wir zwei«, sagt sie. »Was soll das schon kosten?«

Ich sage: »Er ist jetzt vergammelndes Fleisch, mit langen Fingernägeln. Das willst du doch nicht sehen.«

»Teures Geld würde ich dafür zahlen, sowas sehen zu können. Nenn mir deinen Preis.«

Das war vor Monaten, bevor sie ihre Theorie entwickelte, daß er gar nicht tot sei. In dieser Phase verbrachte sie viel Zeit nach Art von Hellseherinnen. Sie legte die Zeigefinger gegen die Schläfen und verkündete: »Eben jetzt sitzt er neben einem Tümpel –, nein, einem Becken. Ich sehe einen Swimmingpool und eine ... karierte Badehose, eine nasse Badehose. Ich sehe ein Sprungbrett und ... Was ist das? Ich sehe eine Cocktail-Serviette mit der Aufschrift ... ›Fort Cheswick‹ –, nein, das nehme ich zurück! Da steht ›Port Selznick ... Country Club‹. Darunter steht noch was ... etwas mit ganz kleinen Buchstaben ... Ich sehe den Buchstaben H und den Buchstaben V und ...« An diesem Punkt ließ sie kraftlos den Kopf auf die Tischplatte sinken. »Verdammtnochmal«, sagte sie. »Ich hab's verloren. Ich war so nah dran, Dale, und dann habe ich es verloren, als du den Krach mit den Eiswürfeln gemacht hast.«

Ich schenkte mir eine Pepsi ein und erinnerte sie daran, daß wir beide nach dem Unfall seine Leiche gesehen hatten. Wir haben seinen Arm gesehen, an der Schulter abgerissen und in einem separaten Sack neben ihm.

»Er war in einer Schublade«, sagte ich. »Normale, gesunde Erwachsene verbringen ihre Zeit nicht freiwillig in einer eiskalten Leichenhalle. Wenn er zu dieser Art von Scherzen geneigt hätte, hätten wir das höchstwahrscheinlich vorher schon mitgekriegt.«

»Er hat mich fünfzehn Jahre lang angelogen, warum sollte ich ihm also jetzt glauben? Vielleicht lebt er ja mit einem Arm. Ist alles schon vorgekommen.«

Margery, die Schwester meiner Mutter, nennt dies »Evelynes Verleugnungsphase«. Seit dem Tod meines Vaters ist meine Mutter ihrer Schwester Margery nähergekommen, welche sie mit Wahlsprüchen wie »Gott macht keine Tür zu, ohne eine andere zu öffnen« und »Immer einen Tag nach dem anderen«, und – dem Lieblingsspruch meiner Mutter – »Du bist nicht schlechter als deine Geheimnisse« versorgt.

Mir ist schlecht.

Ich reinige gerade den Kühlschrank in der Kellerwohnung, als ich zwei Eichhörnchenschwänze im Gemüsefach und noch einen, mit dem echten Artikel verbunden, in Zeitungspapier gewickelt im Tiefkühlfach finde. Das Eichhörnchen sieht bemitleidenswert eifrig aus, die Pfoten neben der schrecklichen, vollen Schnauze gefroren.

»Ach, dieser Nick Papanides war ein kranker Kunde«, sagt meine Mutter und meint damit den früheren Mieter. »Er und ich standen eines Tages letzten Monat im Hintergarten, als Popeye ein Eichhörnchen anschleppte, wie er das manchmal macht –; es war noch nicht ganz tot. Es hat ihm einen guten Kampf geliefert, aber man merkte doch, daß dieses Eichhörnchen keine Bäume mehr raufklettern wird. Man konnte nur Mitleid haben. Wir stehen also da, als Nick fragt: ›Darf ich?‹ Also hab ich gesagt: ›Wir leben in einem freien Land –, tun Sie sich keinen Zwang an.‹ Da wirft er ein Handtuch über das verdammte Ding, trampelt ein paarmal darauf herum und trägt es in die Wohnung. Er hat sie immer mit Auberginen gekocht«, sagte sie. »Ich kann nicht sagen, daß ich ihm nachweine. Nicht für Geld würde ich ein gottverdammtes Eichhörnchen fressen –; ist doch nur eine Ratte mit langen Fingernägeln und hübschem Schwanz.« Sie hält inne, um sich mit der rauhen Seite eines Scheuerschwamms am Fußknöchel zu kratzen. »Es gibt einen Typ Mensch, der Kellerwohnungen mietet«, sagt sie. »Die brauchen eine niedrige Zimmerdecke, die zu ihrem Selbstgefühl paßt. Nicht für *Geld* würde ich unter Rohren leben, die nur zwanzig Zentimeter über meinem Kopf hängen. Wir sollten versuchen, die Dachkammer zu vermieten –, zur Abwechslung mal ein paar muntere Menschen ins Haus.«

Ich fand Nick munter genug. Er war keine Shirley Temple, aber er war auch nicht der bedrückte Maulwurf, als den meine Mutter ihn mir zu verkaufen suchte. Bevor er auszog, lagen Nick und ich oft auf seinem großen Wasserbett, nackt, und lauschten der Stimme und den Schritten meiner Mutter, wenn sie mit dem Telefon auf und ab schritt.

»Heute abend sie legt jede ihrer Karten auf einen Tisch«, sagte Nick dann.

Es hat mich umgebracht, wie er eine Redensart zusammenstellte. Statt »wo das Becken tief ist«, sagte er: »In dem Teil, wo das Wasser mehr hoch ist als dein Kopf.«

Auf diese oder jene Weise findet man Dinge über Menschen heraus. Wenn ein Mieter ausgezogen ist, finden wir immer etwas, versteckte und vergessene oder einfach zurückgelassene Objekte. Wir haben Pillenfläschchen und Geburtstagskarten gefunden, Tonbandkassetten und Schmuck und Zeichnungen auf der Rückseite von Spielkarten. Wir benutzen diese Dinge, um uns ein besseres Bild von Menschen zu machen, die wir zu kennen glaubten.

Tom Dodges hat zum Beispiel zwei tintenfleckige Büstenhalter hinterlassen, einen Glaskrug mit Schraubverschluß voller Benzin, ein Buch über Bauchrednerei und einen Kissenbezug mit Hundehaaren drin. Tom Dodges, ein ausgewachsener Mann! Er zog aus, um eine Technische Hochschule zu besuchen, und wurde durch einen lauten Volltrottel ersetzt, den meine Mutter und ich den »Sportler« nennen. Der Sportler arbeitete als Drucker und beschenkte mich mit Dutzenden zwölfteiliger Jahreskalender, auf denen nackte Frauen abgebildet waren, die sich gegen Motorräder lehnten oder über die Kühlerhauben funktionsgestörter Autos beugten: Frauen, die Werkzeuge hielten als wären sie Trophäen für Keckheit und Schamlosigkeit.

»Für deine Sammlung«, flüsterte er. Irgendwann schlug ich sie gar nicht mehr auf.

Der Sportler war klinisch von jedem Spiel besessen, in dem ein Ball oder eine Kugel vorkam. Jedes runde Objekt, das sich über den Boden oder durch die Luft bewegte; mit Stab oder Schläger geschlagen, getreten, gedribbelt, von Hand weitergegeben oder mit Queue, Holzhammer oder Paddel gepufft –, es nahm seine volle Aufmerksamkeit in Anspruch. Er verfolgte alle Spiele, entweder im Fernsehen oder im Radio, die Lautstärke so hoch aufgedreht, daß man es in der ganzen Straße hören konnte. Er hatte die Angewohnheit, den Spielern, egal, wo er gerade war, gute Ratschläge zu erteilen. »Cahill, du hast doch Scheiße im Kopp, wo liegt das Problem? Du brauchst doch einen weißen Stock, du Blindfisch. Gib das Trikot doch deiner Mutter, du schwules Stück Scheiße.«

Das ging mir aber schon in großem Maßstab auf die Nerven. Sogar mit Watte in den Ohren konnte ich ihn in meinem Zimmer noch hören. Ich bemühte mich, ihm aus dem Weg zu gehen, aber gewisse Menschen kapieren einfach keine Andeutungen. Sobald ich an seinem Fenster oder an seiner offenen Tür vorbeikam, rief er: »Hey, Dale, kuckst du das Spiel?«

»Nein.«

»Du machst doch Witze, oder? Die *Stallions* liegen mit acht Punkten in Führung, es sind noch zwanzig Minuten zu spielen, und du willst mir erzählen, daß du nicht kuckst? Was bist du, ein gottverdammter Streber, der seiner Lehrerin polierte Äpfel schenkt?«

Heftig rieb er mit beiden Händen seine schwitzende Bierdose, eine vertrottelte Illustration des Verbs *polieren,* und dann verlangte glücklicherweise der im Fernsehen gesendete Ball seine Aufmerksamkeit, und ich konnte passieren.

Der mit Leichtigkeit schlimmste Tag meines gesamten Lebens war der Oktobernachmittag, als der Sportler mich zu einem regelrechten Footballspiel mitnahm. Er hatte die Karten im voraus gekauft und alles mit meinem Vater arrangiert. Ich würde eher eine dick mit Vaseline belegte Stulle essen als mir zwei Minuten Football im Fernsehen ansehen, geschweige denn ein echtes Spiel *live.* Drei Tage vorher begann ich, Krankheit vorzutäuschen, unbarmherzige Fröste, die mit Gedächtnisverlust und steifen Gelenken einhergingen. Ich war in meinem Zimmer und stöhnte, als der Sportler an meiner Tür erschien, von meinem Vater begleitet.

»Wer sind Sie, und was wollen Sie von mir?« fragte ich, die steifen Arme ins Licht gereckt. »Mir ist kalt, so . . . kalt. Wann hört denn endlich der Winter auf? So . . . kalt. Wenn Sie nur einen Funken Anstand besitzen, werte Herren, lassen Sie mich allein, damit ich in Würde sterben kann.«

»Steh auf und zieh dich an«, rief mein Vater und riß mir die Bettdecke fort. »Oder du mußt im Pyjama hin.«

Ich versuchte es nochmal. »Hin? Hin? Wohin? Bringen

Sie mich ins Krankenhaus? Wird es dort warm sein? Wer sind Sie? Sind Sie einer der Soldaten, die gestern zu Besuch weilten? Ich sage Ihnen doch, wir haben kein Brot mehr. Wir haben schon seit Wochen kein Brot.«

»Hey, Alter«, sagte der Sportler, als ich ein paar Minuten später auf dem Bürgersteig zu ihm stieß. *»Give me five.«*

Wir nahmen einen Bus zum Stadion, und dieser Bus wimmelte von Passagieren, und mit jedem einzelnen brach Mr. Nett ein Gespräch zum Thema bevorstehendes Spiel vom Zaun, und alle schienen ihn bezaubernd zu finden. Das Stadion war noch schlimmer. Sobald das Spiel begann, war es um den Sportler geschehen, und er schrie und sprang auf und feuerte die jeweils Besten an. Es war eine sichere Wette, daß er bis lange, nachdem der letzte Ball verschossen war, nirgendwohin gehen würde. Ich entschuldigte mich und nahm den nächsten Bus nach Hause. Es war niemand da, also durchwühlte ich die Küchenschublade und fand den Ersatzschlüssel zur Wohnung des Sportlers, weil ich mir dachte, ich gehe mal runter und stelle ein paar Nachforschungen an. Das habe ich bei jedem Mieter gemacht, und warum auch nicht? Das Haus ist schließlich auch teilweise mein Haus. Ich wollte die jämmerlichen Geheimnisse des Sportlers entdecken: die Laken, urinbefleckt und mit Haaren dekoriert, die Zeitschriften neben einer fauligen Kloschüssel, die Rezepte und Briefe, die alle aufbewahren.

Einmal, als Tom Dodges nicht in der Stadt war, fand ich, neben einem scheißebeschmierten Kissen, eine Zeitschrift mit nackten Männern, Frauen und Kindern auf Sommerfrische in einer Nudistenkolonie. Diese Menschen gingen ihren Verrichtungen nach, sie machten Picknick, fuhren Rad, machten sich froh am Grill zu schaffen –; sie waren ganz genau wie alle anderen, nur eben nackt. Die meisten, die Eltern, waren nicht sehr einladend in ihrer Nacktheit. Ich meine, man möchte sie wirklich nicht so sehen, aber in dieser Zeitschrift hatte man keine andere Wahl. Jemand, wahrscheinlich Tom, hatte der Zeitschrift Akzente gesetzt, mit Kugelschreiber. Die Nudisten waren mit Gedanken und Dialog versehen worden, grob in wolkenförmige Sprech- und Denkblasen gefaßt, die ihnen aus Mündern und Schädeln quollen. »Wie wär's mit einem schönen dicken Würstchen?«

Als Tom aus den Ferien zurückkehrte, sah ich ihn mit anderen Augen. Ich benahm mich wie vorher, aber im Geiste war er für mich zu einem Musterexemplar geworden. Jedesmal, wenn er mich begrüßte, malte ich mir diese Nudisten und das dreckige Kissen aus. Ich hatte Tom immer gemocht, und mein Erlebnis in seiner Wohnung beeindruckte mich tief. Jeder von uns konnte morgen sterben. Das passiert ständig. Bei jedem von uns kann eingebrochen werden, und dann wird von Dieben alles untersucht. Wenn ich in die Wohnung eines Mieters eindringen kann, wer will dann sagen, daß er nicht in meine eindringen kann? Ich habe gelernt, alles Beweismaterial zu zerstören. Verstecken genügt nicht; man muß es verbrennen und darauf vertrauen, daß man die wichtigsten Geheimnisse für sich behält.

Ich drang in die Wohnung des Sportlers ein, weil ich ihn anders sehen wollte, ihn mit absoluter Überzeugung durchschauen wollte. Ich fand, das Gefühl hatte ich mir nach allem, was mir seinetwegen geschehen war, verdient. Also ging ich hin. Ich schloß ganz leise auf und entdeckte meinen Vater mit Tante Margery auf dem Ausklappsofabett. Sie waren aktiv nackt, und sie brauchten ein paar Momente, bis sie mich sahen.

»Jesus«, sagte mein Vater und bedeckte das Gesicht meiner Tante mit einem Sofakissen.

»Jesus Christus«, sagte meine Tante mit erstickter Stimme und wehrte sich gegen das Kissen.

Ich sagte: »O Gott.«

Es kommt mir komisch vor, daß dort Jesu Name angerufen wurde, noch dazu mit solcher Ernsthaftigkeit. Auf Bildern hat Jesus einen Bart und langes, gesund wirkendes Haar. Seine Augen sind feucht vor Schmerz und Mitgefühl, schöne Augen. Mehr weiß ich nicht über ihn, aber in Zeiten der Krise scheint es sein Name zu sein, der uns über die Lippen kommt, ob wir gläubig sind oder nicht. In dieser Hinsicht hat er einen sehr guten Ruf. Die Einzelheiten des nackten Körpers meines Vaters bleiben besser unerwähnt. Als er aufstand, sah ich weg. Ich sah ein ordentlich zusammengefaltetes Kleid auf dem Fernseher, daneben Büstenhalter und Schlüpfer. Ich sah Hose und Unterhose meines Vaters, ein zusammengewurschtelter runder Klumpen neben dem Beistelltisch.

»Jesus«, sagten wir alle wieder, diesmal im Chor. »Jesus Christus.«

Der Sportler zog zu Beginn der nächsten Baseball-Saison aus, kurz bevor mein Vater starb. Er hinterließ ein National-Football-League-Feuerzeug, ein Waschbecken voll schmutzigen Plastikgeschirrs, drei Motel-Badetücher, zahllose Zeitungen und Zeitschriften, seinen Besen und seinen Mop (unbenutzt) und Aufkleber: Mannschafts-Aufkleber, die an die Fenster, den Kühlschrank, die Küchenschränke und sogar an die Badewanne gepappt waren! Meine Mutter und ich brauchten Stunden mit Rasierklingen und Feuerzeugbenzin, um sie alle abzukriegen. Der Sportler hinterließ einen echten Saustall.

Mein Vater hatte nicht mit seinem Tode gerechnet und hinterließ alles, wie es war, einschließlich eines kleinen Notizbuchs, das er auf der Arbeit in seiner Schreibtischschublade versteckt hatte. Es ist ein Notizbuch für Kinder, und der Einband ist mit befriedigt blickenden Witzbildchen-Bären geschmückt, die einander mit bunten Ballons beschenken. Im Innern waren blöd sämtliche Frauen verzeichnet, mit denen er gevögelt hatte, mit Namen und Haarfarbe, eine mitleiderregende, unreife Liste von Beurteilungen. Meine Mutter kommt in dem Notizbuch nicht vor.

Mein Vater starb an einem warmen Frühlingstag, als sein Firmenwagen einen linksseitigen Puff von einem »Mayflower«-Umzugslastwagen versetzt bekam. Er sah an die Stelle, wo vorher sein Arm gewesen war, und starb buchstäblich am Schock. Viele Namen im Notizbuch meines Vaters sind vertraut. Das sind Frauen, die wir aus den Läden kennen, in denen wir einkaufen, aus der Gegend, in der wir wohnen. Er starb am Schock, aber sehen Sie uns an, wir müssen weitermachen!

Meine Mutter saugte den Teppich in der Kellerwohnung, als sie ein paar Bilder auf dem Boden des Schlafzimmerschranks entdeckte. Sie zieht die Brille aus der Kittelschürzenbrusttasche und hält sie sich vor die Augen. »Nein, dieser Nick Papanides, bei dem habe ich doch gleich Bescheid gewußt. Ein griechischer Gott, vom Olymp an die Frauen Amerikas verliehen.«

Ich will die Bilder auch mal sehen, aber sie sagt, ich bin zu jung für sowas.

»Griechen«, sagt sie, »Griechen sind Juden ohne Geld.« Mom hat was gegen Juden, seit sie weiß, daß mein Vater es mit Sandy Ableman getrieben hat, einer ehemaligen besten Freundin.

»Die ehrbare Ableman'sche«, sagt sie und hebt die Stimme, um den Lärm des Staubsaugers zu übertönen. »›Evelyne‹, hat sie immer gesagt, ›auf wen, wenn nicht auf deine beste Freundin kannst du dich verlassen, wenn du die Wahrheit hören willst?‹ Und dann hat sie gesagt: ›Und die Wahrheit ist, daß du dir die Haare abschneiden mußt. Für diese Länge bist du zu alt. Das steht vielleicht einem Teenager, aber wolln doch mal ehrlich sein, Evelyne, ein Teenager bist du nicht mehr. Schon lange nicht mehr.‹ Was habe ich also gemacht? Ich habe mir die Haare abgeschnitten! Dann wurde sie ehrlich, was meine Kleidung und den Gelbton der drei Stufen vor der Haustür betraf. Also trug ich nichts Buntes mehr und strich die Stufen in dem Kackton über, den sie empfohlen hatte. Ich sagte: ›Ach, danke, Sandy, ach, danke schön‹, und die ganze Zeit schlich sie mit meinem Ehemann rum. Sie sagte: ›Die Wahrheit ist schmerzhaft, Evelyne.‹ Die Wahrheit? Weißt du, was ich ihr sage, wenn ich sie wieder mal sehe?«

»Wir können dein Haar aber doch wieder wachsen lassen, Mutter.«

»Weißt du, was ich sagen werde, wenn ich dieser verlogenen Hure nächstes Mal über den Weg laufe?«

Ich weiß es. Sie wird genau das sagen, was sie letztes Mal gesagt hat, als uns Sandy Ableman über den Weg lief. Sie wird sagen: »Sandy, wie schön, dich zu sehen.« Dann wird Mrs. Ableman die Hand meiner Mutter nehmen und sagen: »Evelyne, ich wollte dich immer schon mal besuchen. Wie geht es euch denn jetzt so, dir und Dale?« Dann wird meine Mutter zu Boden blicken und sagen: »Wir kommen zurecht.«

»Weißt du, was ich nächstes Mal mache, wenn ich diesen blumigen Judas sehe?« Meine Mutter ergreift den Schlauch des Staubsaugers und verpaßt ihm einen ordentlichen Ruck. Der Schlauch fällt seitlich hin, windet sich hilflos. Irgendwas hat sich lockergeschüttelt, und sie steht da, starrt den Staubsauger feindselig an, und beide keuchen.

»Komm, wir machen eine kleine Pause«, sage ich. Wir haben eine Dose Pepsi und eine Thermoskanne Kaffee mitgebracht –, eine Thermoskanne, obwohl wir nur einen Stock höher wohnen. Die Thermoskanne gestattete uns das Gefühl, abgehauen zu sein. Ich schenke ihr eine Tasse Kaffee ein und gebe ihr ein paar *Tums*-Magentabletten. Meine Mutter wäscht sich die Hände und sieht sich voller Panik im Zimmer um.

»Dieser griechische Schweinehund, wo ist der kleine Fernseher, den ich ihm geliehen habe? Ist das wohl zu glauben? Er hat den Fernseher geklaut, und ich kann ihm das nicht mal von der Kaution abziehen, weil er nie eine gottverdammte Kaution hinterlegt hat. Er hat immer ›näxesmal, näxesmal‹ gesagt, und ich habe ihm vertraut, und er ist mit meinem Fernseher abgehauen. Doll war er nicht, aber er hat funktioniert. Dieser miese Scheißkerl. ›Man kann keinem trauen‹ –; diesen Spruch werde ich mir in Großbuchstaben auf die Hand tätowieren lassen.«

Sie ißt ihre Tums, und die scheinen sofort zu wirken. »Ach, was soll's«, sagt sie, mit kreidigen Lippen. »Wozu regen wir uns so über einen Schwarzweiß-Fernseher auf? Das verdammte Ding hatte nicht mal eine Antenne. Na und? Soll er dran ersticken. Er war genauso ein Müll wie alle andern. Und wo wir gerade von Abfall sprechen, bist du in letzter Zeit mal der Dame Spacely begegnet, der Lieblingsbrünetten deines Vaters?«

»Spakey heißt sie, Mutter, und, nein, ich habe sie nicht gesehen. Sie ist Lehrerin an der Mittelschule, und ich gehe inzwischen in eine andere Schule, weißt du noch?«

»Ja, kommt sie denn dann nicht früher oder später auf einen Elternabend oder sowas zu dir in die Schule?«

»Sie wird an ihrer eigenen Schule Elternabende veranstalten.«

»Ja, muß sie denn nicht manchmal zu einer Konferenz oder sowas in deine Schule kommen?«

Ich weiß, worauf sie hinauswill, also gebe ich auf und sage: »Doch, früher oder später wird sie vermutlich kommen.«

»Und was wirst du sagen, wenn du sie siehst?«

Dies ist eine von Mutters Prüfungen, und ich habe keine andere Wahl, ich muß sie mit einer angemessenen Antwort zufriedenstellen. Ich nehme einen Schluck von meiner

Pepsi, starre aus dem Fenster und beobachte den Hund von den Dinellos, wie er sich kauernd in unseren Vordergarten entleert. »Ich werde sagen: ›Ach, Miss Spakey, wie nett, daß Sie mir in Ihrem Fach eine Eins gegeben haben. Mein Vater hat Ihnen nur eine Drei minus gegeben.‹«

»Das kannst du aber doch noch viel besser«, sagt meine Mutter und führt ihre Thermoskannentasse zum Munde.

»Na gut, ich werde sagen: ›Miss Spakey, ist es nicht eine Ironie des Schicksals? Während ich addierte und subtrahierte, haben Sie mit einem Bruch gerechnet und versucht, sich zu vermehren.‹« Das war übel, ich weiß. Meine Wangen brennen. Meine Mutter sieht woandershin, eine freundliche Geste ihrerseits. »Okay, wie ist folgendes? Ich werde sagen: ›Übrigens, Miss Spakey, unterrichten Sie immer noch Mathe, oder machen Sie jetzt in Haushaltsauflösungen?‹«

Meine Mutter lacht, mir zur Belohnung. »Oh, das ist klasse«, sagt sie. »Haushaltsauflösungen, sehr gut.«

Ich finde es lediglich in Ordnung. Mit etwas Zeit könnte ich mir bestimmt etwas Besseres ausdenken, aber im Gegensatz zu meiner Mutter fehlt mir die Fähigkeit, mich länger auf diese rachsüchtigen Textvorgaben zu konzentrieren. Ich tu es für sie, aber ich persönlich funktioniere einfach nicht so. Wenn und falls ich Miss Spakey je wiedersehe, sehen wir bestimmt in eine andere Richtung. Ich hatte sie in der siebten Klasse in Mathe. Siebte Klasse, das war vor zwei Jahren. Hat sie mit meinem Vater geschlafen, als ich ihr Schüler war? Hatte ihre Verbindung Einfluß auf meine Noten? Sah sie mich mit irgend anderen Augen? Mir persönlich ist es so rum so wurscht wie so rum. Ich wünsche sie nicht auf dem Scheiterhaufen, und ich wünsche sie auch nicht auf dem Thron. Ich wünsche sie nicht, Punkt. Ihre schiere Existenz ist ein Fehler, aber sie ist nicht *mein* Fehler, also verschwende ich besser keine Zeit mehr damit, daß ich darüber nachdenke. Meine Mutter kann hinwiederum an nichts anderes denken. Ich kann die Gedanken praktisch sehen, wie sie meiner Mutter durch den Schädel stapfen. Sie sind nicht größer als ein Feuerzeug, aber sie haben schwere und gefährliche Füße, und sie gönnen ihr keinen Frieden.

»Hast du nochmal über diese W. S. nachgedacht?« fragt sie.

»W. S.« war die einzige mit Anfangsbuchstaben versehene blonde Begegnung meines Vaters. »W. S. – Blond (heute) Mannomann!!!«

Meine Mutter überprüfte sein Adreßbuch, sein Portemonnaie, seinen Aktenschrank und griff schließlich, nachdem sie nichts gefunden hatte, zum Telefonbuch. Die Ungewißheit bringt sie um. Im Gegensatz zu den Ehebrecherinnen, die sie kennt, nennt sie die unbekannten jetzt We-Esse. Sie ruft an und sagt: »Ich bin die Witwe von Les Poppins.« Am anderen Telefon höre ich mit, wie sie sagen: »Was? Wer?« Bei einigen hat sie sich angewöhnt, sehr spät in der Nacht anzurufen, was gefährlich ist, wenn man seinen Nachnamen angibt.

»Ich glaube, ich habe den Kreis der Verdächtigen auf Winnona Spears und Wendy Sidawell eingeengt«, sagt sie. »Dieses Spears-Mädel hat den Nerv zu behaupten, ich würde sie belästigen –; das klingt wie schlechtes Gewissen. Die ist echt zugeknöpft. Andererseits haben wir Wendy Sidawell, einen absoluten Volltrottel. ›Hä?‹ hat sie gesagt, als ich sie das erste Mal anrief, ›Was soll das werden, eine Art Wettbewerb? Sind Sie vom Radio? Gewinne ich was?‹ Sehr viel dümmer als Wendy Sidawell ist schon nicht mehr denkbar. Genau die Sorte, auf die dein Vater steht. Ich habe sie gefragt, welche Haarfarbe sie hat, und sie hat gesagt: ›Aufm Kopf?‹ Als ich Winnona Spears gefragt habe, hat sie gedroht, sie wird mich verklagen. Bei mir liegen die beiden Kopf an Kopf. Was meinst du, welche ist es?«

Ich sprühe den Backofen ein, die Dämpfe machen mich

benommen. Ich weiche zurück, habe Angst, daß ich die Wahrheit ausplaudern könnte. W. S. = *W*eibchens *S*chwester = Tante Margery. Selbst wenn ich es nicht mit eigenen Augen gesehen hätte –, ihr »Mannomann« wäre schon verräterisch genug gewesen. »Ich glaube immer noch, daß es Wanda Sparks war«, sage ich. Wanda Sparks war die eine W. S., bei der es keinen Anschluß unter dieser Nummer gab. »Ich glaube, nachdem er tot war, hat sie gepackt und die Stadt verlassen. Ich glaube, sie wohnt jetzt irgendwo im Westen, irgendwo in der Wüste. Ich glaube, sie ist jetzt wahrscheinlich in einer Rehabilitationsklinik und versucht, die Scherben einzusammeln.«

Für meine Mutter wäre es mir am liebsten, wenn sie das Ganze fallenlassen, vergessen, zufriedenlassen könnte. Ich versuche sie in eine andere Richtung zu leiten, aber ich kann Nick nicht vergessen. Warum sollte er mit diesem Fernseher abhauen, wenn er ihn so gut wie nie benutzt hat? Ich war immer der, der ihn angestellt hat. Dann hat er mich gebeten, aufzustehen und ein anderes Programm einzustellen, wobei er, glaube ich, mich nur nackt sehen wollte, nackt und vornübergebeugt. Vielleicht war der Fernseher nur ein Requisit.

»Mach das Ding stoppt reden jetzt«, sagte er. »Nur das Bild, wenn du es da willst.«

»Wir müssen beide anrufen, und *du* mußt ihre Stimme hören«, sagt meine Mutter. »Später heute nacht rufen wir sie an, wenn sie nicht damit rechnen. Du rufst sie an und sagst, du bist Les Poppins' Sohn, dann hören wir, was sie zu sagen haben. Sprich mit deiner Bin-ja-nur-ein-kleiner-Junge-Stimme, während ich am anderen Anschluß mithöre. Sag ihnen, dein Vater ist gerade gestorben, und wir werden sie aufspüren, die Mistweiber.«

Ich bocke, will mich drücken, als Margery, die Schwester meiner Mutter, hereinknallt. Das ist Margerys Wort, »knallt«, als wäre sie der Proppen in einer Sektpulle, das

Symbol der Lustbarkeit. Margery kommt gerade von einem Treffen der Anonymen Alkoholiker. Sie geht zweimal die Woche hin, um ihrem dritten Mann, Chet Wallace, einem alkoholkranken Immobilienmakler, Stärke zu zeigen. Margery macht die Tür auf, »Juhuu-uu!«, und sagt zu mir: »Dale, lauf nach oben und hol deiner erschöpften alten Tante ein Bier. Nachdem ich mir drei Stunden lang angehört habe, wie diese Leute darüber winseln, brauche ich einen Drink.« Sie zieht sich die Jacke aus und wedelt damit herum, als wolle sie einen Stier herausfordern. »Verdammt, können diese Alkoholiker rauchen –, gewöhnen sich das Saufen ab, damit sie ein ganz neues Leben anfangen und an Lungenkrebs sterben können. Nach diesen Meetings stinken meine Klamotten, als wären sie aus Kippen gewebt.« Sie setzt sich auf den Klappstuhl meiner Mutter und breitet die Jacke vor sich aus wie einen Schlabberlatz. »Ist euch auch so kalt, oder ist nur mir so kalt? Jesus, ist das kalt hier drin. Kein Wunder, daß euch die Mieter wegrennen. Dale, habe ich dich um ein Bier gebeten oder nicht?« Ich liebe es, wenn sie mich mindestens zweimal bitten muß, weil das den Wunsch immer verzweifelter macht: was zu saufen, was zu saufen, was zu saufen, was zu saufen. Fünfmal Bittebitte war mein bisheriger Rekord.

»Dale, mach schon, hol deiner Tante ein Bier«, sagt meine Mutter.

Ich bedenke Margery mit meinem »Ich hab dich nackt gesehen«-Blick, der aber, wie immer, keine Wirkung zeitigt. Sie überprüft ihre Jacke auf Fusseln und sagt: »Hast du gehört, was deine Mutter gesagt hat?« Margery steht unter dem Eindruck, daß ich auf diese Erde gesandt wurde, um als ihr persönlicher Sklave zu fungieren. Diesmal macht es mir jedoch nichts aus.

Auf dem Weg hinaus schnappe ich mir die Kittelschürze meiner Mutter vom Küchentisch. Ich warte, bis ich oben im

Badezimmer bin, und dann hole ich die Bilder aus der Tasche. Es sind drei Polaroid-Fotos. Auf einem sieht man, wie Nick stolz und nackt vor einer getäfelten Wand steht. Sein Bauch fängt das meiste Licht ein. Der Bauch ist bleich, üppig schwarz behaart, und er steht deutlich vor, wie etwas, was vor ihn gehalten wurde. In der einen Hand hält er ein Getränk, und die andere Hand benutzt er, um auf seinen schlaffen Penis zu deuten, als gehörte er gar nicht zu ihm, sondern wäre irgendein seltenes, exotisches Geschöpf, welches einen kurzen Zeitraum zwischen seinen Beinen verbringt. Auf einem anderen Bild sehe ich, wie seine kurzen beringten Finger die Brust einer Frau liebkosen. Auf dem dritten finde ich eine abgekämpfte, entsetzte Frau, die nackt auf einem orangefarbenen Laken sitzt, mit den Armen fuchtelt und zu verhindern versucht, was gerade geschieht. Das Bild ist verschwommen, aber ich identifiziere die Frau als Elaine Petrakis, die Oberkellnerin drüben von The Golden Key, dem Restaurant, in dem Nick als Koch gearbeitet hat. Ich fächele mir das Gesicht mit den Fotos und werfe sie ins Waschbecken, als machte es mir was aus. Es ist ein bißchen, wie wenn man sich zum Kotzen zwingt. Ich hebe den Blick, sehe in den Spiegel und plärre: »Nick, Nick, wie *konntest* du?« Mein Gesicht sieht am besten aus, wenn es zu einem Ausdruck des Aufruhrs verzerrt ist –; in Ruhestellung neigen meine Züge dazu, flach rüberzukommen, wie ein Gesicht, das auf einen Teller gemalt wurde. Ich begutachte mein gepeinigtes Ich im Spiegel, und mir gefällt, was ich sehe –, einen Typ, dem es weh tut, dem es echt zu schaffen macht. »Nicky, wie konntest du mir das antun? Noch dazu mit Elaine Petrakis, der Oberkellnerin, der nämlichen Oberkellnerin, die mir jedesmal zugelächelt hat, wenn ich mich ins Restaurant schlich, um dich zu sehen. Nick, du gottverdammter Schweinehund, weißt du denn nicht, daß ich dich liebe?«

Ich zwinge mich zu weinen und bewundere die Tränen auf meinen Wangen. Ich beobachte im Spiegel, wie sich meine Hand bewegt und die Trauer über mein ganzes Gesicht überträgt. »Ich habe dich geliebt. O süßer Jesus, ich habe dich so sehr geliebt. Halt mich fest. Halt mich einfach fest.«

Der perfekte Augenblick wird plötzlich sauer, und ich merke, wie mich mein Anblick peinlich berührt. Ich habe ihn nicht geliebt. Ich fühle mich durch die Fotos nicht betrogen. Vielmehr merke ich, daß ich an das Eichhörnchen in seinem Tiefkühlfach denke, an lauter Eichhörnchen, die in seinem Backofen vor sich hin schmurgeln, und ich sage: »Nick, wie *konntest* du nur? Warum hat mir niemand etwas gesagt?« Eichhörnchen fressen, die die Katze angeschleppt hat: Das ist krank. Und zu denken, daß ich überhaupt erwogen habe, ihn zu küssen! Ich meine, hin und wieder gestatte ich Popeye, mir übers Gesicht zu lecken, aber das ist etwas anderes. Popeye hat die Eichhörnchen nur gefangen, er hat sie nie gefressen.

»Nick Papanides«, sage ich und spucke ins Spülbecken. »Ich will dir mal was sagen, Mister. Was mich betrifft, so kannst du in der Hölle vergammeln. Du kannst . . .« Ich beobachte, wie meine Spucke am Rand des Beckens klebt, und frage mich, woher die Bläschen kommen. Ist das Luft, oder sind wir alle von Natur aus mit Kohlensäure versetzt? Wenn Nick genau in diesem Augenblick vor mir auftauchte, könnte ich ihm diese Frage stellen, seine Antwort würde mich allerdings langweilen. So ein Typ war er nämlich. Nicht im Traum wäre mir eingefallen, meinem Vater diese Frage zu stellen, denn die Antwort wäre sowohl langweilig als auch uninformiert gewesen, die Ödnis im Doppelpack. Dafür war er mit Recht so berühmt, das wissen wir alle. Meine Mutter jedoch scheint sich an ein Idealbild von diesem Manne zu klammern. Lebendig schien sie ihn nie zu mögen, aber tot berechtigt er zu den schönsten Hoffnungen. Sein Leichnam ist etwas, was man beanspruchen und um das man kämpfen kann, während sein Leben – wie das Leben von Nick – durchsichtig vor einem liegt. Man müßte blind, taub und stumm sein, um nicht zu wissen, wie das alles enden wird, und wenn man jemandem die Schuld daran geben will, soll man sich selbst die Schuld daran geben.

Plötzlich wird klar, daß eine Katze mehr Verstand besitzt als Nick Papanides. Ich stecke die Fotos zurück in Mutters Kittelschürzentasche und gehe hinunter in die Küche, wo ich Margerys Bier aus dem Kühlschrank hole. Ich öffne die Dose, nehme einen tiefen Schluck, spucke ihn aber zurück in die Dose. Ich kapier das nicht –, Bier, schmeckt doch eklig. Ich nehme einen ordentlichen Zug Pepsi und mache den Kühlschrank wieder zu, dessen Tür mit inspirierenden Botschaften geschmückt ist, die von Tante Margery zur Verfügung gestellt wurden. Da ist ein Autoaufkleber mit der Aufschrift »Keep It Simple« und ein Beileidskärtchen, auf dem »Du bist nicht allein!« steht. Aber sie ist allein, meine Mutter. Sie weiß es nur nicht. Es ist, wie wenn man im Schlafzimmer einschläft und glaubt, daß jemand still im Wohnzimmer sitzt. Man spürt seine Anwesenheit, dabei ist sonst niemand zu Hause, alle sind ein paar Häuser weiter und machen ordentlich einen drauf. Aber wenn der falsche Eindruck, man wäre da, jemandem beim Einschlafen hilft, warum was anderes sagen? Ist doch jämmerlich. Ein Kind oder einen Einfaltspinsel kann man voller Mitleid betrachten, kein Thema, aber es ist eklige Arbeit, die eigene Mutter so zu betrachten. Das ist noch viel ermüdender, als wenn man eine leerstehende Wohnung saubermacht oder ein Football-Spiel sieht. Wie wenn man meinen nackten Vater sieht, plump, die Wörter strömen aus ihm heraus wie braunes Wasser –; so hatte ich ihn nie sehen wollen. Solche Gedanken sind jetzt zu meinem Job geworden, und zu Arbeitsbeginn und am Ende der Schicht betätige ich die Stechuhr, jeden Tag meines Lebens.

Ich habe gelacht, als ich erfuhr, daß mein Vater gestorben ist. Jedesmal, wenn sein Name ausgesprochen wird, feiere ich seinen Tod. Meiner Ansicht nach hat der Fahrer des »Mayflower«-Lastwagens sich den goldenen Schlüssel der Stadt verdient. Nach dem Helden oder der Heldin, der oder die dermaleinst für Margerys Tod verantwortlich sein wird, sollte ein Nationalfeiertag benannt werden. Und sein oder ihr Kopf gehört auf Briefmarken.

Ich kehre in die Kellerwohnung zurück und tue, als ich die Küche betrete, als müßte ich stolpern. Meine Tante bedeckt mit der einen Hand ihre Frisur und mit der anderen ihre Jacke –, unbekümmert um meine Sicherheit, aber voller Angst, daß ich sie mit dem stinkenden Bier vollduschen könnte.

»Na, da soll doch gleich«, sagt sie und fängt sich wieder. »Ich weiß, man soll nicht fluchen, ich tu's aber trotzdem.« Sie lehnt sich zurück und schlürft gierig. Ein goldenes Rinnsal tröpfelt ihr aus dem Mund und auf die Jacke. Margery holt ein Kleenex aus ihrer Handtasche und wischt stirnrunzelnd an dem Fleck herum. »Meine Jacke«, flüstert sie.

»Du siehst heute abend sehr hübsch aus«, sagt meine Mutter. Margery hat sich heftig aufgerüscht, seitdem sie Chet Wallace geheiratet hat. Sie bleicht sich nicht mehr das Haar und trägt es zur Zeit kurzgeschnitten und schwer gegelt in Richtung Gesicht gebürstet. Als Make-up trägt sie heftiges Erröten, und in Kombination mit der Frisur sieht sie jetzt aus, als hätte sie beim Äpfelaufsammeln nur rasch auf eine kleine Verschnaufpause vorbeigeschaut. Sie studiert ihr Abbild im dunklen Fenster und blickt dann in ihr Bier hinunter.

»Also wie geht es meiner großen alten kleinen Schwester heute so?« fragt sie. »Ich mach mir Sorgen um dich, so ganz allein.«

»Ich hab ja Dale«, sagt meine Mutter. »Er steht mir bei.«

Margery zieht sich ihre Jacke bis zum Hals hoch und sagt: »Ich mach mir Sorgen um dich, ich kann nicht anders. Chet wollte, daß ich zum Abendessen in die Steak-Scheune mitkomme, mit ihm und seinem Sponsor und noch ein paar anderen Leutchen, ganz wunderbare Menschen, aber ich habe gesagt: ›Nein, danke schön, ich muß mal sehen, wie es meiner kleinen Schwester geht, denn ich mach mir doch ziemliche Sorgen um sie.‹« Sie schluckt nochmal an ihrem Bier und strahlt.

Das ist Standard bei Margery, daß sie meiner Mutter Geschichten erzählt, was sie alles für Opfer gebracht hat, um hier sein zu können.

»Alle haben sie gesagt: ›Margery, *komm* schon! Komm mit und amüsier dich mal zur Abwechslung ein bißchen.‹ Sie haben gesagt: ›Was ist das denn immer mit deiner Schwester?‹ Dann hat Chets Sponsor, Bobby, gesagt: ›Schwester, von wegen, ich glaube eher, sie hat da irgendwo heimlich einen Mann sitzen‹, und alle haben gelacht. Sie *haben* mich einfach nicht in Frieden gelassen.« Margery hielt inne und schüttelte beim Gedanken an die Leutchen den Kopf. »Diese Leutchen, ganz goldige Menschen. Sie haben meinem Mann das Leben gerettet, und dafür liebe ich sie, aber ich mach mir trotzdem Sorgen um dich, und deshalb bin ich hier.«

»Die Steak-Scheune«, sagt meine Mutter. »Ist das nicht der Laden am Highway 70, wo sie die rohen Steaks vorbeifahren, und man sucht sich eins aus? Ich glaube, ich war da mal mit Les, als Dale noch ein Baby war.«

»Les hier, Les da«, sagt Margery. »Hör endlich auf damit! Daß du den Namen dieses Mannes überhaupt aussprichst, ist schon dumm genug. Du gestattest ihm, mietfrei in deinem Kopf zu wohnen. Jetzt ist es an der Zeit, endlich mit der Vergangenheit aufzuhören und ein paar Schritte nach vorn zu machen. Sieh mich an, ich habe ein paar Schritte nach vorn gemacht, das glaubt man gar nicht. Wenn du meine Meinung hören willst: Du kannst froh sein, daß der Mann tot und begraben ist. Scheidung ist viel schlimmer als Tod, das kannst du mir glauben. Bei Tod kriegst du viel mehr Geld, bei Scheidung nur dieselben alten Versprechungen –, plus die Chance, dem fetten alten Widerling jedesmal zu begegnen, wenn du das Haus verläßt. Sieh mich an, ich bin erst heute nachmittag meinem Exgatten über den Weg gerannt, bei Safeway.«

»Welchem?« frage ich.

»Dem auf der Glenwood Avenue«, antwortet sie und macht meine Stimme nach, hoch und säuerlich.

Ich meinte natürlich, welchem Exgatten, und das weiß sie auch.

»Ich bin Terry Berringer über den Weg gerannt und habe ihn fast nicht wiedererkannt. Er sieht aus wie ein Schneemann, nur eben aus Fleisch. Der Mann muß gute einhundertfünfzig Pfund zugelegt haben, seitdem ich ihn verlassen habe. Da hat er seinen Einkaufswagen vor sich her geschoben wie lebensmüde –; sämtliche Eßsachen waren fettig und krebserregend. Gott, was der Mann alles verputzen kann. Sogar seine Augen sind dick geworden.« Sie schlägt die Beine übereinander und dellt ihre leere Bierdose ein. »Ich hoffe, ich kriege nie so dicke Augen«, flüstert sie und pliert ihr Abbild im dunklen Fenster an.

»Da brauchst du dir gar keine Sorgen zu machen, Margery«, sagt meine Mutter. »Du hast sehr schlanke Augen.«

»Alle sagen, ich hätte schöne Augen«, sagt Margery. »Alle. Sie fangen mit meinen Augen an und arbeiten sich dann allmählich nach unten. Augen sind die Spiegel der Seele; sie reflektieren, was da ist, das ist ihr Job.« Sie drückt sich links und rechts die Handflächen gegen das Gesicht und bewegt den Kopf zwei Millimeter nach vorn, wodurch die Runzeln verschwinden. Das ist der älteste Trick überhaupt, um gleichzeitig jung und nachdenklich zu erscheinen. Das sieht man ständig in Zeitschriften. »Augen«, sagt sie. »Ich weiß nicht mal, warum ich überhaupt damit angefangen habe. Da rede ich und rede ich, wo doch meine Probleme rein gar nichts sind, verglichen mit deinen. Da sitzt du hier und hast keinen Topf zum Reinpinkeln, entschuldige den Ausdruck, während ich mich über philosophische Themen auslasse.«

Meine Mutter reibt sich mit einem Feudel die Handfläche.

»Dale, lauf nach oben und hol mir noch ein Bier«, sagt Tante Margery.

»Noch ein was?«

»Bier«, sagt sie. »Hörst du schlecht –, BIER.«

»Lauf nach oben und hol dir noch ein Tier?« Vielleicht stelle ich heute ja meinen persönlichen Rekord ein.

»Dale«, sagt meine Mutter, »geh nach oben und bringe deiner Tante ein Bier, anstatt mich in den Wahnsinn zu treiben.«

Also mache ich mich auf den Weg nach oben und denke, daß an dieser Welt eindeutig etwas nicht stimmt, wenn meine Tante *mir* befehlen kann, *ihr* die Getränke zu holen. Es sollte genau umgekehrt sein! »Du da«, würde ich sagen, »bring mir eine Pepsi in einem großen Glas mit fünf Eiswürfeln. Jetzt.«

»Aber, Meister«, würde sie auf Knien sagen, »uns ist die Pepsi ausgegangen, und der nächste Laden ist schon zu.«

»Dann lauf zum Laden, der noch *offen* ist«, würde ich befehlen. »Langweil mich nicht mit Logistik –, eile, Weib, eile.« Sie sollte *meine* Sklavin sein, statt dessen bin ich ihr Sklave.

Ein Bier ist noch im Kühlschrank. Ich nehme es in die Hand und tanze in der Küche herum. Ich tanze, wie ich das im Fernsehen gesehen habe, als stünde ich in Flammen. Ich schüttle diese Dose und knalle sie bei jedem Treppenabsatz auf den Boden. Vor der Tür zur Kellerwohnung bemerke ich, daß es zu schneien begonnen hat, der erste Schnee in diesem Jahr. So ist Schnee ganz toll, der erste Schnee, und man sieht die Welt, als hätte man sie noch nie gesehen, als hätte man vergessen, daß sowas möglich ist.

Ich presche in die Wohnung, überreiche Margery das Bier und verziehe mich mit den Worten: »Gleich kommt meine Sendung. Muß los.« Vor der Tür höre ich Margery sagen: »Dieser Junge sieht zuviel fern, wenn du mich fragst. Er sollte Sport treiben oder Hausarbeiten machen oder sowas. Das bekommt ihm nicht, das viele Fernsehen. Ivey Ingers' Sohn hat zuviel ferngesehen, und sieh dir an, was aus ihm geworden ist! Bis an sein Lebensende wird er im Gefängnis sitzen.«

»Dale ist anders«, sagt meine Mutter.

»Das dachte Ivey Ingers vor dem Prozeß auch«, sagt Margery. »Da steht sie, ihr einziger Sohn fesselt nackte zehnjährige Mädchen an Bäume, und sie ist im Fernsehen und sagt: ›So übel ist er gar nicht.‹«

Ich warte auf die Explosion. Margery öffnet selten eine Bierdose, während sie predigt. Während ihrer Vorlesungen klopft sie mit den Fingern gegen die Dose, als wäre das Bier ihr Gehirn und sie müßte es knuffen, damit es Weisheit freiläßt. Beide schweigen, und es wird spät. Gleich wird meine Mutter sagen: »Bleib doch noch zum Abendessen, Margery. Ich koch uns was Schönes.«

Dann wird Margery danke sagen, danke, aber danke nein. Sie wird sagen, daß Chet sie mit Resten aus der Steak-Scheune füttern wird. Sie ist ja nur rasch reingeknallt, wird sie sagen. Nur auf ein schnelles Ju-huu! Tut ihr leid, aber nach diesem Bier muß sie sofort los.

Ich stehe vor der Tür, presse das Ohr gegen den Briefkasten und hoffe, daß sie noch ein bißchen bleibt, weil ich weiß, daß meine Mutter und ich nach ihrem Bierbomben-Abschied gewisse Telefonate führen werden. Meine Mutter wird am anderen Anschluß mithören, wie ich die Nummer wähle, meine Stimme auf klein drehe und mich als den Sohn eines Mannes namens Les Poppins identifiziere. Ich werde hören, wie meine Mutter nebenan unterdrückt atmet, während diese Frauen, verschlafen und unschuldig, flüstern: »Was? Wer? Warum rufen Sie mich immer wieder an? Können Sie mich nicht in Frieden lassen?«

Glens Homophobie-Infobrief
Dritter Jahrgang, zweite Lieferung

Lieber Abonnent,

zuerst möchte ich mich für das Ausbleiben sowohl der Frühjahrs- wie der Sommer-Nummer von *Glens Homophobie-Infobrief* entschuldigen. Mir ist klar, daß Du abonniert hast, weil ich das Versprechen eingegangen bin, dies werde eine vierteljährliche Publikation sein –, vier Jahreszeiten voller Infos von der Front in unserer immerwährenden Schlacht gegen die Unterdrückung. Das war mein Plan. Nur leider waren der letzte Frühling und Sommer so überwältigend, daß ich, Glen, einfach nicht damit zurechtgekommen bin.

Ich hoffe, Du verstehst das. Nimm es bitte als Trost, daß diese Ausgabe fast doppelt so lang ist wie die anderen. Bedenke bitte auch, daß es nicht leicht ist, vierzig Stunden die Woche zu arbeiten *und* eine vierteljährliche Publikation zu produzieren. Außerdem möchte ich, wo ich gerade dabei bin, noch gern erwähnen, daß es wunderbar wäre, wenn jeder, der *Glens Homophobie-Infobrief liest, Glens Homophobie-Infobrief* auch *abonnieren* wollte. Es scheint, daß viele von Euch sehr großzügig sind, wenn es darum geht, Exemplare von *Glens Homophobie-Infobrief* an Freunde und Familie zu verleihen. Das ist alles schön und gut, da jeder die Leidenschaft verstehen sollte, mit der wir als Volk so gehaßt werden, daß es gar nicht zu glauben ist. Aber gleichzeitig *kostet* es auch, einen Infobrief herauszubringen, und jeder Dollar hilft. Es kostet, Daten zu sammeln, zu fotokopieren, zu heften und per Post zu versenden, von den Kosten für meine persönliche Zeit und Energie ganz zu schweigen. Wenn es Dir also nichts ausmacht, wäre es mir lieber, wenn Du *Glens Homophobie-Infobrief* bei allen, die Du kennst, erwähnst, aber gleich dazusagst, daß sie ihn schon abonnieren müssen, wenn sie die ganze Geschichte wollen. Danke für Dein/Euer Verständnis.

Wie ich bereits angab, waren der letzte Frühling und Sommer für mich sehr schwierig. Gegen Ende April haben Steve Dolger und ich Schluß gemacht und sind getrennte Wege gegangen. Steve Dolger (s. Infobriefe Jahrgang 2, Lieferungen 1–4, und Jahrgang 3, Lieferung 1) stellte sich als der *homophobste* Homosexuelle heraus, den zu kennen ich je das Mißvergnügen hatte. Er lebt in beständiger Furcht; er hat Angst vor jedem reifen gefühlsmäßigen Engagement, Angst davor, alt zu werden und die letzten paar Haare einzubüßen, und Angst davor, seine Einkommenssteuererklärung auszufüllen (was er seit 1987 nicht getan hat) und abzugeben. Eines Tages, vielleicht sogar eines ziemlich baldigen Tages, wird Steve Dolgers Vergangenheit ihn einholen und heimsuchen. Wir werden ja sehen, wie sich Steve und sein kleiner siebzehnjähriger Freund fühlen werden, wenn das geschieht!

Steve war bei unserer Trennung sehr hinterhältig und kalt. Ich konnte seine Kälte noch den ganzen Frühling hindurch und bis in die späten Sommermonate spüren. Mit tiefen Gefühlen gehen tiefe Konsequenzen einher, und ich, Glen, habe die beiden letzten Jahreszeiten meines Lebens in etwas verbracht, was ich nur als Wachkoma bezeichnen kann –, blind gegenüber der Welt rings um mich her; den Schreien anderer Leidender gegenüber taub; stumm, unfähig, die Wallungen meiner wild wechselnden Gefühle auszudrücken.

Daraus konnte ich mich erst letzten Donnerstag befreien.

Was hat Glen entdeckt? Ich habe entdeckt, daß es, wenn man blind gegenüber der Welt rings um einen her lebt, seine Nachteile, aber, seltsamerweise, auch seine lohnenden Seiten hat. Während ich von den Freuden des, sagen wir, guten Essens und Gelächters abgeschnitten war, war ich blind gegenüber der überwältigenden *Homophobie*, die das immerwährende Kreuz ist, das wir zu tragen haben.

Ich dachte, für diese Ausgabe des Infobriefs könnte ich etwas in der Richtung »eine *Homophobie*-Woche im Rückblick« schreiben, aber allein schon diese eine Woche war viel zuviel für mich. Statt dessen möchte ich einen einzigen Tag wiedergeben.

Mein Schikanentag begann um 7:15 Uhr, als ich den Telefonhörer an mein Ohr hielt und Drew Piersons Stimme immer und immer wieder »Schwuchtel, Schwuchtel, Schwuchtel« rufen hörte. Sie klingt mir immer noch in den Ohren. »Schwuchtel! Nächstes Mal, wenn ich dich sehe, trete ich dir hart und gepflegt in den Arsch. Gottverdammte Schwuchtel!« Jetzt fragst Du, lieber Leser, Dich wahrscheinlich: »Wer ist denn dieser Drew Pierson, und warum geht er mit Glen so *homophobisch* um?«

Es fing alles letzten Donnerstag an. Ich schaute auf dem Nachhauseweg von der Arbeit in Dave's Kwik Stop vorbei, und dort mußte mir einfach der Kassierer auffallen, ein stämmiger, kurzhaariger Junge, auf dessen breitem, dümmlichen Gesicht überdeutlich die Worte »Wegen körperlicher Höchstleistungen habe ich ein Stipendium gekriegt« geschrieben standen, wohingegen auf dem Namensschildchen an seinem massiven Brustkorb »Drew Pierson: Ich helfe

Ihnen gern!« stand. Ich nahm mir einen Einkaufskorb und kaufte, glaube ich, einen Beutel Holzkohle-Briketts und ein zerlegtes Brathühnchen. An der Kasse tippte dieser Drew die Einkäufe ein und sagte: »Ich wette, Sie gehen jetzt nach Hause und grillen sich ein Hühnchen.«

Ich gab zu, dies sei allerdings mein Plan. Drew machte einen sehr einfühlsamen und freundlichen Eindruck auf mich. Die meisten Kwik-Stop-Angestellten sind *homophobisch*, aber etwas an Drews Art ließ mich glauben, er wäre anders, nämlich sensibel und offen. An jenem Abend saß ich auf meinem Balkon, starrte die glühenden Briketts an, die sich in meinen winzigen Grill kuschelten, dachte an Drew Pierson und spürte zum erstenmal seit Monaten etwas, was einer Leuchtbake der Hoffnung in der Finsternis meiner Seele nicht unähnlich war. Ich, Glen, lächelte.

Am nächsten Abend kehrte ich zu Dave's Kwik Stop zurück und kaufte etwas Frühstücksfleisch, ein Brot, Kartoffelchips und eine Rolle Klopapier.

An der Kasse tippte Dave meine Einkäufe ein und sagte: »Ich wette, Sie gehen jetzt auf ein Picknick in den Wald!«

Für den nächsten Abend hatte ich den Plan, in der Eigentumswohnung meiner Schwester und ihres *homophoben* Gatten, Vince Covington (s. Infobrief Jahrgang 1, Lieferung 1), zu dinieren. Auf dem Weg zu ihrem Haus schaute ich im Kwik Stop vorbei, wo ich eine Dose Schnupftabak kaufte. Ich verwende keinen Schnupftabak, das käme mir nie in den Sinn. Ich verlangte lediglich Schnupftabak, weil er einer der wenigen Artikel ist, die hinter dem Ladentisch auf einem niedrigen Regal stehen. Drew muß, als Angestellter, ein befremdliches Kleidungsstück tragen –, eine Art Kreuzung zwischen einer Weste und der Reklamefläche eines Sandwich-Manns. Das schreckliche synthetische Ding wird an den Seiten zugebunden und fällt praktisch bis auf die halbe Höhe der Oberschenkel. Ich verlangte den Schnupftabak nur, um, wenn er sich bückte, um ihn zu holen, einen erhellenderen Blick auf Drews Körperbau zu erhaschen. Regelmäßige Leser dieses Infobriefs werden wissen, wovon ich spreche. Drew bückte sich und hockte auf seinen Hacken, wobei er sagte: »Welche Sorte? Tuberose? Ich habe früher auch gern geschnupft. Ich wette, Sie gehen jetzt nach Hause, um sich bei einer schönen Prise zu entspannen, stimmt's?«

Am nächsten Abend, als ich weiteren Schnupftabak kaufen wollte, erklärte Drew, er sei Student im ersten Semester am Carter County Community College mit dem Hauptfach Psychologie. Seine Naivität rührte mich. Das CCCC könnte seine Diplome genausogut auch auf Dachpappe drucken. Man könnte da einen Kurs als Dieselmechaniker oder Rohrleitungsverleger belegen, man sollte aber unter gar keinen Umständen Psychologie am CCCC studieren. Dort rekrutieren normal zugelassene Universitäten ihre Studienobjekte für abnorme Psychologie. Am CCCC grübeln und straucheln die missing links zwischen Mensch und Affe und schwingen sich am Rande unseres Bildungssystems von Ast zu Ast.

Drew, vornübergebeugt, sagte, er habe gegenwärtig einen Kurs in Träumen belegt. Der Lehrer verlangt, daß jeder Student ein Traumtagebuch führt, aber Drew, nach der Arbeit erschöpft, schläft, sagte er, »wie ein gin-getränkter Holzklotz« und wacht dann auf, ohne sich an etwas zu erinnern.

Ich habe ihm gesagt, ich hätte in letzter Zeit ein paar interessante Träume gehabt, was sogar stimmt.

Drew sagte: »Symbolische Träume? Träume, die man, wenn man aufwacht, drehen und wenden kann, und dann ergeben sie einen Sinn?«

Ich sagte, ja, quälende Träume, dicht und voller Bedeutung.

Dann fragte er, vor den Schnupftabak hingekauert, ob ich ihm wohl meine Träume erzählen wolle. Ich antwortete, ja, sehr gern, er knallte eine Dose Schnupftabak auf den Ladentisch und sagte: »Die geht aufs Haus!«

Auf dem Heimweg war mein Herz ein bunter Ballon. Drew mochte jung sein, gewiß –, vielleicht nicht älter als, sagen wir mal, Steve Dolgers gerade aktueller kleiner Freund. Er mag nicht in der Lage sein, sich bei einer anstrengenden intellektuellen Debatte durchzusetzen, aber das können die meisten Menschen auch nicht. Meine beschwingte Stimmung trug mich nach Hause, wo sie sofort wieder sank, als ich schmerzlich daran erinnert wurde, daß mein Abendmahl aus ethnisch korrekt zubereiteten Lasagne bestehen würde, die mir bemitleidenswerterweise zuvor an jenem Tage von Melinda Delvecchio überreicht worden waren, einer trägen Teilzeitkraft, die das Schreibpool des Büros, in dem ich arbeite, heimsucht. Melinda, stramm, neugierig, mit einem Schnurrbart wie ein schmerbäuchiges Schwein, hat eine ziemliche Vorliebe für mich entwickelt. Sie ist eindeutig und irrtümlich in mich verliebt und beschenkt mich in der Woche mehrmals mit heimtückischen und durch Alu-Folie gesicherten Gerichten. »Jemand muß doch dafür sorgen, daß Sie was auf die Rippen kriegen«, sagt sie und plaziert ihre eilfertigen Hufe gegen meinen Bauch. Man sollte meinen, Melinda Delvecchios Freundlichkeit wirke bei der drückenden *Homophobie,* der ich im Büro ausgesetzt bin, wie eine Erleichterung.

Man sollte meinen, daß Melinda Delvecchio aufmerksam und großzügig ist, bis man die glitzernde Folie abzieht, unter welcher ihre hassenswerte Kreation aus windelweichgekochter *pasta* liegt, abwechselnd mit den synthetischen Daunenfusseln, mit denen sonst Plüschtiere und billige Kissen gestopft werden. Melinda Delvecchio ist keine Seelenfreundin – weit davon entfernt! –, und indem ich die aufgewärmten Lasagne betrachtete, die vor mir dampften, notierte ich mir im Geiste, sie sobald wie möglich feuern zu lassen.

In jener Nacht träumte ich, ich hätte mein Heim verlassen und in eine dunkle, unterirdische Kammer mit niedriger, matschiger Decke und unmöbliert ziehen müssen. Das war schon schlimm genug, aber um es noch schlimmer zu machen, wohnte ich dort nicht allein, sondern ich mußte mir die Wohnung mit einer Gemeinschaft von, allen Ernstes, Trollen teilen. Das waren kleine Trolle mit Vollbärten und spitzen, vorne hochgerollten Schuhen. Die Trolle waren hinterhältigerweise pausenlos fröhlich. Sie nannten mich mit Namen und sagten: »Glen, wie schön, daß du zu uns kommen konntest! Seht mal alle her, Glen ist da! Willkommen an Bord, Freund!« Sie waren alle so nett und so zufrieden mit meiner Gesellschaft, daß ich schweißgebadet um 6:00 Uhr aufwachte und aus Angst vor ihnen nicht wieder einschlafen konnte.

Ich habe zweimal geduscht und mir das Gesicht rasiert, damit bis sieben die Zeit verging. Dann habe ich Drew bei seinen Eltern angerufen. Er meldete sich benommen und konfus. Ich stellte mich vor und wartete, während er Bleistift und Block holen ging, um meine Geschichte aufzuzeichnen.

Regelmäßige Leser von *Glens Homophobie-Infobrief* wissen, daß ich, Glen, die Wahrheit über alles andere schätze. Die Wahrheit, mag sie nun häßlich oder nackt sein, schreckt mich nicht. Je schlimmer die Wahrheit ist, desto unerschrokkener blicke ich, Glen, ihr ins Gesicht. Bei dieser Gelegenheit jedoch beschloß ich eine Ausnahme zu machen. Daß ich von Trollen geträumt habe, hat absolut nichts zu bedeuten. Das ist etwas, was mich im Schlaf heimgesucht hat, und nicht von echter Wichtigkeit. Es sind unsere Wachträume, unsere Tagträume, die erleuchtend sind. Regelmäßige Leser von *Glens Homophobie-Infobrief* wissen, daß ich von dem Tag träume, an dem unsere Leute frei von der schrecklichen *Homophobie*, die uns gefangenhält, auf dem Antlitz der Erde wandeln können. Was sind Schlafträume anderes als Schrott? Ich kann es nicht ertragen, mir die Träume anderer Leute anzuhören, wenn ich nicht selbst drin vorkomme.

All diese Ideen verknüpfte ich auf überschaubare Weise und erzählte Drew Pierson, ich hätte geträumt, ich ginge durch einen Wald voller böser, rachsüchtiger Bäume.

»Wie diese haßerfüllten Bäume im *Zauberer von Os?*« sagte er. »Diese gemeinen Bäume, die mit Äpfeln schmeißen?«

»Ja«, sagte ich. »Genau.«

»Hat Sie einer getroffen?«

»Einige.«

»Autsch! und dann?«

Ich erzählte ihm, ich sei auf eine Lichtung gekommen, wo ich einen einzelnen Baum sah, jünger als die anderen, aber stämmig, einen kräftigen, gutaussehenden Baum, der mich ansprach und sagte: »Ich wette, du hast es satt, gehaßt zu werden, stimmt's?«

Ich konnte hören, wie Drew mit seinem Bleistift kratzte und mein Diktat wiederholte: »Ich . . . wette Komma . . . du . . . hast . . . es . . . satt Komma . . . gehaßt . . . zu . . . werden . . .«

Ich erzählte Drew, der Baum habe mit einer Stimme gesprochen, die genauso geklungen habe wie seine eigene, tief und fest, aber doch offen und freundlich.

»Wie meine Stimme, echt wahr?« Das schien ihm zu gefallen. »Verdammt, ein Baum hat meine Stimme. Über sowas habe ich noch nie nachgedacht.«

Nachts träumte ich dann, ich wäre an ein Kreuz genagelt, welches hier und da mit duftenden Tulpen geschmückt war. Ich warf einen Blick auf das Kreuz nebenan und erwartete, Christus zu sehen, statt dessen sah ich aber dort angenagelt Don Rickles. Wir winkten einander zu, und er bewegte die Lippen und sagte: »Lassen Sie sich doch nicht so hängen, Mann.«

Am nächsten Morgen rief ich Drew an und sagte ihm, ich hätte wieder geträumt, ich wäre auf einer Waldlichtung gewesen. Und wieder hätte ich mich von Angesicht zu Angesicht mit einem kräftigen Baum befunden.

Drew fragte: »Was hat der Baum diesmal gesagt?«

Ich erzählte ihm, der Baum hätte gesagt: »Laß mich raus! Laß mich raus! Ich will endlich frei sein.«

»Frei sein wovon?« fragte er.

»Von Ketten und Zwängen«, sagte ich. Der Baum sagte: »Entrinde mich, entrinde mich.«

»Sagte der Baum das zu Ihnen persönlich, oder stand da noch jemand in der Nähe?«

Ich sagte ihm, der Baum hätte das zu mir persönlich gesagt, und ich hätte keine andere Wahl gehabt, als zu tun, wie mir geheißen. Mit bloßen Händen brach ich die Borke ab, und heraus trat Drew, nackt und ohne Scham.

»Nackt im Wald? Ich war so einfach nackt im Wald? Und dann?«

Ich sagte Drew, ich könnte mich nicht so ganz an das erinnern, was als nächstes geschehen sei; es läge mir sozusagen auf der geistigen Zunge, ich käme aber nicht drauf.

Drew sagte: »Ich will wissen, was ich da nackt im Wald getrieben habe, will ich nämlich wissen.«

Ich sagte: »Sind Sie jetzt gerade nackt?«

»Jetzt?« Drew, offenbar unsicher, brauchte einen Augenblick, bevor er sagte: »Nein. Ich habe meine Unterhose an.«

Ich schlug vor, wenn er den Telefonhörer in die Wölbung seiner Unterhose steckte, könnte das vielleicht etwas lostreten, was mir helfen würde, mich an meinen weiteren Traum zu erinnern.

Ich hörte, wie das Telefon gedämpfter klang. Als ich schrie: »Haben Sie den Hörer dahingesteckt, wohin ich es Ihnen gesagt habe?« hörte ich eine leise, weit entfernte Stimme sagen: »Ja, hab ich. Da steckt er jetzt.«

»Springen Sie auf und ab«, schrie ich. »Springen Sie.«

Ich hörte Geräusche, als verlagere sich etwas, während Drews Hörer in seiner Unterhose auf und ab purzelte. Ich hörte, wie er gellend »Ist es Ihnen schon eingefallen?« rief. Und dann, in der Ferne, hörte ich die Stimme einer Frau schreien: »Drew Pierson, was treibst du da in Gottes Namen mit dem Telefon? Andere Menschen wollen sich das Ding auch nochmal an den Mund führen, ist dir das klar? Für sowas sollte man dich verdammtnochmal aufknüpfen.« Ich hörte, wie Drew sagte, er täte das, um jemandem zu helfen, sich eines Traumes zu entsinnen. Dann hörte ich die Worte »Trottel« und »ins Hirn geschissen« sowie das unvermeidliche »Schwuchtel«, oder, im Zusammenhang zitiert: »Dazu hat dich doch irgendeine Schwuchtel angestiftet. Gottverdammter Blödmann.«

Dann muß Drew den Hörer aus der Unterhose geholt haben, denn plötzlich hörte ich ihn laut und deutlich, und was ich hörte, war *Homophobie* in ihrer schlimmsten Spielart. »Schwuchtel! Nächstes Mal, wenn ich dich sehe, trete ich dir hart und gepflegt in den Arsch. Gottverdammte Schwuchtel.« Die Worte hallen immer noch in mir wider.

Ich ersuche alle meine Leser dringend: BOYKOTTIERT DAVE'S KWIK STOP. Ich ersuche Euch, Drew Pierson jederzeit bei Tag und Nacht anzurufen und ihm zu sagen, Ihr hättet geträumt, Ihr hättet auf seinem Gesicht gesessen. Drew Piersons Homophob-, äh, Telephob-, äh, Telefonnummer lautet 787–5008. Ruft ihn an und erhebt die Stimme gegen Homophobie!

So also spielte sich, kurz gefaßt, mein Morgen ab. Ich riß mich zusammen und unterwarf mich dem täglichen *Homophobie*-Kongreß, als den ich meinen Job bezeichne. Sobald ich dort war, wurde ich von meinem *homophobischen* Abteilungsleiter gescholten, weil ich irrtümlich irgendeinen strittigen Vertrag dem Reißwolf überantwortet hatte. Nachmittags wurde ich wieder mit jenem kasserolenschwingenden Mastodon konfrontiert, Melinda Delvecchio, welche den Tränen nahe war, als sie erfuhr, daß ich mich eher von Teppichresten ernähren würde als von einem weiteren ihrer folienbedeckten, die Ausländerfeindlichkeit begünstigenden Ausrutscher.

Auf meinem Heimweg vom Büro beging ich den Fehler, im Food Carnival vorbeizuschauen, wo ich keine andere Wahl hatte, als auf einem der sogenannten »Behinderten«-Parkplätze zu parken. Kaum war ich im Laden, hatte ich Krach mit dem *homophobischen* Schlachter wegen der lexikalischen Definition des Wortes *Kotelett*. Von dem *homophobischen* Schimpansen, der für die Obst- und Gemüseabteilung zuständig ist, wurde ich völlig ignoriert, und über den Kassierer möchte ich nicht einmal sprechen. Nachdem ich meine Einkäufe zusammengepackt hatte, kehrte ich auf den Parkplatz zurück, wo ich mich einem *homophoben* Rollstuhlfahrer ausgesetzt sah, der unablässig mit den Fußstützen seiner kleinen Karosse gegen mein Auto krachte. Regelmäßige Leser von *Glens Homophobie-Infobrief* wissen, daß ich, Glen, kein gewalttätiger Mensch bin. Aber in diesem Fall hatte ich keine andere Wahl, ich mußte eine Ausnahme machen. Meine tägliche *Homophobie*-Quote war überschritten, und ich, Glen, schlug mit roher physischer Kraft zurück.

Sah das gut aus? Nein, es sah nicht gut aus.

Aber ich ersuche Dich, lieber Leser, dringend, meine Lage zu verstehen, denn sie ist auch Deine Lage.

Verstehe – und abonniere, abonniere.

Jamboree

Seitdem Dad und Rochelle mich rausgeschmissen haben, lebe ich bei meiner Schwester und ihrer Familie. Marty möchte nicht, daß ich im Haus selbst wohne, deshalb schlafe ich in der Garage. Er sagt, er möchte, daß ich hier hinten bin, damit ich die Schweinehunde im Auge behalten kann, die eingebrochen sind und von seinem Motorrad die Lenkstange abgesägt haben.

Nur gut, daß niemand versucht hat, die Dachschindeln zu klauen –; dann müßte ich jetzt auf dem Dach schlafen.

Vicki hat gesagt, mir ginge es ja noch gold. »Viele Leute sind wesentlich schlechter dran. In Europa wohnen Menschen in Abflußröhren, und Fliegen kriechen ihnen über das Gesicht. Sie fressen Pappe und baden in ihrer eigenen Spucke. In China müssen sie im Stehen in Matschgräben schlafen. Das hier«, sagte sie und breitete die Arme aus, um Erhabenheit und Würde anzudeuten, »das hier ist nichts, worauf man herabsehen sollte. Du wohnst doch wie ein König. Sieh doch mal, was ich alles für dich getan habe.«

Ich betrachtete die Teppichreste, die sie als Bett auf den Betonfußboden gelegt hatte, und einen Tisch hatte sie hergestellt, indem sie ein Brett über den Grill gelegt hatte. Als

Wandschmuck hatte sie ein Poster angenagelt, auf dem ein Orang-Utan-Baby zu sehen ist, das hinter einem vollgemüllten Schreibtisch sitzt, bis zum Hals in Papierkram. Die Inschrift lautet: »Irgendwann wird aufgeräumt.«

Früher dachte ich mal, Vicki hätte sowas an sich, aber wenn ich mich jetzt so frage, wie ich je auf so eine Idee hatte kommen können, zucke ich die Schultern und schiebe es auf meine Unwissenheit und Jugend. Ich war vielleicht zehn Jahre alt, als Vicki aus heiterem Himmel beschloß, bei ihrem Schulchor mitzumachen. Sie sang vor und wurde angenommen, einfach so. Ich weiß noch, wie sie ganz allein in ihrem Zimmer übte und sich einen Deoroller als Mikrofon an den Mund hielt. Ihre Stimme war nichts Besonderes, aber dadurch ließ sie sich nie die Laune verderben. »Die Musik ist mein Leben. Die ganze beschissene Unterhaltungsindustrie ist so sehr mein Leben, daß mir angst und bange wird. Ich bin zu was ganz Großem bestimmt, zu etwas, was größer ist als wir beide zusammen. Etwas echt Großes.« Ich sah zu, wie sie vor dem Spiegel stand, sich das Haar ausbürstete und ihr Abbild anstachelte. »Du bist ein Sieger, du bist ganz oben. Du sagst an, was Sache ist, du und sonst niemand.« Dann hat sie sich drei- bis viermal umgezogen, während sie ihre Zukunft und all die Platten, die sie herausbringen würde, erörterte. Ich betrachtete sie, wie sie mit einem Stofftier auf dem Bett lag, und stellte mir das als Plattenhülle vor: *Vicki: Die frühen Jahre* oder *Nur so aus Spaß: Vicki!* Ich hatte schon alles gründlich ausgearbeitet.

Ich habe mir überlegt, daß Vicki, sobald ihre Karriere in die Gänge gekommen ist, mehrere Manager verschleißt, bevor sie sich an mich wendet. »Bitte, Chug. Wenn du willst, daß ich dich anflehe, mache ich das. Ich brauche dich jetzt, weil du, verdammtnochmal, der einzige Mensch bist, dem ich vertrauen kann.« Als ihr Manager begleite ich sie dann zu all ihren Konzert-Engagements, wo sich normale Menschen an sie ranmachen, aufgeregt und nervös, mit Gesichtern, die vor Bewunderung glänzen. Vicki gibt Autogramme, posiert für Schnappschüsse, aber immer mit dem Vorbehalt, daß diese Leute nie ihre wahren Freunde sein können, nur ihre Fans. Nach einem Konzert werden wir aus dem Stadion zum wartenden Tourneebus geleitet, der mit Kühlschrank, Naßzelle und komfortablen Sesseln ausgestattet ist, die man zu Betten ausklappen kann, wenn man endlich schlafen will. Vicki kuschelt sich auf den Sessel neben meinem und flüstert: »Was hältst du davon, wie ich ›Liebe hat keine Chance‹ gebracht habe? Ehrlich, Chug, wie ist deine Meinung?« Dann sage ich es ihr, ganz ehrlich, und unter Berücksichtigung ihrer zerbrechlichen Persönlichkeit. Zuerst erwähne ich, daß ihr Haar und Make-up echt toll ausgesehen haben. »Dieser Satin-Poncho haut einen um!« Ich würde all die positiven Aspekte herausarbeiten, und dann würde ich vielleicht, ganz sanft, sagen: »Vielleicht wäre es morgen abend eine gute Idee, mit dem Weinen bis zum Ende des Konzerts zu warten.«

Dann nickt Vicki und zieht ein kleines Notizbuch aus ihrer Tournee-Handtasche. »Gute Idee, Chug«, sagt sie. »Ausgezeichneter Vorschlag.«

Die Bandmitglieder verrenken sich auf ihren Sitzen und versuchen zu lesen, was sie hingeschrieben hat, aber Vicki spürt ihre wachsamen Blicke und drückt sich das Notizbuch gegen den Brustkorb. Morgen abend werden sie es bereits verdammt gut wissen, aber heute abend bleibt es zwischen Vicki und ihrem Bruder. Und genauso hatte ich es immer geplant, genau das wollte ich immer sein, ihr Bruder. Nicht um reich zu werden –; daran habe ich nie wirklich gedacht. Es wäre ja *ihre* Idee, mich zu ihrem Manager zu machen –, nicht meine. Natürlich wäre ich oft von begeisterten Menschenmassen umringt, die mich fragen würden: »Wie ist sie denn nun *wirklich?*« Das würde Spaß machen, natürlich, aber nur kurz. Ich hätte sie nie benutzt, um meinen Namen in die Presse zu kriegen oder selbst eine Platte herauszubringen. Im Gegenteil. Sowas würde unser Vater versuchen. Er redet, als könnte er Geld aus einer Entfernung von fünf Meilen riechen. Er sieht jemanden mit Tweedmütze und Sportwagen und sagt: »Das ist mal ein Typ mit Geld in der Brieftasche.« Das ist, meiner Meinung nach, als sähe man einen Mann an Krücken und sagte, der hätte wohl Probleme mit dem Bein. Jeder Idiot kann sowas.

Unser Vater wäre der erste in der Schlange, der hofft, daß er aus Vickis Erfolg Bargeld schlagen kann. Er würde seine eigene LP oder einen Gastauftritt in einem Fernseh-Special haben wollen, und Vicki und ich müßten viele lange Stunden damit verbringen, ihm zu erklären, daß, egal, was er in den Illustrierten gelesen haben mag, es so nun wirklich nicht geht. Nachdem er uns so behandelt hat, wie er uns behandelt hat, wäre es sowohl unterhaltsam als auch peinlich, ihn sagen zu hören: »Aber viele, äh . . . reden sich doch auch nur so durch einen Song. Na gut, okay, vielleicht kann ich nicht ›singen‹, aber reden kann ich doch schon mal, oder etwa nicht? Los, Kinder, ihr wißt, daß ich das schaffe. Laßt mich eine Platte machen, nur eine. Eine Platte für euren alten Dad. Ich kann einen Hit draus machen, ihr wißt, daß ich das kann. Einen Plattenhit für Daddy.«

Vicki und ich sehen ihm dann beim Betteln zu. Danach bitten wir vielleicht noch ein paar hochrangige Typen aus der Phono-Industrie dazu und sehen ihm zu, wie er ein bißchen weiterbettelt.

»Ich könnte doch ›Der Mann im Leben meines kleinen Mädchens‹ machen«, sagt er. »Es gibt alle möglichen Songs, die man machen kann, ohne tatsächlich singen zu müssen.«

»Ach ja?« sagt der hochrangige Typ aus der Phono-Industrie. »Zählen Sie doch noch ein paar weitere Titel auf.«

Unser Vater massiert sich die Stirn. »Tja«, sagt er. »Da

gibt es noch einen ganzen Batzen. Einen ganzen Riesenbatzen.«

Vor meinem geistigen Auge stehen Vicki und ich in einem Hauseingang und beobachten, wie unser Vater um einen Schallplattenvertrag bettelt. Ich stelle mir vor, daß ich mir, um nicht vor Lachen laut loszuplatzen, von innen in die Backen beißen muß. Blut wird sich in meiner Kehle sammeln –, dieser gleiche bittere Geschmack, wie man ihn kriegt, wenn man aus Versehen einen Kleiderbügel mit dem Mund festgehalten hat. Danach nimmt der hochrangige Typ aus der Phono-Industrie Vicki und mich zum Mittagessen mit in ein Steak-Restaurant, wo wir noch einmal jeden Moment des kläglichen Auftritts unseres Vaters Revue passieren lassen. »Ihr zwei seid das gottverdammte Salz der Scheiß-Erde«, sagt dann der hochrangige Typ und schneidet sich eine schöne Scheibe aus seiner zweimal gebackenen Kartoffel heraus. »Aber euer Vater, auweia, was für ein . . .«

Dann fassen Vicki und ich uns unterm Tisch kurz an und hoffen, daß ihm das richtige Wort einfällt. Ich hatte das im Geiste alles gründlich ausgearbeitet.

In ihrem zweiten Jahr auf der High School ließ Vicki den Chor wieder sausen, weil der Lehrer ein Arschloch war.

»Musik ist mir immer noch so wichtig, man faßt es kaum«, sagte sie. »Aber dieser Mistkerl Yelverton kann mich an meinem rosenroten Du-weißt-schon-was lecken, wenn er glaubt, ich stehe in der letzten Reihe und mache bei seinem beschissenen Glen-Campbell-Potpourri mit. Ich hab diese Scheiße nicht nötig, und das hab ich ihm auch praktisch ins Gesicht gesagt. Ich hab so ziemlich gesagt: ›Ich hab diese Scheiße nicht *nötig.*‹ Ich wollte auch noch sagen: ›Wer will das scheißenochmal überhaupt *wissen,* wenn ein einsames Arschloch Telegrafendrähte aufhängt?‹ Ich hab diese Art Scheiße für mein Leben nicht nötig, weil ich eine Karriere habe, über die ich nachdenken muß. Verdammt, Chug, ich kann meine eigenen gottverdammten Songs schreiben, und das kannst du mir verdammtnochmal gern glauben.«

Sie beschloß, die ganze Schule sausen zu lassen, weil sie sich da zuviel Scheiße bieten lassen mußte, und weil sie, Nachteule, die sie war, die Unterrichtszeiten haßte. Sie dachte, sie besorgt sich vielleicht einen Job in der Musikindustrie. Sie sagte das, als gäbe es in unserer Stadt eine florierende Musikindustrie. Kurz nachdem sie die Schule hatte sausen lassen, hatten Vicki und Dad einen heftigen Streit, als einer ihrer Freunde versehentlich das Wohnzimmersofa in Brand setzte. Ich saß auf dem Bettrand und sah zu, wie sie Klamotten in Papiertüten stopfte. »Nur über meine Leiche haut mich dieser Glatzkopf von einem Schweinehund noch einmal mit eingeschweißten Tiefkühl-Hühnerflügeln«, sagte sie und hielt inne, um die Wunde auf ihrer Stirn zu versorgen. »Ich hab diese Art Scheiße für mein Leben nicht nötig, nie wieder. Dieses Vöglein wird jetzt flügge. Ich hau ab, mir reicht's.« Sie benahm sich, als stünde ein Flugzeug im Vorgarten, dessen Pilot ungeduldig mit dem Finger auf das Zifferblatt seiner Uhr tippt. »Nächstes Mal, wenn du von mir hörst, bin ich in Kalifornien. Kalifornien oder Reno. Ich gehe wohin, wo die Menschen nicht bis zum Hals in Scheiße leben müssen. Darüber denke ich schon lange nach«, sagte sie. »Verdammt lange. Jawoll, meine Herrn, Vicki hat jetzt endgültig ihren Anteil an Scheiße intus. Es ist Zeit, den Stier bei den Hörnern zu fassen und ›Adiós, Scheiße‹ zu sagen. Gib mir mal das Weckradio, machst du das mal, Chug? Deine Schwester macht sich hier scheißenochmal vom Akker.«

Es stellte sich heraus, daß Vicki nicht nach Reno oder Kalifornien aufbrach, sondern statt dessen zu Ginger Treadwell. Ginger war der Freund, der das Sofa in Brand gesetzt hatte, ein älterer rothaariger Typ, der drei Straßen weiter in einer Kellerwohnung lebte, die er von seiner Mutter gemietet hatte. Hin und wieder habe ich sie dort besucht, aber sie hat uns nie besucht oder angerufen, weil sie unserem Vater nicht begegnen wollte. »Sag ihm, ich bin Model und Stewardess und weiß nie, wo ich von einem Tag auf den andern sein werde. Und sag ihm, sie verfilmen meine Lebensgeschichte, und sie wollen, daß er von Boris Scheiße Karloff gespielt wird.«

Als sie mit Ginger Schluß gemacht hatte, zog sie bei Shane Lambson ein und dann bei Drew Hodges, der einen Spezialbus für Krüppel in Eile fuhr. Sie lebte noch mit Drew zusammen, als sie Marty Manning kennen- und liebenlernte, einen Mechaniker für die Spezialbusse. Sie trafen sich heimlich, bis sie entdeckte, daß sie schwanger war. Als er die Neuigkeit erfuhr, hob Marty seinen Werkzeugkasten bis hoch über seinen Kopf, warf ihn quer durchs Zimmer und hielt um die Hand meiner Schwester an. Vicki nahm an. Sie sagte, mit Marty fühlt sie sich, als wäre sie aus dem langen Koma eines verpfuschten und unglücklichen Lebens aufgewacht. Sie schrieb einen Song darüber und trug ihn bei der Hochzeit vor, während Marty sie auf dem Schlagzeug begleitete. Bei der Zeremonie trug er einen braunen Smoking, zog aber für das anstrengende Solo die Jacke aus. Ich konnte kein Wort von Vickis Song hören. Später beim Empfang hielt Marty eine Rede und erzählte allen, wieviel ihm dies neue Baby bedeutet. Er kniete sich hin, brachte einen Toast auf den Bauch meiner Schwester aus und sagte: »Diese Dame hat mir das großartigste Geschenk gemacht, das sich ein Mann nur wünschen kann –, einen Neuanfang.« Ihm versagte kurz die Stimme, dann tippte er mit seinem Glas gegen Vickis Bauch und verschüttete Punsch auf ihrem Hochzeitskleid aus Kordsamt.

Es war rätselhaft, weshalb er einen solchen Wind deswegen machte, wo er doch bereits einen Neuanfang in seiner Vergangenheit hatte, eine fünf Jahre alte Tochter, die er nie sah und mit der er nie sprach. Er behauptet, er würde sich ja gern mehr um Amber kümmern, kann er aber nicht, weil ihre Mutter eine intrigante Nervzicke und hochgradige Mistbiene ist. Er sagte, er will, daß dieses Baby das einzig Wahre ist, machte sich an die Arbeit und bereitete alles schön vor. In die Küche kam ein größeres Spülbecken, und einen Babysitz fürs Auto stellte er her, indem er die Beine von einem Sessel absägte. Ein paar Schranktüren bekamen Schlösser, und Vickis Katze wurde eingeschläfert. Seine Mutter hatte ihm gesagt, es liegt im Instinkt der Katze, sich ins Kinderbettchen zu schleichen und einem neugeborenen Baby den Atem auszusaugen. Es brach meiner Schwester das Herz, aber sie machte mit. »Ich muß nach vorne sehen, in die Zukunft«, sagte sie, als sie ein letztes Mal die Katzenstreu ausleerte.

Ich sagte ihr, sie spinnt, daß sie ihm erlaubt, die Katze einschläfern zu lassen. »Wenn hier jemand jemandem was aussaugt, dann Marty dir das Hirn und nicht Sabbath dem Baby den Atem«, habe ich gesagt. Sie mußte das Eß- in ein Kinderzimmer verwandeln. Am Ende des Korridors ist durchaus noch ein Zimmer, groß genug, aber da bewahrt Marty sein Schlagzeug und seine Hanteln auf, und er sagt, da darf keiner rein, weil es seine Domäne ist. Er rechnete zwar fest mit einem Jungen, sagte aber zu Vicki, sie soll das Eßzimmer orange streichen, nur für den Fall, daß. Ich habe sie an dem betreffenden Tag besucht und mußte das Zimmer selbst anstreichen, während sie drei Dosen *Tab*-Limonade trank und mir Fragen über Dad stellte, was er so mit seiner neuen Freundin macht und wie er es mit so einer Nervzicke und hochgradigen Mistbiene überhaupt aushält. Ich hatte nur mal kurz vorbeigeschaut, war nur neugierig, wie es ihr geht. Ich konnte ja nicht ahnen, daß ich da arbeiten würde, und kriegte reichlich Orangefarbe auf meine guten Schuhe. Jetzt sind sie nicht mehr meine guten Schuhe, und jedesmal, wenn ich sie mir zubinde, denke ich an jenen Tag zurück, als wir noch nichts über das Baby wußten, das da auf seine Geburt wartete. Ich stellte mir mich selbst in der Zukunft vor, wie ich dem ausgewachsenen Kind erzähle, daß ich einst das Kinderzimmer orangefarben angestrichen habe, daß es aber nicht meine Idee gewesen war. Ich wußte nicht, ob das Kind ein Junge oder ein Mädchen sein würde. Vielleicht mochte es mich oder vielleicht auch nicht. Vielleicht hatte ich dann graue Haare oder eine Halbglatze wie mein Vater. Wer kann schon sagen, was die Zukunft bringt?

Als sie acht Monate schwanger war, verlor Vicki ihren Job in der Einsatz-Zentrale für Krüppelbusse, weil sie viel schlafen mußte und es nicht rechtzeitig zur Arbeit schaffte. Erst hat jemand anders für sie die Stechuhr bedient, aber das haben sie gemerkt, als die Busse nicht aufkreuzten und gelähmte Menschen stunden- und stundenlang im Schnee warten mußten. Marty sagte ihr, sie soll sich keinen neuen Job suchen, bis das Baby eingeschult wird. Er hatte mit seiner Mutter gesprochen und sagte, er will auf gar keinen Fall eins von diesen Schlüsselkindern. Wenn man ihn so reden hörte, hatte man den Eindruck, daß die Schlüssels eine ganz üble Familie waren, die bei seiner Mutter in der Nähe wohnten und vorbeifahrende Autos aus Quatsch mit Steinen bewarfen. Marty dachte, er hätte alles unter Kontrolle.

Das Baby, ein Junge namens Marty jr., wurde am Thanksgiving Day geboren. Vicki sagte, das sei symbolisch, da Marty jr. wie ein Pilger, ein Neuankömmling in diesem fremden und wunderbaren Land sei. Außerdem habe er, weil er Schütze sei, ein rasches Zahlenverständnis und werde praktisch mit allen gut auskommen, nur mit Steinböcken, Löwen und Zwillingen nicht. Sie mühte sich redlich, es von der heiteren Seite zu sehen, aber immer, wenn die Krankenschwester versuchte, ihr das Baby zu zeigen, das in seiner Decke zappelte, wandte sie sich ab.

Bestimmte kleine, häßliche Geschöpfe werden als süß und niedlich angesehen. Nehmen Sie zum Beispiel das Orang-Utan-Baby auf dem Poster, welches die Garagenwand schmückt. Nichts an diesem Tier ist hübsch anzusehen, aber das scheint ihm überhaupt nichts auszumachen. Wenn ein Orang-Utan sein Spiegelbild in einem Tümpel voll kristallklarem Wasser erblickt, nimmt er sich nicht die Zeit, wegen seines Aussehens in Depressionen zu verfallen. Statt dessen geht er seinen normalen Geschäften nach, frißt Blätter, untersucht die Köpfe seiner Bekannten und Verwandten und stöbert nach leckeren Flöhen. Ein Geschöpf ist solang niedlich, wie es traurige Augen hat und in den Wäldern haust. Ein häßlicher Mensch kann nicht so sorglos sein wie die Tiere. Laut dem, was ich im Fernsehen gesehen habe, paaren sich Tiere ohne Rücksicht darauf, wer ein seidigeres Fell oder den längsten Schnurrbart hat. Ich habe nicht den Eindruck, daß Affen sich weigern, mit anderen Affen auszugehen. Vielleicht können sie ja sprechen, aber ich bezweifle, daß dabei Gefühle verletzt werden. Ich könnte mich irren, ich bin kein Naturwissenschaftler. Ich glaube, manche häßlichen Babys können, wenn sie groß sind, ganz okay aussehen, aber ich bezweifle, daß dies beim kleinen Marty jr. der Fall sein wird.

Als er gerade geboren war, sah mein Neffe aus wie eine Puppe. Eine Puppe, die aus rohem Hamburger-Fleisch hergestellt war. Die meisten Babys sind so, aber bei Marty jr. war es noch viel schlimmer, denn der blieb auch nach wiederholtem Waschen roh und pustelig. Seine Gesichtszüge sehen immer noch handgemacht und reich strukturiert aus. Vicki versuchte, Marty davon zu überzeugen, daß Babys altern und in ihr Gesicht hineinwachsen. Sie sagte, daß er so rot aussieht, bedeutet, daß er später leichter braun wird.

»Der wird ein Herzensbrecher«, sagte sie zu Marty. »Genau wie sein alter Herr, ein hochgradiger Herzensbrecher.«

Marty kaufte ihr nichts davon ab. Sein Kind war eindeutig nicht das, was ihm vorgeschwebt hatte, und er sah es an, als wäre es ein zu groß geratener Scheißhaufen. Seine milde Neugier wandelte sich in Ekel und dann in Zorn.

»Man sieht gleich, daß Sie der Daddy sind; der Kleine hat nämlich Ihre Augen«, machte eine Krankenschwester den Fehler zu sagen.

Marty wartete, bis sie mit dem Baby weg war, bevor er die Krankenschwester eine Zicke nannte und immer wieder sagte: »Nein, *ich* habe meine Augen. *Ich* –, ich hab sie noch alle beide.« Er zeigte auf sein Gesicht und steckte sich aus Versehen den Finger ins linke Auge. Als Vicki ihm ein Kleenex anbot, wischte er ihre Hand beiseite und schmiß dabei ihr Wasserglas zu Boden.

»Es tut mir leid, es tut mir leid, es tut mir leid.« Vicki wiederholte diese Wörter, bis sie nur noch ein Geräusch waren. Marty kehrte ihr den Rücken, bis eine andere Krankenschwester mit dem Tablett für ihr Abendessen kam. Marty aß alles bis auf den Pudding.

Als ich Marty jr. zum ersten Mal sah, war mir klar, daß er SBWM – sobald wie möglich – eine gewinnende Persönlichkeit entwickeln mußte, nachdem er also aus dem Krankenhaus entlassen worden war, ging ich von der Schule ab, um Vicki bei der Säuglingspflege zu helfen. Ich wäre, um ehrlich zu sein, wahrscheinlich sowieso abgegangen, deshalb war ich, als Vicki das vorschlug, dankbar für so einen offiziell klingenden Vorwand. Der einzige Mensch, den ich dort vermisse, ist meine Englischlehrerin, Mrs. Colgate. Sie sagte mir, ich sollte mit ihr in Verbindung bleiben und »lesen, lesen, lesen«. Ich habe sie einmal angerufen, aber wieder aufgelegt, als sie sich weinend mit den Worten »Curtis, hör zu. Um der Liebe Gottes willen, Curtis, ich kann alles erklären« meldete.

Das Austragen eines Babys hatte meine Schwester völlig

fertiggemacht. Nach ihrer Woche im Krankenhaus beschloß sie, daß jetzt für Vicki die Zeit gekommen war, zur Abwechslung mal an Vicki zu denken. Es war die Zeit, neu anzufangen und das Gewicht loszuwerden, das sie zugelegt hatte, als sie für zwei essen mußte. Wie sie es loswurde, indem sie vierzehn Stunden pro Tag fernsah, kann man nur raten –, aber es hat funktioniert! Ich kam morgens hin und verbrachte den Tag mit Säuglingspflege: trockenlegen und füttern, zum Nickerchen hinlegen, baden, Wäsche waschen –, habe ich alles gemacht.

»Bring ihm bei, daß er nur während der Werbepausen weint«, rief Vicki immer vom Wohnzimmer herüber, wenn er anfing zu quengeln. »Er muß mehr Zeit an der frischen Luft verbringen, das ist sein Problem. Nimm ihn mit in den Lebensmittelladen, da kann er sich das Fleisch ansehen.«

Ich blieb dort, bis das Baby für die Nacht ins Bett gesteckt wurde, und gegen halb zehn ging ich nach Hause, wo mein Vater wohnte. Inzwischen hatte er kapiert, daß Vicki weder Model noch Stewardess war. Zur Hochzeit war er nicht eingeladen, das schien ihm aber nichts auszumachen, und er sagte: »Dann lädt sie mich eben zur nächsten ein.« Er bekundete keinerlei Interesse an Marty jr.: »Ich bin zu jung für einen Großvater«, sagte er, bürstete sich an den Seiten die Haare, und oben funkelte die Glatze.

Während Marty jr. sein Nickerchen machte, räumte ich das Haus auf und machte eine Liste von den Sachen, die wir brauchten: Kleidung, Breichen, Windeln, Shampoo –, Babykram. Ich trug die Liste zu Vicki, die, den Blick fest auf den Fernseher gerichtet, jedesmal sagte: »Wende dich damit an die Bank von Amerika«, womit Marty gemeint war. Und ich haßte es, ihn um Geld anzugehen, weil er das immer wie ein Darlehen handhabte und andeutete, daß ich ihm immer noch nicht die zwanzig Dollar zurückgezahlt hatte, um die ich ihn letzte Woche angehauen hatte.

Etwa um diese Zeit zog die Freundin meines Vaters, Rochelle, ein. Rochelle arbeitet als alte Kellnerin und hat immer Geld im Portemonnaie, eine Rolle Geldscheine von der Größe eines Lockenwicklers. Wenn sie von der Arbeit nach Hause kommt, benimmt sie sich immer, als wäre sie gerade mit bloßen Füßen durch die brennende Wüste gegangen und hätte Kaktusdornen tief in den Hacken stecken. »Jetzt wird es verdamptnochmal Zeit, daß *ich* mich bedienen lasse«, sagt sie, läßt ihre Handtasche auf den Küchenstuhl fallen und hinkt ins Wohnzimmer, um die Füße hochzulegen. Sie brüllt meinen Vater an: »Stell gefälligst gottverdammt einen anderen Sender ein und bring mir einen Kaffee.«

Mein Vater brüllt mich an: »Stell gefälligst gottverdammt einen anderen Sender ein und bring Rochelle einen Kaffee.«

Eine Fernbedienung hätte das Problem nicht gelöst. Rochelle brauchte einen Ganztags-Sklaven. Hin und wieder, auf meinen Trips in die Küche, wenn ich ihr dies oder das holte, habe ich ihr Portemonnaie geöffnet und ein bißchen was für Marty jr. rausgenommen, nur hie und da ein paar Dollar für Windeln und Breichen. Es war leichter, als Marty zu fragen, und ich fand, daß Rochelle mir etwas für die vielen Stunden in ihren Diensten schuldete.

Das Baby kam zurecht, aber es gab immer noch gewisse Dinge, die mehr kosteten als die paar Dollar pro Tag, die ich beisteuern konnte. Spezielle Dinge, wie ein Jäckchen aus Kaninchenfell, das ihm eines Nachmittags in einem Schaufenster aufgefallen war. Ich schrieb diese Dinge so auf, wie sie mir auffielen, und pappte die Liste an den Kühlschrank, wo Marty sie unbedingt wahrnehmen mußte. Ein paar Tage vor dem ersten Geburtstag des Babys war ich im Wohnzimmer, als ich hörte, wie Papier zerknüllt wurde. Dann hörte ich Marty rufen: »Was war das für ein Kack am Kühlschrank?«

Vicki lag auf dem Wohnzimmersofa und antwortete, indem sie sagte: »Was für ein Kack?«

Marty sagte: »Du weißt, welchen Kack ich meine.«

Vicki sagte nichts.

»Du weißt, daß ich das nicht haben kann, wenn jemand Kack an meinen Kühlschrank pappt.«

Vicki sagte: »Nein, Sir, das wußte ich nicht.«

»Dann weißt du's jetzt.«

Vicki sagte: »Wahrscheinlich.«

Zu seinem Geburtstag habe ich alles mit Luftballons dekoriert und Marty jr. mit etwas von Rochelles geklautem Geld einen Kaufkuchen und einen ausgestopften E.T. gekauft. Den Kuchen hat er erbrochen. Der E.T. machte ihm angst, bis ich seine scharfen Augen mit Magic Marker schwarz gemalt habe. Wir feierten allein, weil Vicki und Marty es vorgezogen hatten, ihr Thanksgiving mit jemandem namens Cuff Daniels zu verbringen, einem Typ, mit dem Marty früher musiziert hat. Zum Geburtstag schenkten sie ihrem Sohn einen Gabelknochen von dem Truthahn, den sie gegessen hatten, damit er sich was wünschen kann. Vicki hatte ihn in ihrer Handtasche mit nach Hause gebracht, und er war völlig vollgefusselt.

Als Weihnachten näher kam, machte ich eine neue Liste und nahm all meinen Mut zusammen, um mit Marty von Mann zu Mann über die Geschenke zu sprechen, die sein Sohn verdient hatte. Marty betrachtete die Liste einen Augenblick lang, bevor er sie in der Mitte faltete. Er sagte mir, Weihnachten ist, soweit es ein Baby betrifft, ein Tag wie jeder andere. Er faltete die Liste ein weiteres Mal und erklärte, soweit es ihn betreffe, habe Weihnachten nichts damit zu tun, daß man sein ganzes schwerverdientes Geld für bekackte Geschenke ausgibt.

»Weihnachten ist hier drinnen«, sagte er und zeigte auf die Stelle, an der er sein Herz vermutete. »Weihnachten ist innen, wo es zählt.« Er faltete den Wunschzettel immer wieder, bis er so groß war wie ein Streichholzheftchen, und dabei erzählte er mir die ganze Zeit eine Geschichte darüber, wie mal ein Haus durch den Weihnachtsbaum Feuer gefangen hatte, und danach fand der Mann in der Asche eine Rolle mit Vierteldollars. Das Geld war zu einem Klumpen zusammengeschmolzen, und der Mann benutzte es als Briefbeschwerer, bis irgendein Arschloch es ihm von seinem Arbeitstisch geklaut hat.

Zu Weihnachten kaufte Marty sich ein Motorrad, nagelneu. Vicki schenkte er einen Helm, nicht eingewickelt. Er hat ihn ihr einfach so in die Hand gedrückt. Die beiden sind zu Cuff Daniels gefahren und haben dem Baby einen weiteren Gabelknochen mitgebracht. Diesmal war noch Fleisch dran, und er war noch eiskalt von Vickis Handtasche.

Die ersten Monate parkte Marty sein Motorrad im Eß- und Kinderzimmer. Für Spritztouren holte er es heraus, und dann schob er es wieder zurück ins Haus, legte Zeitungen auf den Fußboden und schraubte daran herum. Es war Marty klar, daß Auspuffgase in geschlossenen Räumen tödlich sein können, deshalb achtete er immer darauf, daß alle Fenster sperrangelweit offenstanden, während der Motor lief. Es war lästig, denn kaum hatte ich ihm den Rücken gekehrt, schon saß das Baby mit einem Schraubenschlüssel im Mund auf dem fettigen Zeitungspapier und dampfte in der kalten Luft aus der Nase.

Ich wartete auf den Tag, an dem Marty das Motorrad endlich in der Garage parkte, anstatt es die Stufen zur Haustür hochzuwuchten. Ich wußte, daß der Tag kommen würde, und als er schließlich angebrochen war, ein Donnerstagabend im frühen Februar, schlich ich mit einer Metallsäge in die Garage. Vier Stunden habe ich im Dunkeln dazu gebraucht, aber ich habe es geschafft: ich habe links und rechts die Lenkstange abgesägt. Außerdem habe ich den Benzintank mit *Dr. Pepper*-Limonade gefüllt, aber Marty setzt die Lenkstange so sehr zu, daß er das noch gar nicht mitgekriegt hat. Am nächsten Morgen, als Vicki mir sagte, was geschehen war, gab ich mich schockiert. Sie führte mich zur Garage und zeigte auf zwei Häufchen Metallgeraspel auf dem Boden.

»Da«, sagte sie, mit ihrer Zigarette deutend. »Das sind die Späne.«

Als Marty von der Arbeit nach Hause kam, tat er das gleiche, er führte mich zur Garage und zeigte auf die Späne. Er sagte mir, es hat keinen Sinn, die Polizei zu verständigen, weil die ihn seit dem Tage eins auf dem Kieker hat. Marty sagte, er klärt dies Verbrechen selbst auf, ein Mann, ganz auf sich selbst gestellt. Er sagte, ganz sicher ist er nicht, aber doch so gut wie, daß Cuff Daniels irgendwas damit zu tun hat. »Guter alter Cuff«, sagte er. Dann spuckte er auf den Zementfußboden.

Dann ging alles bis eine Woche später wie gewohnt weiter, als Rochelle mich dabei erwischte, wie ich ihrem Portemonnaie Geld entnahm. Normalerweise wußte ich immer, wo sie war, weil ich sie stöhnen hören konnte, manchmal kamen dabei richtige Wörter heraus, dann wieder nur Geräusche wie von einem matten Motor. Diesmal hatte sie offenbar den Atem angehalten. Vielleicht war ihr etwas verdächtig vorgekommen. Ich drehte mich um, und da war sie.

»Ich hab dein Geld gar nicht genommen«, sagte ich, rollte die Scheine zusammen und tat das Gummiband wieder drum herum. »Ich hab es gar nicht genommen, ich hab es nur ... gezählt. Du hast hier siebenunddreißig Dollar. Junge, ganz schön viel Trinkgeld, siebenunddreißig Dollar.«

Rochelle stand in der Tür und reckte die Fäuste in die Luft. »Und vor zwanzig Minuten hatte ich noch einundvierzig Dollar«, sagte sie und humpelte näher. »Soll ich etwa glauben, daß der Rest meines Geldes es satt hatte, in dem

Pottmannee eingepfercht zu sein, und lieber in die weite Welt hinein abgehauen ist? Soll ich das etwa glauben? Ja? Eins will ich dir nämlich sagen, Mister, wenn ich etwas nicht leiden kann, ist das ein Dieb.«

Sie näherte sich mit einer ihrer Fäuste meinem Gesicht. »Jemand muß dir mal die Ohren langziehen, Mister, und dieser Jemand werde ich sein, denn wenn ich etwas nicht leiden kann, ist das ein Dieb, ein fauler Dieb und Schleicher.«

Sie haute mich immer wieder, und ihre Stimme wurde immer lauter, bis mein Vater aus dem Badezimmer kam und sie von mir wegzerrte. Nachdem er sich ihre Seite der Geschichte angehört hatte, legte er mir still die linke Hand auf die Schulter und schlug mir die Rechte mit aller Kraft in den Magen.

»Genau das braucht er«, sagte Rochelle, »jemand, der ihm die Ohren langzieht. Dieb! Lügenbold.«

Genau wie Vicki zuvor packte ich meine Habseligkeiten in Papiertüten. Damals empfand ich nur Scham und Bedauern –, nicht, weil ich das Geld genommen hatte, sondern wegen meiner jämmerlichen Lüge, ich hätte es nur gezählt. Ich weiß, wie ich in dem Moment ausgesehen haben muß, daneben und heimtückisch und dumm. Ich hätte sagen sollen, ich kassiere für erwiesene Dienste, und hätte keinen Fußbreit Boden weichen dürfen. Ich hätte den Hieb meines Vaters vorhersehen sollen. Hätte sollen, hätte sollen. Ich verbrachte die Nacht im Wald hinter dem Haus meines Vaters und dachte an all die Hättesollens. In jener Nacht hätte ich einen Schlafsack einpacken sollen.

Am nächsten Morgen trug ich Vicki meinen Fall vor, und sie sagte, sie bringt ihn bei Marty zur Sprache, wenn der Zeitpunkt günstig ist. Die nächsten beiden Nächte verbrachte ich in ihrem Hintergarten, bevor er entschied, daß ich in der Garage bleiben kann. Beheizbar ist sie nicht, aber immerhin trocken. Ich habe mir eine Verlängerungsschnur vom Haus herübergelegt, so daß ich jetzt die Wahl zwischen einer Lampe oder dem kaputten Fernseher habe, bei dem es Ton, aber kein Bild gibt, nur einen grauen Bildschirm mit Schneegestöber, ein Anblick, von dem ich mich, wie ich inzwischen weiß, gar nicht losreißen kann.

Marty jr. kann jetzt laufen. Er kann sogar denken. Wenn man zeigt und sagt: »Bring mir das Buch, Baby, bring mir das Buch«, dann macht er das. Wenn man fragt: »Wo ist Bibo?« krabbelt Marty jr. hin, haut auf den Fernseher und hofft, daß er ihn aus dem Gehäuse treibt. Er ist nicht dumm –, ganz und gar nicht. Bald wird er sprechen können, und ich arbeite auch schon die ganze Zeit daran, ihm das beizubringen. Alles, was ich berühre, halte ich in die Höhe und benenne es mit belehrendem Tonfall. »Kissen«, sage ich. »Aschenbecher.« »Dosenöffner.« Das mache ich nur tagsüber, wenn Marty nicht da ist. Letzten Sonntag, beim Abendessen, hat er sich über mich lustig gemacht. Er nahm seine Gabel, zeigte sie dem Baby und sagte: »Klistierbeutel.« Dann zeigte er auf mich und sagte: »Blödmann, Blödmann.«

Marty jr. klatschte in die Hände und sagte: »Böpamm, Böpamm.«

Ich dachte, Vicki und Marty hören nie wieder auf zu lachen. Sie tätschelten Marty jr. den Kopf, und er sagte es nochmal: »Böpamm.« Es brachte mich zur Weißglut, daß er mir so in den Rücken fiel. Er sagte es nochmal, als ich ihn ins Bett brachte, und da habe ich das Fleisch an seinem Oberschenkel ordentlich zwischen zwei Fingern gezwiebelt.

Ein paar Wochen, nachdem ich eingezogen war, erwischte Marty das Baby bei einem Ferngespräch. Es war nur ein Mißgeschick –; es hat ein paar Nummern gedrückt und eine Verbindung hergestellt. Als Marty dem Baby den Hörer aus der Hand nahm, sprach er plötzlich mit einer Frau, die immer wieder *»C'est toi, Julien? . . . C'est toi?«* sagte.

Marty dachte, das Kind hätte China angerufen. Vicki sagte, es hätte sich eher nach Hawaii angehört.

Marty sagte: »Hawaii, China oder Puerto Rico, wo liegt denn da verdammt der Unterschied? Ich bin jedenfalls derjenige, der dafür berappen muß, und ich bin, falls du das noch nicht bemerkt haben solltest, nicht aus Geld gemacht. Hattest du das gedacht, daß ich aus Geld gemacht bin?«

Vicki sagte: »Nein, Sir, hab ich nicht gedacht.«

Marty jr. war gerade so gut drauf, gluckste und rief die Polizei an.

Am nächsten Tag brachte Marty alle Telefone erhöht an, wo das Baby nicht drankam. Dann haute er ab und besorgte sich einen Hund. Ein Welpe wäre vielleicht für das Baby ganz nett gewesen, aber Marty brachte einen ausgewachsenen Dobermann mit nach Hause, einen Gebrauchthund, den ihm ein Typ auf der Arbeit geschenkt hat. Jamboree hat einen Kopf wie ein Projektil und einen Stummelschwanz wie ein mit Scheiße vollgeschmierter großer schwarzer Daumen. Ich glaube, der Vorbesitzer hat ihn vielleicht so abgerichtet, daß er unangenehm ist. Das habe ich schon mal in einer Illustrierten gesehen, Männer mit dicken Polstern um die Arme, die Hunde zum Angriff provozieren, damit sie sich für hochbezahlte Jobs qualifizieren und in Kaufhäusern und auf Parkplätzen Streife gehen können.

Jamboree war erst zwei Tage bei uns, als er Playboy abmurkste, den alten Basset des Nachbarn. Der arme Playboy wußte gar nicht, wie ihm geschah. Marty nahm die Leiche und legte sie auf die Straße. Er hoffte, die Besitzer würden glauben, Playboy sei vom Auto überfahren worden.

Genau, Marty, von einem Auto mit Zähnen.

Jamboree sollte man gar nicht auf die Straße lassen, nicht mal an der Leine. Alle außer Marty haben Angst vor dem Hund. Sogar Autos fahren schneller, wenn sie ihn auf dem Bürgersteig sehen. Nachts schläft Jamboree auf einer Matte neben dem Bett seines Herrchens. Vicki hat mir gesagt, sie trinkt nach 21:00 Uhr keine Flüssigkeiten mehr, weil sie sich nicht aus dem Bett und aufs Klo traut. Jamboree hat sie bereits einmal gebissen, zwack in den Arm, als sie versuchte, einen Aschenbecher von der Matratze zu entfernen. Marty sagt ihr, Jamboree kann ihre Angst wittern, und sie hat selbst Schuld, wenn sie ein Feigling ist. Vicki hat ihn gefragt, wie Angst denn riecht, und er hat gesagt, sie stinkt wie ein Tetrapak Milch, das seit einer knappen Woche in der Sonne steht.

»Ja, wo ist denn mein Meister aller Klassen? Ja, wo ist er denn? Wo ist mein Junge?« fragt Marty, und Jamboree kommt auf den Knien zu ihm, der Stummelschwanz geht auf und ab, gleich geht es Gassi.

Wenn Marty morgens zur Arbeit gegangen ist, überreden Vicki und ich den Hund mit List und Tücke, daß er in das ungenutzte Zimmer geht, und machen hinter ihm die Tür zu. Dann hole ich das Baby aus seinem Bettchen und mache mich an die Arbeit. Wir können alle hören, wie sich Jamboree im ungenutzten Zimmer die Zeit vertreibt, wie er winselt und an der Tür kratzt. Zuerst hatte ich Angst, Marty jr., neugierig wie er ist, macht die Tür auf, aber er ist schlau, er weiß, was da drin ist.

Meine Angst riecht wie feuchtes Holz, also habe ich Marty jr. ein Laufställchen gebaut. Ich habe es selbst mit meinen eigenen zwei Händen gebaut. Wenn Marty von der Arbeit nach Hause kommt, läßt er den Hund los, und ich setze Marty jr. in sein Ställchen, wo er, hoffentlich, in Sicherheit ist. Jamboree zieht seine Kreise, versucht an ihn ran zu kommen, aber Marty jr. ist schlau und weiß, daß er sich von den Stäben fernhalten muß. Er steht mitten in seinem Laufställchen und paßt auf. Manchmal wirft er etwas über den Zaun. Gestern nacht hat Jamboree E.T. aufgefressen. Der ganze Eßzimmerfußboden war voller Plüschbüschel und Styropor-Kügelchen.

Heute morgen habe ich Marty jr.s Kinderbettchen auf eine erhöhte Plattform gestellt –, einen Eßtisch vom Sperrmüll beim Nachbarn. Ich stand auf einem Stuhl und half ihm, sich einzuleben. Ich dachte, diese neue Perspektive gefällt ihm vielleicht. »Sieh dich an«, sagte ich. »Das oberste Baby der Welt.« Dann weinte er, und als ich ihn trösten wollte, hat er mich an den Haaren gezogen, und als er nicht loslassen wollte, habe ich ihm eine gescheuert. Ich sage mir, daß es nicht seine Schuld ist, daß alles anders wird, wenn wir zwei erstmal alleine und auf uns selbst gestellt sind. Und es wird anders werden. Ich habe Martys Geldversteck gefunden. Da sind fast dreihundert Dollar, genug, damit das Baby und ich nach Florida können. Dort können wir draußen kampieren, im Wald leben, bis ich einen Job finde. Marty würde mir die Nationalgarde auf den Hals hetzen, wenn ich seinen Hund vergifte, aber ich glaube, wenn ich mit seinem Sohn abhaue, ist ihm das ziemlich wurscht. Und Vicki –, die denkt vielleicht noch eine Woche lang daran, und dann ist wieder Ruhe, dann spart sie es sich ein, zwei Jahre lang auf, bis sie sich plötzlich an ihren Nebenmann am Tresen wendet und sagt: »Hab ich Ihnen überhaupt schon erzählt, wie mein eigener Bruder mit meinem Scheiß-Baby durchgebrannt ist? Hab ich das schon mal erzählt?«

Frohe Weihnacht allen Bekannten und Verwandten!!!

Viele von Euch, liebe Freunde und Familienmitglieder, kriegen jetzt wahrscheinlich einen Schreck, wenn sie unseren jährlichen Feiertags-Rundschrieb in Händen halten. Ihr habt von der Tragödie, die uns jüngst ereilte, in der Zeitung gelesen und habt bestimmt geglaubt, wenn man plötzlich so viele juristische Sorgen und »Scherereien« hat, steckt der Dunbar-Klan einfach den Kopf in den Sand und schwänzt die gesamten bevorstehenden Weihnachtsfeiertage!!

Ihr sagt: »Wie soll denn die Familie Dunbar ihren schrecklichen Verlust betrauern *und* die Traditionen der Weihnachtsfeiertage hochhalten. So stark ist *keine* Familie«, denkt Ihr bei Euch.

Dann denkt lieber nochmal nach!!!!!!!!!!!!!

Zwar hat dies vergangene Jahr beim »Geben« unserer Familie ein schlechtes »Blatt« voll Weh und Ach zugeteilt, aber wir haben (bisher!) das Unwetter überlebt und werden das auch weiterhin so halten! Unser Baum steht im Wohnzimmer wie eine 1, die Strümpfe sind aufgehängt, und wir erwarten ungeduldig die Ankunft eines gewissen wohlbeleibten Herrn, der vorne auf den Namen »Weih« und hinten auf den Namen »Nachtsmann« hört!!!!!!!!!!!

Unser treuer PC hat schon vor Wochen unsere Wunschzettel ausgedruckt, und jetzt werfen wir ihn wieder an, um Euch und Euren Lieben ganz heftig die Allerfrohesten Weihnachten von der gesamten Familie Dunbar zu wünschen: Clifford, Jocelyn, Kevin, Jacki, Kyle und Que Sanh!!!!!

Einige von Euch lesen dies jetzt wahrscheinlich und kratzen sich beim Namen »Que Sanh« den Kopf. »Der paßt doch gar nicht zu den anderen Vornamen in der Familie«, sagt Ihr Euch. »Haben sich diese verrückten Dunbars etwa eine Siamkatze zugelegt?«

Nicht schlecht geraten.

Gestattet uns, denen von Euch, die in einer Höhle hausen und nichts mitgekriegt haben, Que Sanh Dunbar vorzustellen, die, im Alter von zweiundzwanzig Jahren, das neueste Familienmitglied ist.

Erstaunt?

DAMIT STEHT IHR NICHT ALLEIN!!!!!!!

Es scheint nämlich, als habe Clifford, Gatte der Schreiberin dieser Zeilen und Vater unserer drei natürlichen Kinder, vor zweiundzwanzig Jahren aus Versehen die Saat für Que Sanh während seines kleinen Abstechers nach, na, wohin? gelegt . . .? Na, wohin wohl?

VIETNAM!!!!

Das war natürlich Jahre, bevor Clifford und ich geheiratet haben. Als er eingezogen wurde, waren wir vorverlobt, und der lange Zeitraum der Trennung forderte von uns beiden seine Opfer. Ich habe regelmäßig korrespondiert. (Jeden Tag habe ich ihm geschrieben, sogar wenn mir nichts Interessantes einfiel. Seine Briefe kamen sehr viel seltener, aber ich habe alle vier aufbewahrt!)

Während ich sowohl Zeit wie Neigung hatte, meine Gefühle in Briefumschläge zu stecken, kannte Clifford, wie Tausende anderer amerikanischer Soldaten, einen solchen

Luxus nicht. Während wir übrigen in unseren sicheren und behaglich eingerichteten Häusern die Abendnachrichten verfolgten, *kam* er in den Abendnachrichten *vor*, bis zur Hüfte in einem Schützengraben voll abgestandenem Wasser. Die Risiken und die Qualen des Krieges sind etwas, was die meisten von uns sich glücklicherweise auch nicht in Ansätzen vorstellen können, und da können wir, finde ich, von Glück sagen.

Clifford Dunbar hat, vor zweiundzwanzig Jahren, ein junger Mann in einem vom Krieg zerrissenen Land, einen Fehler gemacht. Einen schrecklichen, verabscheuungswürdigen Fehler. Einen dummen, unüberlegten, permanenten Fehler mit furchtbaren, quälenden Folgen. Aber wer seid Ihr, wer sind wir, daß wir über ihm den Stab brechen? Besonders jetzt, wo Weihnachten unmittelbar bevorsteht. Wer sind wir, daß wir ein Urteil fällen?

Als seine Versetzung um war, kehrte Clifford nach Hause zurück, wo er den zweitschlimmsten Fehler seines Lebens machte (ich beziehe mich auf seine kurze ((acht Monate)) »Ehe« mit Doll Babcock), und danach waren wir wieder vereint. Wir wohnten damals, wie Ihr Euch vielleicht erinnert, in diesem winzigen Apartment drüben in der Halsey Street. Clifford hatte gerade seine ihn ausfüllende Karriere bei der Vereinigten Sampson auf Gegenseitigkeit begonnen, und ich arbeitete Teilzeit in der Buchhaltung von Hershel Beck, als ... auch schon die Kinder kamen!!!!!! Wir haben gekämpft und gespart und uns irgendwann dann (endlich!!) unser Haus am Tiffany Circle gekauft, Nummer 714, wo der Dunbar-Klan bis zum heutigen Tage seinen Nistplatz hat!!!!

Hier war es, Tiffany Circle 714, wo ich zum ersten Mal Que Sanh sah, die zu (wie es das Schicksal wollte) Halloween auf unserer Schwelle stand!!!

Zuerst hielt ich sie für eins dieser Halloween-Kinder, die »Gib mir was, sonst setzt es was!« rufen! Sie trug, erinnere ich mich, einen Rock von der Größe eines Bierwärmers, eine kurze Pelzjacke und, im Gesicht, genug Rouge, Lidschatten und Lippenstift, um unser gesamtes Haus anzustreichen, innen wie außen. Sie ist sehr klein, und ich dachte, sie wäre ein Kind. Ein Kind, das sich als Prostituierte verkleidet hat. Ich gab ihr eine Handvoll Schokolade-mit-Nougats und hoffte, daß sie, wie die anderen Kinder, rasch zum nächsten Haus weiterzieht.

Aber Que Sanh war kein Kind, das »Gib mir was, sonst setzt es was!« ruft.

Ich wollte die Tür wieder schließen, wurde daran aber von ihrem Dolmetscher gehindert, einem sehr feminin aussehenden Mann, der einen Aktenkoffer trug. Er stellte sich auf englisch vor und sprach dann mit Que Sanh in einer Sprache, die ich inzwischen auf die harte Tour als Vietnamesisch zu identifizieren gelernt habe. Während uns die Sprache aus dem Mund fließt, hört sich die vietnamesische Sprache an, als würde sie dem Sprecher durch eine Serie schwerer und gnadenloser Schläge in die Magengrube abgepreßt. Die Wörter als solche sind Schmerzenslaute. Que Sanh antwortete dem Dolmetscher, und ihre Stimme war so hoch und gnadenlos wie eine Autosicherung. Die beiden standen vor meiner Tür, kreischten auf vietnamesisch drauflos, und ich stand dabei, verängstigt und verwirrt.

Bis zum heutigen Tage bin ich verängstigt und verwirrt. Sehr sogar. Es ist beängstigend, daß ein voll ausgewachsener Bastard (ich verwende das Wort im technischen Sinne) die Meere überqueren und es sich in meinem Haus gemütlich machen kann, und das alles mit dem Segen unserer Regierung. Vor zweiundzwanzig Jahren konnte Onkel Sam die Vietnamesen nicht ausstehen. Jetzt verkleidet er sie als Prostituierte und setzt sie uns ins Haus!!!! Aus dem Nirgendwo ist diese junge Frau so machtvoll und unerklärlich wie die Schweinepest in unser Leben getreten, und es scheint nichts zu geben, was wir dagegen unternehmen können. Aus dem Nirgendwo klopft diese Tretmine an unsere Tür, und von uns erwartet man, daß wir sie als unser Kind anerkennen!!!!???????

Clifford sagt gern, die Dunbar-Kinder hätten das Aussehen von der Mutter und den Verstand vom Vater geerbt. Das stimmt: Kevin, Jackelyn sehen alle so gut wie nur möglich aus! Und schlau? Naja, schlau genug, genauso schlau wie ihr Vater, ausgenommen unser ältester Sohn Kevin. Nachdem er in der Moody High School mit Auszeichnung bestanden hatte, ist Kevin jetzt im dritten Jahr auf dem Feeny State College, mit Chemotechnik als Wahlfach. Bisher hat er jedes Semester »sehr gut« gekriegt, und offenbar gibt es nichts, was ihn aufhalten kann!!! Noch anderthalb Jahre hat er vor sich, und jetzt bekommt er bereits massenhaft Stellenangebote!

Wir lieben dich, Kevin!!!!!!!!!!!!!!!!!!

Manchmal machen wir ganz gern den Scherz, daß, als Gott den Dunbar-Kindern Verstand gegeben hat, Er Kevin ganz vorne in der Schlange sah, und zur Belohnung konnte Kevin gleich den ganzen Sack behalten!!! Was den anderen Kindern an Verstand fehlt, machen sie aber offenbar auf die eine oder andere Weise wieder wett. Sie haben Qualitäten und eine Persönlichkeit und machen sich ihr Bild von der Welt, ganz im Gegensatz zu Que Sanh, die zu glauben scheint, sie kann sich nur mit ihrem Aussehen durchs Leben mogeln!! Sie hat nicht mal den Ehrgeiz, den Gott einem Sperling geschenkt hat! Vor sechs Wochen tauchte sie in diesem Haus auf und beherrschte nur die Vokabeln »Daddy«, »glänzt« und »fünf Dollar jetzt«.

Was für ein Wortschatz!!!!!!!!!

Während ein einigermaßen aktiver Mensch sich vielleicht mal dahinterklemmt und ernsthaft die Sprache des Landes, das ihm seit neustem Gastrecht gewährt, erlernt, schien Que

Sanh es damit überhaupt nicht eilig zu haben. Wenn man ihr eine simple Frage stellte, wie z. B.: »Warum gehst du nicht dahin zurück, wo du hergekommen bist?« berührte sie meine Hand und verfiel in krampfartigen vietnamesischen Kokolores –, als wäre ich der Außenseiter, von dem man erwarten kann, daß er *ihre* Sprache erlernt! Mehrmals besuchte uns dieser Lonnie Tipit, dieser »Dolmetscher«, dieser »Mann«, der Que Sanh bei ihrem ersten Besuch begleitet hatte. Mr. Tipit schien den Eindruck zu haben, daß die Tür der Dunbars ihm immer offensteht, sei es nun Tag oder Nacht. Er schaute einfach vorbei (meistens während der Abendbrotzeit), und zwischen zwei Portionen *meiner* guten Hausmannskost (vielen herzlichen Dank) pflegte er seine »Freundin« Que Sanh in aller Ruhe »auszuhorchen«. »Ich glaube nicht, daß sie genug Kontakt mit dem Leben ringsum bekommt«, sagte er. »Warum nehmt ihr sie nicht mit in die Stadt, zu kirchlichen Veranstaltungen und Volksfesten?« Na, *er* konnte sowas leicht sagen! Das habe ich ihm auch gesagt, ich habe gesagt: »Nehmen *Sie* mal ein Mädchen, das obenrum nur BH mit Nackenband anhat, in den Konfirmationsunterricht mit. Nehmen Sie sie doch mit zu Kunst & Krempel zum Jahresausklang, wenn sie jeden Gegenstand klaut, der glänzt und ihr ins Auge sticht. Ich habe meine Lektion bereits gelernt.« Dann konferierte er mit Que Sanh auf vietnamesisch, und wenn er lauschte, sah er mich so starr an, als wäre ich eine Hexe, von der er mal in Büchern gelesen hatte, die er aber ohne brodelnden Kessel und Besen nicht erkannte. Oh, ich kannte diesen Blick!

Lonnie Tipit ging so weit, uns vorzuschlagen, wir sollten ihn als Que Sanhs Englischlehrer einstellen, und zwar zu, stellt Euch das mal vor, siebzehn Dollar die Stunde!!!!!!!!!! Siebzehn Dollar pro Stunde, damit sie Lispeln und Zwitschern lernen kann und Mit-den-Händen-Flattern wie zwei kleine Vögel? NEIN, VIELEN DANK!!!!!!! Oh, ich habe

Lonnie Tipit sofort durchschaut. Während er so tat, als sorge er sich um Que Sanh, war mir natürlich klar, daß er sich eigentlich für meinen Sohn Kyle interessierte. »Na, was macht die Arbeit in der Schule, Kyle? Arbeitest du schwer, oder arbeitest du schwerlich?« und »Sag mal, Kyle, was hältst du von deiner neuen Schwester? Ist sie ganz irre oder echt toll?«

Es war nicht schwierig, Lonnie Tipit zu durchschauen. Er wollte nur das Eine. »Wenn Sie mich nicht wollen, kann ich einen anderen Lehrer empfehlen«, sagte er. Jemanden wie wen? Jemanden wie ihn? Egal, wer der Englischlehrer war, es ist nun mal nicht meine Gewohnheit, Geld zum Fenster rauszuschmeißen. Und genau darauf, meine Freunde, wäre es hinausgelaufen. Warum engagiert man nicht einen teuren Privatlehrer, um den Eichhörnchen Französisch beizubringen! Jemand muß lernen *wollen*. Das weiß ich. In Ho-Chi-Minh-Stadt wurde Ihre Majestät offenbar behandelt wie eine Königin und sieht jetzt keinen Grund, warum sie sich ändern sollte!!!! Ihre Hoheit erhebt sich gegen Mittag, schlingt einen bis zwei Fische herunter (sie ißt ausschließlich Fisch und Hühnerbrüstchen), läßt sich vor dem Schminkspiegel nieder und wartet, daß ihr Vater von der Arbeit nach Hause kommt. Wenn sie sein Auto in der Einfahrt hört, spitzt sie die Ohren und rast wie ein Spaniel an die Tür und keucht und macht und tut und wedelt vor Begeisterung mit dem Schwanz! Plötzlich ist sie bemüht und versucht sich in Konversation!! Na, ich weiß nicht, wie sie sich in Vietnam benehmen, aber in den Vereinigten Staaten ist es nicht üblich, daß eine halbangezogene Tochter ihrem Vater eine Fünf-Dollar-Massage anbietet!!! Nachdem ich einen anstrengenden Tag damit verbracht habe, Que Sanh eine Liste einfachster Aufgaben zu übermitteln, stehe ich fassungslos dabei, wenn Que Sanh plötzlich angesichts ihres Vaters Englisch versteht.

»Daddy happy fünf Dollar glänzt jetzt okay?«

»Du Daddy wieso weshalb warum Daddy lieb bleibt dumm.« Offensichtlich hat sie ein paar Wörter aus der *Sesamstraße* aufgeschnappt.

»Daddy lieb ohne Werbeunterbrechung Klassik pur glänzt.«

Sie hat mit Radiohören angefangen.

Que Sanh behandelt unseren jüngsten Sohn Kyle total gleichgültig, was wahrscheinlich ein Segen ist. Diese gesamte Episode ist für Kyle sehr schwierig, er ist jetzt fünfzehn und der einsame Künstler der Familie. Er ist gern allein, verbringt viele Stunden auf seinem Zimmer, wo er Räucherstäbchen abbrennt, Musik hört und aus Seife Gnome schnitzt. Kyle sieht sehr gut aus und ist sehr begabt, und wir freuen uns schon auf den Tag, an dem er sein Taschenmesser und das Stück Irischer Frühling aus der Hand legt und anfängt, an seiner Zukunft zu »schnitzen« und nicht an einem verschrumpelten Troll! Er ist in diesem sehr schwierigen Alter, aber wir beten, daß er daraus herauswächst und auf der Straße zum Erfolg in die Fußstapfen seines Bruders tritt, bevor es zu spät ist. Hoffentlich werden ihm die Katastrophen, die seine Schwester Jackelyn erlebt hat, die Augen öffnen, was die Gefahren der Drogen, das Desaster einer unüberlegten, voreiligen Ehe und das Herzeleid ungewollten Kindersegens betrifft!

Wir hatten unsere Tochter natürlich davor gewarnt, Timothy Speaks zu heiraten. Wir haben gewarnt, gedroht, belehrt, beraten, was nicht alles –, aber es hat nichts genützt, denn ein junges Mädchen, da kann das Beweismaterial so knüppeldick sein, wie es mag, sieht nur, was es sehen *will.* Die Ehe war schon schlimm genug, aber die Nachricht von ihrer Schwangerschaft traf ihren Vater und mich mit der Wucht eines Orkans.

Timothy Speaks als Vater unseres Enkelkinds? Wie war das möglich????

Timothy Speaks, der so viele Löcher in seine Ohren gepiercet hatte, daß man ihm *so* das Ohrläppchen hätte abreißen können, ohne Anstrengung ratsch runter, wie man eine Briefmarke vom Bogen abtrennt.

Timothy Speaks, der leuchtende Flammen auf Rücken und Hals tätowiert hatte. *Und* Hals!!!

Wir haben Jacki gesagt: »Eines Tages wird er erwachsen werden und sich einen Job suchen müssen, und wenn es soweit ist, werden diese Personalchefs sich fragen, warum er einen Rollkragenpullover unter dem korrekten Straßenanzug trägt. Menschen mit tätowierten Hälsen bekleiden in aller Regel keine hochbezahlten Posten«, haben wir gesagt.

Sie rannte zu Timothy zurück und wiederholte ihm unsere Warnung . . . und siehe da, zwei Tage später kreuzte *sie* auch noch mit tätowiertem Hals auf!!!!!! Sie planten sogar, ihr Baby tätowieren zu lassen!!!! Eine Tätowierung auf einem Kleinkind!!!!!!!!!!!

Timothy Speaks hielt unsere Tochter in einem Netz des Wahnsinns gefangen, in dem sich die ganze Familie Dunbar zu verstricken drohte. Es war, als halte er sie unter einem perversen Bann und überzeuge sie, nach und nach, davon, daß sie das Leben all derer zerstören müsse, die um sie seien.

Die Jackelyn Dunbar-Speaks, die mit Timothy in dieser verwahrlosten »Bude« in der West Vericose Avenue zusammenlebte, hatte keine Ähnlichkeit mehr mit dem schönen Mädchen, das in unseren Fotoalben abgebildet war. Die sensible und rücksichtsvolle Tochter, die wir einst gekannt hatten, wurde, unter seiner unnachgiebigen Anleitung, zu einem gehässigen, unzuverlässigen und schwangeren Gespenst, welches irgendwann einer tickenden Zeitbombe das Leben schenkte!!!!!

Wir hatten es natürlich kommen sehen. Das Kind, am 10. September unter Drogeneinfluß geboren, verbrachte die ersten zwei Monate seines Lebens auf der Intensivpflegestation im St. Joe's Hospital. (Was eine schöne Stange Geld gekostet hat, und ratet mal, wer *die* auftreiben mußte?) Mit der konkreten Verantwortung der Vaterschaft konfrontiert, ließ Timothy Speaks kranke Frau und krankes Kind im Stich. Ganz plötzlich. Weg. Peng!

Überrascht?

Wir haben es kommen sehen und freuen uns, berichten zu können, daß wir, während ich dies niederschreibe, immer noch keine Ahnung haben, wo er ist oder was er vorhat. (Wir könnten natürlich raten, aber wozu?)

Wir alle haben die Studien gelesen und wissen, daß ein drogensüchtiges Baby eine schwere Schlacht vor sich hat, noch dazu bergauf, was eine normale Lebensführung angeht. Dieses Kind, dem der amtliche Name »Satan Speaks« gegeben wurde, würde es, das spürten wir, schwerer haben als die meisten. Wir hatten ja noch Glück, daß wir Jacki unter der Bedingung, daß das Kind hier bei uns bleibt, bis sie (falls je) vollverantwortlich für es sorgen kann, in einem schönen Therapiezentrum unterbringen konnten. Das Kind kam am 10. November bei uns zu Hause an, und bald darauf, nach ihrer ersten Entzugsphase, gab Jacki uns die Erlaubnis, es »Don« zu nennen. Don, ein schöner, einfacher Name.

Durch die Namensänderung konnten wir unbefangener an das Baby herangehen, ohne sofort an seinen Vater, Timothy Speaks, dieses Schreckgespenst, denken zu müssen. Das war doch gleich ganz was andres, glaubt mir.

Zwar könnte ich ihn nicht als »normales« Baby beschreiben, aber es hat mir doch viel Freude gemacht, für den kleinen Don zu sorgen. Schrecklich penetrant, zu bösartigen Ausschlägen neigend, ein vierundzwanzig-Stunden-rund-um-die-Uhr-Schreier, war er unser kleiner Enkelsohn, und wir hatten ihn lieb. Zu wissen, daß er physisch zum Erwachsenen heranwachsen und dabei die Aufmerksamkeitsspanne einer gemeinen Stubenfliege beibehalten würde –, das hat uns in den Gefühlen, die wir für ihn hegten, nicht im mindesten beeinträchtigt.

Clifford scherzte manchmal, Don sei ein »Crack Baby«, weil er einen vom Hereinbrechen der Dämmerung bis Tagesanbruch weckt!

Dann ergriff ich die Gelegenheit, um zu erwähnen, daß Que Sanh ebenfalls so etwas wie ein »Crack Baby« war, so, wie sie zu jeder Tages- und Nachtstunde in unserem Haus herumwanderte, mit nichts am Leibe als Hot Pants und einem besseren BH. In den meisten Nächten hätte die Serviette, die sie immerhin bei den Mahlzeiten verwendete, mehr verhüllt als das, was sie normalerweise anhatte!!! Clifford schlug vor, daß ich ihr ein paar anständige Kleider und Jeans kaufe, und genau das habe ich versucht, oh, wie sehr ich es versucht habe! Ich saß neben ihr, blätterte die Kataloge durch und beobachtete, wie sie die Abbildungen der teuren Designerklamotten begrabschte. Ich war mit ihr bei Discount Plus und in Rudi's Resterampe und mußte mit ansehen, wie sie angesichts der dort zu vernünftigen Preisen erhältlichen Kleidungsstücke das Näschen rümpfte. Ich weiß nicht, wie es bei Euch ist, aber in dieser Familie werden die Kinder für harte Arbeit belohnt. Nennt mich ruhig altmodisch, aber wer einen Pullover zu fünfzig Dollar will, muß beweisen, daß er ihn verdient! Es steht mir bis hier, aber ich sage es gern nochmal: »Eine Familie ist kein Wohltätigkeitsunternehmen.« Que Sanh wollte etwas ohne Gegenleistung, aber ich habe mein Portemonnaie zugeknöpft und gesagt, das schwerste Wort, das Eltern aussprechen können, ist »Nein!« Ich habe ihr mehrere Kleider genäht, mit meinen eigenen Händen, wunderschöne bodenlange Kleider aus Sackleinen, aber hat sie sie etwa angezogen? Natürlich nicht!!!

Sie machte weiter wie üblich und trabte in Unterwäsche

durch das Haus! Als die Winterwinde zu wehen begannen, hüllte sie sich in eine Bettdecke, schön nah an den Kamin gekauert. Mit dieser »Das Mädchen mit den Streichhölzern«-Nummer könnte sie zwar am Broadway einen »Tony« gewinnen, aber nicht hier, auf den billigen Plätzen!

Sie machte immer so weiter, folgte Clifford auf den Fersen, bis Erntedank, als sie unserem Sohn Kevin vorgestellt wurde, der über Thanksgiving nach Hause gekommen war. Ein Blick auf Kevin, und Clifford war abgemeldet. »Clifford? Welcher Clifford?« Ein Blick auf unseren hübschen Sohn, und das »Fröstelnde Opfer« ließ die Bettdecke fallen und zeigte ihr wahres Gesicht. Sie erschien doch tatsächlich bei unserem Erntedank-Essen im Strippen-Bikini bei Tische!!!!!!!! »Nicht in *meinem* Haus«, sagt da die Verfasserin dieser Zeilen! Als ich verlangte, daß sie eins der Kleider anzieht, die ich für sie genäht habe, zog sie ihrer Preiselbeersauce einen Flunsch und tat, als hätte sie nicht verstanden. Clifford und Kevin versuchten, mich davon zu überzeugen, daß es in Vietnam bei Frauen Brauch ist, zum Erntedankfest in Badekleidung zu erscheinen, aber ich glaube trotzdem kein Wort. Seit wann feiern die Vietnamesen Erntedank? Für welche Ernten sollen diese Leute dankbar sein?

Sie ruinierte unseren Festtagsschmaus mit ihrem blöden, koketten Gekicher. Erst saß sie neben Kevin, bis sie darauf bestand, sie habe auf ihrem Stuhl eine Spinne gesehen, und auf Kevins Schoß umzog!! »Du neue Party-Evergreens nonstop Spinne bleibt dumm glänzt fünf Dollar Bibo.«

Diejenigen von Euch, die Kevin kennen, wissen, daß er, so genial er bei manchen Sachen ist, bei anderen Sachen furchtbar naiv sein kann. Groß und gutaussehend, mit einem Lächeln und einem guten Wort schnell bei der Hand, war Kevin schon für so manche Jägerin willkommenes Wildbret. Er ist so klug und doch zugleich so töricht: Das ist seine Gabe und seine Schwäche, eng miteinander verbunden und stets um Vorherrschaft ringend. Er hatte ständig unter einem gerüttelt Maß an Glücksritterinnen zu leiden, auf der Moody High wie am Feeny State. Immer ganz Gentleman, behandelte er die jungen Damen wie Glas, was, rückblickend, völlig angemessen war, denn jede einzelne war ja *so* leicht zu durchschauen. Als er fragte, ob er zum Erntedank eine Freundin mit nach Hause bringen kann, sagte ich, ich fände das keine gute Idee, weil wir ja ohnehin schon genug Stress hatten. Rückblickend wünschte ich mir, er *hätte* eine mitgebracht, da dies den himmelhohen Hoffnungen und Erwartungen seiner Halbschwester vielleicht einen kleinen Dämpfer versetzt hätte!!!!!!!!!!

»Ich finde große große Kartoffel Löffel Gabel morgen? Kevin glänzt groß Gesicht wie Hand von Huhn die Zeit es ist Sesamstraße jammy jam.«

Es gelang mir kaum, meine Mahlzeit herunterzuwürgen, und ich merkte, wie ich die Minuten zählte, bis Kevin, die größte Freude unseres Lebens, endlich den privaten Englischunterricht, den er Que Sanh auf ihrem Zimmer gab, abbrach, ins Auto stieg und zum Feeny State zurückfuhr.

Wie ich bereits erwähnte, war Kevin schon immer ein sehr fürsorglicher Mensch, jederzeit sofort zur Hand, wenn es irgendwo anzupacken oder einem Fremden behilflich zu sein gilt. Wie er nun so ist, kehrte er an die Uni zurück und begann dort offenbar, mit Que Sanh zu telefonieren, wobei er manchmal mit Hilfe eines vietnamesischen Studenten sprach, der als Dolmetscher fungierte. Er versuchte auf seine Weise, wenn auch ungeschickt, sie in ihrem neuen, hoch!!!! entwickelten Heimatland willkommen zu heißen und ihr bei der Eingewöhnung zu helfen. Er war sogar sofort zur Hand und fuhr den ganzen weiten Weg nach Hause, um mit ihr auszugehen und sie in das Nachtleben einzuführen, wie es in diesem – ihrem neuen – Land üblich ist. Das ist der Kevin, wie wir ihn alle kennen und lieben, immer gern bereit, jemandem zu helfen, der weniger intelligent ist als er selbst, immer zu Verrenkungen bereit, um jemandem ein Lächeln abzuringen!

Unglücklicherweise interpretierte Que Sanh sein Interesse fälschlich als Erklärung romantisch gefärbter Anteilnahme. Sie gewöhnte sich an, vierundzwanzig Stunden am Tag das Telefon zu »bedienen«, indem sie es belauerte und ansah, als wäre es ein lebendiges Geschöpf. Wenn jemand (Gott behüte!) Clifford, Kyle oder mich sprechen wollte, legte sie einfach auf!!!!

Was haltet Ihr von *so* einem Anrufbeantworter!!!!!!!!!!!!!

Irgendwann erkannte ich, daß ihr Betragen an Wahnsinn grenzte, und redete ihr gut zu.

»ER IST NICHTS FÜR DICH«, schrie ich. (Man hat mich wegen meines Geschreis kritisiert, hat mir gesagt, es hat keinen echten Sinn, wenn man so mit einem Ausländer spricht, aber immerhin erregt man damit ihre Aufmerksamkeit!) »ER IST MEIN SOHN AM COLLEGE. MEIN SOHN EINSERSTUDENT, NICHT FÜR DICH.«

Sie kauerte mit einem Lockenstab neben dem Telefon. Beim Klang meiner Stimme richtete sie ihre Aufmerksamkeit instinktiv woandershin.

»MEIN SOHN UND MEIN MANN SIND FÜR DICH OFF-LIMITS, HAST DU DAS VERSTANDEN? SIE SIND BEIDE AUF DIE EINE ODER ANDERE WEISE MIT DIR VERWANDT, UND DADURCH IST DAS FALSCH. AUTOMATISCH FALSCH. SCHLECHT, SCHLECHT, FALSCH! SOWOHL FALSCH ALS AUCH SCHLECHT FÜR DIE QUE SANH, MIT SOHN ODER MANN VON DER JOCELYN ZUSAMMENZUSEIN. SCHLECHT UND FALSCH. VERSTEHST DU, WAS ICH JETZT SAGE?«

Sie sah kurz auf und widmete ihre Aufmerksamkeit wieder der elektrischen Schnur.

Ich gab's auf. Que Sanh moralische Prinzipien zu erklären, war, als überprüfte man seine Steuererklärung (Standardformular 1040) mit einer Hauskatze! Sie versteht nur, was sie als verstehenswert erachtet. Sagt man das Wort »Shopping«, sitzt sie schneller, als man zwinkern kann, vorne rechts im Auto! Versucht man es mit einem komplizierteren Wort wie »fegen« oder »bügeln«, zuckt sie die Schultern und zieht sich auf ihr Zimmer zurück.

»STAUBSAUGEN«, sage ich zum Beispiel. »STAUBSAUGE DEN TEPPICH.«

Als Reaktion klimpert sie mit ihrem Armband oder betrachtet ihre Fingernägel.

Verzweifelt bestrebt, mich verständlich zu machen, hole ich dann den Staubsauger und demonstriere es.

»SIEH DIR JOCELYN AN. JOCELYN SAUGT DEN TEPPICH STAUB. LA LA LA!! STAUBSAUGEN MACHT SEHR VIEL SPASS. ES IST EIN VERGNÜGEN UND EIN GENUSS, MEIN HAUS MIT EINEM STAUBSAUGER ZU REINIGEN. LA LA LA!!«

Ich versuchte es ihr als lohnende Übung zu vermitteln, aber als ich schließlich einen Funken Interesse in ihr wachgerufen zu haben glaubte, war ich mit Staubsaugen fertig. Wie ich schon sagte, versteht Que Sanh nur, was sie verstehen will. Rückblickend hatte ich wahrscheinlich keinen vernünftigen Grund, ihr zu glauben, als sie plötzlich einwilligte, im Haushalt zu helfen, aber an dem fraglichen Tag war ich mit meinem Latein am Ende.

Wir näherten uns Weihnachten, es war der 16. Dezember, als ich den unüberlegten Fehler machte, sie darum zu bitten, daß sie auf das Kind aufpaßt, während ich Besorgungen mache. Mit einem pflegebedürftigen, verschrumpelten Neugeborenen, einem Sohn im schwierigen Alter und einer zweiundzwanzigjährigen halbnackten »Stieftochter« im Haus hatte ich ständig gut zu tun, achtundzwanzig Stunden am

Tag!!!! Es war neun Tage vor Weihnachten, und, beschäftigt, wie ich war, hatte ich noch kein einziges Geschenk gekauft. (Weihnachtsmann, wo bist du, wenn man dich braucht????????)

An jenem frühen Nachmittag war Kyle in der Schule, Clifford war im Büro, und Que Sanh saß neben dem Telefon und pulte mit bloßen Händen an einem Bratfisch vom Vortag herum.

»PASS AUF DAS BABY AUF«, sagte ich. »PASS AUF DON, DAS BABY, AUF, WÄHREND ICH WEG BIN.«

Sie betrachtete ihre Fettfinger.

»DU PASST AUF BABY DON AUF, WÄHREND JOCELYN SHOPPING GEHT, UM WEIHNACHTS-GESCHENK FÜR DIE QUE SANH ZU BESORGEN, HO, HO!«

Bei der Erwähnung des Wortes »Shopping« straffte sie sich und schenkte mir ihre ungeteilte Aufmerksamkeit. Nachdem sie Radio gehört und ferngesehen hatte, verstand sie Weihnachten als Gelegenheit, Geschenke zu empfangen, und hatte sich angewöhnt, über Versandhauskatalogen zu hocken und ihre Wünsche mit den Worten »Ho, ho, ho« auszudrücken.

Ich entsinne mich noch deutlich meiner Wortwahl an jenem kalten und bewölkten Dezembernachmittag. Ich verwendete nicht das Wort »Babysitten«, weil ich fürchtete, sie könnte mich beim Wort nehmen und buchstäblich auf dem Baby sitzen wollen.

»PASS AUF DAS BABY AUF«, sagte ich, als wir die Treppe zum Schlafzimmer, das sie sich mit Don teilte, hinaufgingen. Que Sanh hatte in Kevins leerstehendem Zimmer geschlafen, bis ich sie, nach ihrem Erntedank-Einsatz, zu Don ins Kinderzimmer umquartierte.

»PASS AUF DAS BABY AUF«, wiederholte ich, als wir uns über das Kinderbettchen beugten und den plärrenden

Säugling betrachteten. Ich hob ihn hoch und wiegte ihn sanft, während er in meinen Armen strampelte. »AUF BABY AUFPASSEN«, sagte ich, »WATCH BABY.«

»*WATCH BABY*«, erwiderte Que Sanh und streckte die Arme aus, um ihn entgegenzunehmen. »Watch Baby für Jocelyn holt Shopping spezial HO, HO, HO, Que Sanh frisch glänzt.«

»Genau«, sagte ich und legte ihr die Hand auf die Schulter.

Wie töricht von mir, ehrlich zu glauben, daß sie endlich was kapierte! Ich war, damals, von ihrer Aufrichtigkeit und Ernsthaftigkeit überzeugt. Ich war großmütig genug, den ganzen Ärger, mit dem sie unseren Haushalt heimgesucht hatte, beiseite zu wischen und ihr eine zweite Chance zu geben! *Das liegt jetzt alles hinter uns,* sagte ich mir und sah ihr zu, wie sie das plärrende Kindlein wiegte.

Oh, was war ich doch für eine Närrin!!!!!!!!!!!!

Als ich das Haus verließ und zum EKZ White Paw fuhr, verspürte ich ein Gefühl der Erleichterung wie schon lange nicht mehr. Seit Wochen war dies das erste Mal, daß ich mir ein Momentchen Alleinsein gönnte, und mit sechs Dunbar-Wunschzetteln, die mir ein Loch in die Tasche brannten, hatte ich fest vor, das Beste draus zu machen!!!

Ich kann nicht über jeden einzelnen Augenblick meines Nachmittags Rechenschaft ablegen. Nie wäre es mir in den Sinn gekommen, daß ich eines Tages genau dazu aufgefordert werden würde, da dies aber der Fall ist, werde ich berichten, woran ich mich erinnere. Ich kann mühelos bezeugen, daß ich am fraglichen Nachmittag des 16. Dezember das EKZ White Paw aufgesucht habe, wo ich eine kurze Zeitspanne in Der HosenLaden verbrachte, um ein Geschenk für Kyle zu suchen. Ich fand, was er sich gewünscht hatte, aber nicht in seiner Größe. Dann verließ ich Der HosenLaden und ging zu ———— & ————, wo ich einen —————————————— für meine Tochter Jacki kaufte. (Ich werde hier niemandem die Weihnachtsüberraschung ruinieren. Wozu auch?) Ich schaute kurz im RollkragenBär vorbei und sah mich bei Wachs-Max nach passenden Kerzen um. Im ——————— kaufte ich ein Geschenk für Clifford und stöberte, glaube ich, noch ein bißchen herum. Es sind fast hundert Läden im EKZ White Paw, und Ihr müßt mir schon vergeben, wenn ich nicht detailliert auflisten kann, wieviel Zeit ich in diesem oder jenem Laden verbracht habe. Ich kaufte ein, bis ich dachte, jetzt wird es aber langsam Zeit. Auf dem Heimweg hielt ich kurz beim SchlemmerMarkt und kaufte in der FrischeInsel noch ein paar Lebensmittel. Es wurde bereits dunkel, das muß so gegen halb fünf gewesen sein, als ich in die Einfahrt unseres Hauses am Tiffany Circle einbog. Ich holte meine Pakete aus dem Wagen und betrat mein Haus, wo mich sofort die unheimliche Stille überraschte. »Das kommt mir gar nicht geheuer vor«, erinnere ich mich, zu mir selbst gesagt zu haben. Es war nur so ein Gefühl, das Gefühl einer Mutter, diese unerklärliche Sprache der Sinne. Ich legte meine Einkäufe ab und war bestürzt über den Lärm, den sie verursachten –, das trockne Rascheln von Papier auf Fußboden. Das Problem war, daß ich das Geräusch überhaupt hören konnte! Normalerweise hätten das chronische Geblöke von Baby Don und das unablässig plärrende Radio von Que Sanh alles übertönt.

Hier stimmt doch etwas nicht, sagte ich mir. *Hier stimmt doch etwas auf geradezu entsetzliche Weise nicht.*

Bevor ich nach Que Sanh rief oder das Baby suchte, rief ich instinktiv die Polizei an. Dann stand ich mucksmäuschenstill im Wohnzimmer und starrte auf meine Einkaufstüten, bis die Polizei (siebenundzwanzig Minuten später!!) kam.

Als sie den Streifenwagen in der Einfahrt hörte, hatte

Que Sanh ihren Auftritt, sie paradierte mit einem Halb-Slip aus schwarzer Spitze und einem Halsband, das sie sich aus Kevins altem Chor-Talar geschneidert hatte, die Treppe herunter.

»WO IST DAS BABY?« fragte ich sie. »WO IST DON?«

Von der Polizei begleitet, gingen wir hinauf ins Kinderzimmer und sahen das leere Kinderbettchen.

»WO IST MEIN ENKEL DON? WAS HAST DU MIT DEM BABY GEMACHT?«

Que Sanh sagte natürlich nichts. Es gehört zu ihrer Nummer, daß sie erstmal an ihrem Saum zupft und die Schüchterne markiert, wenn sie mit Fremden konfrontiert wird. Wir ließen sie da stehen, während die Polizisten und ich mit der Suche begannen. Wir kämmten das gesamte Haus durch, die Beamten und ich, bevor wir schließlich das hilflose Baby in der Waschküche fanden, warm, aber leblos in der Trokkenschleuder.

Die Autopsie ergab später, daß Don auch den Waschgang durchgemacht hatte –, heiß waschen, kalt spülen. Er starb lange vor dem Schleudergang, was, glaube ich, der einzige Segen an dieser ganzen häßlichen Episode ist. Bis auf den heutigen Tag verfolgt mich das Bild vor meinem geistigen Auge, wie mein Enkelkind Opfer einer solchen Brutalität geworden ist. Die erbarmungslosen Schläge, die er während seiner fünfundvierzig Minuten in der Trockenschleuder einstecken mußte, sind etwas, worüber ich lieber nicht nachdenke. Der Gedanke daran sucht mich heim wie ein Albtraum! Er kommt mir immer wieder in den Sinn, und dann fasse ich mich am Kopf, versuche verzweifelt, ihn zu vertreiben. Man wünscht sich doch für den einzigen Enkel, daß er herumrennt und spielt, einen College-Abschluß macht, heiratet und Erfolg hat und nicht . . . (seht Ihr, ich kann es nicht mal sagen!!!!!!)

Der Schock und der Schrecken, die auf Dons Tod folgten, sind etwas, was ich lieber nicht wiedergebe: Die Kinder anrufen, um ihnen zu berichten, sehen, wie die Leiche des Babys, so klein wie ein Laib Brot, in einen schweren Plastiksack mit Reißverschluß gesenkt wird –; diese Bilder haben nichts mit dem Frohsinn von Weihnachten zu schaffen, und ich hoffe, der Umstand, daß ich sie doch erwähne, wird Eure Laune zu dieser so ganz besonderen und funkelnden Zeit des Jahres nicht trüben.

Der Abend des 16. Dezember war eine sehr dunkle Stunde für die Familie Dunbar. Immerhin konnten wir, da Que Sanh sich in polizeilichem Gewahrsam befand, privatim trauern und uns mit dem guten Glauben trösten, daß der Gerechtigkeit Genüge getan werden wird.

Wie töricht wir doch waren!!!!!!!!!!!

Die bitteren Tränen waren immer noch naß auf unseren Wangen, als die Polizei in den Tiffany Circle zurückkehrte, wo sie die Verfasserin dieser Zeilen schonungslos zu verhören begann!!!!!!!!!!!! Mit Hilfe eines Dolmetschers hatte Que Sanh eine schlaflose Nacht auf dem Revier verbracht und eine Geschichte aus unsagbarem Lug und Trug zusammengezimmert! Zwar steht es mir nicht frei, zu ihrer genauen Zeugenaussage Stellung zu nehmen, aber erlaubt mir doch, meiner Enttäuschung darüber Ausdruck zu verleihen, daß irgend jemand (von der Polizei ganz zu schweigen!) auch nur daran *denkt*, Que Sanhs Worten mehr Glauben zu schenken als meinen. Wie hätte ich denn wohl ein hilfloses Kind in eine Waschmaschine stopfen können? Selbst wenn ich grausam genug wäre, so etwas zu tun, wann hätte ich die Zeit dafür finden sollen? Ich war einkaufen.

Ihr habt vielleicht gelesen, daß unsere sogenannte »Nachbarin« Cherise Clarmont-Shea zu Protokoll gegeben hat, sie habe gesehen, wie ich am 16. Dezember gegen 13:15 h mein Haus verlassen, dann, zwanzig Minuten später, meinen Wagen angeblich ganz hinten an der Ecke Tiffany Circle/Papageorge Street geparkt hätte und dann, mit ihren Worten, über ihren Hinterhof »gekrochen« sei und mich dort in die Büsche »geschlagen« und mein Haus durch die Kellertür betreten hätte!!!!!! Cherise Clarmont-Shea versteht gewiß die Bedeutung der Wörter »gekrochen« und »geschlagen«, denn oft genug kam sie bei mir angekrochen, wenn ihr Mann sie mal wieder *geschlagen* hatte, mit geschwollenem und senffarbenem Gesicht! Sie ist so oft vermöbelt worden, daß sie von Glück sagen kann, wenn sie durch diese geschwollenen Augen überhaupt noch was sieht! Wenn ihr Make-up in irgendeiner Weise auf ihre Sehschärfe schließen läßt, kann man, glaube ich, getrost davon ausgehen, daß sie keine zwei Zoll weit kucken kann, und schon gar nicht kann sie die Identität von jemandem bezeugen, den sie beim Überqueren ihres Hinterhofs gesehen haben will. Sie nimmt Tabletten, das weiß jeder. Sie bettelt verzweifelt um Aufmerksamkeit, und unter anderen Umständen würde ich sie bemitleiden. Ich bin nicht vorzeitig nach Hause gekommen und über den ungepflegten Hinterhof der Sheas gekrochen, und selbst wenn, welches Motiv hätte ich denn wohl gehabt? Warum würde ich, wie gewisse Leute angedeutet haben, mein eigenes Enkelkind ermorden wollen? Das ist doch Wahnsinn, schlicht und einfach. Das erinnert mich an einen immer wiederkehrenden Albtraum, in dem ich verzweifelt versuche, mich gegen eine schwerbewaffnete Kasperpuppe zu wehren. Die groteske Puppe beschuldigt mich, Slogans auf ihr Auto gesprüht zu haben. So etwas habe ich selbstverständlich nie getan. *Das ist doch Wahnsinn, das ist doch absurd,* denke ich dann. »Das ergibt doch keinen Sinn«, sage ich, lasse die geladene Waffe in den kleinen Puppenhänden nicht aus den Augen und bete, daß dieser Albtraum bald vorüber ist. Cherise Clarmont-Shea hat nicht mehr Verstand als eine Kasperpuppe. Sie hat drei Namen! Und die anderen, die gegen mich ausgesagt haben, Chaz Staples und Vivian Taps, waren beide an einem Werktagnachmittag zu Hause und haben ratet mal, was! getrieben, während ihre jeweiligen Ehegatten stramm auf Arbeit waren. Was haben *die* denn zu verbergen? Ich finde, es ist von größter Wichtigkeit, auch mal die Quellen zu betrachten, aus denen sowas fließt.

Diese Anschuldigungen sind lachhaft, und doch muß ich sie ernst nehmen, da mein Leben als solches von ihnen abhängen könnte! Nachdem sie sich die Tonbandaufzeichnung von Que Sanhs Verhör angehört hat, versteht die Familie Dunbar die volle Bedeutung der Wörter »Kontrolle«, »nachtragend«, »manipulieren«, »habgierig« und, im spirituellen Sinne, »häßlich«.

Nicht gerade Wörter, mit denen man in der Vorweihnachtszeit gern um sich wirft!!!!!!!!

Für den 27. Dezember wurde eine Anhörung angesetzt, und weil ich weiß, wie ausgegrenzt Ihr, unsere Freunde, Euch sonst fühlen würdet, habe ich am Schluß dieses Briefes Zeitpunkt und Adresse angegeben. Die Anhörung ist für Euch eine Gelegenheit, nachträglich etwas vom Geist der Weihnacht in Form von guten Taten zu vermitteln. Böte man mir die Gelegenheit, *Euren* Charakter zu verteidigen, würde ich keine Sekunde zögern, und ich weiß, daß Ihr mir gegenüber genauso empfindet. Diese von Herzen kommende mitmenschliche Sorge, dieses Verlangen, seinen Freunden und seiner Familie beizustehen, ist doch die eigentliche Grundlage dessen, was wir als das Christfest begehen, stimmt's?

Zwar wird Weihnachten dieses Jahr für die Dunbars von Verlust und Trauer gekennzeichnet sein, aber wir werden auch das überstehen und sehen gefaßt dem Tag der Tage entgegen, dem 27. Dezember – 13:45 h, im Bezirksgericht von White Paw, Saal 412.

Ich werde Euch noch mal anrufen, um Euch an diese Information zu erinnern, und freue mich schon darauf, mit

Euch über die festlichen Erträge Eurer Feiertage zu plaudern.

Bis dahin wünschen wir Euch und den Euren das Allerbeste.

Frohe Weihnachten.

Die Dunbars

Die WeihnachtsLand-Tagebücher

*I*ch saß in einem Imbiß und sah die Stellenanzeigen durch, als ich las: »Macy's am Herald Square, das größte Kaufhaus der Welt, bietet kontaktfreudigen, lebenslustigen Menschen von jeder Form und Größe, die mehr als nur einen Ferienjob wollen, die große Chance! Als Zwerg in Macy's WeihnachtsLand arbeiten, heißt, mittendrin sein, wo's aufregend ist . . .«

Ich malte einen Kringel um die Anzeige und lachte beim Gedanken daran laut auf. Der Mann neben mir drehte sich auf seinem Hocker zu mir herum, um zu überprüfen, ob ich sie noch alle hatte. Ich lachte leise weiter. Gestern hatte ich mich bei UPS um einen Job beworben. Die stellen in der Vorweihnachtszeit Helfer für die Fahrer ein, und ich ging voller Hoffnung in die UPS-Zentrale. Ich stand mit dreihundert weiteren Männern und Frauen Schlange, und meine Hoffnung schwand. Während des kurzen Einstellungsgesprächs wurde ich gefragt, warum ich für UPS arbeiten wolle, und ich antwortete, ich wolle für UPS arbeiten, weil mir die braunen Uniformen gefielen. Was hätte ich denn sonst sagen sollen?

»Ich würde gern für UPS arbeiten, weil mir das, meiner Meinung nach, die Möglichkeit bietet, die gesamte Bandbreite meiner beträchtlichen Führungsqualitäten in einer der besten Lieferfirmen zu zeigen, die dieses Land seit dem Pony Express gesehen hat!«

Ich sagte, die Uniformen gefielen mir, der UPS-Personalmann legte meine Bewerbung mit der Vorderseite nach unten auf seinen Schreibtisch und sagte: »Den Quatsch können Sie sich schenken.«

Als ich am Nachmittag nach Hause kam, hörte ich den Anrufbeantworter ab, ob eine Nachricht von UPS drauf ist, aber die einzige Nachricht war von der Firma, die mir mein Studentendarlehen gewährt, Sallie Mae. Sallie Mae hört sich an wie ein naives, barfüßiges Hinterwäldlermädchen, aber in Wirklichkeit sind die eine unbarmherzige und aggressive Ansammlung von Rüpeln in einem großen Klinkerbau irgendwo in Kansas. Ich stelle mir vor, es ist das größte Gebäude im ganzen Staat, und ich bin zu dem Entschluß gekommen, daß sie ihre Mitarbeiter direkt aus dem Knast weg einstellen. Es macht mir angst.

Die Frau bei Macy's fragte: »Wären Sie lieber Ganztagszwerg oder Abend- und Wochenendzwerg?«

Ich sagte: »Ganztagszwerg.«

Ich muß nächsten Mittwoch um zwölf hin.

Ich bin ein Mann von dreiunddreißig Jahren, der sich um einen Job als Zwerg bewirbt.

Ich sehe oft Menschen auf der Straße, die als Objekte verkleidet sind und Zettel verteilen. Ich neige dazu, keine Zettel zu nehmen, aber es bricht mir das Herz, wenn ich einen erwachsenen Mann sehe, der sich als Taco verkleidet hat. Wenn also eine Kostümierung im Spiel ist, neige ich nicht nur dazu, den Zettel zu nehmen, sondern ihn anmutig entgegenzunehmen, »Haben Sie recht herzlichen Dank« zu sagen und *Du bist ja so ein armes Schwein. Ich weiß nicht, was du hast, aber ich hoffe, daß ich es nie kriege* zu denken. Heute nachmittag habe ich auf der

Lexington Avenue einen Zettel von einem Mann entgegengenommen, der als Camcorder verkleidet war. Hot Dogs, Erdnüsse, Tacos, Videokameras –, diese Dinge machen mich traurig, weil sie nicht auf die Straße passen, außer vielleicht bei einer Parade, aber nicht nur so. Ich stelle mir vor, daß ich als Zwerg wenigstens am rechten Ort bin; ich werde mit all den anderen Zwergen im Dorf des Weihnachtsmanns sein. Wir werden in einem locker-duftigen Wunderland residieren, von Zuckerstangen und Honigkuchenhäuschen umgeben. Das ist immerhin nicht ganz so traurig, wie als Fritte verkleidet an einer Straßenecke zu stehen.

Ich versuche, es von der heiteren Seite zu betrachten. Vor drei Wochen bin ich mit hochgesteckten Erwartungen in New York angekommen, und diese Erwartungen erwiesen sich als trügerisch. In meiner Phantasie wäre ich direkt von der Penn Station in die Büros von *One Life to Live* gegangen, hätte dort mein Gepäck hingeschmissen und mich ein bißchen aufgerüscht, bevor ich mit Cord Roberts und Victoria Buchannon, den beiden größten Stars der Serie, einen Drink nehmen gegangen wäre. Wir hätten in einer plüschigen Nische in einer irrwitzig schicken Cocktailbar gesessen, meine neuen Promi-Freunde hätten mir mit ihren eisig beschlagenen Gläsern zugeprostet und gesagt: »Auf das Wohl von David Sedaris, des besten Autors, den diese Serie je hatte!!!«

Ich hätte gesagt: »Laßt doch den Quatsch.« Ich hatte geplant, mich bescheiden zu geben.

Die Leute an den anderen Tischen würden uns anstarren und tuscheln: »Ist das nicht . . .? Ist das nicht . . .?«

Vielleicht hätte mich ihre Begeisterung abgelenkt, und dann hätte Victoria Buchannon ihre Hand auf meine Hand gelegt und gesagt, ich müsse mich allmählich daran gewöhnen, im Mittelpunkt der allgemeinen Aufmerksamkeit zu stehen.

Aber statt dessen bewerbe ich mich um einen Job als Zwerg. Noch schlimmer als die Bewerbung ist die sehr reale Möglichkeit, daß ich den Job nicht kriege, daß ich nicht mal als Zwerg Arbeit finden kann. Dann weiß man, daß man ein Versager ist.

Heute nachmittag saß ich im siebten Stock im *SantaLand*-Büro, und man sagte mir: »Gratuliere, Mr. Sedaris. Sie sind ein Zwerg.«

Um Zwerg zu werden, füllte ich ein zehn Seiten starkes Formular aus, unterzog mich einem *Multiple Choice*-Persönlichkeitstest, führte zwei Einstellungsgespräche und spendete Urin für einen Drogentest. Das erste Gespräch war allgemein gehalten und diente dazu, offenkundige Soziopathen auszusondern. Im Verlauf des zweiten Gesprächs wurden wir gefragt, warum wir Zwerge werden wollten. Sowas ist immer eine problematische Frage. Ich hörte zu, wie die Frau vor mir, eine frühere Kellnerin, die Frage beantwortete: »Ich möchte wirklich Zwergin werden? Weil ich finde, es hat mit Schauspielerei zu tun? Und davor habe ich in einem Restaurant gearbeitet? Und das wurde von dieser echt ganz wunderbaren Frau geführt, deren Traum es gewesen war, ein eigenes Restaurant zu eröffnen? Und da wurde mir klar, daß es echt ... echt ganz wichtig ist ... einen Traum zu haben?«

Alles, was die Frau sagte, jedes Satzglied, jeder Satz, war mit einem Fragezeichen interpunktiert, und die Personaltante hob nicht mal die Braue.

Als ich an der Reihe war, erklärte ich, ich würde gern Zwerg werden, weil das eine der erschreckendsten Karriere-Optionen sei, mit denen ich je zu tun gehabt hätte. Die Personaltante hob den Blick von meiner Bewerbung und sagte: »Und ...?«

Ich bin bestimmt im Drogentest durchgefallen. In meinem Urin schwammen Joint-Kippen und Stiele vom Hanfstrauch, aber sie haben mich trotzdem genommen, weil ich klein bin, 1,63 Meter. Fast alle, die sie genommen haben, sind klein. Einer ist Liliputaner. Nach dem zweiten Gespräch wurde ich ins Büro des Geschäftsführers gebracht, und dort zeigte man mir einen Grundriß vom Erdgeschoß. Wenn viel los ist, wird der Weihnachtsmann an einem einzigen Tag von zweiundzwanzigtausend Menschen besucht, und man sagte mir, das Los des Zwerges sei es, angesichts von Not und Qual fröhlich zu bleiben. Ich versprach, immer daran zu denken.

Ich verbrachte meinen Achtstundentag mit fünfzig Zwergen und einer munteren, wohlmeinenden Ausbilderin in einem riesigen Macy's-Klassenzimmer, dessen Wände mit NCR 2152s praktisch getäfelt waren. Eine 2152 ist, habe ich schließlich kapiert, eine Registrierkasse. In meiner Gruppe waren mehrere Zwerge, die bereits als Zwerge gearbeitet hatten, und ein paar Kassiererinnen mit Erfahrung, die mir zu helfen versuchten, indem sie Sachen sagten wie: »Du weißt noch nicht mal deinen persönlichen Identifizierungs-Kode? Manno, meinen hatte ich gegen zehn Uhr drauf.«

Alles an der Registrierkasse schüchtert mich ein. Jeder Vorgang erfordert eine Reihe von Kodes: verschiedene Zahlen für Barzahlung, Schecks und jede Sorte Kreditkarten. Das Wort *Betrag* mit nichts dahinter ist inzwischen zum schweinischsten Wort in meinem Wortschatz geworden. Beträge mit nichts dahinter sind ein Albtraum an Papierkram und kodierten Zahlen, alles in dreifacher Ausfertigung und vom Angestellten und seinem Vorgesetzten mit den Anfangsbuchstaben paraphiert.

Als ich heute abend das Gebäude verließ, konnte ich das Bild nicht abschütteln, das sich vor meinem geistigen Auge festgesetzt hatte, wie mich ungeduldige, wütende Kunden, deren Nerven von meiner totalen Unfähigkeit durchgewetzt sind, zu Tode steinigen. Ich sage mir, ich werde einfach meine Kasse aufbrechen und alles akzeptieren, was sie mir geben wollen –, Perlschnüre, Bargeld, Uhren, egal. Ich werde verhandeln und umtauschen. Ich werde ihre Kreditkarte durch die Mangel prügeln, »Schön, Sie kennengelernt zu haben!« unten auf die Quittung schreiben und es dabei bewenden lassen.

Alles, was wir im WeihnachtsLand verkaufen, sind Fotos. Die Menschen setzen sich dem Weihnachtsmann auf den Schoß und posieren für ein Bild. Der Fotozwerg gibt ihnen ein Stück Papier, auf das oben eine Zahl gedruckt ist. Ein anderer Zwerg füllt den Bestellschein aus, und Wochen später kommt das Bild mit der Post. Wir verkaufen also eigentlich nur die Idee eines Bildes. Eine Idee kostet neun Dollar, drei Ideen kosten achtzehn.

In meinem schlimmsten Albtraum stehen zweiundzwanzigtausend Menschen vor meiner Kasse. Kassierer möchte ich nicht immer sein müssen, nur hin und wieder. Das schlimmste ist, daß ich, nachdem ich dreihundert Dollar angehäuft habe, zweihundert entnehmen muß, ein halbes Dutzend Formulare ausfüllen und mit dem Umschlag voller Bargeld zur Sammelstelle in der Porzellanabteilung oder zum Tresorraum auf dem Balkon über dem Parterre hasten muß. Ich darf mich nicht vorher umziehen. Ich muß als Zwerg verkleidet gehen. Ein Zwerg im WeihnachtsLand ist das eine, ein Zwerg in der Sportbekleidung ist ganz was anderes.

Heute nachmittag haben wir uns Reden und Präsentationen in einem fensterlosen Konferenzsaal voller Schreibtische und Plastikstühle angehört. Wir erfuhren, daß das WeihnachtsLand in der zweiten Dezemberwoche Gastgeber der »Aktion Besonderes Kind« ist, und da sollen arme Kinder

Gratis-Geschenke kriegen, die vom Laden gespendet werden. Außerdem gibt es noch einen Vormittag speziell für schrecklich kranke und mißgestaltete Kinder. An dem Tag obliegt es dem Zwerg, das Kind beim Zauberbaum zu begrüßen und dann zum Haus zurückzujoggen, um unseren Weihnachtsmann zu wappnen.

»Das nächste Kind hat keine Nase«, oder: »Crystals Körper ist zu neunzig Prozent von Verbrennungen dritten Grades bedeckt.«

Keine Nase. Bei diesen Kindern muß der Weihnachtsmann aufpassen, daß er nicht fragt: »Und was wünschst du dir zu Weihnachten?«

Der Sicherheitschef hielt uns eine Vorlesung und erzählte uns, Macy's am Herald Square leide Jahr für Jahr unter Angestelltendiebstahl in Millionendollarhöhe. Folglich behandelt der Laden seine Angestellten wie Verbrecher mit einem langen Vorstrafenregister. Es werden Belohnungen in bar angeboten, wenn man Leute anzeigt, und jedesmal, wenn wir den Laden verlassen, werden unsere Taschen durchsucht. Man zeigte uns Videos, auf denen angebliche frühere Angestellte den Kopf hängenlassen und den Tag verwünschen, an dem es ihnen in den Sinn kam, jene Lederjacke zu stehlen. Die Schauspieler blickten in die Kamera, um zu erklären, wie sie sich mit ihrer Verhaftung Freundschaften und Familienleben ruiniert und letztlich die Zukunft verbaut haben.

Ein Typ starrte seine Hände an und seufzte: »Jetzt werde ich nie zum Studium der Jurisprudenz zugelassen. Jetzt nicht mehr. Nicht nach dem, was ich getan habe. Nichts zu wollen.« Er stockte und schüttelte voll unguter Erinnerungen den Kopf. »O Mann, danach nicht mehr. Nichts mehr zu wollen.«

Ein einsames, nachdenkliches Mädchen saß in einer Cafeteria, betrachtete seine leere Tasse und ächzte: »Ich weiß noch, wie ich mit all meinen Macy's-Freunden in den Feierabend trat. Gott, waren das schöne Zeiten. Ich habe diese Menschen geliebt.« Sie starrte ins Leere, bevor sie fortfuhr: »Nun, es erübrigt sich wohl zu sagen, daß diese Leute mich nicht mehr besuchen oder anrufen. Diesmal habe ich *echt* Mist gebaut. Warum habe ich das getan? Warum?«

Macy's hat zwei Gefängniszellen auf der Balkon-Etage und nimmt dreitausend Ladendiebe pro Jahr fest. Außerdem sollten wir im WeihnachtsLand noch die Taschendiebe im Auge behalten.

Taubstummen-Dolmetscher kamen und brachten uns bei, wie man in Zeichensprache »FROHE WEIHNACHTEN! ICH BIN EIN HELFER DES WEIHNACHTSMANNS!« sagt. Sie sagten uns, wir sollten während des Fuchtelns sprechen, und zwar mit lauter, klarer Stimme und strahlendem Gesichtsausdruck. Wir lernten die Zeichen für: »DU BIST EIN SEHR HÜBSCHER/S JUNGE/MÄDCHEN! ICH LIEBE DICH! MÖCHTEST DU EINE ÜBERRASCHUNG?«

Meine Schwester Amy wohnt über einem gehörlosen Mädchen und hat ziemlich viel Zeichensprache gelernt. Mir hat sie auch ein bißchen beigebracht, und jetzt kann ich sagen: »DER WEIHNACHTSMANN HAT EINEN TUMOR VON DER GRÖSSE EINER OLIVE IM HIRN. VIELLEICHT GIBT SICH DAS BIS MORGEN, ABER ICH GLAUBE ES NICHT.«

Heute morgen hielten uns die Geschäftsführer vom WeihnachtsLand eine Vorlesung und stellten uns eine fotokopierte Broschüre voller Regeln vor, den »Zwergenführer«. Die meisten Geschäftsführer sind ehemalige Zwerge, die die Zuckerstangenleiter erklommen, sich aber lebhafte Erinnerungen an ihre Zeiten in Uniform bewahrt haben. Sie beschlossen das Meeting mit den Worten: »Vergessen Sie bitte eins nicht: SIE SIND, selbst wenn Sie an einem Wochenende mit viel Kundenverkehr als Fotozwerg eingeteilt sind, NICHT DER SKLAVE DES WEIHNACHTSMANNS.«

Am Nachmittag gab es eine Führung durch das WeihnachtsLand, und da kann man wirklich nicht meckern. Es ist wunderschön, ein richtiges Wunderland, mit zehntausend funkelnden Lichtern, falschem Schnee, elektrischen Eisenbahnen, Brücken, geschmückten Bäumen, mechanischen Pinguinen und Bären und echt großen Zuckerstangen. Man kommt rein und wandelt durch einen Irrgarten, auf einem Pfad, der einen von einer festlichen Umgebung in die nächste führt. Der Pfad endet beim Zauberbaum. Der Baum soll an verschlungenes Wurzelwerk erinnern, aber statt dessen sieht er aus wie ein maßstabsgetreues Modell des menschlichen Verdauungstrakts. Sobald man den Zauberbaum passiert hat, wird die Beleuchtung trüber, und ein Zwerg geleitet einen zum Haus des Weihnachtsmanns. Die Häuser sind behaglich und intim, mit Spielsachen vollgestopft. Man verläßt das Haus des Weihnachtsmanns und sieht sich einer Reihe von Registrierkassen gegenüber.

Wir schritten den Pfad ein zweites Mal ab, und man teilte uns die Kodenamen der verschiedenen Stationen mit, z. B. »Das Erbrecheralbum«, eine verspiegelte Wand beim Zauberbaum, wo ekelgeplagte Kinder gern ihren Mageninhalt von sich geben. Wenn sich jemand übergibt, soll der ihm am nächsten stehende Zwerg »VAMOOSE« brüllen, was der Name des Putz- und Scheuermittels ist, das der Laden verwendet. Wir wurden zur »O-mein-Gott-Ecke« geführt, eine Stellung in der Nähe der Rolltreppe. Die Ankommenden sehen die lange Schlange, sagen: »O mein Gott«, und der Zwerg muß sie beruhigen und ihnen erklären, daß es höchstens eine Stunde dauern wird, bis der Weihnachtsmann sie empfängt.

An einem x-beliebigen Tag kann man Eingangszwerg, Trinkwasserspenderzwerg, Brückenzwerg, Eisenbahnzwerg, Irrgartenzwerg, Inselzwerg, Zauberfensterzwerg, Notausgangszwerg, Ladentischzwerg, Zauberbaumzwerg, Zeigezwerg, Weihnachtsmannzwerg, Fotozwerg, Platzanweiserzwerg, Kassenzwerg, Rennzwerg oder Ausgangszwerg sein. Wir bekamen eine Demonstration der verschiedenen Stellen in Aktion, vorgeführt von ehemaligen Zwergen, die so angeregt und unerbittlich munter waren, daß ich mich vor Peinlichkeit kaum an ihnen vorbeiwagte. Ich weiß nicht, ob ich jemandem ins Auge blicken und »Ja, du meine Güte, ich glaube, ich seh den Weihnachtsmann!« oder »Kannst du die Augen schließen und dir was ganz Besonderes zu Weihnachten wünschen?« brüllen könnte. Alles, was diese Zwerge sagten, hatte hinten ein Ausrufungszeichen!!! Der Mund tut einem weh, wenn man mit diesem erzwungenen Frohsinn spricht. Ich fühle mich in die Ecke getrieben, wenn jemand so mit mir spricht. Geht das nicht jedem so? Ich bin bei Kindern lieber offen und ehrlich. Ich würde eher sagen: »Du mußt aber erschöpft sein«, oder: »Ich kenne eine Menge Leute, die einen Mord begehen würden, um so eine hübsche Taille zu kriegen wie du.«

Ich fürchte, ich werde mit der quälenden Begeisterung, die der Weihnachtsmann verlangt, nicht dienen können. Ich glaube, ich werde ein eher verhaltener Zwerg sein.

Heute war Zwergenkostümprobe. Die Spinde und Garderoben sind auf der siebten Etage, direkt hinter dem WeihnachtsLand. Die Zwerge haben sich während der letzten vier Trainingstage kennengelernt, aber sobald wir die Klamotten ausgezogen und die Uniformen angelegt hatten, war alles anders.

Die Gewandmeisterin wies uns unsere Minelle zu und hielt uns einen Vortrag, wie man sein Zeug sauberhält. Sie hielt einen Kalender hoch und sagte: »Meine Damen, Sie wissen, was das ist. Benutzen Sie es. Ich habe genug Blut aus dem Schritt von Bundhöschen gekratzt; für ein Leben muß das reichen. Und kommen Sie mir nicht mit: ›Ich trage keine Schlüpfer; ich bin Tänzerin.‹ Sie sind keine Tänzerinnen. Wenn Sie echte Tänzerinnen wären, wären Sie nicht hier. Sie sind Zwerge, und wie Zwerge werden Sie Unterhosen anziehen.«

Mein Kostüm ist grün. Ich trage eine grüne Samt-Bundhose, einen gelben Rollkragenpullover, einen forstgrünen Samtkittel und eine kecke Zipfelmütze mit Pailletten. Das ist meine Arbeitskleidung.

Als Zwerg heiße ich Moppel. Wir durften uns unsere Namen selbst aussuchen und haben die Erlaubnis, sie, unserer jeweiligen Sicht der verschneiten Dinge entsprechend, abzuändern.

Heute war der offizielle Eröffnungstag vom Weihnachts-Land, und ich habe als Zauberfensterzwerg, als Weihnachtsmannzwerg und als Platzanweiserzwerg gearbeitet. Das Zauberfenster befindet sich in der »Nur ein rascher Blick«-Schlange für Erwachsene. Mein Job war, daß ich sagen sollte: »Steigen Sie auf den Zauberstern, werfen Sie einen Blick durch das Fenster, dann können Sie den Weihnachtsmann sehen!« Fünfzehn Minuten lang habe ich beim Zauberfenster gearbeitet, bevor ein Mann zu mir kam und sagte: »Sie sehen unheimlich bescheuert aus.«

Ich mußte zugeben, daß da was dran war. Ich hätte gern gesagt, ich werde wenigstens dafür bezahlt, daß ich bescheuert aussehe, während er das für umsonst macht. Aber ich kann sowas nicht sagen, weil ich doch fröhlich sein soll.

Also sagte ich statt dessen: »Danke schön!«

»Danke schön!« als hätte ich mich verhört und gedacht, er hätte gesagt: »Sie sehen ganz bezaubernd aus.«

»Danke schön!«

Er war ein muskulöser Klugscheißer, mit Vinyljacke und Einkaufstüte vom Radio Shack. Ich hätte sagen sollen, echt laut: »Tut mir leid, aber mit Typen gehe ich nicht.«

Zwei Familien aus New Jersey kamen, um gemeinsam den Weihnachtsmann zu sehen. Zwei laute, häßliche Ehemänner, mit insgesamt zwei Frauen und vier Kindern. Die Kinder versammelten sich um den Weihnachtsmann und wurden geknipst. Als der Weihnachtsmann den zehnjährigen Jungen fragte, was er sich zu Weihnachten wünscht, rief sein Vater: »EINE FRAU! BESORG IHM EINE FRAU, WEIHNACHTSMANN!« Die Männer waren sehr rüde und irritierend, lachten ständig und rempelten sich an. Die zwei Frauen setzten sich dem Weihnachtsmann auf den Schoß, ließen sich knipsen, und jede bat den Weihnachtsmann um eine KitchenAid-Geschirrspülmaschine und einen anständigen Wintermantel. Dann setzten sich die Gatten beim Weihnachtsmann auf den Schoß, und als er gefragt wurde, was er sich zu Weihnachten wünscht, gellte der eine der Männer: »ICH WILL EINE SCHNALLE MIT DIKKEN TITTEN.« Die kleinbusige Frau des Mannes verschränkte die Arme vor der Brust, betrachtete den Fußboden und knirschte mit den Zähnen. Der Sohn des Mannes versuchte zu lachen.

Heute vormittag mußte ich wieder am Zauberfenster Dienst schieben, was echt langweilig ist. Ich soll herumstehen und »Steigen Sie auf den Zauberstern, und Sie können den Weihnachtsmann sehen!« sagen. Das sagte ich eine Zeitlang, und dann fing ich an zu sagen: »Steigen Sie auf den Zauberstern, und Sie können Cher sehen!«

Und das erregte die Menschen. Also sagte ich: »Steigen Sie auf den Zauberstern, und Sie können Mike Tyson sehen!«

Ein paar Leute von der anderen Schlange, der Schlange, wo man beim Weihnachtsmann auf dem Schoß sitzen kann, brachen aus und drängelten vor, um auf meinen Zauberstern steigen zu können. Dann wurden sie wütend, als sie durch das Zauberfenster blickten und den Weihnachtsmann statt Cher oder Mike Tyson sahen. Was hatten sie denn wohl erwartet? Ist Cher so knapp bei Kasse, daß sie sich bei Macy's hinter einen durchsichtigen Spiegel stellen würde?

Die wütenden Leute müssen der Geschäftsleitung etwas gesagt haben, denn ich wurde vom Zauberstern abgezogen und auf die Zwergeninsel geschickt, was nun aber wirklich langweilig ist, weil man nur herumsteht und sich fröhlich gibt. Um zwölf kam ein Riesenschwung Behinderter, um den Weihnachtsmann zu besuchen. Sie waren geistig zurückgeblieben und kamen an mir vorbei, der ich auf meiner kleinen Insel stand. Diese Leute waren gründlich zurückgeblieben. Sie rollten die Augen und schlackerten mit der Zunge und taumelten in Richtung Weihnachtsmann. Es war eine große Gruppe Zurückgebliebener, und nachdem ich sie ein paar Minuten lang beobachtet hatte, war mir völlig schleierhaft, wo die Zurückgebliebenen endeten und die regulären New Yorker wieder anfingen.

Sobald man sich mal damit beschäftigt, sieht jeder zurückgeblieben aus.

Heute abend wurde ich zum Fotozwerg bestellt, ein Job, der mir die ersten paar Male richtig Spaß machte. Die Kamera ist im Kamin versteckt, und ich nehme das Bild auf, indem ich auf einen Knopf an einer Strippe drücke. Die Bilder kommen Wochen später mit der Post, und kein Zwerg könnte je identifiziert und zur Rechenschaft gezogen werden, aber immerhin, man möchte doch ein gutes Bild machen.

Beim Training hatte man uns mißlungene Fotografien gezeigt, verschwommene Rasereien mit winkendem Zwergenarm; ein Bild, von einem Stofftier verdeckt; Weihnachtsmann, gähnend. Nach jedem Foto muß der Zwerg die Nummer entfernen, die unten am Bild erscheint. Ein fauler oder dummer Zwerg könnte eine ganze Filmrolle ruinieren; eifrige Familien zahlen und kriegen dann später Fotografien von wildfremden Menschen.

Wenn man jemanden knipst, erfährt man schrecklich viel über ihn, mit der Betonung auf *schrecklich*. Wenn die Eltern dabei sind, verschlimmert das die Sache noch. Die Firmenpolitik vom WeihnachtsLand sieht vor, daß von jedem Kind ein Bild gemacht wird, welches die Elternteile dann bestellen oder ablehnen können. Die Leute dürfen ihre eigenen Kameras, Videorecorder, sonstwas mitbringen. Die multimedialen Gruppen sind es, die mich fertigmachen. Das sind Eltern, die vor lauter Equipment vornübergebeugt sind, unnachgiebig in ihrem Drang nach Dokumentation.

Ich sehe sie mit ihren Videokameras im Irrgarten, wie sie ihre Kinder dazu anhalten, überrascht zu wirken. »Monica, Baby, kuck die elektrische Eisenbahn an und kuck dich dann um und sieh mich an. Nein, *mich* sollst du ansehen. Jetzt winken. Genau, und jetzt noch doller winken.«

Die Eltern halten die Schlange auf, und dem Irrgartenzwerg obliegt es, sie weiterzuscheuchen.

»Entschuldigen Sie, Sir, es tut mir leid, aber heute ist ziemlich viel los bei uns, und ich wäre Ihnen dankbar, wenn Sie bald fertig wären. Hinter Ihnen warten noch viele andere.«

Dann bittet einen der Vater, neben dem Kind zu stehen und zu winken. Ich tu's. Ich stehe neben einem Kind, winke in die Videokamera und frage mich, wo ich wohl enden werde. Ich sehe mich auf dem Fernsehschirm in einem getäfelten Zimmer in Wapahanset oder Easternmost Meadows. Ich stelle mir vor, wie die Familie sich um das

Kommando über die Fernbedienung streitet, wobei der Fast-Forward-Knopf bedient wird. Das Winken des Kindes wird zum zackigen Salut. Ich komme ins Bild, und jeder im Raum hegt denselben Gedanken: »Was hat dieses Arschloch auf unserem Weihnachtserinnerungsvideo zu suchen?«

Der Augenblick, auf den diese Menschen warten, ist das Zusammentreffen mit dem Weihnachtsmann. Als Fotozwerg beobachte ich, wie sie den Raum betreten und die Kontrolle übernehmen.

»Also gut, Ellen, ich möchte, daß du mit Marcus vor dem Weihnachtsmann stehst, und wenn ich ›jetzt‹ sage, möchte ich, daß du dich zu ihm auf den Schoß setzt. Jetzt sieh mich an. Sieh Daddy an, bis ich dir sage, daß du den Weihnachtsmann ansehen sollst.«

Er wird mit seiner Frau sprechen, die mit dem Fotoapparat arbeitet, und sie wird sich mit ihrem Belichtungsmesser und der Nikon mit zahlreichen Extras tief auf den Boden kauern. Die Ausrüstung ist schwer, und die Adern auf ihren Armen schwellen.

Dann gibt es die multimedialen Familien in Gruppen, die sagen: »Also gut, jetzt wollen wir noch eine Aufnahme von Anthony, Damascus, Theresa, Doug, Amy, Paul *und* Vanity –; kriegen wir die alle zusammen drauf? Weihnachtsmann, wie wär's, wenn Sie Doug huckepack nähmen, wäre das wohl möglich?«

Während dieser Besuche ist es den Kindern kaum je gestattet, ihre Wünsche mit dem Weihnachtsmann zu erörtern. Sie sind vollauf damit beschäftigt, von ihren Eltern inszeniert zu werden.

»Vanity und Damascus, kuckt hier herüber, nein, *hier* herüber.«

»Weihnachtsmann, kannst du den Arm um Amy legen und Paul gleichzeitig die Hand geben?«

»So ist es gut. So ist es schön.«

Ich habe Eltern gesehen, die ihr Kind auf den Schoß des Weihnachtsmanns setzen und sofort mit der Schönheitspflege beginnen: Haarekämmen, Saum zurechtzurren, Schlipsknoten prüfen. Ich habe einen Elternteil gesehen, der das Haar des Kindes einsprühte und dabei den Weihnachtsmann behandelte, als wäre er ein imitiertes Requisit aus Zement, und der Weihnachtsmann wandte sich ab und zuckte zusammen, als das Haarspray in seinen Augen brannte.

Junge Kinder, zwei bis vier Jahre alt, neigen dazu, vor dem Weihnachtsmann Angst zu haben. Sie sind nicht daran interessiert, daß ein Bild von ihnen geknipst wird, weil sie nicht wissen, was ein Bild ist. Sie sind nicht eitel, sie sind Babys. Sie sind Babys, und sie handeln entsprechend – sie weinen. Ein Fotozwerg kapiert, daß es, sobald ein Kind zu weinen anfängt, vorbei ist. Sie fangen im Haus des Weihnachtsmanns an zu weinen und hören nicht wieder auf, bis sie mindestens zehn Straßen weiter sind.

Wenn das Kind anfängt zu weinen, wird der Weihnachtsmann zunächst tröstend eingreifen, und dann sagt er: »Vielleicht versuchen wir's nächstes Jahr nochmal.«

Die Eltern hatten geplant, die Fotos an Verwandte zu verschicken und in Alben zu kleben. Die haben länger als eine Stunde schlangegestanden und sind nicht bereit, so leicht aufzugeben. Heute abend habe ich eine Frau gesehen, die ihre schluchzende Tochter schlug und schüttelte, wobei sie schrie: »Verdammtnochmal, Rachel, mach, daß du auf den Schoß dieses Mannes kommst, sonst geb ich dir einen Grund zum Flennen.«

Ich mache oft Fotos von weinenden Kindern. Noch grotesker ist es, wenn man ein Foto von einem weinenden Kind mit einer falschen Grimasse macht. Die Grimasse ist weniger ein Lächeln als der erzwungene Umriß eines Lächelns. Den Eltern gefällt es seltsamerweise.

»Braves Mädchen, Rachel. Jetzt aber nichts wie weg hier. Deine Mutter hat Kopfschmerzen, die nicht weggehen, bevor du einundzwanzig bist.«

Ein gutes Drittel der Leute, die den Weihnachtsmann besuchen, sind Erwachsene: Ehepaare und erstaunlich viele alleinstehende Männer und Frauen. Die meisten Alleinstehenden wollen sich nicht beim Weihnachtsmann auf den Schoß setzen; sie schauen nur mal so vorbei, um ihm die Hand zu geben und viel Glück zu wünschen. Oft sind die alleinstehenden Erwachsenen Ausländer, die zufällig gerade bei Macy's zum Einkaufen waren und sich vom Eingangszwerg in den Irrgarten haben scheuchen lassen, weil es zu den Aufgaben des Eingangszwergs gehört, die Leute anzukobern. Eben sieht der Ausländer sich noch Porzellan an, und schon steht er beim Zauberbaum, wo ihn ein Zwerg mit einer winzigen Schreibunterlage vor dem Bauch fragt, wie viele Mitglieder seine Gruppe umfaßt, die zum Weihnachtsmann will.

»Wie viele in Ihrer Gruppe?«

Der Ausländer antwortet: »Ja.«

»Wie viele in Ihrer Gruppe ist keine Ja- oder Nein-Frage.«

»Ja.«

Dann führt ihn ein Weihnachtsmannzwerg zu einem Haus, wo sich der verwirrte und erschöpfte Ausländer einem bärtigen Mann in roter Kleidung gegenübersieht, und sagt: »Ja, okay. Ich gehe gut heute.« Er gibt dem Weihnachtsmann die Hand und rennt, aufgewühlt, zum Hinterausgang.

Heute nachmittag kam ein Mann, um den Weihnachtsmann zu besuchen, ein schlampiger, gutaussehender Mann Mitte Vierzig. Ich dachte, er wäre einer von diesen verwirrten Europäern, also beruhigte ich ihn, viele Erwachsene kämen, um den Weihnachtsmann zu besuchen, jeder sei willkommen. Eine Stunde später bemerkte ich denselben Mann, wieder da, um die Gesellschaft des Weihnachtsmanns zu suchen. Ich fragte, worüber er mit dem Weihnachtsmann spricht, und mit gebrochener und kläglicher Stimme antwortete er: »Spielsachen. Die vielen Spielsachen.«

Links hatte er eine Delle in der Stirn. In einer solchen Delle konnte man eine Eichel unterbringen. Er stellte sich hinten an und besuchte den Weihnachtsmann ein drittes Mal. Bei seinem letzten Besuch regte er sich so auf, daß er dem Weihnachtsmann auf den Schoß pinkelte.

Bisher habe ich im WeihnachtsLand Simone aus *General Hospital,* Shawn aus *Alle meine Kinder,* Walter Cronkite und Phil Collins gesehen. Letztes Jahr wurde eine Zwergin vom Dienst suspendiert, nachdem sie Goldie Hawn um ein Autogramm für auf die Hand gebeten hatte. Wir wurden angewiesen, die Stars in Frieden zu lassen.

Walter Cronkite war sehr groß, und ich hätte ihn wahrscheinlich nicht erkannt, wenn ihn mir nicht jemand gezeigt hätte. Phil Collins war klein und sehr gepflegt. Er erschien mit seiner Tochter und einem Gefolge von drei Mann. Mir ist Phil Collins in jeder nur möglichen Form ziemlich wurscht, aber ich habe mehrere Leute gesehen, denen er wahrscheinlich nicht wurscht war, und fand, es ist meine Pflicht, ihnen auf die Schulter zu klopfen und zu sagen: »Sehen Sie mal, da ist Phil Collins!«

Viele, die den Weihnachtsmann besuchen, sind von außerhalb und ergreifen freudig die Gelegenheit, einen Prominenten zu besichtigen, weil das ihr New-York-Erlebnis abrundet. Als ich auf Phil Collins deutete, quietschten die Menschen buchstäblich vor Entzücken. Da es mein Job ist, Menschen glücklich zu machen, hatte ich damit keinerlei Problem. Phil Collins wanderte durch den Irrgarten, nahm alles mit seinem Camcorder auf Video auf und amüsierte sich. Sobald er den Zauberbaum betreten hatte, konnte ihn das Irrgarten-Publikum nicht mehr sehen, und ich begann den Leuten zu sagen, wenn sie sofort den Irrgarten verlassen, die Halle runter und dann rechts, könnten sie wahrscheinlich noch Phil Collins erwischen, wenn er mit dem Weihnachtsmann durch ist. Die Leute taten, wie ihnen geheißen, und gingen weg. Als Phil Collins das Weihnachts-Land verlassen wollte, bat ihn eine Meute von zwanzig Menschen um ein Autogramm. Als die Geschäftsführer ankamen, um die Petze ausfindig zu machen, sagte ich: »Phil Collins? Wer soll das denn sein?«

Ich verbrachte ein paar Stunden im Irrgarten mit Schnuff, einem jungen Zwerg aus Brooklyn. Wir standen beim Dauerlutscherwald, als uns klarwurde, daß *Santa* ein Anagramm für *Satan* ist. Weihnachtsmann oder Teufel –: so nah und doch so fern. Anstelle vom *SantaLand* stellten wir uns ein *SatanLand* vor, in dem die Besucher durch dampfende Tümpel voller Blut und Fäkalien wateten, bevor sie am Höllentor ankamen, wo ein boshaftes Teufelchen im versengten Samtkostüm sie bei der Hand nahm und zu Satan geleitete. Mit einem Ohr lauschten wir der Kundschaft und ersetzten das Wort *Santa* immer durch das Wort *Satan*.

»Was meinst du, Michael? Glaubst du, der bei Macy's ist der echte Satan?«

»Vergiß nicht, dich bei Satan für das Quietschebaby zu bedanken, das er dir letztes Jahr geschenkt hat.«

»Ich liebe Satan.«

»Wer nicht? Den Satan liebt doch jeder.«

Lieber würde ich mir Polsternägel ins Zahnfleisch hauen, denn als Platzanweiserzwerg arbeiten. Der Platzanweiserzwerg steht vor dem Ausgang vom Weihnachtsmann und füllt die Bestellscheine für die Fotos aus. Es macht mir zwar Spaß zu raten, woher die Leute kommen, aber ich hasse es, wenn ich zuhören muß, wie Ehepaare darüber zanken, wie viele Abzüge sie wollen.

Beim ersten Mal war es interessant, aber jetzt nicht mehr. Während die Eltern sich zu einer Entscheidung durchringen, muß der Platzanweiserzwerg die aufgeregten Kinder davon abhalten, beim Weihnachtsmann zur Hintertür hineinzuwitschen, um die Markennamen von drei oder vier Spielsachen zu rufen, die sie sich zu wünschen vergessen haben.

Wenn nicht viel los ist, steckt der Platzanweiserzwerg den Kopf hinein und beobachtet den Weihnachtsmann und seine Besucher. Heute nachmittag war nicht viel Betrieb, und ich beobachtete eine vierzig Jahre alte Frau mit ihrer steinalten Mutter, die auf einen kleinen Schwatz beim Weihnachtsmann reinschauten. Die Tochter trug ein kurzes rosa Kleid mit Spitzenbesatz –, die Sorte Kleid, die ein kleines Mädchen tragen konnte. Die Haare waren zu Zöpfchen geflochten, und sie hatte unordentlich hochgezogene Ringelsöckchen und Lackschuhchen an. Dieses vierzigjährige Mädchen rannte zum Weihnachtsmann und umarmte ihn, wobei es ihm Rouge in den Bart schmierte. Sie sprach mit Babystimme, welche sie bald zu einem Flüstern senkte. Als sie gingen, fragte ich, ob sie das Foto käuflich erwerben wollten, und das größte kleine Mädchen der Welt flüsterte seiner Mutter etwas ins Ohr und hüpfte dann davon. Sie hüpfte. Ich sah, wie sie versuchte, mit den Bälgern zu kommunizieren, die um die Kasse herumstanden, bis ihre Mutter sie da wegzerrte.

Heute vormittag war ich eine Zeitlang beim Zauberfenster mit Klingglöckchen zusammen, einer Alleinunterhalterin, die gerade ein Musikvideo mit ihrer Girl-Gruppe macht. Wir sprachen über dies und das, und sie sagte mir, sie hätte schon in ein paar Fernsehserien mitgespielt, hauptsächlich in Soap-Operas. Ich fragte sie, ob sie auch schon mal in *One Life to Live* mitgewirkt hat, und sie sagte, ja, eine Komparsenrolle als Flamencotänzerin vor ein paar Jahren, als Cord und Tina zum zweitenmal geheiratet hatten und für die Flitterwochen nach Madrid fuhren.

Plötzlich erinnerte ich mich ganz deutlich an Klingglöckchen. In der Episode trug sie ein rotes Spitzenkleid und stampfte auf einem glänzenden Nachtklubfußboden herum, bis Spaniens größter Stierkämpfer eintrat und Cord zum Duell herausforderte. Klingglöckchen intervenierte. Sie hörte auf zu tanzen und sagte zu Cord: »Ssie lieber nix mache, Señor. Ssie wäre duum ssu kämpfe mit Spaniens größter Stierkämpfer!«

Klingglöckchen erzählte mir, die Flitterwochen seien hier im New Yorker Studio gefilmt worden. Das überraschte mich, da ich wirklich angenommen hatte, sie wären in Spanien gedreht worden. Sie sagte, die Tanzszene sei am späten Vormittag aufgezeichnet worden, und danach sei Mittagspause gewesen. Sie war in der Studiokantine und hielt ihr Tablett, als Tina sie zu ihrem Tisch herüberwinkte. Klingglöckchen hatte mit Tina zu Mittag gegessen! Sie sagte, Tina sei ganz süß und habe mit ihr darüber gesprochen, wie sehr sie Smokey Robinson liebe. Ich hatte gelesen, Tina habe einen Keil zwischen Smokey und seine Frau getrieben, aber es war erregend, das von jemandem bestätigt zu bekommen, der die Fakten hatte.

Später an dem Tag wurde ich zur Kasse eingeteilt, wo mir Andrea, eine der Geschäftsführerinnen, sagte, ihre Freundin Caroline habe das Casting für *One Life to Live* unter sich. Caroline hatte die alte Tina durch die neue Tina ersetzt. Ich liebte die alte Tina und werde nie eine Ersatz-Tina akzeptieren, aber Andrea sagte ich, ich könnte die neue Tina gut leiden, und sie sagte: »Das werde ich Caroline ausrichten. Das hört sie sicher gern!« Wir redeten noch, als Mitchell, ein weiterer Geschäftsführer, sagte, er sei siebenmal in *One Life to Live* aufgetreten. Er hatte vor fünf Jahren Clints Anwalt gespielt, als die ganze Familie Buchannon wegen des Mordes an Mitch Laurence vor Gericht stand. Mitchell kennt Victoria persönlich, und er sagt, im wirklichen Leben ist sie genau so süß und fürsorglich wie in der Serie.

»Im wesentlichen spielt sie sich selbst, wenn man von der multiplen Schizophrenie absieht«, sagte er und hielt inne, um zu überprüfen, was ein anderer Zwerg gerade in die Kasse eingetippt hatte. Er bat die Kundin um eine zusätzliche Identifikation zu ihrer Scheckkarte, und während die Frau fluchte und in ihrer Handtasche wühlte, erzählte mir Mitchell, Clint sei eher zurückhaltend, aber Bo und Asa seien echt gute Kumpels.

Ich kann es gar nicht glauben, daß ich sowas zu hören kriege. Ich kenne Leute, die mit Tina, Cord, Nicki, Asa und Clint herumgesessen haben. Ich komme immer näher, ich kann es spüren.

Heute abend habe ich als Ladentischzwerg beim Zauberbaum gearbeitet, als ich eine Frau sah, die ihrem Sohn den Reißverschluß von seinem Hosenstall aufmachte, seinen Penis herausholte und ihn anwies, auf eine künstliche Schneeverwehung zu pinkeln. Er war noch ganz jung, vier, fünf Jahre alt, und er hat's gemacht, er hat gepinkelt. Urin tropfte von den Zweigen künstlicher Bäume und bildete auf dem Fußboden eine Pfütze.

Später machte ein Mann in einem der Weihnachtsmannhäuser seiner Freundin einen Heiratsantrag. Als der Weihnachtsmann ihn fragte, was er sich zu Weihnachten wünscht, zog er einen Ring aus der Tasche und sagte, er wünscht sich, daß diese Frau ihn heiratet. Der Weihnachtsmann gratulierte beiden, und der Fotozwerg verschluckte sich und fing an zu weinen.

Ein geflecktes Kind besuchte den Weihnachtsmann, kletterte auf seinen Schoß und äußerte den Wunsch, bald keine Windpocken mehr zu haben. Der Weihnachtsmann sprang auf.

Ich habe Zwerge aus allen Schichten und Berufen kennengelernt. Die meisten sind aus dem Schaugeschäft, Schauspieler und Tänzer, aber erstaunlich viele hatten vorher richtige Jobs in Werbeagenturen und Maklerfirmen gehabt, bevor die Rezession zuschlug. Die Süßen hätten sich auch nie träumen lassen, daß die Zukunft ihnen ein Samtkostüm bringt. Das sind die echt bitteren Zwerge. Viele Zwerge sind jung, gehen noch auf die High School oder aufs College. Sie sind jung und hübsch, und eine der Vergünstigungen, die dieser Job mit sich bringt, ist, daß ich sie in der Unterwäsche zu sehen kriege. Die Umkleideräume befinden sich innerhalb der Mitarbeitertoiletten hinter dem WeihnachtsLand. Das Männerklo ist klein, und die Toiletten sind oft verstopft, so daß wir auf einer Insel aus Zeitungen stehen müssen, damit unsere Socken trocken bleiben. Die Weihnachtsmänner haben eine schöne Garderobe am anderen Ende des Ganges, aber einem Weihnachtsmann möchte man nicht beim Entkleiden zusehen. Mehrere Zwerge haben sich daran gewöhnt, sich im Gang neben ihren Spinden umzuziehen. Diese Zwerge tragen gern Badeanzüge unterm Kostüm. Ich mag keine Badeanzüge.

Der hübscheste Zwerg von allen ist ein Bursche aus Queens namens Schneeball. Schneeball übertreibt es gern mit den Kindern, manchmal kullert er mit ihnen regelrecht den Pfad zum Haus des Weihnachtsmanns entlang. Ich stehe dieser Art von Betragen eher ablehnend gegenüber, aber Schneeball ist auch die Wucht, wenn er gar nichts macht –; man möchte ihn einfach in die Tasche stecken und mitnehmen. Gestern arbeiteten wir als Weihnachtsmannzwerge zusammen, und ich fand es prickelnd, als er anfing, Sachen wie »Dir würde ich jederzeit zum Haus des Weihnachtsmanns folgen, Moppel« zu sagen.

Mir wurde ganz schwindlig von dem Geflirte.

Am Nachmittag war ich soweit, daß ich gegen Wände rannte. Als unsere Schicht zu Ende war, standen wir auf dem Klo und zogen uns um, als wir plötzlich von drei Weihnachtsmännern und fünf weiteren Zwergen umringt waren –, alles Typen, mit denen Schneeball geflirtet hatte.

Schneeball macht einfach Zwerge scharf, Zwerge und Weihnachtsmänner. Schneeball spielt ein gefährliches Spiel.

Heute nachmittag mußte ich Fotozwerg beim Weihnachtsweihnachtsmann sein. Ich weiß nicht, wie er wirklich heißt; niemand weiß es. An den meisten Tagen tritt manchmal eine kleine Beruhigung ein, da kann man im Haus herumsitzen und mit seinem Weihnachtsmann klönen. Die meisten Weihnachtsmänner sind nett, wir sitzen herum und lachen, aber der Weihnachtsweihnachtsmann nimmt sich ein bißchen zu ernst. Ich fragte ihn, wo er wohnt, Brooklyn oder Manhattan, und er sagte: »Na, am Nordpol mit der Weihnachtsfrau!« Ich fragte ihn, was er das übrige Jahr über so macht, und er sagte: »Ich mache Spielsachen für all die Kinder.«

Ich sagte: »Ja, aber womit verdienst du dein Geld?«

»Der Weihnachtsmann braucht kein Geld«, sagte er.

Der Weihnachtsweihnachtsmann sitzt und winkt und klingelt mit seiner Glöckchenschärpe, wenn sonst niemand da ist. Er hat sogar mal »Drauß' vom Walde komm' ich her« aufgesagt, und es waren nur wir beide im Haus, keine Kinder. Nur wir. Was macht man mit so einem Irren?

Er sagt: »Oh, kleiner Zwerg, kleiner Zwerg, stell für den Weihnachtsmann doch mal die Geschenke auf dem Kaminsims wieder richtig hin.« Ich erinnerte ihn daran, daß ich einen Namen habe, Moppel, und dann stellte ich die Stofftiere wieder richtig hin.

»Oh, kleiner Zwerg, kleiner Zwerg, bring doch mal dem Weihnachtsmann eine Halspastille.« Da habe ich ihm eine Pastille gebracht.

Der Weihnachtsweihnachtsmann hat eine ausgefeilte kleine Nummer, die er bei den Kindern abzieht. Er redet mit ihnen und lacht herzhaft und klingelt mit seinen Glöckchen, und dann sagt er, sie sollen ihm doch mal ihr Lieblings-Weihnachtslied nennen. Die meisten sagen »Rudolph, the Red-Nosed Reindeer«. Der Weihnachtsweihnachtsmann fragt dann, ob sie es ihm wohl mal vorsingen wollen. Die Kinder sind schüchtern und wollen nichts vorsingen, also sagt der Weihnachtsweihnachtsmann: »Oh, kleiner Zwerg, kleiner Zwerg! Hilf doch mal der kleinen Brenda beim Vorsingen ihres Lieblings-Weihnachtsliedes.« Dann stehe ich da und muß »Rudolph, the Red-Nosed Reindeer« singen, was ich hasse. In fünfzig Prozent der Fälle sind die Eltern der kleinen Brenda in meinem Alter, und das ist auch keine große Hilfe.

Heute nachmittag habe ich als Ausgangszwerg gearbeitet und den Menschen mit lauter Stimme verkündet: »AUS DEM WEIHNACHTSLAND HINAUS BITTE HIER ENTLANG.« Eine Frau stand an einer der Kassen, um ihre Idee von einem Foto zu bezahlen, während ihr Sohn zu ihren Füßen lag, um sich trat und sich auf dem Boden wälzte und einen Wutanfall auslebte.

Die Frau sagte: »Riley, wenn du dich nicht sofort benimmst, bringt dir der Weihnachtsmann *keins* der Geschenke, die du dir von ihm gewünscht hast.«

Das Kind sagte: »Bringt er mir doch, du lügst, hat er mir doch selbst gesagt.«

Die Frau packte mich am Arm und sagte: »Sie da, Zwerg, sagen Sie, hier, Riley, wenn er sich nicht sofort benimmt, ändert der Weihnachtsmann seine Meinung und bringt ihm statt dessen Briketts zu Weihnachten.«

Ich sagte, der Weihnachtsmann hat sich aus dem Kohlenhandel zurückgezogen. Statt dessen, wenn man unartig war, kommt er zu einem nach Hause und stiehlt Sachen. Ich sagte Riley, wenn er sich nicht benimmt, kommt der Weihnachtsmann und nimmt ihm den Fernseher und alle Elektrogeräte weg und läßt ihn im Dunkeln sitzen. »Alle Geräte, einschließlich den Kühlschrank. Dann vergammelt dein Essen und riecht schlecht. Und wo du bist, da wird es ganz kalt und gaaanz dunkel sein. Mann, Riley, du wirst ja sowas von leiden. Du wirst dir wünschen, nie den Namen Weihnachtsmann gehört zu haben.«

Die Frau bekam einen besorgten Gesichtsausdruck und sagte: »Gut, gut, das genügt.«

Ich sagte: »Er wird euch das Auto und die Möbel und alle Handtücher und Bettdecken wegnehmen, und dann stehst du mit gar nichts da.«

Die Mutter sagte: »Nein, das genügt jetzt aber wirklich.«

Ich verbringe den ganzen Tag damit, Leute anzulügen, indem ich sage: »Du bist so hübsch«, und: »Der Weihnachtsmann kann es gar nicht erwarten, dich zu besuchen. Ständig spricht er nur von dir. Ohne dich ist Weihnachten für ihn nicht Weihnachten. Du bist der Lieblingsmensch des Weihnachtsmanns von ganz New York, New Jersey und Connecticut.« Manchmal trage ich richtig dick auf: »Bist du nicht die Prinzessin von Rongowien? Der Weihnachtsmann hat gesagt, es komme ihn eine wunderschöne Prinzessin besuchen. Er hat gesagt, sie hätte ein rotes Kleid an und sei zwar sehr hübsch, aber überhaupt nicht zickig oder verlogen. Das bist *du* doch, stimmt's?« Ich trage dick auf, und die Eltern bewegen stumm die Lippen zu den Worten »Danke schön« und »Gut gemacht«.

Zu einem Kind habe ich mal gesagt: »Du bist doch bestimmt ein Model?« Das Mädchen war vielleicht sechs Jahre alt und sagte: »Ja, ich arbeite als Model, aber ich schauspielere auch. Ich hab gerade den zweiten Anschlußauftrag für einen Fisher-Price-Werbespot gekriegt.« Die Mutter des Mädchens sagte: »Vielleicht erkennen Sie Katelyn von der ›Mein erster Sony‹-Kampagne wieder. Sie ist auf der Verpakkung.« Ich sagte, klar, sowieso.

Ich bin ausschließlich mit Lügen beschäftigt, und das hat mich gegen Komplimente immunisiert.

Seit neuestem fühle ich mich ein bißchen trollig und habe meinen Zwergennamen von Moppel zu Bläschen umgewandelt. Bläschen –: Also, mir gefällt's.

Heute hat ein kleiner Junge zum Weihnachtsmann Ken gesagt, er wünscht sich seinen toten Vater zurück *und* einen Satz Teenage Mutant Ninja Turtles. Alle wollen sie diese Schildkröten.

Letztes Jahr entschied eine Frau, daß sie ein Foto von ihrer Katze auf dem Schoß des Weihnachtsmanns haben muß, und schmuggelte sie in einem Matchbeutel bei Macy's ein. Die Katze saß fünf Minuten lang auf dem Schoß des Weihnachtsmanns, dann schoß sie durch die Tür davon, und sechs Zwerge brauchten fünfundvierzig Minuten, bis sie sie in der Küche der Angestelltenkantine fanden.

Heute morgen kam ein Kind zum Weihnachtsmann, und seine Mutter sagte: »Also los, Jason. Sag dem Weihnachtsmann, was du dir wünschst. Sag ihm, was du dir wünschst.«

Jason sagte: »Ich wünsche mir ... Ich wünsche mir ... daß Prokton und ... Gamble ... Gamble mit ... mit den Tierversuchen aufhören.«

Die Mutter sagte: »Procter, Jason, Procter and Gamble heißt das. Und was machen sie mit den Tieren? Foltern sie die Tiere, Jason? Ist es das, was sie mit den Tieren machen?«

Jason sagte, ja, sie foltern sie. Er war wahrscheinlich sechs Jahre alt.

In dieser Woche ist mein absoluter Nichtlieblingszwerg ein Typ aus Florida, den ich »Das Walroß« nenne. Das Walroß hat einen Schnauzbart, kein Kinn und einen Hals vom Umfang meiner Hüfte. In der Garderobe gesteht er, er habe »einen ziemlichen Schlag bei Weibern«.

Das Walroß benimmt sich, als wäre das WeihnachtsLand eine Kontaktbar. Es ist peinlich, mit ihm zu arbeiten. Wenn wir beim Zauberfenster eingeteilt sind, zieht er Frauen beiseite, legt ihnen den Arm um die Schulter und sagt: »Ich weiß, daß Sie sich vom Weihnachtsmann kein gutes Aussehen wünschen werden. Das haben Sie nämlich schon, hübsche Dame. Aber holla, massenhaft.«

Er stellt sich vor, die Frauen seien völlig verzaubert, benommen von seinen Aufmerksamkeiten.

Ich nehme ihn mir vor und sage: »Das war eben eine *Mutter,* der du das angetan hast, eine verheiratete Frau mit drei Kindern.«

Er sagt: »Ich hab aber keinen Ring gesehen.« Dann dreht er sich zur nächsten erreichbaren Frau um und pfeift: »Der Weihnachtsmann ist verheiratet, aber ich nicht. He, hübsche Dame, ich hab noch viel Platz auf dem Knie.«

Ich habe den ganzen Tag für verschiedene Weihnachtsmänner fotogezwergt, und plötzlich ist mir klargeworden, daß viele Eltern ihren Kindern nicht erlauben, überhaupt zu sprechen. Ein Kind sitzt beim Weihnachtsmann auf dem Schoß, und die Eltern sagen: »Also los, Amber, sag dem Weihnachtsmann, was du dir wünschst. Sag ihm, daß du dir ein Quietschebaby und die Ballett-Barbie und den Wintermantel aus dem Katalog wünschst.«

Die Eltern nennen die Geschenke, die sie bereits gekauft haben. Das Wort »Pony« oder »Fernseher« wollen sie nicht hören, deshalb quatschen sie während der gesamten Visite und legen dem Kind Wörter in den Mund. Wenn das Kind vom Schoß herunterhüpft, sagen die Eltern jedes einzelne liebe Mal: »Und was sagt man zum Weihnachtsmann?«

Das Kind sagt: »Danke, lieber Weihnachtsmann.«

Das ist traurig, weil es einem doch lieber wäre, wenn jeder Mensch verschieden wäre, und dann enttäuschen sie einen jedesmal, indem sie haargenau dasselbe sagen, sich die gleichen Sachen wünschen und genau denselben Text sprechen, als hätte man ihnen ein Drehbuch gegeben.

Alle Erwachsenen wünschen sich eine Gold Card oder einen BMW, und dann schütten sie sich aus vor Lachen, weil sie glauben, sie sind der erste Mensch, der die Stirn hat, sich solche Annehmlichkeiten zu wünschen. Der Weihnachtsmann sagt: »Ich werde sehen, was ich machen kann.«

Paare über fünfzig sagen: »Ich will nicht bei dir auf dem Schoß sitzen, lieber Weihnachtsmann; ich hab Angst, dann geht er kaputt!«

Wie macht man denn wohl einen Schoß kaputt? Wie sind so viele Menschen auf die Idee gekommen, genau dasselbe zu sagen?

Ich war in einem Laden auf der Upper West Side. Dieser Laden ist wie ein Naturkundliches Museum, in dem man alle Exponate kaufen kann: Jedes ausgestopfte oder skelettierte Tier, das über den Erdball streunt, ist in diesem Laden vertreten, und deshalb ist der Laden so beliebt. Ich bin letztes Wochenende mit meinem Bruder hingegangen. Bei der

Kasse stand eine Schüssel mit Glasaugen und einem Schild dran: »HALTEN SIE SICH DIESE GLASAUGEN NICHT ZU NAH VOR DIE EIGENEN AUGEN: DER RAUHE STIEL (NACHBILDUNG DES SEHNERVS) KANN VERLETZUNGEN VERURSACHEN.«

Ich sprach mit dem Burschen hinterm Ladentisch, und er sagte: »Es ist jedesmal dasselbe. Erst halten sie sich die Augen vor, und dann setzen sie sich die Hörner auf. Ich habe es ja so satt.«

Es störte mich, daß mein erster Impuls, bevor ich das Schild las, gewesen war, mir diese Augen vor die Augen zu halten. Ich hatte angenommen, das wäre zum Schreien komisch.

Wir alle ziehen Stolz und Vergnügen aus der Tatsache, daß wir einmalig sind, aber ich fürchte, daß letztlich doch die Polizei recht behält: Verschieden sind nur die Fingerabdrücke.

Im Madison Square Garden war eine riesenhafte *Sesamstraße live*-Ausstattungsrevue, also beschlossen Tausende von Menschen, daß sie's jetzt aber wissen wollten, und dachten, sie hängen den Weihnachtsmann noch schnell an die *Sesamstraße* dran. Heute hatten wir ein volles Haus, gerammelt voll, und alle hatten schlechte Laune. Sobald die Schlange zu lang wird, verteilen wir sie auf vier neue Schlangen, denn jeder, der einigermaßen bei Trost ist, haut ab, wenn er weiß, daß es über zwei Stunden dauert, bis er den Weihnachtsmann zu sehen kriegt. Zwei Stunden –: In zwei Stunden könnte man einen Film sehen. Wenn sie in einer Zwei-Stunden-Schlange stehen, befürchten die Menschen plötzlich, nicht in einer demokratischen Nation zu leben. Die Menschen stehen zwei Stunden lang Schlange, und dann drehen sie durch. Ich wurde in den Korridor geschickt, um die zweite Phase der Schlange zu dirigieren. Der Korridor war voller Leute, und alle schienen mich mit einer Frage aufzuhalten: Wo geht es zur Abwärts-Rolltreppe, wo geht's zum Aufzug, wo zum Innenhof-Restaurant, zur Geschenkverpackung, zur Damentoilette, zum Baumschmuck leichtgemacht. Es gab eine Schlange für den Weihnachtsmann und eine Schlange für die Damentoilette, und eine Frau fragte, nachdem sie bereits ein Dutzend Fragen gestellt hatte: »Wo ist denn die Schlange für die Damentoilette?« Ich schrie, ich glaubte, es wäre die mit den ganzen Damen drin.

Sie sagte: »Ich werde Sie melden; dann werden Sie gefeuert.«

Das haben heute schon zwei Leute zu mir gesagt: »Ich werde Sie melden; dann werden Sie gefeuert.« Nur zu, lassen Sie sich von mir nicht stören. Ich trage ein grünes Samtkostüm; sehr viel schlimmer kann es nicht mehr werden. Was glauben denn diese Menschen, wer sie sind?

»Ich werde Sie melden; dann werden Sie gefeuert!« Und ich hätte mich gern vorgebeugt und leise und deutlich gesagt: »Ich werde Sie melden; dann werden Sie umgebracht.«

Im Irrgarten, auf dem Weg zum Haus des Weihnachtsmanns, kommt man an kleinen Inszenierungen vorbei –, elektrischen Eisenbahnen, tanzenden Bären, dem Zuckerstangenwald und den Pinguinen. Die Pinguine sind in ihrem eigenen eisigen Wunderland. Sie stehen vor ihrem Iglu und fahren Schlitten und laufen Schlittschuh und braten sich Fisch in einer Pfanne. Aus irgendeinem Grund verspüren die Menschen den Zwang, Münzen in die Pinguin-Anlage zu werfen. Ich steige beim besten Willen nicht durch, warum sie das tun –; sie werfen kein Geld gegen den Geschenkebaum oder die mechanischen Zwerge oder den Briefkasten, aber sie leeren ihre Taschen für die Pinguine. Ich fragte, was mit dem Geld geschieht, und ein Geschäftsführer sagte mir, es würde für wohltätige Zwecke eingesammelt, aber das glaube ich nicht. Die Zwerge nehmen die Vierteldollars für den Münzfernsprecher, die Putzfrauen nehmen die Zehncentstücke, und ich habe Besucher gesehen, die kein Geld werfen, sondern es aufsammeln, so schnell sie können.

Heute habe ich beim Ausgang gearbeitet. Ich soll sagen: »Aus dem WeihnachtsLand hinaus geht es hier entlang«, aber das bringe ich nicht über mich, weil es wirkt, als wollte ich die Leute los sein. Sie warten eine Stunde auf den Weihnachtsmann, sie werden um Fotogeld angehauen, und dann scheucht sie jemand hinaus. Ich sage: »Aus dem WeihnachtsLand hinaus ginge es hier entlang, falls Sie entschieden haben sollten, daß es vielleicht an der Zeit ist, nach Hause zu gehen.«

»Sie können hier hinaus, wenn Ihnen danach ist.«

Außerdem sollen wir die Menschen dazu anhalten, draußen zu warten, während der Elternteil mit dem Geld ein Bild bezahlt. »Wenn Sie auf jemanden warten, der ein Foto erwirbt, warten Sie *außerhalb* der Doppeltüren.«

Ich sage: »Wenn Sie auf jemanden warten, der ein Bild erwirbt, möchten Sie vielleicht *außerhalb* der Doppeltüren warten, wo es angenehm ist, und das Licht ist auch viel vorteilhafter.«

Heute nachmittag hatte ich eine Gruppe Kinder, die auf ihre Mutti warteten, daß sie mit dem Fotoszahlen fertig wird, und eins der Kinder langte in die Hosentasche und warf ein Fünfcentstück nach mir. Der Junge war vielleicht zwölf Jahre alt, in bezug auf den Weihnachtsmann voll abgeklärt, und er warf seine fünf Cent; die Münze traf meine Brust und fiel auf den Fußboden. Ich hob sie auf, räusperte mich und gab sie ihm zurück. Wieder warf er. Als wäre ich ein Pinguin. Ich gab sie zurück, und diesmal warf er höher und traf mich am Hals. Ich hob den Nickel auf, wandte mich an ein anderes Kind und sagte: »Hier; das hast du fallenlassen.« Der Junge überprüfte die Münze, steckte sie in die Tasche und haute ab.

Gestern hatte ich frei, als die Beladenen kamen, um den Weihnachtsmann zu besuchen. Heute nachmittag habe ich für Weihnachtsmann Ira fotogezwergt, und er hat mir alles berichtet. Es waren schwerstbehinderte Kinder, die auf Tragbahren und Rollstühlen ankamen. Der Weihnachtsmann konnte sie nicht auf den Schoß nehmen, und oft konnte er sie auch nicht verstehen, wenn sie ihre Wünsche äußerten. Immerhin bestand er darauf, jedes Kind bei der Hand zu nehmen und zu fragen, was es sich zu Weihnachten wünscht. Das hielt er durch, bis er an ein Kind ohne Hände geriet. Das machte ihn befangen, und er begann, den Kindern eine Hand aufs Knie zu legen, bis er an ein Kind ohne Beine geriet. Danach beschloß er, nur noch zu nicken und zu schmunzeln.

Heute nachmittag hatte ich wieder den Weihnachtsweihnachtsmann am Hals und mußte drei Stunden lang singen und bringen. Am späten Nachmittag sagte ein Mädchen, es wisse nicht, welches sein Lieblings-Weihnachtslied sei. Der Weihnachtsweihnachtsmann fragte: »›Rudolph‹? ›Jingle Bells‹? ›White Christmas‹? ›Morgen kommt der Weihnachtsmann‹? ›Das Kind in der Krippen‹? ›Stille Nacht‹?«

Das Mädchen willigte bei »Stille Nacht, Heilige Nacht« ein, wollte es aber nicht singen, weil es den Text nicht kannte.

Der Weihnachtsweihnachtsmann sagte: »Oh, kleiner Zwerg, kleiner Zwerg, sing doch mal ›Stille Nacht‹ für uns.«

Ich fand es ungerecht, daß ich ein Solo singen sollte, und ich sagte ihm, ich könnte den Text nicht.

Der Weihnachtsweihnachtsmann sagte: »Natürlich kannst du den Text. Na los, sing schon!«

Also sang ich das Lied so, wie Billie Holliday es gesungen hätte, wenn sie je ein Weihnachts-Album herausgebracht hätte, besonders die Stelle mit ». . . holder Knabe im lockigen Haar«.

Der Weihnachtsweihnachtsmann hat mich nicht bis zu Ende singen lassen.

Heute nachmittag haben wir alle Rekorde gebrochen, indem wir in einer Stunde eintausendvierhundert Menschen durch das WeihnachtsLand gehetzt haben. Die meisten waren Schulgruppen in Klumpen zu dreißig oder mehr. Mein Weihnachtsmann richtete folgendermaßen das Wort an sie: »Also gut, ich werde bis drei zählen, und bei drei möchte ich, daß ihr alle schreit, was ihr euch zu Weihnachten wünscht, und zwar so laut ihr könnt.«

Dann zählte er bis drei, und der Krach war ohrenbetäubend. Daraufhin hielt sich der Weihnachtsmann die Ohren zu und sagte. »Na gut –, dann möchte ich, daß ihr mir nacheinander sagt, was ihr dem Weihnachtsmann am Heiligen Abend als kleine Stärkung hinlegen wollt.«

Er ging vom einen zum andern, und die Kinder nannten verschiedene Kekssorten, und er sagte: »Und was ist mit Stullen? Was ist, wenn der Weihnachtsmann vielleicht mal was Herzhafteres braucht als immer nur Kekse?«

Was dem Weihnachtsmann heute nachmittag den Antrieb gab, war die Langeweile seiner seit neun Jahren andauernden Beziehung. Zum Abschied winkte er den Kindern nach, drehte sich dann zu mir um und sagte: »Ich wünsch mir eine Affäre, verdammtnochmal –, nur eine kleine Liebschaft, damit ich die nächsten vier bis fünf Jahre durchstehe.«

Manche Kinder werden kurz vor ihrem Besuch beim Weihnachtsmann nervös. Sie gehen auf und ab und ringen die Hände und starren den Fußboden an. Sie benehmen sich, als hätten sie gleich ein Einstellungsgespräch. Ich sage: »Mach dir keine Sorgen, der Weihnachtsmann wird kein Urteil über dich fällen. Er sieht das alles sehr gelassen. Früher hat er immer gern Urteile gefällt, aber da haben die Leute ihn getriezt, und seitdem macht er das nicht mehr. Das kannst du mir ruhig glauben; du hast nichts zu befürchten.«

Heute abend war ich Fotozwerg für den ältesten Weihnachtsmann. Meistens steht ihr Name auf dem Wasserbecher, den sie auf dem Kaminsims hinter den Geschenken versteckt haben. Hin und wieder ruft ein Weihnachtsmann nach Wasser, und sein Zwerg hält dann den Becher, während sein Herr durch einen Strohhalm trinkt. Auf diesem Becher stand kein Name. Heute abend hatten wir gut zu tun und keine Zeit, uns vorzustellen. Dies war ein überragender Weihnachtsmann, wild, aber warmherzig. Sobald eine Familie geht, fängt dieser Weihnachtsmann, der spürt, wie eine neue Familie sich vor seiner Schwelle zusammenknäult, an zu singen.

Er singt: »Ein schönes Mädchen . . . ist wie 'ne Melodie.«

Die Eltern und Kinder kommen rein, und wenn ein Mädchen dabei ist, sieht der Weihnachtsmann es kurz an, hält sich die dick behandschuhten Hände an die Brust und markiert einen massiven Herzinfarkt; er läßt sich gegen das Kissen in seinem Rücken fallen und stöhnt vor lauter Entzükken und Schmerz. Dann erholt er sich langsam davon und sagt: »Zwerg, Zwerg . . . Bist du da?«

»Ja, Weihnachtsmann, ich bin da.«

»Zwerg, ich habe gerade geträumt, das schönste Mädchen der Welt stünde vor mir. Direkt hier vor mir, in meinem Haus.«

Dann sage ich: »Das war kein Traum, lieber Weihnachtsmann. Mach die Augen auf, mein Freund. Sie steht direkt vor dir.«

Der Weihnachtsmann reibt sich die Augen und schüttelt den Kopf, als wäre er ein Gemeindepriester, dem gerade Jesus Christus erschienen ist. »Oh, himmlischer Tag«, sagt er, an das Kind gewandt. »Du bist *das* schönste Mädchen, das ich in sechshundertsiebzehn Jahren gesehen habe.«

Dann packt er sie sich auf den Schoß und schmeichelt jedem Aspekt ihres Charakters. Das Kind deliriert. Der Weihnachtsmann wedelt in Richtung Mutter des Kindes und fragt: »Ist das da deine Schwester, die da in der Ecke steht?«

»Nein, das ist meine Mutter.«

Der Weihnachtsmann ruft die Frau näher heran und fragt, ob sie eine gute Mutter gewesen ist. »Sagen Sie Ihrer Tochter, daß Sie sie lieben? Sagen Sie ihr das jeden Tag?«

Die Mütter werden immer rot und sagen: »Ich versuch's, lieber Weihnachtsmann.«

Der Weihnachtsmann sagt dem Kind, es soll der Mutter einen Kuß geben. Dann wendet er sich an den Vater und wünscht sich auch von ihm, daß er dem Kind sagt, wie sehr er es liebt.

Zum Schluß der Visite sagt der Weihnachtsmann: »Vergeßt es bitte nie, am wichtigsten ist, daß ihr immer versucht, die Menschen so sehr zu lieben, wie sie euch lieben.«

Die Eltern kriegen einen Kloß im Hals, und oft weinen sie sogar. Sie ergreifen den Weihnachtsmann bei der Hand und, im Hinausgehen, mich auch noch. Sie sagen, die Warterei hat sich gelohnt. Die schwersten Fälle öffnen das Portemonnaie und stecken dem Weihnachtsmann ein paar Dollar zu. Wir sollen zwar kein Trinkgeld nehmen, aber die meisten Weihnachtsmänner nehmen das Geld, zwinkern und stopfen es sich in den Stiefel. Dieser Weihnachtsmann sah das Geld an, als wäre es ein vollgerotztes Kleenex. Er schloß die Augen und bereitete sich auf die nächste Familie vor.

Bei Jungens setzt dieser Weihnachtsmann aufs Hirn: Jeder einzelne ist der schlauste Junge der Welt.

Das Tolle an diesem Weihnachtsmann ist, daß er nicht einmal fragt, was die Kinder sich wünschen. Meistens bindet er die Eltern so sehr ein, daß sie den Drang zur Dokumentation nicht mehr verspüren. Sie legen ihre Videorecorder hin und feiern mit ihm dies Festival der Liebe.

Heute nachmittag war ich wieder Zeigezwerg, einer meiner Lieblingsjobs. Der Zeiger steht im Zauberbaum und teilt verfügbare Weihnachtsmannzwerge verschiedenen Besuchergruppen zu, damit sie sie zu den Häusern der Weihnachtsmänner führen. Besucher, die zum ersten Mal kommen, sind begeistert, freuen sich, weil sie in wenigen Augenblicken den Weihnachtsmann zu sehen kriegen. Andere, die schon mal da waren, haben beschlossen, nichts dem Zufall zu überlassen.

Von allen Weihnachtsmännern sind zwei schwarz, und beide sind so hellhäutig, daß man, mit Bart und Schminke, Schwierigkeiten hätte, sich rassisch festzulegen.

Letzte Woche regte sich eine schwarze Frau auf, als sie, nachdem sie einen »Weihnachtsmann mit etwas Farbe« verlangt hatte, zu Jerome geschickt worden war.

Nachdem sie ins Haus geführt worden war, verlangte sie mit der Geschäftsführerin zu sprechen.

»Er ist kein Schwarzer«, beschwerte sich die Frau.

Bridget versicherte der Frau, Jerome sei ganz bestimmt ein Schwarzer.

Die Frau sagte: »Aber nicht schwarz genug.«

Jerome ist ein schwieriger Weihnachtsmann, launisch und unberechenbar. Er verbringt viel Zeit damit, ins Leere zu starren und die Summe auf seinem Gehaltsstreifen gegen die Stunden aufzurechnen, die er schon abgearbeitet hat. Wenn ein Geschäftsführer den Kopf reinsteckt und ihn ermuntert, er könne ruhig ein bißchen schneller machen, sagt Jerome: »Hören Sie zu, ich spiele hier eine Rolle. Verstehen Sie? Eine Rolle wie auf dem Theater, die viel Vorbereitung erfordert, also kommen Sie mir nicht ständig mit Begriffen wie ›Zeit‹.«

Jerome scheint seinen eigenen bizarren Stundenplan zu haben. Wenn die Kinderlein kommen, betrachtet er seine Stiefel und hält ihnen eine Vorlesung, in deren Verlauf er ihnen einen Vortrag über eine Karriere auf dem Gebiet der Entomologie hält.

»Entomologie, wißt ihr, was das ist?«

Er sagt, das Zeug, das die Stinkwanze zu ihrer Verteidigung versprüht, enthält vielleicht medizinische Wirkstoffe, die eines Tages die Menschheit von übertragbaren Krankheiten heilen können.

»Wißt ihr, was holistische Medizin ist?« fragt er.

Der Fotozwerg macht ein Foto von gähnenden Kindern.

Der andere schwarze Weihnachtsmann arbeitet an Werktagabenden, und ich habe ihn nie kennengelernt, aber er ist, höre ich, ein echter Entertainer, bei Fotozwergen und Kindern beliebt.

Als ich letztes Mal Zeigezwerg war, kam eine Frau nah an mich ran und flüsterte: »Wir hätten gern einen *traditionellen* Weihnachtsmann. Ich bin sicher, Sie wissen, was ich meine.«

Ich habe sie zu Jerome geschickt.

Gestern gab Schneeball den Zeiger, eine Frau nahm ihn beiseite und sagte: »Letztes Jahr hatten wir einen Schokoladenweihnachtsmann. Sorgen Sie dafür, daß sowas nicht nochmal passiert.«

Heute habe ich das alles selbst erlebt. Ich war noch keine fünf Minuten Zeigezwerg, als ein Mann flüsterte: »Sorgen Sie dafür, daß wir dieses Jahr einen weißen kriegen. Letztes Jahr hatten wir einen schwarzen am Hals.«

Eine Frau berührte mich am Arm und formte die Worte: »Weiß –, weiß wie *wir*.«

Ich sage einem Weihnachtsmannzwerg, dem ersten in der Schlange, Bescheid und übergebe ihm diese Leute. Wer weiß, wohin es sie verschlagen wird? Die Kinder haben Hummeln im Hintern, sind aufgeregt; sie wollen endlich den Weihnachtsmann sehen. Die Kinder sind süß. Die Eltern sind manipulierbar und sollten an das A&S, zwei Straßen weiter, verwiesen werden. Bei A&S arbeiten nur zwei Weihnachtsmänner gleichzeitig –, ein weißer Weihnachtsmann und ein schwarzer Weihnachtsmann, und der Fall ist klar: Weiße in die eine Schlange und Schwarze in die andere.

Bei mir gingen Wünsche von beiden Seiten ein. Weißer Weihnachtsmann, schwarzer Weihnachtsmann –, ein Zeigezwerg ist angewiesen, die Schultern zu heben, den Unwissenden zu markieren und zu sagen: »Es gibt nur einen Weihnachtsmann.«

Heute wurde mein Registrierkassenalbtraum wahr. Die eigentlichen finanziellen Transaktionen waren gar nicht so schlimm; die habe ich inzwischen kapiert. Das schlimme sind die Nullbuchungen. Ein Kunde möchte bar zahlen, und dann, wenn ich das in die Wege geleitet habe, untersucht er sein Portemonnaie und sagt: »Wissen Sie was, ich glaub, ich laß das doch lieber von meiner Karte abbuchen.«

Das erfordert Nullbuchungen und Unterschriften von der Geschäftsleitung.

Ich kümmere mich um den Papierkram, nehme ihren Foto-Bestellschein entgegen und klammere ihn an die Quittung. Dann ist es mein Job zu sagen: »Die heute aufgenommenen Bilder werden Ihnen am 12. Januar mit der Post zugeschickt.«

Das Beste an dem Job ist, wenn man sieht, wie die Gesichter länger werden. Diese Bilder werden zum Entwickeln in ein Labor geschickt. Das braucht seine Zeit, die vielen Bilder, so kurz vor den Feiertagen. Wenn sie wollen, daß ihre Bilder vor Weihnachten ankommen, sollen sie in der ersten Woche kommen, wenn WeihnachtsLand frisch eröffnet hat. Viele wollen ihr Geld zurück, wenn sie erfahren, daß ihre

Bilder nach Weihnachten kommen werden, im Januar, wenn Weihnachten längst vergessen ist. Nullbuchung.

Heute war viel zu tun, und damit es ein bißchen mehr Spaß macht, habe ich die Transaktion beendet, indem ich dem Kunden eine Quittung überreichte und sagte: »Ihre Fotos werden Ihnen am 10. August mit der Post zugeschickt.«

August ist viel komischer als Januar. Wie ich diesen Gesichtsausdruck liebe, wenn der Mund ein perfektes O bildet.

Heute war mein letzter Arbeitstag. Man hatte uns gesagt, Heiligabend wäre wenig zu tun, aber heute war der Tag, auf den die Woche Grundausbildung uns vorbereiten sollte. Es war ein Tag der Non-stop-Action, ein Tag, den die Geschäftsführer zu einem guten Teil mit ihren Sprechfunkgeräten verbrachten.

Ich wurde Zeuge eines Faustkampfs zwischen zwei Müttern und beobachtete, wie eine Frau einen ernsten, beklemmungsbedingten Angst-Anfall erlitt: Sie fiel zu Boden und rang nach Luft und fuchtelte mit den Armen, als wolle sie Fledermäuse verscheuchen. Ein Vater aus Long Island nannte den Weihnachtsmann eine Schwuchtel, weil der nicht die Zeit gehabt hatte, seinem Kind »Morgen, Kinder, wird's was geben« zu deklamieren. An der Tête langer Schlangen hinterließen Eltern Wegwerfwindeln vor der Haustür des Weihnachtsmanns. Es war die ruppigste Menge, die ich je gesehen habe, und wir hatten nicht genug Zwerge, weil viele einfach nicht gekommen waren oder sich krank gemeldet hatten. Unsere Mittagspause wurde halbiert, und die Kaffeepausen wurden ganz gestrichen. Viele Zwerge beklagten sich bitterlich, aber wir anderen sahen plötzlich den Moment gekommen, auf den wir nur gewartet hatten. Es war wir gegen sie. Es war Zeit, Frontschwein zu sein, und ich brachte mich voll ein. Mein Weihnachtsmann und ich hatten sie rauf auf den Schoß, runter vom Schoß in sage und schreibe fünfundvierzig Sekunden. Wir waren eine leistungsfähige Maschine, von Chaos umgeben. Der Feierabend kam und ging für uns beide, und wir verschwendeten keinen Gedanken daran. Mein Flugzeug sollte um acht starten, und ich blieb bis zum letzten Augenblick, im Geiste die Fahrzeit zum Flughafen überschlagend. Widerstrebend meldete ich mich bei der Geschäftsführerin ab und sagte, jetzt müsse ich aber wirklich los. Sie saß an der Kasse und schrie eine Kundin an. Sie nannte doch tatsächlich diese Kundin eine Zicke. Ich berührte sie am Arm und sagte: »Ich muß jetzt aber.« Sie legte mir die Hand auf die Schulter, drückte sie sanft und setzte ihre Konversation fort: »Sagen Sie dem Vorstandsvorsitzenden von Macy's nicht, daß ich Sie eine Zicke genannt habe. Sagen Sie ihm, ich habe Sie eine ganz beschissene Zicke genannt, denn genau das sind Sie. Und jetzt verschwinden Sie aus meinem Blickfeld, bevor ich etwas tue, was wir beide bereuen.«

Mein Vermächtnis

Liebe Freunde und Familie,

wenn Ihr diesen Brief bekommt, werde ich tot sein. Diejenigen von Euch, die an diesem Gottesdienst teilnehmen, sitzen jetzt schön still auf ihren Plätzen und halten einen wunderschönen Briefbeschwerer in Händen, ein Geschenk aus der Sammlung, die, als ich noch lebte, mir Stolz und Freude war. Dreht den Briefbeschwerer in Euren Händen, blickt tief hinein, seht das Objekt, das in das Glas eingebettet ist, sei es nun eine Rose oder ein Skorpion, ganz egal, und unter Tränen fragt Ihr: »Wie mag der Tod wohl sein?« Inzwischen kenne ich bestimmt die Antwort auf diese Frage, bin aber außerstande, Einzelheiten mitzuteilen. So wisset lediglich, daß ich Euch eines Tages auf des Himmels grünen Matten wiedersehen werde, und ich freue mich jetzt schon wie ein Schneekönig darauf, Euch, mit Ausnahme von Randy Sykes und Annette Kelper, dort zu umarmen und auszufragen, was es an Neuigkeiten gibt. Wenn denn die Zeit gekommen ist, werde ich mich wahrscheinlich auch nicht übermäßig über ein Wiedersehen mit meiner Mutter freuen, aber das sind ungelegte Eier.

Wenn meine Anweisungen so befolgt wurden, wie ich es

mir gewünscht habe (siehe Umschlag mit Anweisungen # 1), wird Euch dieser Brief von der Kanzel der Kirche Christi des Einfachen Hirten durch meine beste Freundin Eileen Mickey verlesen werden (Hallo, Eileen!), die das langärmlige Lisa-Montino-Designer-Kleid anhat, welches ich hinterlassen habe und das mir immer so gut gestanden hat. (Eileen, ich hoffe, Du hast entweder etwas abgenommen oder es an den Seiten ausgelassen, sonst wirst Du nicht atmen können. Denk bitte außerdem daran, daß es chemisch gereinigt werden muß. Ich weiß, wie gern Ihr, Du und Deine Familie, knausert, aber hör bitte nicht auf das, was die Leute über Woolite sagen. Chemisch reinigen lassen!)

Die meisten von Euch fragen sich wahrscheinlich, warum ich es getan habe. Immer wieder fragt Ihr Euch: »Was könnte Trish Moody bloß zu so etwas getrieben haben?«

Ihr flüstert: »Warum, o Herr? Warum mußtest Du Trish Moody zu Dir nehmen? Trish war ein heller Sonnenstrahl, tat immer alles mögliche für andere Menschen, war immer froh und munter und voller Liebe. Hübsch auch. Halt so gewitzt und süß und hübsch wie nur möglich.«

Ihr schüttelt wahrscheinlich den Kopf und denkt, daß es viele Menschen gibt, die viel schlimmer dran sind als Trish Moody. Da gibt es zum Beispiel diese Krankheit von einem Ex-Freund, Randy Sykes. Den Freund, der, nachdem Trish aus Versehen beim Zurücksetzen seinen Hund überfahren hatte, sie praktisch bewußtlos geschlagen hat. Er schlug mit Worten auf sie ein, er hätte es genausogut aber auch mit den Fäusten tun können. Immer wieder schlug er sie mit Worten und Bezeichnungen wie »Manipuliererin«, »eifersüchtig«, »kindisch« und anderen Anwürfen, die man lieber nicht gedruckt sehen möchte. Der Tod des Hundes war ein tragischer Unfall, aber vielleicht schließlich doch ein Segen, weil Randy eindeutig dazu neigte, zuviel Zeit mit ihm zu verbringen. Der Hund war in Gefahr, wie Randy selbst, verwöhnt und ungehorsam zu werden. Außerdem standen ihm als eingetragenem reinrassigen Zuchthund unweigerlich Probleme mit der Hüfte bevor.

Was sagte Trishs Mutter, als ihre Tochter sich mit gebrochenem Herzen wegen der Trennung von Randy auf der Suche nach Liebe und Verständnis an sie wandte?

»Wenn du Mitgefühl suchst, findest du es zwischen Mitesser und Mitschnacker im Wörterbuch.«

Vielleicht kann meine Mutter mit solchen Sprüchen leben. Daß ich es nicht kann, weiß ich.

Außerdem kann ich nicht leben, wenn ich von »Freundinnen« wie Annette Kelper umgeben bin. Arme, pummelige Annette Kelper, die verzweifelt so zu tun versucht, als merkte niemand, daß sie oben auf dem Kopf kahl wird. Stimmt wirklich. Seht mal genau hin –, wird kahl wie ein Mann. Vielleicht tut sie – Platte statt Matte – Andy ja auch nur leid. Vielleicht wurde er deswegen innerhalb einer einzigen Periode von fünf Tagen zweimal in ihrer Gesellschaft gesehen. Gesehen, wie er neben ihr auf dem Parkplatz vom Burger Tabernacle (ihrem zweiten Zuhause) stand, gesehen, wie er an sie geschmiegt auf der Rolltreppe der Crabtree-Valley-Einkaufsgalerie lachte. An Annette geschmiegt, meine angeblich beste Freundin, die heimlich alles wollte und begehrte, was ich besaß. Annette, immer um mich herum, das pummelige Mädchen mit dem Haarausfall, das mir in aller Freundschaft sagte: »Du mußt ein bißchen lokkerer werden, Trish. Menschen sind keine Sachen, die man besitzen und kontrollieren und so arrangieren kann, daß sie so und so bleiben.« Ich weiß noch, wie sie mir das in meinem eigenen Schlafzimmer gesagt hat, ihre Hand auf meiner Schulter, den Kopf leicht nach links, so daß ich deutlich sehen konnte, wie ihre beiden oberen Schneidezähne in Folge einer billigen Behandlung der Zahnpulpakanäle braun wurden. Ich weiß noch, wie leid sie mir tat.

Ist denn jeder Mensch auf Erden so doppelzüngig wie Annette Kelper? Ist jeder so grausam wie Randy Sykes? Ich glaube nicht. Die meisten von Euch, die ich liebte und zurücklassen mußte, sind einfache, treue Menschen. Ich ersuche Euch jetzt dringend, Euch im Andachtsraum umzusehen. Sitzen Randy Sykes und Annette im Publikum? Rutschen sie unbehaglich auf ihrer Kirchenbank herum, verstecken sie ihre Gesichter hinter den 21 x 27,5-Abzügen, die ich von meinem Porträtfoto zur Erinnerung an diesen Anlaß habe anfertigen lassen?

(Eileen, lies das, was jetzt kommt, ganz schnell, damit sie nicht vorher abhauen können.) Randy Sykes' Pimmel ist so groß wie mein kleiner Finger, und das auch nur, wenn er hart ist. Und den Nagel zähle ich gar nicht mit, nur den Finger! Auf der Mittelschule hat er es im Ferienlager zweimal mit einem Jungen getrieben. Vielleicht erklärt das, warum er es so gern hat, wenn jemand ihm den Finger in den Po steckt. Mich hat er immer angebettelt, ich soll das machen, ich habe mich aber geweigert. Ich habe gesagt: »Kommt ja gar nicht in Frage, Randy.« Da hat er es ständig selbst bei sich gemacht. Deshalb habe ich auch nie Händchen mit ihm gehalten. Seine Hände stinken! Insgeheim glaubt er, er sieht aus wie Marlon Brando, aber seht ihn euch mal genau an –; eine junge Marlin Perkins kommt der Sache viel näher! Vielleicht findet er das so toll an Annette Kelper –; er ist ein Tierfreund! Sie kam immer weinend zu mir nach Hause und stank meilenweit nach dem Pimmel ihres Onkels aus dem Hals. Sie hat gesagt, er hätte sie dazu gezwungen, aber das ist Lüge, weil man Huren nicht zwingt, und genau das ist sie nämlich – eine Hure. Annette und Randy haben einander verdient. Pimmelfresse und Stinkefinger fahren mit der Rolltreppe immer rauf und runter, immer rauf und runter, immer rauf und runter. Süße kleine Arschgesichter! Seht sie Euch an, seht sie Euch ganz genau an. Es ist ihre Schuld, daß ich tot bin. Sie tragen die Verantwortung. Jetzt ersuche ich Euch dringend, diese Briefbeschwerer zu nehmen und sie zu steinigen. Macht Eurem Ärger Luft! Die Bibel sagt, es ist in Ordnung, den ersten Stein zu werfen, wenn jemand Totes einem das befiehlt, und ich befehle es Euch jetzt, tut so, als wären die Briefbeschwerer Steine, und bewerft damit die Schuldigen. Ich habe eigens etwas auf die hohe Kante gelegt, um für Schäden an Wänden und Fenstern aufkommen zu können. Es ist Geld, das ich für meine Hochzeit gespart hatte, und es ist viel Geld, also *werft!* Verletzt sie, wie sie mich verletzten! Bringt sie um! Niemand wird Euch zur Rechenschaft ziehen. Tötet sie! (Eileen, hier würde ich ein paar Minuten einberechnen, weil es für gewisse Leute vielleicht ein bißchen länger dauert, bis sie in Stimmung kommen. Steck die Kassette mit der Aufschrift »Steinigung« rein und warte, bis sowohl Randy als auch Annette kein Lebenszeichen mehr von sich geben. Warte, bis alle mit ihren Briefbeschwerern fertig sind, und dann möchte ich, daß du das Mikrofon an meine Mutter weitergibst. Beobachte, wie sie bebt und stottert, und merke Dir jede Geste, als wärest Du ich.)

Fuselfieber

Kurz nach dem Tode meiner Mutter, als meine Schwester und ich ein Schränkchen voller Papiere mit dem Vermerk »GIFT« durchwühlten, geschah es, daß ich, zwischen die Seiten eines zerlesenen Exemplars von Mein Kampf gesteckt, ihre gesammelten Neujahrsvorsätze aus fünfzehn Jahren fand. Sie hatte diese Übung im Winter nach dem Tod meines Vaters aufgenommen, im selben Jahr, in dem sie einen Job gefunden und sich ihre erste Flinte gekauft hatte. An jedem 26. Dezember nachmittags, nachdem sie den künstlichen Baum in seine Kiste zurückgestopft hatte, wurde sie nachdenklich. »Meint ihr, ich verwende das Wort ›Nigger‹ zu oft?« fragte sie dann. »War es falsch von mir, dieses Mädchen von den Zeugen Jehovas anzuspucken? Sagt mir mal die Wahrheit. Ich brauche eine abweichende Meinung.«

Zu Silvester saß sie mit ihren Notizen und einer Kaffeetasse Sekt herum, sah auf ihre Uhr und klopfte mit einem Bleistift gegen die Beine ihres Stuhls. Sie schrieb etwas auf eine Karteikarte, schüttelte wenige Augenblicke später den Kopf und radierte es aus. Die Prozedur wurde so oft wiederholt, bis sie ein Loch in die Karte radiert hatte und mit einer neuen wieder von vorne anfangen mußte.

Am nächsten Morgen fragte ich: »Was war denn auf deiner Liste, Mom?«

»›Die hausbackenen Teenager, die sich meine Kinder nennen, erwürgen.‹ Warum fragst du?«

»Nur so.«

Mir hat meine Mutter immer viel Spaß gemacht, aber meine Schwestern haben irgendwie die Pointe nie verstanden. Jetzt sind sie groß und humorlos und klinisch sensibel: die Art Menschen, die zu oft die Wörter »Wut« und »Befugnis« verwenden und ständig »Was meinst du *wirklich* damit?« fragen. Während ich unsere Mutter oft anrief und besuchte, blieben sie auf Distanz und beschränkten ihre postalischen und telefonischen Kontakte auf Weihnachten und so.

»Habe ich dir gesagt, was deine Schwester Hope mir zum Geburtstag geschickt hat?« fragte meine Mutter während eines unserer nächtlichen Telefonate. »Einen Poncho. Wer glaubt sie denn, wer ich bin, daß ich einen Poncho möchte? In meinem Dankesbrief habe ich ihr geschrieben, daß er bestimmt sehr praktisch ist, wenn ich nächstes Mal meinen *burro* besteige, um die dreitägige Reise über die Berge ins Nachbardorf anzutreten. Poncho, aber wirklich. Ich habe ihn, zusammen mit der Pfeffermühle, die Joy mir geschickt hat, in die Garagenflohmarkt-Kiste geworfen. Das Ding ist sechsundsechzig Zentimeter lang, schwarz und glatt –; was soll ich mit so einem Ding anfangen? Da braucht man keinen Psychiater, um die Pfeffermühle als das zu erkennen, was sie wirklich ist. Ich wette, sie hat das wochenlang mit ihrem Therapeuten durchgehechelt. Ach ja, und dann kam das Geschenk auch noch in einer schicken Schachtel und in Seidenpapier eingewickelt an. Daran hat sie sich bestimmt den Arsch abgezahlt, aber so ist Joy; glaubt, sie kann die Menschen mit dem Geld beeindrucken, das sie als ›Beraterin‹ verdient. So nennt sie sich jetzt, Beraterin, als hätte das irgendeine Bedeutung. Jeder, der Fragen beantwortet, kann sich Berater nennen, hab ich recht? Das Fräulein von der Telefonauskunft ist Beraterin, eine Handleserin: Sie sind allesamt Beraterinnen. Ich dachte, ich hätte alles gesehen, aber dann hat mir Faith ein Abonnement dieses Branchenblatts geschickt, für das sie arbeitet. Sie nennt es Magazin. Hast du es gesehen? Warum sollte wohl jemand ein Magazin abonnieren, das sich Lehmbauten widmet? Ist das der große Trend? Hab ich da was verpaßt? Mein Haus ist aus Ziegeln, aber möchte man jeden Monat was darüber lesen? Lehmbauten? Sie hat einen Kringel um ihren Namen auf der ersten Seite gemalt, wo sie als ›Redakteurin für Sonderbeiträge‹ aufgeführt ist. Wenn ich gefragt werde, was sie macht, sage ich immer, sie ist Sekretärin –; das hört sich besser an. Also, eine Woche nach meinem Geburtstag rief mich deine Schwester Charity an . . .«

Faith, Hope, Joy, Charity und ich, Adolph.

Es war wohl doch stärker als sie.

Meine Mutter mochte zwar mit einem Flohmarkt im Vorgarten drohen, aber sie war nicht der Typ, der Leute auf ihr Grundstück einlädt oder Veränderungen vornimmt. Nach ihrem Tode waren meine Schwestern entsetzt, als sie, schön säuberlich originalverpackt, jedes Geschenk entdeckten, das sie ihr je geschenkt hatten.

»Wie konnte sie sich denn eine Erstausgabe von M. Scott Peck *nicht* wünschen?«

»Ich habe dieses Windspiel mit meinen eigenen Händen gebaut. Hat sie das denn gar nicht gerührt?«

»Was hatte sie denn wohl gegen Pfeffermühlen?«

Von ein paar steifen Portemonnaies abgesehen, die ich im Ferienlager gebastelt hatte, war nichts von mir in diesen Kisten, da ich bereits in zartem Alter entdeckt hatte, daß Briefmarken, stangenweise Zigaretten, Glühbirnen und

Steaks per Postversand die Geschenke sind, die den Beschenkten immer wieder neu beschenken.

»Wie konnte sie nur so grausam sein?« fragten meine Schwestern, als sie auf die nie abgeschickten Notizen und Briefe stießen, die unter »GIFT« abgelegt waren. »Ich bin nicht ›das fehlende Glied zwischen Mensch und Tier‹, ich bin es nicht, ich bin es nicht, ich bin es nicht«, skandierte Joy, die den Entwurf zu einer Glückwunschkarte anläßlich ihrer Abschlußfeier in Händen hielt. »Ich bin nicht ›Gottes Geschenk an Bierbäder im Verbindungsheim‹, das bin ich nicht, das bin ich nicht, das bin ich nicht.« Charity und Faith gesellten sich dazu, und alle drei bildeten einen Strömungskreis des Berührens und Heilens. An mich waren auch Briefe da, die mich – zu meinen Ungunsten – sowohl mit Richard Speck als auch mit dem verstorbenen Stepin Fetchit verglichen, aber das hat mir ehrlich nicht allzuviel ausgemacht. Wir alle hängen hin und wieder haßerfüllten Gedanken nach, die sich mit der Zeit entweder verstärken oder verblassen. Von einem Tag auf den anderen, fast unmerklich, ändern sich unsere Meinungen, bzw. meine Meinungen ändern sich. Manche jedenfalls. Dadurch gelte ich entweder als schwach oder als aufgeschlossen, je nachdem, was ich versprochen habe, als wir letztes Mal miteinander sprachen. Ich bin sicher, daß Richard Speck durchaus auch gute Eigenschaften hatte, und Stepin Fetchit war ein sagenhafter Tänzer, also versuche ich, es nicht zu schwerzunehmen. Meine Mutter hatte diese Briefe nicht abgeschickt; sie hat sie einfach hinterlassen, so daß sie nach ihrem Tode entdeckt werden konnten. He, immerhin hat sie an uns gedacht.

Ich habe – neben einer chinesischen Speisekarte für Gerichte zum Mitnehmen und einer Beileidskarte in grauenhafter Schönschrift von meinem früheren Freund Gill Pullen – einige der Notizen meiner Mutter an den Kühlschrank gepappt. Beileid und Kalligraphie sind zwei Sachen, ohne die ich eindeutig leben kann. Ohne Gill Pullen kann ich nicht leben, bzw. ich werde lernen müssen, ohne ihn zu leben. Auf die Gefahr, rührselig oder sentimental zu erscheinen, wurde beiderseits davon ausgegangen, daß man, nachdem man die Gesellschaft des jeweils anderen sieben Jahre lang genossen hatte, befreundet war. Da er mein einziger Freund war, kann ich sogar so weit gehen zu sagen, daß er mein bester Freund war. Wir hatten unsere kleinen Kräche, klar hatten wir die. Wir gingen einander auf die Nerven und mieden uns dann ein paar Tage lang, bis im Fernsehen etwas richtig Gutes kam, was den einen von uns veranlaßte, den anderen anzurufen und zu sagen: »Schnell –, hervorragendes UO auf Kanal Sieben.« UO steht für Unschuldiges Opfer; wird meist bibbernd auf dem Bürgersteig nahe dem Schauplatz der Tragödie angetroffen. Die Wirkung des Unschuldigen Opfers wird noch gesteigert, wenn es sich mit dem Windzerzausten Reporter paart, Hauptbestandteil jedes Nachrichtenteams. Preisgekrönte UOs weisen keinerlei Eitelkeit oder Arg auf. Ihre Präsenz ist in sich selbst mitleiderregend, aber das genügt dem WzR noch lange nicht, der zusätzlich im emotionalen Tagebau tätig wird.

»Was war das denn für ein Gefühl, als der Mann euer Haus in Brand gesetzt hat?« fragt der WzR und kauert sich zum benommenen und in eine Decke gehüllten fünf Jahre alten Kind hinunter. »Ich möchte wetten, daß es ganz schön weh tut, wenn man sieht, wie das eigene Haus ein Raub der Flammen wird, so ein schönes Haus wie eures. Jemand hat mir gesagt, daß eure Katze noch im Haus war. Das ist doch ganz schön traurig, stimmt's? Jetzt wirst du sie nie wiedersehen. Du wirst weder deine Katze noch deine Schuhe noch den Freund deiner Mutter jemals wiedersehen. Kannst du mir sagen, was für ein Gefühl das ist, ganz tief innen?«

Auch der KbD war ein gern gesehener Eisbrecher.

Nichts behagt mir auch nur entfernt so sehr wie der allseits beliebte Körperbehinderte Detektiv. Nirgendwo sonst im Fernsehen findet man die Blinden, Tauben und Gelähmten in so abenteuerlichen, hochbezahlten und dauerhaften Jobs. Gill hatte mal eine Idee für eine Serie um einen Ermittler, der an eine Eiserne Lunge angeschlossen ist, *Bis zum letzten Atemzug*. Die Klienten, bestrebt, ihre entführte Tochter zu finden, versammeln sich um sein Bett herum, streicheln ihm die Stirn und flehen ihn an, den Fall zu übernehmen.

Gill war immer voll guter Ideen. Deshalb hat es mich so geschockt, als er plötzlich wie ausgewechselt war. Ich hatte es nicht kommen sehen. Wir machten Pläne, uns zum Essen in einem indischen Restaurant zu treffen, das keine Schanklizenz hat. Man kauft den Stoff einfach eine Straße weiter und bringt ihn mit –; so ist es auch billiger. Also gingen Gill und ich in den Schnapsladen, wo ich ihn fragte, ob wir zwei Sechserpacks und 0,6 Liter J&B oder ein Sechserpack und 0,75 Liter kaufen sollten. Oder wir könnten ganz einfach die zwei Sechserpacks und die 0,75-Liter-Pulle nehmen, weil warum nicht? Ich erwog das Für und Wider, als Gill plötzlich ohne Übergang an den Knöpfen seines Mantels zu drehen begann und sagte: »Mich kannst du vergessen –; kauf nur was für dich, Dolph.« Dolph ist der Name, auf den ich höre, denn als Adolph kann man wirklich nicht herumlaufen. Dolph ist auch schlimm, aber immerhin nicht tödlich; nur Kassengift.

»Nur zu, Dolph. Mach dir um mich keine Sorgen.«

Später im Restaurant nahm ich an, er habe seine Meinung geändert, und bot Gill eins meiner Biere an. Er wurde ein paar Momente lang ganz still und pochte mit der Gabel auf den Tisch, bevor er den Kopf senkte und mir stockend und mit immer wieder neuen Anläufen sagte, er könne nichts trinken. »Ich bin, herrje, Dolph, ich bin, weißt du, ich bin . . .

Tja, es ist nämlich so, ich bin nämlich ... Ich bin ... Alkoholiker.«

»Toll«, sagte ich. »Dann nimm dir acht Bier.«

Gill wurde, was sonst gar nicht sein Fall war, dramatisch und schubste sich das Haar aus der Stirn. Er beugte sich vor und sagte: »Ich *kann* nichts trinken, Dolph. Verstehst du denn überhaupt nichts? Ich *kann* es nicht.«

Er sagte das, als wäre er ein frischgelähmter Solotänzer in einem Fernsehfilm, und als hätte ich ihm gerade befohlen, heute abend die Hauptrolle in der *Nußknackersuite* zu tanzen. Ich reagierte so, wie ich das für angemessen hielt. »Du *kannst* es doch«, sagte ich. »Ich *weiß,* daß du es kannst. Aber nein, da sitzt er lieber auf seinem Stuhl und drückt sich vor der Verantwortung. Nimmt den Weg des geringsten Widerstands. Stimmt –, du bist ein Versager, ein Krüppel, aber wenn auf dieser Bühne die Lichter angehen, wenn all die anderen Tänzer auf ihrem Platz stehen, dann möchte ich, daß du eines weißt: Der einzige, der dich auf diesem Rollstuhl festhält, bist du.«

Gills Gesicht begann sich zu verbeulen. Als er anfing zu schluchzen, wurde mir klar, daß er nicht gescherzt hatte. Die Menschen an den Tischen ringsum ließen ihre Gabeln sinken und sahen herüber. Ich zeigte auf unsere Teller und flüsterte durchdringend: »Was Sie auch tun, bestellen Sie nicht das Chicken Tandoori.«

Seitdem ist zwischen uns alles anders. Er ruft mich nicht mehr an, und wenn ich ihn angerufen habe, war nur sein Anrufbeantworter dran. Seine alte Ansage, die Zeile »Den Broadway erobert man nicht mit Pillen und Schnaps!« aus *Tal der Puppen,* wurde ausgetauscht. Ich weiß, daß er zu Hause ist und seine Anrufe überprüft, aber ich lege immer auf, wenn die Stimme des neuen Gill einsetzt und mich dazu ermuntert, das Leben von Tag zu Tag zu führen. Was ist bloß aus ihm geworden?

Ich fuhr mit der Eisenbahn nach Hause und besprach das mit meiner Mutter, die zu der Zeit eine Woche im Krankenhaus verbrachte, um sich von einer Lymphknotenkarzinom-Operation zu erholen. Der Krebs war nichts, verglichen mit der Strafe, die sie von ihrer Zimmergenossin, einer Lupus-vulgaris-Patientin namens Mrs. Gails, zu erdulden hatte. Die Frau sagte nie ein Wort, sah aber ständig und in höchster Lautstärke fern. Da ihr offenbar die herkömmlichen Vergleichsmomente fehlten, sah sie sich alles an und bekundete an einem Golfturnier kein größeres Interesse als an einer Natursendung.

»Hast du irgendwelche Fragen zu den Äsegewohnheiten des heranwachsenden nordamerikanischen Elchbullen?« fragte meine Mutter und befummelte ihr Plastikarmband. »Ich habe mich bei der Krankenschwester beschwert, aber die zeigen nur auf ihre Ohren und flüstern, sie hätte ein Problem mit dem Hören. Wenn sie so schlecht hört, warum flüstern sie dann über sie? Sie kann den Essenswagen am anderen Ende des Korridors hören. Ich habe es mit eigenen Augen gesehen. Sie fährt hoch und reibt sich die Hände, und wozu? Ihr Elch auf Futtersuche läßt sich wahrscheinlich zu einem köstlicheren Mahl nieder als alles, was sie in diesem Laden kriegen wird. Ich möchte, daß diese Frau tot ist.«

Ich sprach kurz über meine Probleme mit Gill, bis meine Mutter das Interesse verlor. »Habe ich dir gesagt, daß deine Schwester Charity mich angerufen hat? Ich habe ihre Stimme kaum erkannt, weil es inzwischen, warte, drei Jahre her ist, seit sie mich letztes Mal angerufen hat. Sie hat scheint's ihren Job bei der telefonischen Selbstmordberatung verloren und wollte mich anpumpen. Ich habe gesagt: ›Sekunde, Liebes. Es ist ein bißchen schwierig, ans Portemonnaie zu kommen, wenn man eine Kanüle in der Vene hat.‹«

Ich lauschte ihren Geschichten, wohl wissend, daß ich,

sobald ich ihr den Rücken kehrte, bestimmt die Hauptrolle in ihrer nächsten Beschwerde spielen würde. Ich erwartete mit Bestimmtheit, daß sie sich an ihren Radiologen wendet und etwa folgendes sagt: »Ist es nicht süß von meinem einzigen Sohn, daß er den ganzen weiten Weg hierher reist, damit er mir was über seinen mitleiderregenden kleinen Freund vorwinseln kann? Wenn ich nicht ans Totenbett gefesselt wäre, könnte ich vielleicht die Kraft aufbringen, die man braucht, damit einem sowas nicht total wurscht ist.«

Derlei reibt meine Schwestern völlig auf, stört mich aber nicht im mindesten. Bei einem Menschen erwarte ich nichts anderes, und ich staune immer wieder, wenn jemand das fälschlich als Klatsch bezeichnet und sich wer weiß wie drüber aufregt.

Ein Beispiel: Bis ziemlich unlängst hatte ich das Unglück eines Jobs in den Büroräumen der Firma Geschenkartikel Vincent & Skully, Vertrieb von gehäkelten Bierdeckeln, Kaffeetassen in Form von Golftaschen und mehr geistlosen Krimskramsgegenständen, als man überhaupt erfahren möchte.

Auf den Niedergang dieser Nation schließe ich von der Anzahl ihrer Bürger, die willens sind, Geld für T-Shirts mit der Aufschrift »Ich geh mit einem Blödi«, »Hure a. D.« und »In die Geschichtsbücher werde ich nicht kommen, aber in Deiner kleinen Schwester« auszugeben. Die Angestellten der Firma Vincent & Skully waren, mit einer Ausnahme, mir, vollkommene Entsprechungen der Ware, die sie vertrieben. Die Büros waren wie eine Bundeszentrale des Dachverbands der Freunde des erlernbar Banalen und von Menschen bemannt, die ihre Kubikel mit abgesteppten herzförmigen Bilderrahmen und diesen winzigen Plüschbären schmückten, die sich mit ehernem Griff an Lampen und Computer-Terminals klammern und ihre persönliche Note einem Aufdruck wie »Terri's Bär« oder »BÄR liebt BÄRbel!« verdanken.

Ich weiß nicht, wie Menschen so dumm werden können, aber direkt vor meiner Tür läuft eine ganze Nation von der Sorte herum. Vor ein paar Monaten habe ich meinen Job verloren, als Alisha Cottingham der Kamm schwoll und sie mich im Posteingangszimmer in die Enge trieb. Alisha ist im Bereich Marketing tätig, und sie neigt zu etwas, was sie als die Kunst der präzisen, formellen Rede ansieht. Wenn ich ihr zuhöre, stelle ich mir vor, wie sie ihr Gelaber am Vorabend hintippt und von vorn bis hinten auswendig lernt, wobei sie in ihrer gottverlassenen Wohnung auf und ab rennt und daran arbeitet, dies oder jenes Wort mit der gebotenen Emphase auszusprechen.

»Mr. Heck«, hob sie an und schnitt mir beim Fotokopierer den Weg ab. »Es ist mir hier bei Geschenkartikel V&S zur Kenntnis gelangt, daß Sie ein Problem mit meinem Kinn zu haben scheinen. Nun lassen Sie mich Ihnen mal eine Kleinigkeit sagen, Sir. Ich bin nicht hier, um Ihren strengen Anforderungen an die menschliche Physis zu genügen. Ich bin hier, um zu arbeiten, genau wie Sie. Wenn mein Kinn Sie, aus welchem Grund auch immer, von der Ausübung Ihres Jobs hier bei Vincent & Skully abhält, dann haben wir, glaube ich, ein Problem.«

Ich dachte: Kinn? Was für ein Kinn? Ich hatte etwas über ihren Hals gesagt. Alishas Kinne sind eine ganz andere Geschichte.

Sie fuhr fort: »Sie sollen lediglich erfahren, daß Ihre wohlüberlegte Grausamkeit mich nicht verletzen kann, Mr. Heck, denn das werde ich nicht zulassen. Als Profi im Bereich Marketing werde ich dafür bezahlt, über die gedankenlosen, kleinlichen Bemerkungen eines Büroboten erhaben zu sein, dem es Vergnügen bereitet, körperliche Charakteristika seiner Mitarbeiter zu kommentieren, von denen viele tapfer sowohl gegen persönliche wie gesellschaftliche Härten und Entbehrungen gekämpft haben, um V&S zu einer Firma zu machen, auf die wir alle stolz sein können.« Irgendwann fing sie an zu schluchzen, und sie hätte mir leid getan, wenn sie mich nicht zweimal verpetzt hätte, weil ich während der Drei-Uhr-Pause Gras geraucht hatte. Also hatte ich eine kleine Bemerkung gemacht, und die wurde herumerzählt. Na und? Glaubte Alisha Cottingham denn ehrlichen Herzens, daß wir, nur weil sie neben mir sitzt und eine Tüte Kartoffelchips mit mir teilt, eine so starke Bindung entwikkeln, daß ich nicht mehr mitkriege, wie ihr Hals aussieht? Nämlich wie ein Stapel Zehncentstücke?

Nichts schien sie aufhalten zu können. Sie beendete ihre Rede und fing dann nochmal ganz von vorne an, und bei jeder Lieferung wurde sie lauter, bis der Geschäftsführer erschien und vorschlug, es ginge mir wahrscheinlich besser, wenn ich mir woanders Arbeit suchte. Besser?

An dem Abend rief ich Gill an, um ihm davon zu erzählen. Er mußte den Anruf erwartet haben, denn er ging schon beim ersten Klingeln ans Telefon. Anstatt erstmal unsere Schwierigkeiten zur Sprache zu bringen, stieg ich sofort voll in die Geschichte ein, als wäre nie etwas geschehen. Ich redete maximal etwa zwei Minuten lang, als er mich unterbrach und sagte: »Tut mir leid, Dolph, aber ich möchte wirklich nicht mit dir sprechen, wenn du betrunken bist.«

Betrunken? Ich hatte natürlich einige Drinks intus, aber ich habe nicht gesabbert oder so. Ich habe nicht gesungen oder mit matter Stimme gefragt, ob ich je Liebe finden werde. Ich wäre wahrscheinlich dran gewesen, wenn ich ins Röhrchen hätte pusten müssen, aber was macht das schon, wenn man zu Hause sitzt? Da war ich dann echt sauer. Wieso soll denn immer alles nach *ihm* gehen? »Ich rede wieder mit dir, wenn du nüchtern bist.« Da habe ich gesagt: »Genau, und vielleicht rede ich wieder mit dir, wenn du rote

Haare hast und dir der Bart bis über deine Scheiß-Knie wächst.«

Ich hatte noch mehr zu sagen, aber er legte auf, bevor ich meine Gedankengänge komplett entwickeln konnte. Es machte mir fürchterliche Sorgen, aber dann kam ich wieder zur Vernunft, und mir wurde klar, daß er früher oder später einen Rückfall haben muß. Ich habe die Statistiken gelesen, und wie ich Gill kenne, ist es nur eine Frage der Zeit, bis er das Handtuch wirft und wieder zu trinken anfängt. Bis dahin werde ich einfach Abstand halten.

Ich hatte es mir gerade mit dieser Vorhersage bequem gemacht, als ich Gill zufällig in einem Restaurant traf, und diesmal war ich wirklich betrunken. Ich stand am Mitnehm-Tresen und gab meine Bestellung auf, als ich ihn an einem Tisch am anderen Ende des Raums mit drei weiteren Personen vor Tellern mit den Resten einer Mahlzeit sitzen sah. Er hatte ein Hemd an, das mit Würfeln bedruckt war, wahrscheinlich das häßlichste Hemd, das ich je an einem männlichen Nordamerikaner gesehen habe, aber ich freute mich doch, ihn zu sehen. Ich näherte mich dem Tisch und sagte mit lauter Stimme: »Mensch, Gill, wo hast du denn gesteckt? Dein Bewährungshelfer hat dich überall gesucht.«

Jeder in dem Restaurant blickte auf, nur Gill nicht, der schüttelte den Kopf und sagte nichts. Obwohl ich es besser hätte wissen sollen, zog ich mir einen Stuhl heran, setzte mich zu ihnen an den Tisch und stellte mich als alten Zellengenossen von Rikers Island vor. »Das waren noch Zeiten, was? Erinnerst du dich noch an den ollen T-Bone? Erinnerst du dich noch an den Typ, den wir alle ›Direktor Rektum‹ nannten? Mann, waren das Zeiten!«

Niemand sagte etwas. Gill verdrehte die Augen und ordnete die Serviette auf seinem Schoß, was vermutlich im Geheimen Anonymen-Alkoholiker-Kode bedeutete, daß man mich nicht ernst nehmen soll. Das waren die neuen

Freunde, die er bei seinen Meetings kennengelernt hatte, genau die Sorte, über die wir uns vor ein paar Wochen noch lustig gemacht hätten. Plötzlich waren sie jedoch seine Leute.

Eine sehr dünne, erschöpft wirkende Frau, die ihr schulterlanges Haar zu einem Pferdeschwanz gebündelt hatte, räusperte sich und sagte: »Wie ich bereits sagte, fand ich diesen Timothy sehr nett. Ich habe ihn sofort sehr, sehr gemocht. Er ist ein Mensch, der auf die Menschen zugeht, das habe ich gleich gemerkt.« Dieser Frau fehlte ein Schneidezahn.

Eine andere Frau, jünger, mit schwer toupiertem Blondhaar, fummelte mit ihren Eßstäbchen und pflichtete ihr bei: »Meinst du den Timothy mit dem olivfarbenen Rollkragenpullover und der Jeansjacke? Ach, ich habe den Typ geliebt. Was für ein netter Typ. War der etwa nicht nett?«

»Ich würde sagen, er ist einer der absolut nettesten Typen, die ich seit langem getroffen habe«, sagte das verdrießliche Abe-Lincoln-Ebenbild neben mir. Er hielt inne, kratzte sich am Bart, und kurze steife Haare regneten auf seinen leeren Teller. »Ich habe Timothy gleich von Anfang an gemocht, weil er einfach so verdammt nett ist, wie soll man ihn da nicht mögen?«

»Wo wir gerade von nett sprechen –, was haltet ihr von Dicky Schroth?« sagte Gill.

»Er ist noch vom alten Schroth und Korn«, sagte der häßliche Bärtige, und alle brachen in Gelächter aus.

»Ha ha«, sagte ich. »Vom alten Schrott und Korn.«

Gill und seine GefährtInnen ignorierten mich, bis die magere Vettel das Wort an mich richtete: »Sie, Sir, stehen einem gedeihlichen Verlauf unseres Abends im Wege, und ich für mein Teil schätze das nicht.« Plötzlich verstand ich, warum ihr ein Schneidezahn fehlte.

Gill sagte: »Dolph, vielleicht solltest du versuchen, zur

Abwechslung einfach mal still zu sein und zuzuhören.« Ich nickte, lehnte mich auf meinem Stuhl zurück und dachte: Wem? Er ist so nett, er ist so nett, sind sie nicht nett. Nett ist mir ein Mysterium, denn obwohl ich das auf irgendeiner profanen Ebene selbst anstrebe, wäre das letzte, was ich mir wünsche, eine Tafelrunde von Langweilern, die das über mich sagen.

»Ich find's ganz nett, Byron.«

»He, Kimberley, nettes Blüschen. Neu?«

»Toller Haarschnitt, Pepper. Sieht echt nett aus.«

Ich verstehe nett nicht. *Nett* ist ein bequemes einsilbiges Wort, und es sagt überhaupt nichts. Ich umgebe mich lieber mit komplexeren Wörtern, wie *heroisch* und *gebieterisch*.

»Dieser Dolph, steht der unter Naturschutz oder was?«

Ich saß noch etwa zehn Minuten lang an Gills Tisch und hörte das Wort »nett« dreiundzwanzigmal, bis ich es nicht mehr ertrug. Als ich schließlich ging, rief der Idiot mit dem Bart: »War nett, mit Ihnen zu sprechen«, womit wir unterm Strich bei vierundzwanzig wären.

Ich schrieb Gill, nachdem meine Mutter gestorben war, und hoffte, daß er mich vielleicht mal anruft, aber statt dessen zog er es vor, mir diese gefühlige kalligraphierte Beileidskarte zu schicken, die er, fürchte ich, vielleicht sogar selbst angefertigt hat.

Meine Mutter hatte sich verbrennen lassen, und der Gedenkgottesdienst war nur dürftig besucht –, von mir, dreien meiner vier Schwestern, dem Boss meiner Mutter von der Schuldeneintreibungsagentur und ein paar ihrer Bekanntschaften vom Schießstand.

Im Haus meiner Mutter waren dann meine Schwestern zurückgenommen und mechanisch, als wären sie Zimmermädchen, die hinter Fremden saubermachen. Sie sprachen, als wäre soeben ein schreckliches Kapitel ihres Lebens abgeschlossen worden, und ich fühlte mich allein in meinem Glauben, daß ein noch viel schrecklicheres Kapitel gerade seinen Anfang nahm. Ich hörte mit an, wie sie, in der Küche versammelt oder am Telefon zu ihren Ehegatten, sagten: »Sie war eine sehr traurige und zornige Frau, und mehr kann man dazu nicht sagen.« Traurig? Vielleicht. Zornig? Bestimmt. Aber mehr kann man dazu immer sagen. Dafür hat meine Mutter schon gesorgt.

Drei Tage nach dem Gedenkgottesdienst trafen wir uns mit ihrer Anwältin, einer energischen Frau mit sehr langen Fingernägeln, die so lackiert waren, daß sie aussahen wie die amerikanische Flagge. Jemand, wahrscheinlich ihre Maniköse, hatte viel Zeit auf die Streifen verwendet, aber die Sterne waren in einem fürchterlichen Zustand, nur verklumptes Geglitter.

Sie öffnete ihre Aktentasche und berichtete uns, daß Haus, Auto und persönliche Habe meiner Mutter zum aktuellen Marktwert verkauft werden. Dieses Geld sollte zu ihrer Lebens- und Rentenversicherung, zu ihren Ersparnissen und ihrem Aktienbesitz hinzuaddiert und, letztwillig verfügt, der wohltätigen Organisation ihrer Wahl gespendet werden, der National Rifle Association.

Nachdem der erste Schock vorbei war, gab es für meine Schwestern vieles, was sie dazu zu sagen hatten.

Ich fand es komisch, aber das konnte ich mir, glaube ich, auch leisten. Am Nachmittag meines letzten Besuchs, nachdem Bestrahlung und Chemotherapie sie mit dem zurückgelassen hatten, was bald Lungenentzündung werden sollte, gab mir meine Mutter einen Scheck über vierzigtausend Dollar und schärfte mir ein, ich solle ihn schnell einlösen. Aus Mrs. Gails' Fernseher plärrte die Wiederholung einer abscheulichen Situationskomödie, in der ein schaler Heranwachsender von angenehmem Äußeren als Wildhüter für vier unheilbar frühreife Kinder agiert. »Geh jetzt«, sagte Mom und zeigte auf die Tür. »Und ich möchte, daß du, während du gehst, ihren Fernseher ausschaltest. Die Schwestern werden gute zwanzig Minuten brauchen, um ihn wieder anzuknipsen. Der Friede ist das höchste Gut. Die vierzigtausend Dollar ist er wert, glaube mir.«

Als ich das Zimmer verließ, bot sie an, die Summe zu verdoppeln, wenn ich Mrs. Gails ersticke. »Nimm das Kissen«, rief sie. »Das Kissen.«

Ich erwähnte das Geld meinen Schwestern gegenüber nicht, da ich, wie meine Mutter, vielleicht gemein bin, aber nicht blöd. Das Geld gestattete mir, es langsam angehen zu lassen und mich ein bißchen zu erholen, bevor ich in einen neuen sinnlosen Job stolpere. Ich schätze es wirklich sehr, und jeden Nachmittag, wenn ich mich aus dem Bett wälze und zur Asbest-Zimmerdecke aufblicke, danke ich stumm meiner Mutter.

Als Erwachsener hatte ich fast immer einen regelmäßigen Tagesjob und bin es echt nicht gewohnt, alltags zu Hause zu sein. Mit so viel Freizeit und ohne Gill oder meine Mutter, mit denen man reden könnte, sehe ich viel mehr Hausfrauenfernsehen und trinke früher als sonst. Ich hatte immer schon ferngesehen, wenn ich von der Arbeit nach Hause kam. Ich wußte alles über Detektive, Anwälte, Polizeidramen, Komödien mit Lachkonserve, Infomercials, gute und schlechte Filme, Kostümschinken, Werbung, Late-Night-Public-Relation-Festivals, die als Talk-Shows verkleidet sind, sowie das Valium alldessen, was als bildend präsentiert wird. Deshalb betrat ich mit großer Freude die Welt des Tagesfernsehens. Warum, frage ich, werden diese Programme gesendet, wenn die meisten Menschen bei der Arbeit sind? Tagsüber ist das Fernsehen eine Goldmine an pathologischem Verhalten.

Ich schleppe den Fernseher von Zimmer zu Zimmer,

von so gut wie allem, was da vor mir erscheint, völlig gebannt. Zuerst hatte ich die Lautstärke zu einem Flüstern heruntergeregelt und lag, den Fernseher zwanzig Zentimeter vor meinem Gesicht, auf dem Sofa. Es gab Zeiten, da ich mir, um meinen Nacken zu entlasten, den Fernseher auf den Bauch stellte. Später wurde mir klar, daß ich an Mrs. Gails gedacht hatte. Mit höchster Lautstärke alles zu sehen, bedeutete, daß ich irgendwie wie sie war. Ich stellte mir den Geist meiner Mutter auf der anderen Seite meines Wohnzimmers vor, wie sie sich Kleenex in die Ohren stopft und nach der Krankenschwester ruft.

»Bei Tag und Nacht hat er diesen Fernseher laufen. Er ist hirntot –; brauchen Sie noch mehr Beweise? Ziehen Sie entweder seinen oder meinen Stecker raus, denn ich ertrage es einfach nicht mehr.«

Tagsüber arbeiten alle meine Nachbarn, also stellte ich den Fernseher nach und nach ein bißchen lauter und führte ein normales Fernsehleben. Ich beginne mit dem, was von den erbarmungslos vergnügten vormittäglichen Ratgeber- und Interview-Sendungen noch übrig ist, wate durch die Soap-Operas und erreiche endlich die Talk-und-Beicht-Shows, meine Lieblingssendungen. Ihr Streben nach Themen ist es, was diese Sendungen unwiderstehlich macht. Unlängst sah ich eine Familie in Sweatshirts, die sich darüber ausließ, daß die Mutter sich einen Killer gemietet hatte.

»Ja, ich habe deine Matratze angezündet, aber nur, weil du mir in den Kopf gebissen hattest.«

»Ich hab dir noch nie in deinen verdammten Kopf gebissen.«

»Lüg mich nicht an. Du hast mir in den Kopf gebissen, und ich hab die Narben, um das zu beweisen.«

»Ich hab noch nie jemandem in den Kopf gebissen, außer vielleicht, wenn er es verdient hatte und völlig vollgefixt nach Hause kam.«

Vom Wahrheitsgehalt mal abgesehen, fesselt mich die Geschichte: Wie kann man jemandem in den Kopf beißen? Wie kann man den Mund so weit aufreißen? Noch interessanter sind die Sendungen, in denen nur einer der Gäste es für nötig hält, seinen oder ihren Fall zu erörtern. Ich sah ein Programm, welches medizinischen Mißgeschicken gewidmet war, in welchem eine jeansbekleidete Frau neben ihrem hilflosen älteren Vater interviewt wurde. Der Vater, Alkoholiker, war siebenunddreißigmal nach einem Vorfall, den sie als »Fuselfieber« – delirium tremens – bezeichnete, mit Elektroschocks behandelt worden. Der Mann saß vornübergebeugt auf einem Rollstuhl, verstreute Büschel schmutzigweißen Haars klammerten sich an seinen schwärenden Skalp wie Wollmäuse. Er verbrachte die meiste Zeit mit Räuspern und mit der Untersuchung eines Flecks auf seiner Hose, während sich seine sechzigjährige Tochter stolz in die Kamera hinein der Qualen entsann, mit denen er sie zeit ihres Lebens heimgesucht hatte. Ihr Vater hatte getrunken und getrunken, bis das Fieber ausbrach und er Frau und Kinder fälschlicherweise für Insekten hielt.

»Er dachte, wir sind Bienen«, sagte die Tochter. »Er dachte, wir leben in einem Bienenstock und wollen ihn abholen und zu unserer Königin tragen. Weißt du noch?« fragte sie. »Weißt du das noch, Daddy?«

Der alte Mann berührte seine Socke und leckte sich die Lippen. Die Elektroschocks hatten ihn geschwächt und verwirrt, aber seine Augen waren immer noch hell und klar. Was er auch für Geschichten gemacht haben mochte, er war entschlossen, sie in würdiger Weise mit sich ins Grab zu nehmen. Er wahrte sein Schweigen und nickte jedesmal froh, wenn sein Trinken erwähnt wurde.

Da wirklich bizarre Auftritte so selten sind, müssen die Tages-Talkshows so tun, als wäre eine Geschichte so fesselnd wie die nächste: Die Frauen, die sich am Dienstag geschworen haben, ihr Leben lang nur noch Kaftan zu tragen, sind genausoviel wert wie das Aufgebot von Zwölfjährigen, das den kleinen Nachbarssohn mit der Begründung, er sei häßlich, ermordet hat. Ich höre mir lieber was über die Zwölfjährigen an, und ich hatte mich sogar schon den ganzen Tag auf die Sendung gefreut, als jemand vorbeischaute und mir alles versaute.

Seit ich meinen Job verloren habe, habe ich Bekanntschaft mit unserem Hausmeister geschlossen, einem bleichen, stämmigen, rothaarigen Typ namens Tommy Keen. Er ist überall groß – weit und breit – und trägt T-Shirts in Untergrößen, die das käsige, schwitzende Fleisch von Armen und Bauch enthüllen. Hin und wieder hörte ich ein Pochen, ging an die Tür und fand Tommy, der die Fliesen vor meiner Wohnung wischte und tat, als habe er aus Versehen mit dem Stiel seines Mops an meine Tür geklopft. Der Typ brauchte ganz offensichtlich was zu trinken, was ich ganz in Ordnung fand –; bei sowas kenne ich keinen Geiz. Tommys Problem war, daß er nicht gern allein trank. Ich gab dem Mann ein Bier, und als nächstes hing er stundenlang bei mir herum und versaute mir mein Nachmittagsprogramm, indem er bei sämtlichen Sendungen durchquatschte. Alles, was es im Fernsehen gab, erinnerte ihn an eine lange Geschichte, die sich um das drehte, was er mit »die Frauen« umschrieb.

»Ach, Dolph«, sagte er angesichts des Vergewaltigers auf Bewährung, der mit seinem Opfer konfrontiert wurde. »Die Frauen sind nochmal mein Tod, und du sollst es als erster erfahren.«

Bei Tommy war es nie eine bestimmte Frau, sondern eher die gesamte Bande weltweit, die sich offenbar verschworen hatte, auf intimer Basis und nacheinander, die Herrschaft zu übernehmen, und wenn es sein ganzes Leben dauerte. Ich hörte zu und bedachte dabei, daß man sich wirklich fragen muß, was in einem männlichen Wesen über fünfzehn vorgeht, welches immer noch freiwillig auf den Namen Tommy reagiert. Ich ertrug ihn ein paar Nachmittage pro Woche – bis zu dem Tag, an dem ich geplant hatte, mir das jugendliche Aufgebot anzusehen, als er tatsächlich an meine Tür hämmerte und mich um Einlaß anflehte. Er sah verkatert aus, erledigt, bleicher als je zuvor, ein verschwitztes Häufchen Unglück. Tommy strebte an mir vorüber, setzte sich auf meinen Küchentisch und kriegte vor lauter Zittern seine eigene Zigarette nicht an.

»Also, Tommy«, sagte ich und dachte an die Sendung, die ich nun bestimmt verpassen würde. »Also, Tommy, wo brennt's denn, warum kommst du angezittert?« Er legte seinen teigigen Kopf in die Hände und knetete ihn mehrere Minuten lang, bevor er mir sagte, er habe Ärger mit den Blackouts.

»Blackouts? Was meinst du damit? Ist hier im Haus der Strom ausgefallen, und ich habe nichts davon gemerkt?«

Tommy sah mich an und schüttelte den Kopf. Er ließ einen Seufzer hoffnungslosen Ekels frei und erhob sich kurz von dem Tisch, bevor er sich wieder niederließ und mit dieser Geschichte anhob: Als letztes erinnerte er sich daran, daß es Sonntag abend um sieben war, und er war in seinem Wohnzimmer, trank ein bißchen was und fütterte die Fische. Als nächstes ist es Mittwoch nachmittag, und er wacht auf und ist mit einer Strumpfhose an den Heizkörper gefesselt. In seiner Wohnung ist kein einziges Möbelstück. Er ist nackt, und auf dem Teppich liegen vier Haufen menschlicher Scheiße.

Das ist jetzt eine gute Geschichte.

Wir schweigen kurz, dann sage ich: »Bwoa, Tommy, das hört sich an, als hättest du es mit einem echten Mysterium zu tun.«

Seine Schultern begannen zu zucken, und ich dachte:

Bitte, weine nicht, bitte, bitte, bitte, weine nicht. Natürlich fing er an zu schluchzen, ein schmerzerfülltes, langgezogenes Muhen, welches, da bin ich ziemlich sicher, jede Spezies von Rot- und Schaufelwild im gesamten Umkreis von New York State, New Jersey und Connecticut zum Verhoffen brachte. Etwas sagte mir, ich sollte ihn berühren, ihm die Hand auf die Schulter legen, aber er war mein Hausmeister, und er schwitzte, also beschloß ich, mir eine weitere Zigarette anzuzünden und abzuwarten, bis er drüber weg war.

Schließlich fing er sich wieder einigermaßen und brachte erstickt folgende Worte hervor: »Ich ... mußte ... das nur ... mal jemandem ... sagen, und ich dachte, du würdest ... das verstehen.« Seine Augen schweiften zu meinem Abfalleimer, der vor leeren Bierdosen und toten Scotch-Flaschen überquoll. »Ich ... dachte, du ... willst vielleicht wissen, woher ... ich ... komme.«

Und das irritierte mich so, daß es kaum zu glauben ist, daß er möglicherweise den Anspruch erhebt, mich zu kennen. Was ich als allerletztes gebrauchen kann, ist eine Diagnose von einer vergammelten Heulsuse, die zum Lebensunterhalt einen Scheiß-Mop hinter sich her zieht. Der einzige Grund, daß ich ihm überhaupt guten Tag gesagt habe, war, weil er mir leid getan hat. Da war ich nun echt sauer, und ich habe gesagt: »Weißt du, Tommy, ich weiß nicht recht, wie ich dir das sagen soll, aber am Dienstag abend bist du zu mir gekommen und hast mich um hundert Dollar förmlich angebettelt.«

Tommy ließ den Kopf sinken und schüttelte ihn langsam.

»Dann hast du gesagt, wenn ich dir das Geld nicht leihen will, bist du bereit, es dir auf die altmodische Art und Weise zu verdienen.«

»Was soll das denn heißen, die ›altmodische Art und Weise‹? Wovon sprichst du überhaupt?«

»Dann bist du auf die Knie gesunken und hast nach meiner Gürtelschnalle gegriffen.«

»Nein«, stöhnte Tommy und legte sich die Hände über die Ohren. »Das kann gar nicht sein. Du weißt doch, daß ich nicht so bin.«

»Tja«, sagte ich. »An dem Abend schienst du wirklich nicht du selbst zu sein, aber, dann hinwiederum, habe ich dich auch noch nie mit einem Rock gesehen. Du kamst mir nur so verdammt verzweifelt vor, daß ich mein Portemonnaie rausgeholt und dir die hundert Dollar gegeben habe.«

Tommy wiegte sich auf und ab und umklammerte sich mit seinen sommersprossigen Armen. »Nein, o Gott. Bitte, sag mir, daß es nicht wahr ist.« Aber während Tommy »Nein!« schrie, flüsterte eine kleine Stimme in seinem winzigen Hirn: »Vielleicht, vielleicht, vielleicht.«

Am nächsten Morgen fand ich einen Briefumschlag mit fünf Zwanzigdollarscheinen unter der Wohnungstür durchgeschoben. Trottel. Ich hätte fünfhundert zu ihm sagen sollen.

Als ich etwas später von der Münzwäscherei nach Hause kam, sah ich einen anderen Typ, der die Korridore saubermachte. Er stellte sich als Eightball vor, und wir kamen ins Gespräch. Ich fragte nach Tommy und erfuhr, daß er sich irgendwo in New Jersey hat einweisen lassen.

»Dieser Tommy«, sagte der neue Hausmeister. »Der ist ein echt wilder Typ, stimmt's?«

»Stimmt ganz genau, Eightball.«

Ich nehme an, Tommy, wo er auch ist, hat jetzt eine gute Geschichte. Wenn er sein Blatt richtig ausspielt, wird er noch jahrelang eine Bereicherung für jedes Meeting der Anonymen Alkoholiker sein.

Gills Geschichte dagegen wird niemanden beeindrukken. Ich glaube, es war nicht mal seine Idee, Alkoholiker zu sein. Sein Aufseher bei der Arbeit hat ihm das in den Kopf gesetzt. Dieser Typ merkte, daß Gill während der Mittagspause ein paar Drinks zu sich nahm, und rief ihn in sein Büro, um ein paar Worte mit ihm zu wechseln. Am selben Abend erzählte mir Gill im indischen Restaurant, daß der Aufseher die Bürotür hinter ihm geschlossen, ihm eine Liste mit Warnsignalen für Alkoholiker überreicht und ihm gesagt habe, er müsse die Frage »Beeinträchtigt mein Trinken meine Arbeitsleistung?« eindeutig mit »Ja« beantworten. Das Ganze war abgekartetes Spiel, wenn Sie mich fragen. Der Aufseher kam mit seiner eigenen Geschichte heraus und machte sich erbötig, Gill zu einem Meeting zu begleiten, wo, wie Gill sagte, »ich zum ersten Mal richtig über mein Leben nachdachte«. Dann begann er, alles zu vergrößern, was sowieso ein großer Fehler ist, denn wenn man zu tief über was nachdenkt, macht es prompt keinen Spaß mehr. Das ist Gill zugestoßen. Er macht keinen Spaß mehr.

Ich weiß noch, wie ich sagte: »Also hat dir dein Boss ein Quiz gegeben –; na und? Meinst du, das ist das einzige Quiz weit und breit? Ich könnte mich sofort hinsetzen, dir einen Handzettel zustecken und sagen: ›Die Frage *Beeinträchtigt mein Nichttrinken meine Freundschaft zu Dolph Heck?* wirst du eindeutig mit *Ja!* beantworten müssen.‹ Nimm doch mein Quiz. Warum hörst du eher auf ein Arschloch von einem Aufseher als auf mich? Er versucht nur, Leute zu keilen, das ist alles. Er ist ein sogenannter Alkoholiker und will, daß alle anderen das auch sind. Durchschaust du sowas eigentlich nicht?«

Gill sah mich an und sagte: »Inzwischen durchschaue ich vieles, Dolph. Inzwischen durchschaue ich vieles.«

Danach war nicht mehr viel zu sagen, weil mir nichts so sehr auf die Nerven geht, wie wenn jemand etwas zweimal sagt. Ich glaube, das kommt vom Fernsehen, dies emotionale Stottern. Anstatt etwas Interessantes einmal zu sagen, wiederholen sie ein Klischee und hoffen auf denselben Effekt.

Da Gill keine anständige Geschichte zu bieten hat, wird er sich wohl mit Menschen umgeben müssen, die stolz darauf sind, daß sie alles verstehen. Es ist schön, wenn man andere Menschen versteht, aber ich glaube, es ist ermüdend, wenn man stolz drauf ist. Das ist die Art Leute, die sich ein Bein ausreißen wird, damit Gill sich wie was Besonderes vorkommt, und das finde ich traurig, weil Gill ja wirklich was Besonderes ist. Ich habe versucht, ihm das zu sagen, aber er hat nicht zugehört. Wahrscheinlich habe ich das Wort *besonders* gar nicht gesagt, weil es außerhalb von Restaurants – *heute besonders zu empfehlen* – keinerlei Wert hat. Ich glaube, ich habe irgendwas mit »durch und durch« gesagt, aber *durch* hat ja auch was mit Restaurant zu tun.

Während Gill jeder Aufmerksamkeit wert ist, ist seine Geschichte dies nicht. Er hatte nicht mal irgendwelche Blackouts. Ich hatte schon ein paar. Mehr als ein paar, aber sie fanden immer privat statt und sind nichts, womit man angeben könnte, kein Vergleich mit denen von Tommy. Am nächsten bin ich der Tommy-Zone vor drei Wochen gekommen, als ich eine Telefonrechnung bekam, auf der eine ganze Reihe mitternächtlicher Ferngespräche mit England aufgelistet war. Seltsam daran ist, daß ich niemanden in England persönlich kenne. Ich dachte, sie hätten einen Fehler gemacht, und wollte mich schon beschweren, bis ich ein paar Tage später einige Zeitschriften auf dem Wohnzimmerfußboden durchblätterte und auf eine heftig bekritzelte Seite stieß, die aus dem *TV Guide* herausgerissen worden war. Ich sah die Kringel und die sieben Sternchen, mit denen ich den Dreiteiler *Mystery* vom Bildungskanal versehen hatte. Am unteren Rand der Seite standen merkwürdig arrangierte Zahlen, die aussahen wie die Kombinationen für Spindschlösser im Umkleideraum. Diese Zahlen waren mit den Nummern auf der Telefonrechnung identisch, weshalb ich annehmen mußte, daß ich erst die Auslandsauskunft und dann Scotland Yard angerufen hatte, um ihnen nach jeder Sendung zu einem weiteren brillant gelösten Fall zu gratulieren. Aber ein Grund zur Aufregung ist das noch längst nicht. Das wäre es, wenn man plötzlich mit Tweedmütze im Flieger nach England säße und von der Stewardess verlangte, sie solle einen zu Chief Inspector Tennison bringen.

Nach meiner letzten Telefonrechnung habe ich mir angewöhnt, den Hörer mit dem verstärkten Klebeband, das ich an meinem früheren Arbeitsplatz geklaut habe, an der Gabel zu befestigen. Falls tatsächlich mal jemand tagsüber anrufen sollte, kann ich jederzeit zu Messer oder Schere greifen, aber glücklicherweise scheint mir diese Aufgabe während meiner immer häufiger werdenden persönlichen *Mystery*-Stunden als zu anstrengend. Wieder ein Problem gelöst, schlicht und anmutig.

Mein nächstes Projekt besteht darin, das Unterteil meines Staubsaugers mit einem Kopfkissen zu versehen. Heute morgen bin ich nämlich wieder auf dem Küchenfußboden aufgewacht, wobei mein Kopf auf dem Unterteil meines altertümlichen Hoovers ruhte.

Ich frage: »Was hast du dir dabei gedacht?«

»Matratze, Dolph?«

»Mach meinetwegen nur keine Umstände. Ich werde mich einfach auf diesem kalten Fliesenboden langlegen.«

»Kissen?«

»Danke nein. Dies harte Plastikgehäuse kommt mir gerade recht.«

Und heute morgen bin ich nicht nur auf dem Küchenfußboden aufgewacht, sondern außerdem hatte ich mir noch die Hose naß gemacht. Das passiert in letzter Zeit viel häufiger als nötig, und allmählich macht es mir angst. Diesmal war der Urinfluß durch einen Traum inspiriert worden, in dessen Verlauf mir kurz nacheinander zwei Preise als vorbildlicher Staatsbürger verliehen wurden. Der erste Preis hatte die Form von Tommy Keens Kopf. Er war aus blattvergoldetem Blei, und ich bekam ihn nur mit Mühe von der Bühne und in die wartende lange Limousine, um zur nächsten Zeremonie zu fahren. Völlig dämlich, wie Träume so sind. Gill war der Chauffeur der Limousine, aber er schien sich nicht mehr an mich zu erinnern. Ich bat ihn, ob er bitte rechts ranfahren kann, damit ich mal pinkeln kann, aber er sagte immer wieder, ich könnte dann ja im Pavillon aufs Klo gehen. Wir stritten hin und her, bis er an eine rote Ampel kam und ich aus der Limousine sprang, mich gegen ein Gebäude lehnte und meinen Hosenschlitz aufriß. Als nächstes war mein Gesicht gegen die Verkleidung eines Staubsaugers gepreßt, und ich lag in einer Urinpfütze. Ich habe nicht einmal erfahren, worin der zweite Preis bestand. Heute morgen bin ich auf dem Küchenfußboden in einer Urinpfütze aufgewacht, und mir wurde klar, daß sich etwas ändern muß, da ich keine Lust habe, mir Gummilaken oder Windeln für Erwachsene zu kaufen. So kann es einfach nicht weitergehen.

Nach dem Tod meiner Mutter war die schockierendste Entdeckung in der Schachtel mit der Aufschrift »GIFT« nicht ihre Briefe, sondern der Stapel mit guten Neujahrsvorsätzen, auf deren Abfassung sie so viel Zeit verwandt hatte. Jede der fünfzehn Karten war links oben datiert, und auf jeder stand, in ihrer schrägen Kinderschrift, dasselbe: »Brav sein.« Es erschütterte mich, da meine Neujahrsvorsätze in den drei Jahren, in denen ich solche Listen anfertigte, genau den gleichen Wortlaut haben, mehr oder weniger. Ich hatte mir angewöhnt, die Sache als Mittel gegen Fehlschläge etwas sanfter anzupacken. Mein letzter Vorsatz lautet: »Versuchen, darüber nachzudenken, vielleicht brav zu sein.« »Versuchen« und »vielleicht« verleihen mir die Zuversicht, die ich brauche, um die lässige Herangehensweise aufrechtzuerhalten, die zu meinen stets wechselnden Lebensumständen am besten paßt.

Ich sah zu meinem stramm gefesselten Telefon auf und beschloß, auf diesem Fußboden liegenzubleiben, bis jemand anrief, und an diesem Punkt ans Telefon zu gehen und meinem Leben eine neue Richtung zu geben. Wer es auch war, und was er auch wollte –, ich wollte es als Zeichen nehmen.

Nach – wie mir schien – Stunden stand ich vom Fußboden auf und duschte, wobei ich die Badezimmertür offen ließ, um keinerlei Anrufe zu verpassen. Für den wenig wahrscheinlichen Fall, daß mein Anrufer mir befahl, das Saufen einzustellen, brachte ich mich auf dem Sofa mit zwei Sechserpacks und einer schönen Flasche Scotch in Stellung. Dann knipste ich den Fernseher an und aß eine Stulle mit Hühnchen-Lo-mein-Resten. Chanwich nenne ich sowas, nach Char lie Chan. An einem zentralen Punkt von *Dies ist Ihr Leben* klingelte mein Telefon. Eine Frau, die sich als Pamela vorstellte, wollte mich von meiner gegenwärtigen Telefongesellschaft, die mit meinen Ferngesprächen den großen Reibach machte, abwerben.

»Wir haben Ihr Telefonierverhalten beobachtet, Mr. Heck, und bemerkt, daß Sie zahlreiche Bekannte in Europa haben. Ist Ihnen eigentlich klar, daß Sie mit unserer Firma bei Überseeferngesprächen bis zu dreiundzwanzig Prozent sparen können?«

Schließlich bin ich zu ihrer Firma übergelaufen, denn da ich gerade den Vorsatz gefaßt hatte, daß sich alles ändern sollte, fand ich es feige, das Angebot nicht wahrzunehmen. Nach unserem Gespräch legte ich auf und erwartete, daß das Telefon ein paar Minuten später wieder klingelte. Ich dachte, das Gesetz der Serie schlägt zu, und jetzt – wer weiß? – ruft ständig jemand an, irgend jemand.

Erst gegen zehn Uhr abends klingelte das Telefon wieder, und bis dahin war ich ziemlich abgefüllt. Es war eine Frauenstimme, und sie legte sich sofort voll ins Zeug: »Na schön, mir ist klar, daß du dich wahrscheinlich nicht mehr daran erinnerst, wer ich bin, oder?« Sie gab mir einen Moment Zeit zum Raten, aber ich hatte keinen blassen Dunst.

»Ich bin's, Trudy Chase. Vorher hieß ich Trudy Cousins. Ich bin eine verehelichte Chase, obwohl ich gar nicht mehr verehelicht bin, was ja auch nicht sehr logisch ist! Auf jeden Fall wohne ich zwar nicht mehr in Piedmont, kriege aber immer noch die gute alte *Post-Democrat* an die Haustür geliefert, und da habe ich auch die Todesanzeige für deine Mutter gelesen. Ich weiß, daß das jetzt auch schon wieder etwas her ist, aber ich wollte dir einfach mal sagen, daß es mir sehr leid tut.«

Ich wußte nicht, wie ich reagieren sollte.

»Du erinnerst dich wirklich nicht an mich, stimmt's?« sagte sie. »Ich bin's, die irre Trudy, die in Mr. Popes Leistungskurs Englisch neben dir gesessen hat. Weißt du noch? Ich war die Irre. Ich war die, die sich bei der Abschlußfeier ›Folge mir nicht – ich hab mich auch verlaufen‹ hinten auf die Robe geschrieben hat. Ich bin's, die irre Trudy.«

Plötzlich erinnerte ich mich wieder ganz genau an sie. Schon mit achtzehn war sie mir wie ein hoffnungsloser Fall vorgekommen.

»Ach, Trudy«, sagte ich. »Was läuft denn so?«

»Och, du kennst mich ja. Immer noch so irre wie früher. Nein, das nehme ich zurück –, ich bin wahrscheinlich *noch* irrer, wenn du das glauben kannst!«

Ich dachte einen Augenblick nach, bevor ich »Oh« sagte. Denn das ist wirklich etwas, was ich nicht ertrage –, wenn

Menschen sich selbst als irre bezeichnen. Die wirklich Irren werden mit diesem Etikett versehen, weil sie nichts Falsches an ihrem Benehmen sehen. Sie machen ihren Weg, sie legen Feuer in öffentlichen Gebäuden und entleeren ihren Darm in Bratpfannen, ohne im mindesten den Eindruck zu gewinnen, sie könnten sich nicht im Einklang mit der übrigen menschlichen Gesellschaft befinden. Das ist, jedenfalls für mich, irre. Sich selbst irre zu nennen, ist nicht irre, sondern nur fies.

Trudy fuhr fort, indem sie mir berichtete, sie lebe nun schon seit drei Monaten hier in Manhattan, nachdem ihr Stammhaus in Piedmont sie hierher versetzt habe. Sie kicherte sich eins und fügte hinzu, die Leutchen hier fänden sie so ziemlich den irrsten Menschen, dem sie je begegnet seien. Sie ist so irre, daß sie zu Lincolns Geburtstag eine Büroparty geplant hat, mitsamt einer Petition an ihren Boss, daß alle Sklaven in der Buchhaltung freigelassen werden sollen. Und dabei trug sie sogar einen Zylinder und einen Umhängebart! Und nach der letzten Mieterversammlung, bei der sie den Vorsitz geführt hatte, meinten alle, sie soll sich einweisen lassen, weil sie die Versammlung *wie* durchgeführt hatte – – – Bei *Ker*zenlicht!

»Ha, ha«, sagte ich. »Hört sich ganz schön gruselig an.«

»Ich grusel mich vor gar nichts«, sagte sie. »So irre bin *ich* nämlich.«

Auf meinem stummen Fernseher beobachtete ich einen besiegten Catcher, der dem Ringrichter mit seiner Haarbürste drohte. Offenbar wollte er Revanche. »Nichts?«

»Vor überhaupt nichts«, sagte sie. »Nada. Gabar nibichts.«

Allein schon die Anmutung, daß mich aus heiterem Himmel jemand von meiner Abschlußklasse 1979 anruft *und* mit mir B-Sprache spricht, rief ein gemischtes Gefühl aus Ekel und unbegrenzten Möglichkeiten bei mir hervor.

Trudy sprach von ihrem Engagement für eine ganze Anzahl von Organisationen. Sie geht zum Beispiel mit den Hunden von Leuten spazieren, die in jüngster Zeit einen Schlaganfall erlitten haben. »Meistens gehe ich mit einer Frau namens Marcie, und, hoho, wenn du glaubst, *ich* bin irre, dann solltest du *sie* mal kennenlernen! Wir nennen uns die Gassitussis, und nächste Woche kriegen wir unsere Uniformen. Komm doch einfach mal mit.«

Ich malte mir aus, wie ich ein T-Shirt mit der Aufschrift »Ich bremse auch für Hydranten« und eine Baseball-Mütze mit synthetischer Kackwurst trage.

Außerdem findet Trudy noch die Zeit, in der Volleyball-Mannschaft ihrer Firma mitzuspielen, für ihren irren arthritischen Nachbarn zu bügeln und unterprivilegierten Kindern beizubringen, wie man Fondant zubereitet. Sie sagte das nicht, um anzugeben. Sie wollte keinen Orden oder daß ich mir egoistisch vorkomme. Sie hat mich zu einem kleinen Beisammensein in ihre Wohnung eingeladen, aber ich habe mich erstmal gedrückt und eine geschäftliche Besprechung vorgeschützt.

»Na, wenn deine Besprechungen nur halb so irre sind wie meine, wirst du alles Glück brauchen, das du kriegen kannst«, sagte sie.

Sie fragte, ob sie mich nach meiner Besprechung anrufen kann, und ich sagte ihr, sie soll einen Moment dranbleiben, ich bekäme gerade einen anderen Anruf rein. Jetzt bleibt sie schon seit fünfzehn Minuten dran, und ich kann mich immer noch nicht entscheiden. Ich sehe die Karte meiner Mutter am Kühlschrank an. BRAV SEIN. Aber sie hat nie dazugesagt: Wem gegenüber soll man brav sein? Wenn ich brav zu Trudy Chase bin, sage ich ihr, sie soll mich nie wieder anrufen. Wenn ich brav zu mir bin, bereite ich Fondant zu und gehe mit den Hunden von Schlaganfallopfern Gassi. Was ist schlimmer?

Für meine Mutter, Sharon

Die amerikanische Originalausgabe
»Barrel Fever«
erschien 1994 bei Little, Brown and Company, New York.

Umschlaggestaltung
unter Verwendung der Fotoarbeit
»Le Rêve des Objets«
von Chema Madoz/Agence Vu

David Sedaris · Nackt

DAVID SEDARIS

Nackt

AUS DEM AMERIKANISCHEN
VON
HARRY ROWOHLT

ZWEITAUSENDEINS

Lizenzausgabe mit freundlicher Genehmigung der
Haffmans Verlag AG Zürich für Zweitausendeins,
Postfach, D-60381 Frankfurt am Main.

Printed in Germany.

Dieses Buch gibt es nur bei Zweitausendeins im Versand,
Postfach; D-60348 Frankfurt am Main,
Telefon 0 69 - 4 20 80 00 oder 0 18 05 - 23 2001,
Fax 0 69 - 41 5 003 oder 01805 - 24 2001,
Internet www.zweitausendeins.de,
E-Mail info@zweitausendeins.de.
Oder in den Zweitausendeins-Läden in Berlin, Düsseldorf,
Essen, Frankfurt, Freiburg, 2 x in Hamburg, in Hannover,
Köln, Mannheim, München, Nürnberg, Saarbrücken, Stuttgart.
In der Schweiz über buch 2000, Postfach 89,
CH-8910 Affoltern a.A.

Gesamtherstellung: Ebner Ulm
ISBN 3-86150-384-0

Inhalt

Rauchfleisch

Ich erwäge, die Dienstboten zu ersuchen, daß sie mein Kleingeld polieren, bevor sie es in das chinesische Aquarium tun, welches ich auf der Frisierkommode stehen habe. Es ist wichtig, sauberes Geld zu haben –, nicht neu, aber gepflegt. Das ist einer der Glaubenssätze meiner Kirche. Es handelt sich da nicht um meine *persönliche* Kirche, sondern um die Kirche, welche ich mit meiner Familie besuche: die Kathedrale der Funkelnden Natur. Sie ist jenes gewaltige Bauwerk mit den Türmen und Glocken und Statuen, welche gemeines Volk darstellen, die sich anschicken, von den Zinnen zu springen. Es werden auch Führungen veranstaltet, und an jedem ersten Sonntag im Oktober ist Tag der offenen Tür. Kommen Sie doch *auch* mal! Aber lassen Sie Ihren Fotoapparat zu Hause, denn das Blitzlicht macht die Pferde scheu, und das stellt für mich und meine Eltern eine furchtbare Bedrohung dar, besteht der Pfarrer doch darauf, daß wir unsere Plätze in der ersten Bankreihe einnehmen. Unlängst rief er uns an, beschwipst – er ist ein kleiner Schluckspecht –, und sagte, unsere Gesichter führten ihn näher an Gott heran. Und es stimmt, wir sind schrecklich gutaussehende Menschen. Das Profil meiner Mutter ziert die neuen

Schwebebahn-Wertmünzen, und was meinen Vater und mich betrifft, so planen die Leutchen bei der NASA eine Mondkapsel, die nach unserer Schädelform konstruiert werden soll. Unsere Wangenknochen sind äronautisch, und unsere Kinngrübchen haben ein Fassungsvermögen von bis zu drei Dutzend Luftgewehrkugeln gleichzeitig. Auf Befragen antworten die meisten Menschen, meine Haut sei mein größter Aktivposten, weil sie – was sie tatsächlich tut! – strahle. Ich muß mir die Augen mit einer Socke verbinden, um nachts einschlafen zu können. Andere mögen meine Augen oder meine vollkommenen, schimmernden Zähne, mein volles Haar oder meine beeindruckende Gestalt, aber wenn Sie Wert auf meine Meinung legen, so finde ich meine hervorstechendste Eigenschaft die Fähigkeit, ein Kompliment zu ertragen.

Weil wir so schlau sind, können meine Eltern und ich durch Menschen hindurchsehen, als wären sie aus hartem, klaren Kunststoff. Wir wissen, wie sie nackt aussehen, und können das verzweifelte innere Getriebe ihrer Herzen, Seelen und Eingeweide sehen. Jemand quatscht mich mit »Na, wie läuft's, Großer?« an, und ich kann seinen Neid riechen, sein unbeholfen tastendes Verlangen, meine Zuwendung durch eine beiläufige und unangemessene Volkstümlichkeit zu erringen, bei der sich mir vor Mitleid der Magen umdreht. Wie läuft's; wenn ich das schon höre. Sie wissen nichts über mich und meine Art zu leben, und die Welt wimmelt von solchen Leuten.

Nehmen Sie zum Beispiel den Pfarrer, mit seinen zitternden Händen und seiner wächsernen Hauthülle. Er ist nicht komplexer als eins dieser fünfteiligen Holz-Puzzles, die man Idioten und Schulkindern gibt. Er möchte, daß wir in der ersten Reihe sitzen, damit wir die anderen Kirchgänger nicht ablenken, die sich sonst ständig auf ihrer Bank umdrehen, sich den Hals verrenken würden, um unsere physische und spirituelle Schönheit zu bewundern. Unsere gute Erziehung verzaubert sie, und sie wollen aus erster Hand sehen, wie wir mit unserer Tragödie fertigwerden. Wohin wir auch gehen, überall stehen meine Eltern und ich im Mittelpunkt der Aufmerksamkeit. »Sie sind's! Seht nur, dort ist der Sohn! Berührt ihn, grabscht nach seinem Schlips, nach einer Locke von seinem Haupthaar, nach irgendwas!«

Der Pfarrer hatte gehofft, er würde, wenn er seine Predigt zu Pferde hielt, ein wenig Aufmerksamkeit zurückerlangen, aber selbst mit Lasso und einem Gespann tänzelnder Clydesdale-Kaltblüter war sein Plan zum Scheitern verurteilt. Immerhin blickt jetzt, da wir in der ersten Reihe sitzen, die Gemeinde nach vorn, und das ist ein Schritt in die richtige Richtung. Wenn es dazu dient, die Menschen näher an Gott heranzuführen, kauern wir auch gern auf den Orgelpfeifen, oder wir schnallen uns an das original Cromargan-Kreuz, welches über dem Altar hängt. Wir würden so ziemlich alles tun, denn bei aller Unbill, die wir jüngst durchlitten, besteht unsere vornehmste Pflicht darin, anderen zu helfen. Die Innenstädtische Picknick-Stiftung, unsere jährliche Sternfahrt »Kampf dem Kopfweh!«, das der Nachsorge bei Polo-Verletzungen gewidmete Seitengebäude im hiesigen Allgemeinen Krankenhaus –: Unsummen stiften wir für wohltätige Zwecke, doch werden Sie uns nie darüber reden hören. Wir geben anonym, denn die Waschkörbe voller Dankschreiben, in unbeholfener Handschrift und hoffnungsloser phonetischer Orthographie abgefaßt, brechen uns schier das Herz. Wenn sich herumspricht, daß wir großzügig *und* gutaussehend sind, wird der Platz vor unserem Portal hast-du-nicht-gesehen zum Zeltplatz für Moderedakteure und verkrüppelte Kinder, die mit ihren spitzen Krücken den Rasen ruinieren. Nein, man tut, was man kann, aber mit so wenig Fanfare wie möglich. Sie werden uns nie von Festwagen herunterwinken oder neben Seiner Exzellenz, dem Großen Brimborius, einhermarschieren sehen, denn damit würden wir nur die allgemeine Aufmerksamkeit auf uns lenken. Ja, man sieht die Schranzen, wie sie dies tagaus, tagein betreiben, aber sowas ist billig und närrisch, und eines Tages werden sie die Folgen ihrer Narretei zu büßen haben. Sie hungern nach etwas, wovon sie nichts wissen, wir dagegen, wir wissen nur zu gut, daß der Preis des Ruhms der Verlust des Privatlebens ist. Öffentliche Zurschaustellung von Glück ermuntert nur die vielen Entführer, welche die belaubten Grundstücke unserer besseren Wohngegenden durchstreifen.

Als es meine Schwestern erwischte, zerknüllte mein Vater die Lösegeldforderung und warf sie in die ewige Flamme, welche neben dem mumifizierten Pilgervater brennt, den wir im Speisesaal unseres Sommerhauses in Olfactory aufbewahren. Wir verhandeln nicht mit Kriminellen; das ist in unserem Charakter nicht angelegt. Hin und wieder denken wir an meine Schwestern und hoffen, daß es ihnen gutgeht, aber wir halten uns nicht länger damit auf, da dies nur den Entführern nützt. Fürs erste sind meine Schwestern zwar weg, aber, wer weiß, vielleicht kehren sie eines Tages zurück, vielleicht wenn sie älter sind und selbst Familie haben. Bis dahin lebe ich als Einzelkind und einziger Erbe des nicht unbedeutenden elterlichen Vermögens. Einsam? Manchmal. Mir bleiben immer noch Mutter und Vater, sowie, natürlich, die Dienstboten, von denen einige außerordentlich schlau sind, wenn man einmal von ihren schiefen Zähnen und mangelhaften Manieren absieht. Erst neulich war ich mit Duncan im Stall, als …

»Laß doch endlich um des lieben Himmels willen«, sagte meine Mutter und tunkte wild ihren Holzlöffel in einen Kessel mit Rinderbrühe aus geschnittenem Rauchfleisch, »diese verdammte Katze zufrieden, bevor ich dich auch noch kratze. Es ist schon schlimm genug, daß du sie aufgerüscht hast wie eine Zweidollarhure. Zieh ihr das Kostüm aus und laß sie los, bevor sie auch noch abhaut wie die Katze davor.«

Mit der freien Hand rückte ich meine Brille zurecht und erinnerte sie daran, daß die Katze davor von einem Auto überfahren worden war.

»Sie hat sich absichtlich überfahren lassen«, sagte meine Mutter. »Es war ihr einziger Ausweg, und du hast sie mit deinem Scheißdreck über die Kennedys und daß du mit ihnen Hochrippe gespeist hättest oder worüber du an dem Tag gerade gejammert hast, in den Tod getrieben. Jetzt laß sie endlich los. Danach möchte ich, daß du in den Hintergarten rennst und deine Schwestern aus dem Graben holst. Bei der Gelegenheit kannst du auch deinen Vater suchen. Wenn er nicht unter seinem Auto liegt, arbeitet er wahrscheinlich an der Klärgrube. Sag ihnen, sie sollen ihren Arsch zu Tisch bewegen, oder sie kriegen meine gottverdammte Faust zum Abendessen.«

Es war nicht so, daß wir arm gewesen wären. Meinen Eltern zufolge waren wir weit davon entfernt, nur nicht weit genug, um meine Bedürfnisse zu befriedigen. Ich wollte eben lieber ein Haus mit einem Burggraben statt mit einem Zaun. Um nachts einigermaßen schlafen zu können, brauchte ich einen nach uns benannten Flughafen.

»Du bist ein Snob«, sagte meiner Mutter immer. »Da hast du dein Problem, schön handlich verpackt. Ich bin unter Menschen wie dir aufgewachsen, und weißt du was? Ich konnte sie nicht ausstehen. Niemand konnte sie ausstehen.«

Egal was wir hatten – das Haus, die Autos, die Ferien –, es war nie genug. Irgendwo war ein schrecklicher Fehler gemacht worden. Das Leben, das ich führen mußte, war eine einzige Zumutung, aber nie gab ich die Hoffnung auf, daß eines Tages meine echte Familie auftaucht und mit weißbehandschuhtem Finger auf den Klingelknopf drückt. Dann schreien alle: »Ach, Graf Meißelkinn«, und schmeißen zur

Feier des Tages ihre Zylinderhüte hoch in die Luft, »Gott sei Dank, daß wir Sie endlich gefunden haben.«

»Das wird nie geschehen«, sagte meine Mutter. »Glaub mir, wenn ich hätte ein Baby stehlen wollen, hätte ich eins genommen, das mich nicht jedesmal zusammenscheißt, wenn ich meine Jacke auf dem Sofa liegenlasse. Ich weiß auch nicht, wie es passiert ist, aber du bist mein Sohn. Wenn das für dich so eine Enttäuschung ist, stell dir einfach mal vor, wie es *mir* geht.«

Wenn meine Mutter einkaufen ging, lungerte ich oft vor dem Laden herum. Ich hoffte, wohlhabende Eheleute würden mich in ihren Kofferraum stopfen. Zunächst würden sie mich eine bis zwei Stunden lang foltern, aber sobald sie erführen, daß ich mit Golfschlägern umzugehen verstand, würden sie meine Fesseln lösen und mich als Fleisch von ihrem Fleische umarmen.

»Irgendwelche Entführer?« fragte meine Mutter dann, wenn sie ihren beladenen Einkaufswagen auf den Parkplatz schob.

»Kennst du keine kinderlosen Ehepaare?« fragte ich dann. »Jemanden mit Swimmingpool oder Privatjet?«

»Du wärst der erste, dem ich Bescheid sage.«

Mein Mißvergnügen nahm mit dem Erscheinen jeder neuen Schwester zu.

»Ihr habt *wie viele* Kinder in der Familie?« fragten die Lehrer. »Da seid ihr bestimmt katholisch, stimmt's?«

Meine Mutter schien zu Weihnachten immer schwanger zu sein. Das Klo war ständig voll schmutziger Windeln, und ewig tappten Kleinkinder in mein Schlafzimmer, um meine Muschel- und Weinflaschensammlung durcheinanderzubringen. Ich hatte keine Ahnung von den genauen Vorgängen, aber nach dem zu urteilen, was ich bei den Nachbarn zufällig mitbekam, hatte unsere große Familie etwas mit der mangelnden Kontrolle meiner Mutter zu tun. Es war *ihre*

Schuld, daß wir uns kein Sommerhaus mit Erkerfenstern und keinen Tennisplatz an der Steilküste leisten konnten. Anstatt ihren sozialen Status zu verbessern, zog sie es vor, Kinder auszuscheiden, jedes noch dreckiger als das davor.

Erst als sie ihre sechste Schwangerschaft ankündigte, wurde mir die Komplexität der Lage klar. Ich ertappte sie im Schlafzimmer, wie sie am hellichten Nachmittag weinte.

»Bist du traurig, weil du immer noch nicht im Keller staubgesaugt hast?« fragte ich. »Ich kann das für dich tun, wenn du möchtest.«

»Ich weiß, daß du das kannst«, sagte sie. »Und ich weiß dein Angebot zu schätzen. Nein, ich bin traurig, weil ich, Scheiße, weil ich schon wieder ein Kind kriege, aber diesmal ist es das letzte, das schwör ich dir. Nach diesem laß ich mir vom Arzt die Eileiter zubinden und den Knoten verlöten, damit es ganz bestimmt nie wieder passiert.«

Ich hatte keinen Schimmer, wovon sie sprach – einem Leiter, einem Knoten, einem Lötkolben –, aber ich nickte, als hätten wir beide gerade eine Art private Übereinkunft getroffen, welcher später ein Team von Anwälten ihre endgültige Form geben würde. »Einmal schaffe ich es noch, aber ich brauche deine Hilfe.« Sie weinte immer noch, verzweifelt, aber irgendwie nachlässig, doch ich fand es weder peinlich noch zum Fürchten. Ich betrachtete ihre schmalen Hände, die sie sich wie einen Vorhang vors Gesicht hielt, und verstand, daß sie mehr brauchte als eine freiwillige Haushaltshilfe. Und, oho, diese Person würde ich sein. Ein Zuhörer, ein Finanzberater, sogar ein Freund: Ich schwor, all dies und noch viel mehr zu sein, und zwar für zwanzig Dollar und eine schriftliche Garantie, daß ich immer mein eigenes privates Schlafzimmer haben würde. So engagiert war ich. Und weil sie wußte, was für ein gutes Geschäft sie gemacht hatte, trocknete meine Mutter sich das Gesicht und ging davon, um ihr Portemonnaie zu suchen.

Die Mackenplage

Als die Lehrerin fragte, ob sie mal meine Mutter besuchen kann, drückte ich achtmal die Nase gegen die Tischplatte.

»Darf ich das als ›ja‹ verstehen?« fragte sie.

Laut ihren Berechnungen hatte ich an jenem Tag achtundzwanzigmal meinen Platz verlassen. »Du hüpfst auf und ab wie ein Floh. Ich wende dir nur zwei Minuten lang den Rücken zu, und schon drückst du deine Zunge gegen den Lichtschalter. Vielleicht machen sie das da, wo du herkommst, aber hier in meinem Klassenzimmer verlassen wir unseren Platz nicht und lecken nicht an Sachen, wenn uns danach ist. Das ist der Lichtschalter von Miss Chestnut, und Miss Chestnut liebt trockene Lichtschalter. Fändest du das etwa schön, wenn ich zu dir nach Hause käme, um *deine* Lichtschalter abzuschlecken? Na? Fändest du das schön?«

Ich versuchte sie mir in Aktion auszumalen, aber mich rief mein Schuh. *Zieh mich aus,* flüsterte er. *Poche dir mit meinem Absatz dreimal gegen die Stirn. Tu's jetzt gleich, schnell, niemand wird was merken.*

»Nun?« Miss Chestnut hob die kaum sichtbaren, dünn nachgezogenen Brauen. »Ich stelle dir eine Frage. Fändest du das schön, oder fändest du das nicht schön, wenn ich bei dir zu Hause die Lichtschalter abschlecke?«

Ich zog mir den Schuh aus und tat, als untersuchte ich die Absatzprägung.

»Gleich haust du dir diesen Schuh übern Kopf, stimmt's?«

Es war kein »Hauen«, es war Pochen; aber immerhin, woher hatte sie gewußt, was ich als nächstes vorhatte?

»Lauter Fußabdrücke auf der Stirn«, sagte sie und beantwortete meine unausgesprochene Frage.

»Du solltest irgendwann mal in den Spiegel kucken. Schuhe sind schmutzig. Wir tragen sie an den Füßen, um uns gegen das Erdreich zu schützen. Es ist nicht gesund, sich Schuhe übern Kopf zu hauen, stimmt's?«

Nein, glaubte ich auch nicht.

»Glaubst du nicht? Mit Glauben hat das nichts zu tun. Ich ›glaube‹ nicht, daß es gefährlich ist, mit einer Papiertüte über dem Kopf auf die Straße zu rennen. Das hat mit Glauben gar nichts zu tun. Das sind Tatsachen, keine Glaubensfragen.« Sie saß an ihrem Pult, fuhr mit ihrer Vorlesung fort und schrieb gleichzeitig einen kurzen Brief. »Ich würde mich gern mal mit deiner Mutter unterhalten. Du hast doch eine, oder? Ich nehme an, du wurdest nicht von Tieren großgezogen. Ist sie blind, deine Mutter? Kann sie sehen, wie du dich beträgst, oder sparst du dir deine Mätzchen exklusiv für Miss Chestnut auf?« Sie überreichte mir den gefalteten Zettel. »Du darfst jetzt gehen, und ich darf dich jetzt schon darum bitten, auf dem Weg hinaus nicht meinen Lichtschalter mit deiner bazillenverseuchten Zunge zu benetzen. Er hatte einen schweren Tag. Wir hatten beide einen schweren Tag.«

Es war nicht weit von der Schule bis zu unserem gemieteten Einfamilienhaus, nicht weiter als sechshundertsiebenunddreißig Schritte, und an einem guten Tag schaffte ich die Strecke in einer Stunde, wenn ich nur alle paar Dezimeter haltmachte, um mit der Zunge einen Briefkasten anzutippen, oder um einzelne Blätter oder Grashalme, die mir aufgefallen waren, zu berühren. Wenn ich die Anzahl der bereits zurückgelegten Schritte vergaß, mußte ich zurück zur Schule und von vorn anfangen. »Schon wieder da?« fragte dann der Hausmeister. »Kannst nicht genug kriegen von der Schule, was?«

Er hatte nichts verstanden. Ich wollte lieber als sonstwas zu Hause sein; das Hinkommen war das Problem. Möglicherweise faßte ich den Telegraphenmast bei Schritt dreihundertvierzehn an und machte mir, fünfzehn Schritte später, Sorgen, daß ich ihn nicht genau an der richtigen Stelle angefaßt hatte. Er mußte noch einmal angefaßt werden. Man war nur ganz kurz abgelenkt, und schon beschlich einen der Zweifel, und man stellte nicht nur den Telegraphenmast in Frage, sondern auch den Rasenschmuck bei Schritt zweihundertneunzehn. Also muß man zurück, den Zementpilz noch einmal anlecken und hoffen, daß seine Wächterin nicht wieder aus dem Haus geschossen kommt und ruft: »Nimm dein Gesicht aus meinem Fliegenpilz!« Es konnte regnen, oder vielleicht mußte ich mal, aber nach Hause zu rennen kam nicht in Frage. Dies war ein langer und komplizierter Prozeß, der eine erdrückende Detailversessenheit erforderte. Es war ja nicht so, daß es mir Vergnügen bereitete, die Nase gegen die siedendheiße Kühlerhaube eines parkenden Autos zu drücken –; Vergnügen hatte nichts damit zu tun. Man *mußte* diese Dinge tun, denn nichts war schlimmer als die Qual, sie nicht zu tun. Den Briefkasten übergehen hieß, daß mein Hirn mich ihn nie wieder vergessen ließ, nicht für einen Moment. Ich mochte am Abendbrottisch sitzen, mich herausfordern, nicht daran zu denken, und schon suchte der Gedanke mein Bewußtsein heim. *Denk nicht dran.* Aber dann war es bereits zu spät, und ich wußte genau, was zu tun war. Indem ich mich entschuldigte, ich müßte mal austreten, verließ ich das Haus und kehrte zu jenem Briefkasten zurück, um ihn nicht nur anzutippen, sondern zu schlagen, praktisch auf das Ding einzudreschen, weil ich es so sehr haßte, dachte ich. Was ich natürlich in Wirklichkeit haßte, war mein Bewußtsein. Irgendwo mußte es einen Schalter zum Ausknipsen geben, aber ich will verdammt sein, wenn ich ihn fand.

Ich erinnere mich nicht, daß es im Norden auch schon so schlimm gewesen ist. Unsere Familie war von Endicott, New York, nach Raleigh, North Carolina, transferiert worden. Das war das Wort, welches die Leute bei IBM verwendeten, *transferiert.* Ein neues Haus wurde gebaut, aber bis es fertig war, mußten wir uns mit einem Mietobjekt begnügen, welches einem Plantagengebäude ähneln sollte. Das Gebäude stand in einem baumlosen, schütter werdenden Garten, und seine weißen Säulen versprachen eine Majestät, welche das Interieur nicht einzulösen verstand. Die Haustür öffnete sich auf einen dunklen, engen Flur, welcher von Schlafzimmern gesäumt wurde, die nicht viel geräumiger waren als die Matratzen, die zu ihrer Möblierung dienten. Unsere Küche befand sich im ersten Stock, neben dem Wohnzimmer, dessen Panoramafenster Aussicht auf eine Mauer aus Schlackeziegeln bot, erbaut, um die Schlammflut zurückzuhalten, die vom benachbarten Dreckhügel ausging.

»Unser kleiner Höllenwinkel«, sagte meine Mutter und fächelte sich mit einer der Schindeln, die unseren Vordergarten verunreinigten.

So deprimierend es auch sein mochte –, wenn ich bei der ersten Stufe zu unserem Haus angekommen war, hieß das, daß ich die erste Hälfte des Weges in mein Schlafzimmer geschafft hatte. Zu Hause berührte ich die Haustür mit jedem Ellbogen siebenmal, eine Aufgabe, die erschwert wurde, wenn noch jemand dabei war. »Versuch's doch mal mit der Türklinke«, sagte meine Schwester Lisa. »Das tun wir auch, und bei uns scheint's zu wirken.« Im Haus wollten Lichtschalter und Türstopper befriedigt sein. Mein Schlafzimmer lag genau am Flur, aber erst hatte ich noch zu tun. Nachdem ich die vierte, achte und zwölfte mit Auslegware bezogene Stufe geküßt hatte, wischte ich mir die Katzenhaare von den Lippen, und weiter ging es in die Küche, wo ich Befehl hatte, die Brenner des Gasherds zu streicheln, die Nase gegen die Kühlschranktür zu drücken und Kaffeemaschine, Toaster und Mixer in einer Reihe auszurichten. Nachdem ich meine Runden durch das Wohnzimmer gemacht hatte, war es Zeit, sich neben das Geländer zu knien und blind ein Buttermesser in Richtung meiner Lieblingssteckdose zu werfen. Es gab Glühbirnen zu lecken und Badezimmerwasserhähne zu überprüfen, bevor ich endlich frei war, mein Schlafzimmer zu betreten, wo ich die Gegenstände auf meiner Kommode sorgfältig auf Linie brachte, die Ecken meines Metallschreibtischs ableckte, mich aufs Bett legte, auf und ab wackelte und darüber nachdachte, was für eine seltsame Frau die Lehrerin meiner dritten Klasse, Miss Chestnut, doch war. Warum wollte sie hierherkommen und an meinen Lichtschaltern lecken, wenn sie nie ihren eigenen nutzte? Vielleicht war sie betrunken.

In ihrem Brief hatte sie angefragt, ob sie zu uns nach Hause kommen kann, um sich über meine, wie sie sie nannte, »speziellen Probleme« zu unterhalten.

»Bist du von deinem Platz aufgestanden, um den Lichtschalter abzulecken?« fragte meine Mutter. Sie legte den Brief auf den Tisch und steckte sich eine Zigarette an.

»Ein-, zweimal«, sagte ich.

»Ein-, zweimal wie? Jede halbe Stunde? Alle zehn Minuten?«

»Ich weiß nicht«, log ich. »Wer zählt bei so was schon mit?«

»Deine gottverdammte Mathe-Lehrerin zum Beispiel.

Das ist ihr *Job,* das Zählen. Glaubst du etwa, sie merkt sowas nicht?«

»Merkt *was* nicht?« Ich bin immer wieder verblüfft, daß die Leute tatsächlich sowas bemerken. Weil meine Aktionen so immens privat waren, hatte ich immer angenommen, sie wären auch irgendwie unsichtbar. In die Enge getrieben, behauptete ich, der Zeuge habe sich geirrt.

»Was meinst du mit ›merkt *was* nicht?‹!? Heute nachmittag hat mich die Dame, die hier in der Straße wohnt, diese Mrs. Keening, die mit den Zwillingen, angerufen. Sie sagt, sie hat dich in ihrem Vorgarten erwischt, auf Händen und Knien, wie du die Spätausgabe ihrer Zeitung geküßt hast.«

»Ich habe sie nicht geküßt. Ich habe nur versucht, die Schlagzeile zu lesen.«

»Und da mußtest du so nah rangehen? Vielleicht sollten wir dir eine stärkere Brille besorgen.«

»Ja, das sollten wir vielleicht«, sagte ich.

»Und vermutlich hat sich diese Miss ...« Meine Mutter entfaltete den Brief und studierte die Unterschrift. »... diese Miss Chestnut ebenfalls geirrt? Ist es das, was du mir zu sagen versuchst? Vielleicht hat sie dich mit dem anderen Jungen verwechselt, der auch immer von seinem Platz aufsteht, um den Bleistiftanspitzer abzulecken oder die Fahne anzufassen oder was zum Teufel du sonst treibst, sobald sie dir den Rücken kehrt?«

»Sehr gut möglich«, sagte ich. »Sie ist alt. Sie hat Flecken auf den Händen.«

»Wie viele?« fragte meine Mutter.

An jenem Nachmittag, an welchem Miss Chestnut zu Besuch kam, war ich in meinem Schlafzimmer und wackelte. Im Gegensatz zum zwanghaften Zählen und Berühren war Wackeln keine Pflicht-, sondern eine freiwillige und höchst angenehme Übung. Es war mein Hobby, und es gab nichts, was ich lieber getan hätte. Es ging nicht darum, sich in den

Schlaf zu wackeln: Dies war kein Schritt in Richtung auf ein höheres Ziel. Es war das Ziel selbst. Die andauernde Bewegung machte mir den Kopf frei, so daß ich mir alles mögliche durch denselben gehen lassen und schwerstdetaillierte Phantasien entwickeln konnte. Noch ein Radio dazu, und ich wackelte hochzufrieden bis drei oder vier Uhr morgens, lauschte der Hitparade und entdeckte, daß es in jedem einzelnen Lied um mich ging. Selbst wenn ich mir dasselbe Lied zwei- bis dreihundertmal anhören mußte –, früher oder später entbarg sich seine geheime Botschaft. Weil es angenehm und entspannend war, mußte mein Wackeln irgendwann ins Stolpern geraten, meistens weil mein Gehirn ihm ein Bein gestellt hatte, da mein Gehirn mir nicht mehr als zehn zusammenhängende Minuten Glück gestattete. Während der Anfangsakkorde meines jeweiligen Lieblingslieds flüsterte eine Stimme: *Müßtest du jetzt nicht eigentlich oben in der Küche sein und überprüfen, ob tatsächlich noch hundertvierzehn Pfefferkörner in dem kleinen Keramiktopf sind? Und, he, wenn du sowieso oben bist, kannst du auch gleich noch feststellen, ob das Bügeleisen abgeschaltet ist, damit das Zimmer mit dem Baby nicht in Flammen aufgeht.* Die Liste mit Forderungen wurde ganz schnell immer länger. *Was ist mit der Zimmerantenne auf dem Fernseher? Bildet sie immer noch ein perfektes* V, *oder hat eine deiner Schwestern ihre Unversehrtheit zerstört? Weißt du, ich frage mich gerade, wie fest der Deckel vom Mayonnaisenglas zugeschraubt ist. Sehen wir doch einfach mal nach, oder?*

Ich war ganz kurz davor, mich richtig wohlzufühlen, *so* nah dran, den komplexen Code des Liedes zu knacken, und schon kamen mir meine Gedanken dazwischen. Der Trick bestand darin, den rechten Augenblick abzupassen, bis die Platte nicht mehr meine Lieblingsplatte war, zu warten, bis sie vom ersten Platz auf der Hitliste gerutscht war, und mir einzureden, sie sei mir wurscht.

Ich war gerade dabei, mich mit »The Shadow of Your

Smile« gütlich zu einigen, als Miss Chestnut eintraf. Sie klingelte, ich öffnete meine Schlafzimmertür einen Spalt weit und beobachtete, wie meine Mutter sie hereinbat.

»Sie müssen diese Kartons entschuldigen.« Meine Mutter schnickte ihre Zigarette vor die Tür in den unratstarrenden Vorgarten. »Es ist nur Mist drin, in jedem einzelnen, aber Gott behüte, daß wir irgendwas wegschmeißen. O nein, völlig unmöglich! Mein Mann hat alles aufbewahrt: sämtliche hinterletzten Rabattmarken und Coupons, Badehosen, aus denen jeder herausgewachsen ist, und Linoleumschnipsel, zusammen mit Steinen und knorrigen Stöcken, die, schwört er, seinem alten Abteilungsleiter oder Stellvertretenden Bereichswart oder sonstwas Gottverdammtem zum Verwechseln ähnlich sehen.« Sie wischte sich mit einem Stück Küchenrolle den Schweiß von der Stirn. »Na egal, zur Hölle damit. Sie sehen aus, als könnte ich einen Drink gebrauchen; geht Scotch in Ordnung?«

Miss Chestnuts Augen erhellten sich. »Eigentlich ja wirklich nicht, aber, naja, was soll's?« Sie folgte meiner Mutter die Treppe hinauf. »Nur ein Tröpfchen mit Eis, ohne Wasser.«

Ich versuchte, im Bett zu wackeln, aber das Geräusch von Gelächter zog mich auf den Treppenabsatz, wo ich, von meinem günstigen Aussichtspunkt hinter einem übergroßen Kleiderschrank, die beiden Frauen beobachtete, wie sie mein Verhalten besprachen.

»Ach, Sie meinen das Anfassen«, sagte meine Mutter. Sie studierte den Aschenbecher, der vor ihr auf dem Tisch stand, und ihre Augen verengten sich zu Schlitzen, wie bei einer Katze, die eines Eichhörnchens ansichtig wird. Der Anblick fixierter Konzentration, den sie bot, legte nahe, daß nichts anderes von Belang war. Die Zeit war stehengeblieben, und sie war taub gegenüber dem leisen Knattern des Ventilators und dem Gezanke meiner Schwestern draußen in der Einfahrt. Sie öffnete den Mund nur so weit, daß sie die Zunge über die Oberlippe gleiten lassen konnte, dann beugte sie sich vor, und ihr Zeigefinger piekte den Aschenbecher, als wäre er etwas Schlafendes, was sie zu wecken versuchte. Ich hatte mich selbst nie in Aktion gesehen, aber ein scharfes, stechendes Gefühl der Erkenntnis sagte mir, daß meine Mutter mich zutreffend nachgemacht hatte.

»Unbezahlbar!« lachte Miss Chestnut und faltete die Hände vor Entzücken. »Das war ja sehr gut; Sie haben ihn perfekt drauf. Bravo, ich gebe Ihnen eine Eins plus.«

»Gott allein weiß, wo er das her hat«, sagte meine Mutter. »Jetzt ist er wahrscheinlich unten in seinem Zimmer und zählt seine Wimpern oder nagt an den Griffen seiner Kommodenschubladen. Um ein, zwei Uhr nachts ist er immer noch zugange, poltert im Haus herum, um den Wäschekorb zu pieksen oder sein Gesicht gegen die Eisschranktür zu pressen. Der Junge ist ein bißchen schief gewickelt, aber das wächst sich zurecht. Also, was meinen Sie, noch einen Scotch, Katherine?« Jetzt war sie also schon Katherine. Noch ein paar Drinks, und sie kam wahrscheinlich mit in die Sommerferien. Wie leicht es für Erwachsene war, sich bei einer zweiten Runde Cocktails zu verbrüdern. Ich ging wieder ins Bett und stellte das Radio laut, um mich nicht von ihrem Gequackel ablenken zu lassen. Denn Miss Chestnut war hier bei mir zu Besuch, und es war nur noch eine Frage der Zeit, bis die Stimmen mich in die Küche riefen, damit ich dort unangenehm auffiel. Vielleicht mußte ich am Besenstiel lutschen oder auf den Tisch steigen, um die Lampe anzufassen, aber was sie auch von mir verlangten, ich hatte keine Wahl, ich mußte es tun. Das Lied, das gerade im Radio gespielt wurde, stellte nicht die geringste Herausforderung dar; der Text war so klar, als hätte ich ihn selbst geschrieben. »Well, I think I'm going out of my head«, sang der Mann, »yes, I think I'm going out of my head.«

Nach Miss Chestnuts Besuch versuchte mein Vater, mich mit Hilfe einer Serie von Drohungen zu kurieren. »Wenn du nochmal deine Nase gegen die Windschutzscheibe drückst, wirst du dir wünschen, es gelassen zu haben, das kann ich dir garantieren«, sagte er, als er, den Schoß voller ungültiger Coupons aus einem anderen Bundesstaat, vom Einkaufen nach Hause fuhr. Es war mir praktisch unmöglich, auf dem Beifahrersitz zu sitzen, ohne die Nase gegen die Windschutzscheibe zu drücken, und nun, da die Aktion verboten war, wollte ich es mehr als alles andere auf der Welt. Ich versuchte, die Augen zu schließen, und hoffte, dadurch würde der Drang nachlassen, merkte aber, daß ich dachte, *er* sollte vielleicht die Augen schließen. Ich wollte die Nase gegen die Windschutzscheibe drücken; na und? Warum durfte er ohne Strafandrohung ständig sein Wechselgeld nachzählen und sich auf die Unterlippe beißen? Meine Mutter rauchte, und Miss Chestnut massierte sich zwanzig-, dreißigmal am Tag die Hüfte –, und da durfte *ich* nicht die Nase gegen eine Windschutzscheibe drücken? Ich öffnete aufsässig die Augen, aber als er sah, daß ich mich auf mein Ziel zubewegte, stieg mein Vater voll auf die Bremse.

»Na, hat das Spaß gemacht?« Er gab mir ein Golf-Handtuch, damit ich mir das Blut von der Nase wischen konnte. »Hat sich das gut angefühlt?«

Gut war zu schwach für das, was ich fühlte. Ich liebte das Gefühl. Wenn mit dem richtigen Wumm ausgeführt, kann ein Schlag auf die Nase narkotische Wirkung haben. Das Berühren von Objekten stillte einen geistigen Juckreiz und war mit viel Bewegung verbunden: die Treppe hochrennen, durch das Zimmer laufen, einen Schuh ausziehen. Bald fand ich heraus, daß die gleichen Triebe auch innerhalb der Grenzen meines eigenen Körpers befriedigt werden konnten. Sich selbst auf die Nase zu hauen, war kein schlechter Anfang, aber ich verwarf diese Praktik wieder, als ich begann, die Augen tief in ihren Höhlen zu rollen, eine Übung, welche schnelle Schübe stumpfen, berauschenden Schmerzes hervorrief.

»Ich weiß genau, wovon Sie sprechen«, sagte meine Mutter zu Mrs. Shatz, meiner Lehrerin in der vierten Klasse, die gerade zu Besuch weilte. »Wenn er so wild mit den Augen rollt, ist es, als redete man mit einem Rotamint. Hoffentlich wirft er eines Tages einen schönen Gewinn aus, aber bis dahin, was meinen Sie, wie wär's mit einem weiteren Gläschen Wein?«

»He, Kumpel«, sagte mein Vater, »wenn du versuchst, den Inhalt deines Schädels zu betrachten, kann ich dir jetzt schon sagen, daß es Zeitverschwendung ist. Da gibt es nichts zu sehen, und dieses Zeugnis beweist es.«

Er hatte recht. Ich hatte die Nase gegen die Tür, den Teppich und die Windschutzscheibe gedrückt, aber nicht in die Schulbücher gesteckt, offensichtlich. Die Schule war für mich ohne jedes Interesse. Ich verbrachte meine Tage mit Warten, Warten darauf, endlich in das dunkle Schlafzimmer unseres neuen Hauses zurückzukehren, wo ich mit den Augen rollen, Radio hören und in Frieden wackeln konnte.

Ich gewöhnte mir an, brutal mit dem Kopf zu wackeln, von dem Gefühl aufgestachelt, welches mein Hirn hervorrief, wenn es gegen den einengenden Schädel schwappte. Es fühlte sich so gut an und nahm so wenig Zeit in Anspruch: Nur ein paarmal schnell geruckelt, und ich war bis zu fünfundvierzig Sekunden lang befriedigt.

»Setzen Sie sich; ich hole Ihnen rasch was Kühles zu trinken.« Meine Mutter ließ meine Lehrerin aus der fünften und dann aus der sechsten Klasse in der Frühstücksnische stehen, während sie in die Küche ging, um Eiswürfel aus dem Gefrierfach zu brechen. »Sie sind wegen des Kopfwackelns hergekommen, stimmt's?« rief sie. »Das ist mein Herr Sohn;

da gibt es kein Vertun.« Sie schlug vor, die Lehrkräfte sollten meinen zuckenden Kopf als zustimmendes Nicken interpretieren. »Das tu ich auch, und jetzt muß er die nächsten fünf Jahre den Abwasch machen. Ich frage, er zuckt mit dem Kopf, und die Sache ist geregelt. Tun Sie mir aber bitte einen Gefallen, und lassen Sie ihn nicht länger als bis fünf nachsitzen. Ich brauche ihn hier zum Aufräumen und Bettenmachen, bevor sein Vater nach Hause kommt.«

Das gehörte zum Auftritt meiner Mutter. Sie spielte den Anheizer, pfiff auf der Pfeife und verzauberte die Menge mit ihren Witzen und übertriebenen Geschichten. Wenn Gesellschaft kam, tat sie oft, als hätte sie die Namen ihrer sechs Kinder vergessen. »He, George, oder Agnes, oder wie du heißt, renn doch mal ins Schlafzimmer und finde mein Feuerzeug.« Sie bemerkte meine Macken und Gewohnheiten, ließ sich aber von keiner je beschämen oder ernsthaft beunruhigen. Ihre Betrachtungen wurden gesammelt und als Teil einer Nummer vorgetragen, die wenig Ähnlichkeit mit unserem wirklichen Leben aufwies.

»Es ist nicht leicht zu erraten, aber ich wette, Sie sind wegen der kleinen Stimmchen hier«, sagte sie und bot meiner Lehrerin aus der siebten Klasse, die gerade zu Besuch da war, ein Glas Sherry an. »Ich überlege, ob ich mit ihm zu einem Exorzisten gehe, oder ob ich ihm eine Puppe kaufe, damit er ein bißchen Geld als Bauchredner nach Hause bringt.«

Er war aus dem Nichts aufgetaucht, mein verzweifelter Drang, ganz hinten in meiner Kehle hohe Geräusche zu produzieren. Das waren keine Wörter, sondern Laute, die ein Bedürfnis befriedigten, welches mir noch nie zuvor aufgefallen war. Die Laute wurden nicht mit meiner Stimme geäußert, sondern mit der Stimme einer fingerhutgroßen, launischen Diva, die sich unten an mein Gaumenzäpfchen klammerte. »Iiiiiii – ammmmmmmmm – aaaah – aaah –

miiiiiii.« Ich war der Wirt dieses Geheuls, aber unfähig, es zu kontrollieren. Wenn ich während des Unterrichts losschrie, drehten sich die Lehrkräfte vor ihrer Wandtafel um und zeigten einen zunehmend bestürzten Gesichtsausdruck. »Reibt da jemand an einem Ballon? Wer macht diesen Lärm?«

Ich versuchte mir Ausreden einfallen zu lassen, aber alles klang unglaubwürdig: »In meiner Kehle wohnt eine Biene.« Oder: »Wenn ich nicht alle drei Minuten meine Stimmbänder trainiere, kann ich wahrscheinlich nie wieder schlukken.« Das Lärmmachen ersetzte keine meiner bisherigen Angewohnheiten, es war lediglich eine weitere Vervollständigung dessen, was zu einer unberechenbaren, ausgeflippten Mackensammlung geworden war. Schlimmer als das ständige Aufjaulen und Zusammenzucken war die Angst, der morgige Tag könne noch Schlimmeres bringen, ich würde mit dem Drang aufwachen, anderen Leuten am Kopf zu ruckeln. Ich konnte ganze Tage zubringen, ohne die Augen zu rollen, aber es kam alles zurück, sobald mein Vater sagte: »Siehst du, ich wußte, daß du es dir abgewöhnen kannst, wenn du es dir nur richtig vornimmst. Wenn du jetzt nur noch den Kopf stillhältst und nicht mehr diese Geräusche machst, hast du's geschafft.«

Was habe ich geschafft? fragte ich mich. Oft stellte ich mir, während ich wackelte, meine Karriere als Filmstar vor. Da war ich bei der Premiere unter einem flutlichterhellten Himmel, einen Satinschal locker um den Hals geworfen. Mir war klar, daß die meisten Schauspieler eine Liebesszene wahrscheinlich nicht unterbrechen würden, um die Nase gegen das Kamera-Objektiv zu drücken oder während eines dramatischen Monologs ein schnelles »Iiiiiii – asaaaaah« zu plärren, aber in meinem Fall machte die Welt bestimmt eine Ausnahme. »Ein bewegender und anrührender Streifen«, würden die Zeitungen urteilen. »Eine elektrisierende schauspielerische Leistung, bei der einem die Augen aus den Höhlen quellen, bei der das Publikum kreischt, und bei der die Kritik nur noch ›Oscar, Oscar, Oscar!‹ nicken kann.«

Ich würde gern annehmen, daß meine nervösen Angewohnheiten auf der High School abflauten, aber die Klassenfotos sprechen eine andere Sprache. »Wenn man die fehlenden Pupillen hineinzeichnet, ist das Foto gar nicht mal so übel«, sagte meine Mutter. In Gruppenaufnahmen war ich leicht als das Verschwommene in der letzten Reihe zu identifizieren. Eine Zeitlang glaubte ich, ich würde, wenn ich meine Angewohnheiten durch verschrobene Garderobe ergänzte, eher als exzentrisch denn als schlicht zurückgeblieben betrachtet. Ich hatte unrecht. Nur ein erklärter Idiot wäre über die Korridore meiner High School in einem bodenlangen Kaftan gewandelt, und was die zahllosen Medaillons betraf, die mir am Halse hingen, so hätte ich genausogut eine Kuhglocke tragen können. Sie klirrten und klimperten bei jedem Kopfrucken und erregten Aufmerksamkeit, wenn ich ohne sie unbemerkt hätte passieren können. Meine übergroße Brille erlaubte lediglich einen noch klareren Blick auf meine rollenden, zuckenden Augen, und die klobigen Plateausohlen hinterließen dicke Beulen, wenn ich sie dazu nutzte, mir diskret gegen die Stirn zu pochen. Ich war kein schöner Anblick.

Ich kann mich irren, aber meinen Berechnungen zufolge bekam ich während meines gesamten ersten Jahrs auf dem College genau vierzehn Minuten Schlaf. Ich hatte immer mein eigenes Schlafzimmer gehabt, einen peinlich saubergehaltenen und aufgeräumten Ort, an welchem ich meinen Gewohnheiten privat frönen konnte. Nun sollte ich einen Zimmergenossen bekommen, einen wildfremden Menschen, der mir qua gottgegebenes Existenzrecht meine liebgewordenen Lebensgewohnheiten vergällen würde. Der

Gedanke war beschämend, und ich fuhr volle Pulle in der Universität ein.

»Die Ärzte sagen, wenn ich ihn kräftig genug durchschüttle, besteht die berechtigte Hoffnung, daß der Gehirntumor auf eine Größe schrumpft, welche eine Operation unnötig macht«, sagte ich, als mein Zimmergenosse zum erstenmal bemerkte, wie ich mit dem Kopf ruckelte. »Bis dahin wollen die anderen Fachärzte, daß ich diese Augenübungen mache, um das Kornealgewebe, wie sie es nennen, zu kräftigen. Ständig renne ich zum Arzt, aber was will man machen, stimmt's? Pack deine Sachen aus, gewöhn dich schon mal ein bißchen ein. Ich werd nur rasch diese Steckdose mit einem Buttermesser überprüfen und ein paar Gegenstände auf meiner Kommode umstellen. Geht wiiiiie geschmiert; aaaaaaaalles eine Frage der Übung.«

Es war schon schwer genug, sich Ausreden einfallen zu lassen, aber die echte Qual kam, als ich gezwungen wurde, mit Wackeln aufzuhören.

»Haltet ein, o Romeo«, stöhnte mein Zimmergenosse in der ersten Nacht, als er meine Bettfedern quietschen hörte. Er wähnte mich masturbierend, und obwohl ich ihn gern korrigiert hätte, sagte mir etwas, ich würde keinerlei Punkte machen, wenn er erfuhr, daß ich schlicht im Bett wackelte, genau wie jeder andere achtzehn Jahre alte College-Student. Es war eine Folter, dazuliegen und nichts zu tun. Selbst mit Kofferradio und Kopfhörern hatte es keinen Sinn, Musik zu hören, wenn man nicht mit dem Kopf auf dem Kopfkissen auf und ab wackeln konnte. Im wesentlichen ist Wackeln waagerechtes Tanzen, und es erlaubte mir, privat etwas zu treiben, was ich in der Öffentlichkeit verabscheute. Mit dem ruckelnden Kopf, den rollenden Augen und den raschen, dolchstoßartigen Gesten hätte ich eine Sensation sein können, wäre ich aus dem Bett gestiegen und hätte meine Macken auf einem Tanzboden eingesetzt. Ich hätte meinem

Zimmergenossen sagen sollen, ich sei Epileptiker, und es dabei belassen sollen. Dann wäre er zwar ununterbrochen durch den Raum gehetzt, um mir den Spatel von einem Eis am Stiel zwischen die Zähne zu rammen, aber na und? Ich war es gewohnt, mir Splitter aus der Zunge zu klauben. *Was,* so fragte ich mich, *erwartete man denn von einem Durchschnittsmenschen, während er in einem verdunkelten Zimmer ausgestreckt lag?* Es schien witzlos, unbeweglich herumzuliegen und sich ein rosigeres Leben auszumalen. Ich blinzelte in der engen Zelle aus Schlackegemäuer umher, und mir wurde klar, daß mich ein ganzes Leben voller Wunschdenken nicht weiter als bis hierher gebracht hatte. Nie würde es jubelnde Menschenmengen oder angesehene Regisseure geben, die in ihr Megaphon brüllten. Vielleicht mußte ich mich im Liegen mit dieser schroffen Wirklichkeit abfinden, aber während ich das unternahm, konnte ich nicht ein ganz kleines bißchen auf und ab wackeln?

Ich hatte den Vorlesungsplan meines Zimmergenossen auswendig gelernt und huschte in den Pausen aufs Zimmer zurück, wo ich rasend schnell und anfallartig wackelte, ohne es jedoch recht zu genießen, aus Angst, er könnte jeden Augenblick zurückkehren. Vielleicht fühlte er sich nicht, oder er beschloß in letzter Minute, eine Vorlesung zu schwänzen. Dann hörte ich seinen Schlüssel im Schloß, sprang vom Bett auf, fuhr mir durch die Haare und griff nach einem der Lehrbücher auf dem Requisitentisch. »Ich lerne nur gerade für die Töpferei-Prüfung«, sagte ich. »Mehr hab ich gar nicht vor, nur hier schön auf dem Stuhl sitzen und alles über die Geschichte der Töpfe nachlesen.« So sehr ich mich auch anstrengte, es hörte sich immer an, als hätte ich mir etwas Geheimnisumwittertes oder Perverses zuschulden kommen lassen. *Er* wirkte nie im mindesten verlegen, wenn er beim Hören einer seiner vielen Heavy-Metal-Scheiben erwischt wurde, eine Übung, die ich viel beschämender finde als alles, was ich bisher kenne bzw. noch kennenlernen werde, mir jedenfalls bisher noch nicht mal vorstellen konnte. Es gab keinen anderen Ausweg: Ich mußte mir etwas einfallen lassen, um den Typ loszuwerden.

Seine größte Schwäche schien seine Freundin zu sein, deren Fotografie er an einem Ehrenplatz über der Stereo-Anlage angepinnt hatte. Sie gingen seit der zehnten Klasse miteinander, und während er aufs College gegangen war, machte sie in ihrem Heimatort zwei Jahre Schwesternschule. Durch langjähriges Abhören der vierzig Spitzenreiter der aktuellen Schlagerparade hatte ich eine ziemlich lachhafte und klischeelastige Vorstellung von Liebe. Ich hatte das Gefühl nie selbst verspürt, wußte aber, daß es bedeutete, nie *Es tut mir leid* sagen zu müssen. Es kam über Nacht und war voller Pracht. Liebe war eine Rose *und* ein Hammer. Sie machte blind, sie nahm uns alles, doch sie gab auch viel zuviel, sie war, kurzum, ein seltsames Spiel, und durch sie drehte sich die Welt.

Mein Zimmergenosse und seine Freundin glaubten, sie seien stark genug, den Monat zu überstehen, ohne sich zu sehen, aber ich war da nicht so sicher. »Ich weiß nicht, ob ich ihr mit all den Ärzten über den Weg trauen könnte«, sagte ich. »Liebe vergeht wie ein Hauch, besonders in einer Krankenhaus-Umgebung. Konkurrenz belebt das Geschäft, aber Liebe ist keine Einbahnstraße. Denk mal drüber nach.«

Wenn mein Zimmergenosse die Stadt verließ, verbrachte ich das ganze Wochenende wackelnd im Bett und malte mir seinen tragischen Autounfall aus. Ich stellte ihn mir vor, eingewickelt wie eine Mumie, Arme und Beine an Flaschenzügen hängend. »Die Zeit heilt alle Wunden«, sagte seine Mutter und packte die letzte seiner Langspielplatten in einen Pappkarton. »Zwei Jahre Bettruhe, und er ist wieder so gut wie neu. Wenn er aus dem Krankenhaus entlassen wird, richte ich ihm, glaube ich, das Wohnzimmer her. Da gefällt es ihm.«

Manchmal erlaubte ich ihm, mich in einem Stück zu verlassen, indem ich mir vorstellte, daß er zum Militär ging oder seine Freundin heiratete und mit ihr irgendwohin zog, wo es warm und sonnig war, wie Peru oder Äthiopien. Wichtig war nur, daß er das Zimmer verließ und nie wiederkam. Erst mußte ich ihn loswerden, dann den Nächsten, dann den Übernächsten, bis ich allein übrig blieb, privat wackelnd und ruckelnd.

Zwei Monate nach Semesterbeginn machte mein Zimmergenosse mit seiner Freundin Schluß. »Und ich werde Tag und Nacht in diesem Zimmer sitzen, bis ich weiß, was ich falsch gemacht habe.« Er betupfte sich die feuchten Augen mit dem Ärmel seines Flanellhemdes. »Du und ich, kleiner Kumpel. Von jetzt an gibt es nur noch dich und mich und Jethro Tull. Was ist denn mit deinem Kopf? Na, macht der alte Tumor sich wieder mausig?«

»College ist das Beste, was dir je passieren kann«, pflegte mein Vater zu sagen, und er hatte recht, denn dort entdeckte ich die Drogen, das Trinken und das Rauchen. Ich weiß nicht viel über die wissenschaftlichen Aspekte, aber aus irgendeinem Grunde ließen meine nervösen Angewohnheiten nach, als ich mit Zigaretten anfing. Vielleicht war es Zufall, oder möglicherweise zogen sich die Macken angesichts eines Gegners zurück, der – bei allen Gesundheitsrisiken – mit größerer gesellschaftlicher Akzeptanz rechnen kann als das Ausbrechen in kleine, spitze Schreie. Hätte ich nicht geraucht, wäre ich wahrscheinlich unter Medikamente gesetzt worden, die genausoviel Geld gekostet, mir aber das Handwerkszeug vorenthalten hätten: die Feuerzeuge, die ich gedankenlos auf- und zuschnipsen kann; die Aschenbecher, die mir einen legitimen Grund zum Verlassen meines Stuhls verschaffen; schließlich die Zigaretten, die mich beruhigen, während sie mir etwas geben, was ich mit Händen und Mund tun kann. Es war, als sei ich zum Rauchen geboren, und als wären meine Glieder, bis mir das klar wurde, auf der Suche nach einer Alternative gewesen. Alles ist ganz prima, solang ich weiß, daß es eine Zigarette in meiner unmittelbaren Zukunft gibt. Die Menschen, die mich bitten, in ihrem Auto nicht zu rauchen, haben keine Ahnung, was sie sich damit einhandeln.

»Weißt du noch, wie du die Augen gerollt hast?« fragen meine Schwestern. »Weißt du noch, wie du so heftig den Kopf geschüttelt hast, daß deine Brille auf den Holzkohlengrill fiel?«

Wenn sie derlei erwähnen, versuche ich manchmal einen Rückgriff auf meine alten Macken und Gewohnheiten. Wenn ich spät nachts in meine Wohnung heimkehre, fordere ich mich dazu heraus, die Nase gegen die Türklinke zu pressen oder die Augen zu rollen, um den einst so befriedigenden Schmerz hervorzurufen. Oder ich beginne die Papierservietten im Serviettenhalter zu zählen, aber der Übung mangelt es an ihrer alten Dringlichkeit, und ich verliere bald das Interesse. Im Bett wurde genausowenig gewackelt wie sechzigmal hintereinander »Up, Up, and Away« aufgelegt. Ich konnte mir ganz leicht etwas anderes genausooft im Schaukelstuhl anhören, aber die frühere, bettlägerige Methode kann mir keinen Trost mehr spenden, weil ich den Code vergessen habe, den man zum Entziffern des Schlagertextes brauchte, damit der Ruck-und-Zuck-Trick wirkte. Ich weiß nur noch, daß es in einer meiner Geschichten zu diesem Text darum ging, daß sich alle Einwohner von Raleigh, North Carolina, in der Gondel eines Versuchsballons, den ich konstruiert hatte, versammeln mußten. Er war so ausgerüstet, daß er explodierte, sobald die Stadtgrenzen erreicht waren, wovon die Passagiere allerdings nichts ahnten. Die Sonne schien ihnen ins Gesicht, als sie den Blick zum blauen Himmel emporhoben, bereits leicht schwindlig vor Aufregung.

»So ein schöner Ballon!« sagten alle, hielten sich am Geländer fest und klommen treppauf, ihrem feurigen Schicksal entgegen. »Wollen Sie nicht mitkommen?«

»Tut mir leid, Leute«, sagte ich und drückte die Nase gegen die Oberfläche meines Fahrkartenschalters, »aber ich habe andere Pflichten.«

Schafft die Ya Ya raus!

Meine Familie pflegte jahrelang von North Carolina in den westlichen Teil des Staates New York zu fahren, um die Verwandten zu besuchen, die wir zurücklassen hatten. Nachdem wir zehn Tage bei der Familie meiner Mutter in Binghamton verbracht hatten, fuhren wir die halbe Stunde bis nach Cortland, um einen Nachmittag mit der Mutter meines Vaters zusammenzusein, die wir Ya Ya nannten.

Die Ya Ya hatte einen Zeitungs/Süßwarenladen, einen langen, engen Raum mit Zeitschriftenregalen und den hohen, an die Wand gebauten Stühlen, auf denen die Stadtmenschen saßen, wenn sie sich die Schuhe putzen ließen. Sie wohnte über dem Laden in einer Wohnung, in der mein Vater aufgewachsen war.

»Ein Scheiß-Rattenloch«, sagte meine Mutter, und bereits im Alter von sieben Jahren dachte ich: *Sie hat recht. Ein echtes Scheiß-Rattenloch.*

Die Eltern meiner Mutter wohnten ebenfalls in einer Wohnung, aber die war unter dem Gesichtspunkt des Komforts angelegt und eingerichtet, komplett mit Badezimmertür und zwei Fernsehern. Ich verbrachte meine Zeit bei der Ya Ya, indem ich mich fragte, was ihre Wohnung wohl gewesen war, bevor jemand auf die grausame Idee kam, sie als Wohnung zu vermieten. Der dunkle, erstickende Flur war als Küche total fehlbesetzt, und das Badezimmer sah verdächtig nach einem Wandschrank aus. Von Wäscheklammern zusammengehaltene Laken trennten das Schlafzimmer vom Wohnzimmer, wo der Eßtisch stramm zwischen Sofa und Kühlschrank festgekeilt war. Es mußte doch noch was anderes geben, wo man wohnen konnte, vielleicht ein Zelt oder eine verlassene Auspuffwerkstatt, irgendwas, *egal was,* wo es ein bißchen heiterer war.

Ich entsinne mich eines Besuchs, als sie sich ständig über ihr jüngst dahingegangenes Haustier ausließ, einen sturzgewöhnlichen Goldfisch, den sie auf dem einzigen Fensterbrett der Wohnung in einem Krug voll trüben Wassers hielt. Die Ya Ya war von der Arbeit nach Hause gekommen und entschied, als sie den Krug leer vorfand, daß der Fisch sich bewußt aus dem Fenster gestürzt hatte.

»Er nicht mehr froh und denkt, er hat einen Selbstmord«, sagte sie.

»Begeht«, sagte meine Mutter. »Er *beging* Selbstmord.« Sie warf ihre Kippe aus dem Fenster und starrte auf die vollgemüllte Gasse. »Man *hat* keinen Selbstmord, der Selbstmord hat *einen.*«

»Okay«, sagte die Ya Ya. »Aber warum er hat den Selbstmord? Ist hübsch, der Fisch. Warum er will das Leben wegnehmen?«

»Du fragst, *warum?*« Meine Mutter blickte über ihre Sonnenbrille. »Mach die Augen auf und rate frisch drauflos.« Sie leerte den Krug ins Waschbecken. »Diese Wohnung ist eine Abraumhalde.«

»Damit meint Sharon«, sagte mein Vater, »daß ein Fisch nicht in diesen Kategorien zu denken vermag. Sie haben einen winzigkleinen *kephâli* und kriegen keine Depressionen.«

Wenn er mit seiner Mutter sprach, benutzte mein Vater

seine lauteste Stimme und ließ sich ins Pidgin-Griechische hinein- und wieder heraustreiben. »Der *psári* hat's nicht besser gewußt. Es war nicht deine Schuld, *Matéra,* es war ein *láthos.*«

»Er haben den Selbstmord, und ich jetzt traurig manchmal.« Die Ya Ya starrte in die Ferne und seufzte. Ich stelle mir vor, daß sie mit dem Fisch gesprochen hat, ihn so gut sie konnte geliebt hat, aber ihre Zuneigung war, wie ihr Gekoche, frei von allem, was man als normal bezeichnen konnte. Sie betrachtete ihre Enkel, als wären wir Pfandbriefe oder Kommunalobligationen, etwas, das sich durch die schiere Majestät des rein Rechnerischen vermehren mußte. Die Ya Ya und ihr Mann hatten ein Kind hervorgebracht, welches hinwiederum fünf abgeworfen hatte, einen Wohlstand, bestehend aus kernigen Landarbeitern, deren Bestimmung es war, ins Dorf zurückzukehren, um dort Oliven zu zerquetschen oder Windmühlen zu stukkatieren oder was man in ihrem Heimatort so machte. Sie streifte uns immer die Ärmel hoch, um unsere Muskeln zu untersuchen, und runzelte angesichts unserer schwielenlosen Mädchenhände die Stirn. Im Gegensatz zu unseren anderen Großeltern, die uns fragten, in welche Klasse wir gingen oder was unser Lieblingsaschenbecher war, äußerte die Ya Ya nie Interesse an sowas. Die Kindheit war etwas, was man durchstand, bis man alt genug zum Arbeiten war, und Geld war das einzige, was zählte. Sie hätte eher einen Stapel Dollarnoten gebügelt, als eine der Zeitschriften oder Zeitungen aufgeschlagen, die bei ihr auslagen. Sie wußte nicht, wer Präsident war, und noch weniger kannte sie die Hauptpersonen in den Comics, die sie verkaufte wie geschnitten Brot.

»Ich nix kenne den Tsarlie Brown«, sagte sie gern und putzte die Tasten ihrer Registrierkasse mit Spucke. »Vielleicht er ein Tag hiergekommen, aber ich es nix kenne.«

Es war schwer, sich vorzustellen, wie sie ein eigenes Kind

großzog, und es lief einem kalt den Rücken herunter, wenn man sich vorstellte, daß sie genau das getan hatte. Als Baby war meinem Vater eine schlimme Ecke des Zeitungsladens zugewiesen worden, in der er auf einem Teppich aus Zeitungen krabbelte und auf Fünfcentstücken zahnte. Er hatte nie ein Bett gehabt, geschweige denn ein eigenes Zimmer, und war froh gewesen, wenn die Gäste gegangen waren und er das Sofa für sich hatte. Unser Hund hatte es besser.

»Louie«, sagte sie und tätschelte die Haare auf den Knöcheln meines Vaters, »Louie und das Mädchen.«

»Das Mädchen« nannte sie meine Mutter. Meine Eltern waren seit zwölf Jahren verheiratet, und die Ya Ya konnte sich immer noch nicht dazu durchringen, ihre Schwiegertochter namentlich anzusprechen. Mein Vater hatte den Fehler begangen, eine Außenseiterin zu heiraten, und meine Mutter mußte es ausbaden. Sie hatte ihn irgendwie überlistet, sich in ihm verkrallt und ihn von seinen Leuten weggezerrt. Es wäre für ihn in Ordnung gewesen, bis ans Ende seines Lebens zu Hause zu bleiben, *kobolói* zu massieren und bitteren Kaffee zu trinken, aber eine Frau mit zwei nicht ineinander übergehenden Augenbrauen zu heiraten, war unverzeihlich.

»Sag das Mädchen, sie kann jetzt hinsetzen«, pflegte die Ya Ya zu meinem Vater zu sagen, indem sie auf einen Hokker auf der entgegengesetzten Seite des Zimmers zeigte.

»Sag dem Gnom, so lang bleib ich gar nicht«, pflegte meine Mutter zu erwidern. »Ihre Höhle spielt ein wenig ins Unansehnliche, und vielleicht bin ich auch gegen ihren Schnurrbart allergisch.«

Wir verbrachten den Nachmittag am Tisch der Ya Ya und aßen sehniges gekochtes Fleisch, welches mit Spinatauflauf serviert wurde. Das Essen schmeckte, als wäre es Wochen zuvor gekocht und zum Altern in einem muffigen Koffer aufbewahrt worden. Ihre Gerichte waren in etwas unangenehm Feuchtem und Fremdartigem mariniert worden und wurden nicht in Töpfen und Pfannen gekocht, sondern in den gleichen geschwärzten Kesseln, wie sie Hexen verwenden. Sobald serviert war, führte sie eine epische Version des Tischgebets auf. Auf griechisch, sowie auch in gebrochenem Englisch vorgetragen, schloß das Tischgebet Tränen und übertriebenes Händeringen ein und wirkte insgesamt weniger wie ein Gebet als wie ein Zauberspruch.

»Genug skandiert«, sagte dann meine Mutter und schob ihren Teller von sich. »Sag ihr, ich verschwinde, sobald meine Kinder abgefüttert sind.« Oft verließ meine Mutter einfach die Tafel und wartete draußen im Auto, bis wir unsere Mahlzeit beendet hatten.

»Das Mädchen jetzt weg«, sagte die Ya Ya und erhob ihr Glas mit Ginger Ale. »Okay jetzt, wir essen.«

Unsere Besuche endeten mit einem Nimm-was-du-kriegen-kannst-Überfall auf den Laden. »Von jedem nur *eins*«, sagte mein Vater. Meine Schwestern und ich hatten Taschen und Kissenbezüge dabei und räumten die Comics aus den Regalen. Wir stopften uns Socken und Taschen für die zwölfstündige Nachhausefahrt mit Süßigkeiten und Popcorn voll und überwältigten das Wageninnere mit dem Duft von Zeitungspapier und der gruseligen Liebe der Ya Ya.

Meine Mutter ging mit ihrem sechsten Kind schwanger, als wir erfuhren, daß die Ya Ya von einem Lastwagen überfahren worden war. Sie hatte mit weit aufgerissenen Augen mitten auf der Straße gestanden und versucht, durch einfaches feindseliges Anstarren einen herandonnernden Neunachser zum Halten zu bringen, dessen Fahrer eine bemerkenswerte Ähnlichkeit mit meiner Mutter aufwies. So stellte ich es mir vor. Die Wahrheit war weit weniger dramatisch. Sie war offenbar von einem Kleinlaster angefahren worden, der gerade rückwärts einparkte. Der Aufprall war nicht weiter der Rede wert gewesen, aber beim Hinfallen hatte sie sich die Hüfte gebrochen.

»Das ist ja wirklich schlimm«, sagte meine Mutter und bewunderte im Badezimmerspiegel ihre Frisur, von erstem Grau frisch überzuckert. »Jetzt wird man sie erschießen müssen.«

Mein Vater flog nach Cortland und gab, als er zurückkam, bekannt, die Ya Ya werde, sobald sie sich einigermaßen erholt habe, zu uns ziehen. »Ein paar von den Mädchen ziehen in den Keller, und die Ya Ya kriegt das Schlafzimmer gegenüber vom Elternschlafzimmer; das wird doch toll!« Er bemühte sich, es verrückt und abenteuerlich klingen zu lassen, aber der arme Mann konnte niemanden hinters Licht führen und meine Mutter schon gar nicht.

»Was ist denn so verkehrt an einem Altersheim?« fragte sie. »Normale Menschen machen sowas. Du könntest sie auch, das wäre noch besser, an einen Streichelzoo vermieten. Schmuggel sie auf einen Tanker und verschiff sie in die alte Heimat, das wär doch was. Besorg ihr einen 24-Stunden-Babysitter, schreib sie beim gottverdammten Peace Corps ein, kauf ihr ein Wohnmobil und bring ihr Autofahren bei –; ich weiß nur, daß sie hier nicht einziehen wird, hast du das kapiert? *Mein* Haus wird sie jedenfalls nicht volljammern, Kumpel, das kommt gar nicht in die Tüte.«

Wir hatten zwei Jahre in unserem Haus gewohnt, und es roch immer noch neu, bis die Ya Ya mit ihren Decken und Koffern und ihren vom Mehltau befallenen dickpolstrigen Sesseln einzog, die den unverkennbaren Ruch ihrer alten Wohnung in sich trugen. Über Nacht roch unser Eigenheim wie der Umkleideraum in der Griechisch-Orthodoxen Kirche.

»Es liegt am Weihrauch«, sagte meine Mutter. »Sag ihr, sie darf in ihrem Zimmer keine stinkende Myrrhe mehr verbrennen.«

»Sag das Mädchen, sie mir soll wiedergeben meine Streichhölzer«, sagte die Ya Ya.

Für eine Stadt ihrer Größe beherbergte Raleigh eine erstaunliche Anzahl von Griechen, deren gesellschaftliches Leben sich rings um die Holy Trinity Orthodox Church abspielte. Unser Vater setzte uns jeden Sonntag auf dem Weg zum Golfplatz dort ab und holte uns eine bis zwei Stunden nach dem Gottesdienst wieder ab. »Da lernt sie viele neue Freunde kennen«, sagte er voraus. »Sie werden sie lieben in der Kirche.«

Es gab in Holy Trinity eine ganze Reihe alter Muttchen, Witwen wie die Ya Ya, schwarz gekleidet, die sich mit Stöcken und Gehhilfen fortbewegten. Trotzdem war es schwer vorstellbar, daß die Ya Ya sich mit jemandem anfreunden sollte. Sie fuhr nicht Auto, schrieb keine Briefe und telefonierte nicht und erwähnte nie jemanden in Cortland, wo sie x Jahre lang hätte Freundschaften schließen können. Warum glaubte mein Vater, sie würde sich urplötzlich ändern?

»Sie könnte doch zum Beispiel mit Mrs. Dombalis ins Kino gehen«, sagte er.

»Genau«, stimmte meine Mutter zu. »Und danach pfeifen sie sich beim Argentinier ein paar Steaks rein, bevor sie die Diskothek aufmischen. Traurig, aber wahr, Baby: Es wird nie geschehen.«

An ihrem ersten Sonntag in unserer Kirche unterbrach die Ya Ya den Gottesdienst, indem sie ihren Stock wegschmiß und auf Händen und Knien durch den Mittelgang kroch. Der Pope sah sie kommen, und wir beobachteten, wie sein Blick nervös flackerte und er erst einen Schritt zurücktrat und dann noch einen und dann noch einen. Der Mann klebte am Altar, als die Ya Ya ihn endlich erreicht hatte und seine Schuhe erst liebkoste und zum Schluß auch noch abküßte.

Jemand mußte vortreten und die Situation unter Kontrolle bringen, aber meine Mutter war zu Hause und schlief, und mein Vater war auf dem Golfplatz. Blieben meine Schwestern und ich, und wir wollten nichts damit zu tun haben. Mitglieder der Gemeinde drehten sich um, suchten nach näheren Verwandten, und wir taten es ihnen gleich.

»Keinen Schimmer«, sagten wir. »Ich habe diese Frau noch nie gesehen. Vielleicht gehört sie zu den Stravides'.«

Mit der Zeit lernten wir, uns auf dieses Verhalten einzustellen. Meine Mutter nahm die Ya Ya mit ins Warenhaus, und hinter den Regalen beobachteten wir, wie sie mit BH und knielanger Unterhose die Umkleidekabine verließ. Auf dem Parkplatz bückte sie sich, um leere Dosen und Styropor-Becher und Stückchen Pappe und Fetzen Papier aufzuheben, welche sie dann froh aus dem Fenster warf, sobald das Auto eine feine, manikürte Wohngegend erreicht hatte. Sie war nicht senil oder ressentimentgeladen, sie hatte nur ihre eigene Art, Dinge zu tun, und verstand die ganze Aufregung nicht. Was war denn so verkehrt daran, Brotteig auf dem Küchenfußboden zu kneten? Wer sagt, ein neugeborenes Baby soll sich sein Bettchen nicht mit einem riesenhaften Holzkreuz teilen? Wer sagt, man soll sein hüftlanges Haar nicht mit Olivenöl behandeln? Was für Flekken auf dem Sofa? Wovon redet ihr eigentlich die ganze Zeit?

»Sowas kommt vielleicht auf dem Olymp ganz gut an«, sagte meine Mutter. »Aber in *meinem* Haus waschen wir die Strümpfe nicht in der Kloschüssel.«

Die Ya Ya akzeptierte die Frauen in meiner Familie als eine weitere kleine Enttäuschung, die das Leben für sie bereitgehalten hatte. Mädchen mußte man dulden, aber jeder Junge war ein König, zum Verwöhnt- und Mit-sauren-Klößen-vollgestopft-werden geboren. Sie war außer sich vor Freude, als meine Mutter mit ihrem letzten Kind niederkam, einem Jungen, den die Ya Ya Hercules nennen wollte.

»Pouláki mú«, sagte sie und drückte mir einen halben Dollar in die Hand. *»pouláki mú krísom.«* Das war ihr üblicher Kosename für mich, roh übersetzt »mein goldnes Vögelein«. »Du jetzt hole Baby, und wir es geben Zuckerzeug.«

Mein Bruder und ich gewöhnten uns an die Ya Ya als eine Art primitiven Bankautomaten. Sie war immer für ein bis zwei Dollar gut, und weil wir Jungens waren, brauchten wir ihr nur die Autotür zu öffnen oder sie davon zu informieren, daß ihr Weihrauch soeben eins ihrer bestickten Kissen in Brand gesetzt habe. Ich hatte gelernt, sie nie in die Öffentlichkeit zu begleiten, aber davon abgesehen, hatten die Ya Ya und ich keine Probleme miteinander. Ich sah sie als guten Geist, stumm und unsichtbar, bis man ein bißchen Taschengeld brauchte. Wenn die Ya Ya fernsah, konnte man jederzeit das Programm wechseln; man brauchte nicht mal zu fragen. Sie konnte von der Ansprache des Präsidenten zur Lage der Nation zu einem Bullwinkle-Zeichentrickfilm übergehen, ohne je den Unterschied zu bemerken. Man konnte neben ihr im Wohnzimmer sitzen, war aber nie gezwungen, ihr einen Snack zu holen oder sie in irgendeiner Weise zur Kenntnis zu nehmen. Das war Aufgabe unserer Mutter, damit hatten wir nichts zu tun. Hin und wieder verließ sie den Vorgarten, und die Nachbarn riefen an: »Wußtet ihr, daß eure Großmutter bei uns ist und Sachen vom Vordergartenrasen pflückt?«

Wir gaben unserer Mutter den Hörer. »Das ist wahrscheinlich nur Löwenzahn«, seufzte sie dann und trocknete sich die Hände am Rock ab. »Keine Sorge, wir werden Ihnen nichts für die Gartenarbeit berechnen.«

»Man sollte meinen, sie kriegt bei uns nichts zu essen«, beklagte sich meine Mutter, wenn mein Vater von der Arbeit kam. »Jetzt ist sie wieder unterwegs und sammelt Nüsse und frißt den Shirks' die Sonnenblumenkerne aus dem Vogelhäuschen. Wie peinlich.«

Die Ya Ya wanderte los und kam mit einer Schürze voll Grünzeug zurück, welches sie zu einer Paste verkochte. »Vielen Dank«, sagten wir und schirmten unsere Teller angesichts des sich nähernden Kessels ab. »Ist bestimmt ganz köstlich, aber ich spar mir noch etwas Appetit für die Boviste auf, die du bei den Steigerwalds unter der Hundehütte gefunden hast.«

Je länger die Ya Ya bei uns lebte, desto weiter entfernte sich unsere Mutter. Wir Kinder hatten sie als große Schönheit angebetet, aber sechs von uns plus eine Schwiegermutter hatten begonnen, ihren Tribut zu fordern. Dem Gläschen Wein zum Abendessen ließ sie nun eine Serie von Cocktails vorausgehen und folgen, wodurch sich ihre Wut noch verfestigte. Anstatt sich zu uns an den Tisch zu gesellen, aß sie lieber in der Frühstücksecke, auf einen Hocker gekauert, trug eine Sonnenbrille und drückte ihre Zigaretten auf dem Tellerrand aus. Bei der Ya Ya war Diabetes diagnostiziert worden, und meiner Mutter fiel die undankbare Aufgabe zu, ihr eine Spezialdiät zuzubereiten und sie zu ihren zahlreichen Arztterminen in der Stadt herumzufahren. Meine Mutter mußte die Insulininjektionen an Apfelsinen üben und die Pillen austeilen. Sie mußte die Erdnußbutter verstecken und die Bonbons beschlagnahmen, die in den Kommodenschubladen versteckt waren –, den Kommodenschubladen einer Frau, die sich immer noch weigerte, sie mit Namen anzureden. Abends kam mein Vater nach Hause und hörte Beschwerden, in zwei schroffen Sprachen vorgetragen. Meine Mutter bot an, das Baby zu verkaufen, eine Teilzeitarbeit bei der Tabakernte anzunehmen – alles, damit das Geld für ein Altersheim reichte –, aber selbst die Katze verstand, daß mein Vater seine Mutter nicht in eine Anstalt geben konnte.

Es war gegen seine Religion. Sowas *taten* Griechen nicht. Sie waren zu geizig; das ist es, was ihre Familien schon immer zusammenhielt. Die gesamte Anmutung des Altersheims war etwas, was sich Leute wie meine Mutter ausgedacht hatten: amerikanische Frauen mit Sonnenbrille, ständig auf der Suche nach ihrer Bräunungslotion oder ihrem Feuerzeug. Er konnte seine Mutter nicht vor die Tür setzen, aber pflegen konnte er sie auch nicht. Der Konflikt spaltete die Familie in zwei deutlich geschiedene Lager. Meine Mutter und meine Schwestern kratzten sich in der einen Ecke Brotteig von den Absätzen, während mein Vater, mein Bruder und ich in der anderen Ecke mit Kleingeld klimperten. Die Kinder bildeten ein Komitee und traten in der Einfahrt zusammen, um über die bevorstehende Scheidung unserer Eltern zu debattieren. Kundschafter, die vor dem Elternschlafzimmer postiert waren, berichteten, meine Mutter habe etwas geworfen, was geklungen habe wie ein Aschenbecher. Ein Spähtrupp wurde ausgeschickt und kehrte mit einem lädierten Radiowecker und dem Immobilienteil der Zeitung zurück, an den Rändern mit den für Mutter charakteristischen Sternchen und Häkchen markiert. Wie viele Schlafzimmer gab es in der Wohnung? Wen nahm sie mit, wenn sie ging? Wenn wir bei Vater und Ya Ya blieben, wäre unser ungestörtes Privatleben gewährleistet –, aber was brachte das, wenn Mutters Aufmerksamkeit alles war, wofür wir lebten?

»Sag deiner Kuh, sie soll ihre Nahrungsaufnahme etwas gedämpfter gestalten«, rief meine Mutter von ihrem Hocker in der Frühstücksecke. »Ihr Wiederkäuen ist ja bis an die Staatsgrenze zu hören.«

»Ach, Sharon«, seufzte mein Vater.

»Ach, Sharon kannst du an ihrem Fettarsch lecken«, rief meine Mutter, schleuderte ihren Teller auf die Frühstückstheke, von welcher er auf den Fußboden trudelte. Wenig später hatte sie ihre Formulierung überdacht und fügte hinzu: »Fett ist er, der Arsch, aber längst nicht so fett wie der Allerwerteste deiner preisgekrönten Färse, die sich die drei Sack Klee einhilft, die sie vom Vorgartenrasen der Kazmerzacks abgeerntet hat, du Muttersöhnchen.«

Meine Mutter hatte eine wohlhabende Tante, eine berechnende und ehrgeizige Frau, welche die Gründer zweier Warenhäuser in Cleveland geheiratet hatte. Die Frau starb verfolgungswahnsinnig und kinderlos und hinterließ den Großteil ihres Besitzes meiner Mutter, ihrer Schwester und einer Handvoll Nichten. Eigenes Geld verlieh meiner Mutter zusätzliche Hebelwirkung. Sie gewöhnte sich an, in einem weißen Nerzumhang durch das Haus zu wandern und dabei laut aus den verschiedenen Immobilienbroschüren vorzulesen, mit denen sie von einem Manne versorgt wurde, der eines Nachmittags erschien und sich als ihr Broker vorstellte.

»Die hier hat eine geräumige Sauna aus Redwood-Holz, separate Schlafzimmer für jedes meiner Kinder *und* unverbaubaren Blick auf ferne Vulkane. Hier steht: ›Besonders geeignet für geschiedene Damen, keinerlei Griechen zugelassen.‹ Das hört sich ja *aller*liebst an! Meint ihr nicht?«

Das Geld machte sie gefährlich, und innerhalb eines Monats war es beschlossene Sache, daß die Ya Ya in ein Altersheim geschickt werden sollte. Mein Vater packte ihre Effekten in den Kombi, wir folgten im Cadillac meiner Großtante und zankten uns darum, wer den Sitzbezug aus Webpelz behalten durfte.

Zuerst kam sie in eine private Einrichtung, wo sie sich ein Zimmer mit einem weißhaarigen, wahnsinnigen Kobold namens Mrs. Denardo teilte, welcher spät nachts aus dem Bett krabbelte, um in den Präsentkorb zu scheißen und das Gebiß der Ya Ya im Wasserkasten der Toilette zu verstecken, wo es schön frisch bleiben sollte.

»Ich bin Jesu Christi Stiefschwester und wurde zurückgesandt auf Erden, um all die faulen, gottverdammten Nigger zu verhaften und ihnen beizubringen, daß sie Rippchen so braten sollen, wie sich das gehört, verdammtnochmal.«

Wir waren entzückt und gaben ihr die Geschenke, die wir der Ya Ya mitgebracht hatten.

»Was ist das? Ein Säckchen Mandeln, sagt ihr? Die könnt ihr euch ins zum Kuß geschürzte Pupsloch stecken, soweit es mich betrifft. Ich will bodenlange Gardinen und dazu passende Schuhe.«

Die Ya Ya beschwerte sich unermüdlich, aber meine Geschwister und ich, in der energisch vorgetragenen Saga ihrer Zimmergenossin verloren, hörten gar nicht hin. Wir organisierten einen bunten Abend, ganz auf Mrs. Denardos exotischen Geschmack zugeschnitten, und übten wochenlang, von dem Lied »Getting to Know You« bis hin zu einer Dramatisierung des Massakers am St.-Valentinstag.

»Eure Show war die allerletzte Scheiße«, schrie sie, von einem Publikum aus strahlenden älteren Mitbürgern umgeben. »Ihr wißt doch einen Scheißdreck von der ganzen Kacke, ihr Nigger.«

Das Privatkrankenhaus hatte sieben Kreise der Hölle, und als Mrs. Denardo nach oben in deren dampfenden Kern verlegt wurde, verloren mein Bruder, meine Schwestern und ich das Interesse an der Ya Ya.

Sobald der Bau vollendet war, zog die Ya Ya in ein funkelnagelneues Gebäude ausschließlich für alte Leute, ein Hochhaus namens Capitol Towers. In den Apartments gab es metallisch glänzende Tapeten und modisch asymmetrische Zimmer, und die durchgehenden Panoramafenster boten Aussicht auf die neue Einkaufspassage. Niemand in Raleigh wohnte in einem Hochhaus, und zunächst waren wir von dem Glanz geblendet. Meine Schwestern und ich mißgönnten einander die Gelegenheit, eine Nacht im fetzigen Klubhaus der Ya Ya zu verbringen, und abwechselnd standen wir nacheinander vor dem eingefärbten Fenster, ließen die Eiswürfel in unserem alkoholfreien *mocktail* klirren und taten, als wären wir vom Lichterglanz des Stadtteils North Hills ganz gebannt und hin.

Mir machte es Spaß, so zu tun, als wäre dies mein Apartment und die Ya Ya nur zu Besuch.

»Hier kommt die Hausbar hin«, sagte ich und deutete auf ihre schäbige Eßecke. »Der Filmprojektor kommt neben die Andachtsecke, und die Trennwand hauen wir weg; da machen wir eine Kommunikationsmulde draus.«

»Okay«, sagte die Ya Ya und betrachtete ihre gefalteten Hände. »Du mache Mulde.«

Wieder hoffte mein Vater, die Ya Ya werde Freundschaften schließen, aber die Frauen in den Capitol Towers waren eher kurzhaarige moderne Großmütter mit Kompaktautos und stilvollen Hosenanzügen aus Jeansstoff. Sie hielten sich mit Ehrenämtern auf Trab und organisierten Busfahrten nach Ocracoke und ins koloniale Williamsburg.

»Wie niedlich!« sagten sie kriecherisch angesichts eines Weihnachtsmannes aus Seidenpapier, der die Lobby schmückte. »Ist er nicht niedlich? Erst neulich habe ich zu Hassie Singleton gesagt: ›Dieser Sankt Nikolaus ist ja wohl das Niedlichste, was ich je gesehen habe!‹ Und wo wir gerade von ›niedlich‹ sprechen, wo hast du bloß diesen Trainingsanzug gekauft? Meine Güte, ist der niedlich!«

Das Wort *niedlich* illustrierte genau die Kluft zwischen der Ya Ya und ihren neuen Nachbarn. Wenn man es in all seiner Lächerlichkeit konsequent anwandte, traf dieses allgemeine Losungswort auf nichts zu, was mit ihrem Leben zu tun hatte. Sie besaß weder Make-up noch Schmuck, trug keine luftigen, paillettenbestickten Sweatshirts oder Maßhosen. Ihre Tür war frei von jahreszeitlichem Buntpapier, und einen Square-Dance-Kurs belegte sie ebensowenig, wie sie sich den Baptistinnen zu einer Besichtigungstour der historischen Strumpfhosenfabrik in Winston-Salem anschloß. Sie verließ ihr Apartment nur, um den Gemeinschaftsgarten zu durchwühlen oder um still schluchzend im Empfang zu sitzen, wobei sie sich die Augen mit dem Papier der jeweils aktuellen Festtagsdekoration trocknete. Dies war nicht das Bild, welches sich die Capitol Towers nach außen wünschten. Hier waren robuste Senioren, die hofften, aus ihrem Ruhestand das Beste zu machen, und der Anblick unserer trauernden schwarzgekleideten Ya Ya ließ ihnen zu sehr die Luft raus. Die Geschäftsleitung deutete an, sie könne sich vielleicht woanders noch behaglicher fühlen. Juristisch erfüllte sie ihre Wohnrechtsbedingungen, aber seelisch war sie zu düster schattiert. Sie begannen sie im Auge zu behalten, ob sie ihr irgendeine Formsache anhängen konnten, und waren außer sich vor Freude, als sie eines Nachmittags einschlief und mit ihrem vergessenen Bügeleisen einen kleinen Brand verursachte. Gezwungen, Capitol Towers zu verlassen, nahm die Ya Ya ihren Wohnsitz in oder auf Mayview, einem gedrungenen Altersheim aus roten Ziegeln, direkt neben dem alten Kreisarmenhaus. Hier wohnten ältere, beträchtlich weniger mobile Menschen als die Bande vom Capitol Towers. Viele der Insassen waren an den Rollstuhl gefesselt, ihre gefleckte Kopfhaut war durch Büschel ungekämmten Haars sichtbar. Sie bepinkelten sich, saßen furzend in der Eingangshalle und kicherten anerkennend über die Trompetentöne, die ihren Schlafanzügen entwichen. Mayview unternahm – im Gegensatz zur vorherigen Bleibe der Ya Ya – keinerlei Anstrengungen, das Unvermeidliche zu bemänteln. Von wohlverdienten goldenen Jahren war keine Rede, nichts war mit Busfahrten oder Kunsthandwerk mit Tombola. Dies war es, Endstation, wir bitten, vor dem Aussteigen noch einmal gründlich in den Gepäckfächern über dem Sitz nachzusehen, damit nichts liegenbleibt.

Es war ein trauriger Ort, um die Nachmittage zu verbringen, und anstatt den Todeskampf ihrer Zimmergenossin zu ertragen, brachte mein Vater die Ya Ya oft zu uns nach Hause, wo sie in der Einfahrt saß und vor sich hin starrte, bis es dunkel genug war und sie ein paar Motten fangen konnte.

Eines Abends saß sie mit uns im Hintergarten beim Essen, als mein Vater, der versuchte, sie ins Gespräch mit einzubeziehen, sagte: »Ihr immer mit euern Schauergeschichten. Habe ich euch je erzählt, daß die Ya Ya ihren eigenen Bruder tot mitten auf der Straße gefunden hat? Der Typ war vom Kinn bis zum Schritt aufgeschlitzt, nur so aus Quatsch von Rebellen ermordet. Ihr eigener Bruder! Könnt ihr euch sowas vorstellen?«

»Ich stell mir das jeden Tag vor«, sagte meine Schwester Lisa. »Warum hat *sie* immer soviel Glück?«

»War da viel Blut?« fragte ich. »Hat er sich in die Hose gekackt? Ich hab gehört, das macht man, wenn man stirbt. Fühlten sich seine inneren Organe weich an, oder waren sie von der Sonne verhärtet? Wie alt war er? Wie hieß er? War er niedlich?«

Die Ya Ya wandte den Blick ab, auf den Basketballplatz der Nachbarn. »In Name von Segne-Jesus«, sagte sie und bekreuzigte sich mit einem gegrillten Hühnerbein.

Es machte einen wahnsinnig, wenn man versuchte, Informationen aus ihr herauszubekommen. Da hatte sie nun ein völlig gebanntes Publikum *und* eine grausige Geschichte, war aber nicht willens, sie mitzuteilen. Mein Vater hatte uns mehrmals erzählt, daß ihre Heirat arrangiert gewesen war. Als junge Frau war sie aus ihrem Dorf in Griechenland nach New York City geschickt worden, wo sie gezwungen war, einen wildfremden Mann zu heiraten, unbesehen.

»Hattest du einen Plan B, falls er mißgestaltet war?« fragten wir. »Als ihr euch dann kennengelernt habt, hast du ihn geküßt oder ihm nur die Hand gegeben? Woher wußtest du, daß ihr nicht verwandt wart? Bist du vorher auch mit anderen Typen ausgegangen?«

Keine unserer Fragen wurde beantwortet. Was für uns Neuigkeitswert hatte, war für sie nur ein weiteres profanes Detail aus ihrem Leben. Ihr Ehemann, der Mann, den wir Papou nannten, war genauso verdrießlich gewesen wie sie. Wir mußten ihre Fotografien auf den Kopf stellen, wenn wir sie bei einem Lächeln erwischen wollten. Daß sie nur ein Kind hatten, sagte uns alles über ihr Geschlechtsleben, was wir wissen mußten. Er arbeitete, sie arbeitete, ihr Kind arbeitete; mehr hatten sie nie vom Leben erwartet. Der Papou war gestorben, als ich sechs Jahre alt war. Er war nachts noch spät im Zeitungsladen gewesen, als Eindringlinge ihm ein Bleirohr über den Kopf hieben, wodurch in seinem Kopf eine Ader platzte. Er wurde ins Krankenhaus geschafft und starb am 25. Dezember.

»Hast du trotzdem die Geschenke ausgepackt?« fragten wir. »Als er starb, hat er sich da in die Hose gekackt? Haben sich die Diebe auf das Geld konzentriert, oder haben sie, wo sie sowieso gerade da waren, auch Zeitschriften und Schokoriegel mitgenommen? Hat man sie gekriegt? Mußten sie auf den elektrischen Stuhl? Als sie hingerichtet wurden, haben sie sich da in die Hose gekackt?«

»Er jetzt ist bei Jesus«, sagte die Ya Ya. Ende der Geschichte. Wir fragten meinen Vater. Er sagte nur: »Er war mein Vater, und ich habe ihn geliebt.«

Das war nicht die Information, die wir suchten, aber bis heute ist das seine einzige Antwort. Ist es Loyalität, was ihn davon abhält, Geheimnisse über die Toten auszuplaudern, oder gibt es einfach nichts zu berichten? Wie kann man so viele Jahre bei jemandem am Fußende schlafen und sich an kein einziges Detail erinnern?

»Natürlich liebt ihr die Ya Ya«, sagte er. »Sie ist eure

Großmutter.« Er stellte das als natürliche Folge dar, was unserer Ansicht nach kaum der Fall war. Man konnte einen Blutsverwandten haben, aber das bedeutete nicht, daß man ihn lieben mußte. Unsere Zeitschriftenartikel und Nachmittags-Talkshows lehrten uns, daß die Menschen sich ihre Liebe vom einen Tag auf den nächsten ständig neu verdienen mußten. Die Familie meines Vaters verließ sich auf ein Regelwerk, welches nicht mehr in Kraft war. Es genügte nicht, wenn man seinen Kindern ein Elternhaus mit allem Drum und Dran bot und ihnen alles verfügbare Kleingeld aushändigte; man mußte, während man das tat, auch noch *Spaß* machen. Für die Ya Ya war es zu spät, aber mein Vater, der in den folgenden Jahren immer nervöser wurde, konnte es noch schaffen. Er beobachtete meine Mutter, wie sie im Schlafzimmer Hof hielt, und fragte sich, wie sie das machte. Gelegentlich schnauzte sie uns an, aber wenn sich der Qualm verzogen hatte, sammelten wir uns wieder zu ihren Füßen und kämpften um ihre Aufmerksamkeit.

Ich war in meinem zweiten Jahr auf dem College, als ich erfuhr, daß die Ya Ya gestorben war. Meine Mutter rief an, um es mir zu sagen, ich hatte mir den Hörer unters Kinn geklemmt, einen Joint in der einen, ein Bier in der anderen Hand, und sah auf die Uhr: 11:22 h. Mein Zimmergenosse hörte zu, und weil ich ihn als sensibles und komplexes Menschenwesen beeindrucken wollte, warf ich mich aufs Bett und machte das Beste daraus. »Das kann doch nicht wahr sein«, plärrte ich. »Das ist doch nie und nimmer wa-ha-ha-ha-hahr.« Meine Schluchzer klangen, als läse ich sie von einem Blatt Papier ab. »A-ha-ha-ha-ha-ha. A-hu-hu-ha-ha-ha-ha-ha.« Ich hatte gerade *Eine Weihnachtserinnerung* von Truman Capote gelesen und versuchte, sie als meine eigene auszugeben. »Mir ist, als wäre ein Stück von meiner Seele abgerissen worden, und nun bin ich ein Drachen ohne

Schnur«, sagte ich und rieb mir die Augen, um etwas Tränenähnliches zu erzeugen. »Heute nachmittag werde ich über den Campus gehen und den Himmel absuchen; bestimmt finde ich zwei herzförmige Wolken.«

»Ich hab genau das Richtige für dich, Kumpel«, sagte mein Zimmergenosse. »Genau das Richtige für dich und mich, weil, ich weiß nicht, ob ich dir das gesagt habe, meine Oma ebenfalls vor ein paar Monaten gestorben ist. Mein Bruder hatte sie besucht, um seine Klamotten zu waschen, und da lag sie, mausetot vor ihrem Trophäenschrank. Herb, sowas, mein Freund. Da ist für dich und mich ein bißchen gepflegte Trauerarbeit angesagt, und ich hab genau das Richtige, um den Geist zu lösen.«

Seine Therapie erforderte zwei Portiönchen LSD, einen Beutel mit Eiswürfeln und eine Nadel. Wir benutzten ein gemeinsames Paar echtgoldener Ohrpflöcke und saßen halluzinierend in der Küche des Wohnheims, während ein angehender Anwalt in Strafsachen uns Ohrlöcher stach.

Am nächsten Tag flog ich heim nach Raleigh, wo mein Vater sagte: »Mit einem Ohrring kommst du mir nicht ins Haus. Du. Mir. Nicht.«

Ich verbrachte die nächsten Stunden in der Einfahrt, drohte, ich würde im Kombi schlafen, weigerte mich, wegen seinesgleichen meinen guten Ruf aufs Spiel zu setzen. »Arschloch!« gellte ich. »Nazi!«

»Hör zu«, sagte meine Mutter und kam mit einem Tablett voller murmelgroßer Fleischklöße vor die Tür. »Du nimmst den Ohrring ab, wir gehen auf die Beerdigung, du steckst ihn wieder rein, bevor dein Flieger geht. So schnell schließt sich das Loch nicht wieder; das versprech ich dir. Ich möchte, daß du das für deinen Vater tust, alles klar?« Sie stellte das Tablett auf die Kühlerhaube, nahm sich einen Fleischkloß und studierte ihn kurz. »Außerdem sieht ein Ohrring echt blöd aus, wenn er mit einer Brille kombiniert wird. Er sendet dann eine gemischte Botschaft, und der Effekt ist, naja, zwiespältig. Gib mir den Ohrring, ich heb ihn solang für dich auf. Dann möchte ich, daß du reinkommst und mir beim Hausputz hilfst. Morgen nachmittag kommen die Griechen, und da müssen wir den Schnaps verstecken.«

Ich entfernte den Ohrring und trug ihn nie wieder. Rückblickend schäme ich mich, weil ich ausgerechnet diesen Zeitpunkt wählte, um mich aufzulehnen. Mein Vater hatte gerade seine einzige Mutter eingebüßt, und ich nahm an, er empfinde, genau wie wir alle, nichts als Erleichterung. Jetzt war er von seinem griechischen Anker gekappt und konnte frei durch unsere kräftigenden amerikanischen Fluten kreuzen. Die Ya Ya hatte weder Geld noch Grundbesitz hinterlassen, keine Rezepte von unschätzbarem Wert oder kostspielige Andenken, nichts als ein Gefühl der Erlösung; und was ist das für ein Erbe? Ich kann mir nicht helfen, aber ich stelle mir vor, sie ist mit höherfliegenden Zielen aufgebrochen. Als junges Mädchen in Griechenland muß sie doch auch über Witze gelacht haben, die nur sie und sonst noch wer verstanden hat, und für den einen oder anderen jungen Steinmetz namens Xerxes oder Prometheus geschwärmt. Als man ihr sagte, sie würde in eine neue Welt geschickt, hat sie sich hoffentlich ein paar Stunden freigenommen, um sich ein Leben voller Kuchen und Dienstboten auszumalen, ein Leben, in welchem ihr jemand die Schuhe putzt und das Geld bügelt. Das Leben hatte sie dazu verurteilt, von Fremden umgeben zu sterben. Auf die Weide geschickt, zog sie es vor, ihre letzten Jahre zu vergrübeln und im engen Geviert ihrer von Wohlgerüchen durchzogenen Box vom einen Fuß auf den andern zu treten.

»Wenn ich so werde, möchte ich, daß ihr mich erschießt. Ohne Fragen zu stellen«, flüsterte meine Mutter. »Reißt die Versorgungsschläuche raus und stellt die Monitore ab, aber unter gar keinen Umständen möchte ich, daß ihr mich in den Keller verlegt.«

Wir nickten dem Sarg zu – mein Bruder, meine Schwestern und ich – und wußten, daß es mit ihr nie soweit kommen würde. Unser Vater dagegen, der Mann, der in der ersten Reihe weinte, der würde mehr Arbeit machen.

Familienbande

*I*ch fand das Buch in den Wäldern, versteckt unter einer Sperrholzplatte, der Einband abgerissen und die Seiten feucht und angeschimmelt.

Brock und Bonnie Rivers standen in ihrer Einfahrt und winkten Pfarrer Hassleback zum Abschied ein Lebewohl hinterher.
»Lebewohl«, sagten sie und winkten.
»Lebewohl«, erwiderte der Pfarrer. »Sagt euren beiden halbwüchsigen Kindern, Josh und Sandi, daß sie erstklassige Novizen sind. Sie sind brave Kinder«, fügte er mit einem Augenzwinkern hinzu. »Fast so gut und geil wie ihre Eltern!«
Die Rivers lächelten beifällig und hoben abermals die Hände zu einem Winken. Als das Auto des Pfarrers schließlich die Einfahrt verließ, blieben sie noch einen Augenblick lang im hellen Sonnenschein stehen, bevor sie in den Keller stiegen, um die Kinder loszubinden.

Das Thema des Buches war, daß die Menschen nicht immer das sind, was sie zu sein scheinen. In ihrer gehobenen Mittelstandsgemeinde hochgeachtet, praktizierte die Familie Rivers eine wörtliche Interpretation des Satzes »Liebe Deinen Nächsten«. Gelenkig wie die Bodenturner, waren diese Leute ebenso schamlos wie unersättlich. Da trieb es Vater mit Tochter, Bruder mit Schwester, Mutter mit Sohn: Nachdem jede mögliche Kombination erschöpft war, erweiterten sie den Kreis um geile Kapitäne zur See und vagierende Scherenschleifer. Sie trieben es in Höhlen mit ihrem Dobermann und auf dem Dachfirst mit dem Bautrupp, der die Schindeln erneuern sollte. Die ersten beide Male, die ich das Buch las, war die Lektüre so schön, daß es weh tat. Ja, diese Leute waren schlimm, aber mit dreizehn Jahren konnte ich ihre ansteckende Energie und beherzte Lebenslust nur bewundern. Beim dritten Mal war ich schockiert, nicht vom Benehmen der Romanfiguren, sondern von den unzähligen Satzfehlern. Hatte es denn niemand für nötig gehalten, dieses Buch mal korrekturzulesen, bevor es in Druck ging? Im Eingangskapitel dieses Buches erleben wir die Tochter mit dem *Pummel* ihres Bruders in der *Mischi,* wobei sie »*Bims* mich, so *dull* du kannst« ruft. Als der Sohn auf Seite dreiunddreißig Sex mit seiner Mutter hat, hinterläßt er bei der Frau »*Totten,* die von *Sparma* glänzten«.

Ich zeigte das Buch meiner Schwester Lisa, die es mir mit den Worten »Laß mich das erst mal behalten« aus den Händen riß. Wir tauschten oft Jobs als Babysitter und betrachteten uns im Bereich der literarischen Pornographie als recht belesen.

»Sieh im Elternschlafzimmer unter den Pullovern in der zweiten Schublade in der weißen Kommode nach«, sagte sie. Wir hatten beide *Die Geschichte der O* und die gesammelten Schriften des Marquis de Sade mit einem Auge auf der Haustür gelesen, immer in der Furcht, die Hausherren könnten reinkommen und uns mit gestachelten Peitschen und heißen Ölen foltern. »Ich kenne euch«, sagte unser Blick, wenn die Eltern ihre schlafenden Kinder überprüften. »Ich weiß alles über euch.«

Das Buch ging von Lisa an unsere elfjährige Schwester Gretchen, die es als aufrüttelndes Enthüllungs-Sachbuch über die amerikanische Mittelschicht interpretierte. »Ich bin ziemlich sicher, daß genau dies genau hier in North Hills an der Tagesordnung ist«, flüsterte sie und steckte das Buch unter das Kunstgras ihres Osterkörbchens. »Seht euch zum Beispiel die Familie Sherman an. Erst letzte Woche habe ich gesehen, wie Heidi Steve junior in die Hose gelangt hat.«

»Der Typ hat sich beide Arme gebrochen«, sagte ich. »Sie hat ihm wahrscheinlich nur das Hemd in die Hose gestopft.«

»Würdest du dir von einer von *uns* das Hemd in die Hose stopfen lassen?« fragte sie.

Wo sie recht hatte, hatte sie recht. Eine sorgfältige Studie legte den Verdacht nahe, daß die Shermans nicht das waren, was sie zu sein vorgaben. Der Vater wurde oft dabei beobachtet, wie er sich am Sack kratzte, und seine Frau hatte die störende Angewohnheit, einem direkt in die Augen zu sehen und dabei an ihren Fingern zu schnüffeln. Ein Schleier war gelüftet worden, besonders für Gretchen, die jetzt die Welt als Grube sah, aus der die ungezügelte Sexualität dampfte. Sie saß auf einem Klubsessel im Country Club, verengte die Augen zu Schlitzen und stellte Mutmaßungen über die Kinder an, die das seichte Ende des Pools bevölkerten. »Mich beschleicht der Verdacht, Christina Youngblood könnte unsere Halbschwester sein. Das Kinn hat sie von ihrem Vater, aber Augen und Mund sind reinste Mom.«

Ich mochte unsere Eltern nicht in sowas verwickeln, aber

Gretchen bot eine beängstigende Fülle an Beweisen auf. Sie vermerkte, wie unsere Mutter Lippenstift auftrug, wenn sich der Kartoffelchipslieferant näherte, den sie mit Vornamen anredete und oft zur Benutzung unserer Toilette einlud. Unser Vater nannte die Damen in der Bankfiliale »Puppe« oder »Schätzchen«, und ihre Reaktionen ließen ahnen, daß er sich einmal zu oft an ihnen schadlos gehalten hatte. Die Griechisch-Orthodoxe Kirche, die farbenfroh gekleideten Paare im Country Club, sogar unsere ältliche Collie-Hündin Duchess: Sie gehörten laut Gretchen alle dazu, und sie gewöhnte sich an, jeden Abend vor dem Schlafengehen ihre Schlafzimmertür mit aufgetürmten Möbeln zu verbarrikadieren.

Schließlich gelangte das Buch in die Hände unserer zehnjährigen Schwester Amy, die es als Schulbuch in ihrem imaginären Unterricht verwendete, den sie jeden Tag nach der Schule gab. Mit Perücke und hochhackigen Schuhen angetan, verbrachte sie ihre späten Nachmittage damit, vor einer Wandtafel zu stehen und ihre Lehrer nachzuahmen. »Tut mir sehr leid, Candice, aber ich werde dich durchfallen lassen müssen«, sagte sie, indem sie sich an einen der leeren Klappstühle wandte, die vor ihr standen. »Das Problem ist ja nicht, daß du dich nicht anstrengst. Das Problem ist, daß du dumm bist. Sehr, sehr dumm. Na, Kinder, ist Candice etwa nicht dumm? Häßlich ist sie auch, stimmt's? Gut, Candice, du kannst dich jetzt wieder hinsetzen und, um Himmels willen, aufhören zu flennen. Und nun, liebe Kinder, werde ich euch aus dem Buch vorlesen, welches wir diese Woche durchnehmen. Es ist eine Geschichte über eine Familie in Kalifornien, und es heißt *Familienbande.*«

Wenn Amy das Buch gelesen hatte, dann hatte es bestimmt auch die acht Jahre alte Tiffany gesehen, die im selben Zimmer schlief, und unser Bruder Paul wahrscheinlich auch, der mit seinen zwei Jahren am Einband gelutscht haben mag, was noch gefährlicher war als die Lektüre. Dies mußte eindeutig aufhören, bevor es außer Kontrolle geriet. Der Ausdruck »in Vorfreude bebendes *Urschloch*« wurde von Tag zu Tag beliebter, und sogar unsere altgriechische Großmutter erschien mit verdächtigen Rändern unter den Augen am Frühstückstisch.

Gretchen nahm das Buch und versteckte es unter dem Teppich ihres Schlafzimmers, wo es von Lena, unserer Haushälterin, entdeckt wurde, welche es irgendwann unserer Mutter aushändigte.

»Ich werde dafür sorgen, daß es ein für allemal beseitigt wird«, sagte sie und eilte über den Korridor, ihrem Zimmer entgegen.

»*Bims* mich«, lachte sie, eine wahllos aufgeschlagene Seite vorlesend. »Klingt schon mal nicht schlecht.«

Wochen später fanden Gretchen und ich das Buch zwischen Matratze und Federung des Ehebetts, die Seiten mit Kaffeeringen und Zigarettenasche befleckt. Die Entdekkung schien Gretchens Verdächte sämtlich zu bestätigen. »Jetzt werden sie von einem Tag auf den andern über uns herfallen«, warnte sie. »Sei auf der Hut, mein Freund, denn diesmal meinen sie's ernst.« Sie hob zweifellos auf die Episode in Kapitel 8 ab, wo Mr. und Mrs. Rivers ihre Kinder einer Bande übelgelaunter Goldgräber mit üblem Atem und rauhen, schwieligen Händen anbieten. Den Rivers-Kindern schien es Spaß zu machen, aber sie kannten es, wenn man es recht bedenkt, nicht anders.

Wir warteten. Ich hatte immer darauf Wert gelegt, meiner Mutter einen Gutenachtkuß zu geben, aber damit war es vorbei. Ihre Hand auf meiner Schulter verursachte bei mir Gänsehaut. Eines Nachmittags säumte sie mir eine Hose, als ich, vor ihr auf einem Küchenstuhl stehend, spürte, wie ihre Hand meinen Hintern streifte.

»Laß uns einfach gute Freunde sein«, stammelte ich. »Nicht mehr, aber auch nicht weniger.«

Sie nahm die Stecknadel aus dem Mund und betrachtete mich eingehend, bevor sie seufzte: »Da hast du mich also all die Jahre hinters Licht geführt.«

Ich las das Buch ein weiteres Mal und versuchte mein früheres Vergnügen wieder wachwerden zu lassen, aber nun war es zu spät. Ich konnte die Formulierung »Er knuff seiner Tochter in die steinharten Brastwurzen« nicht mehr lesen, ohne daran zu denken, wie Gretchen sich in ihrem Zimmer verbarrikadierte.

Ich dachte, vielleicht werfe ich das Buch weg oder verbrenne es sogar; wie einen noch total guten Pullover, aus dem man herausgewachsen ist, schien es eine Schande, wenn man es zerstörte, wo die Welt doch voller Menschen war, die noch Nutzen daraus ziehen konnten. Dies eingedenk, trug ich das Buch zum Parkplatz vor dem Lebensmittelladen und warf es auf die Ladefläche eines blitzblanken neuen Kleinlasters. Besorgt und erleichtert zugleich, pfiff ich, als ich hinter dem Verkaufsautomaten des Lebensmittelladens Posten bezog und auf den Eigentümer des Kleinlasters wartete, bis dieser, einen Einkaufswagen voller Ware vor sich her schiebend, zurückkehrte. Er war ein drahtiger Mann mit modischen Koteletten und einem Arm halb in Gips. Als er seine Tüten auf der Ladefläche verstaute, verengten sich seine Augen beim Anblick des Buchs. Ich beobachtete ihn, wie er es an sich nahm und die ersten Seiten durchblätterte, bevor er den Kopf hob, um den Parkplatz abzusuchen. Er kämmte das Gebiet mit den Augen durch, als rechne er damit, eine Überwachungskamera oder, vorzugsweise, einen Kleinbus voll nackter Frauenzimmer zu entdecken, die ihre baren Brüste gegen die Fenster pressen und ihn – er solle doch kein Frosch sein – zum Mitmachen auffordern. Er zog eine Schachtel Zigaretten aus der Tasche, nahm eine Zigarette und klopfte sie sachte gegen das Wagendach, bevor er sie anzündete. Dann ließ er das Buch in seine Gesäßtasche gleiten, stieg ein und fuhr davon.

Zyklop

Als junger Mensch hat mein Vater seinem besten Freund mit einem Luftgewehr ein Auge ausgeschossen. Das hat er uns erzählt. »Ein einziger unbedachter Moment, und, Jesus, wenn ich ihn ungeschehen machen könnte –, ich würde es tun.« Er zuckte zusammen und schüttelte die Faust, als hielte er eine Rassel. »Es frißt mich bei lebendigem Leibe auf«, sagte er. »Damit will ich sagen, daß es mich schier zerreißt.«

Als wir einmal im Sommer seine Vaterstadt besuchten, nahm mein Vater uns zu diesem Typ mit, einem Schuhverkäufer, dessen milchige Pupille den Winkel ihrer übel zugerichteten Augenhöhle umarmte. Ich beobachtete, wie die beiden Männer sich die Hand gaben, und wandte mich ab, von dem, was mein Vater getan hatte, angewidert und beschämt.

Der Nachbarsjunge bekam zum zwölften Geburtstag ein Luftgewehr und nahm dies als persönliche Herausforderung, jedes lebende Geschöpf zu belauern und zu verstümmeln: sonnenbadende Katzen, Nacktschnecken und Eichhörnchen –; wenn es sich bewegte, schoß er. Ich fand das eine prima Idee, aber sobald ich das Gewehr an meine Schulter hob, sah ich den Freund meines Vaters, wie er halbblind mit einem Stapel *Capezio*-Kartons vor sich hin stolperte. Wie wäre es, mit einer solchen Schuld zu leben? Wie konnte mein Vater in den Spiegel sehen, ohne sich übergeben zu müssen?

Eines Nachmittags stach mir meine Schwester Tiffany mit einem frisch gespitzten Bleistift ins Auge. Ich vergoß Ströme von Blut, und auf dem Weg ins Krankenhaus wußte ich, daß meine Schwester, falls ich erblindete, bis an ihr Lebensende meine Sklavin sein würde. Keine Sekunde lang würde ich sie vergessen lassen, was sie mir angetan hatte. In ihrer Zukunft würde es keine frivolen Cocktailpartys geben, keine Grillfeste am Schwimmbeckenrand oder ein kurzes Aufflackern sorglosen Gelächters, keinen einzigen Augenblick der Freude –, dafür würde ich zu sorgen wissen. Ich hatte meine Rache so sorgfältig geplant, daß ich fast enttäuscht war, als der Arzt bekanntgab, es sei nichts als eine leichte Einstichwunde, nicht im, sondern unterm Auge.

»Sieh dir das Gesicht deines Bruders an«, sagte mein Vater und deutete auf mein Hansaplast. »Er hätte lebenslang erblinden können! Dein eigener Bruder ein Zyklop –, ist es das, was du willst?« Tiffanys Leiden linderte eine bis zwei Stunden lang meine Schmerzen, aber dann begann sie mir leid zu tun. »Jedesmal, wenn du nach einem Bleistift greifst, möchte ich, daß du daran denkst, was du deinem Bruder angetan hast«, sagte mein Vater. »Ich möchte, daß du ihn auf Knien um Verzeihung bittest.«

Man kann sich nur eine begrenzte Anzahl von Malen entschuldigen, bevor es lästig wird. Ich verlor das Interesse, bevor das Pflaster entfernt wurde, aber nicht so mein Vater. Als er damit durch war, konnte Tiffany keinen stumpfen Buntstift mehr anfassen, ohne in Tränen auszubrechen. Ihr hübsches, sonnengebräuntes Gesicht nahm die Eigenschaften einer runzligen, fettfleckigen alten Handtasche an. Mit sechs Jahren war das Mädchen am Ende.

Überall lauerte die Gefahr, und die Lebensaufgabe meines Vaters bestand darin, uns vor ihr zu warnen. Während der Feiern zum 4. Juli im Country Club berichtete er uns, wie einer seiner Marinekumpels bis an sein Lebensende von einem Knallfrosch entstellt wurde, der ihm auf dem Schoß explodiert war. »Hat seine Eier von der Landkarte getilgt«, sagte er. »Nimm dir die Sekunde Zeit und stell dir vor, wie sich das angefühlt haben muß!« Ich raste ans ganz andere Ende des Golfplatzes und sah mir den Rest vom Feuerwerk von dort an, die Hände im Schritt verschränkt.

Feuerwerk war riskant, aber Gewitter war noch schlimmer. »Ich hatte einen Freund. War ein sehr intelligenter, gutaussehender Typ. Alles lief ganz prächtig, bis zu dem Tag, an dem er vom Blitz getroffen wurde. Er hat ihn genau zwischen den Augen erwischt, beim Forellenangeln, und ihm das Hirn verschmurgelt, daß es aussah wie ein Brathuhn. Jetzt hat er eine Metallplatte in der Stirn und kann nicht mal sein eigenes Essen kauen; alles muß in einen Mixer, und dann saugt er es sich durch einen Strohhalm rein.«

Wenn der Blitz je in mich einschlagen wollte, mußte er Mauern und Wände durchdringen. Beim ersten Anzeichen eines Gewitters rannte ich in den Keller, kroch unter einen Tisch und bedeckte meinen Kopf mit einer Decke. Die Menschen, die sich das Gewitter von der Veranda aus ansahen, waren Narren. »Der Blitz kann von einem Ehering oder sogar von einer Zahnfüllung anzogen werden«, sagte mein Vater. »Der Tag, an dem man in seiner Wachsamkeit nachläßt, ist der Tag, an dem er zuschlagen wird.«

Auf der Mittelschule belegte ich Werken, und unsere erste Aufgabe war die Anfertigung eines Serviettenhalters. »Du wirst doch nicht mit einer Bandsäge arbeiten?« fragte mein Vater. »Ich kannte mal einen Typ, einen Jungen von deiner Größe, der benutzte eine Bandsäge, als das Sägeblatt abging, aus der Maschine rausflog und sein Gesicht sauber in zwei Hälften zerschnitt.« Mit dem Zeigefinger zog mein Vater eine imaginäre Linie von der Stirn bis zum Kinn. »Der Typ hat überlebt, aber niemand wollte mehr etwas mit ihm zu tun haben. Er wurde Alkoholiker und hat eine Chinesin geheiratet, die er sich aus einem Katalog bestellt hat. Denk mal darüber nach.« Das tat ich.

Mein Serviettenhalter wurde aus gefundenen Brettern hergestellt, und als er fertig war, brachte er fast sieben Pfund auf die Waage. Meine Bücherregale waren noch schlimmer. »Das Problem mit einem Hammer«, wurde mir gesagt, »besteht darin, daß der Hammerkopf jederzeit abgehen kann, und, Junge, eins kann ich dir sagen, den Schmerz kannst du dir gar nicht vorstellen.«

Bald begann ich mich zu fragen, ob mein Vater noch Leute kannte, die sich die Schuhe selbst zubinden oder ohne die Hilfe einer eisernen Lunge atmen konnten. Mit Ausnahme des Schuhverkäufers hatten wir keinen dieser Menschen je gesehen, hatten nur von ihnen gehört, sobald einer von uns ein Huhn in schwimmendem Fett herausbacken oder den Müllschlucker betätigen wollte. »Ich habe einen Freund, der kauft sich immer ein Paar Handschuhe, und den einen Handschuh schmeißt er gleich weg. Er hat seine rechte Hand verloren, als er genau das tat, was du gerade tust. Er hatte gerade in die Müllschluckeröffnung gefaßt, als die Katze sich am Schalter rieb. Jetzt trägt er Vorsteckschlipse, und die Kellner müssen ihm das Steak kleinschneiden. Schwebt dir diese Art zu leben vor?«

Den Rasen durfte ich mähen, weil er zu geizig für einen Gärtner und zu faul zum Selbermähen war. »Was nämlich passierte«, sagte er, »ist, daß der Typ ausrutschte, wahrscheinlich auf einem Kackhaufen, und das Bein verfing sich in den rotierenden Messern. Er hat dann seinen Fuß wiedergefunden und ins Krankenhaus mitgenommen, aber es war zu spät, ihn wieder anzunähen. Kannst du dir das vorstellen? Der Typ ist fünfzehn, zwanzig Meilen mit dem Fuß auf dem Schoß Auto gefahren.«

Trotz der Hitze mähte ich den Rasen in voller Ausrüstung, mit langer Hose, kniehohen Stiefeln, Football-Helm und Schutzbrille. Bevor ich anfing, suchte ich den Rasen nach Steinen und Hundekot ab, kämmte den gesamten Bereich durch, als wäre er vermint. Trotzdem schob ich den Rasenmäher stockend vor mir her, mußte ich doch damit rechnen, daß dieser nächste Schritt mein letzter war.

Nie war etwas Schlimmes passiert, und nach ein paar Jahren mähte ich in Shorts und Turnschuhen, dachte aber an den angeblichen Freund, den mein Vater verwendet hatte, um seine Warnung zu illustrieren. Ich stellte mir vor, wie dieser Mann in sein Auto sprang, mit einem blutigen Beinstumpf Gas gab, einen warmen Fuß auf dem Schoß geborgen wie ein schlafendes Hündchen. Warum hatte er nicht einfach einen Krankenwagen angerufen? Wie hatte er, unter Schock stehend, daran denken können, in den Wildkräutern nach seinem Fuß zu suchen? Es paßte alles vorne und hinten nicht zusammen.

Ich wartete bis ein Jahr vor der Mittleren Reife, bis ich mich für den Verkehrsunterricht eintrug. Bevor wir uns auf die Straße wagten, saßen wir im verdunkelten Klassenzimmer und sahen uns Filme an, deren Drehbuch und Regie von meinem Vater hätten sein können. *Laßt es lieber,* dachte ich, als ich sah, wie das Pärchen auf dem Heimweg vom Schulball sich anschickt, einen schwerfälligen Müllwagen zu überholen. Jede Spritztour endete damit, daß sich der junge Fahrer um einen Telegraphenmast wickelte oder bis zur Unkenntlichkeit verbrannte, während die Kamera ein blutiges Brustbukett fokussierte, welches den Straßenrand beschmutzte.

Ich fuhr nicht schneller Auto, als ich den Rasenmäher schob, und bald verlor der Fahrlehrer die Geduld.

»Dieser Führerschein ist dein Todesurteil«, sagte mein Vater, als ich meine vorläufige Fahrerlaubnis bekam. »Du wirst in die Welt hinausfahren und jemanden umbringen, und die Schuld wird dir das Herz aus dem Leibe reißen.«

Die Angst vor Selbstmord hatte mich auf fünf Meilen pro Stunde verlangsamt. Die Angst davor, jemand anderen zu ermorden, brachte mich vollends zum Stillstand.

Meine Mutter hatte mich in einer Regennacht von der Probe zu einer Schüleraufführung abgeholt, und als das Auto bergauf fuhr, fuhr es über etwas, über das es nicht hätte fahren sollen. Es war dies kein Wackerstein oder ein Stiefel am falschen Ort, sondern irgendein Lebewesen, welches erbärmlich schrie, als es vom Reifen überrollt wurde. »Scheiße«, flüsterte meine Mutter und schlug die Stirn gegen das Lenkrad. »Scheiße, Scheiße, Scheiße.« Wir bedeckten uns gegen den Regen und suchten die dunkle Straße ab, bis wir eine orangefarbene Katze fanden, die Blut in den Rinnstein hustete.

»Du hast mich umgebracht«, sagte die Katze und zeigte mit ihrer plattgefahrenen Pfote auf meine Mutter. »Da hatte ich nun soviel, wofür zu leben lohnte, doch nun ist es vorbei, mein ganzes Leben – zack! – ausgelöscht.« Die Katze keuchte rhythmisch, bevor sie die Augen schloß und starb.

»Scheiße«, wiederholte meine Mutter. Wir gingen von Haus zu Haus, bis wir die Katzenhalterin fanden, eine freundliche und verständnisvolle Frau, deren Tochter keine dieser Tugenden geerbt hatte. »Du hast meine Katze umgebracht«, kreischte sie und schluchzte ihrer Mutter in den Rock. »Du bist gemein und du bist häßlich und du hast meine Katze umgebracht.«

»Ein schwieriges Alter«, sagte die Frau und streichelte dem Kind übers Haar.

Meine Mutter fühlte sich auch ohne die Strafpredigt, die sie zu Hause erwartete, mies genug. »Das hätte ein Kind sein können!« rief mein Vater. »Denk darüber nach, wenn du nächstesmal auf der Suche nach Nervenkitzel die Straße entlangfegst.« Bei ihm klang es, als überführe meine Mutter Katzen aus Quatsch. »Das findest du wohl komisch«, sagte er, »aber wir werden sehen, wer zuletzt lacht, wenn du hinter Gittern sitzt und deinem Verfahren wegen Totschlags entgegensiehst.« Ich bekam eine Variation derselben Rede zu hören, als ich einen Briefkasten gestreift hatte. Trotz der Ermutigung meiner Mutter gab ich meinen Führerschein zurück und fuhr nie wieder. Ich hielt es nervlich einfach nicht aus. Es schien mir sicherer, per Anhalter zu fahren.

Mein Vater war dagegen, als ich nach Chicago zog, und er führte eine regelrechte Kampagne des Grauens, als ich meine Umzugspläne nach New York bekanntgab. »New York! Bist du geistesgestört? Nimm doch gleich ein Rasiermesser und schneid dir die Kehle durch, denn, eins will ich dir sagen, diese New Yorker werden dich bei lebendigem Leibe fressen.« Er erwähnte Freunde, die von umherschweifenden Rüpelrudeln ausgeraubt und verstümmelt worden waren, und schickte mir Zeitungsausschnitte, in denen ausführlich von Morden an Joggern und Pauschaltouristen die Rede war. »Das könntest Du sein!« schrieb er an den Rand.

Ich hatte mehrere Jahre lang in New York gelebt, als ich, auf dem Weg zu einer Hochzeitsfeier tief im Staate New York, im Geburtsort meines Vaters haltmachte. Wir waren, seitdem meine Großmutter bei uns eingezogen war, nicht mehr dort gewesen, und ich orientierte mich mit einer geradezu gruseligen Ortskenntnis. Ich fand die alte Wohnung meines Vaters, aber das Schuhgeschäft seines Freundes war jetzt eine Billardhalle. Als ich ihn anrief, um ihm das zu berichten, sagte mein Vater: »Was für ein Schuhgeschäft? Wovon sprichst du überhaupt?«

»Wo dein Freund gearbeitet hat«, sagte ich. »Du weißt doch, der Typ, dem du das Auge ausgeschossen hast.«

»Frank?« sagte er. »Ich habe dem nie ein Auge ausgeschossen. Der Mann war seit seiner Geburt so.«

Inzwischen besucht mein Vater mich in New York. Wir spazieren über den Washington Square, wo er »Kuck mal, was der für eine häßliche Fresse hat!« schreit und auf den dreihundert Pfund schweren Angehörigen einer Motorrad-Bande zeigt, dessen Hals von tätowierten grinsenden Totenschädeln geschmückt wird wie von einem Kropfband. Im Central Park fotografiert ein junger Mann seine Freundin, und mein Vater stürmt los, um sich ins Bild zu werfen. »Alles klar, Süße«, sagt er und legt den Arm um das verschreckte Opfer, »jetzt machen wir's uns ein bißchen nett.« Ich ducke mich, wenn er in Feinkostläden marschiert und den Geschäftsführer zu sprechen verlangt. »Zu Hause kriege ich haargenau diese Honigmelone für weniger als die Hälfte«, sagt er. Die Geschäftsführer raten ihm unweigerlich, nach Hause zu fahren und dort Honigmelonen zu kaufen. In schicken Restaurants schreit er die Kellner an und weigert sich zu warten, bis ein Tisch frei wird. »Ich habe einen Freund«, sage ich ihm, »der den rechten Arm verloren hat, weil er mit den Fingern nach einem Ober geschnipst hat.«

»Ach, ihr Kinder«, sagt er. »Ihr habt doch alle keinen Teelöffel voll Grips. Ich weiß nicht, woher ihr das habt, aber früher oder später wird es euch umbringen.«

Das Open der Damen

Meine Schwester Lisa wurde am vierzehnten Loch des Pinehurst-Golfklubs zur Frau. Das sagte ihr die Fremde, die sie zum Damenklo geleitet hatte. »Mach dir keine Sorgen, Kleines, du bist jetzt eine Frau.«

Wir waren ohne eigenes Verschulden dort gelandet, unser Vater hatte uns geschanghait und Lisa und mir einen kleinen Ausflug in seinem neuen Gebraucht-Porsche angeboten. Seine sorbetfarbene Hose hätte uns warnen sollen, da aber keine Golfschläger auf dem Rücksitz lagen, dachten wir, es könne gar nichts passieren.

»Nur eine kleine Spritztour«, sagte mein Vater. Er klappte das Verdeck zurück und klemmte sich auf den Fahrersitz. »Wir brettern einfach mal rasch zum Rummelplatz und zurück, und dann fahren wir an der Vollzugsanstalt vorbei und sehen den Jungs auf dem Sportplatz beim Training zu –, das seht ihr doch immer so gern. Vielleicht fahren wir auch noch ein Stückchen Autobahn und holen uns ein bißchen Softeis, wer weiß? Ein bißchen Fettlebe! Muß auch mal sein. Wenn ihr immer nur zu Hause mit der Nase am Fernseher klebt, erlebt ihr ja nix. So ein schöner Tag; jetzt werden wir mal an den gottverdammten Blumen schnuppern.«

Am Gefängnis schossen wir so schnell vorbei, daß ich kaum die bewaffneten Beamten auf ihren Wachttürmen erkennen konnte. Rummelplatz wie Eisstand verschwammen in der Ferne, während mein Vater auf die Uhr sah und nervös mit den Fingern auf das lederbezogene Lenkrad trommelte. Er wußte genau, wohin wir fuhren, und er hatte es zeitlich so gedeichselt, daß wir pünktlich zum ersten Abschlag da waren. »Na bitte, wer sagt's denn«, sagte er, als er von der Straße ab- und auf den überfüllten Parkplatz des Golfklubs einbog. »Ob wohl gerade irgendein Turnier stattfindet? Was meint ihr, sollen wir mal einen kurzen Blick riskieren? Ach, ist das hier herrlich. Wartet, bis ihr die tollen Fairways gesehen habt.«

Lisa und ich stöhnten und verfluchten unsere Blödheit. Wieder hatte man uns übertölpelt. Es gab nichts Schlimmeres als einen Nachmittag auf dem Golfplatz. Wir wußten, was uns erwartete, und daß die nächsten paar Stunden wie Tage oder vielleicht sogar Wochen vergehen würden. Unsere Armbanduhren würden gähnen, Minuten- und Sekundenzeiger immer wieder gemeinsam einnicken. Zuerst würde unser Vater uns von hinten in die erste Reihe einer farbenfroh gekleideten Menge schubsen. Ihrer erlesenen Aussichtspunkte beraubt, würden diese Zuschauer schmollen und grollen und Beleidigungen flüstern, die wir nicht gehört zu haben vorgaben.

»Sind doch nur Kinder«, sagte dann mein Vater. »Was sollen sie denn sonst machen? Links und rechts auf meinen Schultern stehen, um Christi willen? Na los, Kumpel, geben Sie Ihrem Herzen einen Stoß.«

Heute spielten die ganz großen Jungs, Männer, deren Namen wir von den langweiligen Zeitschriften kannten, die mein Vater hinter der Kloschüssel und auf dem Rücksitz seines Ford Mustang stapelte. Wir hatten diese Spieler im Fernsehen gesehen und gehört, wie ihre Stärken und

Schwächen von den braungebrannten Wahnsinnigen erörtert wurden, die im Profi-Shop unseres Country Clubs aus- und eingingen. Diese Menschen chippten und spielten über oder unter dem Par. Sie machten Birdie und Eagle und schlugen einen Doppel-Bogey mit großer Dringlichkeit, der es gleichwohl nicht gelang, unsere Phantasie zu beflügeln. Der leibhaftige Anblick dieser Profis war nicht interessanter als der Verzehr eines eiskalten Hamburgers, aber meinem Vater bedeutete er unsagbar viel, hoffte er doch, ihre Anwesenheit könnte in uns eine Leidenschaft entfachen, uns dazu entflammen, unsere Schläger zu ergreifen und nach Vollkommenheit zu streben. Dies war, für ihn, ein Akt der Liebe, ein irregeleiteter Versuch, unser Leben zu bereichern und uns ein Gefühl von Familienzusammenhalt zu geben.

»Was habt ihr Kinder bloß für ein verdammtes Glück.« Er legte uns je eine Hand auf je eine Schulter und schob uns Zoll um Zoll noch weiter nach vorn. »Das sind die besten Spieler der gesamten PGA, und ihr habt Plätze in der ersten Reihe.«

»Was für Plätze?« fragte Lisa. »Wo?«

Wir standen auf dem Gras einer Böschung und beobachteten den ersten Spieler beim Abschlag.

»Lisa«, flüsterte unser Vater, »geh und schnapp's dir. Schnapp dir Sneads Tee.«

Wenn sich Lisa weigerte, war es an mir, das Green zu betreten und den nutzlosen kleinen Holzpflock zu suchen, der sonstwohin gedroschen worden sein konnte, zwei bis sechs Meter von seinem Ausgangspunkt entfernt. Unser Vater sammelte diese Tees als Glücksbringer und bewahrte sie in einem Goldfischglas auf seiner Kommode auf. Es war verboten, während eines Turniers das Green zu betreten, weshalb er uns benutzte, damit wir für ihn die Beinarbeit erledigten, wobei er hoffte, daß die Offiziellen uns für enthusiastische Emporkömmlinge hielten, die ihr Zimmer mit

Plakaten schmückten, auf denen die Meister zu sehen waren, wie sie sich aus dem Bunker befreiten oder Pokale über den Kopf hielten, die ihnen für überwältigende Siege in Pebble Beach zuerkannt worden waren. Nichts hätte von der Wahrheit weiter entfernt sein können. Egal, wie sehr er uns zu motivieren versuchte –, die Mitglieder meiner Familie weigerten sich, auch nur das mindeste Interesse an etwas zu entwickeln, was sicherlich das ödeste Spiel war, das sich je jemand hatte einfallen lassen. Wir verabscheuten Golf und alles, was damit zu tun hatte, von den schottischen Baskenmützen bis hin zu den Schuhen mit den grausamen Spikes.

»Ach, Lou«, pflegte meine Mutter zu jammern, wenn sie sich für eine Cocktailparty ihren Kaftan in gedeckten Erdtönen angezogen hatte. »*So* gehst du da aber nicht hin, oder?«

»Was soll denn daran verkehrt sein?« fragte er. »Die Hose ist nagelneu.«

»Für dich vielleicht«, sagte sie. »Zuhälter und Zirkusclowns tragen sowas schon seit Jahren.«

Wir haben nie kapiert, wie ein Mann, der so stolz auf seine nüchtern geschneiderten Anzüge war, seine Wochenenden in neonfarbenen Hosen verbringen konnte, die mit singenden Laubfröschen oder winzigen kiltchentragenden Schöttchen gemustert waren. Man brauchte eine Sonnenbrille, um seinen Kleiderschrank zu öffnen, so sehr bettelten all die bonbonfarbenen Pullover, aggressiven Sportsakkos aus Madras-Vorhangstoff und schmerzhaft knalligen Polohemden um Aufmerksamkeit. Straßenarbeiter trugen solche Schockfarben, damit sie auf größere Entfernung von Autofahrern gesehen wurden. Bei denen hatte das einen Sinn, aber welchen Gefahren waren diese Golfer ausgesetzt? Keinerlei heißgemachte Firebirds oder Neunachser brausten über den Fairway und drohten, ihre gemütlichen kleinen Vierergrüppchen plattzumachen. Man hatte uns in allerfrühester Jugend beigebracht, nie auf dem Golfplatz zu schreien oder auch nur in normalem Tonfall zu sprechen. Indem ihnen der volle Gebrauch ihrer Stimmbänder versagt war, überließen diese Menschen das Schreien ihren befremdlichen Klamotten, und das Ergebnis war oft betäubend.

»Ich fühl mich irgendwie nicht gut«, flüsterte Lisa meinem Vater zu, als wir vom Bunker zum Einlochen in Richtung auf das achte Loch marschierten. »Ich glaube wirklich, wir müssen nach Hause.«

Mein Vater ignorierte sie. »Wenn Trevino an diesem Loch bogeyt, ist er verratzt. Bei seinem letzten Bunkerschlag hat er sich mit dem Arsch an die Wand genagelt. Habt ihr die Rückenhaltung gesehen?«

»Im Augenblick macht mir *mein* Rücken mehr Sorgen«, sagte Lisa. »Er tut weh, und ich will nach Hause und mich hinlegen.«

»Wir bleiben doch nur noch eine Minute.« Mein Vater befummelte die Sammlung von Tees in seiner Jackentasche. »Das Problem mit euch beiden ist, daß ihr euch nicht richtig auf das Spiel konzentriert. Morgen früh melde ich euch gleich als erstes für ein paar zusätzliche Golfstunden an, und dann werdet ihr schon merken, was ich meine. Lieber Herr Jesus, das ist ein so aufregender Sport; ihr werdet es gar nicht aushalten können.«

Wir hegten ernsthafte Zweifel, was das Aufregende betraf, aber mit seiner Vorhersage, wir würden es nicht aushalten können, sollte er recht behalten. Geizig, wenn es darum ging, sich von einem Dollar zu trennen, hatte er uns für den ersten Golfunterricht angemeldet, als wir noch kaum ein Klapperchen halten konnten. Nein, für ein nacktes Kindermädchen war kein Geld da, aber mit großer Wonne schenkte er uns teure Golfschläger-Garnituren in Kindergrößen, die in den dunklen Ecken unserer Kinderzimmer lehnten, in Taschen aus von der Katze zerfetztem Segeltuch, so daß wenigstens die Katze was davon hatte. Er kaufte einen grünen Teppich fürs Wohnzimmer und rief uns zu sich, damit wir seine Haltung begutachten konnten, wenn er Bälle in einer Kaffeekanne versenkte. Das Drivingrange, die Einlochzeremonie –, er kapierte es einfach nicht. Wir wollten keine Ratschläge, um unseren Schwung zu verbessern, wir wollten nur in Frieden gelassen werden, um Hexerei zu betreiben, Modepuppen zu verunstalten oder einfach privat auf der Stube zu sitzen und uns Phantasien hinzugeben, die mit allem außer Golf zu tun hatten. Er hatte gehofft, der Job als Caddy würde uns das Verständnis dieses Spiels erschließen. Meine Schwestern und ich brachen unter dem Gewicht seiner Schläger zusammen und waren kaum bei Bewußtsein, wenn er ein Neuner-Eisen oder einen Sandkeil verlangte. Als Caddy hatte man einen undankbaren Job, besonders in North Carolina, wo Mitte März die Luftfeuchtigkeit hoch genug ist, daß Papier sich kräuselt. Achtundneunzig Grad am zweiten Loch, und wir sackten zerknautscht aufs Green, im Ohr das Geschrei und Geplansche von Kindern in unserem Alter, die sich im nahen Schwimmbad vergnügten.

Das Turnier zog sich hin, und als wir das vierzehnte Loch erreichten, fing Lisa an zu bluten; der rostrote Fleck war bereits auf ihrem weißen Hosenrock zu sehen. Sie war den Tränen nahe, sonnenverbrannt und verängstigt, und dann flüsterte sie meinem Vater etwas ins Ohr.

»Wir sagen einfach einem der Mädels Bescheid«, sagte mein Vater. »Die kümmern sich um dich.« Er wandte sich an eine hübsche weißhaarige Frau, die einen limettenfarbenen Mützenschirm ohne Mütze und einen Rock mit einem Grinsende-Pandas-Muster trug. »He, Schätzchen, ob Sie mir wohl mal bei einem persönlichen Problem behilflich sein könnten?« Wie mein Vater war diese Frau diesen Spielern von Loch zu Loch gefolgt, hatte sich jede einzelne ihrer Bewegungen notiert. Sie war an jenem Tag gekommen, sich im Glanz der Meister zu sonnen, und nun ersuchte sie ein fremder Mann, seine Tochter ins Klubhaus zu begleiten und sie mit einer Damenbinde zu versehen.

Die Anrede »Schätzchen« schien ihr nicht zu behagen, und ihre Nackenhaare sträubten sich, als mein Vater, den Blick immer noch fest auf den Ball geheftet, vorschlug, daß sie, wenn sie sich ein bißchen spute, bis zum nächsten Abschlag leicht wieder zurück sein könne. Sie sah meinen Vater an, als wäre er etwas, was sie sich von der Sohle gekratzt hat. Es war ein vernichtender Blick, der sich milderte, als er die Richtung wechselte und auf Lisa zu ruhen begann, die zutiefst betreten zu Boden starrte und mit hohlen Händen den Fleck zu verbergen suchte. Die Frau nickte, legte meiner Schwester die Hand auf die Schulter und geleitete sie widerstrebend zu einem entfernten Gebäudekomplex. Ich verstand das Problem nicht, wäre ihnen aber liebend gern gefolgt, meinte vielleicht auch, wir könnten diese Frau dazu überreden, uns nach Hause zu fahren, nur weg, fort von dieser drückenden Monotonie und aus dieser grausamen, erbarmungslosen Sonne heraus. Als Lisa weg war, war nur noch ich dafür verantwortlich, die zersplitterten Tees aufzusammeln und die Wettbewerbsteilnehmer mit Autogrammwünschen zu behelligen. »Lou«, sagte ich und hielt ihnen die Zählkarte meines Vaters hin. »Lou heiße ich.«

Als es endlich vorbei war, kehrten wir zum Parkplatz zurück, wo wir Lisa auf dem Rücksitz des Porsches ausgestreckt vorfanden, Gesicht und Schoß mit sogenannten Golf-Handtüchern bedeckt.

»Sag es nicht«, drohte sie. »Was es auch ist, ich will es nicht hören.«

»Ich wollte sowieso nur sagen, daß du deine dämlichen Füße vom Polster runternehmen sollst«, sagte mein Vater.

»Weißt du was? Fick dich doch einfach selbst ins Knie.« Sobald sie das gesagt hatte, setzte Lisa sich blitzschnell kerzengerade auf, als könnte sie das Wort noch mit den Zähnen auffangen, bevor es die Ohren unseres Vaters erreichte. Keiner von uns hatte je so mit ihm gesprochen, und jetzt mußte er sie umbringen; er hatte keine andere Wahl. Eine Schwelle ohne Präzedenzfall war überschritten worden, und sogar die Zikaden stellten ihren Lärm ein, vor dem Wort verstummt, welches in der Luft hing wie ein Wölkchen Pulverdampf.

Mein Vater seufzte und schüttelte enttäuscht den Kopf. Genauso reagierte er auf meine Mutter, wenn sie sich aus Zorn und Frustration vergaß. Lisa war jetzt keine Tochter mehr, sondern eins dieser Weiber, die ihre ständig wild wabernden Gefühle nicht unter Kontrolle kriegten.

»Laß sie«, sagte er und wischte eine dünne Schicht Blütenpollen von der Windschutzscheibe. »Sie hat Damenprobleme.«

Unser Vater setzte seine Kampagne, uns für den Golfsport zu interessieren, noch jahrelang fort. Als Gretchen, Amy und Tiffany seine Avancen zurückwiesen, setzte er all seine Hoffnungen auf unseren Bruder Paul, der die ausgedehnten Greens ideal zum Einwerfen von LSD und zum Umschmeißen von Golfkarren fand, die er eigens zu diesem Zweck bei der Ausleihstelle neben dem Profi-Shop auslieh.

Unser Vater kaufte einen Fernseher mit Breitbild-Bildschirm, ein enormes Modell von der Größe einer in der Industrie verwendeten Waschmaschine, und den benutzt er nur, um seine geliebten Turniere zu sehen und aufzunehmen. Auf dem Fernseher stapeln sich Videokassetten mit Vermerken wie 94 PGA und 89 US OPEN – UNGLAUBLICH!!!!

Bevor unsere Mutter starb, stellte sie ein Video zusammen, von dem sie annahm, daß es Lisa vielleicht gefällt. Die beiden hatten viel Zeit miteinander in der Küche verbracht, Wein getrunken und sich auf dem alten tragbaren Schwarzweißfernseher, der neben dem Spülstein stand, alte Filme angesehen. Es waren nur ein paar ihrer Lieblingsfilme, »nix Dolles«, wie meine Mutter sagte, »nur ein bißchen was zum Kucken, wenn dir mal langweilig ist.«

Ein paar Wochen nach der Beerdigung meiner Mutter suchte Lisa das Haus meiner Eltern nach dem Video ab und fand es in der Bar im Erdgeschoß neben dem Stuhl meines Vaters. Sie nahm die Kassette mit nach Hause, merkte aber, daß sie noch etwas Zeit brauchte, bevor sie sie ansehen konnte. Für Lisa würden diese Filme Zeiten ungetrübten Privatlebens wiedererstehen lassen, als nur sie und unsere Mutter auf Hockern kauerten und die Namen der Schauspieler herunterrasselten, sobald sie sich auf dem Bildschirm blicken ließen. Diese Erinnerungen waren ein Geschenk, das Lisa noch ein bißchen genießen wollte, bevor sie die Kassette einschob. Sie wartete, bis sich die erste Trauer etwas gelegt hatte, und dann setzte sie sich mit einem Tablett voller Snacks aufs Sofa, legte die Kassette ein und war entzückt, als sie sah, daß sie mit *Frau ohne Gewissen* anfing. Der Vorspann lief noch, als das Video plötzlich von Schwarzweiß auf Farbe umschaltete. Ein Mann war zu sehen, der auf seinen Hacken hockte und am Stiel eines Golfschlägers entlanglinste, als wäre er eine Flinte. Hinter ihm stand eine Zuschauermeute im Schatten hoher Kiefern, die Gesichter gebräunt und vor lauter Konzentration wie gebannt. »Greg Norman hat alle drei Fünfer unter Par gebogeyt«, flüsterte der Kommentator. »Aber wenn er hier am fünfzehnten einen Eagle schlägt, könnte das die Fahrkarte zum Masters sein.«

Wahre Detektivgeschichten

Meine Mutter fand Detektive toll, egal, ob alt, blind oder von der Hüfte abwärts gelähmt –, sie kriegte nie genug von ihnen. Meine ältere Schwester teilte ihr Interesse. Das Anbeten von Detektiven wurde von ihnen gemeinsam praktiziert, und sie tauschten Handlungsstränge aus wie andere Mütter und Töchter Rezepte oder Tips für gepflegtes Aussehen. Die eine Fernsehserie hörte auf, und die andere fing an, wodurch unser Haus mit dem beständigen Getöse von Schußwaffen und quietschenden Reifen erfüllt war. Im Erdgeschoß schöpfte der fettleibige Detektiv am Bug des Lustdampfers des Drogenbarons Atem, während oben in der Küche sein ältlicher Kollege sich in Verfolgung des Serienmörders mit dem Kindergesicht über ein niedriges Mäuerchen schwang.

»Wie macht sich dein Fall?« rief meine Mutter während der Werbepausen.

Lisa formte die Hände zu einem Schalltrichter und schrie: »Pummelchen geht immer noch Hinweisen nach, aber ich wette, es ist der chinesische Typ mit der Augenklappe und dem Pferdeschwanz.«

Ihre Welt war eine Welt der offenkundig Verdächtigen.

Sie wollen wissen, wer der Axtmörder war? Probieren Sie's mit dem emotional gestörten Holzfäller, der beim Geräteschuppen des Opfers herumlungert. Wer hat die Bewährungshelferin entführt? Vielleicht ist es der dreißigjährige Zehntkläßler, der in seinem Turnbeutel ein blutgetränktes Seil verwahrt. Es war kein Wunder, daß diese Fälle so schnell gelöst wurden. Jedes Indiz wurde mit einem Anschwellen der Trompeten *kursiv* gesetzt, im Verhör knickten die Tatverdächtigen ein wie Zahnstocher und gestanden schneller, als man ein Ei weichkocht. »Sie wollen wissen, wer den Brand im Seniorenheim gelegt hat? Na schön, ICH war's, sind Sie jetzt zufrieden? Genau, ICH. ICH war's. I-HICH.«

Es ist leicht, einen Fall zu lösen, wenn keiner der Verdächtigen fähig ist, eine anständige Lüge aufzutischen. Durch das Fernsehen hat das Verbrechen seinen Biß verloren, und der Detektiv verkam zum Zeitgeist-Männchen. Es schien, als könne jeder einen Mordfall lösen, solange er ein Telefon, ein paar Stunden Freizeit und eine Hausbar hatte. Meine Mutter hatte alle drei Ingredienzen im Übermaß zur Verfügung. Je mehr Verdächtige sie im Verlauf einer Saison überführte, desto zuversichtlicher wurde sie. Zusammen mit meiner Schwester kämmte sie die Lokalzeitung durch und stellte Spekulationen über jedes gemeldete Verbrechen an.

»Wir wissen, daß das Mädchen mit vorgehaltenem Messer im ersten Stock des Elternhauses festgehalten wurde«, sagte Lisa und pochte sich mit einem Bleistift gegen die Stirn. »Demnach war die Person, die sie beraubt hat, höchstwahrscheinlich… nicht… auf einen Rollstuhl angewiesen.«

»Das ist, würde ich sagen, eine Vermutung, mit der man kaum schiefliegen kann«, antwortete meine Mutter. »Und wo du gerade dabei bist, können wir auch noch Leute ausschließen, die an eine eiserne Lunge angeschlossen sind. Hör zu, Sherlock, du gehst völlig falsch an die Sache ran. Der Typ ist eingebrochen, hat sie mit dem Messer bedroht und ist mit dreihundert Dollar Bargeld abgehauen, stimmt's?«

»Und mit einem Radiowecker«, sagte Lisa. »Mit dreihundert Dollar und einem Radiowecker.«

»Vergiß doch den Radiowecker«, sagte meine Mutter. »Wichtig ist, daß er ein Messer benutzt hat. Also gut. Welche Menschen benutzen Messer?«

Lisa meinte, vielleicht ein Koch. »Vielleicht war sie in einem Restaurant, und der Koch hat bemerkt, daß sie viel Geld in der Brieftasche hatte.«

»Richtig«, sagte meine Mutter, »denn genau das *machen* Köche bekanntlich. Sie kriechen in der Gaststube auf dem Fußboden herum und überprüfen den Inhalt von Brieftaschen, während sich das Essen in der Küche selbst kocht. Los jetzt, *denken*. Wer benutzt ein Messer, um ein Verbrechen zu begehen? In einer Welt voller Schußwaffen: Welcher Mensch benutzt immer noch ein Messer? Gibst du auf? Nur ein einziges kleines zusammengesetztes Wort: Dro-gen-ab-hängiger. So einfach ist das. Ein professioneller Dieb würde eine Pistole verwenden, aber sogar gebraucht kostet eine Pistole Geld. Drogenabhängige können sich keine Pistolen leisten. Sie brauchen ihr ganzes Geld für Dröhnung und Stoff – die harten Sachen. Diese Giftler haben eine Angewohnheit, die sie zu jeder Minute jeden Tages füttern müssen, und das bedeutet, sie sind immer auf der Suche nach dem nächsten Schuß. Es war ein Heroinsüchtiger, der dem Mädchen von der Bank nach Hause gefolgt ist, sein Auto um die Ecke abgestellt hat, ins Haus eingebrochen ist und sie mit vorgehaltenem Messer überfallen hat.«

»Wenn er sich keine Pistole leisten kann, was macht er dann mit einem Auto?« fragte Lisa. »Und was ist mit dem Radiowecker?«

»Hör bloß mit diesem Scheiß-Radiowecker auf«, sagte meine Mutter. »Und das Auto war natürlich gestohlen. Das hat er letzten Donnerstag diesem Ehepaar in der Pamlico Street gestohlen. Du hast doch den Bericht in der Zeitung gelesen. Den nagelneuen Ford Mustang, weißt du noch? Du dachtest, Zigeuner hätten ihn gestohlen, und ich hab gesagt, in diesem Teil des Landes *haben* wir nicht mal Zigeuner. Ich hab gesagt, das Auto wurde von einem Fixer für eine Serie von Einbrüchen gestohlen, bevor er es an einen Ausschlachter verkauft. Bingo. Genau so war's.« Sie drückte ihre Zigarette aus und malte mit der Kippe ein X in den Mulm ihres eingeschwärzten Aschenbechers, womit sie kundzutun pflegte, daß dieser spezielle Fall für sie abgeschlossen war. »Was steht als nächstes auf dem Dienstplan?«

Sachbeschädigung in der Poole Road 318, Einbruch in die Five-Points-Apotheke, Fahrerflucht auf dem Parkplatz von Swain's Steak House –: Es war immer das Werk eines Drogenabhängigen oder eines ehemaligen Polizisten, eines »Renegaten«, eines »Einzelgängers«. Wenn man meine Mutter reden hörte, konnte man meinen, die sonnigen, manikürten Straßen der gutbürgerlichen Wohnviertel von Raleigh wimmelten von Heroinsüchtigen, die sich durch das Tuch ihrer abgerissenen Polizeiuniformen hindurch Schüsse setzten. Es berührte mich peinlich, wenn sie Ausdrücke wie »eine Pumpe aufziehen« und »Pusher« verwendete. »Na, ich muß dann mal los«, sagte sie zu dem Mann im Lebensmittelladen. »Meine Schwiegermutter ist voll auf Mittagessensentzug.«

»Wie bitte?« fragten dann die Lebensmittelleute und fügten in ähnlich fragendem Tonfall hinzu: »Bis bald?«

Nur im Fernsehen sprachen die Menschen so.

»Ich such uns was Schönes im Fernsehen raus«, sagten meine Mutter und meine Schwester. Egal, was man sich gerade ansah, wenn sie einen der Fernseher beanspruchten, gab man auf, wie ein Autofahrer, der rechts ran fährt, wenn er die Sirene eines Krankenwagens hört. Die Detektivserien ertrug ich nicht, aber ich verpaßte keine einzige Folge von *Auf der Flucht.* Das war die Geschichte von Dr. Richard Kimble, einem Mann, der immer wegrannte, fälschlich eines Verbrechens bezichtigt, welches er nicht begangen hatte. Während des Vorspanns erfahren wir, daß »er seinen Namen änderte … *und* seine Identität«. Die Sache mit der Identität wurde durch eine Dose Schuhwichse illustriert, die auf etwas stand, was die abgewetzte Oberfläche einer Motel-Kommode zu sein schien. Das hat mich monatelang überfordert. »Wieso?« fragte ich. »Hätte ihn mit frisch gewienerten Schuhen keiner erkannt? Hat er sich das Gesicht mit Schuhkrem eingefärbt? Ich kapier es nicht.«

»Die Haare, du Doofi«, sagte Lisa. »Er hat sich damit die Haare gefärbt.« Lisa mochte *Auf der Flucht,* »weil«, wie sie sagte, »die Serie die Augen schont. Da gibt es nicht so viel zu sehen«.

So, wie sie es sah, brauchte Dr. Kimble nur zweierlei: einen einarmigen Verdächtigen und die Liebe einer guten Frau. Es wollte ihr nicht in den Kopf, daß es trotz seinem grüblerisch guten Aussehen einfach nicht in der Natur dieses Mannes lag, glücklich zu sein. Im Gegensatz zu ihrem allabendlichen Aufgebot an großtuerischen Schnüfflern hatte dieser Flüchtling sowohl eine Seele als auch ein Gedächtnis und würde noch lange, nachdem der wahre Mörder seiner Frau der Gerechtigkeit zugeführt worden war, ein Gehetzter bleiben. Die meisten Serien wollten gar nicht, daß man sich auf das dunkle innere Wirken des Helden konzentrierte. Wenn die Freundin am Schminktisch abgeknallt wurde, wußte man, in der nächsten Folge gibt es eine neue, ohne dumme Fragen. Dr. Kimble hatte kein schickes Cabrio und keine modische Hausbar. Er war aus dem gleichen Stoff wie ich, dem Stoff, der kratzt. Lisa hätte keinen sensiblen Einzelgänger erkannt, wenn er ihr mit einer Faust voll Gänseblümchen auf den Schoß gekrabbelt wäre, und es verärgerte mich, wenn sie *Auf der Flucht* »eine Serie nach meinem Geschmack« nannte.

Vor dem Fernseher zu sitzen und bei drittklassigen Detektivserien im nachhinein Vermutungen anzustellen, war das eine. Das andere war, einen echten Fall zu lösen. Wir waren bereits weit bis in die sommerlichen Wiederholungen vorgedrungen, als unser Haushalt von einer Serie sehr realer Verbrechen erschüttert wurde, die kein Fernseh-Detektiv je knacken zu können hoffen würde. Jemand in unserer Familie hatte sich angewöhnt, sich seinen oder ihren Arsch mit dem Handtuch abzuwischen. Besonders störend war dabei, daß all unsere Hand- und Badetücher sirupfarben waren. Man trocknete sich gerade die Haare ab, und plötzlich bemerkte man einen Geruch an Händen, Kopf und Gesicht, der keine Zweifel zuließ. Wenn das Leben in der Vorstadt schon sonst nichts versprach, so doch, daß man sich von Tag zu Tag hangelte, *ohne* Scheiße im Haar vorzufinden. Diese plötzliche Wendung stellte unser Selbstverständnis auf eine harte Probe, so daß wir uns fragten, wer wir waren und wo wir, als Volk, versagt hatten. Außer Gewissensprüfungen erforderte dies auch noch jede Menge heißes Wasser, literweise Shampoo, Stahlwolle, profimäßige Schrubberbürsten und blöckeweise schroffriechende, desodorierende Seife. Der oder die Kriminelle schlug in allen drei Badezimmern zu und pausierte nur lange genug, um die übrigen in Sicherheit zu wiegen. Da konnte man zwanzig Minuten lang sorgfältig das Handtuch abschnuppern, um dann doch nur zu entdecken, daß das Arschloch diesmal den Waschlappen benutzt hatte.

»Eins«, sagte meine Mutter eines Morgens und blätterte die Sonntagszeitung durch, »ist sicher: Die Person, die das macht, ist ganz schön krank.«

»Und sie ißt Mais«, fügte Lisa hinzu, die sich gerade die Haare mit einen T-Shirt abtrocknete. Sie war das letzte Opfer gewesen und hatte sich so oft die Haare gewaschen, daß sie jetzt aussahen wie die drahtige, synthetische Mähne einer Trollpuppe.

Jeder hatte Theorien, aber niemand hatte Beweise. Wenn man meine Eltern unberücksichtigt ließ, blieben immer noch sechs Kinder und meine Großmutter, sämtlich mögliche Verdächtige. Mich selbst schloß ich aus, und weil die Handtücher ordentlich gefaltet waren, war auch mein Bruder aus dem Schneider, welcher bis zum heutigen Tag zu einer so komplexen Verrichtung nicht fähig ist. Es mußte doch schmerzen, ein rauhes Frottiertuch zu einem so delikaten Zweck einzusetzen. Ich beobachtete meine Familie, wie sie bei Tisch ihre Plätze einnahm, und wartete, daß jemand aufschrie oder -zuckte, aber nichts geschah.

Meine Mutter und Lisa hatten sich immer für so gerissen und schlau gehalten, aber wenn man sie bedrängte, sie sollten einen Verdächtigen nennen, sagten sie, dieser Fall sei unter ihrer Würde. Falls jemand ermordet oder entführt würde, würden sie angemessen reagieren und die schuldige Partei innerhalb einer Stunde ermitteln. Dieser spezielle Fall jedoch falle unter »groben Unfug« und sei somit ihrer professionellen Zuwendung nicht wert. Wer es auch gewesen sei (und immer noch sei), er oder sie würde auf die Stimme des Gewissens hören und früher oder später gestehen. Bis dahin würde meine Mutter den Wäscheschrank mit weißen Handtüchern auffüllen. Fall abgeschlossen.

Noch im selben Monat durchstöberte jemand die oberste Schublade meines Vaters und stahl einen Kniestrumpf mit einhundertzwei »Liberty«-Silberdollars. Ich kannte die Schubladen meines Vaters so gut wie meine eigenen; jeder kannte sie. So vertrieb man sich die Zeit, wenn man das Haus für sich allein hatte –, man durchwühlte die Schubladen meines Vaters, bevor man sich seinem zweiten Versteck, dem Schuppen, zuwandte. Ich hatte diese Münzen oft gesehen und gezählt. Wir alle hatten sie oft gesehen und gezählt, aber wer würde soweit gehen, sie zu stehlen?

Mein Vater versammelte uns alle im Eßzimmer und hörte zu, wie wir nacheinander unsere Täterschaft bestritten. »Dollars gibt es auch in Silber? Das hab ich ja noch gar nicht gewußt. Werden sie von der Regierung gleich im Kniestrumpf ausgegeben, oder war das deine Idee?«

»Okay«, sagte mein Vater. »Na gut, na schön, verstehe. *Niemand* hat meine Münzen genommen. Wahrscheinlich hatten sie es einfach satt, so zusammengepfercht in der blöden Kommode zu wohnen, und da haben sie beschlossen, sie kullern einfach zur Tür hinaus und verjubeln sich selbst für Süßigkeiten und Schundhefte. Genau so ist es passiert, stimmt's? Eben jetzt, während wir hier sprechen, sind sie bestimmt dort draußen in der großen Welt und amüsieren sich wie Bolle, oder?« Seine Stimme hatte ihre höchste Lage erreicht, und er rieb sich die Hände, als betrachte er ein Tablett mit erlesenen Nachspeisen. »Endlich frei und das ganze Leben noch vor sich! *Spürt* ihr nicht, wie aufregend das ist? Will man da nicht unwillkürlich mit den Armen wedeln und laut schreien?«

Er senkte die Stimme und stellte eine Reihe von Ultimaten, die ich nicht ganz begriff. Ich mußte an diese jubelnden Silberdollars denken, heiser und schwindlig im ersten Rausch der Unabhängigkeit. Ich malte mir aus, wie sie sich in Gruppen aufteilten und nur bei Nacht reisten, um nicht zuviel Aufsehen zu erregen. Es könnte sich als schwierig erweisen, über Gras und Blätter zu rollen, also stellte ich sie mir aneinandergekauert in der Einfahrt vor, wo sie beschließen, sich an Straßen und Bürgersteige zu halten. Beim Gedanken daran mußte ich lachen, und als ich lachte, sagte mein Vater: »Du findest das komisch? Zum Kichern ulkig?

Wie schön, daß es dich so amüsiert. Mal sehen, wie komisch es ist, wenn ich dein Zimmer durchsuche, Spaßvogel.«

Im Fernsehen bedeutete ein Durchsuchungsbefehl, daß die Wohnung verwüstet wird, und in meinem Fall war es nicht anders. Mein Zimmer war der einzige saubere Raum im ganzen Haus. Es war mein Schrein, mein Tempel, und ich sah entsetzt mit an, wie meine Schubladen ausgeleert und meine Schränke brutal in Unordnung gebracht wurden. Als er meinen Schreibtisch durchsuchte, stieß mein Vater auf einen vergoldeten Drehbleistift, den er als sein Eigentum wiedererkannte. Dieser hatte sich einst in derselben Schublade aufgehalten wie seine Münzen, und ich gab zu, daß ich, ja, den Drehbleistift »genommen« hatte, aber nicht »gestohlen«. Das war ein großer Unterschied. Man *stiehlt* die Dinge, die man begehrt, während man die Dinge, die der eigentliche Eigentümer nicht recht zu schätzen weiß, *nimmt*. Der Drehbleistift hatte mir gesagt, wie sehr man ihn vernachlässige, und ich hatte mich erbötig gemacht, ihn einem guten Verwendungszweck zuzuführen. Nehmen ist Borgen ohne die Formalitäten. Ich hatte ohnehin vorgehabt, ihn zurückzugeben, sobald die Mine alle war –; was sollte die ganze Aufregung? Das war nicht das ganz große Indiz, mit dem ein Fall steht und fällt; da konnte er sich noch so sehr anstrengen. Es gab keine schmetternden Trompeten oder Verfolgungsjagden mit stark überhöhter Geschwindigkeit, nur einen dämlichen Drehbleistift, den ich aus reiner Geltungssucht verwendet hatte. Sobald mein Vater und sein Drehbleistift wiedervereinigt waren, wurde ich zum Hauptverdächtigen, durch einen reinen Indizienprozeß überführt. Nichts, was ich vorbrachte, konnte ihn umstimmen.

»Hast du das Geld schon ausgegeben, oder hast du's im Garten vergraben?« fragte meine Schwester Lisa. Vergraben? Jetzt war ich Dieb *und* Pirat.

Eines Verbrechens überführt, welches ich nicht begangen hatte, gab es für mich nur eins. Die Schuhkrem wurde im Wäscheschrank aufbewahrt. Ich entschied mich für schwarz und massierte sie mir, bestrebt, meine Identität zu ändern, in die Kopfhaut.

Dr. Kimbles Haar wirkte immer vollkommen natürlich. Es wehte in der Brise, die von entgegenkommenden Lastwagen erzeugt wurde, wenn er einsam an der Straße ins Nirgendwo stand und von einer Stadt Abschied nahm, die es versäumt hatte, seine einzigartigen Begabungen zu würdigen. Mein Haar wirkte unbehandelt ziemlich genauso, als aber die Schuhwichse trocknete, verhärtete es sich zu einer steifen, einheitlichen Masse, die meinen Kopf wie ein Helm bedeckte. Ich ging zu Bett, und als ich aufwachte, waren Laken und Kissen verschmiert und verdorben. Gesicht und Arme sahen aus wie mit Druckstellen übersät, und alles stank streng und militärisch nach Putzleder. Kein Wunder, daß Dr. Kimble ein Einzelgänger war. Glanz und Farbe meiner Haare gefielen mir, aber ich mußte es glatt nach hinten kämmen, um eine saubere Stirn zu behalten. Diese Frisur war kugelfest. Man hätte mir mit einem Golfschläger auf den Kopf hauen können, und ich hätte nichts gespürt. Ich trug meine verschmutzten Laken in die Wälder und wußte, daß von nun an alles anders sein würde. Ich hatte einen gewissen Punkt überschritten, und nun gab es kein Zurück mehr.

Nachdem ich meine Identität abgeändert hatte, bestand der nächste Schritt darin, den wahren Dieb zu finden und meinen Namen reinzuwaschen. Meine Mutter und Lisa sagten gern: »Der Verbrecher kehrt immer an den Ort des Verbrechens zurück.« Zwar war dies eine wohlfeile Weisheit, die sie aus einer ihrer Fernsehserien hatten, aber ein Versuch konnte nicht schaden. Auf den oder die, der oder die sich den Arsch mit Handtüchern abwischte, traf es schon mal zu, andererseits hatte der oder die aber gar keine andere Wahl. In den Badezimmern waren nun mal die Toiletten untergebracht, und selbst wenn er oder sie sich geändert hatte, mußte er oder sie immer noch aufs Klo. Außer den Silberdollars beherbergten die Schubladen meines Vaters noch mehrere Taschenuhren, ein Paar spielwürfelförmige Manschettenknöpfe, Krawattennadeln, schicke Feuerzeuge und ein Kartenspiel mit Aktmotiven, bei dem sowohl Herz-König als auch Pik-As fehlten.

In Erwägung also, daß der Dieb guten Grund hatte, dorthin zurückzukehren, wo es noch soviel zu holen gab, startete ich eine Überwachungsaktion. Der Kleiderschrank meines Vaters hatte Türen mit geschrägt waagerechten Holzlamellen, welche freie Sicht auf den gesamten Raum ermöglichten. Ich bezog Posten und mußte eine geschlagene Stunde warten, bevor meine Mutter den Raum betrat und rief: »Es ist mir ja *so*was von wurscht, wie sie das auf dem Olymp machen, aber in diesem Haus wird ein Sieben-Dollar-Steak nicht in siedendem Wasser gegart!« Intuitiv erfaßte ich, daß sie mit meiner Großmutter sprach. Sie knallte die Tür hinter sich zu und setzte sich auf den Rand eines ungemachten Bettes. Sie starrte ihre nackten Füße an, und dann sagte sie, als erwarte sie von ihnen eine Entschuldigung für etwas, was sie gerade verbockt hatten: »Nun, was haben wir dazu zu sagen?« Sie pulte kurz an einem Zehennagel und durchquerte dann das Zimmer, um eine Flasche mit glänzendem Nagellack von der Kommode zu holen. Es war ein ganz neuer Farbton, Kitt. Anstatt die Nägel zu betonen, bewirkte er, daß sie im sie umgebenden Fleisch verschwanden, wodurch ein Look entstand, der gleichzeitig ausgeflippt und populär war. Ich habe nie verstanden, warum Frauen sich die Zehennägel lackieren, schon gar nicht bei meiner Mutter, deren krustige, mißgestaltete Krallgebilde den zersplitterten »Frito«-Kartoffelchips von der Größe eines Goldnuggets ähnelten, die man ganz unten in der Tüte aneinandergeschmiegt findet. Sie stand vor dem Spiegel, schüttelte die Flasche und betrachtete sorgenvoll ihr sprödes, angegrautes Haar, welches zu einer lustlosen Frisur arrangiert war, die sie »Vorsicht! Hier hat der Teufel hingetreten!« nannte. Dann beobachtete ich, wie sie in ihrem Kleiderschrank wühlte und mit einer großen Plastikkiste wieder zum Vorschein kam, die mit Schlössern gesichert war, wie man sie von Koffern kennt. Den Kleiderschrank meines Vaters hatte ich tausendmal untersucht, den meiner Mutter noch nie. »Wenn ich was Wertvolles hätte, würde ich es da zuallerletzt aufbewahren«, sagte sie. »Nicht mal die gottverdammten Motten mögen meine Sachen.« Schrank und Kommodenschubladen meines Vaters boten Hinweise auf sein Innenleben. Es machte mir Spaß zu enthüllen, was ich für seine Geheimnisse hielt, fand es aber besser, die Privatsphäre meiner Mutter nicht zu verletzen, nicht so sehr aus Respekt wie aus Furcht. Ich wollte nicht, daß womöglich Handschellen oder lederne Scharfrichterkapuzen dem Konzept in die Quere kamen, daß diese Frau zunächst und vor allen Dingen meine Mutter war.

Sie stellte die Kiste auf die Kommode, öffnete die Schlösser und hob den Deckel, wodurch ein bleicher Kopf aus Styropor sichtbar wurde, der eine sandblonde Perücke trug, deren Haar zu einer Serie kühner Wogen modelliert war. Es war eine gewaltige Haarpracht, so vollkommen, als wäre sie, an einem jener freien Tage, wenn Er Sich eher kreativ als rachsüchtig fühlte, vielleicht von Gott Persönlich gestylt. Nachdem sie sorgfältig die Nadeln entfernt hatte, setzte meine Mutter sich die Perücke auf und studierte sich im Spiegel. Sie nickte hierher und dahin, aber die Locken spotteten allen physikalischen Gesetzen und blieben, wo sie waren. Dämpfe von der Schuhwichse machten mir übel, ich begann zu transpirieren, der tintige Schweiß rann mir die Stirn herab und befleckte mein Hemd.

»Was sagst du dazu, Frolleinchen?« fragte meine Mutter sich selbst. Sie brachte eine Schicht Lippenstift an und hielt das Gesicht nah an den Spiegel, legte den Kopf schief und hob die Augenbrauen in einer Serie von Gesichtsausdrücken, die alles von tief empfundener Besorgnis bis hin zu voll aufgedrehter Rage vermittelten. Dann trat sie vom Spiegel zurück und stellte sich sich vor, als wäre ihr Spiegelbild ein Gast, den sie gerade kennenlernt. Das tat ich auch oft in der Abgeschiedenheit des Badezimmers. »Wer ist der denn?« fragte ich dann und bewunderte mich mit einem neuen Hemd oder Haarschnitt. Meistens endeten diese privaten Sitzungen damit, daß Hose und Unterhose sich um die Fußknöchel gewickelt hatten. Knöpfte meine Mutter sich jetzt etwa die Bluse auf? Hob sie etwa den Rock und erregte sich selbst? An welchem Punkt wollte ich eingreifen und die Sache beenden? Wie konnte ich mit mir selbst weiterleben, wenn ich wußte, wie sie nackt aussah? *Bitte,* dachte ich, *tu's nicht. Sei nicht wie ich.*

»Also los«, sagte meine Mutter. »Wie wär's, malen wir mal diese Zehennägel an?« Sie schraubte das Fläschchen auf und setzte sich auf die Bettkante. Ich beobachtete, wie sie die Zehennägel spreizte und sich an die Arbeit machte und immer wieder innehielt, um sich im Spiegel zu betrachten. Sie beendete den rechten Fuß und hielt ihn zur Begutachtung hoch. »Ein bißchen auf den Nagel, ein bißchen auf den Zeh, ein paar Tropfen auf den Teppich, und alle sind zufrieden.«

Als der linke Fuß fertig war, knallte sie den Nagellack auf die Kommode und errichtete einen Hügel aus Kissen, etwas, was hoch genug war, daß sie sich auf den Rücken legen konnte, ohne ihre Perücke zu verkrumpeln. Es sah unbequem aus, aber sie schien es gewohnt zu sein. Das Zimmer, mit seinem ungemachten Bett und dem mit Zigarettenschachteln vollgemüllten Fußboden, sah aus wie die Stätte eines Verbrechens. Sie hätte eine Nachtklub-Hosteß sein können, die erwürgt worden war, weil sie zuviel wußte, oder eine Karrierefrau, die an ihrem Popcorn erstickt war, als sie sich im Fernsehen den Spätfilm ansah. Wie seltsam, sich eine Perücke aufzusetzen, sich in jemand anderen zu verwandeln, und sich dann hinzulegen und ein Nickerchen zu machen. Träumte sie von all den exotischen Dingen, die diese Figur tun mochte, oder war ihre Perücke nur eine wartungsintensive Schlafmütze?

Im Fernsehen werden die zu einer Überwachung nötigen Stunden eintönigen Wartens meist auf einen einzigen Moment der Wahrheit beschränkt. Der Detektiv erscheint gerade rechtzeitig, um die Anweisungen zur Übergabe des Lösegeldes mit anzuhören oder die Juwelendiebe beim Studium der Blaupause des Museumsbauplans zu überraschen. Ich stand eine Stunde lang im Schrank, den Kopf voller Schuhwichse, ein Flüchtling, beobachtete meine Mutter dabei, wie sie verkleidet schlief, und wartete, daß sich etwas enthüllte.

Nachdem sie aufgewacht war, schaffte meine Mutter ihre Perücke zurück in ihr Versteck und verließ das Zimmer. Ich wartete noch ein paar Minuten, schlich nach unten, wusch mir dreimal die Haare, spülte die Badewanne mit Comet aus und zerstörte mein beflecktes Hemd. Als ich an der Haustür die Schritte meines Vaters hörte, jagte ich in mein Schlafzimmer, ohrfeigte mich mehrmals und überprüfte mein Abbild in der dunklen Fensterscheibe. Ich wollte apfelwangig und frisch wirken, wenn er die üblichen Verdächtigen verhaftete, uns vor sich her ins Eßzimmer trieb und versuchte, den rätselhaftesten Fall von allen zu lösen: Wer hatte seine Hemden und Sakkos mit Schuhkrem eingeschmiert?

Als es soweit war, nahm ich neben denselben Schurken Platz, die auch die Münzen gestohlen und sich mit Handtüchern abgewischt hatten, und sagte: »Hast du Schuhwichse gesagt? Auf deinen Anziehsachen? Tut mir leid, davon ist mir nichts bekannt.«

Bei Dorothea Dix

Wenn man in Raleigh, North Carolina, aufwuchs, war so ziemlich das Schlimmste, was man über jemanden sagen konnte, er oder sie habe ein Familienmitglied auf dem Dix Hill, wie das Dorothea Dix Sanatorium allgemein genannt wurde, die örtliche Nervenklinik. Von denselben Leuten entworfen und erbaut, denen wir bereits Dr. Düsters Verwahranstalt für ungewollte Kinder und die Villa Hackebeil mit geschultem Personal und eigenem Gespenst (auch tagsüber) verdanken, war Dorothea Dix eine trostlose Kolonie gotischer Gebäude, in Stadtrandnähe auf eine Hügelkuppe gekauert. Im Winter ähnelten die Äste der umstehenden Bäume den gichtigen Fingern wahnsinniger Wissenschaftler, die, auf der Suche nach frischen Gehirnen, an die Fenster klopften. Hatte der Sommer seinen Einzug gehalten, so dienten dieselben Bäume, grün und im Blätterkleid, dazu, unsagbar Übles zu verbergen. Wenn wir mit dem Auto dran vorbeifuhren, steckten meine Schwester und ich den Kopf aus dem Fenster und erwarteten, eine hysterische Stimme gackeln zu hören: »Ich bin wahnsinnig, ich sage es euch, WAHNSINNIG!« Der Patient umklammerte seinen Irrsinn, als wäre er ein Schatz, den er unter den Fußbodenbohlen versteckt entdeckt hatte. »Wahnsinnig! Hört ihr mich, ich bin wahnsinnig!«

Ich hatte gerade die siebte Klasse hinter mir, als meine Mutter ansagte, bis wir alt genug für einen Job seien, der Geld bringe, müsse jeder über vierzehn seine Sommer einer gemeinnützigen Arbeit widmen. Meine ältere Schwester Lisa verpflichtete sich als Schwesternhelferin im Rex Hospital, und was mich betraf, so wußte ich genau, wohin ich mich wenden würde.

Meine Mutter war sechzehn gewesen, als sie auf der Veranda stand und beobachtete, wie Männer in echten weißen Kitteln ihren schreienden und um sich tretenden Vater in die dortige Nervenklinik abschleppten, wo er insgesamt siebenunddreißig Elektroschocks verpaßt kriegte. Er hatte unter D.T. gelitten, einem schmerzhaften halluzinatorischen Zustand, welcher ein fortgeschrittenes Stadium des Alkoholismus anzeigt. Meine Mutter hatte ihn jeden Tag besucht, und oft hatte er keine Ahnung, wer sie war. Einmal, in der Annahme, sie sei eine Krankenschwester, versuchte er ihr untern Rock zu fassen. Das Erlebnis hinterließ bei ihr etwas Gehetztes, Ruheloses, was ich sehr bewunderte. Sie hatte etwas Gräßlichem ins Antlitz geblickt, und ich wollte wissen, wie sich das anfühlt.

Als wir an meinem ersten Arbeitstag die eisernen Tore passiert hatten und die gewundene Einfahrt entlangfuhren, bot meine Mutter mir eine Serie von Last-Minute-Alternativen an. Ich konnte doch, sagen wir mal, unterprivilegierten Kindern das Durchpausen beibringen –; da war ich doch so gut drin. Oder Babysitten. Ich mache es für umsonst, und sie zahlt es mir dann auf die heimliche –; niemand braucht es je zu erfahren. Aber mein Entschluß stand fest. Dies war es, was ich wollte. Sie ging nicht einmal mit mir hinein, setzte mich einfach ab und sagte, ich solle anrufen, sobald ich wieder nach Hause wolle. »Eine Stunde, drei, solange du halt brauchst, bis du deine Meinung geändert hast«, sagte sie.

Das Freiwilligenprogramm bei Dorothea Dix war so minimal, daß die Empfangsschwester seine schiere Existenz bezweifelte. »Um das mal klarzustellen«, sagte sie. »Du willst hier für kein Geld arbeiten? Sag mal, mein Sohn, du bist nicht zufällig hier eingewiesen?« Sie nahm den Hörer ab und machte ihren Zeigefinger klar zum Wählen. »Gib mir doch einfach die Nummer deines Krankenzimmers, und wir sorgen dafür, daß jemand kommt, dich zurückträgt und dir deine Medikamente verabreicht. Fändest du das schön, Süßer? Ist echt gut, die Medizin.«

Es ist beunruhigend, wenn die eigene Zurechnungsfähigkeit von einem Profi in Frage gestellt wird. Ich hatte mir den Namen des technischen Direktors, mit dem ich ein paar Tage zuvor telefoniert hatte, aufgeschrieben, aber es schien Stunden zu dauern, bis ich den Zettel aus meiner Hosentasche hervorgekramt hatte. Sobald sie dahingehend beruhigt war, daß ich mit einem echten lebendigen Menschen gesprochen hatte, rief die Empfangsschwester einen Wächter, der mich zum Büro des technischen Direktors führen sollte. Es war ein kurzer Trip, der nicht weniger als sieben Schlüssel erforderte. Alles bei Dorothea Dix hatte mit verschlossenen Türen zu tun, weshalb man die Mitarbeiter auf zwanzig Meter am Geräusch erkannte, das die faustgroßen Schlüsselbunde machten, die klirrend an ihren Gürteln baumelten. Falls das Krankenhaus irgendein Ausbildungsprogramm für freiweillige Helfer hatte, so erfuhr ich nichts davon. Ich traf auch nie jemanden, der sich als freiwilliger Helfer vorgestellt hätte. Ich lernte nur kurz den technischen Direktor kennen, der eine Liste mit Pflegern studierte, die nicht zur Arbeit erschienen waren, bevor er sagte: »Napier ist krank; für den kannst du einspringen. Melde dich in Gebäude sieben und sag, sie sollen dich zu Banes schicken.«

Ich wurde zu einer Krankenstation geführt, auf der eine Schwester namens Banes mich Clarence Poole zuteilte, einem pflaumenfarbenen Pfleger, der zu allen Zeiten ein Transistorradio am Körper trug. Clarence' Nase war praktisch platt gegen seine Wange gedrückt, weshalb er aussah wie von Picasso. Um die Aufmerksamkeit von seinem Gesicht abzulenken, verbrachte er viel Zeit mit der Aufrechterhaltung seiner Haartracht, eines schimmernden Afro von der Größe eines Medizinballs. Clarence sollte mich in alles einarbeiten, und mein erster dienstlicher Befehl lautete, ich solle ihn zu den Snack-Automaten begleiten, wo er sich eine RC Cola und einen Beutel gesalzene Erdnüsse kaufte. Ich beobachtete ihn, wie er die Erdnüsse in den Flaschenhals stopfte. Er machte das mit großer Konzentration, als müßte er eine Gans zwangsernähren. Er erklärte, die Mischung müsse ein paar Minuten lang ziehen, setzte sich und begann, seine Frisur mit einem langstieligen Gerät flockig zu puffen. Gerade hatte er die Flasche angesetzt, als Schwester Banes uns unseren ersten Auftrag überreichte. Clarence führte mich über das Gelände zu einem efeubewachsenen Gebäude, welches, wenn man von den Gittern vor den Fenstern absah, einem Wohnheim glich, wie man es auf einem respektablem Campus finden könnte. Aus der Nähe waren diese Häuser ganz schön, bis man hineinging. Dies war eine Frauenstation, und als erstes bemerkte ich den Gestank. Es war ein Aroma, das ich inzwischen mit allen geschlossenen Anstalten verbinde: Urin, Schweiß, Zigarettenrauch, ungewaschenes Haar und billiges Desinfektionsmittel, alles in einer intensiven, gnadenlosen Hitze mariniert, die nie mit den Jahreszeiten wechselte. Die Frauen lagen auf eisernen Feldbetten, riefen nach uns, und als Clarence die Tür öffnete, bettelten sie um Zigaretten und Aufmerksamkeit. »Ich habe Informationen, die Leben retten können«, rief eine. Alle sprachen gleichzeitig: »Sie hat mich gezwungen, mich vollzupinkeln«, »Sag dem Nigger, alle Musik, die er in seinem Radio hört, habe ich ausgewählt«, »Rufen Sie die Botschaft an: Sie sollen die Oliven per Luftfracht kommen lassen!«

Clarence sagte nur: »Später, Baby«, und er sprach, als wären dies junge Mädchen, die vor dem Bühneneingang auf sein Autogramm warteten. Er las die Nummern an den Feldbetten und blieb vor einer älteren Frau stehen, die heftig zuckte. Ihr schulterlanges Haar war vom gleichen stumpfen Gelb wie ihr eingesauter Kopfkissenbezug. Er klappte eine Rollpritsche auseinander und schirrte sie von ihrem Bett ab. »Ich nehm das obere Ende, und du kriegst die Füße«, sagte er. »Los, Oma, eine kleine Ausfahrt.« Als das Laken angehoben wurde, war ich schockiert, als ich entdeckte, daß diese Frau nackt war. Ich hatte noch nie eine nackte Frau gesehen und war gerade lange genug verdutzt, daß sie nach vorn taumeln und ihre letzten drei Zähne in meinen Unterarm senken konnte. Dann verdrehte die Frau ihren Kopf, knurrte und zerrte an meinem Fleisch, als wäre sie ein Luchs oder Vielfraß, irgendein wildes Geschöpf, gewohnt, sich seine Mahlzeiten zu jagen. Clarence hob sein Radio, dachte dann an den möglichen Schaden, den es nehmen könnte, zog einen Schuh aus und knallte ihn der Frau über den Kopf, bis sie losließ und auf ihr Kissen zurücksank. Ihre Zähne waren durch die Haut gedrungen, aber Clarence beruhigte mich, er habe schon viel Schlimmeres gesehen. Eine Tetanusspritze, ein bißchen Jod, alles halb so wild.

Unser Tag nahm seinen Fortgang, und es gab alles, von einem mongoloiden Backfisch mit eingewachsenem Zehennagel bis zum selbsternannten Swami, der sich einen Turban aus uringetränkten Handtüchern gebastelt hatte. Clarence und ich karrten sie auf die Pflegestation und später wieder zurück ins Krankenzimmer. »Alles nur eine Frage von Transport und Lieferung«, sagte er. »Außer wenn sie Scheiße an den Händen haben und die Bahre vollschweinen.« Die Patienten stöhnten, winselten und kreischten. Sie gackerten und johlten und sabberten, von Drogen benommen. An Clarence perlte das alles ab, aber ich hatte mir so eine Welt nie vorgestellt. Wenn man sich wundgelegen hatte, so konnte das irgendwann heilen, aber was war mit den wesentlicheren Problemen des Patienten? Ein normales Krankenhaus, mit seinem freundlichen Wartezimmer und Blumenkörben, bot einen gewissen Grad an Hoffnung. Hier gab es keine Postkarten und Schmuckblatt-Telegramme, auf denen »Gute Besserung!« stand, auch keine heliumgefüllten Luftballons, nur ein alles durchdringendes Gefühl von Verhängnis. Geschick oder Zufall hatten diese Menschen zu Fall gebracht und auseinandergebrochen. Mir schien es, als könne so etwas jedem passieren, egal, wie schön man wohnt oder wie anständig man ausgebildet ist. Einmal zu oft wütend werden oder sich zu lang die Haare kämmen, und schon könnte dies das erste Anzeichen sein. In jedem unserer Hirne könnte etwas versteckt sein, was dort still lauert. Und wartet.

»Ersparen Sie mir die Einzelheiten, Herr Dr. Freud«, sagte Lisa auf dem Beifahrersitz, als unsere Mutter uns an jenem Nachmittag nach Hause fuhr. Lisa hatte den Tag auf der Entbindungsstation verbracht, wo sie den Patientinnen eine Auswahl an Frauenzeitschriften und Taschenbuchromanen angeboten hatte. »Mein Gott, ich hoffe, ich werde nie so fett. Manche haben ausgesehen, als hätten sie einen tragbaren Fernseher verschluckt.« Sie trug eine adrette rotweißgestreifte Uniform, studierte ihr Abbild im Rückspiegel und übte in der Hoffnung auf einen knackigen Praktikanten ihr Lächeln. Sie verstand nicht, wovon ich redete, meine Mutter schon. Jeden Abend, wenn sie die Eiswürfel auf dem Grunde ihres Highball-Glases klirren ließ, wußte meine Mutter haargenau, wovon ich sprach. Gesundheit, sei sie nun geistig oder körperlich, war nie die starke Seite ihrer Familie gewesen. Das Familienwappen der Leonards bestand aus Scotchflasche und Tumor.

Nach seiner Schocktherapie wurde mein Großvater nach Hause entlassen, wo er seinen Lebensabend damit verbrachte, das Kernhaus von Äpfeln zu entfernen und Kuchen zu backen. Die Kinder waren aus dem Haus, seine Frau hatte Hypoglykämie, niemand war da, der Apfelkuchen wollte, aber das schreckte ihn nicht ab. Er buk, als wäre das gesamte U.S. Marine Corps vor der Haustür stationiert, trommelte mit Gabeln gegen Blechteller und brüllte im Chor: »Nachtisch! Nachtisch!« Vier Kuchen waren im Ofen, und er rollte flaggengroße Teigstücke für die nächsten Krusten aus. Zweimal im Jahr besuchten wir meine Großeltern, und ich erinnere mich, daß dort auf jeder verfügbaren Fläche Apfelkuchen zum Abkühlen standen: auf den Fensterbänken, auf dem Fernseher, sogar auf den Stühlen im Eßzimmer. Der Mann sagte nie ein Wort, aber er trank auch keinen Schluck mehr. Er buk nur und starb schließlich an einem streßbedingten Herzinfarkt.

Ich habe den ganzen Sommer lang auf dem Dix Hill gearbeitet und im nächsten Jahr wieder, bis ich, mit siebzehn, einen bezahlten Job als Tellerwäscher in einer Cafeteria annahm, deren Firmenpolitik es war, ambulante Patienten zu beschäftigen. Dies waren sowohl gegenwärtige als auch frühere Dorotheaner, erwachsene Männer, die gelegentlich angesichts einer angeschmurgelten Kasserolle in Tränen der Panik ausbrachen. Die gingen dann nach hinten und versteckten sich im Lagerraum oder, noch schlimmer, im Kühlhaus.

Von der Schule ging ich aufs College und bewarb mich, um leichter meinen Schein machen zu können, bei einem staatlichen Krankenhaus in der Nähe. Auf Dix Hill hatte ich als Pfleger ohne Schlüsselgewalt funktioniert. Ich hatte Verantwortung zu tragen gehabt, hier dagegen war ich nicht mehr als ein menschlicher Zigarettenautomat. An zwei Abenden pro Woche besuchte ich die stinkende, stagnierende Station und machte Small talk mit Frauen, die nichts mit mir zu tun haben wollten. Zu der Zeit studierte ich Italienisch und versuchte mit Hilfe einer paranoiden Toskanerin namens Paola Konjugation zu üben, einer Patientin Ende vierzig, mit permanent blaugeschlagenem Auge und ausgeprägtem Schnurrbart. An manchen Abenden konnte Paola sehr reizend und hilfsbereit sein, an anderen schien sie wahrhaft besessen, warf den Fernseher um, attackierte ihre Mitpatientinnen und bewarf die Schwestern mit brennenden Zigaretten. Ich konnte ein paar angenehme Stunden mit jemandem verbracht haben, um drei Tage später herauszufinden, daß man sich an nichts erinnerte. Bei Dorothea Dix hatte ich sämtliche Stationen durchlaufen, während ich hier die gesamte Zeit mit derselben Gruppe zusammen war, Woche um Woche, und niemandem schien es jemals besserzugehen. La Donna saß immer noch vor dem Fernseher und prahlte damit, wie gut sie Lee Majors kenne. Charlotte flüsterte ständig in einen Plastikbecher, den sie sich danach an den Bauch hielt, um mit etwas zu kommunizieren, was sie als ihren außerirdischen Fötus identifizierte; es war zum Wahnsinnigwerden. Ich wollte diese Leute am Hinterkopf packen, sie mit der Stirn gegen die Wand donnern und anschreien: »Hör auf, dich wie ein Idiot zu benehmen, und werd gesund, verdammtnochmal!« Dann bemerkte ich die blauen Flecken, mit denen sie übersät waren, und mir wurde klar, daß es schon mal jemand mit dieser Herangehensweise versucht hatte.

An meinem letzten Abend im Krankenhaus nahm ein drahtiger, manischer Patient eine freiwillige Helferin als Geisel. Er hielt ihr ein Messer an die Kehle und forderte

Freiheit. Die Polizei wurde gerufen und versammelte sich auf dem verschneiten Hof, um ihre Freilassung zu erörtern.

»Ich will ein Mädchen«, rief der Mann. »Und zwar eins, das hübscher ist als dieses. Ich will das hübscheste Mädchen, das ihr finden könnt, und ich will, daß es ein Bikini anhat. Dann will ich, daß ihr uns in einem Motel in Akron anmeldet, und zwar um... Ich sage dann noch Bescheid, für wann. Dann will ich noch einen Wohnwagen mit Gardinen und einem Wasserbett und einen Laster mit neuen Reifen. Und einen Wintermantel mit Reißverschluß. Keine Knöpfe! Und einen Terrassengrill will ich, mit Haube!«

Der Anführer der Polizei stimmte allen Forderungen zu und gab den vier Polizisten, die hinter dem anspruchsvollen Patienten herankrochen, heimliche Signale. »Außerdem werde ich ein Aquarium brauchen. Und einen Fön für meine Frisur, und dann will ich noch eine Garnitur geschliffene Kelchgläser und ein paar ordentliche große Kaffeetassen.«

Die Polizisten überwältigten ihn von hinten, und selbst als sie ihn bereits in das wartende Einsatzfahrzeug schleppten, äußerte er weitere Wünsche.

Zehn Jahre nach meinem ersten Volontariat kehrte ich nach Dix Hill zurück. Eine Freundin war mit einem Mann ausgegangen, der dann komisch wurde. Sie hatten in einem beliebten Restaurant in Raleigh gegessen, als er den plötzlichen Drang verspürte, die Leute am Nachbartisch mit geröstetem Maisbrot zu bombardieren. Der Geschäftsführer wurde gerufen, und es gab eine Schlägerei. Es stellte sich heraus, daß der Mann bereits einen Klinikaufenthalt hinter sich hatte, in einer Anstalt in der Nähe von Pittsburgh.

Ein Wachmann führte uns durch eine vertraute Reihe von verschlossenen Türen, und der junge Mann kam heraus. Sein Gesicht war von den Drogen aufgedunsen, und die Zunge hing ihm aus dem Mund, so dick und schaumig wie ein Stück Seife. Meine Freundin meinte, er könne durchaus geheilt werden, mit Bettruhe und Willenskraft.

»Der Geschäftsführer in dem Restaurant hatte aber auch selbst schuld«, sagte sie und ergriff seine Hand. »Bald kriegt er die gerechte Strafe. Wichtig ist jetzt nur, daß du wieder gesund wirst.« Sie streichelte seine verschorften Knöchel. »Dir geht es schon viel besser, Danny. Hörst du, was ich dir sage? DIR GEHT ES SCHON VIEL BESSER.«

Ich mag Jungs

Kurz vor Abschluß der achten Klasse wurde angekündigt, daß im Herbst in unserem County-Schulsystem eine Politik der Rassenintegration eingeführt wird. Durchgesetzt werden sollte sie mit Hilfe des erzwungenen Schulbustransports. Meine Spanischlehrerin brachte uns das auf eine Weise, von der sie hoffte, sie würde uns an ein innigeres Verständnis ihrer Schönheit und Großmut heranführen, schonend bei.

»Ich entsinne mich, wie ich einst auf dem Rummelplatz um eine Tüte Speiseeis anstand«, sagte sie und befingerte die drei Spuckesechser, die ihr klobiges, kompaktes Gesicht auf Stirn und Wangen einrahmten. »Da kam ein kleines farbiges Mädchen angerannt, zupfte mich am Rock und fragte, ob sie mein Haar berühren dürfe. ›Ein einziges Mal nur‹ sagte sie. ›Nur einmal, damit es Glück bringt.‹ Nun weiß ich nicht, wie das bei euch ist, aber mir bedeutet mein Haar sehr viel.«

Die ganze Klasse nickte, um anzudeuten, ihr, der Klasse, bedeute ihr Haar ebenfalls sehr viel. Alle beugten sich vor, begierig zu erfahren, wie die Geschichte weiterging. Vielleicht hatte das kleine Negermädchen irgendwo eine Rasierklinge versteckt. Vielleicht war sie eine kleine Aufrührerin auf der Jagd nach einem weißen Skalp.

Ich bestaunte ihre Naivität. Wie alle ihre vorangegangenen Anekdoten, so befand sich auch diese Geschichte auf dem allerbesten Wege in den Arsch.

»Ich sah vorher nach, ob sie nicht vielleicht die Hände mit Süßigkeiten verschmiert hatte, und dann bückte ich mich und gestattete diesem kleinen farbigen Mädchen, daß es mein Haar berührte.« Die Augen der Lehrerin bekamen diesen weit abwesenden, betauten Blick, den sie sich für Augenblicke, von denen man gerne eine Ansichtskarte schreibt, aufsparte. »Dann berührte dieses kleine schokoladenfarbene Mädchen meine Wange mit der Hand und sagte: ›Oh‹, sagte es, ›ich wäre auch gern so weiß und hübsch wie du.‹« Sie hielt inne und stellte sich vor dem Lehrerpult in Positur, als stünde sie für ein Porträt Modell, welches die Bundesregierung für eine Briefmarke zum Gedenken an den Edelmut verwenden konnte. »Was wir uns deshalb merken wollen«, sagte sie, »ist, daß diese Farbigen nichts auf der Welt so gern wären wie weiß.«

Das kaufte ich ihr nicht ab. Das war doch dieselbe Lehrerin, die, als sie ihre Schwangerschaft ankündigte, gesagt hatte: »Ich bete, daß mein Erstgeborener ein Junge wird. Ich will einen Jungen haben und danach vielleicht ein Mädchen, denn wenn es andersrum läuft, kann es leicht passieren, daß der Junge später komisch wird.«

»In dem Sinne ›komisch‹, daß er keine Arme und Beine hat?« fragte ich.

»Das«, sagte die Lehrerin, »ist etwas ganz anderes als komisch. Das ist tragisch. Und du, mein Herr, hättest verdient, daß dir die Lippen zugenäht werden, wenn du so etwas Grausames und Häßliches sagt. Wenn ich ›komisch‹ sage, meine ich ›komisch‹ in *diesem* Sinne...« Sie entspannte ein Handgelenk und ließ die Hand schlapp herunterhängen.

»Ich meine ›komisch‹ im Sinne von ›irgendwie *komisch*‹.« Sie trippelte durchs Zimmer, aber das hatte nicht den gewünschten Effekt, weil das mehr oder weniger ihre natürliche Gangart war, eine Serie kleiner Hüpfschritte, den Rükken durchgedrückt, sehr gerade, als balancierte sie etwas von beträchtlichem Wert auf ihrem leeren Schädel. Mein Mathelehrer in der siebten Klasse beherrschte eine viel bessere Version. Er schnappte sich die Handtasche einer Schülerin, stolzierte durch den Raum, klimperte mit den Wimpern und warf den Buben in der ersten Reihe Kußhändchen zu. »Hach, ist das heute wieder schwüüül«, sagte er.

Aus Angst, selbst Aufmerksamkeit zu erregen, johlte und quiekte ich wie alle anderen und dachte die ganze Zeit: *Der spricht von mir.* Wenn ich mich über andere Leute lustig mache, muß ich auch mit einer kleinen Reaktion rechnen, dachte ich, das ist doch nur gerecht. Ich fand es aber trotzdem schlimm, wie leicht diese Leute einen Lacher kriegten. Als Entertainer waren diese Lehrkräfte nichts, null. Die konnten sich kaum selbst nachmachen. »Seht euch doch mal selbst an!« schrie der Turnlehrer in der zweiten Klasse, wobei seine Sohlen auf dem Turnhallenboden quietschten. »Ihr seid ein Damenkränzchen, eine Rotte steptanzender Schwuchteln.«

Die anderen Jungens zuckten die Schultern oder lächelten ihre Schuhe an. Sie reagierten, als wären sie Buddhisten oder Vampire genannt worden; klar, es war eine Beleidigung, aber niemand würde sie je fälschlich für sowas halten. Wären sie je in ihrem Hinterhoftempel in Singsang ausgebrochen oder zum Schlafen in einen Sarg gestiegen, hätten sie den Stachel des Erkanntwordenseins verspürt und meine Angst vor Entdeckung geteilt.

Ich hatte nie was mit einem Jungen gemacht und betete buchstäblich darum, daß es nie geschehen möge. So sehr ich auch davon phantasierte, so klar war mir, daß es nichts

Schlimmeres geben konnte, als es offiziell zuzugeben. Man sah sie hin und wieder im Fernsehen, die Homosexuellen, vielleicht in einer der Nachmittags-Talkshows. Nie stand mal jemand auf und nannte sie Schwuchtel, aber man merkte es doch an ihren Stimmen, wenn sie dem Talkmaster schmeichelten und die Wertschätzung betonten, die sie für die anderen Gäste hegten. Das waren die Promis, die nie zu ihrem Privatleben befragt wurden, die Komiker, die ein Halstuch unterm Toupet trugen oder mit offenen Handflächen die Haut ihrer aufgedunsenen Gesichter zu straffen suchten, um die Runzeln unter den Augen zu eliminieren. »Die Gesichtsoperation des kleinen Mannes«, nannte das meine Mutter. Trotz ihrer schmucken Tracht erschienen diese Männer verschwitzt und verzweifelt, jederzeit bereit, den Tölpel zu spielen, wenn sie dafür den Studioapplaus bekamen, den sie mit Liebe und Anerkennung verwechselten. Wenn sie den Erschöpften mimten, sah ich etwas von mir selbst, so, wie sie die Beine übereinanderschlugen und über ihre eigenen Witze lachten. Ich stellte mir ihr Zuhause vor: die peinlich genau ausgetüftelte Anordnung der Läufer und Raumaufteilungs-Sofas, die sorgsam einfach so aufgefächerten Zeitschriften auf dem Beistelltisch, deren Ordnung von keinen Frauen oder Kindern je angetastet wurde. Ich stellte mir die Pornographie vor, die in ihren Kleiderschränken versteckt war, und sah sie förmlich vor mir, willenlos und schluchzend, von der Polizei in Fesseln abgeführt, an jenem halbwüchsigen Jungen vorbei, der im Licht der Fernsehnachrichten-Kamera badete und rief: »Das ist er! Das ist der Mann, der mein Haar berührt hat!«

Ich hoffte, bei einem Ratespiel ganz groß zu gewinnen, alle Sachpreise zu Geld zu machen und mit dem Geld zu einem Psychiater zu gehen, der mich vielleicht von meinen homosexuellen Gedanken heilte. Elektroschock, stereotaktische Eingriffe, Hypnose –: Ich war zu allem bereit. Unter ärztlicher Überwachung würde ich mich krümmen und wirklich ein anderer werden; das schwor ich mir.

Meine Eltern kannten ein Ehepaar, dessen Sohn im Suff einen presbyterianischen Geistlichen überfahren hatte. Sie hatten Bekannte, deren älteste Tochter einen Gugelhupf mit Ajax überpudert hatte, und ich wußte von einem Kind, welches, von Spray-Farbe high, den Spaniel der Familie in Brand gesteckt hatte. Aber nie sprachen sie über Leute, deren Sohn homosexuell war. Das Verhältnis – soundsoviel zu null – schien mir grotesk, aber die Botschaft blieb die gleiche: Dies war eindeutig das Schlimmste, was einem Menschen zustoßen konnte. Die dauernde Angst war schon schlimm genug, ohne daß meine Erzieher ihre ungezielten, schwachen, kleinen Schüsse abfeuerten. Wenn mein Mathelehrer in der Lage gewesen wäre, den Alkohol von seiner Diät zu substrahieren, wäre er immer noch auf dem Football-Feld, wo er hingehörte; und meine Spanischlehrerin empfahl nicht mehr als ein verlängertes Wochenende in Tijuana für ihr Amt, soweit ich das beurteilen konnte. Ich schrieb ihre Arbeiten nicht mehr mit und machte die von ihnen gestellten Hausaufgaben nicht mehr und hatte lieber Sechsen als Noten, die ihren Ruf als gute Lehrer begründen konnten. Es war eine Strategie, die nur mir schaden konnte, aber ich fand sie recht listig. Jeder von uns hatte eine selbstzerstörerische Methode, all die Jungens, die ich als homosexuell zu identifizieren gelernt hatte. Außer ein paar Neuen kannte ich die meisten von ihnen seit der dritten Klasse. Wir hatten Jahre miteinander in aus Schlacke gemauerten Büros verbracht, während ein Sprachtherapeut nach dem andern versuchte, uns von unserem Lispeln zu heilen. Hätte es einen Gehspezialisten gegeben, wären wir wahrscheinlich auch dort zusammengekommen. Das waren dieselben Knaben, die jammervoll gefälschte Entschuldigungsschreiben in den Turnunterricht mitbrachten und als erste die Hand hoben, wenn der Englischlehrer fragte, wer Lust hat, laut aus *Frühling des Lebens* oder *Der Herr der Fliegen* vorzulesen. Wir hatten einander schon vor langer Zeit identifiziert und hatten verstanden, daß wir wegen all dessen, was uns verband, nie Freunde sein konnten. Hätten wir gesellschaftlich miteinander verkehrt, hätten wir zuviel Aufmerksamkeit erregt. Wir waren Mitglieder eines Geheimbundes, der sich auf Selbsthaß gründete. Wenn ein Lehrer oder Klassenkamerad einen Witz über einen realen Homosexuellen riß, war ich bemüht, mein Gelächter lauter zu gestalten als das der anderen. Wenn die Klamotten eines Klubmitglieds ins Klo der Umkleideräume geschmissen wurden, war ich der erste, der Beifall spendete. Wenn es meine Klamotten waren, beobachtete ich, wie die Gesichter meiner Genossen einen erkennbaren Ausdruck von Erleichterung annahmen. *Tunten*, dachte ich. *Das hätte euch passieren sollen.*

Mehrere meiner Lehrer kratzten sich, als die Rede auf die bevorstehende Rassenintegration an den Schulen kam, an den feuchten Flecken in ihren Achselhöhlen und zogen die Lippen auseinander, so daß alles, was sie an Zahn und Zahnfleisch hatten, zu sehen war. Sie machten Affengeräusche, eine manische Abfolge von Ooohs und Aaahs, die andeuten sollten, daß unsere Schule bald nicht mehr von einem Urwald zu unterscheiden sein würde. Hätte ein echter Menschenaffe in der Klasse gesessen, hätte er wahrscheinlich ihre Rufe als Panikschrei verstanden. Alles, worunter sie litten, erfüllte mich mit Freude, ich bezweifelte aber, daß sie im Herbst immer noch so reden würden. Aus allem, was ich im Fernsehen gesehen hatte, schloß ich, daß die Neger sich diese Albernheiten nicht würden bieten lassen. Als Volk schienen sie zusammenzuhalten. Sie wußten, wie man kämpft, und ich hoffte, daß, sobald sie kamen, die Schlacht von den Gladiatoren ausgefochten werden mußte, so daß man uns andere in Frieden ließ.

Am Ende dieses Schuljahres durften Lisa und ich unsere gemeinnützigen Arbeitsplätze verlassen und wurden nach Griechenland geschickt, wo wir einen Monat in einem Ferienlager verbringen sollten, welches als »das Kronjuwel des Ionischen Meeres« angepriesen wurde. Das Lager war ausschließlich für Gräko-Amerikaner und bot Unterweisung in Themen wie Gesang von Volksmusik und etwas, was »religiöses Gebet & Flagge« hieß. Ich verachtete das Konzept Ferienlager, sehnte mich aber danach, mit einem Europa-Aufenthalt angeben zu können. »Es verändert den Menschen!« hatte unsere Nachbarin gesagt. Nach einem Besuch in Saint-Tropez hatte sie ihren Garten mit einer Garnitur papiertaschentuchgroßer internationaler Flaggen geschmückt. Einst eine besonnene und bescheidene Frau, paradierte sie jetzt, nur mit Holzschuhen und einem flammenmotivbestickten Bikini bekleidet, durch ihren Garten. »Europa ist das Beste, was einem Menschen passieren kann, besonders wenn man Wein mag!«

Ich sah Europa als Gelegenheit, mich selbst neu zu erfinden. Zwar mochte ich danach noch so aussehen und sprechen wie zuvor, nachdem ich aber über jene kopfsteingepflasterten Straßen geschritten war, würde man mich als kontinental zu würdigen wissen. »Er hat einen Paß«, würden meine Klassenkameraden flüstern. »Schnell weg, bevor er uns beurteilt!«

Ich sagte mir, ich würde in Griechenland eine Freundin finden. Sie sollte eine französische Touristin sein, die am Strand entlangwanderte, ein Weißbrot unterm Arm. Lisette würde beweisen, daß ich nicht homosexuell war, sondern ein Mann von erlesenem Geschmack. Ich sah uns vor der Silhouette der Akropolis Händchen halten, wobei mich das Mädchen beschwor, ihr Akkordeon als Unterpfand unserer Liebe zu behalten. »Wie kann man nur so töricht sein«, sagte ich und wischte ihr die Tränen aus den Augen, »gib mir nur die Baskenmütze. Die genügt vollauf, damit ich dich bis ans Ende der Zeiten im Herzen bewahre.«

Falls mir niemand glaubte, hatte ich meine Schwester als Zeugin. Lisa und ich kamen nicht sehr gut miteinander aus, aber ich hoffte, die warmen Fluten des Mittelmeers würden den Eiszapfen schmelzen, den sie sich vor Zeiten irrtümlich als Fieberthermometer ins Rektum geschoben hatte. In einem Land voller Fremdlinge hatte sie keine andere Wahl und mußte mich bereitwillig als Begleiter akzeptieren.

Unser Vater brachte uns nach New York, wo wir die anderen Ferienkinder trafen, mit denen wir per Charter nach Athen fliegen sollten. Es waren Hunderte, jedes zuversichtlich und in Feierlaune. Sie schmissen mit ihren Gratis-Flugtaschen von Aegean Airlines, riefen und rempelten. So würde ich mich bei der Rückkehr aus dem Ferienlager benehmen, aber keinen Augenblick früher. Wäre es ein reines Mädchenlager gewesen, hätte ich mich vielleicht in einen gewissen Enthusiasmus hineinsteigern können. Hätten sie mich ganz allein losgeschickt, damit ich menschenfressenden Pygmäen Blutegel vom Rücken klaube, wäre ich vielleicht tapfer aufgebrochen –, aber einen Monat in einem Schlafsaal voller Jungens zu verbringen, war ein bißchen viel verlangt. Ich hatte versucht, es zu verdrängen, aber angesichts ihrer lärmenden Präsenz merkte ich, wie ich immer hysterischer wurde. Meine nervösen Ticks arbeiteten höchsttourig, und eine kleine Menschenmenge versammelte sich, um etwas zu beobachten, was sie für einen exotischen Volkstanz hielt. Falls meine Schwester sich Sorgen wegen unserer Reise machte, so ließ sie sich das gewiß nicht anmerken. Finger um Finger lockerte sie den eisernen Griff, mit dem ich ihr Handgelenk umklammert hielt, querte die Abflughalle und stellte sich einem Mädchen vor, welches verwertbare Kippen aus dem großen Standaschenbecher barg. Es war dies eine hartgesotten wirkende Eingeborene von Queens namens Stefani Herzinfarktidis oder Testikulopulos. Ich erinnere mich nur, daß ihr der Nachname einen lebenslangen Vorrat an Groll eingetragen hatte. Stefani trug eine verspiegelte Pilotensonnenbrille und einen überdimensionierten Kamm in der Gesäßtasche ihrer Hüftschmeichler-Jeans. Von allen Mädchen auf dem Flugplatz schien dieses die unwahrscheinlichste Kandidatin für die Freundschaft meiner Schwester. Im Flugzeug saßen sie nebeneinander, und als wir in Athen von Bord gingen, sprach Lisa mit einem ganz üblen Queens-Akzent. Während des langen Fluges, den ich neben einem Jungen namens Seamen gekauert verbracht hatte, war sie einer kompletten physischen und kulturellen Umwandlung ausgesetzt gewesen. Ihr schulterlanges Haar war jetzt seitlich gescheitelt, so daß es ihre linke Gesichtshälfte bedeckte, als sollte es eine häßliche Narbe verbergen. Sie fluchte und spuckte und blickte so feindselig aus dem Fenster des Charter-Busses, als wäre sie mit der einzigen Absicht nach Griechenland gekommen, ihm, Griechenland, in den staubigen Arsch zu treten. »Wassndasfürne Scheißgegend«, gellte sie. »Wennichgewußtheddedassas hierso heißis, heddichdoch ssuhausbleimkönn unnn Koppinne Bratröhresteggn, stimmpsmeedls?!«

Es beschämte mich, wie meine Schwester so schwer mit einem Akzent zu kämpfen hatte, der sie nur entwürdigen konnte, aber ich gratulierte ihr im stillen zu ihrem Wagemut. Sobald wir das Lager erreicht hatten, einen Klump weißgetünchter Gebäude, die ein Stück öde Küste säumten, von jedem Nachbardorf weit entfernt, ging ich zu ihr.

»Hör zu, Arschloch«, sagte sie, »solang wir hier sind, kenn ich dich nicht, und du kennst mich schon mal gar nicht, hat du das scheißenochmal kapiert?« Sie redete, als spräche sie für ein Tourneetheater vor, das mit *West Side Story* über die Dörfer tingelt, eine Hand in die Hüfte gestemmt, die andere Hand am Taschenkamm, als wäre er ein Schnappmesser.

»Ey, Carolina!« rief eine ihrer neuen Freundinnen.

»Schon guuut«, muhte sie. »Ichkommjaschon, ichkommjaschon.«

Das war unser letztes Gespräch, bevor wir nach Hause fuhren. Lisa hatte sich mit bemerkenswerter Leichtigkeit eingewöhnt, aber etwas tief unten in meinem Bauch wollte mir sagen, daß es bei mir weit weniger gedeihlich verlaufen würde. Das Lager dauerte einen Monat, in dessen Verlauf ich kein einziges Mal Stuhlgang hatte. Ich war die Benutzung eines halb-privaten Badezimmers gewohnt und brachte es nicht über mich, eine dieser Männerklokabinen zu besetzen, weil ich fürchtete, jemand könnte von draußen meine Schuhe erkennen oder sie, noch schlimmer, gar nicht sehen und einfach reinkommen. Sich dreimal täglich zu einer schweren griechischen Mahlzeit hinzusetzen –, das wurde zu einer Übung, als müßte man eine Muskete laden. Ich redete mir ein, ich könnte während eines Ausflugs verschwinden, aber die dortigen Toiletten waren nicht mehr als ein Loch im Fußboden, ein Loch, das ich ohne jedes Problem hätte füllen können. Ich zog das Ionische Meer in Erwägung, aber aus irgendwelchen Gründen war es uns nicht gestattet, in diesen Fluten zu schwimmen. Das Lager verfügte über ein Schwimmbecken im Olympiadeformat, welches mit Meerwasser gespeist wurde und sich bald trübte, weil die Pumpe die Ionischen Quallen pulverisiert hatte. Die feingehackten Nesselfäden bewirkten Schmisse auf Ferienkinderhaut, und kurz nach unserer Ankunft wurde angesagt, wir könnten sowohl das Schwimmbecken *als auch* den Ozean fotografieren, schwimmen allerdings in weder noch. Die Griechen hatten die Demokratie erfunden, die Akropolis erbaut und sich dann wieder hingelegt. Unsere Schwimmstunde wurde in »Stunde der Kontemplation« für die Mädchen und zusätzliches Fußballtraining für die Jungens umgewandelt.

»Ich glaube wirklich, ich würde auf dem Gebiet der Kontemplation mehr leisten«, sagte ich zum Trainer und massierte meinen angeschwollenen Bauch. »Ich habe ein persönliches Problem, welches mich irgendwie runterzieht.«

Weil wir in erster Linie und vor allen Dingen Amerikaner waren, war das Lager eigentlich eine Außenstelle der Junior High School, nur daß hier jeder über Gebühr Leberflecke und durchgehende Augenbrauen aufwies. Die attraktiven sportbegeisterten Jungens waren die Hauptpersonen, schleimten sich bei den Betreuern an und ruinierten unseren wöchentlichen Freiluftfilm mit ihren faden Zwischenrufen. Manchmal brachten uns die Ausflugsbusse an eine der vielen Herrlichkeiten des Landes, wo wir über die Andenkenläden herfielen und alles klauten, was nicht ans Regal gekettet oder weggeschlossen und bewacht war. Das waren billige, beschichtete Freundschaftsringe und Vasen, die einen halben Liter fassen konnten, kleine Schuhe mit Pompons und Kaffeetassen mit der Aufschrift SPARTA IS FOR A LOVER. Meine Erfahrung als Ladendieb war alles, was ich den beliebten Jungens voraus hatte. »Du mußt sie so nehmen«, flüsterte ich. »Dann wirbelst du herum und läßt die kleine Diana-Statue hinten in deine Shorts gleiten, und zwar so, daß sie von deinem T-Shirt bedeckt bleibt. Vergiß nicht, den Laden rückwärts zu verlassen und immer zum Abschied zu winken.«

Ein Junge war im Lager, bei dem ich das Gefühl hatte, daß ich mit ihm auskommen könnte. Er war aus Detroit, hieß Jason und schlief im Stockbett unter mir. Jason blickte beiseite, wenn er mit den anderen Jungens sprach, und ließ die Augen schweifen, als studiere er die Wetterbedingungen. Wie ich benutzte er seine Freizeit, um sich in der Embryonalstellung im Bett zusammenzukringeln und den

Wandkalender anzustarren, auf dem er all die Tage ausgeixt hatte, die bereits überstanden waren. Wir beendeten gerade Punkt *7:15 h – 7:45 h Morgendliches Waschen und Zähneputzen* der Lagerordnung, als unser Schlafsaal-Aufseher zum Aufsehen hereinkam und rief: »Was seid ihr, ein Haufen gottverdammter Tunten, die nicht anständig bettenbauen können?«

Ich kicherte laut ob seiner Blödheit. Wenn jemand bettenbauen konnte, war das eine Tunte. Um die anderen mußte man sich Sorgen machen. Ich sah, daß Jason ebenfalls lachte, und bald machten wir nur noch den Aufseher nach, indem wir einander erst als »Tunten« bezeichneten und dann als »stinkende Tunten«. Wir waren »faule Tunten« und »Tunten mit Sonnenbrand«, bevor wir schließlich zu »tuntigen Tunten« wurden. Gegen das Wort konnten wir nicht protestieren, denn das hätte bedeutet, daß wir seinen Wahrheitsgehalt akzeptierten. Wir konnten das Wort nur freudig als Scherz begrüßen. Wir verkörperten den Ausdruck in all seinem klischierten Glanz und trippelten und hüpften zur gegenseitigen Freude im Saal herum, wenn keiner hinsah. Mit Leichtigkeit übertrumpfte ich die Lehrer, denen es nicht gelungen war, die verschlungene Tollkühnheit der Rolle richtig auszuspielen. *Tunte,* als Wort, wurde immer in barschem, gnadenlosen Ton geäußert, wie er denen gebührte, die schwach oder dumm genug waren, ihren Impulsen zu leben. Wir gebrauchten es als Witz, als Anschuldigung und schließlich als Mutprobe. Spät in der Nacht spürte ich, wie mein Bett bockte und schwankte, und ich wußte, daß Jason entweder masturbierte oder Rührei machte. *Denkt er jetzt an mich?* Ich folgte seinem Beispiel, und als ich am nächsten Morgen aufwachte, sah ich, daß sich unser gesamtes Eisengestell gute viereinhalb Zentimeter von der Wand entfernt hatte. Unsere Liebe konnte Betten versetzen.

Da wir keine Willenskraft hatten, verließen wir uns auf die Umstände, die uns voneinander trennen mußten. *Es darf nicht passieren* wurde vom Gewimmer der Bettfedern begleitet: *Vielleicht nur dieses eine Mal.* Dann kam ein Nachmittag, an dem wir uns für die religiöse Anbetung der Flagge verspätet hatten und ganz allein im Schlafsaal waren. Was mit Beschimpfungen begann, eskalierte zu einer Serie gespielt wütender Schläge. Wir rauften, bis wir uns auf einer der unteren Kojen wiederfanden, beide begierig, sich geschlagen zu geben. »Ihr Kinder glaubt immer, ihr hättet den Sex erfunden«, sagte meine Mutter gern. Aber hatten wir das etwa nicht? Ohne Gebrauchsanweisung oder von der Bundesregierung angeordneten Unterrichtsstunden? Hatten wir nicht alle das Gefühl, etwas unaussprechlich Modernes entdeckt zu haben? Was bei anderen ein Gefühl der Heiterkeit hervorrief, hinterließ bei Jason und mir eine demütigende Ahnung von Schuld. Wir flohen aus dem Saal, als hätten wir mit unserem Gefummel ein Virus aus der Flasche gelassen, dem wir noch entkommen konnten, wenn wir nur schnell genug rannten. Hätte einer der Erzieher mich nicht erwischt, als ich über den Zaun kletterte, hätte ich es, so empfand ich das, leicht bis morgens nach Raleigh geschafft, auf der Wasseroberfläche des Ozeans dahinrasend, wie gewisse Echsen, manchmal, im Tierfernsehen.

Als herausgefunden wurde, daß sie es mit einem der griechischen Busfahrer getrieben hatte, mußte ein sechzehn Jahre altes Ferienmädchen mit langer Hose und dickem Pullover neben dem Fahnenmast stehen. Wir sahen zu, wie sie in der heißen Sonne schmorte, bis sie, völlig durch, auf dem Pflaster zusammenbrach.

»Das«, sagte der Ober-Erzieher, »geschieht mit Leuten, die herummachen.«

Wenn dies die Strafe für einen Jungen und ein Mädchen war, lief die Strafe für zwei Jungens bestimmt mit Stacheldraht, einem Eselsgespann und dem nächsten Vulkan ab. Aber das war nichts, verglichen mit den Grausamkeiten und Demütigungen, die Jason und ich füreinander in petto hatten. Er erfand das Gerücht, ich hätte einem anderen männlichen Ferienkind ein Suspensorium gestohlen, um es wie ein Chirurg vor dem Munde zu tragen. Ich schoß zurück, indem ich behauptete, er wolle Tänzer werden. »Das ist noch gar nichts«, sagte er der versammelten Menge. »Seht euch an, was ich auf Davids Bett gefunden habe!« Er griff in die rechte Tasche seiner Tennishose und zog ein Blatt Notizbuchpapier hervor, auf dem ICH MAG JUNGS geschrieben stand. Als Beweisstück war das Dokument sowohl jammervoll als auch komisch. Hätte ich mir wohl so eine Notiz gemacht, um mich an den Umstand zu erinnern, falls ich ihn je vergäße? Wollte ich mir den Zettel mit Tesa auf den Rücken pappen, um so, wenn wir wieder mit dem Charterbus auf einen sexuellen Tummelplatz gekarrt wurden, auf meine Vorlieben aufmerksam zu machen?

ICH MAG JUNGS. Er hielt den Zettel über den Kopf und bewegte sich langsam im Kreis, damit jeder was sehen konnte. Vermutlich hatte er eigentlich vorgehabt, ihn auf mein Bett zu legen, damit einer der Erzieher ihn finden konnte. Dadurch, daß er ihn selbst präsentierte, hatte der Zettel seinen Zweck verfehlt. Anstatt mich mit Stöcken und schwerem Schuhwerk zu schlagen, stöhnten die Jungs lediglich, sahen woandershin und fragten sich, warum er das Ding eingesteckt und in der Hosentasche mit sich herumgetragen haben mochte. Genausogut hätte er ein glitzernd frisches Stück Scheiße in die Luft halten und »Seht her! Das war er!« rufen können. Daß er so ein widerwärtiges Dokument berührt hatte, machte ihn verdächtig und ließ auf Mittäterschaft schließen. Wir versuchten einander die Ehre abzuschneiden, und alles, was uns gelang, war, daß wir uns noch mehr voneinander entfremdeten.

Jason –: Sogar sein Name schien geheuchelt. Während der Mahlzeiten studierte ich ihn quer durch den ganzen Saal. Hier saß ich, schwitzte auf meinen Teller, mit verkrampftem und verknotetem Magen-Darm-Trakt, wo *er* doch voller Scheiße war. Er hatte mich bestimmt verhext, mir etwas ins Essen gemischt. Ich sah zu, wie er sich mit einem Mädchen namens Theodora anfreundete und während einer Filmvorführung mit ihr Händchen hielt. Es gab *Der schnellste Weg zum Jenseits,* eine der Höhlenmalereien, die uns der Ober-Erzieher als Film der Woche anbot.

So übel war sie gar nicht, die Theodora. Eines Tages wird es der Wissenschaft gelingen, einem menschlichen Schädel ein Kalbshirn einzupflanzen, und dann wird sie genauso lebhaft und intelligent sein wie er. Ich versuchte ebenfalls, eine Freundin zu finden, aber meine einzige mögliche Kandidatin wurde nach Hause geschickt, nachdem sie die Stufen des Parthenon hinuntergefallen war und dabei ihre Beinschiene kaputtgemacht hatte.

Jason wirkte in Begleitung seiner Freundin durchaus überzeugend. Sie krabbelten durch die verschiedenen Ruinen und machten Schnappschüsse voneinander, während ich vor mich hin schäumte und sie beim Schnäbeln und Gurren beobachtete. Meine Eifersucht wurde von der Annahme genährt, er sei geheilt. Eine Handvoll nur von meinem Fleische, und er hatte alle Symptome der Krankheit verloren.

Als das Lager vorbei war, flog ich mit übereinandergeschlagenen Beinen nach Hause, ließ meine Reisetasche voller gestohlener Souvenirs fallen und raste aufs Klo, auf welchem ich die nächsten Tage mit einem Rasierspiegel verbrachte, in dem ich mein Gesicht erforschte. *Ich mag Jungs.* Die Worte hatten sich in meine Züge eingegraben. Ich war jetzt ein Profi, und das konnte man sehen.

Ich kehrte zu meinem Freiwilligen-Job in der Nervenklinik zurück und hatte, als Ansporn für die schwierigeren Patienten, immer schroff schmeckende griechische Zigaretten dabei.

»Tunte!« rief eine Frau und beugte sich vor, um ihre Tannenzapfensammlung vor mir zu schützen. »Nimm deine Tuntenfinger von meinen Funkempfängern.«

»Hör gar nicht hin, wenn Mary Elizabeth was sagt«, sagte der Pfleger. »Die hat sie nicht alle.«

Vielleicht doch, dachte ich und hielt mir einen Tannenzapfen ans Ohr. Mit der Tunte hatte sie schon mal recht gehabt; man konnte also nicht wissen.

Sobald wir unseren Flieger von JFK nach Raleigh bestiegen, frisierte Lisa ihr Haar um, schaffte ihren Akzent ab, wandte sich an mich und sagte: »Das war doch ein ausgesprochen netter Aufenthalt, findest du nicht?« Innerhalb von fünf Minuten hatte sie sämtliche Spuren ihrer tollkühnen europäischen Persönlichkeit getilgt. Warum konnte ich das nicht auch?

Im späten August kam der Stundenplan für das neue Schuljahr zusammen mit der Nachricht, daß der Schulbusverkehr eingestellt wird. In anderen Städten und Countys war es zu Ausschreitungen gekommen, weit weg, in Boston zum Beispiel; in Raleigh vollzog der Übergang sich friedlich. Nicht nur Schüler, auch viele Lehrer waren von einer Schule an die andere versetzt worden. Mein neuer Lehrer für Naturwissenschaften war ein Schwarzer, der sehr geschickt blitzschnell durchs Klassenzimmer rauschte und sich dabei über alle lustig machte, von Albert Einstein bis hin zu »Mr. Rogers«, einem stets hinfällig wirkenden Kinderfernsehmoderator. Ob schwarz, ob weiß, die Lehrer boten ihre Lächerlichkeit dar wie einen Ölzweig. »Hier«, sagten sie, »hier ist etwas, was uns allen gemeinsam eignet, der Beweis, daß wir unter der Haut alle Brüder sind.«

Das Theatervirus

Der Mann war zu uns in die Klasse geschickt worden, um uns zu inspirieren, und ich persönlich muß sagen, er machte seine Sache ganz ausgezeichnet. Nachdem er sich entspannt und herzlich vorgestellt hatte, brach er in den hinteren Teil des Klassenzimmers auf, um jedoch auf halbem Wege an etwas zu scheitern, was er als »die unsichtbare Wand« bezeichnete, jene transparente Barriere, die nur von Psychotikern, Drogensüchtigen und anderen Angehörigen der Unterhaltungsbranche wahrgenommen wird.

Ich war völlig gebannt, als er die imaginäre Wand mit den Handflächen untersuchte und mit den Händen die offenbar harte Oberfläche in der Hoffnung auf ein Schlupfloch abtastete. Nur Augenblicke später zerrte er an einem unsichtbaren Seil und kämpfte dann gegen einen gewaltigen, phantastischen Wind an.

Man weiß, daß man in einer Kleinstadt lebt, wenn man es bis in die neunte Klasse geschafft hat, ohne jemals einen Pantomimen gesehen zu haben. Was mich betraf, so war dieser Mann ein Prophet, ein Genie, ein Pionier im Unterhaltungsbereich –, und der war nun hier, in Raleigh, North Carolina! Zum Totlachen, wie er die Lehrerin nachmachte, mit heruntergezogenen Mundwinkeln, und in einem imaginären Handtäschchen nach Kaugummi und Aspirin kramte. Wenn dieser Typ nicht komisch war, wer denn dann?

Ich ging nach Hause und demonstrierte die unsichtbare Wand meinem zwei Jahre alten Bruder, der gegen die sehr reale Wand neben seinem Laufställchen hämmerte und vor Ekel schrie und heulte. Als meine Mutter fragte, was ich getan hatte, um ihn zu provozieren, warf ich in gespielter Unschuld die Hände hoch, um mich sogleich zu bücken und das imaginäre Baby, das zu meinen Füßen wuselte, aufzuheben. Ich tätschelte dem kleinen Gespenst den Rücken, damit es ein Bäuerchen machte, und inspizierte gerade die verschmutzte Windel, als ich auf dem Gesicht meiner Mutter einen Ausdruck bemerkte, den sie normalerweise für unaussprechliches Entsetzen reserviert hatte. Ich hatte diesen Gesichtsausdruck erst zweimal gesehen: Einmal, als sie von einem tollwütigen Schwein angegriffen wurde, und dann noch einmal, als ich ihr sagte, ich hätte gern einen pfirsichfarbenen Blazer aus Baumwollsamt mit dazu passender ausgestellter Hose.

»Ich weiß nicht, wer dir das eingeblasen hat«, sagte sie, »aber ich werde dich eigenhändig umbringen, bevor ich mit ansehe, wie du zum Clown heranwächst. Wenn du dir das Gesicht anmalen und an Straßenecken herumhüpfen willst, mußt du dir eine andere Bleibe suchen, denn sowas dulde ich nicht in meinem Haus.« Sie wandte sich zum Gehen. *»Auch nicht in meinem Vorgarten«,* fügte sie hinzu.

Aus Angst vor ihrer Vergeltung tat ich, wie mir geheißen, und beendete meine Karriere als Pantomime mit Gewinsel und nicht, wie ich gehofft hatte, mit einem lautlosen Paukenschlag.

Der Schauspieler hatte ein paar Monate später einen zweiten Gastauftritt in unserer Klasse, und als er den Mantel auszog, zeigte sich, daß er einen schwarzen Stretch-Anzug mitsamt kittfarbenem orthopädischen Stützkragen trug, die Folge eines Autounfalls. An diesem Nachmittag hatte er die Aufgabe, uns mit den Werken William Shakespeares bekannt zu machen, und wieder war ich völlig verzaubert von seinem Charme und Können. Wenn die Worte verwirrend wurden, brauchte man nur auf Gesicht und Hände des Schauspielers zu achten, um zu verstehen, daß die Rolle, die er verkörperte, nicht nur wütend war, sondern rachsüchtig. Ich liebte die Unterströmung von Feindseligkeit, die unter der Oberfläche dieser trügerisch schönen Sprache lag. Mir schien es eine Schande, daß die Menschen nicht mehr so sprachen, und ich begann einen Feldzug zur Wiedereinführung des elisabethanischen Englisch bei den Bürgern Nordkarolinens.

»Wenn's, edle Dame, wunder Euch auch nimmt, daß ich, so mag's Euch dünken, ohne Not beklag' den Zustand des Gemachs allhier«, sagte ich zu meiner Mutter, als ich den Wohnzimmerteppich staubsaugte, was sie aus angeborener Faulheit mal wieder unterlassen hatte, »denn dieser Unrat, traun, befleckt nicht nur das gleichmüt'ge Gewebe, nein, auf den Charakter auch der Säum'gen wirft er Schatten. Zürnt mir nun Ihr, Weib? Wär' ein Vergeh'n es, würdig, daß man's strafe, die Kammern und Gelasse nicht zu rein'gen, so würdet bald vom höchsten Ast Ihr baumeln als Sühn' und Ahndung des, was unterließet Ihr zu tun, saumselige Gebiet'rin mein. Gibt es nicht Wämser, so man waschen, Leibwäsche, so man züchtig bügeln sollte? Seh' ich dort Porzellan und ird'ne Krüge, begierig, daß man spüle ab die stummen Zeugen des Gebrauchs? Mach' an die Arbeit Sie sich, verdammenswerte Herrin, bevor die Frucht aus eig'nem Schoß zwo Fäuste gegen Euch erhebt, beseelt von Wut und von Empörung auch, zu würgen Euch am Halse, bis jäh der letzte Hauch aus dem Gehege Eurer Kehle weicht. Heb' Dich hinweg nun, Dirne, frisch ans Werk!«

Meine Mutter reagierte, als hätte ich sie mit einem kleinen Stück Nähseide geschlagen. Die Absicht war da, aber die Waffe war fremdartig und unangemessen. Am Zustand meines Zimmers merkte ich, daß sie den gesamten folgenden Tag damit verbracht hatte, meine Schubladen nach Drogen zu durchsuchen. Die Klamotten, die ich mit einem gewissen Stolz ordentlich zusammengefaltet hatte, waren ohne Rücksicht auf Farbe und Kategorie zusammengeknüllt. Ich roch, daß geraucht worden war, und bemerkte die Kaffeeringe auf meinem Schreibtisch. Ich hatte meiner Mutter schon einiges verziehen, doch bringst die Schublad' mein du durcheinander, hast einen Feind für's Leben du herangezüchtet dir. Ich band eine Daune an meinen Kugelschreiber, und mit diesem Federkiel schrieb ich ihr einen Brief. »Das Ding, so sonder Rast Ihr sucht«, schrieb ich, »nicht findet sich's in meiner sorglich aufgeräumten Kemenate, nein! doch ruht's – nebst zweifelhaftem And'ren – in Eurem Hirngehäuse selbst.« Ich steckte ihn ihr in die Handtasche, nachdem ich ihn zweimal gefaltet und mit Wachs von den Kerzen, mit denen ich jetzt mein Zimmer beleuchtete, versiegelt hatte. Ich verfiel ins Grübeln, und das besserte sich erst, als ich Shakespeares Stücke in einem Band geschenkt bekam. Sobald ich sie besaß, fand ich sie schwerfällig und undurchschaubar. Ich las die Wörter und fühlte mich stumpf und dumm; sprach ich sie jedoch, bekam ich ein Gefühl von Macht. Am besten war es, das Buch einfach von Zimmer zu Zimmer mit mir herumzutragen und es gelegentlich nach lustigen Wörtern abzusuchen, mit denen ich meinen ohnehin duftenden Wortschatz würzte. Das gemeinsame Abendessen wurde entweder unerträglich oder qualvoll, je nach meiner Laune.

»Mich deucht, o edler Herr, liebwerte Dame Ihr, auch ihr Geschwister all', daß dieses Flügeltier aus ländlichem Gefild' des Wohlgeschmacks und Saftes nicht enträt, hat es geschmort doch in der eig'nen süßen Brüh', die Zeitspann' während, die es braucht, daß Phoibos' Sonnenwagen rosig, fingrig auch, die pflaumenfarb'nen Himmel tät' durchmessen, damit die Stund' des Zwielichts rinn' durch's Glas. Hat er gleich Knusp, so ist er saftig doch, der plumpe Vogel, befriedigt im Verein so fein gesott'ner Nachbarn. Glaubt mir, o Blutsverwandte, verwahrt gut meine Worte, bedünkt mich doch das Unterfangen toll, ja, wagemutig gar, die Gabel mein zugleich mit Federvieh *und* Möhrchen zu besatteln, zu just derselben Zeit, so daß die Säfte zwillingsgleich sich mischen in delikater, trauter Harmonie, so Zung' und Gaumen mein umschmeichelt und belebt im Geiste ohngezügelten Entzückens! Was sagt Ihr, edler Vater, Schwestern ihr, noch kaum des Wortes mächt'ger kleiner Bruder du, laßt uns die Kelche heben und bis zur Neige leeren zu Ehren dieses herzhaft leck'ren Mahles, so liebend und mit höchster Anmut zubereitet von jenem pflichtbewußten Weibe, so wir als Gattin, Buhlin, Mutter gar benennen!«

Meine Begeisterung kannte keine Grenzen. Bald bettelte mich meine Mutter buchstäblich an, im Auto zu warten, wenn sie zur Bank oder zum Lebensmittelmann ging.

Ich war gerade beim Kieferorthopäden, den ich als wind'gen Bader zur Hölle wünschte, als der Schauspieler wieder in unserer Klasse gastierte.

»Du hast es verpaßt«, sagte meine Freundin Lois. »Der Mann war so unbeschreiblich stark, daß ich praktisch geweint habe, so brillant war er.« Sie streckte die Hände aus, als trüge sie ein Tablett. »Ich weiß nicht, was ich noch sagen soll. Die Wörter gibt es gar nicht. Ich könnte versuchen zu erklären, wie echt er wirkte, aber das würdest du nie verstehen. Nie«, wiederholte sie. »Nie, nie, nie.«

Lois und ich waren seit sechs Monaten befreundet gewesen, als unsere Beziehung plötzlich einen Beigeschmack von Konkurrenzdenken bekam. Mir war es immer egal gewesen, wer bessere Noten oder mehr Taschengeld hatte. Wir hatten beide unsere Stärken; wichtig war nur, jeweils das zu würdigen, was der andere gerade am besten konnte. Lois hielt ihren Chablis besser als ich, und dafür respektierte ich sie. Ihr beängstigendes Übermaß an Selbstvertrauen gestattete ihr, mit einer rostroten Afro-Perücke in die Schule zu marschieren, und ich stand hundert Prozent hinter ihr. Sie hatte mehr Schallplatten als ich, und weil sie neun Monate älter war, konnte sie Auto fahren, was sie auch tat, und zwar, als gelte es, ein Feuer zu löschen. *Fein,* dachte ich, *wie schön für sie.* Mein überlegenes Wissen und die mir innewohnende Großzügigkeit erlaubten mir, mich ehrlich für Lois zu freuen –, bis zu dem Tag, an dem sie meine Fähigkeit bezweifelte, den gastierenden Schauspieler zu verstehen. Als er die ersten Male da war, war sie genau wie alle anderen gewesen und hatte über seinen Schütteltrauma-Kragen gelacht und angesichts des mandarinengroßen Klumpens in seiner Strumpfhose die Augen gerollt. *Ich* hatte seine Brillanz zuerst erkannt, und jetzt sagte sie, ich verstünde ihn nicht? Mich deucht, sie spinnt.

»Fürwahr, o Frau«, sagte ich zu meiner Mutter auf dem Weg zur Reinigung, »zu denken, daß dies niedere Gewürm zu mir von Größe spricht, als wär' mein Aug' unfähig, sie zu schau'n, ist mehr, als zu ertragen ich vermag. Die Worte, so sie sprach, sie drangen mir ins Herz gleich einem Hieb, der Straf' und Schmerzen beut und mich zugleich verdutzt und höchlich auch verdrießt. Doch gebet fein nun acht, denn mit der hintersten der Listen und Tücke auch werd' dann zurück ich schlagen, wenn sie's am mindesten gewahrt. Ein solcher Schimpf kann ungesühnt nicht bleiben, seid des getrost, o edle Dame mein. Die Rache mein wird süß mir munden wie die reifste Beere, und der Genuß wird lang und langsam sein.«

»Darüber kommst du auch noch hinweg«, sagte meine

Mutter. »In ein, zwei Wochen ist bestimmt alles wieder normal. Ich hole jetzt die Hemden deines Vaters aus der Reinigung, und ich möchte, daß du hier wartest, *im Auto:* Glaub mir, bald ist die ganze Sache ausgestanden und vergessen.«

Das war inzwischen ihre Antwort auf alles. Sie hatte sich ein wenig umgehört und war zu dem Schluß gekommen, ich sei, wie ihre Schwester das nannte, »vom Theatervirus befallen«. Meine Mutter war überzeugt, daß dies eine Phase war, genau wie alle anderen. Ein paar Wochen Tamtam, und dann war wieder Schluß mit dem Showbusiness, wie vorher mit der Gitarre und meiner Privatdetektei. Ich haßte es, wie mein gesamter Lebensehrgeiz auf das Format einer gewöhnlichen Grippe reduziert wurde. Dies war kein Schnupfen, dies war ein ausgewachsenes Virus. Es würde zwar vielleicht ein, zwei Jahre lang nicht ausbrechen, aber der Krankheitskeim war in mir und würde nie mehr weggehen. Es hatte nichts mit Talent oder Initiative zu tun. Ablehnung konnte ihn nicht schwächen, und kein noch so großer Erfolg konnte ihn je stillen. Die Diagnose war gestellt, die Prognose lautete: lebenslänglich.

Das Theatervirus schien am härtesten bei Juden, Homosexuellen und pummeligen Mädchen mit verklumpter Aknesalbe im Gesicht zuzuschlagen. Dies waren Individuen, welche, aus welchen Gründen auch immer, verzweifelt um Aufmerksamkeit bettelten. Später entdeckte ich, daß es ganz schlecht war, mehr als zwei von dieser Sorte – egal, wie lange – in einem geschlossenen Raum unterzubringen. Die Bühne war nicht nur ein physischer Ort, sondern auch ein Seelenzustand, und das Wort *Publikum* beschrieb jeden, der gezwungen war, die Gesellschaft des Befallenen zu ertragen. Wir jungen Schauspieler waren Glühbirnen an einer Schnur, die vierundzwanzig Stunden am Tag angeknipst blieben und sich und andere mit ihrer vorgeblichen Brillanz erschöpften.

Ich hatte das Theatervirus, und Lois hatte ein Auto. Indem ich die Tiefe ihrer momentanen Verfehlung gegen den reichen Lohn abwägte, den ihr privates Gefährt bot, fand ich genügend Milde in meinem Busen, meiner eigensinnigen Freundin zu verzeihen. Ich rief sie sofort an, als ich erfuhr, daß unser gastierender Schauspieler eine *Hamlet*-Inszenierung im Amphitheater des Raleigh Rose Garden plante. Er sollte Regie führen und die Titelrolle spielen, aber die anderen Rollen konnte haben, wer wollte. Wir sprachen vor, und weil wir die Jüngsten und Unerfahrensten waren, bekamen Lois und ich die Rollen der Wanderschauspieler, die Hamlet benutzt, um seinen Onkel Claudius zu ködern. Es war nicht die Rolle, die ich mir erhofft hatte, aber ich nahm das Angebot in stiller Würde an. Ich hatte ein paar anständige Sprechstellen und wollte, so gut ich konnte, daran arbeiten.

Das übrige Ensemble war älter als wir, zwanzig, dreißig Jahre alt, und hatte sich die Sporen in Freilicht-Dauerbrennern wie *Die verlorene Kolonie* und *Sanft sollt ihr wie die Lämmer sein* verdient. Sie waren Profis, und ich hoffte, aus ihrer Erfahrung Nutzen zu ziehen. So saß ich ihnen buchstäblich zu Füßen, während der Regisseur die Rampe entlangstürmte und seine geballte Faust »armer Yorick« nannte.

Ich betete diese Leute an. Lois schlief mit ihnen. In der zweiten Probenwoche hatte sie Fortinbras zu Gunsten von Laertes fallengelassen, der, wie sie angab, »echt gut mit dem Schwert konnte«. Im Gegensatz zu mir wurde sie von den Älteren voll akzeptiert und ging mit Polonius und Ophelia auf nächtliche Besäufnisse und fuhr mit dem Regisseur an den See, während Gertrud und Rosenkranz es auf dem Rücksitz trieben. Das Schärfste daran war, daß Lois auch nicht entfernt so engagiert war wie ich. Ihr Theatervirus entsprach einer Vierundzwanzig-Stunden-Grippe, aber da spielte sie nun Tittenbillard mit Hamlet persönlich, während ich allein in meinem Zimmer saß, Text lernte und mir kleine Tricks ausdachte, allen anderen die Schau zu stehlen.

Es wurde beschlossen, daß Lois und ich als Wanderschauspieler Purzelbäume schlagend die Freilichtbühne betreten sollten. Als sie klagte, das Gras irritiere ihre Haut, untersuchte der Regisseur die winzigen roten Punkte auf ihrem Rücken und entschied, von jetzt an hätten die Gaukler hüpfend aufzutreten. Ich hatte Purzelbäume geübt, bis mein Hirn sich aus der Verankerung löste und man es innerhalb des Schädels schlackern hören konnte, und jetzt, auf Grund einer einzigen Beschwerde, sollten wir hüpfen? Er hatte bereits all meine Sprechstellen gekürzt und mir nur noch die eine Zeile »Ja, gnäd'ger Herr!« übriggelassen. Das war's, vier lausige Silben. Aus einem Niesen ließ sich emotional mehr machen als aus meinem gesamten Text zusammengenommen. Während die anderen Schauspieler durch den Rose Garden schlenderten und ihre rachsüchtigen Monologe memorierten, hüpfte ich auf dem Parkplatz herum und wiederholte mit einer Stimme, die sich immer mehr nach einem dressierten Papagei anhörte: »Ja, gnäd'ger Herr!« Lois kam sich hüpfend albern vor und sprach mit dem Regisseur, der ihren Instinkt lobte und ansagte, von jetzt an hätten die Gaukler normal gehend aufzutreten.

Je weniger ich zu tun hatte, desto mehr verwendeten mich meine Schauspielerkollegen als persönlichen Sklaven. Ich hätte sie liebend gern abgehört, aber statt dessen wollten sie, daß ich ihre Kronen polierte oder zu einem Auto trabte, um einen verlorenen Dolch auf dem Rücksitz zu finden.

»Willst du dich nützlich machen? Du kannst Doogan helfen und mit Leuchtklebeband die Anordnung der Requisiten markieren«, sagte der Regisseur. »Du kannst die Spinnen aus der Garderobe jagen, oder, noch besser, du kannst zum Laden rennen und uns ein paar Getränke holen.«

Lois saß meistens im Schatten und tat gar nichts. Sie weigerte sich nicht nur, hier und da zu helfen, sie war statt dessen immer die erste, die mir einen großen Schein gab, wenn sie kalorienarme Brause zu dreißig Cent bestellte. Sie durchstöberte ihr Portemonnaie und überging die Ein-Dollar-Noten, bis sie einen Zehner oder Zwanziger gefunden hatte. »Der muß sowieso kleingemacht werden«, sagte sie dann. »Wenn sie dir einen Becher Eiswürfel gesondert berechnen wollen, sag ihnen, sie sollen dich am Arsch lecken.« In den Probenpausen fläzte sie sich auf die Tribüne und quatschte mit den anderen Schauspielern, während ich für die Bühnenarbeiter Leitern verankerte.

Als es Zeit für unsere große Szene wurde, rezitierte Lois ihren Text, als läse sie ihn von einer weit entfernten Plakatwand ab. Sie kniff die Augen zusammen und pausierte zwischen den einzelnen Silben, so daß jedes Wort mit einem Fragezeichen versehen wurde: »Wiege? Dich? Der? Schlummer? Und? Nimmer? Komme? Zwischen? Uns? Ein? Kummer?«

Falls der Regisseur ein Problem mit ihrer Darstellung hatte, so behielt er das für sich. Mir dagegen wurde aufgetragen, nicht mit dem Pullover über der Schulter herumzulaufen, langsamer zu gehen und ohne Akzent zu sprechen. Die Kritik wäre leichter zu ertragen gewesen, wenn er sie etwas gleichmäßiger verteilt hätte, aber damit war wohl nicht zu rechnen. Sie konnte mit Sonnenbrille und Pizza essend auftreten, und das war »prima, Lois. Einsame Klasse, Kleines.«

Inzwischen konnte ich sehen, wie ich auf eigene Faust von den Proben nach Hause kam. Lois konnte mich nicht mehr fahren, weil sie immer eilig auf eine Party oder in ein Restaurant mußte, und zwar mit, wie sie sie nannte, »der Bande von Helsingör«.

»Ich kann nicht mit«, sagte ich und tat, als wäre ich ebenfalls eingeladen. »Ich muß dringend nach Hause und meinen Text büffeln. Viel Spaß. Ich ruf meine Mutter an, sie soll mich abholen.«

»Sind wir verstimmt?« fragte dann meine Mutter, während sie mit dem Kombi auf dem Parkplatz vorfuhr.

»Wir sind es in der Tat«, antwortete ich dann, »und zwar zutiefst.«

»Laß nur«, sagte sie. »In zehn Jahren erinnerst du dich unter Garantie an keinen dieser Leute mehr. Die Zeit vergeht; du wirst schon sehen.« Sie runzelte die Stirn und studierte ihr Gesicht im Rückspiegel. »Genug Schnaps, und man kann alles vergessen. Nimm's dir nicht so sehr zu Herzen. Wenn du sonst nichts draus gelernt hast, dann doch immerhin, sie um das Wechselgeld zu bescheißen, wenn du ihnen Getränke holst.«

Ihre lässige Einstellung gefiel mir nicht, aber die Sache mit dem Wechselgeld hatte was.

»Runde alles nach oben ab«, sagte sie. »Gib ihnen das Wechselgeld zusammen mit dem Getränk; dann ist es weniger wahrscheinlich, daß sie nachzählen –, und falte nie die Scheine zusammen; Geld trägt man immer im Bündel.«

Die Sache mit der Rache beherrschte meine Mutter. Nur von Schauspielerei, dachte ich, verstand sie nichts.

Wir hatten bereits Kostümprobe, als der Regisseur an Lois mit einem neuen Projekt herantrat, welches er im kommenden Herbst zu inszenieren hoffte. Es sollte ein Musical werden, das auf dem Leben ungebunden herumziehender Zigeuner basierte. »Und du«, sagte er, »sollst meine kecke Banditenkönigin sein.«

Lois konnte nicht singen; das wußte jeder. Sie konnte auch nicht schauspielern oder das Tamburin bedienen. »Du hast das Herz einer Zigeunerin«, sagte er und kniete vor ihr im Gras. »Die stets erregte Seele der Nomadin.«

Als ich mein Interesse zu verstehen gab, meinte er, die Arbeit hinter den Kulissen könnte mir vielleicht Spaß machen. Er fand, ich sollte Scheinwerfer aufhängen oder Soffitten schleppen, einer dieser Typen mit den tiefhängenden Hosen werden, deren Werkzeuggürtel schwer an Schraubenschlüsseln und dicken Rollen Inspizienten-Klebeband zu tragen hatten. Jeder, der annahm, man könne mir elektrische Kabel anvertrauen, mußte ein kompletter Idiot sein, und genau das war dieser Mann. Da sah ich ihn plötzlich, wie er war, und bemerkte, wie unvorteilhaft die Strumpfhose seine schlaffen Waden und sein schwabbeliges kleines Gemächt betonte. Stets erregte Seele der Nomadin, aber hallo. Wenn er sowas von beschissen bedeutend war, was machte er dann in Raleigh? Seine Fönfrisur, die billigen halbhohen Hacken und regenbogenfarben gestreiften Hosenträger –: alles Schwindel. Warum trägt man einen Hosenträger zur Strumpfhose, wenn alles, was eine Strumpfhose kann, ist, daß sie ohne fremde Hilfe oben bleibt? Deshalb heißt sie ja Strumpfhose, oder? Und als Schauspieler? Der Mann spielte, als wäre das Publikum schwerhörig. Er rief seinen Text, grinste wie ein ausgehöhlter Kürbis und wedelte mit den Armen, als stünden seine Ärmel in Flammen. Seiner Art von Mimentum war es ja schon immer gelungen, mich peinlich zu berühren. Ihn zu sehen war, als öffne man einem singenden Telegrammboten die Tür: Man weiß, es soll unterhaltend sein, aber man kommt nicht über die traurige Tatsache hinweg, daß dieser Mensch doch wirklich glaubt, er bringe einem etwas Freude ins Leben. Irgendwo dort draußen hatte er eine Mutter, die einen Schuhkarton mit hektographierten Programmzetteln sortierte, sich einen Schnaps nach dem anderen einschenkte und sich fragte, wann ihr Sohn wohl zur Vernunft kommen und etwas Abflußfrei schlucken würde.

Endlich sah ich Hamlet als das, was er wirklich war, und erkannte in mir den dumpfen Yorick, der ihm immer blind gefolgt war.

Meine Mutter ging in die Premiere. Nachdem ich mein bleiernes »Ja, gnäd'ger Herr« aufgesagt hatte, legte ich mich auf die grasbewachsene Bühne, und Lois träufelte mir aus einer Phiole falsches Gift ins Ohr. Als ich im Sterben lag, öffnete ich nur einen Schlitz breit die Augen und sah meine Mutter, auf ihrem harten Steinstuhl ausgestreckt und die Motten abwehrend, welche, zusammen mit ein paar Dutzend älterer Mitbürger, vom Licht angelockt worden waren.

Danach gab es eine Premierenfeier, aber ich ging nicht hin. Ich zog mich in der Garderobe um, wo die Schauspieler standen und einander gratulierten, wobei sie immer wieder die Wörter »Leuchtkraft« und »Intensität« gebrauchten, als beschrieben sie die Rampenlichter. Horatio fragte mich, ob ich für ihn Zigaretten holen gehe, ich steckte sein Geld ein und versprach, »geschwinde wie der Blitz, o Herr« zurück zu sein.

»Du warst der Beste in der ganzen Aufführung«, sagte meine Mutter und hielt auf dem Nachhauseweg kurz an, um eine Tiefkühl-Pizza zu kaufen. »Wirklich wahr. Du bist auf die Bühne gekommen, und alle haben nur noch dich gesehen.«

Da ging mir auf, daß meine Mutter ein besserer Schauspieler war, als ich je zu werden hoffen konnte. Die Schauspielerei ist etwas anderes als Posieren oder So-tun-als-ob. Wenn sie mit Präzision betrieben wird, hat sie eine frappierende Ähnlichkeit mit Lügen. Der Kostüme und großen Gesten beraubt, präsentiert sie sich als eine unbestreitbare Wahrheit. Ich beneidete meine Mutter nicht um ihr Können, aber ich widersprach ihr auch nicht. So überzeugend war sie. Als ich so neben ihr saß, mit einer Pizza, die auf meinem Schoß allmählich auftaute, schien es mir das beste, mich einfach zurückzulehnen und zu lernen.

Dinah, die Weihnachts-Hure

Mein Vater war der festen Überzeugung, nichts bilde den Charakter besser heran als ein Job nach der Schule. Er selbst hatte mit dem Schlitten Zeitungen ausgetragen und Lebensmittel an die Tür gebracht, und seht ihn euch an! Meine ältere Schwester Lisa und ich entschieden, wenn harte Arbeit *seinen* Charakter geprägt hatte, wollten wir nichts damit zu tun haben. »Danke, aber danke nein«, sagten wir.

Als zusätzlichen Ansporn strich er uns das Taschengeld, und ein paar Wochen später arbeiteten sowohl Lisa als auch ich in Cafeterias. Ich wusch Geschirr im Piccadilly, während Lisa das Personal an den Warmhalteplatten im K & W verstärkte. In Raleighs erstem überbauten Einkaufszentrum gelegen, war ihre Cafeteria ein Klubhaus für die ortsansässigen älteren Mitbürger, die einen ganzen Nachmittag über einer einzigen Portion Reispudding gekauert verbringen konnten. Das K & W hatte seine beste Zeit hinter sich, wogegen meine Cafeteria im funkelnagelneuen Crabtree Valley lag, einem früheren Sumpf, der ihre Mall aussehen ließ wie einen staubigen Marktplatz für primitive Stämme. Das Piccadilly hatte rote Samtwände und einen Speisesaal, der von künstlichen Fackeln erleuchtet war. Eine Ritterrüstung markierte den Eingang zu diesem Schloß der Schlemmerei, allwo, wie man uns gesagt hatte, der Kunde immer König war.

Als Tellerwäscher verbrachte ich meine Schichten damit, Tabletts von einem Fließband zu wuchten und ihren Inhalt in eine enorme, bösmäulige Maschine zu füttern, welche brüllte und spie, bis ihre Beschickung, frei von erstarrtem Fett und Tunk, dampfend auf der anderen Seite wieder herauskam, wodurch meine Brille beschlug und die Luft sich mit dem harschen Geruch von Chlor füllte.

Hitze und Lärm konnten mir gestohlen bleiben, aber davon abgesehen, machte mir mein Job Spaß. Die Arbeit beschäftigte meine Hände, aber der Kopf blieb frei für wichtigere Dinge. Manchmal paukte ich die Liste unregelmäßiger spanischer Verben, die ich über der Spüle angebracht hatte, aber meistens gab ich mich Phantasien über eine Fernsehkarriere hin. Ich träumte davon, eine Fernsehserie zu kreieren und in ihr die Hauptrolle zu spielen, die *Sokrates & Konsorten* heißen sollte und in der ich mich in Begleitung eines brillanten und loyalen Nasenaffen namens Sokrates von Ort zu Ort begeben sollte. Wir würden keinen Streit suchen, aber dem Streit würde es Woche für Woche gelingen, uns zu finden. »Die Augen, Sokrates, immer zwischen die Augen«, schrie ich dann während einer unserer zahlreichen Kampfszenen.

Vielleicht schlug mir in Santa Fe jemand einen schweren Krug über den Kopf, und ich verlor das Gedächtnis. Irgendwo in Utah fand Sokrates vielleicht einen Ranzen mit wertvollen Münzen, oder er freundete sich mit einem Turbanträger an, aber gegen Ende jeder Folge sollte uns klarwerden, daß das wahre Glück oft dort lacht, wo man es am wenigsten erwartet. Es konnte sich in Form einer milden Brise oder einer Handvoll Erdnüsse offenbaren, aber wenn es kam, würden wir es mit der uns eigenen volkstümlichen

Weisheit am Schopfe packen. Ich hatte es so geplant, daß die letzten Momente jeder Episode Sokrates und mich vor einem prunkvollen Sonnenuntergang stehend antreffen sollten, während ich sowohl meinen Freund als auch die Zuschauer daheim an die Lektion erinnerte, die ich gelernt hatte. »Mir ist plötzlich klargeworden, daß es Dinge gibt, die wertvoller sind als Gold«, mochte ich dann wohl sagen, wobei ich einen Falken beobachtete, der hoch oben über eine lila Bergzinne dahinglitt. Die Episoden mit Handlung zu versehen war nicht schwerer als das Besteck zu sortieren; schwierig war es, sich die hochwichtige Erleuchtung auszudenken. »Mir ist plötzlich klargeworden, daß...« Daß was? Mir wurde kaum je was klar. Gelegentlich wurde mir klar, daß ich ein Glas zerbrochen oder zuviel Spülmittel in die Maschine gefüllt hatte, aber die größeren Themen entzogen sich mir meist.

Wie verschiedene andere Cafeterias in Raleigh stellte auch das Piccadilly oft ehemalige Strafgefangene ein, deren Jobs von Bewährungshelfern und ABM-Leuten vermittelt wurden. Während technischer Pausen stand ich oft in ihrem Teil der Küche herum und hoffte, daß sich mir, wenn ich diesen Verbrechern lausche, etwas Profundes enthüllt. »Mir ist plötzlich klargeworden, daß wir alle in jenem Gefängnis eingekerkert sind, welches als der menschliche Geist bekannt ist«, ließ sich sinnend sagen, oder: »Mir ist plötzlich klargeworden, daß die Freiheit vielleicht die größte Gabe von allen war.« Ich hatte gehofft, diese Leute wie Nüsse zu knacken, ihr Hirn zu durchstöbern und die Lektionen zu bergen, die sie gelernt hatten, angereichert um ein ganzes Leben voll Bedauern. Unglücklicherweise schienen die Männer und Frauen, mit denen ich zusammenarbeitete, nachdem sie den größten Teil ihres Lebens hinter Gittern verbracht hatten, nichts gelernt zu haben, außer wie man sich drückt.

Kessel kochten über, und Steaks verkohlten routinemäßig, während meine Arbeitskollegen sich in die Vorratskammer stahlen, um zu rauchen, Karten zu spielen oder es – manchmal – miteinander zu treiben. »Mir ist plötzlich klargeworden, daß die Menschen faul sind«, sagte dann meine nachdenkliche Fernsehstimme. Das hatte kaum den ganz großen Nachrichtenwert, und als Schlußwort würde es sicher nicht die Herzen meines Fernsehpublikums erwärmen können –, welches, per Definition, ohnehin nicht das aktivste war. Nein, meine Botschaft mußte optimistisch und erbaulich sein. *Freude,* dachte ich und knallte die schmutzigen Teller gegen den Rand des Mülleimers. *Was bringt den Menschen Freude?*

Als Weihnachten näher kam, halbierte sich meine wertvolle Zeit des Phantasierens. Das Einkaufszentrum wimmelte jetzt von hungrigen Kauflustigen, und alle drei Minuten hatte ich den stellvertretenden Geschäftsführer am Hals, der nach mehr Kaffeetassen und Beilagentellern schrie. Die Festtagskundschaft bildete eine laute und stetige Schlange, die am Wappen vorbei bis zur Rüstung am Eingang stand. Sie hatten sich lustige Nikoläuse an ihre Narrenhemden geheftet und schleppten übergroße Taschen, die vor elektrischem Werkzeug und Käsesortimenten überquollen, die sie für Freunde und Verwandte gekauft hatten. Der Anblick so vieler Menschen, Fremder, deren schiere Anzahl jenes Bedeutsame, das zu erfinden ich mich so bemühte, zerfraß, machte mich traurig und verzweifelt. Woher kamen sie, und warum gingen sie nicht einfach wieder nach Hause? Ich schnappte mir ihre Tabletts vom Fließband, ohne mich ein einziges Mal zu fragen, wer diese Menschen waren und warum sie ihre panierten Koteletts nicht aufgegessen hatten. Sie bedeuteten mir nichts, und wenn ich sah, wie sie sich in der Schlange auf die Kasse zubewegten, wurde es offenbar, daß dies Gefühl auf Gegenseitigkeit beruhte. Sie würden sich nicht einmal an die Mahlzeit erinnern, geschweige denn an den Menschen, der sie mit blitzsauberen und siedendheißen Tellern versorgt hatte. Woran lag es, daß ich wichtig war und sie nicht? Es mußte etwas geben, was uns voneinander trennte.

Ich hatte mich immer auf Weihnachten gefreut, doch jetzt kam mir meine Begeisterung schal und schofel vor. Wenn ich nach der Arbeit die Cafeteria verließ, sah ich sogar noch mehr Menschen, die aus den Läden und Restaurants schwärmten wie Bienen aus einem brennenden Bienenstock. Hier waren die jungen Paare mit ihren Zipfelmützen und die Familien, die sich beim Springbrunnen drängten, alle mit ihren Einkaufslisten und markierten Geld-Umschlägen. Kein Wunder, daß die Chinesen sie nicht auseinanderhalten konnten. Sie waren Schafe, dumme Tiere, von der Natur darauf programmiert, sich zu paaren und zu grasen und ihre Wünsche dem fettleibigen pensionierten Schulleiter entgegenzublöken, der mit seinem Arsch auf dem erbärmlichen Nordpol des Einkaufszentrums saß.

Mein Widerwille wäre fast mit mir durchgegangen, bis ich in ihrem Verhalten eine Lösung für meine Identitätskrise erkannte. Sollten sie doch meterweise Geschenkpapier und grelle Strümpfe mit Monogramm haben: Wenn es ihnen etwas bedeutete, so wollte ich nichts damit zu tun haben. Dies Jahr sollte ich der Eine *ohne* Einkaufstaschen sein, der Eine, der Schwarz trug, aus Protest gegen ihr oberflächliches Kommerzdenken. Meine schiere Verweigerung würde mich von ihnen absetzen und diese Menschen dazu zwingen, sich selbst in sicherlich schmerzhafter Weise in Frage zu stellen. »Wer *sind* wir?« würden sie fragen und den Zierat vom Christbaum klauben. »Was ist bloß aus uns geworden, und warum können wir nicht vielmehr so sein wie der düstre Bursche, der in der Piccadilly-Cafeteria Teller wäscht?«

Mein Boykott diente auch einem praktischen Zweck, da ich in diesem Jahr kaum mit Geschenken zu rechnen hatte. Um Geld zu sparen, hatte meine Familie beschlossen, etwas Neues auszuprobieren und Namen zu ziehen. Durch diese grausame Lotterie lag mein Schicksal in Lisas Händen, deren Vorstellung von einem anständigen Geschenk sich in sechs originalverpackten Blitzlichtbatterien oder einer Duftkerze in Form eines Kartoffelbovists erschöpfte. Patent und gutgelaunt normal, wie sie war, verkörperte Lisa alles, was ich deprimierend fand. Nichts unterschied sie von den Tausenden anderen Mädchen, die ich jeden Tag zu sehen bekam, aber das störte sie überhaupt nicht. In ihrem Bestreben, typisch zu sein, hatte sie mit fliegenden Fahnen – in gedeckten Tönen – gewonnen. Im Gegensatz zu mir würde sie sich nie tiefere Gedankengänge gestatten oder mit einem Nasenaffen in ferne Länder reisen. Nicht nur sie nicht, niemand. Genau wie alle anderen hatte sie ihre Seele gegen ein läppisches Weihnachtsgeschenk eingetauscht und mußte nun die Konsequenzen tragen.

Die Tage wurden festlicher, und mit ihnen wuchs meine Ungeduld. Vier Tage vor Weihnachten sollten wir uns ins Eßzimmer setzen, um Lisas achtzehnten Geburtstag zu feiern, als sie von jemandem angerufen wurde, der sich wie eine ausgewachsene Frau mit einem Mund voller Kieselsteine anhörte. Als ich fragte, wer denn dran sei, zögerte die Frau, bevor sie sich als »eine Freundin. Ich bin eine gottverdammte Freundin, alles klar?« vorstellte. Das erregte meine Aufmerksamkeit, denn soweit ich wußte, hatte Lisa keine erwachsenen Freunde oder Freundinnen, seien sie nun gottverdammt oder nicht. Ich gab ihr den Hörer und beobachtete, wie sie das Telefon in die Einfahrt trug und dabei die Schnur bis zum Zerreißen straffte. Dies war streng verboten, und weil mir gerade danach war, ein bißchen Stunk zu machen, petzte ich: »Dad, Lisa ist mit dem

Hörer nach draußen gegangen, und gleich reißt sie die Telefonschnur aus der Wand.«

Er wollte aus seinem Sessel aufspringen, aber meine Mutter sagte: »Laß sie doch um Gottes willen zufrieden; sie hat heute Geburtstag. Wenn das Telefon kaputtgeht, kauf ich dir zu Weihnachten ein neues.« Sie bedachte mich mit dem Blick für achtbeinige Geschöpfe unter dem Küchenspülstein. »Du mußt immer in der Scheiße stochern, stimmt's?«

»Sie spricht aber mit einer *Frau!*« sagte ich.

Meine Mutter drückte ihre Zigarette auf dem Teller aus. »Na und, du auch.«

Lisa kam gehetzt und aufgeregt an den Tisch zurück und fragte meine Eltern, ob sie den Kombi haben darf. »David und ich sind in spätestens einer Stunde zurück«, sagte sie und griff sich unsere Mäntel aus der Garderobe.

»Welcher David?« fragte ich. »Dieser David bleibt, wo er ist.« Ich hatte gehofft, den Abend in meinem Schlafzimmer zu verbringen und am Pastellporträt von Sokrates zu arbeiten, das ich mir still zu Anti-Weihnachten schenken wollte. Wir standen in der dunklen Einfahrt und verhandelten, bis ich mich bereit erklärte, sie zu begleiten, ohne Fragen zu stellen, Kostenpunkt: drei Dollar, sowie uneingeschränkte Benutzung ihres neuen Föns. Nachdem das geregelt war, stiegen wir ein und fuhren an den hell geschmückten Häusern der Nordstadt vorüber. Normalerweise verlangte Lisa die strikte Kontrolle über das Radio. Beim Anblick meiner Finger, die sich der Senderwahl näherten, haute sie mir auf die Hand und drohte, mich aus dem Auto zu werfen, aber heute abend machte sie mir keinen Kummer und beschwerte sich nicht einmal, als ich eine hiesige Talkrunde einstellte, die sich eindringlich mit High-School-Basketball beschäftigte. Ich konnte Basketball nicht ausstehen und hatte das nur eingestellt, um sie zu ärgern. »Sieh dir diese

Spartaner an«, sagte ich und knuffte ihr die Schulter. »Meinst du, sie haben den nötigen Pep, beim Lokalderby die *Kobolde* zu schlagen?«

»Mir wurscht. Weiß nicht. Vielleicht.«

Etwas hatte sie eindeutig meinem Zugriff entzogen, das machte mich rasend, und das, was mich rasend machte, fühlte sich stark an wie Eifersucht. »Was ist denn nun? Treffen wir jetzt die Mutter deines Freundes? Wieviel mußt du ihr zahlen, damit er mit dir ausgehen darf? Du hast einen Freund, stimmt's?«

Sie ignorierte meine Fragen und murrte still vor sich hin, als sie uns am Kongreßgebäude von North Carolina vorbei in einen besiegten Stadtteil fuhr, in welchem die Veranden nachgaben und an den meisten Fenstern nicht Gardinen und Vorhänge hingen, sondern Laken und Handtücher. In solchen Gegenden wurden Menschen erstochen; das hörte ich die ganze Zeit in meinen Rundfunksendungen, bei denen man anrufen konnte. Wäre mein Vater gefahren, hätten wir alle Türen verriegelt, die STOP-Schilder ignoriert und wären so schnell wie möglich durchs Gelände gebraust. So machte man das, wenn man schlau war.

»Na bitte.« Lisa fuhr rechts ran und parkte hinter einem Lieferwagen, dessen Halter seinen Platten mit einer Taschenlampe untersuchte. »Es könnte hier ein bißchen mulmig werden, also tu, was ich dir sage, dann kommt hoffentlich niemand zu Schaden.« Sie schwang sich das Haar über die Schulter, stieg aus und trat gegen die Dosen und Flaschen, die den Bordstein säumten. Meine Schwester meinte es ernst, was es auch war, und in diesem Augenblick wirkte sie schön und exotisch und gefährlich dumm. GESCHWISTER ERSCHLAGEN! ZUM ZEITVERTREIB! würden die Schlagzeilen lauten. FESTTAGSLAUNE ENDET TÖDLICH.

»Vielleicht sollte jemand beim Auto warten«, flüsterte

ich, aber sie war Vernunftgründen nicht mehr zugänglich und stürmte mit ihren sinnvollen Schuhen in einer schroffen, entschlossenen Gangart davon. Sie hielt sich nicht mit Hausnummer oder Klingelschild auf; Lisa schien genau zu wissen, wohin sie wollte. Ich folgte ihr in ein dunkles Vestibül und eine Treppe hinauf, wo sie, ohne auch nur zu klopfen, eine nicht abgeschlossene Tür aufstieß und in ein dreckiges, überheiztes Zimmer drang, welches nach kaltem Rauch, saurer Milch und ernsthaft schmutziger Wäsche roch –, drei Aromen, welche, vereint, dazu angetan sind, die Farbe von den Wänden blättern zu lassen.

Dies war ein Ort, an dem Menschen Böses zustieß, welche eindeutig nichts als das Schlimmste verdient hatten. Der befleckte Teppich war mit Zigarettenstummeln bestreut, und von der Zimmerdecke hingen überfüllte, staubbedeckte Fliegenfänger wie Vorhänge aus Perlschnüren. Am anderen Ende des Zimmers stand ein Mann neben einem umgestürzten niedrigen Tisch, beleuchtet von einer schirmlosen Lampe, die seinen Schatten, groß und bedrohlich, an die schmierige Wand zeichnete. Er war salopp mit T-Shirt und Unterhose bekleidet und hatte dünne, unbehaarte Beine von der gleichen Farbe und kieseligen Oberflächenbeschaffenheit wie bei einem im Geschäft gekauften Suppenhuhn.

Wir hatten offensichtlich gerade irgendein Unglücksritual unterbrochen, etwas, bei dem man Unflätiges rufen und gleichzeitig einen Halbschuh mit weißen Quastensenkeln gegen eine abgeschlossene Tür dreschen mußte. Das nahm den Mann so vollständig in Anspruch, daß er ein paar Momente brauchte, bis er unsere Anwesenheit registrierte. Er blickte mit zusammengekniffenen Augen in unsere Richtung, ließ den Schuh fallen und stützte sich am Sims des Kamin-Imitats ab.

»Wenn das nicht Lisa Verdammtescheiße Sedaris ist. Hätt

ich gleich wissen können, daß dieses verdammte Scheißweib ein Scheißweib wie dich anruft.«

Ich wäre weniger schockiert gewesen, wenn ein Seehund meine Schwester namentlich angesprochen hätte. Woher kannte sie diesen Mann? So betrunken, daß er nur noch taumeln konnte, unternahm dieser verkommene, versoffene Popeye einen Ausfall, und Lisa nahm eilig die Herausforderung an. Dann duckte ich mich und beobachtete, wie sie ihn am Hals packte und ihn zu Boden bzw. auf den umgestürzten Tisch warf, bevor sie die Fäuste zur Deckung hochnahm und tänzelnd einen engen Kreis beschrieb, bereit, es mit versteckten Neuankömmlingen aufzunehmen. Es war, als hätte sie ihr ganzes Leben in einen schwarzen *gi* gekleidet verbracht und in Erwartung dieses Augenblicks Dachlatten mit den bloßen Händen zertrümmert. Weder zauderte sie, noch rief sie um Hilfe, sie verpaßte ihm lediglich ein paar flinke Tritte in die Rippen und fuhr in ihrer Mission fort.

»Ich hab doch nichts gemacht«, stöhnte der Mann und sah mich mit blutunterlaufenen Augen an. »Du da, sag dem Scheißweib, ich hab doch gar nichts gemacht.«

»Wie belieben?« Ich bewegte mich unmerklich Richtung Tür. »Gottchen, ich weiß gar nicht, was ich dazu sagen soll. Ich bin nur, wissen Sie, lediglich mitgekommen, auf eine kleine Spritztour.«

»Bewache ihn!« gellte Lisa.

Ihn bewachen? Wie? Wofür hielt sie mich? »Verlaß mich nicht«, schrie ich, aber sie war bereits weg, und plötzlich war ich allein mit diesem zerschmetterten Mann, der sich den Brustkorb massierte und mich anbettelte, ihm seine Zigaretten vom Sofa zu holen.

»Los, hol sie mir, Junge. Verdammte Scheißweiber. Mein lieber Schieber, das sind Schmerzen.«

Ich hörte die Stimme meiner Schwester und sah, wie

sie aus dem Hinterzimmer fegte, eine clowneske, tränenbefleckte Frau unbestimmten Alters im Schlepp. Ihr Gesicht war runzlig und aufgedunsen. Der dicke, fette, marmorierte Körper hatte schon reichlich Meilen auf dem Tacho, aber ihre Kleidung paßte nicht zur Jahreszeit und war auf absurde Weise jugendlich. Während die Freundinnen meiner Mutter zu den Feiertagen mit Vorliebe Maxiröcke und türkise Hopi-Halsketten trugen, hatte diese Frau den Versuch unternommen, die Verwüstungen, welche die Zeit angerichtet hatte, mit Hot Pants aus Jeansstoff und passender Weste wettzumachen, welche, von einem System überkreuzgeschnürter Wildlederstrippen zusammengehalten, einen gründlichen Blick auf ihre massigen Hängebrüste zuließ.

»Raus!« rief Lisa. »Los, mach schon!«

Ich war längst auf dem Wege.

»Meine Schuhe und, ach, ich nehm besser noch eine Jacke mit«, sagte die Frau. »Und wo ich gerade dabei bin...« Ihre Stimme verklang, als ich die Treppe hinunterrannte, an den anderen ebenso dunklen und dünnen Wohnungstüren vorbei, hinter denen Menschen mit ihrem Geschimpfe das Gekreisch der Fernseher übertönten. Auf der Straße rang ich nach Luft und fragte mich, wie oft meine Schwester inzwischen niedergestochen oder -geknüppelt worden war, als ich hörte, wie die Fliegendrahttür zugeknallt wurde, und sah, wie Lisa auf der Veranda erschien. Sie blieb kurz auf dem Treppenabsatz stehen und wartete, während die Frau eine Jacke anzog und ihre Füße in ein paar Schuhe stopfte, die in Form und Farbe zwei identischen Farbbüchsen ähnelten. Zum Rennen angehalten, torkelte Lisas Freundin wie auf Stelzen dahin. Es war ein unbeholfener, nutzloser Gehstil, und bei jedem Schritt wedelte sie mit den Fingern, als spielte sie Klavier.

Zwei junge Männer, die eine Matratze trugen, kamen

vorbei, der eine drehte sich um und schrie: »Schafft die Hu von der Straße!«

Wären wir in einer reicheren oder ärmeren Gegend gewesen, hätte ich den Boden nach einem Garten- oder landwirtschaftlichen Gerät abgesucht, von denen man nie genau weiß, wie sie heißen, um nicht wieder auf eins draufzutreten und mir mit dem Stiel die Lippe zu spalten. *Hu.* Ich hatte das Wort oft bei der Arbeit von den Köchen gehört, die dabei gerieben blickten und wissend kicherten, ganz wie die beiden jungen Männer mit der Matratze. Ich brauchte eine Sekunde, bis mir klarwurde, daß sie entweder Lisa oder ihre Freundin meinten, die sich gerade hingehockt hatte, um ein Loch in ihren Netzstrümpfen zu untersuchen. Eine Hure. Von beiden möglichen Nominierten schien mir die Freundin die wahrscheinlichere Kandidatin zu sein. Bei der Erwähnung des Wortes hatte sie den Kopf gehoben und leicht abgewunken. Diese Frau also war's, und ich studierte sie, wobei mein Atem flach ging und sichtbar war in der kalten, dunklen Luft. Wie ein Heroinsüchtiger oder ein Massenmörder war für mich eine Prostituierte exotischer, als jeder Promi jemals hoffen konnte. Man sah sie in der Innenstadt, nach Einbruch der Dunkelheit, wie sie ihre scharfgeschnittenen Gesichter in die Fenster von Autos steckten, deren Fahrer auf Leerlauf geschaltet hatten. »He, Schnucki, wieviel verlangst du für einmal Abschmieren?« rief mein Vater. Ich wollte immer, daß er mal rechts ranfährt, damit man sich das genauer ansehen kann, aber nachdem er seinen kleinen Kommentar gemacht hatte, drehte er das Fenster hoch und raste, leise in sich hineinlachend, davon.

»Dinah, das ist David. David, Dinah.« Lisa stellte uns einander vor, nachdem wir uns im Auto niedergelassen hatten. Offenbar arbeiteten die beiden im K & W und hatten sich angefreundet.

»Ach, dieser Gene ist ein richtiger Hitzkopf«, sagte Dinah. »Er will mich ganz für sich, hab ich dir ja erzählt, und er liebt mich nun mal; was willst du machen. Vielleicht fahren wir einfach ein paarmal um den Block, damit er sich ein bißchen abkühlen kann.«

Sie zündete sich eine Zigarette an, ließ sie fallen und senkte den Kopf mit der hochtoupierten Frisur, bevor sie sagte: »Naja, ist auch nicht das erste Auto, das ich in Brand gesteckt habe.«

»Hab sie gefunden!« Lisa hielt sich die Zigarette an die Lippen, inhalierte tief und ließ den Rauch durch die Nasenlöcher wieder heraus. Ein Anfänger wäre daran erstickt, aber sie paffte wie ein verwitterter alter Profi. Welche weiteren Tricks hatte sie in letzter Zeit gelernt? Hatte sie ein Päckchen Heroin in der Tasche? Hatte sie sich angewöhnt, Messer zu werfen oder Billard zu spielen, während wir in unseren Bettchen schliefen? Sie starrte nachdenklich auf die Fahrbahn und fragte dann: »Dinah, bist du betrunken?«

»Jawoll, Ma'am, das bin ich«, antwortete die Frau. »Das kann man wohl sagen.«

»Und Gene war auch betrunken, hab ich recht?«

»Ein kleines bißchen angeheitert«, sagte Dinah. »Aber das ist so seine Art. Im Winter betrinken wir uns gern, wenn sonst nichts zu tun ist.«

»Und ist das gut für deine Wiedereingliederung? Sind Besäufnisse und Schlägereien das richtige, wenn man keinen Ärger mehr kriegen will?«

»Wir haben doch nur ein bißchen rumgemacht. Es ist dann ein bißchen außer Kontrolle geraten, mehr war nicht.«

Lisa schien es nichts auszumachen, wenn die Frau sich blöd vorkam. »Gestern hast du mir bei den Warmhalteplatten gesagt, du willst dich endlich von dem miesen kleinen Schweinehund trennen und in die Tranchierabteilung hocharbeiten. Man muß eine ruhige Hand haben, wenn man den ganzen Tag Fleisch tranchieren will, meinst du nicht?«

Dinah fuhr sie an: »Ich weiß nicht mehr alles, was ich bei den gottverdammten Warmhalteplatten gesagt habe. Was soll das, Kleine, ich hätte doch nie angerufen, wenn ich geahnt hätte, daß du mich halbtot laberst. Hier kannst du wenden; ich will nach Hause.«

»Keine Sorge, ich bring dich nach Hause«, sagte Lisa.

Der traurige Stadtteil lag bald weit hinter uns, Dinah drehte sich noch ein paarmal um, blinzelte, konnte nichts erkennen, bis ihre Augen komplett geschlossen waren und sie einschlief.

»Mom, das ist Dinah. Dinah, das ist meine Mutter.«

»Na, gottseidank«, sagte meine Mutter, als sie unserem Gast aus der verschossenen Kaninchenfelljacke half. »Ich hatte schon Angst, Sie wären einer dieser gottverdammten Adventssänger. Ich hatte gar nicht mit Besuch gerechnet; ich sehe bestimmt ganz schrecklich aus.«

Sie sah schrecklich aus? Dinahs Augen-Make-up war so verschmiert, daß sie einem schwachsinnig kostümierten Panda ähnelte, und meine Mutter entschuldigte sich für *ihr* Aussehen? Ich nahm sie ganz kurz beiseite.

»Hure«, flüsterte ich. »Diese Dame ist eine Hure.« Ich bin nicht sicher, welche Reaktion ich damit bezweckte, aber Schock wäre ganz schön gewesen. Statt dessen sagte meine Mutter: »Na, dann sollten wir ihr wahrscheinlich etwas zu trinken anbieten.« Sie ließ mich im Eßzimmer stehen, und ich hörte zu, wie sie der Frau in alphabetischer Reihenfolge eine Liste von Angeboten machte: »Wir haben Bier, Bourbon, Gin, irischen Whiskey, Ouzo, Rum, Scotch, Wein, Wodka und irgendwas dickes Gelbes in einer Flasche ohne Etikett.«

Als Dinah ihren Cocktail auf der sauberen Festtagstischdecke verschüttete, entschuldigte sich meine Mutter, als wäre es ihre Schuld, weil sie das Glas zu gut eingeschenkt hatte. »Dazu neige ich nämlich manchmal. Hier, ich mache Ihnen rasch einen neuen.«

Als sie ein frisches, ungewohntes Lallen im Haus hörten, kamen mein Bruder und meine Schwestern eilig aus ihren Zimmern und versammelten sich, um Lisas Freundin zu untersuchen, welche die Aufmerksamkeit sichtlich genoß. »Engel«, sagte Dinah. »Ihr seid eine ganze Meute gottverdammter Engel.« Sie war von Bewunderern umringt, und mit jeder Frage, jedem Kommentar, erhellte sich ihr Blick.

»Was ist Ihnen lieber«, fragte meine Schwester Amy, »die Nacht mit fremden Typen zu verbringen oder in einer Cafeteria zu arbeiten? Was sind die Gefängnisaufseher für *Menschen?* Tragen Sie gelegentlich eine Waffe bei sich? Wieviel berechnen Sie, wenn jemand sich nur auspeitschen lassen will?«

»Erst die eine Frage, dann die nächste«, sagte meine Mutter. »Laßt sie in Ruhe antworten.«

Tiffany probierte Dinahs Schuhe an, während Gretchen in ihrer Jacke posierte. Der Geburtstagskuchen wurde aufgetragen, und die Kerzen wurden angezündet. Mein sechsjähriger Bruder leerte Aschenbecher aus und errötete vor Stolz, als Dinah seine Tüchtigkeit lobte. »Dieser hier sollte in der Cafeteria arbeiten«, sagte sie. »Er hat die Arme eines Geschirrabräumers und Augen wie ein stellvertretender Geschäftsführer. Dir entgeht rein gar nichts, was, Süßer? Mal sehen, ob er einer alten Dame schon nachschenken kann.«

Vom Lärm geweckt, kam mein Vater aus dem Keller, wo er in Unterwäsche vor dem Fernseher gedöst hatte. Sein Eintreffen markierte im allgemeinen das Ende der Party. »Was zum Teufel treibt ihr hier um zwei Uhr morgens?« rief er gern. Es war seine Gewohnheit, drei bis vier Stunden zur tatsächlichen Uhrzeit zu addieren, um der Liederlichkeit, der er uns zieh, noch mehr Gewicht zu verleihen. Die Sonne mochte noch am Himmel stehen –, er behauptete, es wäre Mitternacht. Zeigte man auf die Uhr, warf er die Hände hoch und sagte: »Redet keinen Scheiß! Ab ins Bett.«

Heute abend war er besonders stinkiger Laune und kündigte seine Ankunft lange an, bevor er den Raum betrat. »Was macht ihr da oben? Steptanz? Wollt ihr eine Schau abziehen, wollt ihr das? Für heute nacht ist das Theater geschlossen. Geht damit auf Tournee; es ist vier Uhr morgens, verdammtnochmal.«

Wir wandten uns instinktiv an unsere Mutter. »Komm nicht in die Küche«, rief sie. »Wir wollen nicht, daß du sie siehst... äh... deine Weihnachtsgeschenke.«

»Meine Geschenke? Tatsächlich?« Seine Stimme wurde so sanft wie ein Miauen. »Na, dann macht mal weiter.«

Wir lauschten seinen Schritten, als er den Korridor entlang in sein Zimmer tappte, dann hielten wir uns den Mund zu und lachten, bis uns der Blick verschwamm. Längst heruntergeschluckte Kuchenstückchen statteten unserer Kehle einen erneuten Besuch ab, und unsere Gesichter, in den dunklen Fenstern widergespiegelt, glommen und vibrierten.

Jedes Beisammensein hat sein eigenes Zeitmaß. Als Erwachsener lenke ich mich damit ab, es herauszufinden, und ich fürchte den Zeitpunkt des unweigerlichen Abflauens. Die Gäste werden sich einmal zu oft wiederholen, oder die Drogen oder die Getränke gehen zur Neige, und es wird einem klar, daß das das einzige war, was man je gemeinsam hatte. Damals glaubte ich jedoch noch, so ein warmes und berauschendes Gefühl könnte ewig währen, und ich könnte, indem ich es vorbehaltlos umarmte, eine Annäherung an das gleiche sehnsuchtsvoll zufriedene Gefühl erreichen, welches Erwachsene bei der zweiten Bestellung verspüren. Ich hatte Lisa gehaßt, war eifersüchtig auf ihr geheimes

Leben gewesen, und jetzt, über meiner großen Tasse mit klumpigem Kakao, war ich sehr, sehr stolz auf sie. Überall in unserer Straße waren die Häuser mit Sperrholz-Engeln und in bunte Glühbirnen gefaßten Krippen dekoriert. Drüben in der Coronado Street hatte jemand Lautsprecher auf seinen Bäumen festgezurrt, die den Wald aus Zuckerstangen, den er neben seiner Einfahrt angepflanzt hatte, mit Weihnachtsliedern beschallten. Unsere Nachbarn würden früh aufstehen, die Einkaufszentren aufsuchen, sich geschenkverpackte Fusselrollen und bommelverzierte Golfschlägerschoner besorgen. Weihnachten würde kommen, und wir, die Bürger dieses Landes, würden uns um identische Bäume sammeln und unserer Freude mit abgenutzten Klischees Ausdruck verleihen. Truthähne würden rösten, bis sie einen harten, schellackähnlichen Überzug hatten. Schinken bekämen ein X eingeschnitzt und eine Fruchtglasur verpaßt –, und das alles von mir aus herzlich gern. Sollte ich einen fahrbaren Staubsauger oder gar einen verrunzelten Nasenaffen bekommen, so hätte mich das auch nicht heftiger entzückt als das Wissen, daß wir die einzige Familie in dieser Gegend waren, die eine Prostituierte in der Küche hatte. Wenn ich von jetzt an hörte, wie der Weihnachtsmann »Ho ho ho!« rief, würde es sich für mich wie »Hu, Hu, Hu!« anhören und eine ganz andere Bedeutung haben; und ich würde es, wie meine übrige Familie, mit jenem Stammeszusammengehörigkeitsgefühl, das uns so auszeichnet, zu schätzen wissen. Plötzlich wurde mir das klar. Einfach so.

Planet der Affen

Es begann nach einem *Planet der Affen*-Marathon in einem Billig-Kino, etwa eine Meile vom Haus meiner Eltern. Die erste Folge hatte ich neunmal gesehen und immer darauf gewartet, daß Zira fragte: »Was, glauben Sie, wird er in der Verbotenen Zone finden, Dr. Zaius?« Das in Frage stehende Gebiet war eine riesige Ödnis, off limits für die intelligenten Schimpansen und kriegerischen Gorillas, die diese auf den Kopf gestellte Welt bewohnten. Als Bright Eyes, der trutzige Astronaut, der auf diesem Planeten gestrandet ist, entkommt Charlton Heston seinen Häschern und reitet in Begleitung der stummen menschlichen Titten-Ilse, die er zu seiner Gefährtin erwählt hat, in die Verbotene Zone. Ihr Pferd trabt über dürre Wüsten und Sandstrände, bis sie auf die halb-beerdigten Reste der Freiheitsstatue stoßen. Als ihm plötzlich klar wird, daß er sich während der gesamten Dauer des zweistündigen Films auf seinem Heimatplaneten befunden hat, sitzt Charlton Heston von seinem Pferd ab und kniet sich in den Sand. »Seid verdammt!« schreit er, reckt und schüttelt die Fäuste der hitzebläschenverursachenden Sonne entgegen. »Seid alle verdammt und fahrt zur Hölle!«

Ich hatte das Kino an einem hellen, feuchten Vormittag betreten, aber als ich es verließ, benommen und von Süßigkeiten aufgedunsen, war es dunkel, und es regnete. Ich überlegte, ob ich meine Mutter anrufe, damit sie mich abholt, aber sie war nicht da, weil sie für die Pfadfinderinnentruppe meiner Schwester Amy Kartoffeln in Alu-Folie verpackte. Damit blieb nur mein Vater.

»Ich bin in fünf Minuten da«, sagte er. Im Hintergrund hörte ich, wie jemand die Formulierung »drei Achtel« gebrauchte. Das bedeutete nicht drei Achtelzoll oder drei Achtel plus fünf Achtel oder irgendwas, sondern drei Achtel von einem Punkt, und das bedeutete, daß er die Börsennachrichten sah und für den Abend bereits die Hose ausgezogen hatte.

Eine Stunde später rief ich wieder an, und er sagte: »Ich bin eben gerade zur Tür raus.« Am anderen Ende der Leitung lachte und johlte ein Studiopublikum. Die SitComs hatten angefangen. Das bedeutete, daß er auf seinem Sessel eingeschlafen war. Da saß er dann schnarchend, bis jemand versuchte, ein anderes Programm einzuschalten. »Was machst du da?« brüllte er. »Siehst doch, daß ich das gerade kucke!«

Noch schlimmer war es an Wochenendnachmittagen, wenn man anrief, um sich abholen zu lassen, und nichts im Hintergrund hörte. Das bedeutete, daß er Golf sah, Stunden der Stille, nur hin und wieder vom Kommentator unterbrochen, der flüsterte: »Das war Bogey, Bogey und Doppelbogey für Hogan, der mit neun über dem Par heute hier in Oakland Hills ins vierte kommt.«

Man konnte aus seinen Klamotten herauswachsen, wenn man darauf wartete, daß mein Vater einen abholte. Ich rief zum drittenmal an, und er sagte groggy und verwirrt: »Welcher David? Was für ein Film? Wo?«

Ich verließ das Einkaufszentrum mit dem Kino, ging

über die Straße und hielt den Daumen nach rechts. So einfach war das. Mein Vater hielt immer an, um Tramper mitzunehmen. Selbst wenn wir alle schon dicht gedrängt auf dem Weg zum Schwimmen oder zum Einkaufen im Kombi saßen, fuhr er rechts ran und wies uns an zusammenzurücken, wir hätten Besuch. Es war immer aufregend, einen Fremden im Auto zu haben, junge Männer, die wir mit Fragen quälen konnten. Unser Vater, dessen Cocktail zwischen seinen Beinen klimperte, war nach außen hin liebenswürdig, aber auch argwöhnisch. Er spielte mit unseren Gästen und tat, als wären ihre Geschichten genau das, Geschichten, etwas, was sie sich unterwegs ausdachten.

»Na schön, ›Rudy‹, dann fahr ich Sie mal zu Ihrer ›Großmutter‹, damit Sie Ihre ›Wäsche‹ abholen können.« Dann schüttelte er den Kopf und lachte in sich hinein. »Bin immer froh, wenn ich einem netten jungen Mann wie Ihnen helfen kann.«

»Nein, wirklich«, sagte unser Passagier. »Sie ist tatsächlich meine Großmutter. Ich schwör's Ihnen.«

»Jetzt schwört er auch noch«, sagte mein Vater. »Dem Ingenieur ist nichts zu schwör.«

Solang sie noch jung waren, nahm er sie mit großem Vergnügen mit; aber die alten –, die konnte man vergessen. Wir sahen einen gebeugten und wettergegerbten Opa neben einem abgewetzten Koffer und riefen: »Da ist einer! Dad, halt an!« Unser Vater ignorierte unseren Wunsch und fuhr an diesen Männern vorbei, als wären sie ausgeschnittene und ausgemalte Anzeigen für Etablissements wie »Au Petit Clochard« oder »Zum fidelen Penner«.

Ich hielt den Daumen in die Luft und war sicher, jemand wie mein Vater würde mich mitnehmen, aber statt dessen war es eine ältere Frau, die Frisur durch ein Plastikhäubchen geschützt. Sie kurbelte ihr Fenster herunter und brüllte, als hätten wir seit mehreren Jahren Zoff miteinander: »Verdammter Bengel, beweg gefälligst deinen traurigen Hintern in dieses Auto rein.«

Sie trug eine hellblaue Uniform, was auf die Kassiererin einer hiesigen Supermarktkettenfiliale schließen ließ. »Was bist du, vierzehn, fünfzehn Jahre alt? Ich hab einen Enkel etwa in deinem Alter, und wenn ich den jemals beim Trampen erwische, trete ich ihm so tief in den Arsch, daß ich einen neuen Schuh brauche. Was zum Teufel fällt dir ein, läßt dich von Fremden mitnehmen? Was ist, wenn ich eine Pistole oder ein Klappmesser habe? Du könntest dich doch gegen keine Hauskatze wehren, und sag mir bloß nicht was anderes, deine Sorte kenne ich nämlich schon, Herr Schlaumeier, nur allzugut kenne ich deine Sorte. Was sagt denn deine Mutter zu solchen Dummheiten? Wo sind überhaupt deine Leute?«

»Meine Eltern?« Ich zögerte kurz, weil mir klarwurde, daß ich dieser Frau die Wahrheit gar nicht zu sagen brauchte. Wahrscheinlich sieht sie mich sowieso nie wieder; und wenn doch, wieso soll sie mich wiedererkennen? Ich sagte ihr, mein Vater sei auf einer Friedenskonferenz in Stockholm, Deutschland, und meine Mutter sei Fernfahrerin auf dem Weg zur Westküste mit einer Ladung ... Strumpfhosen.

»Genau«, sagte die Frau und stopfte ihre Zigarette in den schwelenden Aschenbecher, »und auf meinem Hinterhof stille ich aus blankem Übermut Kamelbabys. Sag mir einfach, wo du wohnst, Pinocchio, und spar dir den Quatsch mit Soße fürs Mittagessen auf.«

Sie fuhr in unsere Einfahrt, als mein Vater gerade das Haus verließ, um mich abzuholen. »Fernfahrerin am Arsch, wo er am rosigsten ist«, sagte sie. »Jetzt möchte ich, daß du in dein schickes Haus gehst und da drin bleibst, bevor dir jemand seine Initialen in den Schädel schnitzt. Diesmal hast du Glück gehabt, aber wenn ich dich je wieder da draußen erwische, überfahre ich dich, nur um dir das Elend zu ersparen.«

Ich begann, regulär per Anhalter zu fahren. Außer daß es bequem war, machte es mir Spaß, mit Leuten zusammenzusein, die nichts über mich wußten. Ich konnte mich nach Lust und Laune neu erfinden und probierte jeweils die Persönlichkeit an, die zu meiner Stimmung paßte. Ich war Broadway-Schauspieler, der für eine bevorstehende Inszenierung den hiesigen Akzent studierte, oder vielleicht ein kalifornischer High-School-Schüler, der hier seinen Vater ausfindig machen wollte, den er nie kennengelernt hatte. »Es heißt, er höre auf den Namen T-Bone, aber das ist auch schon mein einziger Anhaltspunkt.«

Manche Leute hielten fast so an, als hätten sie mit mir gerechnet; andere wurden erst langsamer und musterten mich, bevor sie endgültig anhielten. Es waren schwarze Geistliche und pensionierte Schlosser, Rettungsschwimmer, Tanzlehrer und Parkettabschleifer, und meistens waren sie allein. Raleigh war nicht so groß, und den meisten Menschen machte es nichts aus, für einen Fremden einen Umweg von einer bis zwei Meilen zu fahren. »Sie sollten etwas mehr Zeit hier verbringen, Maurice«, sagten sie. »Es ist eine freundliche Stadt mit vielen Entfaltungsmöglichkeiten für einen talentierten Konzertpianisten wie Sie.«

Ich trampte nie aus der Stadt heraus, bis ich aufs College ging und mich einem Mädchen namens Veronica anschloß, dessen Leben einer der Geschichten ähnelte, die ich erfunden hatte. Ihre Mutter war gestorben, als sie an eine eiserne Lunge angeschlossen war, die im Eßzimmer der Familie stand. Zu der Zeit war Veronica vierzehn und machte, als sie davon erfuhr, gerade ihren ersten LSD-Trip durch. »Wenn man jemandem einen echt guten Trip vermiesen will, dann ist das die richtige Methode«, sagte sie. Ihr Vater hatte in den letzten vier Jahren zweimal neu geheiratet und sie durch zwei komplette Stieffamilien gezerrt. Diese Erfahrung hatte sie gelehrt, sich allein durchzuschlagen. Sie war abenteuerlustig und auf eine Weise selbständig, die ich noch nie kennengelernt hatte, sowie in den Künsten Camping, Zigarettendrehen und Unbemerkt-aus-Fenstern-im-1.-Stock-Abhauen bewandert. Unser College-Gelände lag isoliert in den Bergen des westlichen North Carolina, weit von den gefeierten touristischen Attraktionen der Region entfernt. Wir fingen mit Tagesausflügen an, zuerst nach Gatlinburg, um uns nachgemachte Indianer anzusehen, und dann nach Cherokee, zu den richtigen.

Sie war jemand, der es gewohnt war, das Kommando zu übernehmen; gemeinsam überquerten wir die Grenzen des Bundesstaats und trampten bis hin nach Nashville und Washington, D.C. Am Ende des Schuljahrs ging ich nach Kent State ab, und Veronica haute ab nach San Francisco, wo ihr Bruder ihr einen Job in einem Kino besorgte. Durch ihre Briefe erschien mir mein Leben hoffnungslos langweilig und vorhersehbar. »Ich könnte Dich hier unterbringen wie nix!« schrieb sie. »Soviel Popcorn und Bonbons, wie Du runterkriegst, und kostet Dich keine 5 Cent. Filme gratis, sauberes Scheißhaus –: Was willst Du mehr?«

Ich brauchte ein Jahr, bevor ich beschloß, ihr zu folgen. Ich trat die Reise mit einem College-Studenten im vierten Semester namens Randolph Feathers an, den ich auf einer Party kennengelernt hatte. Randolph kreierte sein eigenes Hauptfach, Beat-Literatur, ein Thema, welches, soweit es mich betraf, keine weitere Aufmerksamkeit verdiente. Seine Sammlung fleckiger Taschenbuch-Erstausgaben reflektierte seinen Glauben, dies sei eine spirituelle Reise, von seinen bongospielenden Helden begünstigt. Um sich auf sie vorzubereiten, hatte er sich einen Ziegenbart wachsen lassen und einen australischen Busch-Hut gekauft und mit Anstecknadeln und Buttons verziert, die den zahlreichen politischen Idealen anverlobt waren, die seinem Herzen nahestanden. Veronica hatte mir beigebracht, daß man, wenn man ein paar Extrameilen abstauben will, nie mit einem Fahrer debattieren oder streiten soll. Wenn er, sagen wir mal, an die Zwangssterilisation von Rothaarigen glaubte, war es am besten, wenn man sagte: »Hmm, so sehr hab ich mich damit noch gar nicht beschäftigt, aber könnte durchaus was dran sein.« Randolphs Hut garantierte, daß wir in keinerlei Cadillacs mit Klimaanlage mitgenommen wurden. Um es noch schlimmer zu machen, hatte er entschieden, eine Gitarre mitzunehmen. Wir waren noch kein einziges Mal mitgenommen worden, da zog er sie bereits heraus und begann, eine seiner klagenden Balladen zu komponieren. »Hier steh' ich an der Hundertdrei, / Steck' den Daumen in die Luft. / Jedes Auto rast vorbei, / Vertieft die soziale Kluft.« Ich würde eher jemanden mitnehmen, der eine Pistole schwenkt, als einen, der eine Gitarre dabeihat. Barfuß lag er am Straßenrand, den Kopf auf dem Rucksack, trainierte seine Zehen und fragte sich, warum uns keiner mitnahm. »Eine herzlos miese Welt, / So gefühllos und so kalt. / Nach Frisco kommen ohne Geld? / Da werd' ich eher kahl und alt.«

Außerhalb von Indianapolis nahmen uns zwei junge Männer in einem Jeep mit, die sich als Starsky und Hutch vorstellten, Namen, die sie sich von den dreisten, saloppen Helden einer beliebten Fernsehserie ausgeborgt hatten. Sie waren bedröhnt und bekloppt und spülten ihre rezeptfreien Amphetamine literweise mit warmen Bieren herunter. Befragt, woher sie kämen, deutete Starsky ein heftiges Würgen an.

»Das ist der Code für ›Delaware‹«, erklärte Hutch.

Starsky zeigte dem Fahrer eines orangefarbenen Gremlin seinen Mittelfinger.

»Das war der Wappenvogel«, sagte Hutch. Er nahm einen Schluck von seinem Bier, rülpste und proklamierte dies zum Motto des betreffenden Bundesstaats.

Als sie bemerkten, daß nicht mehr viel im Tank war, hielten sie bei einer Tankstelle an, wo ich ihnen etwas Benzingeld anbot und hoffte, sie würden diese Aufmerksamkeit als ausreichende Bezahlung akzeptieren. Starsky sagte, die Kosten seien abgedeckt, und fügte hinzu, einen Schokoriegel könne er dagegen echt gut vertragen. »Nicht nur Schoko –, *Riegel*. Geh doch mal in den Tankstellenladen und kuck, ob sie sowas haben.«

Es ist immer besser, wenn einer beim Auto bleibt, falls der Fahrer plötzlich den Drang verspürt, mit den Rucksäcken abzuhauen; also blieb Randolph beim Auto, blinzelte in die flache, uninspirierte Landschaft und erfüllte Hutch seinen Musikwunsch, »Freebird«.

Ich kaufte einen Beutel Kartoffelchips und einen Riegel Schokoartiges und kam zurück, als Starsky gerade den Tankdeckel zuschraubte. »Spring rein, Chef.« Er sah, daß der Tankwart auf dem Weg zu uns war, um uns Geld abzunehmen, aber als der Mann gerade die Zapfsäule erreicht hatte, heizte Starsky aus der Tankstelle, über ein Betonmäuerchen und auf die Bundesautobahn.

»Ich weiß nicht, wie cool ich das finden soll«, sagte Randolph. »Was ist, wenn er die Polizei ruft?«

»Polizei?« Starsky drehte sich um, um ihn anzusehen. »Hey-ho, Kumpel, wir sind schneller als die Polizei, null verdammtescheißenochmal Problemo.« Er stapfte auf das Gaspedal, und der Jeep beschleunigte wie ein Flugzeug kurz vor dem Abheben. Wir überholten die anderen Autos, als wären sie geparkt, Hutch machte einen Buckel und hatte den geballten, entschlossenen Blick eines Bomberpiloten, der im Begriff steht, ein Dorf voller ahnungsloser Bäuerlein auszulöschen. Er schrie Hutch an, der solle das Steuer übernehmen, während er den Schokoriegel öffnete, der Jeep scherte auf die andere Spur aus und verfehlte einen Tanklastzug mit Dieselöl um Haaresbreite. Hupen tuteten, und Bremsen quietschten, und zum erstenmal in meinem Leben dachte ich: *So sterben Menschen; genauso passiert es.* Randolphs Hut flog aus dem Fenster, doch selbst wenn der gewalttätige Fahrtwind seine Gitarre mitgenommen hätte, bezweifle ich, daß es mir gelungen wäre, das so richtig gut zu finden. Dies war nicht die Lage, in der man über anderer Leute Mißgeschick lacht. Mitgegangen, mitgefangen. Entweder starben wir, oder wir verbrachten den Rest unseres Lebens auf den abgelegenen Stationen eines Krankenhauses, wo regelmäßig Krankenschwestern kamen, um uns die komatösen Gliedmaßen zu massieren und ermutigende Worte zuzuflüstern. Unter seinem Ziegenbart und seinem Tie-Dye-Batik-T-Shirt war er wie ich, waren wir winselnde, zitternde Brüder, die rasend nach den nicht vorhandenen Sitzgurten suchten und statt dessen, bestrebt, Stütze und Trost zu finden, einander fest umklammert hielten. Starsky und Hutch schienen dieses Bild des Jammers und der Angst zu genießen, und Starsky wackelte mit dem Steuerrad und schnitt andere Autos, nur um uns kauern und beten zu sehen. Wir legten eine ungeheure Strecke hinter uns, bevor Starsky anhielt, um sich hinter einer Plakatwand zu erleichtern. Es kam mir merkwürdig vor, daß er Benzin stahl und das Leben zahlloser Fremder bedrohte, es aber für nötig hielt, sich beim Pinkeln so komplett zu verstecken. Er ging tief ins hohe Gras hinein, und Randolph und ich ergriffen die Gelegenheit, aus dieser Todesfalle zu springen, wobei unsere bebenden Hände kaum noch fähig waren, die Rucksäcke zu ergreifen. »Ganz toll«, sagten wir. »Das ist haargenau die Stelle, wo wir hinwollten.«

Starsky zog seinen Hosenstall zu und tauschte das Steuer mit Hutch, der etwa hundert Meter weit fuhr und dann nochmal im Rückwärtsgang dahin fuhr, wo wir standen. »Und noch was«, sagte Starsky. »Dein Schokoriegel schmeckt echt scheiße.« Er holte aus und warf ihn in unsere Richtung, bevor es in einer Wolke aus Abgasen und Kies auf der Bundesautobahn weiterging. Der Riegel prallte von der Plakatwand ab und prallte auf die Straße, von der Randolph ihn aufhob. Er wischte ihn ab und aß ein paar Bissen, bevor er sagte, also er fände ihn nicht schlecht.

Wir erreichten Colorado, was genauso war, wie ich es in Kalendern abgebildet gesehen hatte: wolkenloser blauer Himmel und heroische Berge, von großartigen Tannen getupft. Genau wie ein Kalender, ohne Autos, Menschen oder Häuser, die den Blick beflecken konnten. Randolph nutzte die technisch bedingte Pause, um ein paar neue Songs zu komponieren. »Es zu erraten war nicht schwer; / Sie kamen aus … Delaware.«

Für kurze Zeit brachte uns unsere Begegnung mit dem Desaster einander näher. Immer wieder erzählten wir die Geschichte unseren Fahrern, wie ein altes Ehepaar, indem einer die Sätze des anderen vollendete. Das Erlebnis schien säuberlich in Randolphs Beat-Gedankengut zu passen, und er sprach mit wachsender Häufigkeit von Karma und Erlösung. Eines heißen, sonnigen Nachmittags fanden wir uns am Ufer eines klaren, eilig dahinschießenden Flusses wieder, dessen Bett mit glatten Steinen gepflastert war. Es kamen gerade keine Mitfahrgelegenheiten, also zogen wir uns aus und schwammen und sahen zu unseren Füßen hinunter, wo silbrige Fische sich damit abmühten, in die falsche Richtung zu schwimmen. Das Ufer war mit einem Teppich aus duftenden Kiefernnadeln ausgelegt, und Kaninchen rutschten durch die Wiese. Es war, für mich, einer jener Momente, da der Regisseur auf seinem Kirschenpflückerkran durch die Luft gesegelt kommen könnte und rufen: »Und … perfekt! Fünf Minuten Pause, Jungs, ist gekauft.« Während ich die Schönheit all dessen bewunderte, nickte Randolph wissend und bezog sich mit Kapitel und Seitenzahl auf eins der Bücher, die er in seinem Rucksack mit sich herumschleppte. Er schien alles parat zu haben, wie ein Tourist, der seinen Guide Michelin hält und beifällig nickt, wenn der Bus sich der London Bridge nähert. Meine brüderlichen Gefühle schwanden und bekamen ein paar Tage später endgültig den Rest, als er unser allerletztes Wasser austrank, laut rülpste und nach einem Wort fragte, das sich vielleicht auf Utah reimt. Ich konnte tagelang nicht schlafen.

An der kalifornischen Grenze wurden wir angehalten und gebeten, all unser Obst und Gemüse auszuhändigen, für den wenig wahrscheinlichen Fall, daß es auf die trockenen, beigefarbenen Felder, die den Kontrollpunkt umgaben, eine neue Art von Fliege oder Rüsselkäfer einschleppen könnte. Ich habe nie zu diesen Ostamerikanern gehört, die sich vom romantischen Sog Kaliforniens angezogen fühlen. Es war trotzdem ein befreiendes Gefühl, einen Teil des Landes zu bereisen, in dem kein Mitglied meiner Familie je gewesen war. Randolph klimperte leise auf seiner Gitarre, und ich gab sie hin, meine drei mulschigen Pflaumen, als wären sie der Nachname, den ich in der alten Heimat geführt hatte. Wir überquerten die Grenze in einem pfirsichfarbenen Mustang, der einem Sprachtherapeuten aus Barstow gehörte, und ich drehte mich kurz auf meinem Autositz um, bevor ich schwor, nie wieder einen Blick zurückzuwerfen.

Das San Francisco, das uns erwartete, wies keinerlei Ähnlichkeit mit dem *think tank* der Bohème auf, wie er in Randolphs zerfledderten Taschenbüchern beschrieben wurde. Die Straßen wimmelten nicht von Poeten, die in ihrem Gewissen schürften, sondern von Männern, die Westen mit Ziernägeln und enge Leder-Chaps trugen. Dies war nicht die Stadt des Beat, sondern ein Gebiet, das man hätte verbieten müssen. Veronica hatte für uns Zimmer in einem Wohnheim gefunden, welches von einem karamelfarbenen Mann geleitet wurde, dessen seltsame östliche Religion grelle orangefarbene Gewänder, unablässigen Gesang und Handschellen erforderlich machte. Randolph blieb zehn Tage und fuhr mit dem Bus nach Hause, nachdem ihm auf dem Korridor ein Nachbar die Frage gestellt hatte, ob er wohl so nett sein und seinen Penis für eine Blindverkostung zur Verfügung stellen könne. Veronica und ich reisten drei Monate später ab und fuhren nach Oregon, wo wir hofften, uns bei der Apfel- und Birnenernte dumm und krumm zu verdienen. *Krumm* beschrieb die Arbeit recht genau, und sobald sie vorbei war, hinkten wir die Küste hinauf nach Kanada, zurück nach Kalifornien, weiter quer durchs ganze Land, und machten halt, wo es uns paßte. Es war die Verwirklichung meiner High-School-Phantasie, nur daß Veronica kaum einem Nasenaffen ähnelte. Sie war jedoch die ideale Reisegefährtin, gelassen und ausgeglichen. Als Pärchen wurden wir von Leuten mitgenommen, die nicht angehalten hätten, wenn wir zwei Männer gewesen wären. Das waren alleinreisende Frauen und Fernfahrer, die behaupteten, sie brauchten Gesellschaft, aber kaum je ein Wort sagten. Manchmal luden uns Leute zu sich nach Hause ein, die Nacht auf den Sofas zu verbringen. »Das Badezimmer ist am anderen Ende des Ganges, und ich hab ein paar frische Handtücher hingelegt. Ich verlaß mich drauf, daß ihr nicht den Fernseher oder die Stereo-Anlage klaut, aber alles andere könnt ihr haben, ist sowieso nur Müll.« Oder wir schliefen in leerstehenden Häusern, unter Brücken und Regendächern und einmal sogar auf dem Parkplatz eines Spielcasinos in Las Vegas. Wir fuhren hinunter nach Texas, nur um einmal ein Gürteltier zu sehen, bogen dann nach Norden ab und kamen Mitte November im westlichen

North Carolina an. Die nächste Station sollte Raleigh sein, und um das Unvermeidliche hinauszuzögern, dachte ich, ich könnte mal ein paar Freunde vom College in Ohio besuchen. Es war die längste Reise, die ich je allein unternommen hatte, aber nachdem ich so viele Meilen zurückgelegt hatte, fand ich, ich konnte mich der Herausforderung stellen. Die Zeit hatte mich weise gemacht, dachte ich. Ohne irgend jemanden als Vorbild zu bemühen, war es mir gelungen, mich zu einer tollkühnen, heroischen Gestalt umzuwandeln, viel edler als die Personen, die in Randolphs modischen Beatnik-Gedichten oder -Romanen beschrieben wurden. Meine Freunde auf dem College würden mich als Propheten ansehen, und meine Gegenwart würde sie dazu bringen, den Wert ihres zahmen, vorhersehbaren Lebens in Frage zu stellen. »Erzähl uns doch noch mal von deinen drei Tagen in der Mojave-Wüste«, würden sie bitten. »Hattest du denn keine Angst? Schmeckt Klapperschlange wirklich wie Hühnchen? Was hast du mit den Zähnen gemacht?«

Ich hatte nicht vorgehabt zu lügen, aber es schien ein guter Schachzug, meine Geschichten zu schmücken, sie ein wenig zu polstern und zu retuschieren. Ich stand am Straßenrand und dachte, ich hätte genausogut wilde Hengste zureiten oder Forellen mit den bloßen Händen fangen können –, wichtig war, daß ich mich kopfüber ins Leben gestürzt hatte, ohne Rücksicht auf die Folgen.

Ein Fenstervertreter nahm mich mit, sehr sogar, auf eine schier nicht enden wollende Strecke, und er verbrachte sechs Stunden damit zu sagen: »Immer nur nehmen und nehmen, stimmt's? Da stellt man sich einfach hin und steckt den Daumen in die Luft und schnappt sich, was man kriegen kann. Jawoll, da nimmt man und nimmt, bis man fast platzt. Aber wie steht's mit Geben? Schon mal an Geben gedacht? Natürlich nicht, man hat ja alle Händevoll mit Nehmen zu tun, Herr von und zu vom Stamme Nimm. Ich dagegen bin das, was man einen ›Steuerzahler‹ nennt. Die Steuer... Wie soll ich das erklären...? Das ist eine Art Tarif, den arbeitende Menschen entrichten müssen, damit jemand wie du sich einen Lenz machen kann. Ich gebe und gebe, bis ich nichts mehr übrig habe. Nichts! Und dann gebe ich gleich noch mal. Ich gebe und ich gebe all den kleinen Nehmern von Uncle Sam, jedem einzelnen von euch, aber was springt für mich dabei heraus? Ich habe mir überlegt, daß es vielleicht an der Zeit ist, allmählich auch mal was zu kriegen. Ja, vielleicht ist es an der Zeit, den Schuh zur Abwechslung mal an den andern Fuß zu ziehen. Du, mein junger Freund, wirst mir den Wagen waschen, innen und außen. *Und* du wirst dafür bezahlen!«

Er bog in eine Ausfahrt ein und fuhr zu einer Waschstraße, auf deren Dach drei künstliche Seehunde mit ihren motorisierten Flossen eine Limousine lederten. Der Mann stand bei der Stoßstange und überwachte mich, wie ich sein Auto shampoonierte und wachste.

»So ist es recht, ruhig ein bißchen Kraft investieren! Als nächstes möchte ich, daß du die Aschenbecher ausleerst und den Wagen von innen staubsaugst, von oben bis unten. Na los, dalli, leg mal ordentlich los.«

Mit der Arbeit hatte ich kein Problem, aber sein Anfeuerungsstil trieb mich in den Wahnsinn.

»Na, wie ist es, wenn man zur Abwechslung auch mal gibt? Macht nicht viel Spaß, was? Und jetzt mach voran und polier die Radkappen; ich will sie glänzen sehen. Bohnern, Bürschchen, bohnern!«

Ich bohner ja, ich bohner ja, nun laß mich doch in Ruh, dachte ich. Jeder Scheinwerfer repräsentierte seinen kahlen, funkelnden Schädel, und ich war mit dem Lappen zugange, als wäre er ein Blatt Schmirgelpapier. Ich polierte alles von der Antenne bis zum hinteren Nummernschild, bevor er mir meinen Rucksack aushändigte, losfuhr und hupte, als er sich in den Nachmittagsverkehr einfädelte. Ich wurde zur Bundesautobahn zurück mitgenommen, und danach noch einmal, wodurch ich zwanzig Meilen hinter Charleston, West Virginia, landete. Die Sonne stand bereits niedrig, und ich hoffte, vor Einbruch der Dunkelheit noch einmal eine lange Fahrt zu kriegen, vielleicht sogar bis nach Ohio hinein. Es war kalt draußen, und meine Hände waren vom Waschen dieses Irrenautos aufgesprungen. Die Haut war rauh, aber die Fingernägel glänzten frischgewachst.

Ich wartete zwanzig Minuten, bevor jemand langsamer wurde und zwanzig Meter von mir entfernt hielt. Es war ein Kleinlaster, dessen Aufschrift für eine Klimaanlagen-und-Kühltechnik-Firma warb. Oft hielt jemand, ein Schlaumeier, weit entfernt von einem an, um dann loszufahren und laut zu lachen, wenn man vom Hinrennen völlig erschöpft war. Als Reaktion hatte ich ein lässiges Traben entwickelt.

Das Hemd des Mannes stellte ihn als T. W. vor. Das Führerhaus des Kleinlasters war mit Süßigkeiteneinwickelpapier und Brausebüchsen zugemüllt. Ich fragte ihn, was T. W. bedeute, und er sagte mir, es bedeute T. W. Sein Nachname, sagte er, fange mit *A* an, »weshalb es, wenn man es hintereinander liest, richtig gut klingt.«* Er hatte ein offenes, kindliches Gesicht, dessen Züge kontinuierliches Staunen ausdrückten. Es war, als hätte er die letzten zehn Jahre im Koma verbracht und fände nun, da er aufgewacht war, alles neu und sensationell. Ich erzählte ihm, ich sei Medizinstudent im letzten Semester, nur noch ein paar Monate, dann würde ich als Bester meines Jahrgangs graduieren.

»Echt wahr? Sie werden Arzt und operieren? Menschen? Da müssen Sie doch ganz schön schlau sein, wenn Sie Arzt werden. Und am Gehirn operieren Sie auch, sagen Sie?«

* *TWA* bedeutet Trans World Airways, aber *twat* bedeutet Fotze. (Anm. d. Übers.)

Ich hatte gesagt, ich täte das schon seit Jahren, und es sei längst nicht so schwer, wie es aussehe. Es mochte merkwürdig wirken, daß ein zwanzig Jahre alter Gehirnchirurg sich von wildfremden Menschen per Anhalter mitnehmen läßt, und ich sagte ihm, ich hätte mit einem Kommilitonen gewettet. »Fünfzig Dollar, daß ich es von der Duke University rechtzeitig bis nach Kent State zum morgigen Frontal-Lobotomie-Kongreß schaffe«, sagte ich. »Nicht, daß ich das Geld brauchte oder so, aber sowas tun wir Ärzte bisweilen, um Dampf abzulassen.«

»Na, ich werde dafür sorgen, daß Sie diese Wette gewinnen«, sagte T.W. Er erläuterte, er habe frühzeitig mit der Arbeit aufgehört und würde mich mit dem allergrößten Vergnügen nach Ohio fahren, da er ohnehin eine Nachteule sei und mit keinem Arzt mehr zu tun gehabt habe, seit sein Fuß vor ein paar Jahren von einer Klimaanlage zermatscht worden sei. »Seht mich an«, krähte er, »mit einem Gehirndoktor unterwegs!« Wir könnten sofort aufbrechen, sobald er ein paar Dokumente bei einem Freund abgeliefert habe. Er verließ die Bundesautobahn und fuhr erst Bundesstraßen, dann gewundene Landstraßen bis zu einer Kneipe. Sie bestand aus einem gedrungenen Schlackeziegelbau, der außen von Bierreklamen und dem Hinweis auf die Existenz eines Billardtisches beleuchtet war. Er lud mich ein, ihm Gesellschaft zu leisten, aber ich war noch nicht volljährig und hatte auch noch keinen Durst auf Alkohol entwickelt. »Gehen Sie nur«, sagte ich. »Ich bleibe hier und lerne noch ein bißchen für das Lobotomie-Pensum von nächster Woche.«

Es brachte mich um, daß T.W. mir den Arzt tatsächlich abgekauft hatte. Sobald wir in Kent ankamen, mußte ich ihn dazu bringen, mich vor der Krankenstation abzusetzen, und die paar Straßen zum Wohnheim ging ich dann zu Fuß. Ich hoffte, daß wir bis dahin nicht an irgendwelchen Autounfällen vorbeikamen, aber falls doch, würde ich ihm sagen, ich hätte keine Lizenz für diesen betreffenden Bundesstaat und dürfte dort leider nicht praktizieren.

Der Abend dämmerte, als T.W. die Bar betrat. Ich sah, wie die Sonne hinter dem Rund der Berge unterging, und wartete eine Stunde, zwei Stunden, drei, bis es zu dunkel war, sich den Rucksack zu schnappen und auf eigene Faust weiterzuziehen. Ich hatte keine Ahnung, wo ich war, und auf dieser Straße kamen nur wenige Autos vorbei. Es gab keine Straßenlaternen, und in der Ferne bellten Hunde. Als es anfing zu regnen, holte ich meinen Rucksack von der Ladefläche, trug ihn nach vorne und durchwühlte ihn nach einem zusätzlichen Pullover und einem Paar Socken, die ich mir an die Hände ziehen konnte. Ein Auto bog auf den Parkplatz ein, und ich beobachtete, wie der Fahrer seinen Aschenbecher auf dem Kies ausleerte, bevor er die Bar betrat. Das schien mir die passende Geste für diesen Ort. Ich starrte die Lichter der Taverne an und fragte mich, wer wohl freiwillig in so einem schnuckeligen Schnarchnest leben mochte. Soweit ich gesehen hatte, war es nicht mehr als eine Kollektion von Fertighäusern, um einen Kiosk herumgebaut. Die Landschaft war zwar hübsch genug; man konnte durch sie hindurchfahren und die Berge bewundern, aber würde man dann nicht an einen bedeutenderen Ort fahren wollen? Reisen bildet, aber ohne Veronica deprimierte es nur. Je weiter ich herumkam, desto klarer wurde mir, daß ich niemandem wichtig war außer der Familie, die ich zurückgelassen hatte –, und wer kannte die schon außer ihren Freunden und Nachbarn in einer Stadt, die genauso witzlos war wie diese? Raleigh hatte zwar einen größeren Punkt auf der Landkarte, aber als Ganzes gesehen, hatte sich die Masse fremder Groß- und Kleinstädte dazu verschworen, den ohnehin wackeligen Mythos meines Dünkels vollends kleinzukriegen. Diese Gedankengänge machten mich völlig fertig, ich stellte das Autoradio an und lauschte einer Sendung, bei der die Hörer anrufen sollten. Sie riefen an, und die Themen des Abends umfaßten ein bevorstehendes Traktor-Wettziehen ebenso wie die verborgenen Gefahren, die in unbeaufsichtigten Heizsonnen schlummern. Heizen. Es war, als läse man einem hungerstreikenden Gefangenen eine Speisekarte vor. Ich hörte den Anrufern zu, stellte mir ihr warmes, behagliches Zuhause vor und beobachtete, wie meinem Munde eisige Wolken entquollen, die sich in der frostigen Luft auflösten.

T.W. taumelte gegen zehn Uhr aus der Bar, fast sechs Stunden, nachdem er sie betreten hatte. Er hatte die Arme um einen jubelnden Mann mit langem Gesicht und eine fettleibige Frau geschlungen, die sich als Schutz gegen den Regen ihre Handtasche über den Kopf hielt.

Sie sagte etwas, die beiden Männer krümmten sich vor Lachen und erbrachen sich praktisch vor Heiterkeit. Ich war übelster Laune, wußte aber, daß ich es würde schlucken müssen, wie ich immer alles schlucken mußte, wenn ich mich auf andere verließ. Was auch seine Verdienste sein mochten –, das Trampen beraubte einen des gottgegebenen Rechts auf Gemecker. Ich mußte so tun, als hätte ich weder gewartet, noch gefroren. »Das ging ja schnell«, wollte ich sagen. »Nein, mir geht's ganz prima. Ich reibe mir nur die Hände, weil ich aufgeregt bin. Was jetzt?« Ein Blick, und jeder wußte, daß T.W. betrunken war. Er winkte seinen Gefährten zum Abschied und machte sich daran, den Motor seines Kleinlasters in Gang zu bringen, wobei er mit dem Zündschlüssel mal hier-, mal dorthin stach, als wäre das Zündschloß während seiner langen Abwesenheit unbekannt verzogen.

»Diese Leute sind meine Freunde«, sagte er. »Ich kenne sie schon mein ganzes Leben lang, und es sind gute Leute, mit denen man *Spaß* haben kann, hast du das verstanden?«

Sein Gesicht hatte alle Spuren von Unschuld eingebüßt und war hart und dogmatisch geworden. »Freunde. Persönliche, *private, gottverdammte Freunde.* Das sind meine Freunde, meine *eigenen* Scheißfreunde.« Er wiederholte das Wort noch mehrere Male und trommelte sich zur Unterstreichung auf den Brustkorb. »Freunde. Sie *mögen* mich. Ich mag sie. Jetzt fahren wir zurück.«

Etwas sagte mir, wir würden in der nächsten Zeit nicht nach Ohio fahren. Wir erreichten die Bundesautobahn, hell erleuchtet und voller Verkehr. Ich sagte, er könne mich hier rauslassen, aber T. W. wollte nichts davon hören. »Nichts da«, sagte er. »Du kommst jetzt mit zu mir nach Hause. Nach Hause mit *mir* zu *mir* nach *Hause.* Ich hab die Bude richtig schön eingerichtet, mit Teppichen und Fernsehern und dem ganzen Scheißdreck. In einer solchen Nacht kann ich dich doch nicht alleine losziehen lassen. Vergiß den ganzen Kack mit Schule und College; diese Leute sind doch scheißegal.«

Ich stellte mir sein Haus mit dem miesen Anstrich und den dungfarbenen Teppichen vor und hoffte, daß es an einer vielbefahrenen Straße lag. Wenn ich da war, konnte ich wahrscheinlich wegrennen, aber bis dahin mußte ich ihn bei Laune halten.

»So, so, ein großer Brägendoktor bist du? Steckst gern andern Leuten deine dicken kleinen Finger in den Schädel und bastelst drin rum? Ja, gefällt dir das? Ich werd dir was geben, woran du herumbasteln kannst, großer Meister.«

Ich blickte auf die Straße hinaus und sah es nicht kommen. Er packte mich am Haar und zerrte meinen Kopf auf den Sitz hinunter, wo er mich mit der einen Hand festhielt, während er sich mit der anderen in die Jackentasche faßte. Der Kleinlaster scherte aus und rutschte auf das Kiesbankett, bevor er das Lenkrad packte und den Wagen unter Kontrolle bekam. Da war etwas Kaltes und Stumpfes, was hart gegen meine Kinnlade gedrückt wurde, und noch bevor ich es deutlich sah, kapierte ich, daß es eine Pistole war. Ihre physische Präsenz rief eine Ahnung von Dringlichkeit hervor, wie sie in allen Filmen oder Fernsehdramen, wo sie eine solche Schlüsselrolle spielt, fehlt. »Na? Gefällt dir das?«

Nur ein professioneller Irrer konnte so eine hirnverbrannte Frage stellen. Ich stellte mir sein Haus mit demselben Anstrich und derselben Auslegware vor, nur war es diesmal mit Leichen vollgestapelt, da es genau der richtige Ort für sowas zu sein schien. Vielleicht nutzte er seine beruflichen Fähigkeiten und hatte eine Kühlkammer gegen die Verwesung gebaut, oder er wollte mich unter einem alten Werkzeugschuppen begraben, und die zuständigen Stellen mußten mich an Hand meiner zahnärztlichen Unterlagen identifizieren. Zahnärztliche Unterlagen, mein Gott. Wann war ich eigentlich das letztemal beim Zahnarzt gewesen, und warum war ich nicht eben jetzt beim Zahnarzt, während meine Mutter im Wartezimmer wartete und rauchte und sich Rezepte aus den Frauenzeitschriften riß, wenn die Sprechstundenhilfe es nicht merkte? Um seine Unterlagen gebeten, würde mein Zahnarzt wahrscheinlich sagen, selbst schuld, wenn man per Anhalter fährt. Alle würden das sagen. Meine Leute würden den Kopf hängen lassen, von meiner Dummheit beschämt, und T. W.s Nachbarn würden ins Fernsehen kommen, um zu sagen: »Er war so ein netter Mensch; wir hatten ja keine Ahnung.«

Ich spürte, wie der Wagen langsamer wurde und abbog. Wir waren jetzt nicht mehr auf der Bundesautobahn, wahrscheinlich auf einer unebenen Ausfahrt. Er hob die Pistole, um besser lenken zu können, und ich krabbelte über den Sitz, stieß die Tür auf und sprang, wobei ich unausgesetzt an die vielen Fernsehdetektive dachte, die dies auf wöchentlicher Basis zu tun schienen. Meine Mutter und ältere Schwester hatten sich die Nase am Bildschirm plattgedrückt, während ich ihre Begeisterung verhöhnte und bespöttelte. *Springen und abrollen,* dachte ich. Hatte das nicht meine Mutter gesagt, als ihr Held mit den dem Feind gestohlenen Blaupausen von einem Zug sprang? *Springen und abrollen, springen und abrollen.* Ich schlug auf dem Kiesbankett auf und stürzte weiter in einen Schlammgraben voll Abfall und Dornengestrüpp. Mein Rucksack war ein paar Meter entfernt gelandet, ich schnappte ihn mir und rannte und fragte mich, was wohl drin war und warum. Hinter mir hörte ich, wie der Kleinlaster von der Straße abbog, dann wurde die Tür geknallt, und jemand tobte durchs Dickicht. Er war es, hinter mir her. Soviel bedeutete ich ihm, und nun mußte ich mich sogar noch heftiger anstrengen, um am Leben zu bleiben, denn dieser Mann, er war entschlossen. Ich dachte, vielleicht kletter ich auf einen Baum, aber das machte man, wenn man von Bären verfolgt wurde, stimmt's? Vielleicht kletterten nur die kleinen Bären auf Bäume – die leichteren –, aber, wie dem auch sei, wie sollte ich mit Socken an den Händen klettern? Bei den größeren Bären mußte man sich vielleicht hinlegen und totstellen, aber das hier war ein Mann, was hatte es also für einen Sinn, überhaupt an Bären zu denken? Er hatte eine Pistole, und jetzt schoß er mir gleich in den Rücken oder vielleicht in den Kopf, und Teile meines Schädels wurden auf dem Waldboden verstreut wie die Überbleibsel einer Melone. Ins Bein, vielleicht erwischt er mich da, oder in die Schulter, knallt mir den Arm am Ellbogen weg, und ich kann mich glücklich schätzen, den Armstumpf zu massieren und Telefonnummern mit den Fingern der linken Hand zu wählen. Was ich brauchte, war eine Waffe. Andere Leute, Tramper, hatten mir gesagt, sie hätten immer irgendwas Kleines dabei, ein Messer oder eine Dose mit Reizgas, und ich hatte gelacht, weil ich fand, daß es keine bessere Waffe gibt als den menschlichen Geist. *Du Idiot.* Ein Büchsenöffner. Vielleicht war ganz unten in meinem Rucksack ein Büchsenöffner, den ich an einem Stock festbinden konnte. Einen Speer bauen, das ist es, einen Speer! Ich hatte sie in den Andenkenläden gesehen, mit Federn und Perlenschnüren verziert. Die Indianer machten doch Speere, stimmt's, oder nein, vielleicht dachte ich da an Tomahawks, sie machten Tomahawks, aber wie machten sie das? Brauchte man da nicht Tage oder sogar Wochen? Eine abgebrochene Flasche, eine Lanze, eine dieser stachligen Kanonenkugeln, die die Ritter an einer Kette herumwirbelten: Ich brauchte was für in die Hände, in die Arme. Ich brauchte meine Mutter; sie würde dem ein Ende machen. *Lassen Sie meinen Sohn in Frieden!* Wo war sie jetzt, und was machte sie gerade? *Es tut mir leid.* Ich wollte, daß sie das wußte, und formte das Wort immer wieder mit den Lippen. *Leid, so leid.* Ich sah hinter mich und fiel in ein Knäuel von Dornbüschen, dachte, ich sollte aufstehen und weiterlaufen, aber jetzt war er zu nah. Ich konnte ihn durch die Bäume sehen, als Silhouette gegen die Scheinwerfer. »Hey du, Dr. Kildare oder wer du bist, komm zurück.« Er sah nach rechts, dorthin, wo ich war, und mir wurde klar, daß er mich nicht sehen konnte. »Ich tu dir nichts. Komm schon, komm zurück ins Auto. Ich hab doch nur Spaß gemacht. Das Ding ist nicht mal geladen, da, kuck.« Er betätigte den Abzug, und die Pistole machte ein klägliches, klickendes Geräusch. »Ich hab nur ein bißchen Quatsch mit dir gemacht, verstehst du denn keinen Spaß?« Er kehrte langsam zu seinem Auto zurück und bückte sich, um sich durchs Unterholz zu wühlen. »Hey, Scheißkerl. Genau, ich sprech mit *dir.* Beweg deinen Arsch und komm zurück. Ich hab keinen Bock mehr.« Er steckte sich eine Zigarette an und pochte auf die Hupe und benahm sich, als wäre ich nur eben zum Urinieren ausgestiegen und hätte mich auf dem Rückweg verlaufen. »Willst du im Wald unter einem nassen Baumstamm pennen? Willst du das?« Er kurbelte das Fenster runter und fuhr langsam weiter, die Tür sperrangelweit offen und die Innenbeleuchtung an, und pfiff, wie nach einem verlorengegangenen Hund.

Ich hatte Angst, das könnte ein Trick sein. Vielleicht hatte er seinen Kleinlaster weiter oben an der Straße geparkt und plante, mich zu überrumpeln, sobald ich losrannte. Was war, wenn er einmal im Kreis fuhr und dann von hinten auftauchte? Anderseits konnte er, während ich mich hier versteckte, seine Pistole laden oder die anderen Mitglieder seines Kults oder Aufgebots anrufen, die dann den Wald mit Knüppeln und einem Leinensack zur Aufbewahrung meiner Leiche absuchen kamen. Ich stand auf und duckte mich gleich wieder. Stand auf und duckte mich, immer wieder, bis ich, als hätte ich vorgepumpt, aus dem Wald schoß, den Abhang hinunter und mitten auf die Bundesautobahn, wo ich mit den Armen fuhrwerkte und bettelte, jemand möge anhalten. Die ersten beiden Autos verfehlten mich nur knapp, aber das dritte fuhr rechts ran. Es waren drei College-Studenten, die das Wochenende zu Hause in Akron verbringen wollten. Ich berichtete ihnen, was geschehen war, und meine Stimme war hauchig und hoch. »Und dann bin ich aus dem Wagen gesprungen und in den Wald gerannt, und er kam mit einer Pistole hinter mir her und…«

»Es geht mich zwar nichts an«, sagte der Fahrer, »aber bist du zufällig eine Schwuchtel?«

Seine Kumpel hielten sich die Hand vor den Mund und lachten hinein. Dies war nicht die mitfühlende Reaktion, die ich mir erhofft hatte. Sie hatten mich in der Hoffnung mitgenommen, daß ich Gras bei mir habe, und sie hatten recht. Wir rauchten ein paar Joints, und der Fahrer schob die Ozark Mountain Daredevils in sein Achtspurgerät. Das war meine Strafe. Meine Belohnung war, daß sie kein Wort mehr mit mir sprachen, bis sie mich an der Straße nach Kent rausließen.

Ich fuhr in den nächsten paar Jahren weiter per Anhalter, aber nach dem Vorfall mit T.W. schien etwas anders geworden zu sein. Es war, als wäre ich irgendwie gezeichnet. Ich hatte immer damit gerechnet, daß die Menschen mir vertrauten, aber jetzt traute ich ihnen nicht mehr. Ein Fahrer stellte sich als Tony vor, und ich fragte mich, warum er gerade diesen Namen gewählt hatte. Sie waren Lügner, jeder einzelne. Mein Argwohn war eine Bake, welche genau die Menschen anzog, die ich hatte meiden wollen. Autofahrer begannen mich mitzunehmen, weil sie den Eindruck hatten, ich hätte mehr zu bieten als Dankbarkeit. Drogen waren die leichtere Übung; ich führte sie als kleine Aufmerksamkeit mit und bot sie an, sobald ich darum gebeten wurde. Was mich umhaute, waren die sexuellen Avancen. Welche Leistungen erwarteten sie denn bei fünfzig Meilen pro Stunde? Und warum mit mir, jemand Wildfremdem? Wenn ich an Sex dachte, malte ich mir jemanden aus, der vor mir stand und schrie: »Ich liebe dich so sehr, daß ... ich nicht einmal mehr weiß, wer ich bin.« Mein imaginärer Boyfriend war unbestimmten Alters und unbestimmter Rasse, wichtig war nur, daß er verrückt nach mir war. Unser erstes Treffen würde unter bizarren Umständen stattfinden: bei der Taufe eines Kriegsschiffs, oder vielleicht brachte uns ein Hurricane in einem überfüllten Luftschutzbunker zusammen. Ich dachte daran, wie er um mich freite und an die Jahrestage danach, wenn sich unsere Adoptivkinder um unsere Füße versammelten und sagten: »Erzählt uns doch noch mal von euerm ersten Rendezvous.« Vermutlich hätten wir uns durchaus in einem Auto oder Lieferwagen kennenlernen können, aber nicht während ich per Anhalter fuhr; das mußte schon etwas komplizierter sein. Vielleicht bekam der Fahrer meines Fahrzeugs einen Herzinfarkt, und er war einer der Sanitäter im Krankenwagen. Wichtig war, daß ich nicht danach suchte; dadurch wurde es dann so romantisch.

»Machen Sie beim Trampen eigentlich ziemlich viel herum so?« Am unverblümtesten waren die Männer mit Ehering und Sicherheits-Kindersitzen, deren geheimes Doppelleben schnelle, anonyme Partnerschaften erforderte. In der Nähe von Atlanta hatte ich mit einem Ehepaar ein unerfreuliches Erlebnis. Um zwei Uhr nachts fuhren sie mit ihrem Cadillac von der Hüfte abwärts nackt durch die Gegend. Sie luden mich ein, die Nacht in ihrem Haus zu verbringen, wobei der Mann beiläufig masturbierte und die Frau sich die Haare kämmte. »Du kriegst auch was zu essen von uns«, sagte sie. »Ich bin eine verdammt gute Köchin, da kannst du jeden fragen.«

Ein paar Tage später wurde ich bei Fayetteville von einem Mann über eine dunkle Schotterstraße gefahren, der sich erbötig machte, mir den Schädel zu zerquetschen wie eine Erdnuß. Das Kauern in Büschen war eine Art Hobby geworden, und ich wußte, daß es an der Zeit war, mir einige sehr ernste Fragen zu stellen. Ich ging die acht Meilen zurück in die Stadt zu Fuß, bestieg einen Bus und fuhr nie wieder per Anhalter.

Ich habe immer noch nicht Auto fahren gelernt. Einmal war ich in Urlaub mit einem Freund, der auf den verlassenen Parkplatz eines Hamburger-Restaurants fuhr und verlangte, daß ich es wenigstens mal versuche. Nachdem er den subtilen Unterschied zwischen Gas und Bremse erläutert hatte, tauschten wir die Plätze, und er heulte protestierend auf, als ich beherzt in die zweispurige Straße einbog. Es war Sonntag und kein nennenswerter Verkehr. Ich überholte einen Jungen auf einem Fahrrad und eine alte Frau mit einer Schubkarre. Daß ich so nah an denen dran gewesen war, machte mich nervös, und ich wählte die Fahrbahnmitte, wo es sicherer zu sein schien. Ich gab ordentlich Gas und tat, als führe ich eine Schwangere zur Entbindung, dann wurde ich langsamer und schlich auf dem Bankett entlang, als wäre ich am Steuer eingeschlafen. Wir kamen an eine Ranch, die in der Farbe von Radiergummis angestrichen war. Im Garten stand ein Mann. Er trug eine Schürze und bediente einen rauchenden Grill. Ich hupte und winkte und erwartete, daß er seine Grillzange fallen lassen und in Deckung rennen würde, als hätte er einen Schimpansen am Steuer gesehen. Anstatt aber nun ins Unterholz zu tauchen, hob der Mann seine behandschuhte Hand zum Gruß, bevor er sich wieder um sein Grillgut kümmerte. Es war aufregend, daß mich jemand mit einem Autofahrer verwechseln konnte, daß ich einen kurzen Augenblick lang seriös und selbständig gewirkt hatte. Ich genoß meinen Ausflug, aber ich wußte, daß er nie zur Gewohnheit werden würde. Auto fahren ist zu gefährlich, und davon abgesehen bin ich nicht der Typ, der Versicherungsformulare ausfüllt. Ich zog in Städte mit anständigen öffentlichen Verkehrsmitteln, nach Chicago und dann nach New York, was sogar noch besser ist, weil es da mehr Taxis gibt. Wenn man mitgenommen werden will, streckt man die Hand aus, allerdings ohne den Daumen, welchen man innen gegen die Handfläche drückt. Die Fahrer sprechen nicht viel Englisch, aber dafür bezahlt man sie ja zum Teil: die Ruhe.

Hin und wieder fahre ich bei einem Freund mit, und wir kommen an jemandem vorbei, der am Straßenrand steht. Das Haar ist vom vorüberhastenden Verkehr wüst verweht, und seine Lippen bewegen sich in Fluch oder Gebet. Ich möchte dem Fahrer sagen, er soll rechts ranfahren und anhalten, aber statt dessen tue ich so, als gäbe es plötzlich Probleme mit dem Rundfunkempfang, und ich senke den Kopf, bis der Geist aus dem Rückspiegel verschwunden ist.

Die unvollständige Quaddel

Die Jahre auf der High School verbrachte ich, indem ich aus dem Klassenfenster auf die Kiefern starrte und mir vorstellte, wie ich mich auf dem Campus einer der traditionsreichen, prestigeträchtigen *Ivy League*-Universitäten ausmachen würde, wo die alten Gebäude vom Efeu überwuchert waren, daher der Name Efeu-Liga, und wo mein wohlhabender Zimmergenosse Colgate mir Zettel aufs Kopfkissen legte, auf denen stand: »Auf der Quaddel um fünf!« Ich wußte nicht genau, was eine Quaddel war, aber ich wußte, daß ich verzweifelt gern eine gehabt hätte. Meine Kommilitonen besäßen Pferde und Schuhlöffel mit Monogramm. Ich würde die Wochenenden auf dem Landsitz meines Zimmergenossen verbringen, und seine Mutter würde Sachen sagen wie: »Ich habe Helvetica angewiesen, diese kleinen Pfannkuchen zu bereiten, die Sie so sehr schätzen, aber es ist ihr höllisch schwergefallen, frische Kap-Stachelbeeren aufzutreiben.« Diese Frau würde echt große Zähne haben, die sie jedesmal enthüllte, wenn sie den Kopf zurückwarf, um über einen meiner zahlreichen geistvollen Scherze zu lachen. »Sie sind ja absolut zum Piepen«, wieherte sie. »Sagen Sie, daß Sie es wenigstens in *Erwägung* ziehen, Weihnachten in Bridle Haven zu uns zu stoßen; ohne Sie wäre es einfach nicht dasselbe.«

Ich phantasierte mit dem nagenden Verdacht, daß da etwas fehlte, etwas, was ich vergessen hatte. Was da fehlte, waren, so stellte sich heraus, die Zensuren. Zutiefst enttäuscht machte ich die Entdeckung, daß man mehr als einen Notendurchschnitt von 3 brauchte, um nach Harvard zu kommen. *Durchschnitt,* das war das Wort, was mich aufregte. 3 und Durchschnitt, die beiden gingen Hand in Hand.

Statt dessen wurde ich auf ein staatliches College im Westen von North Carolina geschickt, dessen niedrige Ziegelgebäude mit Tafeln versehen waren, auf denen ERRICHTET 1974 stand, und mein Zimmergenosse legte mir Zettel aufs Kopfkissen, auf denen ich beschuldigt wurde, ihm seine Halskette aus hawaiianischen Muscheln oder sein Förderkurs-Englisch-Buch gestohlen zu haben. Ich erwarte, eines Tages die Zeitung aufzuschlagen und zu erfahren, daß die Regierung den Campus als Teil eines perversen Experiments mißbraucht hat, dessen Ziel die Erforschung der Auswirkungen kontinuierlicher Pink-Floyd-Beschallung im hohen Dezibel-Bereich auf die Geistesverfassung von Studenten war, welche aus jedem gegebenen Objekt eine Haschisch-Wasserpfeife herzustellen vermochten, aber nicht in der Lage waren zu verstehen, daß es schlicht nicht möglich ist, mit einem Kleinbus nach Europa zu fahren.

Ich schuftete ein Jahr lang und verbesserte meine Noten in der Hoffnung, woandershin abzugehen, irgendwohin, egal wohin. Ich entschied mich schließlich für Kent State, weil dort Menschen umgebracht worden waren. Immerhin waren sie nicht an Langeweile gestorben, und das hieß doch schon mal was. »Kent State!« sagte jeder. »Meinst du, da oben bist du sicher?«

Ich kam im folgenden September an und wurde einem Wohngebäudekomplex zugeteilt, der hauptsächlich körperbehinderten Studenten vorbehalten war. Ich hatte bei Menschen im Rollstuhl immer weggesehen, aber hier hatte ich keine Wahl; sie waren überall. Es waren Menschen in meinem Alter, die in ein trügerisches seichtes Schwimmbecken gesprungen waren oder die Verteidiger der gegnerischen Mannschaft unterschätzt hatten. Sie waren nach dem Schülerball besoffen nach Hause gefahren oder vom Dach ihrer Eltern gerutscht, als sie die Regenrinne saubermachten; ein kleiner Fehler, der nie mehr rückgängig zu machen war. Die Paraplegiker oder Querschnittsgelähmten versammelten sich in der Eingangshalle und perfektionierten ihre Rollis, während die Quaddeln in ihren elektrischen Chaisen vorbeischnurrten und gegen den Rauch der Zigarette, die man ihnen kunstvoll zwischen die Lippen gesteckt hatte, die Augen zukniffen.

Im ersten Quartal teilte ich mir ein Zimmer mit Todd, einem liebenswürdigen Eingeborenen von Dayton, Ohio, dessen einzige Behinderung darin bestand, daß er rote Haare hatte. Die Quadriplegiker hatten die besten Drogen-Verbindungen, weshalb wir uns oft in deren Zimmern aufhielten. »Die Wasserpfeife ist drüben auf dem Regal«, sagten sie, »gleich neben den Zäpfchen.« Allmählich gewöhnte ich mich an den Anblick des Kolostomiebeutels, in welchen die Dickdarmfistel eines Kommilitonen mündete, und ich begann, Kent State nicht als Efeu-, sondern als I.V.-Liga zu empfinden, als intravenöse Eliteschmiede. Der Staat zahlte einem die Miete, wenn man sich das Zimmer mit einem behinderten Studenten teilte, also zog ich im zweiten Quartal mit Dale zusammen, einem Studenten im zweiten Jahr, der Muskelschwund hatte und fünfundsiebzig Pfund wog. Ich lernte, Dale zu baden und aufs Klo zu setzen. Ich blätterte die Seiten seiner Bücher um, wählte seine Telefonnummern und hielt ihm, wenn er sprach, das richtige Ende des Hörers an den Mund. Ich zog ihn an und kämmte ihn und fütterte ihn und schnitt ihm die Fußnägel, aber ich kann nicht sagen, daß wir uns nähergekommen wären.

Als die Hälfte des Quartals um war, wurde Dale nach Hause geschickt, um bei seinen Eltern zu wohnen, und ich zog mit Peg zusammen, einem lustigen Mädchen mit einem degenerativen Nervenleiden. Peg wurde als »unvollständige Quadriplegikerin« bezeichnet und scherzte gern, sie kriege eben nie was fertig. Da hatten wir schon etwas gemeinsam. Sie war auf die Uni gekommen, um ihren Eltern zu entrinnen, die ihr nach 18:00 h keinerlei Getränke mehr zubilligten. Sie klagten, nach einem langen Arbeitstag seien sie einfach zu erschossen, um sie auch noch aufs Klo zu setzen. Gott habe sie für diese Krankheit auserwählt, und wenn ihr irgendwas nicht passe, solle sie sich an Ihn wenden. Es war eine gemeine Krankheit, die den Befallenen fortschreitend am Leben hinderte. Pegs Glieder waren verbogen und unzuverlässig und hatten ihren eigenen Kopf. Eine Tasse siedendheißer Kaffee, eine brennende Zigarette, Gabeln und Steakmesser –: Objekte sprangen ihr ohne Vorwarnung aus den Händen. Sie trug eine dicke Brille um den Kopf geschnallt, und an den verkrümmten, nutzlosen Füßen staken bekleckerte Babypantoffeln aus Schafsfell. Pegs Stimme war so undeutlich, daß die Leute bei der Auskunft und beim Pizza-Service auflegten, weil sie glaubten, sie wäre betrunken. Von ihrem Anblick enerviert, stimmten Pegs Professoren automatisch allem zu, was sie zu sagen hatte. »Gute Frage!« riefen sie. »Das war sehr einfühlsam. Kann jemand noch ein paar Gedanken zu dem beitragen, was sie gerade gesagt hat?« Sie mochte fragen, ob sie mal austreten darf, aber weil niemand sie verstand, gab es immer die gleiche Antwort. »Ein ganz wichtiger Punkt, findet ihr nicht?«

In der Mensa begegnete man ihr verzweifelt zuvorkommend. Anstatt sich der Peinlichkeit auszusetzen, daß man vielleicht herausfindet, was sie als Hauptgericht will, türmte man ihr einfach von allem etwas aufs Tablett.

Ein Rollstuhlfahrer kommt sich oft unsichtbar vor. Schiebt man einen Rollstuhl, ist man ebenfalls unsichtbar. Außerhalb des Wohnheims sprachen die einzigen Menschen, die mit uns sprachen, als wären wir schwerhörig. Sie knieten sich neben den Rollstuhl und brüllten: »PATER TONY HÄLT AM SONNTAG EINE GITARRENMESSE AB. HABT IHR LUST ZU KOMMEN?«

Peg winkte den Sprecher näher zu sich heran und flüsterte: »Ich sammle aber doch die Zähne kleiner lebendiger Kätzchen und bastle Halsketten für Satan daraus.«

»DAS IST MIR DOCH KLAR«, hieß es dann. »DAS MACHEN WIR DOCH ALLE. DADURCH ZEICHNET SICH UNSERE GLAUBENSGEMEINSCHAFT JA GERADE AUS.«

Für Peg war die Unsichtbarkeit eine alte, ermüdende Geschichte. Für mich eröffneten sich dadurch ganz neue, bis dahin verborgene Perspektiven. So begann unsere Verbrecherlaufbahn.

Wir fingen in Lebensmittelläden an. Peg hatte hinten auf ihrem Rollstuhl einen Sack, den ich mit dicken Steaks und Hummerschwänzen füllte. Man brauchte sich nicht hinter Dosenpyramiden herumzudrücken, um sich vor dem Geschäftsführer zu verstecken; wir stahlen offen, unverblümt. Peg legte sich einen Segeltuchsack auf den Schoß und stopfte ihn mit allem voll, was sie in die Finger kriegen konnte. Oliven in Büchsen, Teriyaki-Sauce, Plastiktröge mit Pudding –, unsere Notlage hatte nichts damit zu tun. Es ging darum, eine ungerechte Welt zu berauben. Wir gingen nicht mehr in die Mensa und zogen es vor, unsere Mahlzeiten in der Küche des Wohnheims zuzubereiten, wobei uns die Butter vom Kinn tropfte. Wir arbeiteten uns in Buchhandlungen und Plattenläden vor, wobei wir die Garantie hatten, daß niemand sagen würde: »Ich glaube, das verkrüppelte Mädchen dahinten klaut gerade die neue Joni-Mitchell-LP.« Die Umstände hinderten uns daran, Dinge zu stehlen, die größer waren als der eigene Kopf, aber alles andere war zu haben.

In den Frühjahrsferien beschlossen wir, meine Familie in Raleigh zu besuchen. Unsichtbarkeit hat beim Ladendiebstahl seine Vorteile, wirkt beim Trampen aber eher verzögernd. Wir parkten uns an die Bundesautobahn, und Pegs Daumen zuckte in unregelmäßigen Intervallen. Die Fünfhundert-Meilen-Reise dauerte fast drei Tage. Unsere Geschichte ging so, daß wir ein junges Ehepaar auf dem Weg nach Süden waren, welches dort ganz neu anfangen wollte. Kirchlich eingestellte Paare hielten an und entschuldigten sich, weil ihr Auto zu klein für einen Rollstuhl war. Mitnehmen konnten sie uns nicht, aber würden wir statt dessen auch zwanzig Dollar und einen Eimer Brathuhn nehmen?

Aber jede Wette. »In Durham gibt es ein Krankenhaus, und wir hoffen, daß die da mehr können«, sagte ich und klopfte Peg auf die Schulter. »Hier sind wir, frischverheiratet, und dann muß *so*was passieren.«

CB-Funkgeräte wurden aktiviert, und Kombiwagen erschienen. In Raststätten näherten sich Kellnerinnen unserem Tisch, flüsterten: »Um die Rechnung brauchen Sie sich nicht zu kümmern«, und zeigten auf ein Ehepaar mit feuchten Augen, das an der Kasse stand. Wir fanden das amüsant und stellten uns vor, wie diese Samariter prahlend ihren Pastor von dem Vorfall in Kenntnis setzten: »Dann sahen wir dies verkrüppelte Mädchen und ihren Mann, und, naja, viel hatten wir ja nicht dabei, aber man tut, was man kann.«

Jemand meldete uns in einem Motel an, gab uns Geld für den Bus, und wir mußten ihm versprechen, nie wieder per Anhalter zu fahren. Ich hob Peg aus ihrem Stuhl, legte sie aufs Bett und überschüttete sie mit dem Geld. Es war die blasse Imitation einer Filmszene, in welcher clevere Trickbetrüger mit Hundert-Dollar-Scheinen duschen. In unserer Version kamen kleinere Nennbeträge sowie Hartgeld vor, aber immerhin, man hatte das Gefühl, man lebt.

Wir waren in West Virginia, als an Pegs Stuhl ein Rad abging. Der Abend dämmerte auf einer ländlichen Kreisstraße, weit und breit kein Gebäude in Sicht, als sich ein älterer Mann mit seinem Kleinlaster auf uns stürzte und uns die gesamte Strecke bis zu meinen Eltern vor die Tür beförderte –, ein Trip, der bestimmt nicht auf seinem Wege gelegen hatte. »North Hills Drive fünf-vier-null-sechs? Ist haargenau meine Strecke, macht gar keine Mühe. Und was hatten Sie nochmal gesagt, in welchem Bundesstaat das liegt?«

Wir kamen unangemeldet und überraschten die aufgeschreckten Mitglieder meiner Familie. Ich hatte gehofft, meine Eltern würden sich in Pegs Anwesenheit entspannt benehmen können, aber als sie mit nervöser Unbehaglichkeit reagierten, wurde mir klar, daß das noch besser war. Sie sollten sehen, daß ich ein Anderer geworden war. Weit davon entfernt, Durchschnitt zu sein, war ich auf eine Weise verantwortungsbewußt geworden, von der sie nicht mal träumen konnten. Peg war *mein* Schützling, *mein* Spielzeug, und ich war der Einzige, der wußte, wie man sie an- und abstellt. »Nun«, sagte ich und wischte ihr den Mund mit einer Serviette ab, »ich glaube, *jemand* muß jetzt bald ein Bad nehmen.«

Mein Bruder und meine Schwestern reagierten, als hätte ich einen Seelöwen mit nach Hause gebracht. Sie luden ihre Freunde ein, vom Balkon zu starren, wenn ich Peg auf eine Picknickdecke im Hintergarten legte. Mein Vater reparierte den Rollstuhl, und als Peg sich bei ihm bedankte, verließ er den Abendbrottisch und kam mit einer zweiten Gabel zurück, die er ihr überreichte.

»Sie wollte gar keine Gabel«, sagte ich. »Sie wollte deine Uhr.«

»Meine Uhr?« fragte er. »Meine Armbanduhr?« Er pochte mit den Fingern dagegen. »Tja, Mensch, wenn sie ihr soviel bedeutet, klar, kann sie haben, meine Armbanduhr.« Er händigte sie aus. »Und deinen Gürtel«, sagte ich. »Den wird sie auch brauchen. Beeilung, Mann, das Mädchen ist ein Krüppel.«

Meine Mutter suchte ihr Versteck auf und kam mit einem Bündel Geldscheine wieder, für die Busfahrt zurück nach Ohio. Sie rief mich in die Küche, stopfte mir das Geld in die Hand und flüsterte: »Ich weiß nicht, was für ein Spiel du spielst, Mister, aber du solltest dich was schämen.« Es war ein echtes Flüstern, nur für mich bestimmt. Die Busfahrt zurück nach Ohio war lang und freudlos. Als Peg zum zweitenmal aufs Klo wollte, riß mir die Geduld. »Du warst doch erst vor drei Stunden«, rief ich. »Was ist denn mit dir los, muß ich mich um alles kümmern?« Es ging mir auf die Nerven, wie sie sich auf mich verließ. Wir hatten diese Reise gemacht, sie hatte sich amüsiert, was wollte sie denn *noch?* Und warum wurde allgemein, als wir das Haus meiner Eltern verließen, *ich* als der Krüppel angesehen, nicht sie, sondern *ich,* der alles machen mußte, während sie einfach dasaß und sich das Hemd mit Asche bekleckerte?

Meine Stimmung verschlechterte sich. Wir nahmen wieder am Schulbetrieb teil, und Peg erzählte einer Meute von Freunden unsere Abenteuer. Ich hörte mir das mit an und ersetzte im stillen jedes *Wir* durch ein *Ich.* »Wir« haben keinem Fernfahrer dreißig Dollar und einen nagelneuen Lockenstab entsteißt, *ich* war das, *ICH;* wie kommt sie dazu, die halbe Ehre für sich in Anspruch zu nehmen. »Sie ist ganz schön tapfer«, sagten unsere Kommilitonen. »Ich hätte nicht den Mut, auch nur die *Hälfte* von dem anzustellen, was sie so macht –, und ich kann gehen!«

Das Frühjahrsquartal begann, aber in der zweiten Woche ging ich nicht mehr in die Vorlesungen und beschloß, mich statt dessen gründlich dem Thema Drogen zu widmen und mein eigener Privatabenteurer zu werden. Ich trug mich auf dem Flugplatz für den Fallschirmspringunterricht ein. Die Trainingsstunden waren trügerisch einfach, aber als der Sprung als solcher kam, mußte man meine weißen Knöchel einzeln von der Tragfläche lösen. Ich bat und bettelte, und auf dem ganzen Weg nach unten sah ich mich im Rollstuhl und hoffte, daß die Person, die sich um mich kümmern sollte, keine meiner Qualitäten hatte. Die Erde war ein Gitter, ein Flickenteppich aus ordentlichen Flicken, die von vernünftigen, hart arbeitenden Menschen instandgehalten wurden, die sich an die Regeln hielten und jeden Fremden behandelten, als wäre er der verkleidete Christus. Mein Fallschirm öffnete sich, und ich versprach Gott, sobald ich sicher gelandet sei, würde ich gründlich mein Leben ändern. Ich würde dem Globus einen Dreh versetzen, und dorthin, wo mein Finger landete, würde ich mich begeben. Selbst wenn es eins jener Länder war, in denen die Menschen im Erdreich hockten und Haferschleim aus der scheißeverschmierten hohlen Hand aßen, würde ich mich hinbegeben. Ich würde die Fliegen auf ihren kotfarbenen Gesichtern totklatschen und sie huckepack durch krokodilverseuchte Gewässer tragen, wenn es dessen bedurfte, um meinen Namen reinzuwaschen. Der Gurt zwischen meinen Beinen schmerzte unerträglich, und ich nahm dies als erste Prüfung in Stärke und Duldertum. Der Herr konnte meine Testikeln haben. Ich würde Ihm auch noch einen bis zwei Finger abgeben und sogar, wenn ich mußte, noch ein paar Zähne drauflegen, solang Er mir nur meine Wirbelsäule ließ. Als ich landete, lief ich bereits, und ich rannte weiter, bis ich eine halbe Meile von meinem Landepunkt entfernt war. Als der Trainer kam, um meinen Fallschirm aufzusammeln, trat ich meinen Joint aus und sagte: »Ich verstehe das ganze Getue nicht. Das war doch ein Klacks.«

Am Ende des Schuljahrs trampte ich nach San Francisco, von dem Gedanken bezaubert, ein Leben als Erwachsener zu führen und von lauter Menschen umgeben, die sich die Haare selbst waschen konnten. Meine Freundin Veronica besorgte mir ein Zimmer in einem Wohnheim, und ich fand Arbeit als Fahrradbote. Die Straßen in meinem Stadtteil dufteten nach den Eukalyptusbäumen, und jeder fremde Passant weckte die Hoffnung, morgen könnte der Tag sein, an dem mir ein behaglicher Job oder eine Zwölfzimmerwohnung angeboten wurde. Ich war weit von meiner Familie entfernt und malte mir oft aus, wie sie ihre Ferien ohne mich durchstehen mußten. Sie hatten mich schäbig behandelt, aber ich hatte mich durchgesetzt, denn die Art Mensch war ich nun mal, eigensinnig und unabhängig. Ich, der Sieger.

Eines Abends kochte ich mir in meiner elektrischen Bratpfanne Spaghetti mit Ketchup, als ich den Münzfernsprecher auf dem Flur klingeln hörte. Es war Peg, die anrief, um zu sagen, daß sie von zu Hause weggerollt sei.

»Das finde ich gut«, sagte ich. »Das ist das Beste, was du je getan haben wirst.« Als ich erfuhr, daß sie vom Flughafen San Francisco anrief, modifizierte ich meine Aussage: »Ich weiß nicht, Peg. Meinst du nicht, deine Eltern machen sich Sorgen um dich? Und was wird aus deinem Studium?«

Es folgte eine Lektion, aus der hervorging, daß College und wirkliches Leben denkbar wenig miteinander zu tun haben. Wenn man das Haus verlassen wollte, bedeutete das, daß man Peg fünf Stockwerke hinuntertragen und dann nochmal rauf mußte, um ihren Rollstuhl zu holen. Der Betreiber berechnete mir den doppelten Betrag, weil ich einen Gast auf dem Zimmer hatte, und ich verlor meinen Job, als Peg gegen die Badewanne fiel und am Kopf mit fünf Stichen genäht werden mußte. Es war eine große Stadt, und die Leute hielten ihres beisammen. Niemand wollte etwas von dem jungen Ehepaar auf der Suche nach einem besseren Leben hören, und nicht einmal die Busse hielten an, damit wir einsteigen konnten. Ich hatte es satt, und Veronica und ich beschlossen, zur Apfelernte nach Norden zu gehen. Ich sagte es Peg und hoffte, sie würde das akzeptieren und nach Hause zurückkehren, aber sie ließ nicht locker. Mit einem Telefonbuch bewaffnet, rief sie per R-Gespräch Regierungsstellen an, deren Mitarbeiter nicht auflegten, wenn sie das Telefon fallen ließ oder zwanzig Minuten brauchte, um einen Kuli zu finden. Freiwillige rollten sie zu Meetings in vollgestopften Erdgeschoß-Büros, wo Paraplegiker zum Salut die Faust erhoben und sie zu ihrer Entschlossenheit und Beharrlichkeit beglückwünschten. Schließlich lebte sie allein in einem Apartmenthaus aus roten Ziegeln in Berkeley. Alle zwölf Stunden kam jemand, um ihr die Mahlzeiten zuzubereiten und ihr aufs Klo zu helfen. Wenn ein Spasmus sie zu Boden warf, lag sie geduldig da, bis Hilfe kam, um ihr die Wunden zu verbinden. Wenn ihre Eltern anriefen, legte sie entweder auf oder beschimpfte sie, je nach Stimmungslage. Pegs größter Traum war es, weit weg von ihren Eltern zu leben und sexuelle Erfüllung zu genießen. Sie schickte eine Postkarte, auf welcher das Ereignis detailliert dargestellt war. Drei Rollstühle waren um ihr Wasserbett herum geparkt gewesen; der dritte gehörte einem bisexuellen Paraplegiker, der die Aufgabe hatte, die Liebenden in Stellung zu rücken. Innerhalb eines Jahres verschlechterte sich ihre Gesundheit so sehr, daß sie nicht mehr zwölf Stunden lang allein gelassen werden konnte. Am Ende kamen wir beide zu unseren Eltern zurückgekrochen, blieben aber weiter in Verbindung, und ihre Briefe waren immer schwerer zu entziffern. Zuletzt hörte ich 1979 etwas von ihr, kurz bevor sie starb. Peg hatte eine religiöse Wandlung durchgemacht, schrieb gerade an ihren Memoiren und hoffte, derselbe christliche Verlag würde sie bringen, der gerade mit *Joni!* einen Hit gelandet hatte, einem Buch über das Leben einer jungen Querschnittsgelähmten, die mit einem Pinsel zwischen den Zähnen die Geschöpfe des Waldes gemalt hatte. Sie schickte mir ein dreiseitiges Kapitel über unsere Tramptour nach North Carolina. »Gott segne all die wunderbaren Menschen, die uns auf unserem Weg geholfen haben!« schrieb sie. »An jedem Tag, den Er mir vergönnt, danke ich dem Herrn für ihre Liebe und Freundlichkeit.«

Ich schrieb ihr zurück, wenn sie sich recht erinnere, hätten wir uns über diese Leute lustig gemacht. »Wir haben sie belogen und verarscht, und jetzt willst Du sie segnen lassen? Was ist denn mit Dir passiert?«

Im Rückblick kann ich, glaube ich, erraten, was mit ihr passiert war. Nach der kurzen Phase hart erkämpfter Unabhängigkeit lernte sie die Tatsache schätzen, daß Menschen, wenn sie nett sind, in erster Linie nett sind und nicht blöd. Peg hatte das in relativ jungen Jahren kapiert. Ich brauchte länger.

C. O. G.

Die Busfahrt von North Carolina nach Oregon dauert vier Tage, und die setzen sich aus etwa fünfundsiebzigtausend Stunden zusammen, wenn man ohne die Hilfe eines starken veterinärmedizinischen Beruhigungsmittels reist. Es war mein Schicksal, daß jeder Marine-Infanterist, der sich unerlaubt von der Truppe entfernt hatte, jeder tränenbefleckte Ausreißer, jeder betrunkene auf Bewährung entlassene Strafgefangene so dicht neben mir saß, daß ich, falls er tatsächlich mal gnädigerweise kurz das Bewußtsein verlor, unweigerlich seinen sprudelnden Speichel mit meinem Hemdkragen auffing. Bücher und Zeitschriften boten keine Erleichterung. Sie taugten nicht nur nicht als Abwehrschild, ihr Dasein zog im Gegenteil alles, von milder Neugier bis hin zu offener Feindseligkeit, auf sich.

»Glaubst du, du lernst was aus einem Buch?« sagte der Mann und boxte meine Kopfstütze mit seinen tätowierten Knöcheln. »Ich werd dir mal was sagen, Bücherwurm, wenn du wirklich die Wahrheit erfahren willst, dann gibt es dafür nur einen Ort: die Justizvollzugsanstalt Chatham. Das ist die beste Scheiß-Schule im ganzen stinkenden Land. Da hab ich alles gelernt, was ich weiß, und noch manches andere. Verdammt, in diesem gottverdammten Bus lernst du mehr als in einer ganzen...« Er hielt inne, war bestrebt, sich daran zu erinnern, wie sowas hieß. »Hier wirst du jedenfalls mehr lernen als in einer ganzen Pyramide voller Bücher. Man könnte eine ganze Rennbahn mit der ganzen Scheiße, die jemals geschrieben wurde, vollstopfen, aber hier gibt es mehr zu lernen.«

Da ich noch nie eine Rennbahn voller Bücher gesehen hatte, fand ich es übereilt, ihm zu widersprechen. »Da könnten Sie recht haben«, sagte ich und betrachtete die Narben, die sein verprügeltes, sonnenverbranntes Gesicht schmückten. »Sie müssen jetzt bald aussteigen, stimmt's? Sonst setze ich mich gern auf die andere Seite des Busses, damit Sie etwas mehr Platz haben und sich ein bißchen ausstrecken können.«

»›Ja‹, hab ich zu ihm gesagt«, sagte das Mädchen, das jetzt neben mir Platz nahm. »Ich hab gesagt: ›Davon kannst du aber verdammtnochmal ausgehen, daß ich dies Scheiß-Baby kriege.‹ Ich hab gesagt, ich krieg dies stinkende Stück Scheiße, egal, ob er nun der Scheiß-Vater sein will oder nicht.« Sie pausierte, um sich die Stupsnase mit einem Kniestrumpf abzuwischen, den sie ausschließlich zu diesem Zweck bei sich führte.

»Ich hab gesagt: ›Ich hab mir diese Scheiße schon vier Jahre lang von Big T bieten lassen müssen, und wenn du glaubst, ich steh einfach da und laß mir noch mehr von der Scheiße bieten, dann kannst du in die knuffigen Knie sinken und mir zwischen Scheiße und Schorf die Haare vom Arschloch lecken, du Arsch.‹ Ich hab ihm gesagt: ›Ich habe es scheißenochmal satt, mit einem bleichgesichtigen Nigger rumzuficken, der ständig auf Mösenjagd ist, anstatt mal seinen Scheiß-Fettarsch zu lüften und sich einen Scheiß-Job zu besorgen.‹ Dem hab ich's aber gegeben. Mußte mal sein. Ich hab gesagt: ›Du Scheißkerl hast weniger im Sack, als

Gott einer gottverdammten Kirchenmaus mitgegeben hat. Du bist bei deiner Mamma aus der zerfledderten Votze gekrochen, hast dich an ihren ranzigen Titten festgehalten, und seitdem hat sich bei dir nichts geändert, du Arsch.‹ Ich hab gesagt: ›Wenn du das Baby nicht willst, finde ich einen Scheißkerl, der es will, jemanden, der die Welt nicht durch den Schlitz seines kackpockigen, schwuchtelärschigen, würmchengroßen Pimmels betrachtet.‹ Ich hab gesagt: ›Dann ist das Baby eben ein Bastard, aber ich kann dir garan-scheiße-tieren, daß es nicht halb so sehr ein Bastard ist wie sein Vater, du Arsch und Bastard! Du kannst meinem Opa die Sahne aus seinem alten, krummgewichsten Hutzelpimmel zutzeln, bevor ich dich jemals, und damit meine ich *jemals,* einen Blick auf das faltige Arschgesicht dieses Babys riskieren lasse, du dämlicher Arsch von einem Scheißkerl.‹ Genau das hab ich ihm gesagt, denn inzwischen ist es mir scheißegal, aber wirklich.«

Nachdem sie diese Information einem Wildfremden mitgeteilt hatte, wühlte die junge Frau in der Handtasche auf ihrem geschwollenen Bauch. Sie zog ihre Bürste hervor, blickte mißmutig, sammelte die in den Borsten verfangenen Haare ein und warf sie auf den Fußboden. »Ich hab ihm gesagt: ›Und noch was, du kalter Bauer‹, hab ich gesagt, ›wenn dieses Baby geboren ist, werde ich nur einen Blick auf sein vollgeschissenes Gesicht werfen, und wenn es dir auch nur *so* ein bißchen ähnlich sieht, werde ich dem Arzt sagen, er soll ihm den Scheiß-Kopf absägen und als Köder verwenden. Das mache ich, das schwör ich dir bei Gott, und es gibt auf der ganzen Scheiß-Welt nichts, was du dagegen unternehmen kannst.‹ Nach der ganzen stinkenden Scheiße, die ich diesem Scheißkerl zu verdanken habe, hat der auch noch den Nerv und fragt mich, was ich für Pläne in puncto Namenswahl habe. Kaum zu glauben, so ein Scheiß. Für mich jedenfalls nicht. Ich hab gesagt: ›Diesen Scheiß glaub ich einfach nicht, du Scheißkerl.‹ Ich hab gesagt: ›Du Arsch, ich werd ihn scheißenochmal nennen, wie ich ihn verdammtescheiße nennen will.‹ Ich hab gesagt: ›Ich hätte nicht übel Lust, ihn Cecil Scheißkerl Arschgesicht zu nennen, nach seinem Vater, du häßlicher Scheißkerl von einem Arschgesicht.‹ Ich hab gesagt: ›Na, was sagst du jetzt, du Flachwichser, du Schwanzlutscher, du Sack voll stinkender, dampfender, blutgesprenkelter Scheiße.‹«

Sie wischte sich ein wenig Speichel von den Lippen und machte es sich gemütlich. Das Kind trat und bewegte sich im Mutterleib, und sie reagierte, indem sie vor Schmerz aufschrie, bevor sie mit der flachen Seite der Haarbürste auf ihren Bauch drosch. »Du Arsch«, sagte sie, »versuch das noch einmal, und ich komm da mit einem Scheiß-Kleiderbügel rein, dann hast du aber scheißenochmal echt was, was du treten kannst Scheiße.«

Dies Amerika war die Idee sowjetischer Propaganda-Chefs, eine brutale Landschaft, von hoffnungslosen Einfaltspinseln mit batteriebetriebenen Mündern bewohnt, von einem schlimmen Ort an einen noch übleren treibend. Wenn man Glück hat, wecken einen die Leute im Bus, um eine Zigarette zu borgen. Der Mann auf dem Fensterplatz wird sich wahrscheinlich mit dem Satz »Was hastn *du* da zu glotzen?« vorstellen. Wegen der unbeständigen Art ihrer Fahrgäste sind die Busfahrer in der Kunst der Konfliktbewältigung bewandert und halten häufig an, um bei einer Meinungsverschiedenheit zu vermitteln.

»Immer klaut er mir meine Leckerlis.«

»Sir, tut mir sehr leid, aber Sie werden diesem Herrn seine Nougats zurückgeben müssen.«

Der Bus kroch dahin und hielt in Städten, durch die wir bestimmt schon vor fünfzehn Minuten gekommen waren. *Nun aber mal ein bißchen Tempo,* dachte ich. *Diese Leute machen mehr Ärger, als sie wert sind. Sollen sie doch die fünfundzwanzig*

Meilen bis nach Wrinkled Bluffs oder Cobbler's Knob, oder welchen gottverlassenen Kakteenklumpen sie sonst ihr Zuhause nennen, zu Fuß gehen. Im Gegensatz zu ihnen hatte ich Ziele, echte Ziele. Dort warteten Menschen auf mich, deren Leben ich bereichern sollte. Sah man das nicht ganz deutlich?

»Dieser Bus fährt jetzt ohne Aufenthalt weiter nach Odell, Oregon«, sagte der Fahrer, stellte ich mir vor, ins Mikrofon. »Wer *nicht* nach Odell will, muß unverzüglich aussteigen und am Rande dieser furchterregenden Wüste eine Warteschlange bilden.«

Meine Mitpassagiere würden stöhnen und grummeln und in die Sitztaschen greifen und ihren mit kleinen Wollmäusen behafteten Zahnersatz und ihre halbvollen Halbliterflaschen Old Spaniel einsammeln. Ich würde sie beobachten, wie sie auf die staubige Landstraße hinaustraten, schäbige Koffer in der Hand, und mit geschüttelter Faust die unversöhnliche Sonne bedrohten. Sobald der letzte von ihnen evakuiert war, würde der Fahrer den Türschließer betätigen, sich auf seinem Sitz umdrehen, den Mützenschirm mit den Fingern berühren und sagen: »Jetzt bringen wir Sie erstmal schleunigst nach Odell, Sir. Bis dahin möchte ich, daß Sie sich einfach zurücklehnen und die Fahrt genießen.«

Nachdem er beinahe zwölf Stunden damit verbracht hatte, die Unannehmlichkeiten seiner ABM-Stelle zu erläutern, erreichte der Mann neben mir endlich seinen Bestimmungsort. Der Platz wurde von einem verdrießlichen, kinnlosen Schlot von einer Frau eingenommen, die einen aschgrauen ärmellosen Rollkragenpullover trug. Das gute Gespräch war ihre Sache nicht, statt dessen puffte sie mich periodisch und zeigte mit ihrer Zigarette auf alles, was ihrer Meinung nach für mich von Belang war. »Laster mit Kühlkost«, flüsterte sie. »Tankstelle mit Brettern vernagelt.« Nie suchte sie die Toilette auf oder veränderte ihre Position, nicht einmal während eines ihrer vielen Nickerchen. Der

Schlaf schien sie ohne Warnung zu überfallen. »Der dicke Brummer hat Nummernschilder aus South Dakota«, und ich wandte mich ihr zu, um festzustellen, daß sie leise schnarchte, die Zigarette immer noch glimmend zwischen den Fingern.

Es war fast Mitternacht irgendwo in Utah, als eine junge Frau in den mehr als ausverkauften Bus einstieg. Sie hatte einen Wäschekorb aus Plastik mit Schuhen und Klamotten dabei. Nachdem sie den Mittelgang entlanggewandert war und vergebens einen Platz gesucht hatte, baute sie sich neben mir auf, verlagerte ihr Gewicht von einem Fuß auf den anderen und räusperte sich mit peinigender Regelmäßigkeit. Sie tat, als hätte ich mich in einer Telefonzelle festgequatscht und labere über Nichtigkeiten, während sie darauf wartete, das Geräusch von Schüssen in einem Kindergarten zu melden. Ich fühlte mich unbehaglich.

»Hier«, sagte ich. »Setzen Sie sich doch ein Weilchen hin.«

Sie nahm kommentarlos an. Ein *Weilchen* bedeutete, für mich, eine Zeitspanne von etwa fünfzehn bis zwanzig Minuten. Wenn wir bis dahin nicht da angekommen waren, wo sie hinwollte, konnte ihr vielleicht sonstwer einen Platz anbieten. Wir konnten schließlich alle ein bißchen zusammenrücken und so jenes einzigartige Band schmieden, wie nur gemeinsame Opferbereitschaft es zu schmieden imstande ist. Nach zwei Minuten auf meinem Platz war die junge Frau fest eingeschlafen, und ihre herabhängende Kinnlade hob sich nur dann und wann, um etwas zu murren, was sich für mich anhörte wie »Trottel«.

Ich ging nach vorne und setzte mich auf die Stufen, bis der Fahrer mich, Vorschriften zitierend, verscheuchte. Dies waren die einzigen Stunden, in denen er ein Privatleben führen konnte, und der Mann war entschlossen, sie zu genießen. Im Morgengrauen würde er wieder alle Hände voll mit den alten Zauseln zu tun haben, die dazu neigten, die vorderen Sitze zu beschlagnahmen, das WÄHREND DER FAHRT NICHT MIT DEM FAHRER SPRECHEN-Schild zu ignorieren und ihn mit Fragen zu löchern wie: »Hat sich schon mal in Ihrem Fön eine schwarze Giftschlange zusammengerollt?«

Ich kehrte zurück, um mich neben meinen Platz zu stellen, und hoffte, daß bald jemand aussteigen würde, aber es gab nichts, weshalb man hätte anhalten können. Die vorbeiziehende Landschaft gab keinerlei Lebenszeichen von sich, sie war nur eine unermeßliche, kaltherzige Welt aus Stein. Ich ging eine Zeitlang in die Hocke, bis ich, von Wadenkrämpfen übermannt, endgültig zu Boden ging und unter meinen früheren Platz kroch. Old Smoky saß mit ausgestreckten Beinen da, während meine schlimmste lebende Feindin zum Zappeln und Auskeilen neigte, wobei sie mir, wann immer die Gelegenheit sich bot, buchstäblich die Eier zertrat. Das Paar, das hinter mir saß, übernahm die Nachhut und trat mir mit Geräten, die ich später als die Stahlkappen von Cowboystiefeln identifizierte, abwechselnd gegen Kopf und Wirbelsäule. Ich sagte mir, ich hätte schon Schlimmeres erlebt, aber ich konnte mich noch so sehr anstrengen, ohne daß mir was eingefallen wäre. Der kolossale Motor des Busses lag direkt unter meinem Kopf und versorgte die zahllosen verlorengegangenen Bonbons mit Wärme, die so zu einem duftenden Bett aus geschmolzener Karamelmasse wurden. Irgendwo unterwegs war etwas furchtbar, furchtbar schiefgegangen. Warum war ich, der wichtigste Mann in diesem Bus, gezwungen, die Nacht gekrümmt zu verbringen, nicht auf, sondern *unter* seinem rechtmäßigen Platz? In einem Flugzeug wäre sowas nie passiert.

»Oh«, hatte ich zu mehreren meiner früheren Sitznachbarn gesagt, »Sie müssen das mal probieren. Fliegen ist richtig schön. Man kriegt Mahlzeiten und Getränke serviert und kann seine Tasche auf dem Platz liegenlassen, wenn man aufs Klo geht.«

»Echt wahr?« hatten sie gesagt. »Und es kommt nicht irgendein Arsch und macht Scheiß damit?«

Der erstaunte Ausdruck auf ihren Gesichtern war ohnehin der Grund dafür gewesen, daß ich diesen Bus genommen hatte. Nachdem ich die letzten neun Monate damit verbracht hatte, das Geschirr wohlhabender College-Studenten zu waschen, dachte ich, den richtigen Kick kriege ich von der Greyhound-Bagage, aber ich hatte es nicht so wörtlich gemeint. Irgendwie mußte eine wichtige Lektion aus alldem zu lernen sein, und eines Tages, mit etwas Glück, würden selbst diese trägen Idioten sie kapieren.

Bis Sonnenaufgang lag ich so da, als der Bus in eine Kurve fuhr und mir eine Flasche Brause mit Schokoladengeschmack gegen die Stirn rollte. Ich kroch auf den Mittelgang und dann aufs Klo, um den Kampf gegen die vielen Kaugummis, die mit meiner Kopfhaut verschmolzen waren, aufzunehmen. Nach und nach erwachten die Passagiere, nur die junge Frau nicht, die meinen Platz besetzt hielt. Mit einem gesunden Schlaf gesegnet, erhob sie sich um zehn und bat mich, ihr den Platz freizuhalten, während sie sich die Zähne putzte.

Ich war in Nullkommanichts eingeschlafen und wachte nur Minuten später wieder auf, weil sie mir mit einer Tube Zahnpasta an den Schädel klopfte. »He, aufwachen.«

Ich tat, als wäre ich im Tiefschlaf, und dachte mir, irgendwann würde sie auch wieder damit aufhören.

»He, dieser Scheißkerl sitzt auf meinem Platz«, rief sie. »Ich bin nur mal auf ›Damen‹ gegangen, um mich frischzumachen, und jetzt kann ich mich verdammtnochmal nicht mehr hinsetzen.«

»Setz dich doch auf mich«, hörte ich jemanden von hinten. »Das wird ein scharfer Ritt.«

»Gut, gut, gut, jetzt haben wir alle unseren Spaß gehabt.« Dies war eine Männerstimme, aber der Fahrer konnte es nicht sein, weil wir immer noch fuhren. »Steh auf, du halbe Portion, und laß die Dame sitzen.«

Eine Hand packte mich am Kragen und stellte mich auf die Füße. Die Hand war schwielig und fleischig und paßte sowohl zu Gesicht als auch Persönlichkeit des Besitzers. Der Mann stellte keine Fragen und sprach keine Drohungen aus. Das war auch nicht nötig. Sobald der Platz frei war, wischte er ihn sauber und lud die junge Frau gestenreich dazu ein, es sich bequem zu machen. Ich erwog kurz, meinen Fall dem Volk vorzutragen, aber dies war eindeutig nicht mein Publikum. Es beugte sich vor, verdrehte sich den Hals, um zu flüstern und zu lachen, während ich im Mittelgang stand und den Ausländer spielte, unvertraut mit den Sitten dieses großartigen Landes. Zwar mochte ich versehentlich jemandem den Platz weggenommen haben, aber seht euch doch mal an, wie sehr ich die zerklüftete Landschaft zu genießen schien, die alle anderen für das Normalste von der Welt hielten. Ich bückte mich und senkte den Kopf, um aus dem Fenster zu plieren und bei jedem vorüberhuschenden Felsbrokken vor Entzücken die Brauen zu schürzen. *Seht nur!* schien ich zu sagen. *Der da scheint einem Kardinal zu ähneln, der am Rande eines riesenhaften Pfannkuchens nistet! Und hier haben wir etwas, was aussieht wie eine umgestülpte Holzpantine, welche unter etwas liegt, was eine verblüffende Ähnlichkeit mit dem blatternarbigen Gesicht jenes ignoranten Bauerntrampels aufweist, welcher den mir rechtmäßig zustehenden Platz besetzt hält!*

Gegen Mittag stieg jemand aus, und ich ließ mich erschöpft auf seinem Platz nieder, konnte aber nicht einschlafen, weil eine Verlobung, die auf der anderen Seite des Mittelgangs stattfand, mich zu sehr ablenkte. Nachdem man sich zehntausendmal umgedreht hatte, um sich für die Ritterlichkeit zu bedanken, wurden Plätze getauscht, so daß

Graf Rindfleisch und Baroneß Wäschekorb nebeneinander sitzen und sich besser kennenlernen konnten. Minuten später hatten sie die Köpfe unter einem Sweatshirt, wo sie entweder den Ruf des Eichhörnchens nachahmten oder sich gegenseitig Akne-Präparate vom Gesicht saugten. Der Lärm von Heavy Metal im Radio, das schneidende Geschrei eines beunruhigten Säuglings, das endlose Gewäsch der beiden alten Zausel vor mir: Alles konnte ich ertragen, nur nicht das Geräusch dieses schnäbelnden, küssenden, vor Vergnügen manchmal aufschreienden Pärchens.

Sie weinte, als er aussteigen mußte. Ihre erstickten Schluchzer waren mir ein rechtes Labsal, und sie versetzten mich in einen tiefen, undurchdringlichen Schlaf, der bis nach Reno andauerte.

Dies sollte mein zweiter Besuch im Tal des Hood River werden. Der erste war ein Zufall gewesen. Meine Freundin Veronica und ich hatten in San Francisco gelebt, als sie ihre *Früchte des Zorns* aus der Hand legte und bekanntgab, daß wir genug vom Stadtleben hatten. Sie sprach gewöhnlich für uns beide, und ich hatte nur selten etwas dagegen, weil es mich der Pflicht entband, eigene Entscheidungen zu treffen. »Wir wollen nach Norden aufbrechen und uns unseren Brüdern und Schwestern in den Obstplantagen anschließen«, sagte sie und richtete den Schal, den sie neuerdings um den Kopf trug. »Wanderarbeit, das ist das rechte Leben für uns.« Die guten Menschen dieses Landes brauchten uns, und wir sahen uns bereits in sonnenbesprenkelten Heuschobern ruhen und herzhafte Mahlzeiten einnehmen, bereitet von der in derbes Tuch gekleideten Bauersfrau.

»Durch schwer arbeitende Menschen wie euch dreht sich die Welt«, würde sie sagen. »Hier, nehmt noch ein Stück von meinem preisgekrönten Hühnchen; ihr Leut müßts bei Kräften bleiben.« Nach dem Mittagessen würde der freundliche Bauersmann seine Fiedel ergreifen und mit seiner mitreißenden Interpretation von »Truthahn im Stroh« oder »Polly Wolly Doodle« Staub aufwirbeln. Am späten Nachmittag wären wir dann wieder an der Arbeit und hoben Äpfel vom Boden auf und warfen sie in Kisten mit bezaubernden Etiketten wie »Kleine Rothaut« oder »Lehrers Liebling«. Unser Leben würde einfach, aber unaussprechlich heroisch sein. Wie sie durch einen Steinbeck-Roman auf solche Ideen verfallen konnte, kann man nur raten, aber ich machte mit, denn wenn es schon sonst nichts brachte, so doch unter Garantie meinen Vater um den Verstand.

Wir fuhren per Anhalter bis nach Oregon hinein und sprangen aus dem Auto, nachdem wir den schneebedeckten Mount Hood gesehen hatten, ein vollkommenes Symbol für das Majestätische, das bald unser Leben auszeichnen sollte. Der erste Farmer weigerte sich, uns anzustellen, weil wir keine Erfahrung hatten. Zwei und Drei lehnten uns aus demselben Grund ab. Den vierten, einen älteren kleinen Mann namens Hobbs, dem die Einwanderungsbehörde gerade seinen mexikanischen Pflückertrupp weggekarrt hatte, logen wir an.

»Ich bin an einem Punkt, da würde ich jeden nehmen, solang er einigermaßen erfolgreich in der Nase bohren kann.« Er starrte die Bäume an, deren Äste sich unter der Last der Früchte bogen. »Erst dachte ich, meine Frau kann mir vielleicht helfen, aber die ist in dem Großen Haus und stirbt an Krebs. Was meinst du dazu, Ringo?«

Wenn Hobbs' Frau im Sterben lag, konnte es sein altertümlicher Beagle auch nicht mehr lange machen. Das Tier keuchte und stöhnte und benagte die kahlen Flecken, die an der Wurzel seines arthritischen Schwanzes schwärten. »Verdammt, Ringo«, sagte Hobbs und warf seine glimmende Kippe ins nasse Gras, »bin nur froh, daß wenigstens du bei mir bist.«

Es sollte keine Picknicks in Heuschobern geben. Kein derbes Tuch, kein Fiedelspiel. Hinter einer dicken Schicht permanenter Sturmwolken verborgen, sprenkelte die Sonne gar nichts. Im Gegensatz zu dem, was wir angenommen hatten, wurden Äpfel nicht vom Boden aufgesammelt, sondern von den Ästen schwer erreichbarer Bäume gepflückt, die von einer rachsüchtigen Borke geschützt wurden, welche dazu neigte, nach einem guten zwölfstündigen Regen zu einem Gutteil aus Wasser zu bestehen. Wir sprechen hier von einer siebentägigen Arbeitswoche, von Sonnenaufgang bis Sonnenuntergang, bei Niesel- und bei strömendem Regen. Wenn sich durch Menschen wie uns die Erde drehte, so war dies ein gut gehütetes Geheimnis. Als Pflücker bezogen wir eine der sechs Hütten, die am Kiesweg eine Reihe bildeten. Es gab keinen Strom, und außer der Dusche in der Scheune spendete nur noch ein eisiger, rostverklebter Hahn Wasser. Gekocht wurde auf einem Holzofen, und wir schliefen auf Matratzen, die offenbar mit hochhackigen Schuhen gefüllt waren. Diese Härten konnten uns nicht umbringen, also machten sie uns stärker. Wir begannen Latzhosen zu tragen und bewunderten unser düsteres Abbild in den von Kerzen erhellten Fenstern, wenn wir uns über unser dampfendes Porridge beugten. Das mußte genügen. Wir waren Pioniere. Menschen wie wir brauchten keine Kissen oder Handtuchhalter. Wir trugen unsere blauen Flecken wie einen Orden, und jeder Bronchialkatarrh zeugte von unserer Stärke. Ich erwog bereits, mir eine Waschbärfellmütze zu besorgen, als die Erntezeit vorüber war und wir nach North Carolina zurückreisten, wo ich mich bald an ein Leben mit fließendem warmen Wasser und Elektrizität gewöhnte. Wir hatten geplant, nächstes Jahr wieder pflücken zu fahren, aber als es soweit war, mußte Veronica leider zurücktreten. Sie hatte, wie es schien, einen Freund gefunden. Einen *Freund.* Das Wort stak mir in der Kehle wie Putzwolle. »Es wird nicht von Dauer sein«, sagte ich. »Du wirst schon sehen.« Was sollte sie mit einem Freund? Ich stellte mir vor, wie die beiden sich über den Fußboden ihrer Wohnung wälzten, wobei sich Schmutzflusen an den nackten Rücken und die bleichen, zuckenden Gesäßbacken hefteten. *Freund.* Sie würde nie jemanden finden, der so gut war wie ich; das habe ich ihr auch gesagt. Als sie mir beipflichtete, wurde ich sogar noch böser, stürmte von ihrer Veranda und sagte zum Abschied lächerlicherweise: »Das wollen wir doch erstmal sehen.«

Ich sagte mir, es sei mir vorherbestimmt, allein meinen Weg zu gehen, aber das Klischee barg keine Tröstung. Wenn ich die Wahl hatte, wollte ich meinen Weg lieber allein mit jemandem gehen, der kochen konnte, und es machte mir Sorgen, soviel Zeit allein verbringen zu müssen. Auf der mir noch verbliebenen Busfahrt erübrigte sich diese Sorge. Ich erreichte Odell mit der Überzeugung: Wenn bis an mein Lebensende wirklich niemand mehr das Wort an mich richten sollte – um so besser.

Die Straße zu Hobbs' Obstplantage wand sich an einem Milchviehhaltungsbetrieb vorbei, vor dem mehrere Dutzend gefleckte Kühe sich die Zeit damit vertrieben, mit stumpfen Zähnen nasses Gras zu malmen. Vor einem Jahr hatte ich versucht, mich mit ihnen anzufreunden, am Zaun gestanden und mit Klappstullen gewunken, bis der Eigner mich informierte, daß sie weder Hühnchen noch Schweinefleisch aßen, nicht mal zwischendurch. Dumm waren sie, diese Kühe. Die Erntezeit begann Mitte September und dauerte bis Ende Oktober. Innerhalb nur weniger Wochen würde Frost kommen, und wir würden erwachen und sehen, wie unser Atem in schmuddeligen Wolken aus uns schoß. Ich hatte immer gedacht, Kühe verbrächten den Winter in einer Art geheizter Kaserne, statt dessen mußten sie draußen bleiben, egal, wie kalt es wurde. Ahnten diese Tiere denn überhaupt, daß ihr Sommer sich dem Ende näherte? Entsannen sie sich ihres Lebens als junges, sorgloses Kalbfleisch? Freuten sie sich je auf etwas, waren sie zu Reue fähig? Ich ließ meinen Matchbeutel fallen, näherte mich dem Stacheldrahtzaun und hoffte, sie würden vielleicht losstürzen und vor Wiedersehensfreude mit ihren tampenartigen, scheißeverschmierten Schwänzen wedeln, aber sie standen nur so da und arbeiteten methodisch mit den Backen.

Hobbs reagierte wieder haargenau so. »Sieh mal, wer da ist, Ringo. Na, wenn das nicht... Dennis ist? Stimmt's?« Er schnippte eine glimmende Kippe aufs Gras, trat auf seine Veranda heraus und sagte: »Ich würde dich ja hereinbitten, aber die Frau stirbt immer noch am Krebs. Clifford hat's jetzt auch erwischt. Den kennst du doch noch, oder? Großer, dicker Typ, war früher mein Vormann. Jetzt ist er drüben in Portland, mit Geschwüren arscheinwärts, so groß wie junge Bartlett-Birnen.«

Da Clifford nicht so bald zurückerwartet wurde, bot Hobbs mir den Wohnanhänger des Vormanns als Bleibe an, der zwischen der Scheune und der langen Reihe aus Hütten stand.

»Komisch, der Krebs.« Er zündete sich eine Zigarette an und betrachtete das abgebrannte Streichholz. Über uns versprühte ein Flugzeug Pflanzenschutzmittel, und er grüßte winkend. »Ja. Ein absolutes Mysterium.«

Er geleitete mich zur Scheune, vor der ein mexikanischer Mann darauf wartete, daß die Dusche frei wurde. »¡Hola, Tomás!« rief er.

Der Mann zerrte an dem Handtuch, das er wie einen Rock um die Hüften trug, und neigte den Kopf zum Gruß. »¡Hola, Señor Hobbs!«

»Du sprichst doch etwas mexikanisch, Daniel?« fragte Hobbs. »Bei Gott, ich lerne selbst ein paar Wörter. *Muß* man aber auch, wenn man in der modernen Welt zurechtkommen will! Wenn ich erstmal loslege, spreche ich wie ein alter Kolumbolivianer, stimmt's, Ringo?«

Der Hund kniete unter einem Baum und verbog sich, um an seinem eiternden Rektum zu lecken.

»Die Zeiten haben sich geändert, die alten Regeln gelten nicht mehr. Die jungen Leute hier finden, sie sind zu fein zum Arbeiten. Man hat nur noch die Wahl zwischen Gesocks und Mexikanern, und da nehme ich doch jederzeit die dummen Mexikaner.« Er knuffte mir in die Rippen: »Jetzt paß auf. ¡Buenos Diós, Miguel!«

Ein kleiner dunkeläugiger Mann blickte alarmiert von seinem Holzhacken auf.

»Die kriegen leicht einen Schreck«, sagte Hobbs.

Ja, manche Menschen neigen dazu, wenn man sich ihnen von hinten nähert und »Guter Gott!« schreit. Wahrscheinlich eine Angewohnheit.

Hobbs schloß die Tür des Anhängers auf, eines bauchigen Humpens von einem Gerät, in Helltürkis, das auf Bausteinen aufgebockt war. Es beunruhigte mich, daß ich, sobald die Schwelle überschritten war, zu der Art Mensch werden konnte, die in einem Anhänger wohnt. Ein Anhänger: allein das Wort löste in meiner Schädelbasis einen Alarm aus. Menschen, die in Anhängern lebten, riefen die Polizei, um gewalttätige Familienkräche zu beenden. Sie pinkelten ins Waschbecken und verwendeten Metalleimer, um zähe lila Steaks mit dem Vermerk »Stark herabgesetzt!« zu grillen. Wofür hielt dieser Mann mich? Wußte er, daß ich in einem Haus mit Geschirrspüler und zentral gesteuerter Klimaanlage aufgewachsen war? In einer rustikalen Hütte Pionier zu spielen, war das eine. Diese Unterkunft jedoch hatte den ganzen Zauber einer überdimensionierten Gasflasche. Ich zögerte und sah Miguel an, wie er einen Stapel Feuerholz auf die Arme nahm. Als er den letzten Klotz gewuchtet hatte, kreischte er laut, ließ die gesamte Ladung fallen, patschte sich auf die Brust und schrie: »Große Spinne! Große Spinne!« In diesem Moment kam einiges zurück. Ich betrachtete die Reihe schäbiger Baracken und warf dann einen Blick in den Anhänger, in welchem sich ein Gasherd zwischen ein Waschbecken und einen summenden Kühlschrank schmiegte. Miguel stand neben der Scheune, trat gegen jedes Stück Feuerholz, bevor er es aus dem Schlamm klaubte, und ich erstieg die Stufen zu meinem Anhänger.

Apfelpflücken ist geistlose Arbeit. Damals, mit Veronica, hatten wir auf denselben Bäumen gearbeitet, waren die Namen in unseren geistigen Adreßbüchern durchgegangen und hatten unsere Freunde und Bekannten in alphabetischer Reihenfolge erörtert. Pflücker werden per Eimer bezahlt, wobei der Eimer eine große Holzkiste ist, die etwa eintausendfünfhundert Pfund Obst faßt. Man klettert mit einem Segeltuchsack die Leiter hoch, und wenn er voll ist, leert man ihn vorsichtig in den Eimer. Dann klettert man wieder seine Leiter hinauf und so weiter und so weiter und so weiter und so weiter. Wenn zwei das tun, gelingt es der Zeit, schnell zu vergehen. Veronica und ich begannen den Tag zum Beispiel mit der Scheinschwangerschaft von Beverly April, und wenn wir bei Lucinda Farrels manischer Vorliebe für Türkis-Schmuck angekommen waren, wurde es Zeit zum Mittagessen. Ich versuchte, die Tradition wiederzubeleben, sprach, laut, mit zwei verschiedenen Stimmen, ließ es aber wieder, als Hobbs mich dabei erwischte, wie ich Gregory Allisons Verwendung von LSD als Appetitzügler verteidigte.

Ohne Veronicas Gesellschaft funktionierte es einfach nicht. Auf mich selbst gestellt, ging ich langsam und methodisch daran, mich in den Wahnsinn zu treiben.

Sobald ein Eimer voll war, erschien Hobbs auf seinem Traktor und zog wahllos drei Äpfel daraus hervor. Wenn keiner eine Druckstelle hatte, bekam ich neun Dollar. Wenn einer eine Druckstelle hatte, bekam ich acht, und drei ergaben sieben. An einem guten Tag auf jungen Bäumen war es möglich, bis zu acht Eimer vollzukriegen. Am nächsten Tag dagegen –, wer weiß? Man konnte zehn Stunden damit verbringen, einem einzigen geizigen Baum verkümmertes Obst zu entreißen. Selbst der Schlaf bot keine Abwechslung. Nacht um Nacht träumte ich vom Apfelpflücken, wachte erschöpft auf, und meine Schultern hatten Druckstellen vom schweren Leinwandsack. Ein Freitag war nicht anders als ein Montag oder Mittwoch; ohne arbeitsfreien Tag gab es nichts, worauf man sich freuen konnte. Während der ersten paar Wochen stellte Hobbs seinen Traktor ab, und wir schwatzten ein bißchen, bevor er den Eimer wegfuhr. Sobald ihm klargeworden war, wieviel ich zu schwatzen hatte, ließ er den Motor laufen. »Muß mich um die Frau kümmern«, rief er. »Mach du mal schön so weiter.« Die Mexikaner rannten jetzt auf dem Weg zur Dusche im Dauerlauf an meinem Anhänger vorüber. Eine Katze tauchte auf meiner Schwelle auf, genauer gesagt ein Kater, mit einem Hals so dick wie seine Taille. Ich hatte mir nie viel aus rothaarigen Katzen gemacht, weil sie mich immer an Brian O'Shea erinnerten, den anmaßenden Menschen, mit dem ich mir in der siebten Klasse den Spind teilen mußte. Schon gar keine Schwäche hatte ich für Kater, die alles vollsprühten und mitten in der Nacht zerfetzt und blutend nach Hause kamen. Ich wollte mich trotzdem nicht zum Richter aufwerfen. Der Kater bedeutete Gesellschaft, und ich nahm ihn auf, weil ich mir überlegte, wenn er sich schon die Ohren abkauen lassen mußte, dann konnte ich das auch tun. Ich fütterte ihn mit Sardinen und streichelte ihn, bis die Funken stoben. Er lief weg.

Ohne Gesprächspartner begann ich, meine verschiedenen Gedanken und Meinungen in gewichtige Briefe zu fassen, welche eher im wörtlichen denn im übertragenen Sinne gewichtig waren. Ich schrieb meiner Freundin Evelyn einen siebzehnseitigen Brief, in dem stand, wie ich mich fühlte, nachdem der Kater weggelaufen war. Zwei Wochen später, als keine Reaktion erfolgt war, strich ich ihren Namen aus meinem Adreßbuch. Nach und nach tilgte ich sie alle. Acht Seiten an Ted Woestendiek darüber, wie es ist, wenn man sich die Haare mit Waschpulver wäscht. Keine Antwort. Zwölfeinhalb Seiten an Lisa darüber, daß ich ihr verzeihe, geboren worden zu sein. Nichts.

»Liebe Miss Chestnut, Sie fragen sich wahrscheinlich, was seit der dritten Klasse aus mir geworden ist…«

Ich konnte einen ganzen Abend mit einem einzigen Brief zubringen, aber mit Ausnahme von Veronica – »Nein, mein Freund hat mich noch *nicht* verlassen; trotzdem vielen Dank!« – wurde nie einer beantwortet. Dadurch bekam ich verständlicherweise eine Stinklaune. Ich erwog, am Ende der Erntezeit nach North Carolina zurückzukehren, aber sobald wir mit den Golden Delicious angefangen hatten, überlegte ich es mir nochmal. Was gab es dort, wohin zurückzukehren lohnte? Wie hatte ich diese Leute je für meine Freunde halten können, wenn sie zu faul waren, einen Stift in die Hand zu nehmen und einen Brief zu schreiben? Natürlich vermißten sie mich. Vielleicht war es die beste Strategie, dafür zu sorgen, daß sie mich noch mehr vermißten. Eher zog ich unter eine Brücke, bevor ich zu ihnen zurückkehrte. Dann würde es Gerede geben; sie würden über mich sprechen und sich fragen, wo ich war und was ich trieb. Jemand würde gerüchteweise hören, ich sei auf Rollschuhen durch Europa unterwegs oder mit Michael Landon in ein gemeinsames Penthouse-Apartment gezogen, aber niemand würde Genaueres wissen; dafür würde ich schon sorgen. Sie hatten ihre Chance gehabt, an den faszinierenden Details meines Lebens Anteil zu nehmen, und sie hatten sie vertan, jeder einzelne von ihnen hatte sie vertan, außer Veronica, der ich zu verzeihen plante, sobald sie sich von diesem Troglodyten getrennt hatte.

Als der letzte Eimer fortgekarrt war, fragte Hobbs, ob ich vielleicht an einem Job in dem dortigen Sortier- und Verpackungsbetrieb interessiert sei. Sie suchten Leute, und er konnte beim Geschäftsführer ein gutes Wort für mich einlegen und mich weiter im Anhänger wohnen lassen, solang ich meinen Strom zahlte und versprach, nicht an seine Tür zu klopfen.

»Es ist nichts, worauf du eine Karriere aufbauen möchtest«, sagte er. »Für ein paar Monate ist der Job nicht schlecht, aber danach, garantiere ich dir, wirst du bis ans Ende deines Erdenwallens keinen verdammten Apfel mehr sehen können.« Er betrachtete sinnend seine Zigarette, bevor er sie anzündete. »Einen Pfirsich vielleicht, aber, tut mir leid, keinen Apfel.«

Der Betrieb lag auf halbem Wege zwischen der Stadt und der Farm. Er war ein baufälliger Schandfleck aus Wellblech, und er beherbergte ein archaisches Netz tatteriger Fließbänder, die sich bewegten, als würden sie von einem Gespann Eichhörnchen angetrieben, das irgendwo im Keller in einer Tretmühle schuftete. Nichts an dem Laden war einladend, aber ich vermutete, daß sich das ändern würde, sobald ich meinen Gewerkschaftsausweis bekam. Bald war ich ein Teamster oder so, ein Titel, der meinen Vater garantiert drei Nächte Schlaf kosten und meine früheren Freunde vor Neid rasend machen würde. Alle würden sie etwas davon haben, ein jeglicher zu seiner Zeit. Ich blickte über das Gewimmel in der Fabrikhalle und stellte mir all diese Leute auf Klappstühlen vor, wie ich auf der Bühne stand und das Wort an sie richtete. »Kolleginnen und Kollegen«, würde ich brüllen, das Megaphon in der einen schwieligen Hand und einen Stapel Dokumente in der anderen, »*jetzt* ist die Zeit zu handeln! Dies nennen sie einen Kontrakt? Nun, ich nenne es einen *Kontrast,* den Unterschied zwischen dem, wie es ist, und dem, *wie es sein sollte!*« An dieser Stelle müßte ich eine Pause machen, da der Applaus ohrenbetäubend sein würde. »*Wir* sind es, die arbeitenden Menschen dieses Landes, durch die die Welt sich dreht, und solange die Geschäftsleitung die Augen vor dieser Tatsache verschließt, und solange die vollgefressenen Daddys da oben nicht bereit sind, ihre Cadillacs zu parken und über einen anständigen Lohn zu verhandeln, solange kann ich nur *dies* zu ihrem Kontrakt sagen.« Meine Teamster (oder so)-Genossen würden auf ihren Klappstühlen stehen und hurra schreien, während ich den Kontrakt zu Schnipseln zerriß, um ihn sodann leichthin über die linke Schulter zu werfen.

Bisher hatte ich nicht einmal ein Abendessen organisiert, aber das würde sich bestimmt ändern, sobald meine Kollegen merkten, wie gut ich das gesprochene Wort beherrschte und was für natürliche Führungsqualitäten ich besaß, die ich sämtlich im Namen der Demut unterdrückt hatte. Ich hatte immer schon gewußt, wie der einfache Mann zu nehmen war, hatte immer darauf Wert gelegt, ihn aufzuheitern, ohne auf sein vergeudetes, leeres Leben hinabzublicken. Wenn diese Menschen mich zu ihrem Führer machen wollten, hatte ich keine andere Wahl, mußte ich dies mit der mir eigenen stillen Würde akzeptieren. »Da-vid, Da-vid, Da-vid.« Der Fußboden des Versammlungssaals würde von ihren Sprechchören erzittern.

Falls all dies, was wenig wahrscheinlich war, *nicht* geschehen sollte, würde ich wenigstens Schulter an Schulter mit anderen Menschen arbeiten. Sie mochten nicht so aufnahmefähig sein wie ich, aber immerhin begrüßte ich die Möglichkeit, mit etwas zu sprechen, was ohne Stiel oder Schwanz geboren war. Irgendwo in dieser Halle wartete ein

Freund. »Ich habe es gewußt, als ich dich zum erstenmal sah«, würde die betreffende Person später beim Abendessen sagen. »Ich sah nur einmal hin und habe mir gesagt: ›Verdammt, diesen Typ würd ich gern kennen.‹«

Ich wurde für die zweite Schicht eingestellt, von 15 bis 23 Uhr. Mein Job bestand darin, an der richtigen Stelle zu stehen und die Blätter von den Äpfeln zu rupfen, wenn sie auf dem Fließband an mir vorbeizogen. Keine 1,20 Meter von mir entfernt stand eine Frau, aber das konstante Geratter machte es unmöglich, eine Diskussion aufrechtzuerhalten. Gabelstapler dröhnten im Hintergrund, während Männer hölzerne Paletten zurechtsägten und zusammenhämmerten. Sprühdüsen, Fließbänder und Generatoren –: der Lärm drückte einen runter, erbarmungslos. Die Türen zur Verladerampe standen stets offen, damit sich niemand über die Hitze beschweren konnte. Ich pflückte die Blätter vom dahineilenden Obst und warf sie auf einen kalten, nassen Haufen, der schnell wuchs, um meine abgestorbenen Füße zu bedecken. Während der ersten Stunde machte ich den Fehler, in einen der Äpfel zu beißen. Frisch aus dem Chemiebad gekommen, verbrannte er mir die Lippen und das Fleisch meiner Mundwinkel, und er hinterließ noch lange einen brüsken Nachgeschmack, als ich längst aufs Klo gerannt und mir den Mund mit Seife ausgewaschen hatte.

Hobbs hatte recht gehabt, als er sagte, ich würde nie wieder einen Apfel sehen wollen, nur zeitlich hatte er sich vertan. Bereits nach den ersten fünfundvierzig Minuten war ich bereit, sie aus meinem Gesichtsfeld zu verbannen. Sie kannten keine Gnade, flossen ohne Unterbrechung vierundzwanzig Stunden lang aufs Fließband und machten den Hunger in der Welt zu einem Mythos oder zu einem Witz, einem grausamen. In einer einzigen halben Stunde hatte ich bestimmt mit genügend Äpfeln zu tun gehabt, um jeden Mann, jede Frau und jedes Kind zu füttern, die auf dieser

Welt genügend Zähne hatten, um in ihn zu beißen, oder genügend Willenskraft, ihn zu Apfelmus zu zermatschen.

Es fiel mir bei, daß alles, was wir kaufen, von irgendeiner Blödmännin mit Haarnetz überm Kopf und Watte im Ohr angetickt und eingetütet wird. Jeder Maiskolben, jedes schokoladebeschichtete Rosinchen und Schuhband. Jede Grillzange, jeder papierene Partyhut, jeder nicht selbstgestrickte Topflappenhandschuh trägt eine Geschichte von Unterwerfung und Elend in sich. Vegetarier sehen einen Schweinebraten und denken an das Tier. Ich sehe jetzt die Vegetarier an und frage mich, wer denn wohl die Schweineteile auf die kleinen Styropor-Platten gepackt und dort eingeschweißt hat. *Da* liegt die echte Tragödie. Zigaretten, Kekse, Kaugummi: alles, was ich in Zukunft sehen sollte, war mit dem Makel der Erinnerung an meinen Ausflug in die Arbeitswelt befleckt. »Kolleginnen und Kollegen, RENNT! RENNT! RENNT UM EUER LEBEN!«

Die Zeit kroch. Ich hob den Schaft meines Gummihandschuhs, kratzte den Frost von der Armbanduhr und stellte fest, daß sich die letzte Stunde auf schlappe sieben Minuten belaufen hatte. Uns standen eine halbe Stunde Mittagspause zu, und dann nochmal dreimal zehn Minuten, die einem vor den Augen zerrannen, während man noch versuchte, die klammen Finger um eine Zigarette zu schließen. Das Essen kam aus Münzautomaten, die in einem Raum aufgestellt waren, aus dem man den vollen Blick auf die Fabrikhalle hatte, damit man, während man sein Sandwich kaute, nicht vergaß, wo man es verdauen würde. Außer mir waren alle Bandarbeiter Frauen mittleren Alters, die die Sortier- und Verpacksaison ertrugen und dann noch für die Konservenabfüllung blieben. Ihre Vorarbeiterin war eine stämmige, sachliche Frau namens Dorothy, die die Football-Jacke ihres Sohnes unter einer schmutzigen Schürze trug, auf welcher die Worte HALT'S MAUL UND ISS! standen.

»Ich kann dir zum Thema Gewerkschaft nur sagen, daß sie, wenn sie an meinen zusätzlichen mir zustehenden Leistungen rummachen, sich ihre Zähne einzeln zwischen meinen blutenden Fingerknöcheln herauspolken können«, sagte sie. »Und dafür werde ich persönlich sorgen!«

Sie führte mich zu einem Schwarzen Brett mit dem Protokoll des letzten Meetings. In jedem Satz kamen eine Menge Abkürzungen vor, und bald fragte ich nicht mehr, was sie bedeuteten. Verglichen mit einer namentlichen Abstimmung über Abfindungen, kam mir alles, sogar mein Job, aufregend vor. Bis es soweit war, daß ich für zahnärztliche Versorgung in Frage kam, war ich so alt, daß ich ein Gebiß brauchte, keine Füllungen. »Du würdest dich wundern«, sagte Dorothy. »Das haben die Jahre so an sich, daß sie mehr werden, nicht weniger.«

Das war mir klar, aber konnten sie nicht mehr werden, ohne so wenig zu bedeuten?

Eines Abends machten wir Pause, und ich fragte, ob jemand vielleicht zufällig Italienisch sprach. »Ich hab das auf dem College ein Jahr lang gelernt«, sagte ich, »und jetzt habe ich das Wort für ›Tragödie‹ komplett vergessen. Spanisch kann ich natürlich auch, und ein Quentchen Griechisch, aber Italienisch ist nun mal so, nun, *bellissimo,* stimmt's?«

Meine Versuche, sie zu beeindrucken, scheiterten kläglich. Fortan nannten mich die Frauen Einstein. »Daß du ein Schlauer bist, wußte ich gleich, als du in den Apfel gebissen hast«, blökte Trish. »Da habe ich mir gesagt: *Da* hat aber mal jemand einen guten Kopf auf den Schultern.«

Der Pausenraum füllte sich mit Gelächter. »Hey, Einstein, was heißt ›Windbeutel‹ auf lateinisch?«

»Sag mal, Einstein«, fragte Dorothy, »fünf Punkte, wenn du weißt, welche hiesige High-School-Football-Mannschaft es ins Oregon-Finale schafft.«

»Ach, laßt den Kleinen doch zufrieden.« Dies war eine

Männerstimme, die irgendwo hinter mir erklang. »Der Typ hat über Besseres nachzudenken als über deinen fettärschigen Sohn, der für die trübseligen *Miezekatzen* als Manndecker herumläuft.«

»Mein Junge ist Quarterback«, rief Dorothy. »Und zu deiner Information heißen sie die *Wildkatzen* und sind Kreismeister! Steck dir das hinter den Spiegel.«

Der Mann machte ihr eine lange Nase und bedeutete mir, ich solle an seinem Tisch Platz nehmen. »So ein blöder Hühnerhaufen, aber mach dir nichts draus; sie kriegen alle, was sie verdienen. Sobald sie zu alt zum Eierlegen sind, drehen wir ihnen auf dem Hinterhof den Hals um.«

»Paß bloß auf, Alter«, sagte Dorothy und zerrte an ihren Schürzenbändern.

Der Mann stellte sich als Timothy vor und fügte hinzu, alle seine echten Freunde sagten Curly zu ihm, was ein seltsamer Kosename war, wenn man bedachte, daß seine weizenblonden Haare ihm glatt von der erkahlenden Kopfhaut herunterwuchsen. »Es muß schwer sein für jemanden wie dich, in so einem Loch wie diesem gefangen zu sein. Diese blöden Kühe haben was gegen Leute mit Verstand und vernünftiger Bildung; da fühlen sie sich in der Falle und bedroht, und das mögen wir ja nicht, nein, das mögen wir ganz und gar nicht. Himmel nochmal, sowas ertraaaaaagen sie nicht.« Er schauderte und verschränkte die Arme, als hätte er Angst.

»Ich weiß genau, was du hier durchmachst, denn wir beide sind uns sehr ähnlich«, sagte er. »Ich bin wahrscheinlich mindestens fünfzehn Jahre älter als du und auch nicht entfernt so schlau wie du, aber im Januar gehe ich auf die Volkshochschule und belege einen Kurs in Betriebswirtschaftslehre. Es wird Zeit, die alte Denkmütze anzulegen und zur Abwechslung hart zu arbeiten. Ich hab schon genug Zeit verplempert.«

Curly war irgendwie nicht ganz echt, aber ich war nicht in der Lage, Freundschaft zurückzuweisen. Allmählich mochte ich seine Gesellschaft und wünschte mir manchmal fast, wir könnten über etwas anderes als mich sprechen. »Sag mal, Dave, erzähl mir doch nochmal von dem Traum, den du gestern nacht hattest, den mit den Schrumpfköpfen in der Eierpappe. Da steckt eine machtvolle Symbolik drin; vielleicht kriegen wir raus, welche.« Er war nicht der Hellste von der Welt, aber er trug das Herz am rechten Fleck.

Curly arbeitete in der ersten Schicht als Gabelstaplerfahrer, oft bis spät abends, um Überstundengeld zu kriegen. Manchmal fuhr er nachts auch einfach zurück zur Fabrik, um mir beim Abendessen Gesellschaft zu leisten. Er sprach mit dem Vorarbeiter, und ich wurde zum Sortierer befördert. Die entblätterten, funkelnden Äpfel zogen auf dem Band vorbei, und meine Aufgabe war es, die tollen von den ganz tollen zu trennen. Nie hatte jemand den Unterschied zwischen den beiden Kategorien erklärt. Ich versuchte, Gail und Dorothy zu fragen, aber die waren wütend, weil ich ohne längere Betriebszugehörigkeit befördert worden war, und ignorierten mich. Ich beobachtete sie und tat es ihnen gleich: Ich kaute Kaugummi, verschränkte die Arme und saß auf einem Hocker, bis ein Geschäftsführer in Sicht kam; an diesem Punkt begann ich, rasch und wahllos zu selektieren, und tat diesen Apfel auf das tolle Band und jenen auf das ganz tolle. Verdorbenes Obst wurde auf eine Rutsche geworfen und später zu Babynahrung verarbeitet. Die Gehaltserhöhung betrug fünfundzwanzig Cent die Stunde. Dieser Job war trockener als mein voriger, aber auch nicht aufregender.

»Da hat sich doch jemand bis in die Mitte hochgeschlafen«, hörte ich Connie bei der Kaffeemaschine Trish zuflüstern. »Als nächstes trägt er pelzgefütterte Handschuhe und hat ein Kissen unter seinem kleinen Popo.«

Ich nahm an, daß von mir gesprochen wurde, da ich in der gesamten Firma Duckwall-Pooley der einzige Mitarbeiter war, der über etwas verfügte, was man hätte als kleinen Popo bezeichnen können. Curly hatte recht gehabt, was diese Frauen betraf: Sie waren genauso billig und engstirnig wie nur irgend möglich. »Bis in die Mitte hochgeschlafen.« Wenn ich wirklich bei der Arbeit geschlafen hätte, wäre ich doch im Ernst wohl kaum befördert worden, oder?

»Das ist hier ein unbarmherziges Geschäft, mein Lieber, laß dir bloß nichts anderes weismachen«, sagte Curly. »Du hast Glück, daß dir jemand den Rücken freihält. Die sind nur eine Herde dämlicher Schafe, und eines Tages werden sie geschoren.«

Ich war seit drei Wochen in der Fabrik, als Curly mich auf einen Drink in seinen Anhänger einlud. Er wohnte direkt außerhalb von Hood River in einem Doppelanhänger mit seiner Mutter zusammen, einer Frau, von der er oft sprach. »Ich habe Mutter erzählt, daß du gesagt hast, Dorothys Mund sieht aus wie eine Schußverletzung, und sie hätte sich bei Gott fast was getan, so sehr hat sie gelacht. Sie ist eine sehr lustige Dame, meine Mutter. Nichts findet sie so komisch wie einen guten Poch-poch-wer-ist-da-Ulla-Welche-Ulla?-Ulla-paloma-blanca-Witz. Kennst du auch so einen, der auch so zum Totlachen ist?«

So verzweifelt, wie ich mich nach Gesellschaft sehnte, so klar war mir, daß ich es mit einem Versager zu tun hatte. In BWL schien Curly seine perfekte Karriere ausgemacht zu haben. Ich konnte ihn mir ganz leicht mit einem kurzärmeligen Hemd vorstellen, die Brusttasche von Kugelschreibern ausgebeult. Jemand kam an, fragte ihn, ob er mal bei den Stechkarten nach dem Rechten sehen könne, und dann sagte er wahrscheinlich etwas Doofes wie »Alles klar, keiner weiß Bescheid«. Ich hatte versucht, ihn auf die richtige Bahn zu bringen, aber die Möglichkeiten sind begrenzt bei jemandem, der glaubt, Auschwitz sei eine Biermarke.

Er parkte den Kleinlaster in der Einfahrt vor seinem Anhänger, der unter einer Gruppe Tannen stand. Die Nacht war so kalt und klar, daß man den dampfenden Atem des heranstürmenden Schäferhunds sehen konnte.

»Wo ist der King?« fragte Curly und kniete nieder, um sich das Gesicht lecken zu lassen. »Da ist er ja! Du bist doch der King, oder? Der Lieblingsking, der King aller Biere. Wer ist der King aller Biere? Ja, wo ist er denn? Wo ist er denn?« Er boxte dem Hund voller Zuneigung auf den Kopf und sagte dann: »So. Gut. Genug gespielt. Hau ab, King. Verzieh dich.«

Als er den Schlüssel ins Schloß steckte, kam der Hund zurück, drückte den Kopf gegen den Türpfosten und wollte hinein. »Scheißkerl, ich hab NEIN gesagt.« Curly trat den Hund mit seinen spitzen Stiefeln, und das Tier lief auf den Hof zurück. »Hab ich nicht nein gesagt? Hab ich nicht gesagt, genug gespielt?« Wieder ging er in die Knie, und seine Stimme wurde sanft und süß. »Lieblingsking. Wo ist mein King aller Biere, mein King of the Road, Lieblingsking? Ja, wo ist er denn hingerannt? Der King ist weggerannt und hat seine Krone im Staub vergessen. Wer will seine Krone wiederhaben? Wo ist denn mein King nur hin? Wer ist rechtmäßiger Besitzer dieser Krone?«

Der Hund kam heran, duckte sich vor Curly, der ihn am Halsband ergriff und ihm mehrmals in den Hintern trat, bevor er ihn freiließ. »Ist nur ein Spiel«, sagte er und wischte sich die Hände an der Hose ab. »Er hat's gern ein bißchen wild.«

Es war die extreme Hitze, zusammen mit einem gemeinen, fauligen Geruch, die ahnen ließ, daß Curlys Heim kein allzu trautes war. Es roch nach allem Schmutzigen, das man sich vorstellen konnte, und dann noch nach mehreren Dutzend schmutziger Dinge, die sich ein anständiger Mensch nicht vorstellen konnte. Das Wohnzimmer war in Nußbaum-Imitat getäfelt und mit gerahmten Drucken vollgehängt, die weniger komplizierten Zeitläuften gewidmet waren, als barfüßige Knaben dem alten Apfelmann Äpfel von seinem alten Apfelkarren stibitzten. Sofas und Sessel waren mit rotem Veloursamt gepolstert und mit Plastikbezügen geschützt, die auf behaglichen Sitz zugeschnitten waren. Auf dem Couchtisch stand ein prunkvolles Feuerzeug, welches von mehreren Exemplaren des *Oregonian* umrahmt wurde, die fächerförmig angeordnet waren. Rundliche Cherubim tollten am Fuß jeder Stehlampe herum, und der königsblaue Teppich war mit einem Netz von Läufern belegt. Es war nicht dreckig oder auch nur unordentlich, nur unglaublich stinkig, als wäre der Anhänger selbst einmal etwas gewesen, was gelebt und geatmet hatte, aber vor etwa sechs Monaten gestorben, nun der Verwesung anheimgegeben und ohne würdiges Begräbnis geblieben war.

»Mutter? Bist du schon salonfähig? Dein Sohn Nummer eins ist heimgekehrt.« Er öffnete eine Tür am Ende des Ganges, ich sah eine dünne, eingeschrumpelte Bohnenstange von Frau, die sich von einer Kloschüssel erhob, wandte mich ab und tat, als prüfte ich das Bild eines rüstigen Opas, der die Arme weit auseinanderhielt, um zu zeigen, wie groß der war, der ihm entwischt war.

»Ich dachte, du bist einer von den Taylor-Buben«, sagte die Frau. »Ich dachte, du willst den großen Eimer Würstchen wieder abholen. Ihr Vater hat sie vorbeigebracht, einen ganzen, großen Eimer voll. Ich hab angerufen und gesagt: ›Was soll ich denn mit soviel Würstchen. Schick den Jungen vorbei; er soll sie wieder mitnehmen.‹«

Curly senkte die Stimme. Ich konnte nicht verstehen, was er sagte, aber es klang ungeduldig.

»Nein, ich will nicht, daß du den Stock holst«, hörte ich

die Frau sagen. »Ich will, daß diese Würstchen aus meinem Schrank verschwinden, ist, was ich will. Ruf diesen Taylor-Buben an, damit er sie abholt.«

Ich hörte, wie sie protestierte, als sie angehoben wurde, hörte, wie das Klo gespült wurde und Wasser ins Waschbecken lief. »Ich mag solche Würstchen nicht. Ruf an, sie sollen sie wegschaffen.«

Curly öffnete die Tür, tauchte wieder auf, seine Mutter im Schlepp, führte sie an der Küche vorbei und in einen Raum, den, das wußte ich, ich nie betreten wollte. Ich hätte mich mal wieder treten können, weil ich nie fahren gelernt hatte. Mit dem Geld, das ich bei der Apfelernte verdient hatte, hatte ich genug Bares unter der Matratze für ein Gebrauchtmodell. Mit einem eigenen Auto hätte ich mir irgendeine Entschuldigung einfallen lassen und problemlos abhauen können. Ich hätte auch *sein* Auto nehmen können, wenn ich gewußt hätte, wie man den Motor anläßt und wegfährt. Während ich in einem Anhänger *wohnte,* war es klar, daß Curly in einem *lebte,* und es entsetzte mich, daß er mich fälschlicherweise für seinesgleichen gehalten hatte. Lag es an meiner Kleidung? An der Blässe meiner Haut? Meiner Neigung, den Mund offen klaffen zu lassen, wenn mir fad war? Anhängerbewohner wurden ähnlich wie das Apfelmus in der Fabrik eingedost und etikettiert, so daß die ganze Welt die Zutaten sehen konnte: in schwimmendem Fett gegartes Steak mit Panade, verkochtes Gemüse, keine Grundkenntnisse der wichtigsten italienischen Filmregisseure –; die Liste wurde immer länger.

»Mann, ist sie müde oder was?« sagte Curly und schüttelte ungläubig den Kopf, als er aus dem Schlafzimmer kam. »Manchmal ist sie wie eine Uhr, wenn du weißt, was ich meine. Kuckuck. Kuckuck.« Er tippte sich mit dem Zeigefinger gegen die Schläfe und ließ ihn rotieren. »Du weißt ja, wie's mit Müttern ist. Man kann nicht mit ihnen leben, und sie passen nicht in einen Sack. Hey, hab *ich* das gesagt?« Er drückte sich auf die Fingerspitze, als wäre sie der RÜCKLAUF-Knopf. »Sind wir hergekommen, um uns ein bißchen zu entspannen oder was?« Er trat in die Küche, kehrte mit einem Sechserpack Bier zurück und erläuterte, wir sollten uns vielleicht in sein Schlafzimmer zurückziehen, da seine Mutter einen leichten Schlaf habe. »Sie kann, mein lieber Mann, zum regelrechten dreiköpfigen Ungeheuer werden, wenn sie nicht ihr Auge voll Schlaf kriegt«, sagte er. »Du bist doch nicht so, oder? Bist du ein griesgrämiger alter Werwolf, wenn du morgens aufwachst? Das will ich aber nicht hoffen, denn ich hab ja wolche Angft vor Monftern.« Er kaute sich an den Nägeln und ging in die schlotternden Knie. »Hab ja wolche Angft. Piff mir in die Howe.«

Wie immer es um Curlys theatralische Angst bestellt sein mochte, sie kam aber auch nicht entfernt an meinen echten Horror heran, als er die Tür zu seinem Schlafzimmer öffnete, welches als Ausstellungsraum für seine umfangreiche Sammlung künstlicher Penisse diente. Sie hingen an den Wänden, ragten einem von Wandplakaten entgegen und standen aufrecht, ordentlich in Regalen und auf Tischplatten angeordnet. In Holz, Plastik oder fleischigem Gummi kopiert, war ihnen ihre erhebliche Größe gemein. Manche waren detailliert ausgeführt und wiesen Adern und lockigen Haarbewuchs auf, während andere als minimalistische Andeutung existierten. Schwarz oder weiß, poliertes Aluminium oder fleischfarben, elektrisch oder manuell –, die Botschaft war dieselbe.

»Na, was meinst du?« sagte Curly und ließ sich auf dem Wasserbett nieder.

»Das ist ja wirklich eine… beeindruckende Tagesdecke«, sagte ich und hoffte, die Aufmerksamkeit auf die Farbwahl zu lenken. »Das… Orange ist ein richtig *orangefarbenes* Orange, stimmt's?«

»Ja, so könnte man es wohl sagen«, sagte er und griff nach etwas, was stark einer Thermosflasche ähnelte. »Wie gefällt dir meine Spielzeugsammlung? Ich hatte mir gedacht, du könntest mehr damit anfangen als irgend jemand, den ich sonst so kenne. Als ich dich zum erstenmal sah, hab ich mir gedacht: ›Dieser Junge braucht einen Spielkameraden.‹ Also, wie sieht's aus, wie sieht's aus, kommt Charlie Brown zum Spielen raus?«

»Oh, Mann«, sagte ich. »Wirklich nett, daß du fragst... Curly. Es ist ja nur, äh, weil wir doch zusammen arbeiten...«

»Ein Grund mehr, auch zusammen zu spielen«, sagte er. »Na los, Einstein, komm mir nicht mit *der* Scheiße. Hier, du hast mich auf Touren gebracht wie einen Güterzug.« Er fuhr mit dem Reißverschluß seiner Jeans auf dem Gleis seines Hosenschlitzes auf und ab. »Du hast dich zu weit vorgewagt, um jetzt einen Rückzieher zu machen. Spiel nicht solche Spielchen mit mir.«

»Tu ich ja gar nicht«, sagte ich. »Es ist nur so, daß ich... äh... diese... verdammten Filzläuse habe.« Ich kratzte mich wild und gratulierte mir im stillen zu dieser List. »Die wird man echt schwer wieder los, und ich möchte nicht, daß du sie dir auch noch holst.«

»Wär auch nicht das erstemal«, sagte er. »Los, beweg deinen Arsch ins Bett. Curly wird diese bösen alten Filzläuse finden und ihnen ordentlich den Hintern versohlen.«

»Das klingt ja ... wirklich ... vielversprechend«, sagte ich. »Natürlich nicht für die Filzläuse ... Für *die* klingt es eher ... äh ... nicht so gut.« Ich entschuldigte mich, ich müsse aufs Klo. Curly hatte mir vorher die Jacke abgenommen, und ich tastete nach ihr in der dunklen Garderobe. Als ich hörte, wie er nach mir rief, schnappte ich mir die daunengefütterte Jacke, floh zur Vordertür hinaus, rannte über die Einfahrt und weiter auf die dunkle Straße.

Erst als ich eine Straßenlaterne erreichte, merkte ich, daß

ich eine Damenjacke trug. Sie war daunengefüttert, wie meine, aber rosa, und die Taschen waren voller zusammengeknüllter Kleenextücher. Ein Auto bog um die Ecke und raste auf mich zu. Kurz bevor er mich erreicht hatte, scherte der Fahrer aus, fuhr aufs Bankett, und ich fiel rückwärts in einen Graben. Eine Bierdose landete neben meinem Kopf, und ich hörte, wie Gelächter und laut aufgedrehte Musik in der Ferne verklangen.

Als warmer, sicherer Ort war der Graben gar nicht übel. In faulende Blätter und Fetzen Papier gekauert, fragte ich mich, wie ich bei Curly so unrecht gehabt haben konnte. Ich hatte immer angenommen, er wäre ledig, weil er keine Frau finden konnte, die verzweifelt genug war, sich mit seiner Unreife abzufinden. Wäre alles anders gewesen, wenn ich ihn attraktiv gefunden hätte? Wenn er wie, sagen wir mal, William Holden in dem Film *Picknick* aussähe, hätte ich mir dann seinen überheizten Anhänger und seine Blödmannsgeschichten bieten lassen? Ich rief mir seine Kollektion künstlicher Penisse ins Gedächtnis zurück und begriff, daß die Antwort eindeutig *Nein!* lauten mußte. Nach einem solchen Monster konnte der nächste Schritt nur darin bestehen, daß ich auf einem eingefetteten Hydranten saß. Bevor ich wußte, wie mir geschah, wäre ich zu einem jener Männer mittleren Alters geworden, die Windeln trugen und beim Gehen humpelten. Ich wußte, ich hatte in der Sortier- und Packfirma meine letzte Schicht gearbeitet. Es war nicht Curlys Schuld, aber es ist immer schön, jemanden zu haben, dem man sie geben kann. Wenn überhaupt, sollte ich ihm dankbar sein, weil er mir einen guten Vorwand zum Abhauen geliefert hatte. Plötzlich schien es eine gute Idee zu sein, die Brocken hinzuschmeißen und die Stadt zu verlassen. Zuerst wollte ich jedoch einfach ein Weilchen in diesem Graben liegen, gut in eine Damenjacke eingemummelt, und mich fragen, wo ich einen Fehler gemacht hatte.

Seitdem die Mexikaner weg waren, war Hobbs' Obstplantage ein trostloser Ort. Kurz nach Sonnenaufgang hinkte ich in meinen Anhänger und starrte aus dem Fenster auf die kahlen Bäume. Das Problem, wenn man eine Stadt verließ, war, daß man früher oder später in einer anderen ankommen mußte. Ich nahm mir vor, irgendwohin zu fahren, wo es exotisch war, nach Portland vielleicht, oder nach Tacoma (Washington), aber tiefinnerst wußte ich, daß ich, sobald mein Bündel geschnürt war, nach North Carolina zurückkehren würde. Wenn ich nur noch ein bißchen länger hierbleiben konnte, entwickelte ich vielleicht die emotionalen Schwielen, die man brauchte, um die Vergangenheit hinter sich zu lassen und allein ein neues Leben zu beginnen. Es war wie eine fiebrige Erkrankung: Nur noch ein paar Wochen, und vielleicht wäre ich dann darüber hinweg gewesen. Nichts, so schien es, konnte einen in seinen Vorsätzen so schwankend machen wie eine Nacht im Straßengraben.

Ich fuhr per Anhalter nach Hood River hinein, um meine Leihbücherei-Bücher zurückzugeben, und machte kurz bei der Firma halt, um zu erklären, daß ich meinen Job nicht mehr brauchte.

»Yale«, rief ich dem Vorarbeiter zu, um den Lärm des Generators zu übertönen. »Ich muß zurück nach Osten; ich habe einen Ruf als Gastdozent.«

»Du hast dir deinen Ruf im Knast erpennt und mußt jetzt zurück? Paß gut auf, wenn du dich beim Duschen bückst, weil dir die Seife weggeflutscht ist. Also bis dann, wenn du wieder raus bist.«

»Sieht aus, als ginge es zurück nach Hause«, flüsterte ich der Bibliothekarin zu und überreichte ihr meine zerfledderten überfälligen Exemplare von *Tal der Puppen* und *Rosemarys Baby.* »Ich habe einen Ruf als Gastdozent nach Yale, und weil die Erntezeit sowieso vorbei ist, dachte ich, warum nicht?«

»Bevor man verhungert«, seufzte die Frau.

Ich weiß nicht, warum ich überhaupt das Gefühl hatte, mich rechtfertigen zu müssen. Außer der rechtmäßigen Eigentümerin meiner rosa Jacke betraf mein Scheiden niemanden. Ich hatte mehrere Monate dort verbracht, und es war nichts dabei herausgekommen. Da ich nicht die Art Mensch war, welche die Dinge ins Rollen brachte, mußte ich mich von den Dingen überrollen lassen. Ich erwartete, daß sich mir die ganz großen Möglichkeiten eröffneten, und das hatten sie getan, in Form von einem Gewerkschaftsausweis und drei Dutzend künstlichen Penissen. In North Carolina würde es auch nicht anders sein als in Oregon. Ich dachte an diese Leute im Bus, die von einem beschissenen Ort zum nächsten fuhren und keinerlei Veränderung erwarteten, außer landschaftlich. Bald saß ich wieder neben ihnen, teilte mit ihnen meine Kartoffelchips und fand sie ganz toll.

Ich war wieder in Richtung Odell unterwegs, als mich ein Mann in seinem Kombi mitnahm, der sich als Jonathan Combs, C. O. G., vorstellte.

Ich fragte, was die Buchstaben bedeuteten, und er sagte, ich solle mal raten. Er schien ein Mittfünfziger zu sein, mit teigigem, quadratischen Gesicht, einer Brille mit schwerem, schwarzen Rahmen und einem silbernen Bürstenhaarschnitt.

»Los, rate mal«, sagte er.

Cousin of Godzilla? dachte ich. *Clobiger oller Gauner? Cholesteringefährdeter Ost-Gote?*

»Ich komm beim besten Willen nicht drauf«, sagte ich.

»Child of God«, sagte er. »Auch du bist eins! Da hattest du nun immer schon diesen glorreichen Titel und wußtest es nicht mal! Ich habe ihn mir sogar auf meine Schecks drukken lassen. Wenn der Mann da oben sie auch noch *ein*löst,

bin ich ganz groß im Geschäft. HA!« Er wandte sich an sein Autodach. »War nur ein Scherz, o Herr.«

Jon sagte, er könne mich bis nach Odell hinein mitnehmen, müsse aber erst noch kurz beim Studio vorbeischauen. Ich fragte, was er da mache, und er sagte: »Ich bin Künstler, *das* mache ich da. Schon mal einen Künstler kennengelernt? Manchmal benehmen wir uns vielleicht ein bißchen merkwürdig, aber keine Sorge, Kleiner, ich bin geimpft und hab bisher noch keinen gebissen.«

Er bog in eine Wohnstraße und hielt vor einem Haus, das mit den Überresten von Halloween dekoriert war. Durchweichte Gespenster hingen an den Bäumen, vom Morgenregen gequollen, der ausgehöhlte Kürbis war eingeschrumpelt, und sein einst vergnügtes Gesicht ähnelte dem einer zahnlosen, sonnenverbrannten Mumie. »Diese freundlichen Menschen sind Mitglieder meiner Kirche«, erklärte er. »Ich habe ihnen gesagt, ich suche ein Studio, und da haben sie mir ihren Kellerschlüssel gegeben. Einfach so.« Er lächelte und schüttelte beim Gedanken an sein günstiges Geschick den Kopf. »Du wirst die tollsten Menschen der Welt kennenlernen, und sie leben hier, in dieser Stadt«, sagte er. »Naja, ich glaube, *dich* brauche ich nicht daran zu erinnern. Du hast ja schon einen kennengelernt.«

»Wen?«

»Mich, du Idiot!« Er griff nach zwei Aluminium-Spazierstöcken, die neben ihm lagen, und stützte sich beim Aussteigen auf sie. Ich folgte ihm und tat, als nähme ich die unmißverständlichen Geräusche nicht wahr, die aus seiner Hose drangen. Entweder litt er unter einem besonders schweren Fall von Flatulenz, oder in seiner Gesäßtasche saß ein Knirps, der Trompete übte. »Fühlst du dich stark genug, etwas Erstaunliches zu sehen?« fragte er. »Dann halte mal schön deine Socken fest, denn der Anblick wird dich geradewegs aus den Socken hauen.« Er öffnete die Tür zu einem

Kellerraum, der mit einer Waschmaschine und einer Trokkenschleuder ausgerüstet war. In der anderen Ecke des Raumes standen mehrere große, schmuddelige Maschinen mit unklarem Verwendungszweck. Er knipste die Deckenbeleuchtung an und wuchtete sich in Richtung eines Felsbrockens, der in einem Kasten mit rostfarbenem Wasser ruhte. »Ta-ta-ta-*taa!* Na, wie geht's den Socken? Noch alles dran?« fragte er.

Mich beschlich das deutliche Gefühl, etwas nicht mitzukriegen, was doch so offensichtlich war.

»Das ist Jade!« Die Augen des Mannes funkelten. »Und ich hab noch viel, viel mehr, wo das herkommt. Ist vielleicht nicht allerbeste Qualität, aber immerhin, es ist genug da, um mich zehnmal zum reichen Mann zu machen, wenn ich keine Scheiße baue und nicht wieder anfange zu saufen, gleich dreimal auf Holz klopfen.« Er setzte sich, pochte gegen seine Knie und verursachte ein hohles Geräusch.

Ich war sprachlos.

»Dreimal auf Holz klopfen gefällig? Nur zu; freie Auswahl. Ein Bein ist so gut wie das andere.« Er zog die Hosenbeine hoch und enthüllte glatte, kittfarbene Waden. »Sie sind nicht echt aus Holz; da hab ich dir ein Bein gestellt. Ha! Nicht schlecht, was? Oder, anders ausgedrückt, ganz schön beinlich! Nein, sie sind voll aus Plastik, und sie gehören mir, und ich will sie auch behalten.« In einer gespielten Abwehrhaltung umklammerte er seine Knie.

Der Mann war eindeutig eine Art Wahnsinniger, vielen anderen Menschen nicht unähnlich, die mich per Anhalter mitgenommen hatten, aber bei diesem wußte ich mit Bestimmtheit, daß ich ihm, wenn es darauf ankam, wegrennen konnte. Vielleicht blieb ich deshalb und hörte ihm zu, wenn er von den vielen Jahren erzählte, die er in Alaska verbracht hatte. Das war auch so eine Gegend, in die mich nichts zog. Meine Kinderphantasien mit Eisbären und lächelnden

Eskimos, die einander durch die gefrorene Tundra jagten, waren durch Zeitschriftenartikel über Städte mit hohen Lebenshaltungskosten und niedrigen Verdienstmöglichkeiten zunichte gemacht worden, in denen bärtige Männer unter einer unbarmherzigen Mitternachtssonne um Bräute aus dem Versandhauskatalog Armdrücken spielten. Wenn dies das letzte Neuland war, das es zu erringen galt: bitte, bitte.

Nachdem seine erste Ehe gescheitert war, reiste Jon auf der Suche nach Reichtum gen Fairbanks. »Aber das einzige Gold, das ich fand, wirbelte auf dem Boden einer Flasche.« Er verlor sein linkes Bein, als sich sein Auto überschlug und ihn gegen einen Baum nagelte. Dessen Partner wurde ein paar Monate später wegen Wundbrand amputiert. Es waren die Lufttaschen zwischen den Prothesen und den Beinstümpfen, welche beim Gehen diese Furzgeräusche hervorbrachten.

»Da war ich also. Meine Beine waren nicht mehr aktuell, aber ich hatte immer noch meine Hände, und mehr brauchte man nicht, um nach der Flasche zu greifen. Ja, 's ist wahr, die beste Medizin der Welt wird von einem Burschen hergestellt, und der ist im ganzen Land unter dem Namen Jim Beam bekannt. Ich war ein ausgetrockneter Jammerlappen, mit nichts zu tun als sich zu besaufen und zu bemitleiden. Und genau das tat ich, bis ich einen Mann kennenlernte, der mir sagte, ich kann auch ohne ein Paar Stinkfüße gehen. Einen Mann, den ich zufällig auf dem von Menschen wimmelnden Korridor eines Krankenhauses der Veterans' Administration kennenlernte. Einen Mann namens Jesus Christus. Er war zufällig eng mit meiner Frau befreundet und fand, wir sollten uns kennenlernen. Damals war sie natürlich noch nicht meine Frau, sondern nur eine weitere hübsche Krankenschwester mit einer tollen Garnitur Titten und einem Arsch, in dem man verlorengehen konnte. Jesus hat uns zusammengebracht. Dann sagte er uns, wir sollten heiraten und so schnell wie möglich aus Alaska verduften, und so, verdammte Scheiße, geschah's.«

Das mit der Jade kam später, irgendwo im Bundesstaat Washington, wo er auch Schneiden und Polieren lernte. »Da kommt dann das Können zur Geltung«, sagte er. »Sieh dir diesen Stein an; ist doch nichts, oder? Nur ein staubiger Klumpen Nichts.« Jon stellte sich auf seine künstlichen Füße. »Und jetzt sieh dir *dies* an!« Er lüpfte ein Tuch von einem Tisch, und darunter kam ein halbes Dutzend glänzend polierter Jadetafeln zum Vorschein, die zu Uhren verarbeitet waren, wobei die batteriebetriebenen Minutenzeiger an Klecksen aus Goldfarbe vorbeiruckten, welche die Ziffern darstellen sollten.

»Was ist das?« fragte er und hielt eins der größeren Modelle hoch.

»Eine Uhr?«

»Ja, natürlich ist das eine Uhr, aber was noch? Sieh dir doch mal die Form an. Na?«

Ich versuchte, einen Sinn hineinzukriegen, aber ich sah günstigstenfalls eine Scheibe Brot, deren Ecken von Ameisen oder Mäusen abgekaut waren.

»Das ist *Oregon,* du Blödi. Jeder kennt doch die Form von Oregon. Du bist vielleicht noch nicht lange hier, aber das ist keine Entschuldigung. Die Bauerntölpel in dieser Stadt werden mir die Babys aus den Händen reißen; sowas hast du noch nicht gesehen! Ich berechne hundert Eier pro einmal Uhr, und das ist nichts, verglichen mit dem, was einige dieser Komiker für ihre Tierwelt-Schinken kriegen. Weihnachten steht vor der Tür, ich muß loslegen und anfangen, diese Mistdinger rauszuhauen, und weißt du, was? *Du* wirst mir dabei helfen!«

Sobald er das sagte, wußte ich, daß er recht hatte. Die ganz große Möglichkeit hatte sich mir eröffnet, und ich sah keinen Grund, nicht hineinzutappen.

Es war Jons Gewohnheit, jeden Arbeitstag mit einem Gebet zu beginnen. »Bin ich ganz allein in diesem Zimmer?« fragte er. »Mein Kumpel Jesus blickt herab und sagt: ›Jon kenn ich, aber wer ist der liebenswerte Trottel mit dem spöttischen Grinsen auf dem Gesicht?‹ Los jetzt, knie nieder, zeig ein bißchen Dankbarkeit, daß du noch zwei Knie zum Knien hast.«

Nachdem ich die gewünschte Körperhaltung eingenommen hatte, konnte er also anheben: »Hallo da oben, o Herr. Ich bin's mal wieder, Jon, Dein alter Spezi. Wenn es nicht zuviel verlangt ist, fände ich es echt schön, wenn Du diesen respektlosen kleinen Dussel, der jetzt für mich arbeitet, im Auge behalten könntest. Gib mir die Geduld, dann werde ich mich anstrengen und ihm beibringen, was Du bedeutest, und was dies kostbare Jadegestein bedeutet, das Du mir gegeben hast. Und, hey, danke für den Kaffee, aber hast Du auch Zucker? HA!«

»Man kann durchaus mit dem Herrn Witze machen«, sagte er eines Morgens und entfernte sein rechtes Bein, um Salbe auf den bandagierten Beinstumpf zu schmieren. »Hey, da oben, ich hoffe, ich komme nie vor Gericht. Die Beweisführung meines Verteidigers stünde nämlich nicht mal auf *tönernen* Füßen. HA!«

Die religiöse Unterweisung wurde mit einem Charme vorgebracht, der rasch nachließ, wenn es an die Arbeit ging. Die Jade wurde auf einer unter Druck stehenden Säge in Scheiben geschnitten, an der ein Wasserschlauch angebracht war, der verhindern sollte, daß die Klinge zu heiß wurde. Jon schnitt den Stein in Scheiben, und es war mein Job, sie zu polieren. Dies geschah mit verschiedenen abgestuften runden Scheiben, die auf ein Rädchen paßten, welches sich rasend schnell drehte. Sobald sie glatt waren, brachte ich die sechs Millimeter dicken Scheiben mit einem rotierenden Lederriemen auf Hochglanz. Durch die Reibung entstand ziemliche Hitze, und obwohl ich Handschuhe trug, ließ ich manchmal ein bereits ziemlich fortgeschrittenes Werkstück fallen, und es zerschellte auf dem Fußboden.

»Du dämlicher, unbeholfener Esel«, rief Jon und schlug mit seinen Stöcken gegen den Tisch. »Weißt du, wieviel Arbeit in dem Stück steckt? Du gottverdammter, blöder Köter!« Nachdem ich erschöpfend beschimpft war, trug er seinen Fall den Himmeln vor. »Hey, o Herr, warum behandelst Du mich so? Soll das ein Test sein? Hast Du mir diesen Schussel gesandt, um mir eine Lektion zu erteilen? Was hab ich getan, um diese stinkende Scheiße zu verdienen?«

Die Tür, hinter der die Treppe zum Erdgeschoß lag, ging auf und eine Frau steckte den Kopf übers Geländer. »Bruder Jon, gibt es ein Problem?«

»Das kann man wohl sagen. Dieser Scheißkerl hat gerade vier Stunden Schwerstarbeit auf den Scheißfußboden geschmissen. *Das* ist mein gottverdammtes Problem.«

»Es tut mir sehr leid, das zu hören«, sagte die Frau und hielt ihrer fünfjährigen Tochter die Ohren zu.

Dies Szenario wiederholte sich bis zu dem Tag, an dem das Kind seine Mutter als »Arschgesicht« anredete, und es wurde angedeutet, Jon würde sich vielleicht eine etwas abgelegenere Werkstatt suchen wollen.

»Schaff die Ausrüstung ins Auto«, sagte er. »Bloß raus aus diesem Rattenloch.«

Er fand ein anderes Studio, einen ehemaligen Kosmetiksalon am Stadtrand. Morgens zogen wir mit den Maschinen um, und am Nachmittag zeichnete er bereits wieder den Umriß von Oregon auf polierte Jadescheiben und schnitt ihn mit seiner Bandsäge aus. Im Laufe unseres Arbeitstages wurden wir ziemlich oft von Jons Glaubensbrüdern unterbrochen, die hereinschneiten, um zu sehen, wie wir vorankamen.

»Pete, Kimberley, hört mal zu. Für fünfundsiebzig Dollar könnt ihr so eine Uhr haben. Versucht nicht, mir das auszureden; das ist der Rabatt des Herrn, nicht meiner. Ich... Was war das?« Er blickte an die Zimmerdecke und legte beide Hände hinter die Ohren, als versuche er, aus einer Information schlau zu werden, die aus einem weit entfernten, knackenden Lautsprecher kam. »Was? Okay, wenn Du meinst.« Er wandte sich wieder an seinen Besuch und hob die Schultern. »Der Herr hat zu mir gesprochen und gesagt, wo ich gerade dabei bin, gibt's die Batterien dazu. Was meint ihr? Fünfundsiebzig Dollar.«

Ob er mit Phil und Dotty Frost sprach, mit Walter und Linda Tuffy, mit Hank und June Staples, mit den Mangums, den Stenzels oder den Clearwaters, die Reaktion war immer die gleiche: »Wir wissen das Angebot zu schätzen, Bruder Jon, aber es übersteigt leider ein bißchen unsere Barmittel.«

»Dann machen wir eben ein Finanzierungsmodell; na, wie sieht's aus?«

Die Mitglieder lachten verhalten und versuchten, seinem Blick auszuweichen. »Da würden wir ja liebend gern mitziehen, wirklich wahr, aber die Bank sagt, wir haben bereits mehr Finanzierungsmodelle laufen, als uns guttut.«

»Scheißknauser.« Jon stand am Fenster und winkte, während die Besucher aus der Einfahrt fuhren. »O Herr, warum hast Du mir diese geizigen, nichtsnutzigen Freunde gesandt?«

Bis ich siebzehn wurde, war ich gezwungen worden, die Orthodoxe Kirche der Heiligen Dreieinigkeit zu besuchen. Der Gottesdienst wurde von einem Popen im Kittel abgehalten und erforderte endlose Runden von Stehen, Sitzen und Knien. Alle paar Stunden streunten die Meßdiener mit Humpen schwelenden Weihrauchs durch die Gänge, und nacheinander fiel die Gemeinde, vom Fasten benommen, um wie die Fliegen. Weil ich nie verstehen konnte, was gesagt wurde, machte ich mir ein Bildnis von Gott, welches nicht zürnend, richtend und strafend war, sondern einfach schmerzhaft langweilig. Christus war mir ein Mysterium, und Jon und seine Freunde waren begierig, die Lücken zu füllen. Es gab Tage, an denen ich mit der festen Überzeugung von der Arbeit kam, daß eine Belohnung von fünfhundert Dollar auf den ersten Menschen ausgesetzt war, der es schaffte, meinen Kopf in das nächste Gewässer oder Tauf-Planschbecken aus Plastik zu tunken. Ich war ein Klumpen ungeformten Lehms, umzingelt von einer Gilde eifriger Bildhauer. Dies waren die einzigen Menschen, zu denen ich – außer zu den Männern und Frauen, die mich jeden Tag mitnahmen, wenn ich zur Arbeit und wieder nach Hause fuhr – Kontakt hatte. Ich kam in die Werkstatt, hörte Radio Frohe Botschaft, wurde von Jon verflucht und von seinen vorbeischauenden Freunden und Nachbarn wieder gesegnet. Es war, als wäre man in ein fremdes Land geschickt worden, um in eine Sprache einzutauchen, die, irgendwie, mit der Zeit, die eigene werden sollte.

»Friede sei mit euch, Brüder.« – »Wie heißt es noch so schön in Johannes dreizehn?« – »Der König kommt!« Ich kämpfte wie verrückt dagegen an, aber meine einzige Alternative bestand darin, mit niemandem zu sprechen. Ich hatte das bereits versucht, und es hatte dazu geführt, daß ich Kühen Vorträge hielt, bis der Bauer mir sagte, das schade ihrer Verdauung. Dieser Gott war jemand, mit dem ich mich schließlich immer mehr beschäftigte, wenn ich in meinen immer kälter werdenden Anhänger zurückkehrte. Strafte Er mich mit dieser Mahlzeit, oder belohnte Er mich? Beobachtete Er mich aktiv, oder nahm Er mich als selbstverständlich hin, wie einen Fisch, den man nicht wahrnimmt, bis er mit dem Bauch nach oben im Aquarium dümpelt?

Im neugefundenen Geiste der Vergebung schrieb ich meinen Freunden zehn- bis fünfzehnseitige Briefe, und wieder kam keinerlei Antwort. Es gelang ihnen nicht, eine Postkarte abzuschicken, während all diese Leute hier – die Halbergs, die Cobblestones, Sam und Charlotte Shelton – mich brieflich zur Teilnahme am Erntedankfestessen bewegen wollten. Ich lehnte dankend ab, und einige nahmen es auf sich, mir einen Truthahn vor die Anhängertür zu legen. Unglücklicherweise war die Gabe mit Ananasscheiben aus der Dose dekoriert, aber immerhin, man hatte sich bemüht. Das Geschenk war mir peinlich, so peinlich wie die anderen. An jenem Tag stellte ich mich mehrmals im Schlafzimmer tot. Ein Auto näherte sich, ich rannte ins andere Zimmer und tat, als wäre ich nicht da. Ihre Güte beschämte mich, und ihre Küche kasteite mich. Es schien eine direkte Beziehung zwischen Gottesfurcht und dem fehlgeleiteten Eifern für Marshmallows zu bestehen.

»Was hab ich dir gesagt?« sagte Jon. »Die besten Menschen der Welt, und du hast sie direkt um die Ecke. Haben dir *deine* Freunde zu Hause einen Korb selbstgekochte Truthahnfüllung mitgebracht? Haben *deine* Leute dir ein Marshmallow-Tortelett oder ein ganzes Blech voll Brötchen gebacken? Natürlich nicht! Gekonnt hätten sie, aber sie haben nicht.« Er trat ans Fenster und rief zum Himmel empor: »Hey, o Herr, nur für den Fall, daß dieser Holzkopf es nicht gesagt hat: Danke für die Füllung!«

Hin und wieder stellte Jon seine Säge ab und wandte sich an mich: »Ein Freund von mir würde sich gern mal mit dir unterhalten. Er sagt, er versucht dich schon seit einiger Zeit zu erreichen, aber du nimmst seine Anrufe nicht entgegen.«

»Wie denn auch; ich hab ja kein Telefon.«

»Brauchst auch keins. Der Typ spricht dir direkt ins Herz hinein. Warum sprichst du nicht auch mal mit Ihm? Was hast du zu verlieren, deine gute Laune? Du bist doch jetzt auch nicht glücklich; das kann ich dir sagen. Du suchst und suchst und suchst nach etwas, was du doch direkt vor der kleinen rotzigen Nase hast. Du mußt nach der Freude *greifen!* Sie wird dir nicht in den Schoß fallen, du dämlicher Sack, du mußt *sagen,* daß du sie willst. Aber das ist es dann auch schon. Mehr ist nicht nötig.«

Mein Anhänger hatte fließend Wasser, aber es war nicht warm. Seit meiner Ankunft hatte ich mein Badewasser immer gekocht, aber in der letzten Novemberwoche war es so kalt geworden, daß das Wasser, sobald es mit der Wanne in Berührung kam, Zimmertemperatur annahm. Mein Heizungssystem bestand aus einem Heizlüfter, dem Herd und einem Toaster, was alles nicht viel nützte, wenn man nicht genau darüber schwebte. Am wärmsten schien es noch im Kühlschrank zu sein. Ich legte mich voll angekleidet ins Bett und zog die Handschuhe nur aus, um zu baden oder um Kleingeld aus der Hosentasche zu holen. Weil das Studio geheizt war, verbrachte ich dort immer mehr Zeit. Jon ging um fünf, und ich blieb da, um auszufegen und an meinen eigenen Projekten zu arbeiten. Die Uhren hatten es mir nicht sonderlich angetan, aber Jade als solches konnte schön sein, wenn sie nicht zu Tode poliert wurde. Schmuck bedeutete zuviel Kleinarbeit, und Buchstützen waren Zeitverschwendung. Ich wollte, beschloß ich, eine *stash box* machen, ein Kästchen für den Marihuana- oder Haschischvorrat. Jon warb für seine Uhren mit dem Verkaufsargument, sie seien sowohl nützliche Gebrauchs-, *als auch* Gesprächsgegenstände. Das Problem war, daß man bekifft sein mußte, um tatsächlich über sie zu reden. Niemand sonst würde herumsitzen und die Tatsache würdigen können, daß um neun der große Zeiger auf Arlington und der kleine auf Eugene zeigte. Eine *stash box* wäre die Ergänzung, die eine solche Uhr erträglich macht. Sie müßte einfach, und doch bezaubernd sein. Nicht so elegant, daß Besucher nach ihnen greifen würden, und nicht so luxuriös, daß die Besitzer ständig an all die anderen schönen Dinge erinnert würden, die sie sich leisten könnten, wenn sie nicht ihr ganzes Geld für Drogen ausgäben.

Es gab Nächte, in denen ich bis Mitternacht arbeitete und dann auf dem Feldbett schlief, das Jon hinten im Studio zusammengeklappt stehen hatte. Kurz vor Sonnenaufgang wachte ich auf, durcheinander und ohne eine Ahnung, wo ich war. »Schlaf wieder ein«, sagte dann eine Stimme. »Du bist in einem ehemaligen Kosmetiksalon, von batteriebetriebenen Uhren umgeben. Kein Grund zur Sorge.« Sprach da der Herr?

Ich hatte über mein Leben immer in Begriffen wie »Glück« oder »Pech« nachgedacht, aber was war, wenn tatsächlich jemand das Kommando über unser Geschick hatte? Was war, wenn all unsere Pläne sich auf Null beliefen? Denken Sie an den Typ, der sein Leben lang für die Olympiade trainiert und einen Tag vorher auf einen Nagel tritt. Was ist mit diesen ganzen absolut netten, schwer schuftenden Menschen, deren Zuhause durch Feuer und Flut zerstört wird? Im Radio hörte ich mir eine Frau an. Verbrennungen bedeckten achtzig Prozent ihres Körpers. »Der Herr schickt uns nicht mehr, als wir ertragen können«, sagte sie. Wie Jon war sie weit davon entfernt, verbittert zu sein. Sie klang praktisch wie in Ekstase, ihre Stimme war so hoch und melodisch, daß ich dachte, gleich bricht sie in Gesang aus. »Gott macht die eine Tür nicht zu, ohne eine andere zu öffnen.« War das der Friede, diese totale Vertrauensseligkeit und Selbstpreisgabe? Weil ich faul war, hatte ich die Philosophie übernommen, daß die Dinge einfach passieren. Es war viel einfacher, andere verantwortlich zu machen, als selbst Initiative zu ergreifen. War es Zufall, daß Jon mich beim Trampen mitgenommen hatte, als ich gerade erwogen hatte, nach Hause zurückzukehren? Könnte eine höhere Macht mich in diese kleine Stadt geschickt haben? Hatte der Herr es gefügt, daß ich *stash boxes* machte?

Diese Gedanken machte ich mir eines frühen Morgens, als Jon erschien und sagte: »O Herr, heute scheine ich richtig zu handeln! Gestern nacht habe ich gebetet, dieser faule Dussel möge einmal pünktlich sein, und hier ist er, und Kaffee ist auch schon fertig.« Er interessierte sich überhaupt nicht für meine Kästchen und tat sie als Zeit- und Materialverschwendung ab. »Was willst du denn da reintun? Drei Finger? Ein paar Dutzend Q-Tips? Die sind ja nicht mal groß genug für ein Kartenspiel. Wer braucht sowas? Eine Uhr dagegen –, eine Uhr braucht jeder. Jemand kommt bei dir zu Besuch und fragt: ›Bin ich zu früh dran?‹ Auf was kuckst du dann? Auf ein Kästchen? Natürlich nicht! Eine Dame sagt: ›Im Rezept steht, ich soll diesen Pudding eine halbe Stunde lang kochen; da sehe ich mal auf mein Kästchen, ob er schon gar ist.‹ Lachhaft. Es kommt darauf an, den Leuten zu geben, was sie *brauchen,* du Idiot. Wenn du nach der Arbeit herumfummeln willst, nur zu. Die technischen Fähigkeiten hast du, und es hat mir Spaß gemacht, sie dir beizubringen. Das Können ist also da. Der Grips? Da würde ich mich an deiner Stelle lieber etwas bedeckt halten. In der Abteilung wirst du den Mann da oben um Hilfe bitten müssen.« Er hielt inne, um sich nachzuschenken. »Hmm, schmeckt dieser Kaffee gut, stimmt's? Danken wir unserem Freund, Jesus, dafür, daß er die Bohnen gespendet hat. Los, neige deinen leeren Kopf, und dann an die Arbeit. Die Zeit tickt. Ha!«

Unsere Zeit tickte der bevorstehenden Kunsthandwerkerleistungsschau in Portland entgegen, wo Jon ganz groß abzuräumen gedachte. Er hatte eine ziemliche Summe für den Stand bezahlt, erwartete aber, dieses Geld in den ersten zehn Minuten wieder reinzukriegen. »Hier sind die armen Schweine doch so pleite; das einzige, was die sich noch leisten können, ist der Offenbarungseid, höhö. Portland dagegen, Portland ist doch gleich ganz was anderes. In Portland sitzt das Geld. Wenn ich am Ende des Tages keine dreitausend Eier klargemacht habe, kannst du meine Beine anzünden und zukucken, wie ich auf den Händen nach Hause gehe. Hörst Du das, o Herr? Was meinst Du, Großer? Sind wir im Geschäft?«

Die Kunsthandwerksmesse sollte an einem Samstag zwei Wochen vor Weihnachten auf einem Marktgelände unter freiem Himmel stattfinden. Am Freitag davor machten wir Preisschilder und luden fünfundsiebzig Uhren und vier Kiffkästchen in den Kombi. Jon war in festlicher Stimmung und fuhr mich nach Hause, wobei er sein Referat über Verkaufstechnik unterbrach, um mir eine junge Frau zu zeigen, die am Münzfernsprecher einer Tankstelle stand. »Süßer, gnadenreicher Jesus auf Toast, sieh dir die beiden Aufschlagzünder an! O Jesus, an diesen Titten könnte ich lutschen, bis die Kühe nach Hause kommen. Laß mich ran, laß mich ran.« Ich hatte ihn schon ein- oder zweimal so erlebt, aber diesmal quollen seine Augäpfel so weit vor, daß sie praktisch die Brillengläser berührten. Nachdem er sich wieder unter Kontrolle hatte, setzte er mich vor meinem Anhänger ab und machte eine Uhrzeit aus, zu der er mich am nächsten Morgen abholen wollte.

An diesem Abend erwartete mich vor der Tür eine Plastiktüte mit sechs Briefen und einer Mitteilung von Hobbs, der sich dafür entschuldigte, sie nicht früher abgeliefert zu haben. Er fuhr jeden Morgen zum Briefkasten, um seine Post abzuholen, und meine Briefe hatten sich seit Wochen auf seinem Armaturenbrett angesammelt. Ich näherte mich meiner Post so, wie sich ein Verhungernder zu einem Bankett niederläßt. Es war ratsam, diese Fülle in kleinen Portionen zu genießen, aber ich konnte nicht anders, ich schlang jeden Brief auf einen Haps herunter, wobei meine Augen auf dem Blatt hinauf- und wieder herunterwanderten, als betrachtete ich ein Bild. Zuerst schluckte ich alles herunter, und dann, beim zweiten Lesen, begann ich, jedes Wort zu Speisebrei zu zerkauen. Da war ein Brief von meiner Schwester Lisa und einer von meiner Mutter, und beide hofften, ich würde zu Weihnachten nach Hause kommen. Meine Mutter beschrieb in ihrer vertrauten, stark geneigten Handschrift einen Autounfall am Nordgürtel, dessen Zeugin sie gewesen war. Lisas Brief, säuberlich getippt, teilte mir mit, sie wünsche sich einen Lockenstab zum Geburtstag, zu Weihnachten dagegen eine Kiste mit wahlweise Shampoo oder Schampus. Ich hatte offenbar *in absentia* ihren Namen gezogen und war nun während der Feiertage für ihr Glück alleinverantwortlich. Es gab zwei Briefe von Veronica, deren erster ihr fröhliches Erntedankfest wiedergab, während der zweite detailliert die jüngst erfolgte Trennung von »diesem Scheißkerl, der einst mein Boyfriend war«, schilderte. Es gab einen Brief von meinem Freund Ted und einen von einem alten College-Zimmergenossen. Ich las beide immer wieder, betastete das Wort *Liebe* immer wieder mit den Fingern, bis ich beide Absender deutlich vor Augen hatte, wie sie an Schreib- und Küchentisch saßen. Das Gefühl als warm zu beschreiben, hieße dem Gefühl unrecht tun. Es war, als hätten sich meine Toten, nachdem ich sie betrauert und ihre Gräber mit Blumen bepflanzt hatte, im Restaurant an meinen Tisch gesetzt und erklärt, es sei alles ein bedauerlicher Irrtum gewesen.

Ich saß am Herd, Toaster und Heizlüfter zu meinen Füßen, als ein grelles Licht auf die Wand fiel und Curly vor der Tür stand. Er riß sie auf, sagte »Lange nicht gesehn«, drängte an mir vorbei und prüfte den Inhalt des Kühlschranks, als wäre er eigens zu diesem Zweck ausgesandt worden. »Ich dachte, du wärst aus der Stadt verschwunden, aber dann hat Dorothy gesagt, sie hat dich beim Trampen an der Straße nach Hood River gesehen. Ist sie denn wenigstens schön kuschelig, die Jacke meiner Mutter, Einstein?« Er war noch eindringlicher geworden, aber nicht anziehender. »Ich könnte dich verhaften lassen; das weißt du doch, oder? Das Stehlen von Jacken ist im Staat Oregon ein Verbrechen.«

Es schreckte mich nicht, die Nacht im Gefängnis zu verbringen, weil ich versehentlich die Jacke einer Wahnsinnigen entwendet hatte, deren Sohn Treppenpfosten für erotische Objekte hielt. Ich gab ihm die Jacke seiner Mutter, entschuldigte mich für das Mißverständnis und dachte, das wäre es gewesen, aber er ging mich immer wieder an, knuffte mir auf den Kopf und lud mich zum Ringen ein. »Wir können das auch ohne die Spielsachen machen, wenn es dir so lieber ist«, sagte er. »Ich hab eine Flasche im Laster; die können wir auch nehmen. Na los, Einstein, du bist mir was schuldig.« Wenn ich ihn abwies, steigerte er sich, trieb mir seine Knöchel in den Schädel und arbeitete sich und mich in Richtung Bett vor. »Bißchen kitzlig, was? Läßt dich gern ein bißchen aufschütteln wie ein Kissen, was? Das gefällt dir, was, du kleiner Kitzelbitzel?« Für kurze Zeit konnte ich seiner Umarmung entrinnen, aber der Mann war zu schnell für mich. Seit Monaten schwitzte ich zum erstenmal. Er schmiß mich um und drückte meine Schultern gegen den Fußboden. »Mach, daß du von mir runterkommst!« rief ich. »Ich kann das nicht mit dir machen, weil ... weil ich Christ bin.« Da hatte ich das Gefühl, als öffneten sich gleichzeitig mein Herz und die schleimabsondernden Drüsen von Nase und Hals. An meinen behandschuhten Händen war soviel Rotz, daß sie, als ich die Handflächen im Gebet aneinanderhielt, kleben blieben wie geleimt. Ich weinte und plärrte, und dann schluchzte ich. »Ich bin Christ. Ich liebe Jesus; kannst du das nicht sehen?« Die Worte klangen wahr, und ich weinte noch heftiger. »Christ, ich bin Christ. Hilf mir Jesus, ich bin Christ.«

»Schluß damit«, sagte Curly und ging rückwärts zur Tür. »Ich wollte nicht deine Lebensgeschichte, nur einen schnellen Fick.«

Ich blieb noch lange, nachdem er gegangen war, auf dem Fußboden liegen und fragte mich, wie mein Leben wohl werden würde, jetzt, nachdem ich endlich mein Herz geöffnet hatte. Die Zigaretten schmeckten bereits besser, aber das tun sie nach einer ordentlichen Flennerei immer. Der Kühlschrank, der Toaster, alle Geräte sahen noch genauso aus wie vorher. Ich dachte, die Dinge würden strahlender erscheinen, wenn man sie mit der heiteren christlichen Einstellung betrachtete, und so ging ich ins Badezimmer, als wäre es ein Klubhaus voller treuer Freunde. »Hallo, Seife«, sagte ich. »Na, wie läuft's, Toilette?« »Siehst gut aus, Badevorleger.« Ich ging durch Küche und Wohnzimmer – »Du oller Lampenschirm, du« – und stieß bis ins Schlafzimmer vor, wo ich mein Adreßbuch durchblätterte und mich zwang, freundliche Gedanken über jeden zu denken, den ich durchgestrichen hatte. Es war schon spät, als ich endlich ins Bett ging, und ich konnte lange nicht einschlafen, weil ich mich fragte, ob Gott mich beobachtete. Es war ein unbehagliches Gefühl, beobachtet zu werden. Was war mit dem Klo, beobachtete Er mich da auch? Wahrscheinlich hatte Er überall Zutritt, wo Menschen litten, und das galt, wenn ich an meine Erntedankmahlzeit dachte, gewiß auch für die Toilette. Wie war es dann möglich, Ihn vom Beobachten *abzuhalten?* Morgen früh wollte ich gleich als erstes Jon fragen. Es war schwer einzuschlafen, teilweise weil ich es nicht erwarten konnte, ihm die Neuigkeit zu berichten. Ich war jetzt ein Christ, ein Christ. Hoffentlich konnte ich die Phase, in der man große Kreuze trägt und Broschüren mit dem Titel *Der Satan in Mrs. Jones* oder *Schlachthaus des Satans* verteilt, überspringen. Indem ich die hoffnungslos geschmacksarmen Mitsinge-Abende und Jeder-ißt-was-auf-den Tisch-kommt-

Kirchenkeller-Diners ausließ, strebte ich schnurstracks den Posten des Beurteilers an. Die Menschen würden mir Geld dafür zahlen, daß ich ihnen sagte, was sie falsch machten, und indem ich jeden einzelnen ihrer Schritte kritisierte, würde ich der ganzen Menschheit helfen. Mit einem bißchen Glück konnte ich das tun, ohne etwas Marshmallowhaltiges essen oder die Bibel lesen zu müssen. Ich stellte mir gerade meine Privataudienz beim Papst vor, als ich endlich zum Klang erwachender Vogelstimmen einschlief.

»Jesus, du siehst aus wie Scheiße«, sagte Jon, als ich mich früh am Morgen in seinem Kombi niederließ. Ich dachte, ich könnte meine Rede auswendig, aber ich hatte verschlafen und keine Zeit gehabt, mir eine Kanne Kaffee zu kochen. Groggy und dickzüngig begann ich mit der Schilderung meines Besuchs in Curlys Anhänger. »Also nahm er mich mit ins Schlafzimmer, und da stellte sich heraus ...«

»... daß der Typ ein Homo war, stimmt's?« Jon kräuselte vor Ekel die Lippen. »Das ist mir mal beim Barras passiert. Es gibt eine Menge kranke Menschen auf der Welt. Der Typ hat mich gefragt, ob er mich halten kann, genau das hat er gesagt. ›Kann ich dich halten‹? Damals hatte ich noch Beine, und ich habe sie benutzt, um ihm in den Arsch zu treten. Aber du bist doch auch so einer, oder?«

Ich nickte.

»Das hab ich gewußt, als ich zum erstenmal gesehen hab, wie du schmirgelst. Da hab ich gesagt: ›Der Typ ist krank.‹ Und stimmt doch, oder? Du bist krank.«

Er sagte es besorgt, wie man mit einem Freund spricht, der Schläuche in der Nase hat. »Du bist krank.« Ich versuchte, meine Flennkiste wiederzubeleben, aber sie klang unecht. »Buu-huu-huu. Auu-ha-ha-hu-hu-hu-hu.« Es war ohne Schleim, und ich mußte mir mit den Fingern in die Augen stechen, um Tränen hervorzubringen. »A-he-he-hu-hu-hu.«

»Flenn mich nicht voll. Sag es Jesus«, sagte Jon. »Streck die Hand nach Ihm aus. Sag ihm, daß es dir leid tut. Hock dich hier auf den Boden und bete, um Himmels willen.«

»Ach, Gott, hu-hu-hu, es tut mir so leid, daß ich diesen Typ kennengelernt habe. Er war so blöd.«

»Und sag Ihm, daß du das nie wieder machst«, rief Jon.

»Und ich mache das nie wieder«, sagte ich. »Nie wieder mit Curly, nie wieder.«

»Mit gar keinem Mann. Sag Ihm, daß du dich nie wieder mit einem anderen Mann hinlegst. Sag Ihm, du willst heiraten.«

»Ach, bitte«, sagte ich. »Bitte, laß mich heiraten.«

»Eine Frau«, sagte Jon. »Eine Frau und nicht einen Mann.«

»Eijejau«, heulte ich, »eijejau-u-ii einen Mann«, und hoffte, daß ich, falls das Protokoll je vor den Himmlischen Gerichtshof gebracht wurde, nicht dran war, weil ich Versprechungen gemacht und dann nicht gehalten hatte. »Eijejau-u-ii einen Mann.« Irgendwo unterwegs hatte ich vergessen, daß genau das dazugehörte. Konnte ich nicht Beurteiler sein *und* mit Typen schlafen?

»Und sag Ihm, es tut dir leid, daß du so lange Mittagspausen machst und so ungeschickt bist.«

»U-hu-hu-hu, es tut mir leid, daß ich soviel fallen gelassen habe. Es tut mir wirklich, wirklich leid.«

»Na gut, na schön«, sagte Jon. »Du kannst dich jetzt wieder hinsetzen. War doch gar nicht so schlimm, oder? Ich wußte doch, daß es mit dir noch klappt; du hattest schließlich den besten Lehrer, den es gibt. Hiermit verleihe ich dir den offiziellen Titel, C.O.G. Na, wie fühlt sich das an? Ganz schön gut, was? Und wem hast du das zu verdanken?«

»Curly?«

»Nein, mir, du Idiot.«

Jon erwähnte ein paar weitere Zugeständnisse, die ich machen mußte, und dann erreichten wir die Stadt Portland, wo die Frauen in engen Jeans und strammsitzenden Jacken flanierten. »Dreh dein Fenster runter und frag die Blonde, ob hier gerade Miss-Amerika-Wahlen stattfinden.«

Ich fragte, sie trat ihre Zigarette aus und sagte: »Da muß ich mich total geschlagen geben, Alter.«

»*Total. Geschlagen.* Das kann sie gern von mir haben, meinetwegen auch *to-tal.* Schlampe. Hey, kuck mal die da mit der Kaninchenjacke. O Gott, süßer Jesus, sieh dir diesen Arsch an. Man weiß, daß es einen Gott gibt, wenn man einen solchen Hintern sieht. Würdest du nicht gern den Rest deines Lebens damit verbringen, diesen feinen, fetten Arsch durchzubleuen? Möchte man nicht einfach sein Gesicht in sowas vergraben, bis es dunkel ist?«

Ich versuchte, Frauen als Christ zu betrachten, was seltsam war, da ich dachte, ich hätte das schon immer getan. Ich fand es angenehm, daß es sie gab, aber es war mir unmöglich, ihre Brüste oder Gesäße zu beurteilen, die ich nicht anders ansah als ihre Ohren oder Fußknöchel. Sie waren Gestalten, manche kleiner oder größer, aber keine von ihnen erotisch stärker befrachtet als die Bäume und Briefkästen, die an der Straße standen.

»Bleib dran, Mutti; Vati kommt«, sagte Jon. »Dreh dein Fenster runter und frag, ob sie die Jeans mit dem Pinsel oder mit der Rolle aufgetragen hat.«

Er mußte wirklich an Wunder glauben, wenn er annahm, ich würde eine wildfremde Frau fragen, ob sie hinten einen Lieferanteneingang hat.

Wir fuhren auf den Marktplatz, und ich entlud den Kombi, während Jon sich auf seine Stöcke stützte, die schmucken Töpferinnen anstaunte und den Makramee-Stickerinnen nachpfiff, die dünne, kunstvoll geflochtene Zöpfe trugen.

»Ihre Bastkörbe kann sie behalten, aber kuck dir ihre Körbchengröße an. HA!«

Flohmarkt oder Kunstgewerbemesse –, allgemein wird davon ausgegangen, das, was den Verkäufer interessiere, müsse das Publikum vollends für sich einnehmen. »Sie sehen sich den Panda an? Nun, er ist nicht nur ein gehäkelter Bär; er ist ein kleidsamer Schoner für den Küchenmixer *und* eine Kasperpuppe!« Ich könnte mich zwar dazu durchringen, die Tatsache anzuerkennen, daß jemand sich die Zeit genommen hat, ein lufthauchbetriebenes Glockenspiel aus zwei Dutzend Fünfcentstücken zu bauen, aber keinerlei gute Worte werden mich dazu bringen, zur Brieftasche zu greifen. Ich fälle meine Entscheidungen lieber in Ruhe.

Den Bürgern von Portland nützte dies freilich wenig. »Du mußt mit den Leuten *reden*«, sagte Jon. »Knips den Charme an und mach Geld! Und jetzt paß auf: Entschuldigen Sie, gnädige Frau, haben Sie zufällig die genaue Zeit?«

Die Frau blickte auf ihr Handgelenk und meldete, es sei 9:15 Uhr. »Entschuldigung, Sir, haben *Sie* die genaue Zeit? Nun, ich habe sie. Es ist höchste Zeit für Sie, eine Uhr zu kaufen. Völlig richtig, eine Uhr! Daß Ihre Zeit kostbar ist, werden Sie daran merken, daß dies keine gewöhnliche Uhr ist, denn sie ist aus Jade! Völlig richtig, aus Jade! Es ist Zeit für Sie, eine Jade-Uhr in der Form von Oregon zu kaufen; das ist die *genaue* Zeit. Wenn Sie mir ein Bild von Ihrer Frau oder Freundin zeigen, kriegen Sie von mir einen Nachlaß in Höhe von fünfundzwanzig Prozent. Ich will das Gesicht des Mädchens sehen, das am Weihnachtsmorgen diese Uhr auspackt. Wenn das Mädchen hübsch ist, verzichte ich nochmal extra auf weitere zehn Dollar und überlasse Ihnen eins dieser Schmuckstücke für lumpige hundert Eier. Sie sagen, ich spinne? Aber das ist doch praktisch geschenkt! Ja, vielleicht bin ich verrückt, aber das kommt davon, wenn man Künstler ist. Na los, hundert Dollar, wie sieht's aus?«

Ich war nicht der einzige, den diese Verkaufstechnik lähmte. Die Käufer wichen zurück, alle Farbe schwand aus ihren Gesichtern. Auf geradezu lebensbedrohende Weise vollgesülzt, flohen sie zu den Ständen ringsum. »Die kommen wieder«, sagte Jon. »Ich habe die Saat des Interesses gelegt, und jetzt kann es sich nur noch um Minuten handeln, bis sie aufgeht. Man muß ihr nur ein bißchen Zeit lassen.«

Ein Mann und eine Frau mit Fransenjacken im Partnerlook näherten sich unserem Tisch, und Jon begann mit seiner Masche: »Ihr denkt vielleicht, ich ticke nicht richtig, aber ich finde, es ist an der Zeit, daß ihr euch eine Uhr kauft.«

Der Mann hob eins meiner Kästchen auf, wandte sich an die Frau und sagte: »Nathaniel benutzt doch ein Pfeifchen, oder?«

Verkauft. Weil sie bereits bekifft waren, konnte ich meine Kundschaft riechen. Ich hatte meine Kästchen mit fünfundzwanzig Dollar pro Stück ausgezeichnet, und gegen Mittag waren alle vier verkauft.

»Na, Goldlöckchen, noch eine passende Uhr dazu? Jeder, der gemusterte Stiefel trägt, kriegt heute ausnahmsweise dreißig Prozent Rabatt.«

Am späten Nachmittag hatte Jon auf der Suche nach Kunden begonnen, in andere Stände einzudringen. »Kleenex-Spender aus Buntglas? Was wollen Sie denn damit? Ich werde Ihnen etwas zeigen, was Sie wirklich aus den Socken haut.«

Die Menschen von Portland zuckten zusammen. Dann zuckten sie die Schultern und entschuldigten sich, aber kein einziger erklärte sich dazu bereit, eine Uhr zu erwerben, die nach dem Bilde seines schönen Staates gesägt war.

»Geizige Scheißkerle«, sagte Jon. »Hey, Herr, warum hast Du mir nicht gesagt, daß diese Fieslinge solche Knicker sind?«

Als die anderen Kunsthandwerker anfingen zusammenzupacken, sagte mir Jon, ich solle dranbleiben. »Auf diese Weise haben die Nachzügler weniger Auswahl. Die haben uns hier ganz hinten hingesteckt, wo niemand uns findet, das ist das Problem. Wenn die Kunden hierherkommen, haben sie längst ihr ganzes Geld ausgegeben. Jetzt wird's ernst, Junge. Unser Tag hat erst begonnen.«

Lieferwagen, Kleinbusse und Laster kamen, ich sah zu, wie unsere Nachbarn ihre Klapptische und Trennwände aufluden und einander zu ihren alle Rekorde brechenden Verkäufen beglückwünschten. Es war bereits dunkel, als Jon mir gestattete, den Kombi vollzupacken.

Schweigend verließen wir das Weichbild der Stadt und erreichten die Autobahn, und hinten tickten die Uhren die Worte »erstick, erstick, erstick«. Ich war seit einiger Zeit zum erstenmal wieder in einer richtigen Stadt gewesen, und im Laufe des Tages hatte ich mehrmals aufgeblickt und beim Anblick einer fremden Rucksackträgerin gedacht, ich kenne sie. Es war ein berauschendes, frohes Gefühl gewesen: *»Da, das ist doch Veronica; das ist doch Gretchen.«*

Es war unlogisch, aber das hielt mich nicht davon ab, tief einzuatmen und von meinem Klappstuhl aufzuspringen. Die unweigerlich folgende Enttäuschung war niederschmetternd und diente nur dazu, mich daran zu erinnern, wie sehr ich die Menschen vermißte, die ich zurückgelassen hatte. Ich sah, wie Leute Weihnachtsgeschenke kauften, und malte mir aus, wie ich das Fest allein in meinem Anhänger verbrachte und darauf wartete, daß mir all die wohlmeinenden Christen einen Schinken oder Schmortopf an die Schwelle lieferten. Und diese Menschen *waren* gut. Sie waren freundlich und aufmerksam, aber ihre Gnadenakte waren an mich verschwendet, denn ich würde sie – egal, wie es gerade um mich stand – nie wirklich akzeptieren können. Vielleicht war ihnen das nicht wichtig, aber mir bedeutete es etwas. Ein Hühnchen, eine Pappschachtel, eine Jade-Uhr: diese Dinge waren viel versöhnlicher, als ich je zu sein hoffen konnte. Ich war ein Klugscheißer; als Klugscheißer geboren und als Klugscheißer aufgezogen worden. Das war mein Fluch gewesen, und das würde weiterhin mein Fluch sein. Mich im Glauben zu unterweisen, war, als gäbe man einer Ziege Kochunterricht –; es brachte einfach nichts. Ich war zu gierig und unaufmerksam, und der süße Lohn, der am Ende winkte, war mir wurscht. Ich wollte meinen Job nicht hinschmeißen. Hinschmeißen erforderte ein gewisses Maß an Verantwortung, und die wollte ich nicht übernehmen. Ich hoffte vielmehr, Jon würde mich dieser Last entbinden und mich sobald wie möglich rausschmeißen. Ich hatte für ihn Verachtung empfunden, sogar gelegentlich Haß, und nun bekämpfte ich den Drang, Mitleid mit ihm zu haben. Er muß es gewußt haben, denn er räusperte sich und machte sich daran, mich mitten im Gedankengang zu unterbrechen.

»Ich will dir mal ganz kurz was sagen«, sagte er schließlich. »Ich hab's nicht gern, wenn man mich ausnutzt. Ich spreche nicht von dem vielen Gratis-Kaffee und auch nicht davon, daß ich dich ständig umsonst überall hinfahre. Ich meine: hierdrin ausnutzt.« Er wollte auf sein Herz zeigen, mußte aber gleichzeitig überholen und zeigte schließlich auf seinen Schoß. »Du bist ein Benutzer, Kleiner. Du hast meine Werkzeuge und meine Geduld benutzt, und jetzt willst du, daß ich dir den Kopf tätschele und dir sage, was für ein guter kleiner Junge du bist. Aber weißt du was? Du bist *kein* guter Junge. Du bist nicht mal ein gutes Mädchen.«

Mehr, dachte ich. *Mehr, mehr.*

»Du kommst in die Stadt gerauscht und erwartest, daß jetzt alle strammstehen und dir den roten Teppich ausrollen, und, ja, bei manchen hat das ja auch geklappt. Du hast ihre Truthahnfüllung gegessen und nochmal Nachschlag verlangt, aber das *war* es dann auch, Ferkel, der Schrank ist leer. Ich habe dir eine handwerkliche Fähigkeit beigebracht, und jetzt kannst du zur Abwechslung mal selber zahlen. Völlig richtig, drehen wir mal den Spieß um. Warum nicht? Ist doch nur fair! Für den Anfang schuldest du mir hundert Dollar für die Standmiete. Du hast ja auch die Früchte geerntet, ich nicht. Ich habe mich lediglich krummgelegt und dir was beigebracht und dir beim Flennen zugehört, wenn du dir wieder mal die zarten kleinen Knöchelchen verletzt hattest. Du quatschst mich mit deinen Schluchzgeschichten voll, und dann erwartest du, daß ich dich abputze und dir sage, Daddy macht das schon. Aber weißt du was, Kleiner? Ich bin *nicht* dein Daddy, und ich habe es satt, wie einer benutzt zu werden.«

Er fuhr rechts ran und hielt. »Ich bin weder dein Daddy, *noch* dein Chauffeur, *noch* dein gottverdammter Weihnachtsmann.«

Ich überreichte ihm das Geld, das ich verdient hatte, und stieg aus dem Kombi.

»Für die Sache mit Gott berechne ich dir nichts«, rief er. »Ihn kannst du gratis haben.«

Ich sah zu, wie er wieder auf die Straße fuhr, und, nachdem ich einen Stein in der richtigen Größe ausgewählt hatte, segnete ich das Heck seines Wagens. Es war nicht mehr übermäßig weit bis nach Odell, nicht mehr als zehn Meilen. Ich ging ein Stück zu Fuß und hielt dann den Daumen in die Luft, hatte es eilig, zurück zum Anhänger zu kommen. Wenn alles klappte, konnte ich noch aufräumen, meinen Kram packen und den Morgenbus nach Hause erwischen.

Für jeden etwas

Einen Tag, nachdem ich die Abschlußprüfung am College bestanden hatte, fand ich fünfzig Dollar in der Eingangshalle meines Mietshauses in Chicago. Der einzelne Geldschein war achtmal gefaltet und prall mit Kokain gefüllt. Mir kam der Gedanke, daß ich, wenn ich mein Blatt geschickt ausspielte, vielleicht nie einen Job finden mußte. Die Leute verloren ständig etwas. Sie ließen Siegelringe mit dem Schulwappen auf dem Waschbeckenrand einer öffentlichen Toilette liegen und gemmenverzierte Ohrringe vor den Toren des Opernhauses fallen. Mein Job bestand darin, die Augen offenzuhalten und diese Dinge zu finden. Ich wollte nicht einer der Trottel werden, die die Strände vom Michigansee mit einem Metalldetektor abkämmten, aber wenn ich aufpaßte und meinen Kopf benutzte, brauchte ich vielleicht nie wieder zu arbeiten.

Am nächsten Nachmittag – mit einem schönen Kokainkater – fand ich zwölf Cent und eine originalverschlossene Dose mit Pfefferminzbonbons. Wenn ich die fünfzig Dollar vom Vortag hinzuaddierte, kam ich auf durchschnittlich fünfundzwanzig Dollar und sechs Cent pro Tag, was immer noch ein anständiges Gehalt war.

Am nächsten Morgen entdeckte ich zwei Pennys und einen Kamm mit verfilzten, kurzen, lockigen Haaren. Am Tag danach fand ich eine Erdnuß. Da begann ich mir Sorgen zu machen.

Ich kenne Leute, die bei einem Job aufhören und schneller, als man ein Brathuhn vierteilt, einen neuen finden. Egal, ob sie Erfahrung mitbringen –, diese Menschen strahlen Charme und Selbstvertrauen aus. Der Charme ist entweder angeboren oder in jungen Jahren in sie hineingeprügelt worden, aber das Selbstvertrauen gründet sich auf dem Wissen, daß jemand wie ich sich ebenfalls beworben hat. Meine Geschichte ist eine Geschichte des Beinahe. Ich kann Schreibmaschine, aber nur mit einem Finger, und ich habe noch nie einen Computer angefaßt, außer um ihn zu reinigen. Ich habe nie Auto fahren gelernt, was eine Liefertätigkeit ausschließt und nur Arbeitsplätze in der Nähe von Bushaltestellen zuläßt. Ich kann einigermaßen Sachen zusammenhämmern, habe aber eine tief verwurzelte Angst vor elektrischen Sägen, fahrbaren Rasenmähern und allen motorisierten Geräten, die lauter oder gewalttätiger sind als ein Staubsauger. Ja, ich habe Erfahrung im Verkauf, aber der beschränkt sich auf Marihuana, ein Produkt, das sich von selbst verkauft. Für ein Wächteramt fehlt es mir an Größe und Statur und für Warenhausdetektiv, Schülerlotse und Grundschullehrer an Aggressivität. Vor Jahren habe ich mal gekellnert, aber das war die Art Restaurant, in dem die Gäste den Spruch »Schönen Tag noch!« als ausreichendes Trinkgeld ansehen. Mehr als einmal mußte ich den Koch physisch vom Fußboden kratzen und das Rührei selber rühren, aber das empfahl mich kaum als maître de cuisine.

Es hätte keinen Sinn gehabt, diesen Job in meinem Lebenslauf zu erwähnen und als Referenz zu nennen, da der Geschäftsführer aus Angst, jemand könnte etwas zum Mitnehmen bestellen, nie ans Telefon ging. Die Kellner in Chicago neigten dazu, sich mit einer Mappe voller Profifotos unter dem einen Arm und einem Turnbeutel über der anderen Schulter vorzustellen, und da konnte ich wohl auch nicht mithalten. Wenn mein Hemd gebügelt war, konnte man mehr oder weniger sicher sein, daß mein Hosenschlitz offenstand.

Wenn ich Glück hatte, stolperte ich in Jobs, bei denen man am Ende des Jahres bestimmt keine Steuererklärung ausfüllen mußte. Die Menschen gaben mir Geld, und ich gab es aus. Dadurch schien ich durch irgendeinen Spalt gefallen zu sein. Man brauchte gewisse Dinge, um einen richtigen Job zu bekommen, und je länger man ohne einen war, desto schwerer konnte man jemanden von seinem Wert überzeugen. Warum kann man keine Ladenkasse oder einen Gabelstapler bedienen? Wie kommt es, daß man dreißig geworden ist und immer noch auf keine verifizierbare berufliche Karriere zurückblicken kann? Warum schwitzt man so, und welche Macht zwingt einen dazu, während des gesamten Anstellungsgespräches mit dem Feuerzeug zu schnicken? Diese Fragen wurden nie ausgesprochen, aber doch angedeutet, sobald ein Geschäftsführer meine Bewerbung mit dem Text nach unten auf seinen Schreibtisch legte.

Ich blätterte in längst nicht mehr aktuellen Broschüren mit Stellenangeboten, die das Art Institute herausgab, und Seite für Seite wurde dort mein soeben erworbenes Diplom verspottet. Die meisten Eintragungen verlangten nach jemandem, der großflächige Wandmalereien anbringen oder die Landkarte der Normandie in Email auf ein Medaillon von der Größe eines Vierteldollars malen konnte. Nichts verband mich mit diesen Jobs, nicht einmal der Besuch des Art Institute, denn das ist ja das Schöne an einer Kunsthochschule: Solange man die Gebühren zahlt, werden sie nie, nicht einmal ganz sanft, vorbringen, man hätte kein Talent. Ich war bereit loszuschlagen, als ich die Telefonnummer einer Frau entdeckte, die ihre Wohnung gestrichen haben wollte. Bingo. Darin hatte ich jede Menge Erfahrung. Wenn überhaupt was, dann galt ich beim Anstreichen als zu pingelig. Wenn sie die Leiter stellte und ich die Farbe im Bus transportieren konnte, war die Sache geritzt.

Die Frau hob an, indem sie mir sagte, sie hätte die Wohnung immer selbst gestrichen. »Aber jetzt bin ich alt. Mir tun die Hände weh, wenn ich meinem Mann die Füße massiere, geschweige denn einen schweren Pinsel heben muß, bis über den Kopf. Jawohl, ich bin alt. Verwelkt und schwächlich wie ein Kätzchen. Ich bin eine alte, alte Frau.« Sie sprach, als wäre das ohne Vorwarnung über sie gekommen: »Plötzlich versagt mein Rücken, ich bin kurzatmig, und an manchen Tagen sehe ich keine zwei Fußbreit weit.«

Es klang immer besser. Ich hatte gelernt, mich vor Menschen in acht zu nehmen, die gezwungen waren, andere für etwas zu bezahlen, was sie früher selbst gemacht hatten. Man konnte davon ausgehen, daß sie hyperkritisch waren, aber bei ihr rechnete ich nicht mit Problemen. Es hörte sich an, als könne sie nichts gut genug sehen, um sich darüber zu beschweren. Es genügte wahrscheinlich, wenn ich die Farbdosen öffnete, so daß man die Dämpfe roch, und es dabei bewenden ließ. Wir verabredeten, daß ich am nächsten Morgen ihre Wohnung begutachten sollte, und ich legte frohlockend den Hörer auf.

Die Wohnung war in einem Hochhaus am Lake Shore Drive. Ich klopfte, und die Tür wurde von einer adretten, energisch aussehenden Frau geöffnet, die einen Tennisschläger hielt. Ihr Haar war weiß, aber, von ein paar spinnwebdünnen Linien unter den Augen abgesehen, war ihr Gesicht glatt und ohne Runzeln. Ich sagte, ich würde gern mal mit ihrer Mutter sprechen, sie lachte in sich hinein und piekte mir mit dem Griff ihres Schlägers in die Rippen.

»Ich bin ja so froh, endlich einen jungen Menschen zu sehen.« Sie griff nach meiner Hand. »Sieh mal, was wir hier haben, Abe: einen jungen Burschen. Praktisch noch im Krabbelalter!«

Ihr Gatte hüpfte herbei. Muskulös und sonnengebräunt, trug er einen Trainingsanzug aus Nylon, komplett mit Stirnband und gleißenden Turnschuhen. »Aah, ein Kindlein!«

»Er hat einen College-Abschluß«, sagte die Frau und ging in die Hocke, um eine Kniebeuge vorzuführen. »Ein Kind, das glaubt, es sei imstande, unseren Sarkophag anzustreichen. Er sieht uns an und denkt, er hat ein Fossilienpaar entdeckt, das er vielleicht ans Museum verkaufen kann. Stimmt ja auch, wir sind ja alt. Verzehren unser Gnadenbrot. Sozusagen nicht mehr die Jüngsten.«

»Hab noch die Pyramiden eigenhändig gebaut«, fügte der Gatte hinzu. »Hab regen Gedankenaustausch mit Plato gepflegt und bin im Streitwagen über römisches Kopfsteinpflaster geschuckelt.«

»Machen wir uns nichts vor, Baby«, sagte seine Gattin. »Wir sind antik. Ein Paar Ehemalige.«

»Aber nein«, sagte ich. »Sie sind doch nicht alt. Sie sehen beide nicht einen Tag älter aus als fünfzig. Sehen Sie sich an; so adrett und fit, sind Sie doch besser in Schuß als ich. Ich bin sicher, Sie haben noch ganz viel Zeit übrig.«

»Genau.« Die Frau hüpfte auf ein Trimm-dich-Fahrrad. »Zeit, unsere eigenen Namen zu vergessen, Zeit, die Kontrolle über den Schließmuskel zu verlieren, Zeit, einen krummen Rücken zu kriegen und zu lamentieren und in unser Lätzchen zu sabbern. Wir haben alle Zeit der Welt. Einst warf ich mir einen Rucksack über, und los ging es auf eine zwei-, dreiwöchige Wanderung, aber jetzt kann man das vergessen. Ich bin zu alt für sowas.«

»Sie ist älter als die Berge, auf die sie früher zu klettern pflegte«, sagte ihr Gatte.

»Hört euch das an! Opa riskiert auf seine alten Tage schnell nochmal eine Lippe.«

»Ich steh zu meinem Zauseltum«, sagte der Mann. »Trotzdem kriege ich immer noch ein Bein an die Erde.«

»Stimmt«, gackste sie. »Und bald unter die Erde.«

Da verstand ich, daß dies ihre Nummer war: Die zänkischen Alten, seit Jahrzehnten en suite.

»Also, wenn Sie die Wohnung anstreichen, muß ich wohl mal diese müden alten Knochen zusammenreißen und Sie herumführen«, sagte die Frau. Sie führte mich durch eine Wohnung, in der jedes Zimmer mit einem Trainingsgerät möbliert war. Ein Ski-Langlaufgerät stand neben einer Rudermaschine, beide mit Blick auf den Wohnzimmer-Fernseher. Im Schlafzimmer hatten sie eine Garnitur Hanteln und farbenfrohe Matten, auf denen sie Aerobic treiben konnten. Im Badezimmer waren Badeanzüge zum Trocknen aufgehängt, und unten in jedem Kleiderschrank standen säuberlich ausgerichtet alle Arten von Turnschuhen. Außer ein paar Flecken gleich beim Gästezimmer-Punchingbag waren die Wände makellos. Türen und Fußleisten waren in erstklassigem Zustand, ohne Splitter, ohne Kratzer. Sie führten mich unter dem Reck hindurch ins Arbeitszimmer, dessen Wände vom Fußboden bis zur Decke mit Fotos ihrer verschiedenen Abenteuer dekoriert waren. Hier fuhren sie auf einem Tandem durch die Straßen von Peking, und dort tauschten sie Perlenketten auf einem staubigen peruanischen Markt. Die Bilder deckten eine Zeitspanne von vierzig Jahren ab, die mit dem Knien in Drachenbooten, dem Aufbauen von Zelten auf schneebedeckten Gipfeln und dem Bezwingen schlammiger Pisten und eisiger Stromschnellen verbracht worden war.

»Was haben wir denn da?« sagte die Frau. »Methusalem tapert den Mount Tacoma hinauf. Der erste, der den Aufstieg mit einer Gehhilfe geschafft hat.«

»Und hier ist die Mrs. in Ägypten«, sagte ihr Mann und zeigte auf die gerahmte Fotografie einer Mumie.

Ich wollte das Gespräch wieder auf das Thema Anstreichen bringen, aber davon wollten sie nichts hören.

»Bleiben Sie doch zum Mittagessen«, sagte die Frau. »Ich flansche rasch Herrn Rüstig an seine Schläuche an und mache uns ein paar belegte Brote.«

»Belegte Brote!« schrie der Mann. »Wie willst du denn mit dem Brot klarkommen? Du kannst doch nichts kauen, was härter ist als Apfelmus.«

»Sei doch froh...«, sagte sie vieldeutig.

Ich machte einen Kostenvoranschlag und rief am nächsten Tag an, obwohl ich tiefinnerst wußte, daß es Zeitverschwendung war.

»Es ist unser junger Spund«, hörte ich sie ihren Gatten im Hintergrund angellen. »Hör zu, Bubi, wir haben wohl doch entschieden, daß die Wohnung nicht gestrichen wird. Hat nicht viel Sinn, wenn man bedenkt, daß wir ins Altersheim gekarrt werden, bevor Sie Ihre Leiter aufgestellt haben.«

Es war meine Rolle, ihr zu widersprechen. Statt dessen sagte ich: »Wahrscheinlich haben Sie recht. So wankelmütig, wie Sie bereits sind, ist es, glaube ich, an der Zeit, Pläne für eine strukturierte Umgebung zu machen.«

»Heda«, schnappte sie. »Kein Grund, frech zu werden.«

Während episodaler Arbeitslosigkeiten finde ich es lohnend, soviel wie möglich zu schlafen; alles von zwölf bis vierzehn Stunden pro Tag ist ein guter Anfang. Schlaf erspart einem Demütigungen, und gleichzeitig hilft er, Geld zu sparen: nichts essen, nichts kaufen, sich einfach hinlegen und das Leben verträumen. Ich wachte gegen Nachmittag auf, sah mir meine Geschichten im Fernsehen an und begab mich dann zum Sofa, um noch etwas Schlaf zu kriegen. Ich gewöhnte mir an, nach fünf eine Zeitung zu holen und einige Zeit mit den Stellenangeboten zu verbringen. Dabei fragte ich mich, wer für die Posten in Frage kam: Food-Bereich (Molk.-Prod.) Just-in-time-Band-Dispatcher; Pre-Press-Vertr.; Techn. Ausw. f. Auditing. Zeigen Sie mir das Kind, das davon träumt, Wurstbräteindarmungsüberwacher/in zu werden. Was für ein Mensch reckt siegessicher die geballte Faust, wenn er liest: »Neues Konzept = Viel $! Top-Energie = Ertrag + Komm. Unterl. faxen.« Unterl. faxen wozu?

Ich rief einen Quadriplegiker an, der eine Teilzeithilfe suchte. Als es fünfzehnmal geklingelt hatte, ging er ans Telefon und rief: »Um der Liebe Gottes willen, Mutter, kann ein Mann nicht mal fünf Minuten Privatleben haben?«

Im Supermarkt ließ ich einen Fünfdollarschein fallen, drehte mich um und sah eben noch, wie ihn sich jemand in die Tasche steckte. Es begann sich eine Wende abzuzeichnen.

»Warum zum Teufel gehst du nicht wieder in die Schule und belegst ein paar *richtige* Kurse?« fragte mein Vater. »Lern Computer programmieren; das hat der Junge von den Stravides' auch gemacht. Der war auf dem College und hat Musikalischen Vortrag oder Folklore oder son Quatsch gelernt –, und dann ist er wieder in die Schule gegangen, hat Programmieren gelernt, und jetzt ist er Abteilungsleiter im Vertrieb von Flexy-Wygaart da drüben und hat eine ganze gottverdammte Abteilung unter sich! Computer, da geht es ab!«

Davon abgesehen, daß ich mich für Computer nicht interessierte, schien es mir Verrat, bei der einen Lehranstalt einen Abschluß zu machen, um dann sofort auf eine andere zu gehen. Das hätte bedeutet zuzugeben, daß ich zehntausend Dollar geliehen und absolut nichts von Wert gelernt hatte, und das wollte ich noch nicht wahrhaben.

Ich fand das Inserat in einem Anzeigenblatt. »Scharfer, eingearbeiteter Tatmensch zum Abbeizen/Neulackieren von Holzteilen gesucht. Begeisterung Voraussetzung.« Mit Abbeizen/Neulackieren hatte ich Jahre verbracht, erst in Raleigh und dann wieder in Chicago. Ich hatte geschworen, es nie wieder zu tun, aber das ist das Problem mit einer Fähigkeit: Sobald man ihr abschwört, weiß man, man wird sie immer wieder am Halse haben. Jede Arbeit scheint darauf abgestellt, einen umzubringen, aber Abbeizen/Neulackieren ist maßgeschneidert, wenn es darum geht, sich einen langen und qualvollen Tod anzutun. Die Beizchemikalien werden in Metallbüchsen verkauft, auf denen ein Schädel mit gekreuzten Knochen abgebildet ist, und die Liste der Zutaten liest sich wie ein Who's Who in der Welt der krebserzeugenden Stoffe. Diese Abbeizmittel fressen sich durch Plastikeimer, Gummihandschuhe und Nylonbürsten. Es wird empfohlen, eine Atemmaske zu tragen, aber das lehnte ich ab, weil sie mich beim Rauchen behinderte. Als Resultat fand ich es zunehmend unwichtig, was ich aß. Alles schmeckte nach Benzol: Rührei oder gegrilltes Schweinefleisch; wenn ich die Augen schloß, war nur die Konsistenz verschieden. Nach einem Arbeitstag sah ich nur noch verschwommen, und meine Hände waren so fleckig, daß die Kassiererinnen das Wechselgeld lieber auf den Ladentisch legten, als daß sie riskierten, meine widerwärtige geöffnete Handfläche zu berühren. In Raleigh hatten mein Freund und ich soviel Arbeit gehabt, wie wir wollten, weil der führende Abbeizer/Neulackierer der Stadt sich gerade aus dem Geschäftsleben zurückgezogen hatte. Dean und ich besuchten ihn gelegentlich, um eine technische Frage zu erörtern, sahen zu, wie seine Frau ihn in den Salon rollte, an den Schläuchen herummachte, die aus seiner Nase kamen, und das nikotinbraune Loch unten an seinem Hals abtupfte. Seine wäßrigen Augen wanderten zwischen uns beiden hin und her. »Wenn ihr Jungs eure Karten richtig ausspielt, habt ihr eine prima Karriere vor euch«, keuchte er.

Während meiner ersten Jahre in Chicago hatte ich für einen Mann gearbeitet, der Balkenwerk restaurierte. Das war viel gefährlicher als Möbel, weil man die Chemikalien oft auf Balken streichen mußte, die über einem lagen, während man gleichzeitig versuchte, den Vorgängen in *Alle meine Kinder* und *Das ist Ihr Leben!* zu folgen. Erst wenn Victoria Buchanan Anstalten machte, aus ihrem Koma zu erwachen, bemerkte ich, daß ein Tropfen Beize gerade ein vierteldollargroßes Stück Bewuchs von meinem Hinterkopf gefressen hatte. Es regnete von der Zimmerdecke, zerstörte Sofas und Teppiche, wir folgten dem Zerstörungswerk und versuchten jämmerlich, das entfärbte Gewebe mit Magic Marker instandzusetzen. Unsere Kunden kamen nach Hause und mußten feststellen, daß die Knöpfe von ihrem Fernseher geätzt waren und daß der Türgriff ihres Kühlschranks aussah, als hätte ihn sich jemand mit dem Schweißbrenner vorgenommen. Wir setzten unseren Zerstörungsfeldzug fort, bis mein Boß, nachdem wir seinen Lieferwagen versehentlich mit einem glimmenden Räucherstäbchen in Brand gesetzt hatten, gezwungen war, Konkurs anzumelden. Wieder einmal schwor ich mir, nie wieder abzubeizen/neuzulackieren.

Ich antwortete auf das Inserat, rief an und sprach mit einer Frau, die sich als Uta zu erkennen gab. »So ein Zufall«, sagte sie. »Gerade eben, vor zehn Minuten, habe ich einen farbigen Typ für den Job angestellt. Sie sagen, Sie sind eingearbeitet? Na, das ist doch ein Plus, oder?«

Sie hielt inne, und ich ergriff die Gelegenheit, die einzige verkaufsfördernde Tätigkeit auszuüben, die ich beherrschte: die Finger vor der Sprechmuschel flattern lassen und den Fernsprechteilnehmer zu verhexen, indem man lautlos *Ich bin's, den Sie wollen. Ich, ich, ich!* skandierte.

»Wenn ich's recht bedenke«, sagte sie, »*ist* es aber auch ziemlich viel Arbeit. Vielleicht ist es besser, wenn ich zwei nehme und nicht nur einen. Wäre das für Sie ein Problem? Er machte nämlich einen ziemlich scharfen Eindruck, der farbige Typ.«

»Toll«, sagte ich. »Ich liebe... scharfe Menschen.«

»Sind Sie auch ein ziemlich scharfer Typ?«

»Glaube schon. Ja, klar.« Ich betastete mich am Kopf.

Sie fragte, wie ich mit Nachnamen heiße, und ich sagte es ihr.

»Was ist das denn für ein Name?« fragte sie. »Doch nicht jüdisch, oder? Griechisch? Na, das soll mir recht sein. Hier draußen gibt es viele scharfe Griechen. Also, hören Sie zu, mein griechischer Freund, der farbige Typ kann erst am Montag anfangen. Wie wär's, wenn Sie morgen früh kommen und Uta Gelegenheit geben festzustellen, wie scharf Sie wirklich sind, Sie scharfer Typ?«

Ich notierte die Adresse und sagte, Samstagmorgen um neun würde ich bei ihr sein. »Pünktlich. Haarscharf.«

Sie erwartete mich vor dem Haus, einem dreistöckigen Gebäude mit sechs Wohnungen, nicht weit vom Wrigley-Stadion. Uta war eine stämmige, muskulöse Frau mit kastenförmigem Gesicht, dick mit Grundierungscreme vollgeschmiert, die jedoch an den Grenzen ihrer beeindruckenden Kinnbacken endete. Ihr Haar war schmutzig blond gefärbt, hinten kurzgeschnitten und vorne lang gelassen, so daß ihr die Ponyfransen auf die Nasenwurzel fielen. Wenn sie sich die aus dem Gesicht wischte, gab ihr das was mit den Händen zu tun, was gut war, weil sie sich vor mehreren Monaten das Rauchen abgewöhnt hatte.

»Gut, was?« sagte sie. »Ich fand es ziemlich schlau.« Wenn sie sprach, hielt sie die Arme nah am Körper, die Fäuste geballt, den Kopf schräg, als wäre sie ein Boxer, der seinen nächsten Schlag abschätzt. »Und jetzt die Ärmel aufkrempeln und Uta zeigen, was wir können, scharfer Typ?«

Ich folgte ihr auf den Hinterbalkon einer Wohnung im zweiten Stock und wartete, während sie den Inhalt ihrer Handtasche ausleerte und ein Knäuel Schlüsselbünde ordnete. Sie und ihre Schwester hatten vor kurzem dieses Gebäude gekauft, das vierte ihres, wie sie hofften, Immobilien-Imperiums. Die Familie war Mitte der vierziger Jahre aus Litauen geflohen und hatte sich in der South Side von Chicago niedergelassen, wo der Vater einen Job in den Schlachthöfen bekommen hatte.

»Wir haben alle gearbeitet«, sagte sie. »Haben uns den kleinen Hintern abgearbeitet. Uta hat nie etwas geschenkt gekriegt, das kann ich dir sagen. Im Gegensatz zu manchen Menschen, die ich erwähnen könnte, mußte ich ganz unten anfangen und mich nach oben arbeiten.« Sie starrte in Richtung Baseball-Stadion, schüttelte gedankenverloren den Kopf, und ihre Augen bekamen diesen gehetzten, gleichwohl versonnenen Ausdruck, den Therapeuten und Dokumentarfilmer so lieben. »Alles fing mit einem unschuldigen kleinen Mädchen mit abstehenden Zöpfen an, das am Bug eines Schiffes stand, welches in die Neue Welt aufgebrochen war. Das Kind sah zu, wie die wunderschönen Felder seines Heimatlandes dem stinkenden Chaos der Schlachthöfe weichen mußten. Und das Mädchen weinte, oh, wie es weinte. Alles, was das Mädchen und seine Familie hatte, war Grips und ein paar Laibe hartes, altbackenes Brot, aber das durfte sie nicht aufhalten. Das kleine Mädchen mit den abstehenden Zöpfen war nämlich ich. Die Menschen fragen mich, wie ich dorthin gekommen bin, wo ich heute stehe, und ich sage ihnen, daß es viel Arbeit gekostet hat. Zigeinhalb Jahre harter Arbeit bis zur völligen Erschöpfung.«

Es ist immer ein schlechtes Zeichen, wenn ein Arbeitgeber ein Bild von sich entwirft, das ihn nicht saufend und

Geld verprassend zeigt. Bei Uta packte mich in dieser Beziehung das Grausen. Sollte sie doch schuften und knausern, solang sie dies Verhalten nicht auch von mir erwartete. Ich opferte lieber meine Zeit, ging nach Hause und gab mein Geld so schnell wie möglich aus. Mein Vater erzählte immer, wie er auf verschneiten Straßen Zeitungen verkauft hat, um sich ein besseres Leben leisten zu können. Meine Bestimmung war es, alles abzuwerfen, wofür er so hart gearbeitet hatte, und mich genau in den Aktivitäten zu suhlen, die dieses Land in die Knie zwangen.

Für Uta arbeiten, merkte ich, hieß nicken, nicken und nochmals nicken. »Ja, es ist eine Schande, daß die Regierung diese jede Initiative lähmenden Gesetze gegen Kinderarbeit erlassen hat.« »Nein, diese Hautverätzungen machen mir überhaupt nichts aus, wieso denn auch?« Abends taten mir nicht die Arme weh, sondern der Nacken. Vom Nicken.

»Na, was haben wir denn hier?« sagte Uta und betrat die Küche. »Welche Sorte Unrat hat denn unsere kleine Jüdin hinterlassen?«

Es haute mich um, daß sie diesen Ausdruck verwendete. Ähnlich wie das Wort *Negerin* klang es moderig, klinisch. Sie spie das Wort aus, als wäre es ein Wurm, der unter ihrer Zunge genistet hatte. »Man kauft ein Gebäude, und bis die alten Mieter ausziehen, sind einem die Hände praktisch gebunden. Glück gehabt, daß unsere fette kleine Jüdin als erste gegangen ist. Sie war ein kleines Persönchen mit einem Arsch wie ein Knautschsessel, und, allmächtiger Christus, was für eine Schlampe. Ich hab die Wohnung gestern erstmal absprühen lassen, damit wir was haben, worauf wir aufbauen können.« Sie sah eine Kakerlake, die im Spülstein bibberte, und klatschte sie mit der Handfläche platt. »Einen Riesenarsch hatte das Mädchen, enorm. Aber das kommt eben davon, wenn man auf dem Hintern sitzt und erwartet, daß die Welt einem einen Gefallen tut.«

Juden und Jüdinnen waren Uta ein spitzer Dorn im Auge. Sie versuchte es mir einmal zu erklären, aber ich hatte Mühe, der Geschichte zu folgen, nachdem ich die Jahreszahl 1527 gehört hatte. Laut Uta wurde Adolf Hitler total mißverstanden, »wie oft die meisten großen Denker«. Sie sprach ausführlich über eine Verschwörung zwischen den Juden und Stalin, die aus den verschiedensten Gründen ein Auge auf ihre Heimat Litauen geworfen hatten. Die Kommunisten wollten das Land, um die unabhängige, schwer arbeitende Bevölkerung zu versklaven. Die Juden wollten es wegen der vielen Wälder, die sie zu Papier verarbeiten wollten, um sich damit die fetten Ärsche abzuwischen. Uta verachtete diese Juden und machte sie für alles verantwortlich, vom Verkehrschaos bis hin zum kostspieligen Kabelfernsehen.

Sie führte mich durch die Wohnung, die groß und hell war und hübsche kleine Besonderheiten wie Einbauschränkchen und zwei echte Kamine aufwies. Die Holzteile waren sechzig Jahre lang von den verschiedensten Mietern bis zur Unkenntlichkeit angestrichen worden. Oft war man dabei offenbar ohne Pinsel vorgegangen und hatte den bevorzugten Farbton gleich aus der Dose auf die betreffende Stelle schwappen lassen. Dies bedeutete Mehrarbeit, aber unglücklicherweise mußte die – durchaus willkommene – Mehrarbeit großenteils mit einer Lötlampe bewältigt werden, einem kraftvollen Fön, der Farbe schmilzt und gern einen üblen Geschmack im Mund hinterläßt. Es ist eine langsame und öde Arbeit; man zielt mit der Lampe, bis die Farbe Blasen schlägt, und dann kratzt man sie mit einer Klinge ab. An guten Tagen hat man hinterher pochende Kopfschmerzen. An schlechten Tagen legt man Brände.

»Du entfernst die Farbe, und dann wird es lustig«, sagte Uta. »Du, ich und der farbige Typ werden zaubern, damit diese Wohnung wieder scharf aussieht. Was meinst du? Bist du bereit, du griechischer Knirps du? Uta ist bereit. Der farbige Typ ist bereit. Und du? Bereit, zum Team zu stoßen?«

Sie ging weg, um ein paar Besorgungen zu machen, und ich begann, die Farbe von der Küchentür zu sengen. Bei der Arbeit hörte ich Radio, einen hiesigen Mittelwellensender, der jeden Samstag alte Serien und Humorprogramme wiederholte. *Suspense* und *The Shadow* gefielen mir beide gut, aber als *The Life of Riley* anfing, merkte ich, wie meine Gedanken abschweiften. William Bendix spielte die Art vorhersehbaren, gutmütigen Idioten, dessen Finger unter Garantie am Abend des wichtigen Alte-Herren-Essens in einem Loch der Bowlingkugel steckenbleibt. Er ist der Volltrottel als Mitbürger, der Maßstäbe für Generationen nachfolgender Fernsehserien gesetzt zu haben schien, in denen überfüllte Kleiderschränke und Hunde vorkamen, die den Truthahn stibitzten, während die Familie mit geschlossenen Augen betete. Im wirklichen Leben wäre so ein Hund windelweich geprügelt worden, wenn er sich sowas getraut hätte, aber hier haben wir Figuren, die Würstchen mit Füllsel essen und so tun, als hätten sie soeben den wahren Sinn des Erntedankfestes erfahren. Es war eine Welt, in der die Menschen durch ein einziges Wort oder eine einzige Tat Erleuchtung fanden. Innerhalb einer Frist von dreiundzwanzig Minuten wurden Lektionen gelernt, und Lebensläufe erfuhren eine dramatische Wende. Bereits als Kind hatte ich Schwierigkeiten, das Konzept so rapiden spirituellen Wachstums zu akzeptieren. Wenn es so leicht war, die Menschen zu verändern, säße ich doch längst auf einem Thron aus gepolstertem Samt vor einer Nation aus willigen Dienstboten. Wer wollte denn die Menschen nicht verändern? Wenn Uta von den Juden sprach, hatte ich nur auf meine Füße gestarrt. Ich hätte ihr zahllose Juden nennen können, auf die ihr Kram nicht zutraf, aber das hätte ihre

Meinung nicht geändert, da ihre Entschlüsse schon vor langer Zeit gefallen waren. Das einzige, was man bei einer Frau wie Uta tun konnte, war das Thema wechseln und von medizinischen Mißgeschicken sprechen. Man konnte nur hoffen, daß ein ordentlicher Schlenker in den Magen-Darm-Trakt sie für kurze Zeit zum Schweigen brachte.

Ich arbeitete mal als Laufbursche auf einer Baustelle und verlor den Job, als der Oberhandwerker, ein voll ausgewachsener Mann mit einem Prinz-Eisenherz-Bubikopf, entdeckte, daß ich homosexuell war. Wir waren den ganzen Sommer prima miteinander ausgekommen, aber sobald ich seinen Drang, transsexuelle Prostituierte zusammenzuschlagen, in Frage stellte, ging er mit einem Hammer auf mich los. Der Vorarbeiter kündigte mir so sanft wie möglich, indem er sagte, falls er je einen Bautrupp zusammenstelle, der nur aus Mädchen bestehe, hätte ich absoluten Vorrang. Danach dachte ich noch lange an diesen Oberzimmermann und stellte ihn mir immer in schwerster akuter Lebensgefahr vor. Die Mauern seiner Zelle kamen langsam auf ihn zu. Ein Zug näherte sich seinem gefesselten-und-geknebelten Körper. Der Zünder einer Zeitbombe wurde aktiviert, und nur ein Mensch konnte ihn retten. »Aber erst mußt du alles zurücknehmen«, stellte ich mir vor, wie ich sagte. »Und diesmal mußt du es so sagen, als meintest du es auch wirklich, wirklich, wirklich so.« Darüber phantasierte ich ein paar Monate lang und dann über was anderes. Ich habe so schon alle Hände voll mit Leuten zu tun, die mich dafür hassen, *wer* ich bin. Wenn man sich zu sehr auf die Millionen von Menschen konzentriert, die einen dafür hassen, *was* man ist, wird man leicht zu einem jener ungepflegten, nachlässig gekleideten Zeitgenossen, die unter dem Gewicht der zweihundert politischen Anstecker zusammensacken, die sie an Jacke und Tornister tragen. Ich habe nicht den leisesten Schimmer, wie man Menschen ändert, aber ich bewahre immer noch eine lange Liste möglicher Kandidaten auf, falls ich es je herausfinden sollte.

Uta kam um fünf zurück und überprüfte begeistert meine Arbeit. Die geschmolzenen Farbplacken waren hart geworden und lagen auf dem Fußboden herum, so knusprig und gewellt wie Kartoffelchips. Sie hob eine Handvoll auf und ließ sie durch die Finger rinnen wie ein Pirat, der eine Kiste Golddublonen gefunden hat. »Na, Herr Scharf jr., da sind Sie ja scharf rangegangen! Da hat die alte Uta ja ein richtig gutes Händchen bewiesen, als sie ihn engagiert hat!« Sie stampfte mit dem Fuß auf die bereits gefallenen Plakken, drehte sich einmal um sich selbst und schnipste mit den Fingern.

Ich überlegte, ob sie betrunken war, aber Uta war die Art Mensch, die keinen Alkohol brauchte, um unangenehm aufzufallen. Ich hatte offenbar ihren Test bestanden und durfte am Montagmorgen wieder zur Arbeit erscheinen und dann auch endlich ihn kennenlernen, »den Wieheißternoch, den farbigen Typ«.

Wieheißternoch war ein großer, massiv gebauter Bursche Anfang dreißig, der auf den Namen Dupont Charles hörte. Während seiner Ruhezustände waren seine Augen verhangen und sinnlich-schläfrig. Sie plierten aus einem hübschen Gesicht im Farbton Beize Walnuß dunkel, den Uta für die Balken zu verwenden trachtete. In Gegenwart einer Autoritätsperson veränderte sich sein Gesichtsausdruck komplett. Als würden seine Züge von einem unsichtbaren Flaschenzug aktiviert, wölbten sich seine Augen vor, seine Lippen dehnten sich zu komischen Proportionen und enthüllten ein Lächeln von erschreckender Intensität.

»Nun, ich habe das Gefühl, du bist ein ziemlich scharfer Typ«, sagte Uta zu Dupont, als ich den Raum betrat. »Und genau das hat mir der Onkel Doktor verschrieben. Jawoll.

Ich brauche alle scharfen Typen, die ich kriegen kann. Was meinst du, scharfer Typ, bist du dabei?«

»Oh, Frl. Uta«, sagte er, »Sie das wissen. Ich sein dabei Schritt für Schritt, der ganze Weg. Sie können kein besser Arbeiter finden als Ole Man Dupont, außer Sie stopfen zehn Normalmänner zusammen und hauen mit Peitsche.«

Er rieb sich die Hände und grinste in einer Weise, daß mir die Kinnladen schmerzten. Uta stellte uns vor und sah dann zu, wie wir loslegten.

»Du lieber nicht halten Schweißbrenner zu nah an Holz«, unterwies mich Dupont. »Sonst alle Träume von schöner Dame aufgehen in Rauch, und wir das doch nicht wollen?«

»Nein, Dupont, das wollen wir nicht«, sagte Uta. »Behalt ihn im Auge und zeig ihm, wo's langgeht.«

»Geritzt sein. O Herr, ich scheinen etwas richtig gemacht zu haben, daß ich diesen feinen Job für eine so nette Dame wie Sie machen dürfen. Ich heute morgen aufwachen und beten, daß halb so nett sein wie tatsächlich sein. Und jetzt ich hier mit Ihnen und dem winzigkleinen Mann hier zusammenarbeiten –; Sie mich zu einem sehr glücklichen Mann machen, Frl. Uta. Sehr, sehr glücklich.«

Uta lachte in sich hinein und wischte sich die Haare aus den Augen. »Du bist ein absoluter Schatz«, sagte sie. »Ihr seid alle beide so scharf wie Rasierklingen. Ich glaube, ich bin ganz einfach vom Glück begünstigt, stimmt's?«

»Und von der Schönheit«, fügte Dupont hinzu. »Sie vom Glück und von der Schönheit begünstigt sein.«

»Wenn du so weitermachst, schwillt mir noch der Kopf.«

»Bitte nicht, Frl. Uta. Ihr Kopf sein gerade richtig. Nicht zu groß *oder* zu klein. Ihr Kopf sein perfekt. Ich wünschen, Dupont auch so haben Kopf in passender Größe. Nicht so dick und klumpig.«

»Ist aber doch auch ein schönes großes Gehirn drin«,

sagte Uta. »Du hast einen guten Kopf auf den Schultern, Dupont. Ihr beide habt einen guten Kopf auf den Schultern.«

Dupont strahlte, und ich griff mir an die Kehle, um des Brechreizes Herr zu werden, den diese Konversation bei mir verursacht hatte. Entweder war Dupont während der letzten sechzig Jahre in einem Eisblock frischgehalten worden, oder er zog irgendeine Nummer ab. Ich betete um letzteres, denn ich sah mich noch nicht, wie ich acht Stunden mit diesem Onkel Tom von einem Dumpfbimbo in einer und derselben Küche verbrachte.

Als Uta endlich gegangen war, stand Dupont am Fenster und winkte ihr nach, während sie sich in den Verkehr einfädelte. »Sayonara, du blöde Schnalle.« Tonlage und Timbre waren anders, und er sprach ohne Akzent. Nachdem er das Radio angestellt hatte, setzte er sich auf den Heizkörper und entzündete eine Zigarette. »Warst du schon mal in Tijuana?« fragte er. Duponts Geschichten begannen meistens mit einer Frage und endeten mit einer unersättlichen Frau, die splitternackt um Nachschlag winselte. In Tijuana war es die Tochter des glutäugigen Wirts gewesen, welche die Worte »¡Bueno!« und »¡Grande!« ausstieß, als er sie von hinten nahm. Danach hatte er einen Nachtklub besucht, in dem er – ohne Weinzwang – Zeuge wurde, wie es eine Prostituierte mit einem laut schreienden Esel trieb. »In echt. Nach der Show hat mir der Nachtklubbesitzer das Mädel für umsonst angeboten, aber ich hatte keine Lust, weil sie völlig ausgeleiert war. Sag mal, hast du schon mal ein dickes Mädchen gesattelt und sie dann geritten, bis sie zusammenbrach?«

Dupont wohnte mit seiner Freundin im Norden der Stadt. Weil sie weiß war und Jüdin, brauchte sie so verzweifelt einen richtigen Mann, daß sie nicht nur Miete und Rechnungen bezahlte, sondern ihm auch noch Kleidungsgeld zusteckte. Es gebe da, sagte er, ein paar Bilder, die er mir zeigen werde, sobald sein Bruder mit ihnen fertig sei. »Hast du schon mal zwei Schwestern im selben Monat geschwängert?« fragte er.

Als Utas Auto später am Nachmittag wieder vorfuhr, beeilte sich Dupont, seine Kippen aufzusammeln, bevor er den Schweißbrenner anstellte. »Deshalb ich arbeiten so schwer«, sagte er zu mir, als sie in die Küche kam. »Ich davon träumen, aufs College zu gehen und eines Tages Arzt oder Anwalt zu werden. O hey, Frl. Uta. Sie beim Friseur gewesen sein? Sehr hübsch aussehen.«

Uta sagte nein, sie sei nur mit dem Kamm durchgefahren, nichts Spezielles. »Was ist das denn für ein Müll im Radio?« fragte sie, womit sie sich auf den Sender bezog, den Dupont eingestellt hatte, nachdem sie gegangen war.

»Das Radio sein, was ich hören? Für mich sich anhören wie zwei Katzen, die in Sack eingesperrt sein. Wann Sie haben das Radio angestellt, Mistah Dave? O Herr, ich müssen so schwer gearbeitet haben, daß ich kaum Zeit gehabt haben, es zu bemerken.«

»*Ich* bemerke es, und *ich* kriege davon höllische Kopfschmerzen«, sagte Uta und stellte ihren Klassik-Sender wieder ein.

»Ja, *das* ich mögen!« sang Dupont. »Das sein genau die Sorte Musik, die ich auch zu Hause hören.« Er fuchtelte und glitt mit den Händen durch die Luft, als dirigiere er eine Symphonie, wobei seine Lötlampe wild durch den Raum schoß und mir die Haare von den Armen sengte.

»Ach, Dupont, du bist wirklich was ganz Besonderes.«

Es war meine Gewohnheit, pro Stunde einmal eine Zigarettenpause einzulegen, und nur weil Uta da war, sah ich keinen Grund, mit dieser Tradition zu brechen.

»Das, Mister, ist eine ganz ungezogene Angewohnheit«, sagte sie. »Nimm dir ein Beispiel an mir und laß es. Es war schwer, o ja, das war es, aber ich hab's geschafft, und jetzt sehe ich erst, wie ekelerregend das Rauchen wirklich ist.«

»Auch nicht gut riechen«, sagte Dupont, als könnte er beim Gestank der brennenden Farbe noch etwas anderes wahrnehmen. »Es stinken die Umwelt voll und verursachen Krebs.«

»Jetzt kriegt er's aber zu hören«, sagte Uta.

»Ich keinen Krebs kriegen wollen, Frl. Uta. Nein, nein und nochmals nein. Ich nichts wollen, was mich von meinen Zielen abhalten können. Ich auf die medizinische Fakultät wollen und lernen, wie Arzt werden. Dann ich auf eine andere Fakultät wollen und Anwalt werden, und dann ich nicht aufhören, bis ich sein Präsident von den Vereinigten Staaten!«

»Siehst du«, sagte Uta. »Ich schließe mich den Worten eines Arztes, Anwalts und zukünftigen Präsidenten der Vereinigten Staaten an und sage, daß in dieser Wohnung nicht geraucht wird.«

Ich trug meine Zigarette auf den hinteren Balkon und hörte zu, wie Dupont Uta einen Posten als Gesundheitsministerin versprach. Er tat gut daran, um seine Gesundheit besorgt zu sein, denn ich plante, ihn sobald wie möglich umzubringen.

»Glaub nicht, ich würde dich wegen dieser kleinen Zigarettenpause feuern, Mister«, sagte Uta, als ich zurückkam. »Es war Duponts Idee, und es war eine gute Idee. Warum soll er schuften wie ein Hund, während du auf deinem Hintern sitzt und qualmst wie ein Schlot? Vielleicht wird dir etwas Ebbe im Portemonnaie beim Entzug helfen. Manche Menschen muß man eben zu ihrem Glück zwingen.«

»Das stimmen genau!« sagte Dupont.

Später fragte ich ihn, warum er sich die Mühe machte, diesen ganzen Quatsch durchzuziehen. Er steckte sich eine Zigarette an, hob die Schultern und erklärte, er brauche das

Geld. Ich sagte, ich brauchte das Geld ebenfalls, es sei aber doch genug Arbeit für alle da. Warum haute er mich in die Pfanne und benahm sich wie ein Vollidiot, wenn es nicht nötig war?

»Sie mag es«, sagte er. »Na und. Wenn du willst, daß sie *dich* mag, solltest du dich vielleicht ein bißchen mehr anstrengen, scharfer Typ.« Er wischte sich die Kappen seiner Turnschuhe mit einem Papiertaschentuch ab und sagte: »Hey, hast du jemals ein dickes, sommersprossiges Mädchen gefickt, während ihr Freund weggetreten vor dem Fernseher saß?«

Teilweise genoß ich Duponts Geschichten, weil ich sie nie ganz glaubte. Es war weniger sein Mathelehrer in der siebten Klasse, der seinen erigierten Penis mit dem Rechenschieber vermessen hatte, was mich so fesselte, als die Annahme, mich könnte sowas beeindrucken. Er wußte, daß ich einen Freund hatte, und beharrte trotzdem auf seinen Fragen: »Wann hast du zum letztenmal einer Studentin Motorenöl auf die Titten gekippt?« Für Uta spielte er die Rolle, die sie, wie er glaubte, von ihm erwartete, und bei mir machte er das auch. Für die Geschäftsfrau mit Grundbesitz war er der grinsende Bimbo-Komiker, der sich auf einen umgestülpten Eimer stellte, um seinen hoffnungslosen Bericht zur Lage der Nation vorzutragen. Für einen, wie er glaubte, sexbesessenen Homosexuellen war er der unermüdliche Hengst, der zwischen Heuschober und Himmelbett streunte, um seiner stetig expandierenden Herde begeisterter Stuten zu Willen zu sein. Ich glaube, wir alle beugen uns vermeintlichen Erwartungshaltungen, aber allen Ernstes ein Rauchverbot auszusprechen: das ließ auf eine ernsthafte Persönlichkeitsstörung schließen. Wer war er bei seiner Mutter? Bei seiner Freundin oder seinem Vater? In seinem Bestreben, allen alles zu sein, war es Dupont gelungen, einer der mysteriösesten Menschen zu werden, die ich je kennengelernt habe. Koma-Patienten enthüllen mehr über sich.

Wir machten für gewöhnlich fünfundvierzig Minuten Mittagspause und holten uns Cheeseburger von einem Stand auf der Straße. Wenn Uta da war, stieg er auf Reiskuchen mit Joghurt um, was sie persönlich am liebsten aß, weil sie versuchte, das wieder abzunehmen, was sie durch den Verzicht auf Zigaretten zugenommen hatte. Er mampfte das Zeug in fünf Minuten weg, wischte sich die Lippen mit dem Ärmel ab, machte sich wieder an die Arbeit und betrachtete mich, als verkörperte ich all das, was faul war an diesem trägen, in seinem eigenen Fett erstarrten Amerika.

»Ich gern essen die natürlichen Sachen, die Gott bereits Adam und Eva auf den Tisch gestellt haben«, sagte er. »Nicht viel brauchen, damit *ich* fröhlich sein, nein, nein, und nochmals nein. Je weniger ich essen, desto fröhlicher ich sein.«

»Weil du so bist wie ich«, sagte Uta. »Ein scharfer Typ, der sich schlau ernährt.«

So hatten wir etwa drei Wochen lang gewirkt, bis es schließlich Zeit war, die Lötlampen abzustellen und die nächste Phase zu beginnen. Uta hatte ein System, Holz abzuraspeln, bei dem statt Stahlwolle Sägemehl verwendet wurde. Wir strichen die Chemikalien auf eine Holzfläche, packten reichlich Sägemehl drauf und schrubbten dann mit einer Bürste die alte Politur ab, so daß die natürliche Eiche zum Vorschein kam, die wahrscheinlich kein Tageslicht gesehen hatte, seit Utas Freund Adolf Hitler ein kleiner Bub mit Lederhose war. So ging es schneller als mit Stahlwolle, und billiger war es auch, weil es das Sägemehl gratis ganz in der Nähe beim Sägewerk gab. Das Problem war, daß das Sägemehl jeden ungeschützten Teil des Körpers infiltrierte, sich in Schichten auf unser Haar legte und sich in Nase und Ohren niederließ. Es kroch durch die Schnürsenkel-Ösen meiner Schuhe, in Socken und Hosentaschen und verbuk sich mit dem Gesichtsschweiß, so daß wir einander am Ende des Tages beängstigend ähnlich sahen. Mit unsern mattiert beigen Gesichtern und plüschig eingestaubten Haaren hätten wir leicht als Angehörige derselben grotesken Familie durchgehen können.

Als Uta eines Vormittags weg war, um sich mit ihrem Steuerberater zu treffen, fragte Dupont: »Hast du jemals deinem Bruder Bilder von deiner Freundin geliehen und sie voller Flecken zurückgekriegt?« Die Antwort war so sonnenklar, daß er nicht auf eine Erwiderung wartete, sondern mir gleich einen Stapel Polaroids aushändigte, auf denen eine nackte, weiße, ziemlich fertig und gelangweilt wirkende Frau auf einem braunen Kordsamt-Sofa posierte, die sich ein Sortiment verschiedenster Haushaltsgeräte in die Vagina geklemmt hatte: eine Taschenlampe, eine Haarbürste, eine Familientube Zahnpasta sowie eine Flasche, die entweder Shampoo oder ein Geschirrspülmittel enthielt. »Das ist mein Mädel!« sagte Dupont stolz. Er hoffte, die Bilder in, wie er das nannte, »einem der Magazine« veröffentlichen zu können. Gegen Ende des Stapels kamen Porträts von Dupont, der auf einem Thron aus Rattan saß und außer hellblauen Socken und einer Piloten-Sonnenbrille nichts anhatte. Sein Gesicht war zu einem höhnischen Lächeln verzerrt, er war vornübergebeugt, und das Kinn ruhte auf einem Spazierstockknauf, der so geschnitzt war, daß er dem Gesicht eines wütenden Löwen ähnelte.

In solchen Situationen neige ich dazu, diejenigen Details zu kommentieren, die mir einen möglichst stillen Ausstieg ermöglichen. »Ein Klasse-Stuhl«, sagte ich. »Woher hast du das Bild, das da hinten an der Wand hängt? Ich finde es immer wieder aufmunternd, wenn ich ein Kätzchen sehe, das in irgendeinem Korb schlummert.«

»Hast du schon mal ein jüdisches Mädchen mit einem Spazierstock in den Arsch gefickt?« fragte er.

Wir hatten sämtliche Holzteile freigelegt und bereiteten die Beize vor, als Uta ankündigte, im nun folgenden Stadium brauche sie uns nicht mehr beide. Briggs komme nämlich aus Michigan, um ihr beim Beizen zu helfen. »Tut mir leid, Jungs«, sagte sie. »Ihr beide seid so scharf wie nur irgend möglich, aber Briggs gehört praktisch zur Familie und hat jede Menge Erfahrung mit Polyurethan.«

»Ich auch haben!« sagte Dupont. »Ich haben ein Leben lang Erfahrung mit Polyurethan. Mistah Dave sich beklagen, es ihm machen Kopfschmerzen, aber für mich es sein wie Lebenselixier.« Er hielt inne, um mit dem Pinsel gegen den Dosenrand zu tippen. »Ich nur hoffen, daß Sie, wenn Sie sich nicht können leisten uns beide, wenigstens mich behalten. Ich arbeiten für umsonst und als Freiwilliger.«

Uta sagte, das sei eine nette Geste, aber es fiele ihr nicht im Traum ein, jemanden ohne Bezahlung arbeiten zu lassen. »Außerdem«, sagte sie, »wie kommst du denn darauf, daß ich auf *dich* verzichten möchte?«

»Es nur sein, weil...« Er ließ den Kopf hängen. »Sie wissen, wie es sein für Menschen wie mich. Wo ich doch... ein Farbiger sein.«

»Ich weiß ja, wie schwer es für euch ist«, sagte Uta. »Von den Rassisten im Süden steht ihr unter Beschuß, und jetzt lese ich in der Zeitung, daß euch auch noch die Juden das Leben schwermachen.«

»Das die Leute sein, die Jesus umgebracht haben!« sagte Dupont. »Sie ihn haben an ein Kreuz gehängt und mit Stökken gepiekst.«

»Nun, ich hätte nichts dagegen, ein paar von *ihnen* mit einem Stock zu pieksen«, sagte Uta.

»Ich auch nicht.« Dupont sah mich an und lächelte.

An den folgenden Tagen schaltete Dupont noch einen Gang höher und wies Uta auf meine zahllosen Mängel hin, während er tat, als teile er ihre vielen Ansichten und Interessen. Alle paar Stunden stellte er eine Frage zum Thema Sticken oder Schlittschuhlaufen, aber hauptsächlich hielt er sich an die Juden. »Letzte Nacht ich mir haben Gedanken darüber gemacht, wie Sie sagen, die Juden versuchen, die Weltbanken zu übernehmen, Frl. Uta, und das mir kommen gar nicht gerecht vor, wenn man bedenken, wieviel sie schon haben.«

»Tja, Dupont, manche Menschen können den Hals einfach nicht voll genug kriegen. Das ist genetisch bedingt. Wahrscheinlich werden sie schon so geboren.«

»Bestimmt Sie haben recht. Manche Menschen wie Mistah Dave sein geboren, zu spät zur Arbeit zu kommen, nur so als Beispiel. Andere Menschen in diese Welt kommen, um alles an sich zu raffen. Ich, ich nur wünschen, alle Menschen sein geboren wie Sie, Frl. Uta, lieb und schön und gerecht, anstatt zu spät zu kommen und zu versuchen, die Weltbanken zu übernehmen. Wenn ich werden zum Präsidenten gewählt, ich lasse die Juden und Faulpelze dahin zurückschaffen, woher sie gekommen sein, und schaffen mir ein Land, in dem genug für alle da sein!«

»*Meine* Stimme kriegst du schon mal«, sagte Uta.

Je näher das Wochenende kam, desto tollkühner wurde Dupont. Ich kam gerade vom Mittagessen zurück und zog mir meine Arbeitshose an, als ich hörte, wie er ein Argument brachte, das wohl als allerletzter Nagel zu meinem Sarge gedacht war.

»Frl. Uta, Sie gewußt haben, daß David krank sein?«

»Was, ist er erkältet oder was? Ich habe nichts bemerkt.«

»Nein, ich meinen, er krank sein... hier drin.«

Ich konnte nichts sehen, aber ich stellte mir vor, daß er auf den Zwischenraum zwischen seinen Ohren deutete.

»Er mir haben gesagt, er gern mit Männern gehen, Frl. Uta. Ich meinen ins Bett. Er sagen, er das schon sein ganzes Leben lang machen. Er sagen, er leben mit einem anderen Mann, wie wenn sie sein Mann und Frau. Und das ... einfach nicht richtig sein. Nein, nein und nochmals nein, das einfach ... falsch sein. Das sein nicht richtig vor dem Auge Gottes und vor meinem auch nicht. Solche Leute auflauern jungen Menschen und das ganze Leben ruinieren, genau wie die Juden, was Sie meinen, Frl. Uta?«

»Ich meine, es ist an der Zeit, daß du aufhörst, deine Nase in anderer Leute Angelegenheiten zu stecken, das meine ich«, sagte Uta. »David kann machen, was er will, sobald er diese Wohnung verlassen hat. Wir sind nicht hier, um über Privatsachen zu tratschen; wir sind hier, um dieses Holz zu beizen, verstanden?«

»Es sein ja auch nur ... Es mir machen unbehaglich, wie er mich manchmal ansehen, Frl. Uta. Da fühlen ich mich ganz sonderbar. Das sein ..., als wenn er können mir durch die Klamotten kucken. Ich nicht wissen, wie er das machen.«

»So schwer bist du nun wirklich nicht zu durchschauen, Dupont«, hörte ich sie sagen. »Ich schwör's dir; schwer ist es nur, dir zuzuhören.«

Benommen verbrachte er die nächsten Stunden damit, ihre Gunst zurückzugewinnen. Hastig bemüht, ihr zu gefallen, kippte er einen Eimer Beize um. »Die Beize zahlst du aber aus eigener Tasche, mein Freund«, sagte Uta.

Er kam mit einem Zigarettenstummel angerannt, den er in der Speisekammer gefunden hatte. »Frl. Uta, da haben wieder jemand in der Wohnung geraucht. Ich ihm gesagt haben, es sein gefährlich wegen der Dämpfe und so, aber er haben gesagt ...«

»Um *Himmels* willen«, schnappte Uta. »Kannst du nicht mal fünf Minuten lang deinen dummen Mund halten!«

Still kam und ging der Freitag. Als Dupont am Montagmorgen kam, war die eine Tasche seiner Jeans abgefetzt. »Sie schon mal ausgeraubt worden sein, Frl. Uta?« Er sagte, es sei auf dem Heimweg nach der Kirche passiert. »Ich gewöhnlich gehen mit meiner Mammi in die Kirche, aber Samstagnacht sie werden abgeholt und mit schrecklichem Schmerz im Bauch ins Krankenhaus gebracht. Der Doktor haben gesagt, es sein ein Tumor innen drin und essen ihre ganze Niere haps auf, wenn sie nicht werden operiert.«

»Ach, Dupont, das ist ja schrecklich.«

»Ja, Frl. Uta. Ich sein die ganze Nacht bei ihr geblieben, und dann am nächsten Tag ich gehen in die Kirche, und auf dem Weg nach Hause ich sein so müde, daß ich schlafen ein in der Bahn.«

»Du warst bestimmt nur erschöpft«, sagte Uta.

»Ja, Frl. Uta, sehr erschöpft. Ich auf dem Platz gesessen haben und eingeschlafen sein, und dann ein Taschendieb kommen und mit Rasiermesser die Hosentasche abschneiden und mein Portemonnaie stehlen.«

»Man muß scharf aufpassen, wenn man mit diesen Zügen fährt, Dupont. Halte die Augen offen, und paß auf, wo die Gefahr lauert.«

»Ich wünschen, ich haben die Augen offen gehalten, Frl. Uta. Sie mir abgenommen haben mein Portemonnaie mit meinem ganzen Geld und meinen Personalausweis und den Gehaltsscheck, den Sie haben mir gegeben letzten Freitag.«

»Na, so eine Schande«, sagte Uta. »Aber sieh es doch mal so: Immerhin wird es dir eine Lehre gewesen sein.«

»Das es wohl werden gewesen sein. Ja, ich sein jetzt hellwach. Können gar nicht mehr schlafen, weil immer denken an den Gehaltsscheck, für den ich so schwer gearbeitet haben und nun gestohlen sein. Das viele schöne Geld, das ich gehofft haben, für die medizinische Fakultät zu sparen, sein gestohlen, und nun mein ganzer Traum sein geplatzt.«

»Keine Angst«, sagte Uta und legte ihm die Hand auf die Schulter. »Es werden neue Träume kommen.« Das schien ihr richtig Spaß zu machen.

»Wahrscheinlich, Frl. Uta, wahrscheinlich, aber ich brauchen diesen Traum *jetzt*. Ich hatten gehofft, auf die medizinische Fakultät zu gehen... und zwar ganz bald, damit ich vielleicht... meine Mutter operieren können.«

»Das ist sehr wohlüberlegt von dir«, sagte Uta. »Deine Mutter ist bestimmt sehr stolz.«

»Was von ihr übrig sein«, sagte Dupont. »Das arme Ding husten Teilchen vom Hals in eine Serviette, und niemand können was dagegen unternehmen.«

»Das ist ja alles sehr, sehr tragisch«, sagte Uta. »Das ist eine ganz, ganz traurige Geschichte. Ich wünschte nur, ich könnte irgendwie helfen.«

»Ich glauben, *irgendwie* schon«, sagte er und kratzte sich mit einer Bleistiftspitze am Kopf. »Vielleicht wenn Sie mir schreiben einen neuen Scheck für den, der gestohlen sein. Wenn Sie mir vielleicht machen einen neuen Scheck und anrufen die Bank und denen sagen, sie sollen den alten platzen lassen, bevor jemand die Chance haben, ihn einzulösen.«

»Meinst du nicht, es könnte ihn bereits jemand eingelöst haben?« fragte sie und betrachtete seine Füße. »Schöne neue Turnschuhe, Dupont. Die sind wirklich scharf.«

»Wahrscheinlich ihn aber noch niemand eingelöst *haben*«, sagte er, das Thema wechselnd. »Wo die Banken doch am Sonntag geschlossen sein.«

»Dann haben sie ihn womöglich heute morgen gleich als erstes eingelöst«, sagte sie.

»Nein, bestimmt nicht, denn es brauchen ziemlich viel Zeit, um genug Mut zu schöpfen, meine Unterschrift auf der Rückseite des Schecks zu fälschen.«

»Da könntest du recht haben«, sagte Uta. »So ein Dieb

braucht mindestens drei, vier Tage, um soviel Selbstvertrauen zu entwickeln.«

»Och, bitte, Frl. Uta, Sie doch wissen, ich nicht würden fragen, wenn es nicht wären so ein Notfall. Wenn was passieren und Sie herausfinden, daß der erste Scheck bereits eingelöst sein, ich schwören, ich ihn Ihnen ersetzen, obwohl es, wenn man es recht bedenkt, gar nicht meine Schuld sein. Ich kommen zu Ihnen nach Hause und hacken Ihnen Holz oder graben Ihnen einen Swimmingpool; Sie wissen, ich werden.«

Uta seufzte. Sie trocknete sich die Hände ab und griff nach ihrem Portemonnaie.

»Sie eine so süße weiße Dame sein«, sagte Dupont. »Mir egal sein, was niemand sagen, Sie so süß und lieb sein wie nur möglich.« Er faltete den Scheck einmal, steckte ihn in seine Brusttasche und klapste zur Sicherheit noch einmal auf die Tasche.

»Jetzt geh mal lieber ganz schnell auf die Bank und zahl das auf dein Sparkonto ein«, sagte Uta trocken. »Sonst verlierst du den Scheck vielleicht, und dann kannst du nie acht Jahre auf die medizinische Fakultät gehen, um deine Mutter vom Krebs zu heilen.«

»Ja, Frl. Uta, da Sie bestimmt recht haben. Ich rasch zur Bank rennen und früher wieder zurück sein, als können mit den schönen blauen Augen zwinkern.« Er schoß zur Tür hinaus, und es gelang ihm, erst auf der Straße laut loszulachen.

»Ich weiß, was du jetzt denkst«, sagte Uta zu mir. »Aber du hast unrecht. Ich bin zwar abends geboren, aber das war nicht *gestern* abend. Jetzt glaubt er, er wäre der Schärfste. Keinen Schimmer hat er. Ich wollte ihm das Geld nämlich sowieso geben, als Abfindung, sobald ich ihn entlasse. Gottverdammter Speichellecker. Verspricht, mir einen Swimmingpool zu graben, ha! Ich hab ihm sowieso sehr viel weniger bezahlt als dir, aber was soll's, ich glaub, ich hab mein Geld nicht an ihn verschwendet. Fünf Dollar, daß er zur Bank rennt und dann immer weiterrennt. Was meinst du, fünf Dollar, topp, die Wette gilt, scharfer Typ?«

Ich hatte keine Lust, mein Geld wegzuschmeißen. Ich wußte, daß sie recht hatte.

Utas Freundin, Polly Briggs, erschien am nächsten Morgen, fing aber erst nach dem Spiel der Chicago Cubs mit der Arbeit an. Sie war jemand, der einem auf die Schulter klopft, unverblümt und laut, mit kurzen Löckchen und Sommersprossen auf der Nase wie aufgesprüht. Briggs – »Sag noch einmal Polly zu mir, und du darfst dir Erbrochenes von den Schuhen wischen. Kann den Namen nicht ausstehen. Konnte ich noch nie.« – verbrachte die meiste Zeit des Jahres in Nord-Michigan, wo sie an einer Mittelschule Leibesübungen unterrichtete. In den Sommerferien kam sie oft nach Chicago, um sich Baseball-Spiele anzusehen und Uta bei ihren jeweiligen kleinen Projekten zu helfen. Es kam mir seltsam vor, daß sie befreundet waren, zu sehr unterschieden sie sich in Alter, Temperament und Geschmack. Uta sah ja schon nicht ungesund aus, aber Briggs wirkte mit ihrer rosigen Gesichtsfarbe und der robusten Statur, als hätte sie vor Sonnenaufgang Heuballen auf einen Pferdewagen geschmissen. Sie war ein zutraulicher Trampel, während Uta viel beherrschter war und sich gern für unfehlbar hielt, besonders in Anwesenheit ihrer Untergebenen.

Als Briggs sich darüber beschwerte, daß sie für das Spiel am Nachmittag schlechte Plätze bekommen habe, vermerkte Uta, alle guten Stellen hätten sich bereits die Juden gesichert, die auch die Hot-Dog-Konzessionen und den Souvenirhandel kontrollierten. »Die Parkplätze, die Spielergehälter, sogar die Herstellung von Schlägern und Handschuhen, alles wird von den Juden kontrolliert. Durch die

Juden sind die Eintrittspreise schier unerschwinglich geworden. Hier bin ich, zwei Straßen vom Stadion entfernt, und sie treiben meine Vermögenssteuer in schwindelerregende Höhen. Sie wollen alles so sehr ver...«

»Halt's Maul«, sagte Briggs. »Du meckerst über die Juden, seitdem du dieses Drecksland verlassen hast. Schlag mal ein Geschichtsbuch für die dritte Klasse auf; vielleicht lernst du dann was. Außerdem: *So* schlimm fandest du die Juden gar nicht, als du hinter Brandy Fleischman her warst.«

Uta wischte sich wie Tausende von Malen vorher die Fransen aus der Stirn, aber diesmal war die Geste offen nervös. Sie zog sich die Haare zurück über die Augen, als wolle sie sich verstecken, und maulte nach längerer Pause: »Brandy war nur *Halb*jude.«

»Ah ja? Welche Hälfte? Oben oder unten?« Briggs zwinkerte mir zu, während Uta beleidigt zappelte und ihr Gesicht sich rötete. Dupont und ich hatten oft Vermutungen über ihr Geschlechtsleben angestellt. Er hatte darauf bestanden, daß sie alle schwarzen Männer wollte, die sie kriegen konnte, während es mir schwerfiel, sie mir anders als mit einem jener pensionierten Nazi-Generäle vorzustellen, die sich in den Urwäldern von Argentinien verkrochen haben. Wir hatten uns beide gewaltig verschätzt.

»Sag mal, Uta, was ist eigentlich aus der kleinen Wie-hieß-sie-noch Collins geworden, die immer mit uns in die Dünen gegangen ist? Du weißt schon, welche ich meine. Sie hat Feuerversicherungs-Policen oder sonstwas Blödes verkauft; Tontaubenschießen fand sie auch toll.« Briggs klatschte das Polyurethan mit der Finesse eines Kindes im Krabbelalter gegen die Wand; ich folgte ihr und versuchte die Kleckser zu glätten, bevor sie trockneten. Nach ein paar Tagen wurde Uta etwas lockerer und gestattete sich, die Gesellschaft ihrer Freundin zu genießen. Ihr freundschaftliches Gezänk nahm einen harmlosen und behaglichen Ton an, und je nach Interesse hörte ich hin oder weg. Eines Nachmittags diskutierten sie die Vorzüge einer an Ballaststoffen reichen Diät, als ich aus dem Fenster sah und sicher war, Dupont an der Ecke vor dem kleinen Lebensmittelladen stehen zu sehen. Eine Frau kam, mit zwei großen Papiertüten beladen, aus dem Geschäft. Dupont sagte etwas, und sie schüttelte den Kopf: nein. Er ging auf sie zu, die Arme ausgebreitet, um die Tüten zu umarmen, sie wich zurück und rief etwas durch die Fliegendrahttür. Der Lebensmittelhändler kam heraus, und Dupont warf die Hände in die Luft, als wolle er damit Frustration oder Leugnung ausdrücken. Nachdem noch ein paar weitere Worte gewechselt worden waren, ging er davon, bog um die Ecke und war nicht mehr zu sehen.

Wir hatten die erste Schicht Beize angebracht und waren zur Hälfte mit der zweiten fertig, als Briggs aus Versehen einen vollen Pappbecher Gatorade in einen Eimer mit einer Gallone Polyurethan fallen ließ. »Das geht aber auf *deinen* Gehaltsscheck, Baby«, sagte Uta.

Sie zankten hin und her, bis Briggs anbot, einen ganzen Tankwagen mit dem Zeug zu kaufen, wenn Uta dann endlich die Klappe hielte.

»Na gut«, sagte Uta, »aber *ich* komme mit, damit du da nicht mit der billigeren Sorte wieder rausgehst. Und wir nehmen *dein* Auto, weil ich bereits genug Benzin für dich verfahren habe. *Und* im Radio hören wir, was *ich* will. Und nun sag du doch auch mal was.«

Sie verließen zeternd die Wohnung und waren kaum drei Minuten weg, als Dupont den Raum betrat.

»Hey«, sagte ich. »Was ist passiert? Wir haben uns schon gefragt, was aus dir geworden ist. Uta ist gerade nicht da; sie...«

»Ist mit dem Auto weggefahren und hat mit irgendeiner

Schlampe mit Locken Scheiße geredet. Ich hab gesehen, wie sie los sind. Sag mir, wann sie zurückkommt.«

Ich sagte, in fünfzehn, vielleicht zwanzig Minuten. »Und jetzt rate mal! Hättest du gedacht, daß Uta ein kes...«

»Gib mir zwanzig Dollar«, sagte Dupont und zündete sich eine Zigarette an. »Ich zahl sie dir nächste Woche zurück.« Er stand vor dem Kaminspiegel und überprüfte sein Haar, das mit Ölen behandelt worden war und nun in mageren Locken herabhing. Zuerst hatte ich ihn kaum wiedererkannt. Nicht nur sein Haar war anders, es war seine ganze Art. Das Fragezeichen war sowohl aus seiner Rede, als auch aus seiner Körperhaltung verschwunden. Er stand gerade, die Schultern kantig, den Kopf erhoben, als wäre er auf einen Pfosten geschraubt. »Gib mir zwanzig Dollar«, wiederholte er.

Als ich ihm sagte, ich hätte keine, schloß er die Augen und ließ einen ungeduldigen Seufzer frei, die Sorte Seufzer, die man freiläßt, wenn man beschließt, daß jemand eine Lektion verdient hat. Ich zückte mein Portemonnaie. »Da, sieh selbst nach. Ich habe meine letzten fünf Dollar für Mittagessen ausgegeben.« Es ist immer angenehm, wenn man sich, durch eine Laune der Natur, auf die Wahrheit berufen kann, um sich aus einer Bredouille zu befreien. In meinem Rucksack hatte ich ein Scheckbuch, aber was Bargeld betraf, so enthielt mein Portemonnaie nichts als einen abgelaufenen Schülerausweis, meinen Bibliotheksausweis und die Telefonnummern von Menschen, an die ich mich nicht mehr erinnerte.

»Ich brauche jedenfalls zwanzig Dollar«, sagte er. »So ist das nun mal. Ich brauche das Geld.«

»Vielleicht kannst du warten, bis Uta zurückkommt, und sie läßt dich ein paar Stunden arbeiten.«

Er sah mich an, als hätte ich vorgeschlagen, er solle im Rinnstein Gold waschen.

»Okay, dann kann dir deine Freundin doch Geld leihen«, bot ich als weitere Möglichkeit an.

»Genau«, sagte er. »Meine Freundin. Du bist ja echt schnell. Ich glaube, ich habe ganz vergessen, wie schlau du wirklich bist.« Seine Stimme hatte einen harten, bitteren Ton. »Du bist scharf, stimmt's? Scharf wie Tigerpisse.« Er schritt im Raum auf und ab. »Scharf wie ein Fahrtenmesser, du Pfadfinder.«

Ich blickte in den Spiegel und sah, wie er Utas Handtasche vom Fensterbrett nahm. »Die gehört Uta«, sagte ich. »Vielleicht solltest du mit ihr reden, bevor du ihre Handtasche aufmachst, weil, naja, es ist ihre, und du weißt, wie sie sich mit ihren Sachen hat.«

Das war so ziemlich das Eindringlichste, was ich brachte. Läge die Sicherheit Amerikas in meinen Händen, gingen wir alle in Sackleinen und wienerten jedem Invasor die Stiefel, der das Wort »Buh!« aussprechen konnte.

Dupont fand ihr Portemonnaie und entnahm ihm drei Zwanziger, einen Fünfer und zwei Einer. Er arrangierte die Scheine zu einem schlaffen Fächer und wedelte damit vor seinem Gesicht herum, als wäre die winzige Brise alles, was er angestrebt hatte. Dann faltete er das Geld, steckte es sich in die Tasche und ging zur Tür hinaus.

Kurze Zeit später ging ich ebenfalls, stieg auf mein Fahrrad und fuhr zur Bank, um drei Zwanziger, einen Fünfer und zwei Einer zu holen. Uta war die Art Mensch, die genau weiß, wieviel sich in ihrem Portemonnaie aufhält. Sie führte Listen über alle Abbuchungen und Eingänge. »Kannst du glauben, daß ich im Osco-Markt siebzehn Dollar gelassen habe? Und wofür? Mit einer winzigen Tüte bin ich wieder rausgekommen.« Sie merkte bestimmt, daß ihr Geld fehlte. Ich konnte ihr nicht sagen, daß Dupont es genommen hatte, denn dann hätte sie geschrien: »Du hast ihn in diese Wohnung gelassen? Und was dann, dann fleddert er meine

Handtasche, und dir kommt es nicht in den Sinn, ihn davon abzuhalten? Du läßt ihn einfach mein Geld nehmen und zur Tür hinaustanzen?«

Wenn ich sie gewesen wäre, hätte ich das genauso empfunden. Hätte ich ihr gesagt, daß Dupont das Geld gestohlen hat, hätte sie wahrscheinlich die Polizei gerufen, und ich hätte die gesamte Konversation noch einmal erlebt. »Und Sie haben ihn das Geld nehmen *lassen?*« hätte der Beamte gefragt. Wäre der Fall vor Gericht gekommen, wäre *ich* derjenige gewesen, der irgendwann mal mitten in der Nacht Dupont über den Weg gelaufen wäre, nachdem er seine dreißig Tagc – oder was sonst gerade für Kleindiebstahl aktuell ist – abgesessen hätte.

Ich hätte auch nicht lügen können und Uta sagen, ich sei kurz weggegangen, um eine kleine Besorgung zu machen, und hätte vergessen, die Tür hinter mir abzuschließen. »Du bist ganz kurz *was?* Warum rollst du nicht gleich einen roten Teppich aus und hängst ein Schild auf, das jeden Gauner in und um Chicago zum Eintreten einlädt, und wo er sowieso schon mal da ist, soll er mir doch bitte auch noch rasch mein letztes Hemd klauen? Die fünfundsechzig Dollar gehen von *deinem* Gehaltsscheck ab, Mister!« Und wieder hätte ich genauso reagiert, wenn ich ein aggressiver oder unverblümter Mensch wäre. Statt dessen bin ich keiner, und deshalb empfand ich echten Haß, nicht auf Dupont oder Uta, sondern auf mich, weil ich beiden gegenüber so schwach und feige gewesen war. Sie hatten sich vorgestellt, jeder auf seine Weise, und ich fand immer, man muß eine Grenze ziehen; man muß sagen, was man denkt, oder sich verteidigen. Man muß tapfer oder ehrlich oder wenigstens irgendwas *sein.* Es hatte nichts damit zu tun, daß man Menschen ändert –; das kann man sowieso vergessen; an einem guten Tag hat man Glück, wenn es einem gelingt, jemanden zum Sockenwechseln zu überreden. Ich konnte mir auch nicht einreden, dies Verhalten habe mit einem Anstellungsverhältnis zu tun. Mein Rückgrat hat – Gehaltsscheck oder nicht – immer diese butterartige Konsistenz. Im Gegensatz zu anderen Menschen, die ich kenne, wird mein Schweigen nie als Weisheit interpretiert werden. Mich verrät jedesmal mein Zähneklappern.

Als ich zurückkam, waren Uta und Briggs schon wieder an der Arbeit. »Sag mal, David, wir haben gerade eine kleine Wette am Laufen. Wer hat siebenundfünfzig den Wimpel gewonnen?«

Ich sagte Briggs, ich hätte keinen wie auch immer gearteten Schimmer.

»Ich bleibe dabei: Es waren die *Oreos!*« rief Uta.

»Die *Oreos* sind Kekse; wenn schon, waren es die Baltimore *Orioles,* und die waren es auch nicht.« Briggs rollte die Augen und hockte sich hin, um einen neuen Kanister Polyurethan aufzustemmen.

Ich wartete bis Feierabend. Die Frauen waren nebenan, um ihre Arbeitsklamotten aus- und sich umzuziehen, und ich schlich mich an die Handtasche an, um Utas Geld zu ersetzen. Dabei hatte ich mehr Angst, als wenn ich es gestohlen hätte. Als ich ihre Handtasche öffnete, dachte ich, wie ungerecht es war, daß von allen Beteiligten ausgerechnet ich zahlen mußte. Dupont wußte, daß ich ihn nicht davon abgehalten oder ihn verpfiffen hätte. Uta hatte ein halbes Dutzend Mietobjekte und ein dickes Paket Aktien unterm Gürtel. Sie amüsierten sich ganz prima und stellten, was sie sagten oder taten, nie in Frage. Was machte sie so selbstsicher und mich nicht? Ich sagte mir, im Gegensatz zu ihnen hätte ich ein Gewissen, aber sobald ich es dachte, wußte ich, daß es eine Lüge war. Wäre es eine Art Güte gewesen, die mich motivierte, so wäre sie mir wurscht gewesen. Statt dessen war es eine weiche und schwabbelige Feigheit, welche die Gestalt von Tugend angenommen hatte.

Sie war auf Strümpfen, das Portemonnaie war offen, das Radio plärrte, und ich hörte nicht, wie Uta hinter mir herantrat. »Was machst du da mit meinem Geldbeutel?« fragte sie. »Zahle ich dir etwa nicht genug; ist es das?« Sie formte mit den Händen einen Schalltrichter vor dem Mund: »Hey, Briggs, komm mal her. Ich hab gerade unseren Freund erwischt, wie er mein Portemonnaie durchsucht.«

Die Luft wurde aus dem Raum gesaugt, durch die offenen Fenster und den Spalt unter der Tür, und hinterließ ein Vakuum. »Dann erzähl doch mal, Freundchen. Was genau suchst du denn?«

Der Geist spielt dem Gedächtnis Streiche. Die Zeit gerät aus Bequemlichkeit in Schieflage. Ereignisse werden komprimiert, damit sie besser wirken, oder sie werden gedehnt, damit sie falsch verstandenem Triumph Platz bieten. Da dies so ist, wie es ist, ist es schwer, genauere Angaben zu machen, aber mir kommt es vor, als hätte ich etwa fünfzehntausend Jahre stockstill auf demselben Fleck gestanden und nach einer Antwort auf ihre Frage gesucht.

Asche

Sobald mir klar wurde, daß ich bis an mein Lebensende homosexuell sein würde, zwang ich Bruder und Schwestern, einen Vertrag zu unterschreiben, in dem sie schworen, nie zu heiraten. Es gab eine Klausel, die ihnen gestattete, mit jedem Menschen ihrer Wahl zusammenzuleben, solang sie es nur nicht amtlich machten.

»Was ist mit Kindern?« fragte meine Schwester Gretchen und ließ sich einen Löschpapierschnipsel LSD unter die Zunge gleiten. »Kann ich nicht *nicht* heiraten und trotzdem ein Baby kriegen?«

Ich stellte mir das Kind vor, wie es mit fünfzehn Händen nach dem Mobile schlug, das über seinem Bettchen hing. »Klar kannst du Kinder haben. Nun nimm deinen Augenbrauenstift und unterschreib auf der punktierten Linie.«

Meine Befürchtung war, daß meine Schwestern, einmal verheiratet, der Familie den Rücken kehren würden und es vorzogen, Ferien und Feiertage mit ihren Männern zu verbringen. Eine nach der anderen würden sie uns verlassen, bis nur noch ich und meine Eltern übrig waren, vor dem Fernseher, ein jegliches den Truthahn mit Füllsel vom eigenen Tablettchen essend. Es war nicht schwer, die Unterschriften zu kriegen. Die Mädchen in meiner Familie spielten nicht Puppenhaus mit Puppenherd; sie spielten Puppenbesserungsanstalt mit Puppenberuhigungszelle. Eines Tages mochten sie durchaus eine Beziehung eingehen –; wenn es passierte, passierte es, aber sie sahen keine Veranlassung, sich deshalb zu verbiegen. Mein Vater sah das anders. Er sah den Ehestand als ihre bestmögliche Berufung, als etwas, für das sie üben und das sie sich als Ziel vor Augen halten sollten. Eine meiner Schwestern stand z. B. gebeugt vor dem offenen Kühlschrank, im Badeanzug, und mein Vater wog sie mit den Augen. »Sieht aus, als hättest du ein paar Pfund zugenommen«, sagte er. »Mach so weiter, und du findest nie einen Mann.« *Findest.* Er sagte das, als wären Männer exotische Pilze, die im Wald wachsen, als bedürfe es eines geschärften Blicks, um einen zu entdecken.

»Hör nicht auf ihn«, sagte ich. »Ich finde, das Gewicht steht dir sehr gut. Hier, nimm noch eine große Schale Kartoffelchips.«

Unseren Nachbarn bedeutete die Ehe sehr viel, und wir sahen das als weiteren guten Grund, es gar nicht erst so weit kommen zu lassen. »Tja, endlich haben wir Kim verheiratet.« Das wurde immer mit einer solchen Erleichterung gesagt, daß man hätte meinen können, die in Rede stehende Kim sei kein zwanzigjähriges Mädchen, sondern der letzte Welpe eines ungewollten Wurfs. Meine Mutter schaffte es nicht zum Lebensmittelladen und zurück, ohne eingehend die DIN-A5-Fotos irgendeines sabbernden, glubschäugigen Enkels betrachtet haben zu müssen.

»Na, *das* ist doch mal was anderes«, sagte sie. »Ein lebendiges Baby. Alle meine Enkelkinder sind zu Kunstdünger zermahlen worden, oder was man sonst mit abgetriebenen Föten macht. Dadurch habe ich sie zu meinen Füßen, aber nicht am Hals, was mir persönlich sehr entgegenkommt.

Hier haben Sie Ihr Bild zurück. Sagen Sie Ihrer Tochter, sie soll unbedingt dranbleiben.«

Im Gegensatz zu unserem Vater fand sie es gut, daß keins ihrer Kinder sich fortgepflanzt hatte. Diese Tatsache verwendete sie in der Nummer, die sie regelmäßig abzog: »Sechs Kinder, und keins ist verheiratet. Ich werde meinen Töchtern von dem Geld, das wir an den Hochzeiten gespart haben, einen eigenen Puff bauen.«

Nachdem sie mit ihrem Freund Bob fast zehn Jahre zusammengelebt hatte, annullierte meine Schwester Lisa unseren Vertrag, indem sie ihm das Jawort gab, als er ihr einen Heiratsantrag machte. Um es noch schlimmer zu machen, beschlossen sie, nicht in einer Drive-through-Kapelle in Las Vegas, sondern auf einem Berggipfel im westlichen North Carolina zu heiraten.

»Wie nett«, sagte meine Mutter. »Jetzt brauche ich, passend zu meinem Kleid, nur noch ein paar marineblaue Wanderstiefel, und dann bin ich komplett.«

Als ich meinen zukünftigen Schwager kennenlernte, war er bei meinen Eltern zu Besuch und hatte gerade den Kopf tief in den Backofen gesteckt. Ich kam in die Küche, ergriff, da ich ihn für eine meiner Schwestern hielt, seine fleischigen, jeansgekleideten Pobacken und begann sie mit beiden Händen zu kneten. Er geriet in Panik und knallte mit dem Kopf gegen die verkrusteten Röhren. »Oha«, sagte ich, »tut mir leid. Ich dachte, du wärest Lisa.«

Es war die Wahrheit, konnte ihn aber aus irgendeinem Grunde nicht trösten. Zu der Zeit arbeitete Bob als Totengräber, eine Karriere-Entscheidung, die auf einen erfrischenden Mangel an Ehrgeiz schließen ließ. Es handelte sich dabei nicht um frische Gräber, sondern um alte, die verlegt wurden, um Platz für eine neue Fernstraße oder Einkaufs- und Genießermeile zu schaffen. »Wie wollen Sie damit meine Tochter ernähren?« fragte mein Vater.

»Ach, Lou«, sagte meine Mutter, »niemand verlangt von ihm, daß er irgend jemanden ernährt; sie schlafen nur miteinander. Laß ihn zufrieden.«

Wir mochten Bob, weil er sowohl anders als auch unapologetisch war. »Man nehme ein einen Tag altes Schweinskotelett, steche mit der Gabel lauter Löcher hinein, weiche es in Essig ein, und schon hat man prima was zu essen«, sagte er und spielte am fedrigen Quast seines hüftlangen Zopfes. Weil er eine gute Kinderstube und zahllose Allergien hatte, wirkte Bobs Apartment wie das bewohnbare Prinzip Ordnung-und-Sauberkeit. Wir hätten gedacht, daß jemand, der das Futter seiner Stiefel sorgfältig schaumreinigte, unsere Schwester vielleicht kurz ausführen, aber nie und nimmer heiraten durfte. Lisa konnte nicht einmal dazu abgerichtet werden, Essensreste vom eingesauten Laken zu kratzen, geschweige, die Bettdecke auszuschütteln und tatsächlich das Bett zu machen. Ich hatte seine Willenskraft und seine Geduld unterschätzt. Sie lebten bereits fast drei Jahre zusammen, als ich unangemeldet vorbeischaute und meine Schwester am Spülstein stehend erwischte, einen Schwamm in der einen und einen Teller in der anderen Hand. Die ungeheure Bedeutung von Spülmitteln hatte sich ihr noch nicht erschlossen, aber sie lernte. Irgendwann schnitt Bob sich die Haare ab, ging zurück aufs College und gab die Schaufel zugunsten einer glänzenden Karriere als Immobilienmakler auf. Er war ein liebenswerter Typ; nur die Sache mit dem Heiraten hätte er lassen sollen. »Als neulich meine Schwester heiratete« ist ein Satzanfang mit »als« und »neulich«, der mir mindestens so verhaßt wäre wie der Satz »Als mir neulich eine Dickdarmfistel zur Ableitung von Stuhl gelegt wurde...«

Drei Wochen vor der Hochzeit rief meine Mutter an, um mitzuteilen, daß sie Krebs habe. Sie war zum Arzt gegangen, um sich über ein Ohrgeräusch zu beschweren, und die anschließenden Untersuchungen ergaben, daß sie einen erheblichen Tumor in der Lunge hatte. »Von der Größe einer Zitrone, haben sie gesagt«, sagte sie. »Keine winzige Faust oder ein Ei, nein, eine Zitrone. Ich glaube, die beschreiben das in Obstform, damit man keine Angst kriegt, aber hör mal, wer will schon eine Zitrone in der Lunge? Sie hoffen, sie erwischen sie, bevor sie ein Pfirsich oder eine Pampelmuse wird, aber wer weiß? Ich schon mal nicht. Ixundzwanzig Tests, und sie wissen immer noch nicht, was mit meinem Ohr ist. Ich hoffe nur, daß es, was es auch ist, nicht viel größer ist als eine Weintraube. An dem Krebs bin ich allerdings selbst schuld; das ist mir klar. Schlimm ist nur, daß euer Vater immer noch lebt, um mich alle gottverdammten fünfzehn Sekunden daran zu erinnern.«

Als meine Mutter anrief, war meine Schwester Amy bei mir. Wir reichten uns in meiner winzigen New Yorker Küche den Hörer hinüber und herüber, verbrachten dann den Rest des Abends im Bett und versuchten einander davon zu überzeugen, daß es unserer Mutter bald besser gehen würde, glaubten es aber nicht so ganz. Ich hatte von Menschen gehört, die den Krebs überlebt hatten, aber die meisten behaupteten, es mit Hilfe ungeschroteter Körner und spiritueller Veröffentlichungen geschafft zu haben, die sie dazu ermutigten, still in der Lotosposition zu sitzen. Sie stellten sich ihre Geschwüre bildlich vor und versuchten vernünftig mit ihnen zu reden. Unsere Mutter war nicht der Typ, der die Morgendämmerung begrüßt oder mit Gerste und Hafer kocht. Sie redete nicht vernünftig mit dem Tumor, sie bedrohte ihn; und als das nicht half, beschloß sie, ihn zu ignorieren. Wir konnten uns nicht vorstellen, wie sie bei einer Selbsthilfegruppe mitmachte oder im Trainingsanzug durch die Einkaufspassage trabte. Zweiundsechzig Jahre alt, und keiner von uns hatte sie je mit Hose gesehen. Ich weiß nicht warum, aber es kam mir so vor, als brauche man eine Hose, um den Krebs zu besiegen. Ebenso wichtig war ein Plan. Man mußte eine neue, andere Zukunft akzeptieren lernen, eine Zukunft ohne überquellende Aschenbecher und Zwanzigliterflaschen Wein und Scotch. Man mußte glauben, daß ein solches Leben lebenswert war. Ich wußte nicht, ob ich so eine unersprießliche Zukunft hätte freudig begrüßen können, aber ich hoffte, daß sie es konnte. Mein Bruder, meine Schwestern und ich unternahmen einen Feldzug, um ihre Moral zu stärken und neue und aufregende Hobbys ins Feld zu führen, denen sie frönen konnte, sobald sie geheilt und wieder auf den Beinen war.

»Das wird toll«, sagte ich. »Du könntest, ich weiß nicht, vielleicht könntest du lernen, wie man ganz kleine Flugzeuge fliegt, oder du könntest dich freiwillig melden und Crack-Babys auf den Arm nehmen. Es gibt vieles, was ein älterer Mensch außer Rauchen und Trinken machen kann.«

»Bitte ruf mich nicht bekifft an, um mir zu sagen, daß es vieles gibt, was ich mit meinem Leben machen kann«, sagte sie. »Gerade habe ich mit deinem Bruder telefoniert, und der hat vorgeschlagen, ich soll einen Streichelzoo aufmachen. Wenn sowas beim Highsein herauskommt, muß ich wirklich auch mit dem Marihuanarauchen anfangen, obwohl mir das etwas schwerfallen wird, denn als ich meine rechte Lunge zum letztenmal sah, lag sie in einer Bratpfanne.«

In Wirklichkeit waren ihre Lungenflügel genau da, wo sie immer gewesen waren. Der Krebs war zu weit fortgeschritten, und sie war zu schwach, um eine Operation zu überleben. Der Arzt entschied, sie solle nach Hause; er würde derweil einen Plan ausarbeiten. Bereits das Wort erfüllte uns mit Hoffnung: einen Plan. »Der Arzt hat einen Plan!« krähten meine Schwestern und ich einander an.

»Genau«, sagte meine Mutter. »Er plant, am Samstag Golf zu spielen, am Sonntag segeln zu gehen und mich am

Montag drauf um Augen, Nieren und die Restleber zu bitten. Das ist sein Plan.«

Wir empfanden es als schlechtes Zeichen, als sie ihr *People*-Abo abbestellte und anfing, ihre Zigaretten päckchen- und nicht mehr stangenweise zu kaufen. Sie ging ihr Schmuckkästchen durch, rief meine Schwestern an und fragte sie, ob sie Perlen oder Steine vorzögen. »Im Augenblick sind die Rubine in einer Brosche in Form einer Zuckerstange, aber mehr Geld gibt es wahrscheinlich, wenn man sie ausbauen läßt und nur die Steine verkauft.« Auf ihre Weise hatte sie bereits begonnen, sich abzumelden, und den Plan verworfen, bevor er verkündet war. *Aber was wird aus uns?* wollte ich sagen. *Sind wir denn nicht Grund genug weiterzumachen?* Ich dachte an den unablässigen Kummer, den wir ihr all die Jahre bereitet hatten, und beantwortete die Frage. Sie hoffte zu sterben, bevor einer von uns ins Gefängnis kam.

»Was will Amy denn zu diesem kleinen Pepsi-Werbespot anziehen?« fragte meine Mutter im Hinblick auf die Berggipfel-Zeremonie. »Sagt mir bitte, daß es nicht dies Hochzeitskleid ist.«

Lisa hatte beschlossen, in einem schlichten kremfarbenen Kostüm zu heiraten, die Art Klamotte, die man zur zweiten Abmahnung anzieht. Amy fand, wenigstens einer sollte nach Hochzeit aussehen, und hatte die Idee gehabt, der Feier in einem bodenlangen Hochzeitskleid beizuwohnen, komplett mit Schleier und Schleppe. Schließlich zog sie dann etwas an, was meine Mutter noch mehr haßte, ein rosa Cocktailkleid mit abnehmbaren Ärmeln. Normalerweise war es ihr egal, was die Leute anhatten, aber sie nutzte das Thema, um von dem abzulenken, was wir inzwischen ihre »Lage« nannten. Wäre es nach ihr gegangen, hätten wir nie von ihrem Krebs erfahren. Unser Vater war darauf gekommen, es uns zu sagen; sie hatte dagegen angekämpft und erst eingewilligt, als er drohte, es uns selbst zu sagen. Unsere Mutter fürchtete, wir würden sie, sobald wir Bescheid wußten, anders, zartfühlend behandeln. Vielleicht fühlten wir uns verpflichtet, ihre Küche zu loben oder über all ihre Witze zu lachen, weil wir immer an den Tumor dachten, den zu vergessen sie sich so bemühte. Und genau das taten wir auch. Das Wissen um ihre Krankheit zwang alles ins Rampenlicht und verlangte, daß alles unvergeßlich wurde. Wir riefen unsere Mutter nicht mehr an. Nunmehr nahmen wir den Hörer ab und wählten ihre Nummer, um unsere Mutter (sie hat übrigens Krebs) anzurufen. Bei der Arbeit was dumm gelaufen? Man brauchte nur zu sagen: »Tut mir leid, daß ich vergessen habe, unter den Kissen Ihres sehr schönen, sehr teuren Empire-Sofas staubzusagen, Mrs. Walman. Ich weiß, wieviel es Ihnen bedeutet. Ich glaube, ich sollte wirklich an wichtigere Dinge denken als ausgerechnet an den inoperablen Krebs meiner Mutter.«

Wir waren gar nicht krank, aber die Versuchung war einfach zu stark. Hier konnten wir das Mitgefühl abstauben, ohne unter den Symptomen leiden zu müssen. Und Mitgefühl hatten wir doch verdient, oder?

Wenn wir mit unserer Mutter sprachen, war uns klar, daß jedes Gespräch das letzte sein konnte, und deshalb wollten wir etwas von Belang sagen. Was konnte man sagen, was nicht bereits auf Millionen von Glückwunschkarten und Luftballons gedruckt war?

»Ich liebe dich«, sagte ich am Schluß eines unserer nächtlichen Telefonate.

»Das will ich aber überhört haben«, sagte sie. Im Hintergrund hörte ich, wie ein Streichholz angerissen wurde, wie Eiswürfel in einem erhobenen Glas klirrten. Und dann legte sie auf. Ich hatte so etwas noch nie zu meiner Mutter gesagt, und wenn ich alles noch einmal durchleben könnte, würde ich es wahrscheinlich zurücknehmen. Niemand sprach so, außer Lisa. Es war unsauber, so etwas zu jemandem zu sagen, es sei denn, man wollte Geld oder ins Bett. Das hatte unsere Mutter uns beigebracht, als wir noch nicht größer waren als Partyfäßchen. Ich kannte Menschen, die so etwas zu ihren Eltern sagten – »Ich liebe dich« –, aber übersetzt hieß das immer: »Ich würde jetzt liebend gern auflegen.«

Wir versammelten uns für die Hochzeit, die an einem klaren, frischen Oktobernachmittag stattfand. Die Zeremonie wurde auf einem grasbewachsenen Abhang abgehalten, der eine prächtige Sicht auf die Gipfel ringsum bot, deren Bäume in feurigem Rot und Orange prunkten. Man konnte sich, wenn man bis zum Horizont blickte, leicht vorstellen, daß wir sie waren, die letzten überlebenden Menschen auf dem Antlitz der Erde. Die anderen waren durch Krankheit und Hungersnot ausgelöscht, und wir waren erwählt, eine neue und bessere Welt zu gestalten. Es war ein angenehmer Gedanke, bis ich mir uns bei der Beerensuche oder beim Bad in eiskalten Bächen vorstellte. Bobs Familie, kernig und robust, brachte das wahrscheinlich, aber wir übrigen würden vor uns hinsiechen und sterben, kurz nachdem das Shampoo alle war.

Mein Vater weinte offen während der Zeremonie. Wir studierten sein verkrumpeltes Gesicht und hatten schwer zu kämpfen, um seinem Beispiel nicht zu folgen. Was sollte diese Gefühligkeit? Meine Schwester heiratete einen freundlichen und rücksichtsvollen Mann, der ihr durch viel Not und Elend hindurch beigestanden hatte. Beide engagierten sich leidenschaftlich für mexikanisches Essen und waren aktive Mitglieder der Nordamerikanischen Gesellschaft der Freunde von Vögeln in Käfighaltung. Die Tacos und Papageien hatten Lisa und Bob ganz für sich allein, aber alles andere an Lisa gehörte uns. Als wir im Halbkreis auf dem Gipfel jenes Berges standen, wurde klar, daß Lisa zwar einen anderen Nachnamen annehmen mochte, aber nie dem Sog unserer Familie entrinnen würde. Durch Heirat kam sie nicht vom Haken, selbst wenn sie wollte. Sie konnte in die Antarktis ziehen und sich in einem unterirdischen Bunker niederlassen –, wir würden sie zu finden wissen. Weglaufen war sinnlos. Ignoriere du nur unsere Briefe und Anrufe; wir suchen dich in deinen Träumen heim. Ich hatte so viele Jahre lang die Ehe für den Feind gehalten, daß die echte Gefahr, als sie in unser Leben trat, mich völlig unvorbereitet erwischte. Die Zeremonie gemahnte an Verlust, aber nicht an den Verlust von Lisa, sondern an den Verlust unserer Mutter.

»Kein Schnaps?« stöhnte sie. Meine Mutter wankte zum Buffet-Tisch, dessen Klappbeine unter dem Gewicht von kohlensäureversetztem Mineralwasser, Wurstcrackern und koffeinfreiem Kaffee bebten.

»Keinen Schnaps!« hatte Lisa eine Woche vor der Zeremonie angekündigt. »Bob und ich haben beschlossen, daß wir die Art Hochzeit nicht möchten.«

»Welche Art?« fragte meine Mutter. »Die fröhliche? Ihr beide mögt ja völlig aus dem Häuschen sein, aber wir übrigen werden etwas Hilfe brauchen, um uns in die angemessene Stimmung hineinzusteigern.«

Sie sah nicht so sehr viel anders aus als letztesmal. Die Chemotherapie hatte gerade erst begonnen, und sie hatte – allerhöchstens – vielleicht fünf Pfund abgenommen. Ein flüchtiger Bekannter hätte möglicherweise gar keinen Unterschied bemerkt. Wir bemerkten ihn nur, weil wir wußten, weil jeder auf diesem Berggipfel wußte, daß sie Krebs hatte. Daß sie sterben würde. Es war eine relativ kleine Feier; die beiden Familien waren da, und eine Ansammlung von Lisas Freunden, von denen wir die meisten nicht kannten, aber leicht identifizieren konnten. Das waren die Gäste, die sich kein einziges Mal darüber beschwerten, daß es keinen Alkohol gab.

»Ich wollte nur, daß Sie erfahren, wie sehr Colleen und ich Lisa lieben«, sagte die Frau, die Augen tränenfeucht. »Ich weiß, daß wir einander nie offiziell vorgestellt worden sind, aber hätten Sie was dagegen, wenn ich Sie einfach mal ganz, ganz fest umarme?«

Mit Ausnahme von Lisa waren wir keine Umarmer. Was Gefühle und Trost betraf, so waren wir der Überzeugung, daß es kein noch so heftiger Körperkontakt mit einem gutgemachten Cocktail aufnehmen konnte.

»He, Augenblick mal. Wo bleibt *meine* Umarmung?« fragte Colleen, krempelte ihre Ärmel hoch und schritt zur Tat. Ich blickte über die Schulter meiner Angreiferin und sah, wie eine Frau in bodenlangem Kordsamtrock meine Mutter in einen liebevollen Schwitzkasten zwang.

»Ich habe gehört, was Sie durchmachen, und ich weiß, daß Sie Angst haben«, sagte die Frau und blickte auf den Kopf voller dünner werdender Haare hinunter, den sie mit ihren kräftigen Armen umschlungen hielt. »Sie haben Angst, weil Sie glauben, Sie wären allein.«

»Ich habe Angst«, keuchte meine Mutter, »weil ich *nicht* allein bin und weil Sie das zerquetschen, was von meiner gottverdammten Lunge noch übrig ist.«

Das Gruseligste an diesen Menschen war, daß sie nüchtern waren. Bei jemandem, der absolut natternbreit war, ließ sich dies Benehmen entschuldigen, aber die meisten von denen hatten seit Carters Präsidentschaft keinen Drink mehr zu sich genommen. Ich nahm meine Mutter am Arm und führte sie zu einer Bank. Die dünne Bergluft machte ihr das Atmen schwer, und sie ging langsam, mit vielen Pausen. Die Familien machten einen Gang in eine nahe Schlucht, wir saßen im Schatten, aßen Cracker mit Wurst und unterhielten uns wie gesittete Fremde.

»Die Wurst ist gut«, sagte sie. »Sie schmeckt und ist doch nicht zu fett.«

»Überhaupt nicht fett. Allerdings auch nicht trocken.«

»Die Cracker ebenfalls nicht«, sagte sie. »Sie sind leicht und kroß, mit dem echten Buttergeschmack.«

»Aber ja. Der Geschmack dieser Cracker ist sehr, sehr buttrig. Sie sind flockig, aber doch nicht zu flockig.«

»Ganz und gar nicht zu flockig«, sagte sie.

Wir beobachteten den Pfad und hofften verlegen, daß jemand uns von der Qual dieser steifen und sinnentleerten Konversation erlöste. Ich hatte immer Angst vor Kranken gehabt, und meine Mutter ebenso. Nicht, daß wir befürchteten, uns an ihrer Schlagadererweiterung im Hirnbereich anzustecken oder ihnen aus Versehen die Kanüle aus der Vene zu fetzen. Ich glaube, ihre Stärke flößte uns Angst ein. Kranke erinnerten uns nicht an das, war wir hatten, sondern an das, was uns fehlte. Alles, was wir sagten, klang belanglos und geringfügig; unsere Beschwerden verblaßten, verglichen mit ihren, und ohne unsere Beschwerden gab es nichts zu sagen. Meine Mutter und ich waren am Telefon prima miteinander ausgekommen, aber jetzt, von Angesicht zu Angesicht, waren die Regeln geändert worden. Wenn sie sich beschweren wollte, riskierte sie, als kranke Beschwerdeführerin angesehen zu werden, und das sind die schlimmsten. Wenn ich mich beschweren wollte, klang ich vielleicht noch egoistischer, als ich ohnehin schon war. Dieser plötzliche Umschwung im Lauf der Ereignisse hatte uns unserer gemeinsamen Sprache beraubt und überließ uns genau dem Austausch harmloser Artigkeiten, über die wir uns immer lustig gemacht hatten. Ich wollte, daß es aufhörte, sie wollte es, glaube ich, auch, aber wir wußten beide nicht, wie.

Nachdem alle Geschenke aufgemacht waren, kehrten wir auf unsere Zimmer in der Econolodge zurück, die mein Vater gebucht hatte. Wir sahen aus dem Fenster, über die Autobahn und weiter in die Ferne, wo wir verschwommen das reizende Hotel erkennen konnten, das sich an den Fuß eines anderen, feineren Bergs schmiegte. Heute hatte sich unsere Familie zum letztenmal komplett versammelt. Es ist so selten, wenn man etwas wissentlich zum letztenmal tut: ein letztes Bad nehmen, ein letztesmal ficken oder die Fußnägel schneiden. Wenn man weiß, daß man es nie wieder tun wird, wäre es vielleicht ganz nett, eine ordentliche Schau draus zu machen. Dies war es dann gewesen, was meine Familie betraf, und es machte mich echt fertig, daß unser letztes Treffen in so einer traurigen Entschuldigung für ein Hotel stattfinden sollte. Mein Vater hatte sich gestattet, Nichtraucherzimmer zu buchen, weshalb wir anderen die ganze Absteige nach Dosen absuchten, die wir als Aschenbecher verwenden konnten. »Was wollt ihr denn noch alles von einem Hotel?« rief er und trat in Unterhose auf den Balkon. »Es ist sauber, im Empfang stehen Automaten für Snacks, die Fernseher funktionieren, und es ist in Autobahnnähe. Wenn euch die verdammte Tapete nicht gefällt, na und? Ihr wißt doch, was ihr für ein Problem habt, stimmt's?«

»Wir sind verwö-höhnt«, riefen wir im Chor.

Wir waren jedoch nicht geizig. Wir hätten liebend gern für besseres mehr gezahlt. Niemand wollte Zimmerservice oder einen beheizten Swimmingpool, nur etwas mit einem bißchen mehr Charakter: vielleicht ein Motel mit indianischem Sujet oder eine der vielen abgelegenen Hütten, in denen als kleine Aufmerksamkeit Verhaltensmaßregeln an der Wand hingen für den Fall, daß einem Bären ins Picknick platzten. Mit unserem Vater zu verreisen bedeutete immer, daß man in überregional bekannten Autofahrerunterkünften absteigen und nur in Fast-Food-Restaurants essen durfte. »Was?« fragte er. »Wollt ihr mir erzählen, daß ihr euch lieber an einen Tisch setzt und etwas zu essen bestellt, von dem ihr nicht wißt, wie es schmeckt?«

Das, äh, das war allerdings genau das, was wir wollten. Andere Leute taten das ständig, und die meisten hatten es überlebt und konnten davon berichten.

»Scheißdreck«, rief er. »Das könnt ihr doch gar nicht wollen.« Beim Argumentieren war es immer seine Taktik, das zu leugnen, worauf sich unsere Wünsche gründeten. Wenn man, z. B., einen Stapel Pfannkuchen wollte, sagte er einem nicht, man kriegt keine, sondern man will gar keine. Ein *Ich weiß doch aber, was ich will!* wurde unweigerlich mit einem *Weißt du eben nicht!* gekontert.

Meine Mutter hatte nie seine Begeisterung für Markennamen-Kultur geteilt, und deshalb hatten sie schon vor Zeiten beschlossen, getrennt in Ferien zu fahren. Sie verreiste meist mit ihrer Schwester und kam aus Santa Fe oder Martha's Vineyard tief sonnengebräunt zurück, während mein Vater eher dazu neigte, mit Freunden zu angeln oder zu golfen, die wir nie kennengelernt hatten.

Am Abend vor der Hochzeit waren wir in eine ganz entzückende Berghütte gegangen und hatten mit Bobs Eltern zu Abend gegessen. Im Speisesaal fühlte man sich wie irgendwo zu Hause. An den Wänden hingen Bilder von verstorbenen Verwandten, und auf dem Kaminsims standen alte Pokale und eine Prozession handgeschnitzter Lockenten. Am Abend nach ihrer Hochzeit waren Lisa und Bob in die Flitterwochen aufgebrochen, und wir waren auf uns selbst gestellt. Meine Schwestern, voller Wurst, zogen es vor, auf ihren Zimmern zu bleiben, also ging ich mit Eltern und Bruder in ein Kettenrestaurant an einem hell erleuchteten Stück Autobahn in Stadtrandnähe. Auf dem Weg dorthin kamen wir an Dutzenden von attraktiveren Möglichkeiten vorbei: Steakhäuser, die mit Kaminfeuer und Kerzenlicht prahlten, und Hütten aus Holzschindeln mit diskreten Schildern, auf denen FUTTERN WIE BEI MUTTERN und NUR HIER! stand.

»Wie wär's denn damit?« sagte mein Bruder. »Ich hab noch nie Eichhörnchen probiert. Klingt doch gut.«

»Ha!« sagte mein Vater. »So gut klingt es um drei Uhr morgens dann aber nicht mehr, wenn du die große Scheißerei hast und dir die Magenwände aus dem Leib kackst.«

In die absonderlichen Restaurants durften wir nicht, weil sie vielleicht keinen Niesschutz über dem Salatbuffet hatten. Vielleicht hatten sie auch keine sauberen Toiletten oder ordnungsgemäß anästhesiertes Personal. Bei sowas konnte man gar nicht vorsichtig genug sein. Meine Mutter war immer bereit gewesen, alles auszuprobieren. Hätte es ein Eskimo-Restaurant gegeben, wäre sie freudig in den Iglu gekrochen und hätte mit bloßen Händen rohen Seehund gegessen, aber mein Vater fuhr, und das bedeutete, daß er entschied. Nachdem wir im Restaurant seiner Wahl angekommen waren, schob er seine Brille nach vorn, um das Brett mit der Speisekarte zu studieren. »Was können Sie mir über Ihre entbeinte *Pick O' The Chix*-Kombinationsplatte sagen?« fragte er das Tresenmädchen, einen Cherokee-Backfisch, der einen holzapfelfarbenen Synthetik-Pullover trug.

»Nun, Sir, zu *sagen* gibt es da nicht viel, außer daß das Hühnchen keine Knochen hat und zusammen mit Pommes und zwei Litern ›Thirsty Man‹-Mineralwasser serviert wird.«

Mein Vater rief, als hätte ihre dunkle Hautfarbe irgendwie ihr Gehör in Mitleidenschaft gezogen: »Aber das Hühnchen als solches, was geschieht damit?«

»Ich tu es auf ein Tablett«, sagte das Mädchen.

»Aha, verstehe«, sagte mein Vater. »Das erklärt alles. Mannomann, Sie sind ja wohl eine ganz Schlaue, was? Mit einem IQ, der mit herkömmlichen Mitteln gar nicht mehr zu erfassen ist, was? Soso, auf ein Tablett tun Sie es. Das bedeutet ja wohl, daß es das Huhn nicht aus eigener Kraft aufs Tablett schafft, und das sagt mir, daß es wahrscheinlich vorher irgendwie geschlachtet worden sein muß. Gehe ich richtig in dieser Annahme? Na, das bringt uns doch schon ein kleines Stückchen weiter.« So ging es weiter, bis das Mädchen in Tränen aufgelöst war und wir unverrichteter Dinge zum Auto zurückkehrten, wobei mein Vater maulte: »Herrgott, habt ihr das gehört? Wahrscheinlich könnte sie einem alles erzählen, was man wissen muß, um ein Opossum in der Falle zu fangen, aber sobald es um Hühnchen geht, ›tut sie's auf ein Tablett‹.«

Unter normalen Umständen hätte meine Mutter Überstunden gemacht, um Kellnerin oder Buffetfräulein in Schutz zu nehmen, aber heute abend war sie einfach zu müde. Sie wollte irgendwohin, wo Drinks serviert wurden. »Gehn wir doch zu dem Italiener da.«

Mein Bruder und ich unterstützten sie, und kurze Zeit später saßen wir in einem trübe beleuchteten Restaurant, so daß mein Vater die Kellnerin anschnauzen konnte: »*Blutig;* wissen Sie, was das heißt? Das heißt, daß ich mein Steak in der Farbe Ihres Zahnfleischs haben will.«

»Och, Lou, nun mach mal Pause.« Meine Mutter schenkte sich Wein ein und steckte sich eine Zigarette an.

»Was machst du da?« Sogleich ließ er seiner Frage eine Antwort folgen. »Du bringst dich um, bringst du dich.«

Meine Mutter hob grüßend ihr Glas. »Da hast du ausnahmsweise mal recht, Baby.«

»Das ist doch nicht zu glauben. Genausogut könntest du dir eine Pistole an die Schläfe setzen. Nein, das nehme ich zurück. Das Gehirn kannst du dir ja gar nicht aus dem Schädel pusten, weil du nämlich gar keins hast.«

»Das hättest du wissen sollen, als du um meine Hand angehalten hast«, sagte sie.

»Sharon, du hast doch keinen Schimmer.« Er schüttelte angewidert den Kopf. »Du machst das Maul auf, und die Kacke kullert einfach so raus.«

Meine Mutter hörte schon seit vielen Jahren nicht mehr zu, aber es war fast ein Trost, daß mein Vater darauf bestand, den normalen Betrieb aufrechtzuerhalten, trotz allem. In ihm hatte sie jemanden gefunden, dessen Verhalten sich nie ändern würde. Er hatte gelobt, ihr das Leben zur Hölle zu machen, und keine Krankheiten oder Schicksalsschläge konnten ihn von diesem Vorhaben abbringen. Meine letzte Mahlzeit mit meinen Eltern würde nicht anders sein als die erste. Wären wir zu Hause gewesen, hätte meine Mutter ihn um sieben abgefüttert, bis zehn oder elf gewartet, und dann hätten wir uns Steaks gebraten. Bis dahin hätten wir mehrere Drinks verputzt, und wenn die Steaks zufällig verkokelt waren, schmiß sie sie dem Hund vor und fing nochmal von vorne an. Bevor ich nach New York zog, hatte ich zwei Monate in Raleigh verbracht und eins der Mietobjekte meines Vaters in Uninähe angestrichen. Während dieser Zeit hatten wir jeden Tag den gleichen Zeitplan. Manchmal aßen wir vor dem Fernseher, und manchmal deckten wir den Tisch. Ich versuche mich an einen dieser Abende zu erinnern, will aus den Einzelheiten Trost ziehen, aber sie sind dahin. Selbst mein Tagebuch sagt mir nichts: »Steaks mit Mom.« Aber was für Steaks, Porterhouse oder New York Strip? Worüber haben wir gesprochen, und warum habe ich nicht aufgepaßt?

Wir kehrten in unsere Autobahn-Raststätte zurück, meine Eltern begaben sich auf ihr Zimmer, und wir wanderten zu einem Friedhof ganz in der Nähe, der einst ein ideales Fleckchen Erde gewesen war, inzwischen aber immerhin noch einen prima Blick auf die neue Pizza Hut bot. In all den Jahren hatte unsere Mutter wiederholt den Wunsch geäußert, verbrannt zu werden. Man fuhr an einem kleinen Waldbrand vorbei, oder man betrachtete die Rauchsäulen, die aus dem Kamin des Nachbarn aufstiegen, und sie drückte ihre Zigarette aus und sagte dabei: »Genau das möchte ich auch. Macht mit den Überresten, was ihr wollt; streut sie in einem schicken Hotel in die Aschenbecher, schenkt sie klugscheißenden Kindern zu Weihnachten, überreicht sie am Aschermittwoch Katholiken, damit sie sie sich auf die Stirn reiben –; Hauptsache, ich werde verbrannt.«

»Och, Sharon«, stöhnte mein Vater. »Du weißt doch gar nicht, was du wirklich willst.« Er sagte das, als wäre er bereits mehrmals verbrannt worden, aber inzwischen zur Vernunft gekommen und habe die normale Beerdigung als die einzig vernünftige Option akzeptieren gelernt.

Wir legten unsere Econolodge-Tagesdecken über das betaute Gras des Friedhofs, rauchten Joints und versuchten uns ein Leben ohne unsere Mutter vorzustellen. Wenn es einen Himmel gab, brauchten wir sie dort wahrscheinlich gar nicht erst zu suchen. Ebensowenig verdiente sie die brennenden Teergruben der Hölle, in denen sie die ganze Ewigkeit lang von denselben Arschgesichtern umgeben sein würde, denen wir Drive-in-Märkte und Themenrestaurants verdanken. Es mußte irgendeine mittlere Ebene existieren, einen Ort, an dem man zwar jeden Tag gefoltert wurde, wo einem aber trotzdem ein paar Momente der Freude gegönnt waren, die man genießen konnte, wo immer man sie fand. Dieser Ort schien Raleigh, North Carolina, zu sein, wozu also die ganze Aufregung? Warum konnte sie nicht einfach bleiben, wo sie war, und keinen Krebs haben? Das war immer unsere Lösung, eine Zeitreise zurück. Wir sprachen darüber wie andere über Knochenmarktransplantation und Bestrahlung. Wir sprachen darüber, als wäre es eine reale Möglichkeit. Eine Zeitmaschine, das würde alle Probleme lösen. Fast sah ich die Schalttafel mit den blinkenden Lämpchen vor mir, das Armaturenbrett mit einer Skala, auf der ganz links eine Radierung klobige Saurier zeigte, und ganz rechts war Lisas Hochzeit. Wir konnten zurückschalten, bis wir unsere Mutter als junges Mädchen sahen, und uns ihrer annehmen, bevor sie durch den Suff ihres Vaters wachsam und mißtrauisch geworden war. Konnten sie in der Glückwunschkartenabteilung vom Drugstore sehen und sie warnen, sie soll nur ja die Schule zu Ende machen. Ihre mangelnde Bildung machte sie verletzlich, weshalb sie viel zu oft »Was weiß ich denn schon« und »Ich bin zwar nur blöd, aber…« sagte. Wir konnten etwas weniger weit zurückschalten und uns als Babys sehen, konnten sehen, wie unsere Mutter ohne Führerschein auf dem Lande festsaß und nicht wußte, wen sie anrufen sollte, wenn wieder jemand einen Vierteldollar oder eine Sicherheitsnadel verschluckte. Wir hatten es in der Hand, und sie war uns ausgeliefert, grad wie sie's immer gewesen war, nur diesmal würden wir auf sie aufpassen, und niemand durfte ihr ein Härchen krümmen. Seit unserer Ankunft in dieser Raststätte waren wir hin und zurück von einem Zimmer ins andere gegangen, hatten Geheimkonferenzen abgehalten und Privatinformationen ausgetauscht. Wir hofften, wenn wir uns auf das Schlimmste vorbereiteten, das Unvermeidliche mit einem gewissen Maß an Mut oder Anmut durchstehen zu können.

Alles, was wir vorhergesehen hatten, war mickrig, verglichen mit der Zukunft, die uns erwartete. Man kann sich nicht gegen eine Hungersnot wappnen, wenn man höchstens Appetit kennt; selbst der Versuch ist idiotisch. Man kann nur essen, solang man noch kann, sich vollstopfen, es sich mit beiden Händen reinschaufeln, die Teller sauberlecken und sich jedes Ganges in der Speisenfolge mit lebhafter Detailfreude entsinnen. Unsere Mutter war wieder auf ihrem Zimmer, sie lebte noch sehr und sah sich wahrscheinlich im Fernsehen einen Krimi an. Vielleicht war das ihr erleuchtetes Zimmer, ihre Gestalt, die auf den Balkon trat, um sich eine Zigarette anzuzünden. Wir sagten uns, sie wolle wahrscheinlich allein sein; so bekifft waren wir. Später dachten wir daran, jeder auf seine eigene, separate Weise. Ich persönlich erinnere mich an die Blödheit, daß man auf einem Friedhof auf und ab schreitet, während sie verängstigt und allein herumsaß, die Glut ihrer Zigarette anstarrte und sich selbst, inzwischen ganz klar, als Asche sah.

Nackt

Es ist beunruhigend, mit jemandem zu telefonieren, von dem man weiß, daß er nackt ist. Hin und wieder ruft man vielleicht einen Bekannten an, der »Du hast mich gerade auf dem Weg unter die Dusche erwischt« sagt, aber das ist was anderes. Der Mann in der Nudistenkolonie hörte sich an, als sei er schon seit Jahren nackt. Sogar seine Stimme war sonnengebräunt.

»Also schön, waren Sie schon mal bei uns? Nein? Na, da steht Ihnen ja noch eine ganz besondere Freude bevor. Wir haben einen beheizten Swimmingpool, eine Sauna, Whirlpool-Becken und einen voll beschickten Fischteich zum Angeln.«

Ich versuchte mir vorzustellen, wie ein Arsch aussah, nachdem er mehrere Stunden auf einen umgestürzten Baumstamm gedrückt gewesen war, aber das Bild war zu brutal, und ich verschloß mein geistiges Auge davor.

»Wir können mit Ihnen einen Rundgang machen und Ihnen, sobald Sie da sind, alles zeigen. Bis dahin schicke ich Ihnen mit Vergnügen eine Broschüre. Ich will mir nur rasch… äh Ihre Anschrift… äh notieren…«

Wo, fragte ich mich, *bewahrte der Mann seinen Kugelschreiber auf?* Im Gegensatz zu mir konnte er nie instinktiv in die Brusttasche greifen. Schlüssel, Feuerzeuge, Zigaretten, Kleingeld –, alles, was ein vernünftiger Mensch so bei sich tragen mochte, war bei ihm irgendwoanders zusammengemühlt, und er brauchte einige Zeit, bis er etwas fand, womit er schreiben konnte. Er schrieb sich Namen und Adresse auf und sagte: »Also gut, wir freuen uns auf Ihren Besuch.«

»Ja. Ganz recht. Kann ich mir vorstellen.« Quatschkopf. Ich hatte nur angerufen, um die Broschüre zu kriegen, die ich meinem Bruder Paul als kleinen Scherz zukommen lassen wollte, da er, als er in seiner Eigenschaft als Parkettabschleifer eine Ladung Polyurethan verschüttet hatte, von den entgeisterten Besitzern der Eigentumswohnung, in der er arbeitete, nackt angetroffen worden war. Seitdem er mir das erzählt hatte, rief ich ihn ständig an, um ihm weitere Aktivitäten vorzuschlagen, denen er im Lichtkleid frönen konnte.

»Wie oft soll ich dir noch sagen, daß es ein gottverdammter Unfall war.« Er schreit so laut, daß ich den Hörer vom Ohr weghalten muß. »Unten in der Küche hatte ich saubere Klamotten, du Arsch mit Ohren, und ich habe nur versucht, da*hin*zukommen, als ...«

Ungerührt bohre ich weiter. »Oder rudern. Das kann auch nackt sehr schön sein. Es gibt so vieles, was ein Mensch wie du unbekleidet unternehmen kann. Brauchst dich deiner Sehnsüchte nicht zu schämen. ›Wenn's Spaß macht, nur zu!‹ Das ist doch die Devise von euch jungen Leuten.«

Ich mache weiter, bis er den Hörer auf die Gabel knallt, nachdem er gedroht hat, er werde seinen Bundesstaat verlassen und meinen aufsuchen, um mir in den Arsch zu treten. Diese Broschüre wird ihm endgültig den Rest geben. Später fiel mir ein, daß ich sie ihm hätte direkt nach North

Carolina ins Haus schicken lassen sollen. Das hätte viel stärker gewirkt, aber ich will nicht schon wieder bei der Kolonie anrufen, sonst glauben die noch, ich spinne.

Heute nachmittag kam meine Broschüre mit der Post, und da steht folgendes drin: »Körperakzeptanz ist die Idee. Nacktfreizeit ist der Weg dorthin. Bringen Sie Handtücher und Sonnenschutz mit, und entspannen Sie sich mit uns. Sie werden eine Bewegungsfreiheit kennenlernen, die angezogen nicht erfahrbar ist: die Freiheit, ganz man/frau selbst zu sein.«

Auf den Abbildungen der Broschüre sieht man/frau einen Swimmingpool, den voll beschickten Fischteich, eine Sonnenterrasse und das unvermeidliche Volleyballfeld, welches mir die Frage aufdrängt: Was *ist* das mit diesen Leuten und Volleyball? Die beiden gehen Hand in Hand. Wenn ich »Nudist« denke, denke ich nicht »Penis«, sondern »Netz«.

Außerdem ist im Kuvert noch ein Veranstaltungskalender. Der späte April zeichnet sich durch die Wiedereröffnung der Snackbar aus, die den Namen NACKT & BLOSS *(hier kannst Du essen, bis Du blank bist)* trägt. Im Mai halten sie ein Golfcart-Rallye, verschiedene Lagerfeuer unter verschiedenen Mottos, ein großes Chili-Kochen und etwas, was sie »Reiten wie im Wilden Westen« nennen, ab.

Probiert Lidschatten an Kaninchen aus, wie ihr's braucht. Schnallt Elektroden an die Schädel von Rhesusaffen und schockt sie, bis sie völlig benommen sind, aber es ist inhuman, einen FKK-Heini am Tag nach dem großen Chili-Kochen auf ein Pferd zu lassen. (»War das *immer schon* ein Appaloosa?«) Der Kalender ist mit rätselhaften Unternehmungen wie Nacktbowling, der »Penner-Party (inkl. Große Plörre)« und dem Nudeoween-Allerseelenball angefüllt. Das Restaurant wurde in der ersten Juniwoche eröffnet. Ein Nacktrestaurant. Sie scheinen so ziemlich an alles gedacht zu haben. Unter der Überschrift »Was ist mitzubringen?« zählen sie nur Handtücher, Sonnenschutz und ein Lächeln auf.

Gestern abend hatte ich eine Stinklaune und provozierte Hugh zu einem Ehekrach. Ich stichelte weiter, bis er mit dem Ruf »Du bist ein großes, fettes, haariges Schwein!« aus dem Schlafzimmer stürmte.

Mit *groß* kann ich leben. *Fett* ist eine Frage der Interpretation, aber mit *haarig* gekoppelt, beginnt vor dem geistigen Auge ein Bild zu entstehen, welches, mit dem Wort *Schwein* vereint, eine gehörige Tiefenschärfe gewinnt. Nun, Schweinen verdanken wir den Schinken und das Uhrarmband, und das ist doch schon was. Könnten sie mit ihren spitzen Hüfchen auf Knöpfe drücken und Hebel bedienen, wären sie lange vor den Affen in den Weltraum entsandt worden. Ein Schwein zu sein war gar nicht schlimm. Ich wischte mir einen Tropfen Rotz vom Rüssel, lag im Bett und tat mir herzlich leid. Wäre ich Nudist, hätten Hughs Worte mich beleidigt, da ich mich als das akzeptiert hätte, was ich bin. Es gab natürlich noch andere Möglichkeiten. Ich konnte zur Gymnastik traben und mich in Form bringen. Ein schönes Wort ist das, *Gymnastik,* aber unglücklicherweise ist es auch archaisch. Sie sind dahin, die Springseile und Medizinbälle meiner Jugend. Jetzt gibt es nur noch Health Clubs und einsilbige *gyms,* in denen schweißnasse, männlich-mannhafte Mannsbildmänner sich durch den Gebrauch von Maschinen mit Gewichten dran und künstlichen Treppenhäusern bis zur Unförmigkeit pflegen. Ich habe sie durch die Schaufenster der zahlreichen Fitneß-Zentren der Stadt gesehen. In Kostümen, so eng wie Wurstpellen, schüchtern mich diese Männer und Frauen mit ihrer Jugend und Disziplin ein. Sie sind es, die sowohl das *g* als auch das *h* aus dem Wort *light* entfernt und es zu seiner jetzigen Form verschlankt haben. Jetzt ist alles »lite«, von Mayonnaise bis Kartoffelchips, und das Wort als solches ist immer in grellen Farben gedruckt, damit man vom Lesen des Etiketts keine dicken Augen kriegt. Was mich betrifft, so kommen Diät und Turnübungen nicht in Frage. Mein einziges Problem mit FKK ist, daß ich zu Hause nicht mal barfuß herumlaufe, geschweige denn nackt. Es ist Jahre her, seitdem ich zum letztenmal am Strand das Hemd ausgezogen oder auch nur in Gegenwart von Fremden den Gürtel gelockert habe. Zwar sehne ich mich danach, Menschen nackt zu *sehen,* bin aber nicht sicher, ob ich schon so weit bin, selbst nackt zu sein. Vielleicht werde ich aus reiner Sorge ein paar Pfund abnehmen und als doppelter Sieger herauskommen. Je weniger ich von mir selbst akzeptieren muß, desto leichter wird es mir fallen. Ich spüre jetzt schon, wie mir der Appetit schwindet.

Heute nachmittag ist es mir nach einem halben Dutzend mißlungener Anläufe gelungen, in der Nudistenkolonie anzurufen, um eine Reservierung vornehmen zu lassen, und ich sprach mit demselben Burschen, der mir die Broschüre geschickt hatte. Diesmal konnte ich im Hintergrund Menschen hören, die planschten und vor Wonne schrien. Davon wurde mir leicht schwindlig, und ich knöpfte mir die Hose auf. Die Broschüre hatte erwähnt, man könne Hütten mieten, und ich wollte wissen, wieviel eine Woche kostet.

»Sie wollen einen Anhänger für wie lange?« fragte er.

Ich knöpfte mir die Hose wieder zu. Ich hatte mir baumbeschattete Bungalows vorgestellt, in knorriger Kiefer getäfelt. Für mich ist das die Essenz des Wortes *Kolonie.*

Statt dessen handelte es sich um einen Campingplatz für nudistische Wohnwagen.

»Wir verwenden das Wort *Kolonie* nicht mehr, weil es zu fremdartig ist. Nein, wir haben Anhänger. Die kleineren Einheiten kommen dreißig Dollar die Nacht, aber wenn Sie eigene Küche und Badezimmer wollen, wäre ein Doppler für Sie das einzig richtige, und das käme dann zusätzlich siebzig Dollar die Woche.«

Er hatte mich schon viel früher verloren. Warum war das Wort *Kolonie* fremdartig, aber nicht das Wort *Anhänger,* von *Nudist* ganz zu schweigen?

»Ich kann Ihnen das Vorderschlafzimmer vom Doppler geben; das ist noch nicht gebucht.«

Vorderschlafzimmer ließ auf ein Hinterschlafzimmer schließen, welches, wie man mir sagte, separat vermietet wurde. »Sie könnten einen Wohngenossen haben; vielleicht ist es auch ein Paar. Die bleiben vielleicht eine Nacht, vielleicht zwei Nächte lang, oder vielleicht bleiben sie auch die ganze Woche. Da sind Sie dann wenigstens nicht einsam.«

Ich kämpfte immer noch mit der Vorstellung eines Anhängers, und als er einen möglichen Wohngenossen erwähnte, verschwamm die Vorstellung. Ein Wohngenosse auf einem Zeltplatz ohne Zelte, aber mit nudistischen Anhängern. Die Kombination dieser Elemente präsentierte ein atemberaubendes Tableau, welches noch unverständlicher wurde, als ich hörte, wie der Mann seinen Telefonhörer schulterte und die Stimme hob: »Mutti! Hey, Mutti, wo ist die Liste mit den Wochentarifen für den Zwei-Schlafzimmer-Miet-Hänger?«

Dieser Mensch stand nicht nur am hellichten Tag nackt herum, er tat dies auch noch mit seiner Mutter. Ich hörte, wie eine Fliegendrahttür zugeknallt wurde, danach die argwöhnische Stimme einer Frau, welche rief: »Brüll hier nicht so rum, du Schreihals. Suchst mal wieder die Wochentarife? Du sitzt wahrscheinlich wieder drauf, genau wie letztes Mal. Siehste, was hab ich gesagt! Puh, hier müßte mal jemand duschen.«

Ich machte meine Reservierung und plante, in einer Woche dort zu sein. Heute habe ich wieder auf dem Nudistenplatz angerufen, und eine Frau ging ans Telefon. Als ich sie fragte, ob sie Laken und Kissen stellen, sagte sie: »Ja, aber keine Handtücher. Handtücher müssen Sie selbst mitbringen, denn das geht bei uns nicht. Bettzeug ja, Handtücher nein.«

Ich fragte, ob die Küche des Anhängers eingerichtet und ausgestattet sei, und sie erwiderte: »Irgendwie schon.«

Da ich eine Woche dableiben wollte, hoffte ich, sie würde deutlicher werden.

»Ja, irgendwie sind manche Sachen da und manche nicht.«

»Gibt es irgendwie einen Herd und einen Kühlschrank?«

»Ja, natürlich«, sagte sie. Sie schien mit jemand anderem zu tun zu haben, war maulfaul und wollte weder reden, noch vom Telefon weg. »Es gibt da ein Waschbecken und wahrscheinlich ein paar Pfannen und so weiter, aber definitiv keine Geschirr- oder Handtücher; da müssen Sie schon Ihre eigenen mitbringen, weil wir nicht ständig deswegen auf- und abrennen können. Für sowas haben wir einfach nicht die Zeit.«

Ich sagte ihr, das verstünde ich voll und ganz.

»Viele Leute glauben, wir haben einen schönen flauschigen Stapel Handtücher beim Pool, die sie privat verwenden können. Haben wir aber nicht. Nein, hier machen wir sowas nicht. Jedenfalls jetzt nicht mehr. Handtücher sind etwas Persönliches, und da müssen Sie dann schon Ihre eigenen mitbringen.«

Ich hatte verstanden.

»Natürlich kommt manchmal jemand vielleicht nur für einen Tag, und der vergißt dann aus Versehen sein Handtuch, aber das kommt bei uns in die Fundsachenkiste, falls er wiederkommt und es sucht. Man kann diese Handtücher nicht benutzen, weil sie nicht sauber sind und einem nicht gehören. Dieser Jemand könnte ja eines Tages wiederkommen, um sein Handtuch abzuholen, und das fände er dann gar nicht komisch, wenn er reinkommt und sieht, daß Sie es ohne seine Erlaubnis benutzen. Das wäre nicht korrekt. Wenn es Sonnenschutz wäre, würde ich sagen: ›Nur zu, benutzen Sie es; ich schmier Ihnen den Rücken ein‹, aber Handtücher? Ausgeschlossen. Da müssen Sie Ihre eigenen mitbringen.«

Ich unterstrich das Wort *Handtücher* auf meiner Einpackliste und schrieb Fragezeichen hinter alles andere.

Ich kam heute am frühen Nachmittag auf dem Nudistenplatz an; der Taxifahrer fuhr bei Nieselregen vor dem Klubhaus vor. Er war während der ganzen Fahrt sehr nervös gewesen. »Ich will mir ja kein Urteil erlauben«, hatte er gesagt. »Was soll's, ich nehme alle Sorten mit, sogar Betrunkene. Der Schornstein muß rauchen, Partner.« Etwas an mir schien ihm unbehaglich zu sein, und ich ertappte ihn oft dabei, daß er mich im Rückspiegel studierte, wobei sein Blick sagte: »Laß deine Hände, wo ich sie sehen kann.«

Ich sammelte mein Gepäck ein und betrat ein niedriges Schindelgebäude, in dem fünf komplett angezogene Senioren saßen, die Arme um den Oberkörper geschlungen, um sich gegen die Kälte zu schützen. Auf einem hoch an der Wand angebrachten Brett war ein Fernseher festgeschraubt, und die Senioren sahen die Lokalnachrichten. Auf dem Bildschirm deutete ein Wettermann auf eine Landkarte, die mit stirnrunzelnden Sonnen bestückt war; den Arm hielt er, als zöge er einen schweren Vorhang hoch. Die Insassen des Raumes beugten sich auf ihren Stühlen vor, bissen sich vor Kälte in die Hand- bzw. Faustrücken und ächzten, wenn sie mit dem Wort *Kaltluftfront* konfrontiert wurden. Dann buhten sie den Wettermann aus. Sie verfluchten ihn und hieben auf die Tischplatten ein –, wie Sträflinge, die mit der Verpflegung unzufrieden sind. Der Raum war mit den dumpfen Schlägen des Protests erfüllt, als ich meinen Koffer abstellte und an den Empfangsschreibtisch trat.

»Das war *er!*« Ein älterer Mann zeigte mit krummem Finger auf mich. »Das Sauwetter hat er bestimmt von der Seenplatte hier eingeschleppt!«

»Sind Sie von der Seenplatte?« fragte die Frau hinter dem Empfangstisch. Ihre Mundwinkel hingen so tief herunter, daß sie unten die Kinnladen streiften. Mit zusammengekniffenen Lidern betrachtete sie meinen Koffer, als könne er jederzeit über den Fußboden toben, war er doch, wie es schien, mit Gewitterwolken und Winden vollgestopft, die der Jahreszeit nicht entsprachen.

»Ich weiß nichts von irgendeiner Seenplatte.« In meiner Stimme schwang wachsende Panik mit. »Als ich heute morgen in New York losgefahren bin, war es heiß und sonnig, ehrlich. In der Nähe von Scranton wurde es kalt, aber ich bin nicht mal aus dem Bus gestiegen. Das ist die Wahrheit; Sie können den Fahrer fragen.« Es war lachhaft, vor einer Gruppe von Fremden zu stehen und meine Verantwortung für das Wetter zu bestreiten, aber von ihren strengen, anklagenden Gesichtern umgeben, schienen mir ihre Anwürfe beängstigend plausibel.

»Naja, morgen soll es aufklaren, aber wenn nicht, weiß ich, wo wir Sie finden.« Die Frau zeigte aus dem Fenster. »Es ist der Hänger mit den orangefarbenen Zierleisten. Vorderschlafzimmer; dafür habe ich Sie notiert.«

»Sie meinen den mit dem rostfarbenen Streifen?«

»Sie nennen es Rost, ich sage orange, aber Sie wissen ja, was gemeint ist. Das ist der mit dem Picknicktisch im Vorgarten. Können wir uns wenigstens darauf einigen, daß es ein Picknicktisch *ist?*«

Ohne es zu wollen, hatte ich sie beleidigt.

»Ich habe diese Zierleiste selbst angemalt, und auf dem Eimer stand ganz deutlich ›Gedecktes Orange‹. Wenn ›Rost‹ draufgestanden hätte, hätte ich ihn nie gekauft. Rostig sieht es nur unter den Wolken aus, die Sie mitgebracht haben. Sobald die Sonne scheint, sehen Sie die Farbe auch so, wie sie ist. Tut mir leid, daß ich jetzt nicht hinausrennen und die Zierleiste nochmal überstreichen kann, damit sie Ihren Bedürfnissen entspricht, aber ich habe auch noch anderes zu tun, ich habe auch noch andere Pflichten.«

Ich fragte, wo ich denn wohl den Schlüssel zu meinem Anhänger finde, und hörte ersticktes Gelächter aus allen Ecken des Raumes.

»Schlüssel!« Sie benahm sich, als hätte ich einen Gebetsteppich oder eine lebensgroße Buddhastatue verlangt. »Wir glauben hier nicht an verschlossene Türen, wir hier nicht. Vielleicht verbarrikadieren sich die Menschen da, wo Sie herkommen, hinter verschlossenen Türen, aber hier haben wir dafür keinen Grund.« Sie knallte die Ellbogen auf den Tisch und stützte ihr Gesicht zwischen den Fäusten. »Wir schließen unsere Türen nicht ab, weil wir, im Gegensatz zu gewissen anderen Leuten, nichts zu verbergen haben.«

Das Klubhaus war mit Tischen und Stühlen möbliert. Neben dem Empfangstisch war eine kleine Küche, deren Durchreiche Packungen mit gefriergetrocknetem Rindfleisch und Kartoffelchips rahmten. Es gab einen Grill, eine Friteuse und ein Verzeichnis von Speisen für Frühstück und Mittagessen. Dies war eindeutig die Snackbar, aber wo war das Restaurant?

»Tagsüber Snackbar, abends Restaurant«, sagte die Frau. »Aber nur samstags, wenn nichts anderes geplant ist.«

Warum hatten die mir das nicht früher gesagt? Man hatte mir den Eindruck vermittelt, das Restaurant wäre jeden Abend geöffnet. Ich hatte mir nur eine Salami und eine Dose Cracker mitgebracht. Was sollte ich jetzt machen, ohne Auto?

»Wenn Sie wollen, kann ich Ihnen einen Hamburger aufbraten, aber da müssen Sie sich schon entscheiden. Die Snackbar schließt an Werktagen um dreizehn Uhr, außer es ist gutes Wetter oder gesetzlicher Feiertag; dann haben wir bis halb vier offen. An der Straße in die Stadt ist ein kleines Restaurant, aber die machen um drei dicht.« Sie zog kurz ihre Uhr zu Rate. »Wenn Sie jetzt losgehen, können Sie es wahrscheinlich noch schaffen, aber Sie hätten wirklich ein Auto mitbringen sollen. Für diesen Lifestyle braucht man ein Auto. Man braucht ein Auto und jede Menge Handtücher.«

Ich hatte nur die Wahl, mir ein Taxi in die Stadt zu nehmen und für eine Woche Lebensmittel einzukaufen. Wo mochte ich einen Münzfernsprecher finden?

»Draußen auf der Sonnenterrasse.« Die Frau wartete, bis ich die Fliegendrahttür erreicht hatte, um hinzuzufügen: »Aber er funktioniert nicht. Letzten Donnerstag hat das Gewitter das Telefon umgehauen, und bisher ist noch keiner zum Heilmachen gekommen. Das ist hier draußen immer eine Riesenschinderei, bis man mal jemanden zum Reparieren kriegt. Unser Geld ist denen wohl nicht gut genug. Das meiste flicken wir ja selbst zusammen, aber das Telefon nicht. Heikle Sache, so ein Münztelefon. Sie können von meinem Telefon aus anrufen, aber Sie werden sich kurz fassen müssen; ich erwarte einen Anruf.«

Der Taxifahrer sagte, er könne mich in einer Stunde abholen, und ich fragte mich, wieviel es wohl bis ganz zurück nach Hause kosten würde. Dies hatte ich ganz und gar nicht vorgehabt. Kein Schlüssel, kein Restaurant, nur eine Handvoll Meckerfritzen, die über das Wetter stöhnten.

Ich ging den Kiesweg zu meinem Anhänger, der mit soviel Insektizid vollgesprüht war, daß meine Nasenhaare Locken kriegten. Rosinengroße Fliegen lagen keuchend auf der Tischplatte, Beinchen in die Höh', mit denen sie mir in Zeichensprache folgende Worte übermittelten: »Nichts wie weg hier, schnell, solang du noch kannst.« Ich stellte meinen Koffer ab und floh, trabte am Klubhaus vorbei zur durchgeweichten Volleyballanlage. Der Swimmingpool aus der Broschüre war mit einer Plane abgedeckt, genau wie die Whirlpool-Wanne. Sogar die Fahne war auf Halbmast.

Das Wohnzimmer meines Anhängers ist mit künstlichen Walnußplanken getäfelt, und die niedrige Decke aus Fiberglas-Ziegeln hat Wasserflecken. Ein Linoleumfußboden trennt die Kochnische von der Auslegware des Wohnzimmers, welches mit einem ausgemergelten Goldsamtsofa und zwei dazugehörigen Sesseln möbliert ist, die einen Ausblick auf ein Beistelltischchen bieten, dessen Platte von einem – inzwischen abwesenden – Fernseher abgewetzt ist. Zwei der Wände sind mit Fenstern ausgestattet, und die dritte trägt einen großen schmückenden Wandteppich, auf dem eine Familie von Eisbären abgebildet ist, die sich auf einer Eisscholle drängt. Mein Schlafzimmer ist, genau wie das meines potentiellen Mitbewohners, zellenähnlich klein und karg und nur mit Bett und Kommödchen ausgestattet, klein genug, das Wenige, was ich mitgebracht habe, zu fassen.

Als ich ausgepackt und meine Lebensmittel verstaut hatte, war es früh am Abend, und es hatte aufgehört zu regnen. Nachdem ich die Stelle angestarrt hatte, an der der Fernseher sonst gestanden hatte, machte ich einen Spaziergang, wieder am Klubhaus vorbei, in die etablierteren Gefilde des Geländes. Dies waren Wohnwagen, die solide auf sorgsam manikürten Rasenstücken siedelten, viele mit angebauten Terrassen aus Kiefer und Redwood. Einige Hänger waren so verkleidet, daß sie Blockhütten ähnelten, andere hatten geschindelte, mit einem A-förmigen Rahmen versehene Eingangshallen. Die Namen der Eigenheimeigentümer waren auf Holztafeln verzeichnet, oft zusammen mit einem kleinen Wahlspruch wie »Dem Reinen ist alles rein, dem Nackten ist alles Akt« oder »Willkommen in der Villa Splitternackt!« Blumenbeete waren mit Holzsägearbeiten markiert, die winzige nacktärschige Kinder zeigten, und die Schattenrisse wohlgeformter nackter Frauen waren an die Türen von Geräteschuppen gemalt und genagelt wie sonstwo ZU VERKAUFEN-Schilder an Bäume. Fast alle schienen eigene Golfmobile in der Einfahrt stehen zu haben, und auch diesen hatte man mit Aufklebern und handgemalten Slogans einen persönlichen Touch verliehen. Ich kam an einem Schild vorbei, auf dem ACHTUNG SCHAFE stand, und gleich danach kam ein Hänger, dessen Rasen für eine Herde aus künstlichen Schafen samt einer übergroßen Puppe mit Häubchen und Krummstab den Gastgeber spielte. Die Zeit war weder zur Schäferin, noch zu ihren Schützlingen nett gewesen, deren triefende Wolle mit ihren Flecken von einem langen und unbarmherzigen Winter zeugte. Weiter die Straße entlangschreitend, sah ich, wie die Eigenheime Zelten und Hängern mit aufklappbaren Dächern und Hilfsbaldachin-Takelagen aus Plastik mit einer Front aus Moskitonetzen wichen. Der Platzmangel hatte Küchen wie Badezimmer nach draußen gezwungen, und die Vordergärten boten Außenklos und Picknicktischen ein Heim, die wiederum von Kühlkästen und Grills umgeben wurden, über denen sich festliche Papierlaternen rankten. Eine Anhängertür wurde geöffnet, eine junge Frau trat heraus, die ein Kind an der Hand hielt, welches ihr mit einem Holzlöffel gegen die Beine schlug. Die Frau trug oben ohne, und ihre Brüste hingen wie zwei halblange Socken, jede mit einer einzelnen Apfelsine beschwert. Als ich unterschrieb, wußte ich, daß ich bloßer Brüste ansichtig werden würde, da dies aber mein erstes Paar war, reagierte ich alarmiert. Sie trug das Haar in verwahrlosten Zotteln, schalt kurz das Kind, sammelte es dann in ihre Arme und begrub ihre scharfgeschnittenen Züge in dessen Magengegend. Oben ohne. Sie war oben ohne und ging durch die

Straßen dessen, was auf ihren Stadtteil hinauslief. Der Junge heulte vor Vergnügen und hieb ihr dann mit seinem Löffel über den Schädel.

»Das ist das Alter«, sagte die Frau, ich nickte zustimmend und tat, als entsönne ich mich des ersten Mals, da ich meine Mutter vor unserem Wohnwagen an der Brustwarze gezupft. Ich sah ihr ins Gesicht und versuchte krampfhaft, nicht ihre Brüste anzustarren. »Jaja, na gut«, sagte ich. »Na dann, okay.«

Auf dem Rückweg zu meinem Hänger bekam ich hinter erleuchteten Fenstern verschiedene Nudisten zu sehen, die Geschirr spülten oder sich eines stillen Abends daheim erfreuten. Die Vorhänge weit offen, die Türen nicht abgeschlossen, saßen sie breitbeinig da und lachten bei den Situationskomödien im Fernsehen in sich hinein. Ein Auto kam mir entgegen, am Steuer ein pfeiferauchender hemdloser Mann. Als er vorbeifuhr, spähte ich auf den Fahrersitz hinunter und sah, daß er nackt war. Er hob seine Pfeife zum Gruß und fuhr weiter. Wohin, fragte ich mich, fuhr er? Fuhr er im Kreis, um Dampf abzulassen? Oder wollte er das Gelände verlassen und auf die Autobahn?

Ich brauchte ein paar Drinks, bevor ich in der Lage war, Hemd und Schuhe auszuziehen –, nachdem ich die Vorhänge meines Doppelhängers zugezogen hatte. Der Tisch war mit Bierdosen übersät, als ich schließlich aus der Unterhose stieg und mit den Vorbereitungen fürs Abendessen begann, wobei ich mir heftig einzureden versuchte, es sei ganz natürlich, Schweinekoteletts nackt zu braten. Während sie vor sich hin brutzelten, tat ich, als wäre mein Mitbewohner gerade gekommen. »Du kommst genau rechtzeitig«, sagte ich und nahm zwei Teller aus dem Geschirrschränkchen über mir. »Setz dich; das Abendessen ist in ein paar Minuten fertig. Stör dich nicht an den Bierdosen; ich hab sie beim Nachbarn aus dem Müll gezogen, weil ich mir gedacht hab, ich stopf sie, wenn ich wieder mal in die Stadt fahre, rasch in die Recycling-Tonne. Ich persönlich rühr das Zeug ja nicht an, aber du weißt ja, wie ich bin, immer noch die alte ›Öko-Trine‹. Ich führ dich mal eben kurz herum.« Ich zeigte meinem unsichtbaren Gast gerade das hintere Schlafzimmer, als der Rauchmelder losging. Das betäubende, hohe Quieken löste bei mir Panik aus, und bevor ich darüber nachdenken konnte, fuchtelte ich bei offener Tür mit einem Geschirrtuch, um den Qualm zu vertreiben. Nackt. Ich war betrunken und nackt, und die ganze Welt konnte es sehen. Das war ein ernüchternder Gedanke, der mich immer noch beschäftigte, als ich mich zu meinem geschwärzten Mahl niederließ.

Es hat begonnen zu donnern, und Regen trommelt auf das Metalldach meines Anhängers. Zehn Uhr, und, soweit ich sehen kann, sind überall für heute die Lichter aus. Inzwischen habe ich die Platzordnung durchgelesen, die mir die Empfangsmatrone ausgehändigt hat.

Betragen –: Wir sind ein Familiengelände und erwarten, daß Ihr Betragen die moralischen Erfordernisse eines Freizeitgeländes für die ganze Familie widerspiegelt.

Handtücher –: Führen Sie ständig ein Handtuch bei sich, und bitte SETZEN SIE SICH AUS HYGIENISCHEN GRÜNDEN AUF IHR HANDTUCH.

Handtücher. Plötzlich bekam es einen Sinn. Ich bemerkte das breite Sortiment kurzgelockter Haare neben mir auf dem Sofa, sprang auf und holte mir ein Handtuch, welches von nun an meine Kehrseite nicht mehr verlassen sollte.

Fotografieren –: Kameras und Videorecorder dürfen nur nach vorheriger Sondergenehmigung der Lagerleitung auf das Gelände mitgeführt werden. FOTOGRAFISCHE AUFNAHMEGERÄTE, DIE VON DER LAGERLEITUNG NICHT GENEHMIGT WURDEN, WERDEN EINGEZOGEN. Von Personen, die fotografiert werden, MUSS eine vorherige schriftliche Genehmigung VORLIEGEN.

Tiere –: In den allgemein zugänglichen Sonnenbadbereichen sind keine Tiere zugelassen. Sie sollten sich ständig unter Ihrer unmittelbaren Aufsicht befinden. Sie müssen hinter Ihrem Tier saubermachen und allen Kot entsorgen.

Alkohol –: Alkoholische Getränke dürfen nur mit Maßen konsumiert werden. Rauschzustände sind auf dem Gelände nicht gestattet.

»Benimm« am Swimmingpool –: DUSCHEN SIE MIT SEIFE, bevor Sie sich in Schwimmbecken oder Whirlpool begeben. KINDER, DIE NOCH NICHT AUFS »TÖPFCHEN« GEHEN KÖNNEN, SIND VON DER BENUTZUNG DES SCHWIMMBECKENS UND DES WHIRLPOOLS AUSGESCHLOSSEN.

Kleidung –: Wir ziehen uns an oder aus, um uns behaglich zu fühlen. Wenn Sie unsere Freizeiteinrichtungen benutzen, MÜSSEN SIE NACKT SEIN. INTIMBEKLEIDUNG, BADEANZÜGE ODER -HOSEN UND INTIMER KÖRPERSCHMUCK GEHÖREN NICHT AUF UNSER GELÄNDE. IN BECKEN UND WHIRLPOOL SOWIE UNTER DER DUSCHE MÜSSEN SIE NACKT SEIN.

Was, fragte ich mich, mochten Intimbekleidung und intimer Körperschmuck sein? Verliert das Wort nicht an Bedeutung, wenn alle nackt sind?

Es ist bestimmt gegen die Hausordnung, aber ich kann diese Andeutung sexueller Erregung einfach nicht abschütteln. Es ist keine Erektion, nur ein leichtes Kribbeln in der Eichel. Außerhalb der Badewanne oder wenn ich mal zum Arzt gehe, bin ich nur nackt, wenn es mir gelungen ist, jemanden zum Beischlaf zu überreden. Jetzt sitze ich hier mit nichts an und erwarte, daß ein Typ aus dem Badezimmer kommt und sagt: »Also wie willst du dein Preisgeld anlegen?« Es ist albern, so in meinem Anhänger herumzuwandern, und mir wird klar, daß es lange meine Gewohnheit war, mir das T-Shirt über die Knie zu ziehen, wenn ich allein am Tisch hockte. Auch habe ich die Angewohnheit, mir die Hose bis über den Nabel hochzuziehen und meinen Gürtel eng zu schnallen, damit man den Bauch nicht so sieht. Mit den Schlüsseln in der Hosentasche klimpern, zerstreut am Hemdkragen nagen: vorbei. Heißer Kaffee ist gefährlich, und während der letzten Stunde mußte ich bereits zweimal aufspringen, um glühende Asche von dem zu wischen, was einst mein Intimbereich gewesen war.

Als ich heute morgen aufwachte, war der Nebel so dick, daß ich den Picknicktisch in meinem Vorgarten nicht sehen konnte. Vom Himmel bis auf den Erdboden war alles von genau derselben Grautönung. Erst gegen Abend klarte es endlich auf. Gegen sechs sah ich aus dem Fenster und erblickte ein nacktes Paar, welches, Tennisschläger in Händen, durchs Gelände stolzierte. Der Mann trug die Haare hinten lang, hielt sich, als hätte er einen todschicken Anzug an, und legte eine zuversichtliche und zielstrebige Gangart vor, während die Frau mit Mützenschirm ohne Mütze, Socken und Turnschuhen hinter ihm hertrabte. Dies waren die ersten aktiven Unter-freiem-Himmel-Nudisten meines Lebens, weshalb ich mir Klamotten überwarf und ihnen bis zum Pavillon folgte, wo ich ein Buch aus der Tasche zog und tat, als läse ich. Der Mann hatte einen ausladenden Bauch und einen breiten Grübchenarsch, und alles wabbelte und schwabbelte mit, während er auf dem Platz herumsprang und versuchte, den Aufschlag seiner Partnerin zu parieren. Sie hatten nicht länger als fünf Minuten gespielt, als er sich mit den Händen auf die Knie stützte, einen Mundvoll Galle aufs Gras entließ und die Faxen dicke hatte. Sie verließen den Platz, und ich folgte ihnen ins Klubhaus, wo der Mann die Toilette aufsuchte, von welcher er zehn Minuten später mit einem leuchtend roten Ring um den Arsch zurückkehrte. Hier, dachte ich, haben wir einen echten Nudisten. Ein Fetzchen Klopapier, nicht der Rede wert, pappte ihm am Hintern, und als die Frau ihn darauf hinwies, fuhr er sich mit der Hand über die Kimme und zuckte beiläufig mit den Schultern, als spielte das keine größere Rolle als ein Tupfer Mayonnaise an der Lippe.

Ich versuchte meinen Tag nackt zu beginnen, schaffte es aber nicht weiter als bis zu meinem Picknicktisch, kehrte daraufhin in meinen Anhänger zurück und warf mich in ein T-Shirt, das mir bis halb über die Oberschenkel ging. Dann schaffte ich es bis am Pavillon vorbei, wo ich auf eine Gruppe älterer Männer und Frauen stieß, die um einen Kiesplatz versammelt standen. Es war später Vormittag, und ich hatte den Eindruck, daß gleich etwas Wichtiges beginnen sollte. Eine Frau beugte sich vor, um den Kies zu harken. Sie trug ein kurzärmeliges Hemd, aber keinerlei Beinkleider, und ihr Arsch war eine Landschaft aus Pocken und Runzeln; die blauen Adern, die ihre Oberschenkel kreuzten, sahen aus wie eine Landkarte für Binnenschiffer. Auf einer nahen Bank saßen zwei weitere Frauen, beide im T-Shirt. Eine trug einen Mützenschirm ohne Mütze, während die andere die Art Häubchen bevorzugte, die ich mit den Milchmädchen von einst in Verbindung bringe. Es war dies eine gerüschte Vorrichtung mit breiter Krempe, unter dem untersten ihrer mehreren Kinne mit einem Bändsel zusammengebunden. »Howdy«, sagte sie. »Hey, seht mal alle her, wir haben frisches Blut reingekriegt!«

»Ah, ein neues Gesicht. Genau, was wir brauchen, damit das Spiel interessant bleibt.« Der Sprecher war ein tiefgebräunter Herr, nackt bis auf ein Golfhütchen, an dem er den Schlüssel zum Gerätespind festgepinnt hatte. »Hast du schon mal *pétanque* gespielt?« Er legte mir die Hand auf die Schulter und führte mich zum Platz. »Das ist der französische Cousin des italienischen *boccia.* Stan Friendly und seine Frau haben das unten in Florida immer gespielt, und als sie es mit nach Norden brachten, haben wir alle gesagt: ›He, was ist das denn für ein Spiel?‹ Wir spielten damals alle Volleyball und dachten, diese *pétanque*-Spieler wären übergeschnappt, stimmt's, Frank?«

»Ja, wir dachten, sie spinnen«, sagte Frank. Er kratzte sich beide mückenstichigen Gesäßhälften und schloß sich uns auf unserem Weg zum *pétanque*-Geviert an. »Jetzt sagen wir: ›Zur Hölle mit dem Volleyball!‹ und spielen dreimal täglich *pétanque.* Ein großartiges Spiel; du wirst schon sehen. Hey!« rief er. »Gebe doch mal jemand unserem Freund zwei Kugeln. Wir haben einen neuen *pétanque*-Spieler.«

Seltsam war's, die verschiedenen Stadien der Entblößung zu beobachten, und wie während des Spiels Kleidungsstücke über den Platz verteilt wurden. Wie ich waren Jacki und Carol in T-Shirts gekommen, während Bill, Frank und Celeste nur Kopfbedeckungen trugen. Phil und Millie fuhren im Trainingsanzug an, den sie sofort ab- und auf den Klamottenhaufen auf dem Picknicktisch legten. Ein Mann namens Carl trug Hemd und Weste, passend zu seinen schwarzen Socken und sinnvollen Schuhen, wodurch der Eindruck entstand, er vertreibe sich nur ein wenig die Zeit, während seine Hose und Unterhose trockengeschleudert wurden.

Bill, der Mann mit dem Golfhütchen, hatte eine lange

Narbe, die, zwischen den Schulterblättern beginnend, bis zu seinem rechten Unterarm hinunterkurvte. Die Wunde mußte einst auf gleicher Höhe mit der Haut gewesen sein, doch nun ähnelte das straffe, glatte Narbengewebe einer schmalen Straße, zu beiden Seiten von kargen, bernsteinfarbenen Hügeln überragt. Franks Körper dagegen war ein regelrechter Bankautomat, bei dem Chirurgen routinemäßig von Rücken, Brustkorb und Bauch Abbuchungen vornahmen. Er warf eine kleine Holzkugel auf den Platz, erklärte, sie solle fortan unser Ziel sein, und händigte mir dann etwas aus, was aussah wie eine Krocketkugel, aber aus einem Metall gefertigt war, als sollte es aus einer Kanone abgefeuert werden. Er nahm sich selbst auch eine Kugel, bestieg eine Zementplatte am Rand des Spielfelds, kniff ein Auge zu und hielt die Kugel wie Hamlet, als dieser Betrachtungen über den Schädel seines verblichenen Hofnarren anstellte. Weil er nackt war, mutete seine Haltung merkwürdig heroisch an, als stünde er Modell für eine Statue, die an die geriatrische Abteilung eines auf Sportmedizin spezialisierten Krankenhauses gemahnen sollte. Dann holte er ohne Warnung rückwärts aus, ließ zur Übung beide Arme mehrmals kreisen und dann die Kugel los, welche durch die Luft segelte und mit dumpfen Plumps zwei Zoll vom Ziel entfernt landete.

»Und jetzt du, Dave.« Meine Kugel ging um gute sechs Fuß fehl.

»Guter Wurf!« sagte Frank. »Sag mal, Bill, hast du das gesehen? Sieht aus, als hätten wir es hier mit einem Naturtalent zu tun. Und gleich noch einmal, junger Mann.«

Meine zweite Kugel verfehlte das Spielfeld vollends und landete im feuchten Gras. Das war eindeutig schlecht, genau wie mein nächster Wurf, genau wie mein übernächster Wurf. Jeder Versuch trug mir jedoch die gleiche Reaktion ein: »Guter Wurf!« Entweder waren ihre Augen vom grauen Star getrübt, oder diese Leute waren tatsächlich von einem Sports- und Kameradschaftsgeist beseelt, wie ich ihn noch nie angetroffen hatte.

Die Partie zog sich endlos hin, und ihre Einzelheiten wurden leidenschaftlich diskutiert. Oft erhob sich eine Debatte darüber, wessen Kugel dem Ziel am nächsten gekommen war. »Ich glaube, es ist die von Carl, aber wir sehen lieber mal nach. Es scheint ganz so, als läge sie mit der von Phil Kopf an Kopf.« Ein Bandmaß wurde herbeigetragen und sanft und mit großer Ehrfurcht überreicht, als könnte es ein und für allemal den Gottesbeweis erbringen. Die Mannschaftskapitäne hockten sich auf ihre Fersen, ihre Hoden wippten auf dem Kies. »Die von Carl ist achtdreiviertel Zoll weit entfernt, und die von Phil ... Was sagt ihr nun!? Achtneunsechzehntel! Sieht aus, als ginge dieser Punkt an die Mannschaft von Phil!«

Die Ödnis des Spiels gestattete mir, den Umstand zu vergessen, daß ich nur T-Shirt und Turnschuhe anhatte. Zuerst hing ich an den äußersten Rändern des Spielfelds herum und sammelte meine Kugeln auf wie eine Gräfin mit weißer Perücke, immer so nah wie möglich am Boden, als schritte gerade die Königin durch die Gärten. Jetzt dachte ich kaum noch daran. Keinen scherte es, wie mein Arsch aussah. Sie dachten an *pétanque* und an nichts anderes, bis ich mir eine Zigarette anzündete, und meine Mannschaftskameraden mich baten, sie auszumachen. Man konnte im Freien nackt sein, aber offensichtlich konnte man im Freien nicht rauchen. Was soll denn das für einen Sinn haben?

Wenn ich aus meinem Schlafzimmerfenster blicke, kann ich das Klubhaus und den dazugehörigen Parkplatz sehen. Heute nachmittag sah ich, wie ein großer, von einem nagelneuen Viertürer mit Nummernschildern aus einem anderen Bundesstaat gezogener Wohnwagen eingeparkt wurde. Aus dem Auto stieg ein komplett nackter Mann. So war er offensichtlich auch schon auf der Autobahn gefahren. Ich glaube, er konnte es einfach nicht abwarten.

Heute abend bin ich zum Fernsehen ins Klubhaus gegangen, und nachdem ich dort zwanzig Minuten lang allein gesessen hatte, kam Jacki, die Frau mit dem Häubchen vom *pétanque*-Platz, nackt aus dem Waschraum hereingelatscht und fragte, ob ich Lust hätte, mit in die Sauna zu kommen. Ich war noch nie in einer Sauna gewesen und wußte nicht recht, was damit einherging. Brauchte ich ein Stück Seife?

»Ein Handtuch, du Dummerle. Alles, was du brauchst, ist ein Handtuch. Jetzt runter mit den Klamotten und raus hier. Ich erwarte dich.«

Weil das als Befehl vorgetragen wurde, schien jede Debatte zwecklos. Früher oder später mußte ich sowieso nackt auftreten, warum also nicht jetzt. Ich rannte zurück zu meinem Anhänger, schnappte mir ein Handtuch, ließ die Hose runter, überlegte, ob ich mir noch rasch meinen Arsch im Spiegel ansehe, wußte aber, daß ich, wenn ich das tat, nie mehr vor die Tür gehen würde. *Denk nicht drüber nach, denk nicht drüber nach, denk nicht drüber nach.* Ich tupfte mich der Vollständigkeit halber mit einem Waschlappen ab und kehrte zum Klubhaus zurück, wo ich mich im Waschraum auszog. Dann faltete ich meine Klamotten zusammen und legte sie ordentlich auf irgendeine ebene Fläche. *Das ist ganz normal,* dachte ich, *das ist hier ein Badezimmer.* Es ist natürlich, in einem Badezimmer nackt zu sein. Es war jedoch weniger natürlich, das Badezimmer zu *verlassen* und an den Tischen und Stühlen eines Klubhauses vorbeizugehen. Andere Menschen hatten nicht die geringsten Probleme damit, und seht sie euch an! Jacki war wie nichts herein- und auch wieder hinausgeschneit, und ich hatte sie angesehen, als wäre sie eine Ziege, die sich in eine Hotelempfangshalle verirrt hatte. Am Nachmittag hatten es die Tennisspieler geschafft. Tausende von Menschen waren nackt durch diesen Raum gegangen, hatten zu Mittag gegessen und Karten gespielt. Jetzt war ich an der Reihe! Ich versuchte es als Privileg zu betrachten, und als das nicht klappte, warf ich mir das Handtuch über die Schulter, schloß die Augen und rannte schnurstracks gegen den Bücherschrank.

Die Sauna, eine gedrungene Holzhütte, war neben dem Schwimmbecken. Durch ein Vorzimmer, in dem man erstickte, gelangte man in ein von einem rauchlosen, mit weißglühenden Steinen beheiztes Höllenloch, in dem man dann endgültig verreckte. Jacki saß auf einem hölzernen Bord, moppte am Schweiß, der ihr die Brüste hinunter- und über den beträchtlichen Bauch lief, bis er sich unter ihrer kindlich wirkenden rasierten Vagina zu einer Pfütze sammelte. Sie war eine mollige Frau, stramm wie ein Matratzenbezug, und ihr Kopf hielt sich ohne erkennbaren Hals auf den Schultern.

»Eine böse Beule hast du da auf der Stirn, Dave. Du solltest dir etwas Eis drauftun, bevor du heute abend ins Bett gehst.« Sie zielte mit einer Spritzflasche auf den Kessel, ließ einen duftenden Wasserstrahl frei, und die Kammer wurde noch heißer. »Magst du das?« fragte sie. »Das ist Eukalyptus. Wenn Barb da ist, darf ich das nicht benutzen, weil sie allergisch ist. Da schwellen ihr die Backen im Gesicht an, als wären sie mit Watte gepolstert. Du bist nicht allergisch, oder? Sonst rennst du nämlich lieber, solang du noch kannst. Ich hab mir vor ein paar Jahren den Rücken durcheinandergebracht und kann jetzt keine Katze mehr tragen, geschweige einen ausgewachsenen Mann. Ich kann höchstens zum Klubhaus gehen und Hilfe holen, aber selbst das dauert seine Zeit. Bis ich zurück bin, kannst du dann schon tot sein –; also entscheide dich: Bist du allergisch oder nicht?«

Ich war nicht allergisch.

»Gut!« Wieder zielte sie mit ihrer Flasche auf den Hochofen.

»Spürst du das? Eukalyptus ist eine Heilsalbe, im alten Griechenland und Ägypten der große Renner. Es hat Sokrates und König Ramses dem Zweiten die Nebenhöhlen geöffnet, damit sie sich auf die wichtigeren Dinge konzentrieren konnten wie... Demokratie und Schlangen. Macht den Geist frei, Eukalyptus. Mir kommen hier in der Sauna die wildesten Gedanken, kann ich dir sagen! Gedanken wie, na, was wäre, wenn jeder auf der Welt einen Wunsch frei hätte, aber man muß, damit er in Erfüllung geht, bis an sein Lebensende auf Händen und Knien herumkrabbeln? Eine harte Nuß, was? Wenn man sich Reichtum wünscht, muß man auf allen vieren durch seinen Palast krabbeln, und der Nerzmantel schleift hinterher. Was darf's denn sein? Den Weltfrieden; ein Mittel gegen Krebs; daß Hunger und Elend ein Ende haben; was wünschst du dir?«

Der Eukalyptus hatte meinen Geist offensichtlich nicht so freigemacht wie ihren. Trotzdem war es mir, sobald die Frage aufgeworfen war, nicht mehr möglich, nicht an sie zu denken. Wenn ich Gesicht und Körper meiner Träume hätte –, was würden sie mir nützen, wenn ich wie ein Tier gehen mußte? Vielleicht, wenn ich mir wünschte, glücklich zu sein, wäre mir das Krabbeln egal –, aber was für ein Mensch wäre ich, wenn ich von Natur aus glücklich wäre? Ich habe solche Leute in Erbauungssendungen gesehen, und sie machen mir angst. Warum mußte ich überhaupt darüber nachdenken? Ich sah in Jackis rundes, glänzendes Gesicht. Die Hände hatte sie über dem Bauch gefaltet wie ein verhutzelter, geduldiger Flaschengeist. »Wenn ich einen Wunsch freihätte, würde ich mir eine unbegrenzte Menge von Wünschen wünschen«, sagte ich.

Sie schüttelte den Kopf auf eine Weise, die andeutete,

daß sie diese Antwort bereits unzählige Male gehört hatte. »Nun werd nicht gierig, Dave, du hast nur einen Wunsch.«

Der Raum füllte sich mit Dampf, und benommen, wie ich war, kam mir in den Sinn, daß diese Frau vielleicht tatsächlich irgendeine modrige übernatürliche Kraft besaß. Die Begleitumstände waren so bizarr, daß sie vielleicht ausgesandt worden *war*, um meine eine, wahre Sehnsucht wahrzumachen. Ich dachte daran, mir meine Mutter zurückzuwünschen, aber solche Wünsche haben oft einen Haken. Wenn ich um meine Mutter bat, bekam ich vielleicht eine Urne voll redender Asche, die sich bitter über den Anblick ihres Sohnes beklagte, der wie ein Bluthund durch den Raum jachterte. Krankheiten zu heilen ist eine nette Idee, aber wenn wir alle einen Wunsch hatten, war bestimmt längst irgendein schlauer Vierzehnjähriger draufgekommen. »Ich würde mir wünschen«, sagte ich, »fliegen zu können.«

»Nicht schlecht.« Jacki kratzte einen Mückenstich am Oberarm und seufzte: »Ich muß übers Wochenende weg und freue mich überhaupt nicht darauf. Wenn ich könnte, würde ich das ganze Jahr hier wohnen, aber mein Wohnwagen ist nicht winterfest, und mit meinem schlimmen Rücken kann ich die Einfahrt gar nicht freischippen. Es ist schon so weit mit mir gediehen, daß ich es überhaupt hasse, nicht hier zu sein. Am Wochenende muß ich zu einem Kirchen-Benefiz nach Hause, und am Dienstag muß ich zum Geburtstag meiner Enkelin. Gell, da staunst du! Das sagt fast jeder, daß ich für eine Großmutter zu jung aussehe, aber sei dem nun, wie ihm wolle, ich habe drei wunderschöne Enkelkinder, und sie fanden es hier ganz toll.«

Schon, schon, aber was wurde aus meinem Wunsch? War die Frage ein Trick gewesen, um meinen Charakter zu testen? Warum sprach sie über ihre Enkel, und wo waren meine Klamotten?

»Als ich sie zum erstenmal hierher mitgebracht habe, haben sie Cliff Shirley gesehen, der am Schwimmbecken stand, und gesagt: ›Oma‹, haben sie gesagt, ›warum hat der Mann denn gar nichts an?‹ Und ich hab ihnen gesagt: ›Der Mann ist ein ganz besonders guter Freund von eurer Oma, und er ist nackt, weil Gott ihn so auf die Welt gebracht hat. Hier darf man nackt sein, aber erzählt das ja nicht euren Freunden in der Schule und schon gar nicht eurer Mutter und eurem Vater.‹« Sie blickte stirnrunzelnd auf ihre Brüste. »Ich hätte wissen müssen, daß sie kein Geheimnis für sich behalten können. Meine Tochter ist genau wie alle anderen. Sie glaubt, wir wären eine sexbesessene Meute, die auf dem Parkplatz wüste Orgien feiert. Und meinen Sohn kann man sowieso vergessen. Dem sage ich nur, daß ich im Sommer zum Camping fahre.«

Ich fand, ich mußte ihr mein Mitgefühl aussprechen, wußte aber überhaupt nicht, wo ich anfangen sollte. Statt dessen bat ich sie, mir die Regelung mit dem Körper- und Intimschmuck zu erklären.

»Kleidungstechnisch meinen sie damit Lederriemen und Negligés, alles, was auffällig oder suggestiv sein könnte. Und was den Schmuck betrifft, da sind Ringe und Halsketten und so weiter schon in Ordnung, da wollen sie nur nicht... Gott, wie soll ich das ausdrücken... Da wollen sie eben nicht, daß... Also, wenn man Ohrringe hat, dann sollten die in den Ohren stecken, verstehst du? Es verstößt gegen die Hausordnung, sich die... äh... Dingelchen piercen zu lassen, sowohl oben als auch da... unten.«

Ich fand es merkwürdig, daß ihr das Thema solches Unbehagen bereitete. Südlich ihrer rasierten Vagina sammelte sich der Schweiß, und diese Großmutter konnte nackt neben einem wildfremden Mann sitzen, aber ums Verrecken nicht die Wörter *Brüste* oder *Penis* aussprechen. Wir alle hatten einfach »Dingelchen«, und meins siedete in meinem Schoß wie eine gekochte Garnele. Dadurch wurde die Anzahl der Gesprächsthemen drastisch reduziert. Die Abwesenheit von Kleidung erschwerte die Beschreibung von Personen. Man konnte nicht fragen: »Wer ist der unbeschnittene Herr mit dem behaarten Arsch?« Noch schwerer wurde es dadurch, daß fast alle Männer kahl waren, so daß man sie nicht einmal anhand einer Frisur beschreiben konnte. Ich befragte Jacki nach einem Mann, den ich beim voll beschickten Fischteich gesehen hatte: »Das war ein eher großgewachsener Mann mit einem... freundlichen Gesicht und einem blauen Handtuch.«

»Weiter«, sagte sie. »Viele Männer haben blaue Handtücher.«

»Er hatte weder Schnurrbart, noch Mütze, noch überhaupt Haar. Er war so etwa in den Siebzigern.«

»Große Narbe quer überm Bauch und noch eine lange am Bein? Ach, das ist Dan Champion von Parzelle 16. Netter Mann, war früher ein großer Tänzer.«

Erleichtert nahm ich zur Kenntnis, daß es gesellschaftlich akzeptabel war, Menschen anhand ihrer Narben zu beschreiben. Das war viel leichter als die Identifikation qua Sandalen.

Alle paar Minuten beugte Jacki sich vor, um einen weitern Strahl Wasser mit Eukalyptusgeschmack auf den Kessel abzuschießen, und ich war zu schwach, um ihr Einhalt zu gebieten. Durch meinen Schweiß sah ich nur noch verschwommen, und der Raum war so unerträglich heiß geworden, daß ich praktisch hören konnte, wie das Blut in meinen Adern Bläschen machte. Mir fiel ein, daß ich sterben würde – nicht zu irgendeinem fortgeschrittenen, hypothetischen Zeitpunkt in meinem Leben, sondern jetzt sofort. Mein Herz war gedünstet, und ich hatte so viele Liter Schweiß abgesondert, daß mein Handtuch jetzt mehr wog als ich.

»Hinaus mit dir«, sagte Jacki. »Los jetzt, schnell. Zisch ab.«

Ich verließ die Sauna, breitete mein Handtuch aus und legte mich auf den Zementboden neben dem Swimmingpool. Es war ein klarer Abend, kühl, aber die Luft fühlte sich gut an. Ich hörte, wie eine Tür geknallt wurde, und sah Jacki, die zum Klubhaus zurückwatschelte. Sie sah mich nicht, und ich sah keinen Sinn darin, sie zu rufen. Ich kam allein zurecht, lag fein nackt auf dem Boden und dachte über alles nach. Von weither kam ein jammervoller, muhender Laut, den ich nicht genau identifizieren konnte. Weder ganz natürlich, noch von Menschenhand gemacht, klang es wie eine Kombination aus kranker Kuh und Nebelhorn. Ich hatte es gestern abend etwa um die gleiche Zeit gehört, und es war höchstwahrscheinlich der ortsübliche Zapfenstreich.

Wegen des schönen Wetters war die Plane vom Schwimmbecken entfernt worden, welches von gemütlichen Liegestühlen umgeben ist, von denen einige unter einem Schild mit der Aufschrift BEHINDERTENPARKPLATZ stehen. Es ist ehernes Gesetz, daß man nicht nur im Schwimmbecken, sondern auch um das Schwimmbecken herum nackt sein muß. Das fand ich ziemlich hart. Ich hatte nur T-Shirt und Turnschuhe an, aber diese Dinge bedeuteten mir unendlich viel, denn ohne sie war ich ein Irrer. »Der Doktor kommt gleich«, sagte ich zu mir selbst. »Legen Sie einfach Ihr Handtuch auf den Liegestuhl, ziehen Sie Schuhe und Hemd aus, und dann kommt er mit dem Beruhigungsmittel, sobald er mit den anderen Patienten fertig ist.«

Ich zog mein T-Shirt aus, und da war ich, nackt, leichte Beute für tieffliegende Überwachungsflugzeuge. Nackt am hellichten Tag, umgeben von Fremden, die sich vom Rükken auf den Bauch rollten und die Seiten ihrer Bücher und

Zeitschriften umblätterten. Immerhin brauchte ich mich nicht selbst anzusehen. Es gab keine Spiegel oder Tafelglasfenster, und solange ich stramm geradeaus blickte, konnte ich, dachte ich, mich mählich mit meiner öffentlichen Nacktheit abfinden. Ich hatte mich gerade an diesen Gedanken gewöhnt, als sich mir ein Mann namens Dusty näherte, der an seinem mützenlosen Mützenschirm mit Wäscheklammer ein Stück Pappe befestigt hatte, um dessen schattenspendende Eigenschaften noch zu erweitern. Der Mann war vornübergekrümmt, von Osteoporose gezeichnet, Rükken und Schultern glänzten dunkelbraun wie feines italienisches Leder, während der Bauch aus Mangel an Sonne weiß geblieben war. Sein volles graues Haar trug er kurzgeschnitten, sowie, zu meinem Entsetzen, eine Sonnenbrille mit verspiegelten Gläsern, welche mit großer Deutlichkeit den Anblick meiner bleichen, zappeligen Nacktheit reflektierten. Ich stellte ihm eine Frage zum Thema Whirlpool, und zwanzig Minuten später ließ er sich immer noch über die Aufteilung seines Heimatorts in Gewerbe-, Geschäfts- und Wohngebiete aus. »Ich glaube nicht, daß sie juristisch das Recht haben, da ein Lebensmittelgeschäft hinzustellen, weil die Gegend nicht als Geschäftsgebiet ausgewiesen ist. Früher gab es da ja einen kleinen Tante-Emma-Laden, wo man Brot und Brause und so fort kaufen konnte, aber der wurde geschlossen und zu einer kleinen Kirche umgewidmet, wo die Erweckungsprediger, die mit Schlangen arbeiten, auftreten können. Man könnte natürlich ein Haus mit Eigentumswohnungen hochziehen, aber da muß man erst beim Stadtrat nachfragen, ob es da irgendwelche Beschränkungen nach oben gibt. Ich vermute mal, wenn der Komplex groß genug ist, lassen sie da wahrscheinlich einen Lebensmittelladen zu, aber keinen großen, weil das Umfeld nicht ausdrücklich als Geschäftsgebiet ausgewiesen ist.«

Hatte ich mich irrtümlich als Grundstücksspekulant vorgestellt? Warum mußte er mich unbedingt ansehen, wenn er mit mir sprach?

»In der Großstadt kann man sich natürlich, denke ich mal, einen siebenstöckigen Bienenkorb aus Glas und Beton hochziehen, wenn man genug Geld hat, alle zu bestechen. So läuft das doch da, wo du herkommst; alles geht, wenn man die nötigen Barmittel besitzt. Und dann kommst du hierher und glaubst, wir sind alle nur ein Haufen stumpfsinniger Hinterwäldler!« Er sabberte, fuhr sein Gesicht zu einem unheimlichen, übertriebenen Grinsen aus und ließ die Zungenspitze einmal komplett um seinen Mund gleiten. »Wir sind eine Bande von Bauerntölpeln, stimmt's?«

Tja, Dusty, wo du gerade das Gespräch darauf bringst...

Er wedelte mit den Händen, als wolle er mich verzaubern. »Ihr seid ja alle so herrlich intellektuell, wie ihr da in euren kleinen Cafés sitzt und zum Empire State Building hinaufblickt, während wir hier im Heuhaufen liegen und Maiskolbenpfeife rauchen. So ist es doch, oder?«

Er war gleichzeitig feindselig und neckisch, und diese Einstellung teilten viele, die ich bisher kennengelernt hatte. Ich hätte problemlos aus einer militanten Moslemnation kommen können, aber bei New York schien den Leuten irgendwas gegen den Strich zu gehen. Dies war ein Camping- und Spaßplatz für die ganze Familie, und New York war, für viele von ihnen, ein Ort, an dem gesunde Familien regelmäßig aus Sport abgeknallt wurden. Ich konnte mir ein Bein ausreißen und einen Wohnanhänger bewundern oder die Landschaft preisen, aber es reichte nie. Dustys Hänger war in der Nähe geparkt, und ich machte ihm ein Kompliment für seinen gepflegten Vorgarten. »Ganz hübsch, was?« sagte er.

»Sehr hübsch.«

»Was hältst du von der Kloschüssel, die ich als Blumentopf verwende?«

»Eine prima Idee, Dusty, und die Blumen sind wunderschön.«

»Damit hast du verdammt recht, daß sie wunderschön sind. Da, wo du herkommst, könnte man wahrscheinlich keine Toilette im Vorgarten aufstellen.«

»Nein, Dusty, das wäre wahrscheinlich keine sehr gute Idee.«

»Sie würde nämlich vollgeschissen, das würde sie nämlich! Die New Yorker würden einmal um den Block Schlange stehen, um dir in den Vorgarten zu scheißen, im Gegensatz zu hier.«

»Ja, im Gegensatz zu hier.«

»Hier draußen ist es doch richtig schön still. Man kann sich selbst denken hören!«

Ich stimmte ihm zu und sagte: »Ja, es ist ganz herrlich. Kein Diebstahlalarm, keine Sirenen. Das einzig Aufregende hier ist dieses laute Furzgeräusch jeden Abend bei Sonnenuntergang.«

»Gefällt dir das?« sagte er. »Das bin ich! Ich habe nämlich einen Schlauch, sooo lang, und versuche jeden Abend zu üben. Keine Trompete, nicht sowas Schickes, nur ein langes Stück Plastik. Der alte Pete Manchester in Parzelle 37 hat eine Muschel, ein sogenanntes Tritonshorn, und die setzt er an die Lippen, und dann tuten wir uns an, nur so zum Zeitvertreib. Die meisten Menschen sind bei Einbruch der Dunkelheit in ihren Häusern und spülen Geschirr; nicht so ich! Ich habe kein Geschirr zu spülen, weil ich ausschließlich rohes Gemüse esse. Aber ja. Ich versuche, richtig zu leben und jeden Tag eine halbe Meile zu schwimmen. Wenn es bewölkt ist, und das Schwimmbecken geschlossen ist, schlüpfe ich einfach unter die Plane, wenn keiner kuckt! Das ist natürlich heute kein Problem!«

Dusty stellte einen Fuß auf den Rand meines Liegestuhls. »O ja, heute nachmittag haben wir ein ganz exzellentes Wetterchen. So schönes Wetter findest du bestimmt nicht da, wo du herkommst.«

Ich stimmte ihm zu.

»Sonne, blauer Himmel und nur der Hauch einer Brise –, besser könnte es gar nicht kommen.« Er rückte seine Sonnenbrille zurecht und kratzte sich am Fußballen. Es waren etwa ein Dutzend Nudisten da, die Sonne tankten. Die Menschen kamen und gingen. Sie machten einen großen Bogen um den Swimmingpool, um Dusty nicht über den Weg zu laufen, der sich immer umdrehte, wenn er das Eingangstor hörte, und »Phyllis!« brüllte. »Wann kommt ihr endlich mal vorbei und seht euch meine Schildkröten an?«

»Cody und ich haben es ganz fest vor, Dusty, wir hatten nur soviel mit unserer neuen Sonnenterrasse zu tun.«

»Aha. Schon verstanden. Mit einer nagelneuen Sonnenterrasse bin *ich* natürlich kein Umgang mehr für euch. Alles klar.«

Auf der anderen Seite des Beckens erhob sich ein stämmiger, gutaussehender junger Mann von seinem Liegestuhl, ging in die Sauna, in den Whirlpool, ins Schwimmbecken und legte sich wieder auf seinen Liegestuhl. Er hatte eine Tageskarte und war offenbar entschlossen, seine zwanzig Dollar auszunutzen. Neben ihm saß das Ehepaar, das ich auf dem Tennisplatz gesehen hatte, und daneben blätterte eine drahtige, grauhaarige Frau in ihrem *Sports Illustrated.* Die 14-Uhr-*pétanque*-Partie hatte begonnen, ich konnte das schwache Klicken von Metallkugeln und den vertrauten Aufschrei »Toller Wurf. Gratuliere, gratuliere« hören. Der junge Mann rotierte gerade zum fünften Mal, und ich bewunderte seinen Arsch, der prall und makellos war, hoch und fest genug, daß man den Pokal hätte draufstellen können, den ich ihm im Geiste als 1. Preis für herausragende körperliche Leistungen verliehen hatte.

»Hast du schon mal einen Komposthaufen gesehen?«

fragte Dusty. »Ich hab in meinem Hintergarten einen am Laufen, und du würdest staunen, was da alles los ist. Alle Arten von Geschöpfen schauen vorbei, um ein bißchen davon zu knabbern: Stinktiere, Vögel, süße, kleine Backenhörnchen. Außerdem natürlich die guten, alten Fliegen und Maden, die sich gern schon mal einbuddeln, wenn alles schön mulschig ist.«

Ich spürte, wie ich brannte; mein Fleisch spannte sich und trocknete aus. Im Spiegel von Dustys Brillengläsern konnte ich sehen, wie mein Gesicht die rosa Periode überwunden hatte und tiefrot und feurig angelaufen war.

»Tut mir leid, Dusty, aber ich muß in meinen Hänger und mich mit Sonnenöl einreiben.«

»Ach«, sagte er, »teilst du mir auf diese Weise mit, daß ich dich langweile? Bin wohl nicht so aufregend wie all deine Freunde in der großen Stadt?«

Er belästigte mich weiter, während ich mir mein T-Shirt anzog und mein Handtuch zusammenfaltete. »Macht man das so, da, wo du herkommst, daß man einfach weggeht, während die Leute noch mit einem sprechen?«

»Ja, Dusty, genauso macht man das.«

Die Aufregung, die ich anfangs gespürt hatte, ließ nach, und es kam mir überhaupt nicht mehr neuartig vor, nackt in meinem Wohnwagen herumzulaufen. Meine Haushaltsnacktheit wurde zur Routine, und das machte mir aus irgendeinem Grunde angst. Nachdem ich die Tür verrammelt hatte, legte ich mich aufs Bett und versuchte zu masturbieren, nur um meinen Penis daran zu erinnern, daß er nicht so frei war, wie er glaubte. Normalerweise habe ich mit dieser Übung ebensowenig Probleme wie mit deren Abschluß, aber plötzlich fiel mir die Konzentration schwer. Ich versuchte, an den jungen Mann am Swimmingpool zu denken, aber sein Körper wurde wiederholt von der Bühne geschubst und durch lebhafte Visionen von Dusty ersetzt, dessen enorme Hoden wie ein Wespennest zwischen seinen verschrumpelten Beinen hingen. Ich hatte noch nie einen Penis mit Sonnenbrand gehabt und machte mir Sorgen, daß mein unablässiges Gezerre den gleichen Effekt haben könnte, wie wenn man zwei Stöckchen gegeneinanderreibt, so daß erst ein feines Rauchwölkchen aufsteigt und dann auch schon die Flamme lodert. Es war klar, daß mein Penis die Zusammenarbeit verweigerte. Ich überlegte, ob ich ihn vielleicht zwinge, fürchtete aber eine Art Brandblase, und dann hätte ich mich bis zu meiner Abreise verstecken müssen. Erst mal hatte mein Penis die Oberhand behalten und lag hämisch auf seinem Nest. »Na schön«, flüsterte ich. »Diese Runde hast du gewonnen. Genieß den Sieg, solang du kannst, denn wenn wir nach Hause kommen, setzt es etwas. Amen.«

Als ich heute abend nackt aus der Sauna zurückging, kam ich an einer Gruppe älterer Mitbürger vorbei, die sich versammelt hatten, um sich im Fernseher des Klubhauses *Glücksrad* anzusehen.

»Laß dir ein *E* geben!« schrie jemand den Bildschirm an. »Nein, ich meine natürlich ein *C;* sie soll dir ein *C* geben.« Die Sprecherin war eine weißhaarige Krawallschachtel mit runzliger, sonnengetrockneter Haut von Farbe und Beschaffenheit einer blonden Rosine. Sie trug nichts außer einem Paar Schlafzimmerpantoffeln und einem Strickpullover, den sie sich über die Schultern gelegt hatte. »Ich meine aber doch ein *B,* genau, ein *B.*«

Seltsam, so fernzusehen. Weil sie angezogen sind, wirken die Menschen im Fernsehen noch weiter entfernt. Es ist, als bewohnten sie eine andere Welt, vertraut zwar, aber auch durch hohe Zäune und aggressive Grenzposten unzugänglich gemacht.

»Ich finde, die Sendung sollte nackt sein.« Die Frau wischte zerstreut über die Tischplatte. »Das wäre doch viel besser; was meint ihr? Dann könnte man das ganze Geld, das die Moderatoren für Klamotten ausgeben, noch auf die Geldpreise drauflegen. Wenn die Sendung nackt gedreht würde, würde ich auch mitmachen und genug gewinnen, um … Ich weiß nicht; ich könnte mir vielleicht einen See ausbaggern lassen und ihn mit lauter Booten füllen. Ich mag Boote, hab sie schon immer gemocht. Es gibt nichts Schöneres als ein Boot.« Sie kratzte sich am Arm, was weiße Spuren hinterließ, die bald verschwanden, so daß die Haut ihre natürliche Farbe wieder annahm.

Mir gefällt der Gedanke, daß man zwei separate Versionen jedes gegebenen Programms filmt, die eine bekleidet und die andere auf das zugeschnitten, was der Sender als sein riesiges nudistisches Publikum sah.

»Muß ich wirklich?« würde dann Peter Jennings fragen.

Heute ist Freitag, und ich wachte von einem lauten, schleifenden Geräusch auf, welches, wie sich herausstellte, vom befahrbaren Rasenmäher ausging, mit dem der Enkel des Besitzers seine Kreise zog. Er war mehrere Runden gefahren, bevor seine Mutter angerannt kam und rief: »Was ist denn in dich gefahren, sag mal, du Trottel, du kannst doch nicht so den Rasen mähen, oder was. Leg doch um Gottes willen ein Handtuch unter!«

Heute morgen ging ich ans Schwimmbecken und sah, wie ein Mann seinen Kolostomiebeutel entfernte und sich ein Stück Plastik über das Loch klebte, bevor er ins Wasser stieg. Ich dachte, wie unbehaglich er sich fühlen mußte, drehte mich um und sah einen sehr alten Mann, der am Stock ging und keinen Penis hatte. Er war nicht vom Wasser eingeschrumpelt; er hatte einfach keinen. Sein Hodensack war groß und unbehaart, aber wo der Penis hätte sein sollen, war nur eine kleine Höhlung. Er bemerkte, wie ich ihn anstarrte, und sagte nur: »Ganz schön heiß heute, was?«

Ich versuche meinen Sonnenbrand nicht zu verschlimmern und habe deshalb den ganzen frühen Nachmittag mit T-Shirt verbracht. Ich bin übers Gelände gewandert und habe die vielen Menschen gesehen, die kaum je das Klubhaus oder die Freizeitanlagen besuchen. Hier waren Männer und Frauen, die in ihren Gärten knieten und mit Geräten zum Jäten hantierten, genau wie andere Hausbesitzer auch, nur ohne hinderliche Kleidung. Auf dem Gras saßen Vater und Tochter neben einer Zementnixe, klimperten »Muskrat Love« auf ihren Gitarren, und eine Frau mittleren Alters summte mit, wusch sich die Haare und spülte den Schaum mit einem Gartenschlauch aus. Auf dem Spielplatz stand ein sommersprossiges Kind ganz allein auf der Zinne des Sperrholzturmes und hob einen Plastikeimer voller Steine. In einem Hintergarten warf ein Mann seinen Holzkohlengrill an. Seinen Brustkorb schützte er mit einer Schürze, auf welcher »World's Greatest Chef« stand, und seinen Bulettenwender benutzte er, um eine Fliege von seinem Arsch zu verscheuchen. Das Nudistenleben war genauso profan wie das andere, vielleicht sogar noch ausgeprägter, da man nie das Gelände verlassen durfte. Dort draußen war die bekleidete Welt, nur einen Schritt vor dem Eingangstor. Dort gab es Restaurants und Kinos, ein breitgefächertes Angebot an Zerstreuungen, die meine Nachbarn aufgegeben hatten, um Hühnchenbrüstchen nackt grillen zu können. Ich hatte offenbar irgendwas verpaßt. Ich hatte nackt Geschirr gespült und im Klubhaus gegessen, hatte mir Kartoffelchipskrümel aus dem Schamhaar gepflückt und mich gefragt, was die ganze Aufregung sollte. Ich habe nackt *pétanque* gespielt und nackt ferngesehen, und danach habe ich nackt gegähnt und fand nicht, daß sich dieser Seufzer von bisherigen Bekundungen der Anödung unterschied. Ich höre die Menschen sagen: »Warum sollen wir zum Mittagessen in die Stadt, wenn wir hierbleiben und nackt sein können?« Man mag ja gern Golf spielen oder angeln gehen, aber das hält einen doch nicht davon ab, ins Warenhaus oder zum Chinesen zu gehen. Vermutlich kann man als eingefleischter FKKler *über*haupt nicht irgendwohin, nur auf die paar Plätze und isolierten Strände, wo sie einen haben wollen.

Alle sind aufgeregt, weil am Wochenende viele neue, angeblich jüngere Tagesgäste und Wohnwagenbesitzer kommen sollen, die noch nicht im Rentenalter sind. Am späten Nachmittag ging ich zu den Liegestühlen am Swimmingpool und lernte ein lustiges Paar in den späten Dreißigern kennen. Duke und Roberta haben eine Rasenpflegefirma, und sie hatten gerade ihren einwöchigen Urlaub begonnen. Mit sechsunddreißig ist Roberta bereits dreifache Großmutter. Duke, ihr dritter Mann, ist mit Sportwagen, Zylinderhüten und schönen Frauen tätowiert. Alles, was er sich im richtigen Leben nicht leisten kann, ist auf Armen, Rükken und Brustkorb abgebildet. Die Direktorin des FKK-Geländes sieht es nicht gern, wenn getrunken wird, aber das Paar arbeitete sich trotzig durch das dritte Sechserpack und hatte die leeren Dosen zu einer von Bienen bedeckten Pyramide auf einem der dortigen Tische aufgetürmt.

»Duke hier ist der große Nudist«, sagte sie. »Er hat zwei Jahre gebraucht, um mich zu beschwatzen, und letzten Sommer sind wir dann schließlich mit eigenem Hänger hergefahren. Es ist hier auch ganz prima; nur diese gottverdammten Snobs gehen mir auf den Geist. Manche tragen die Nase so hoch in der Luft, daß sie nochmal an ihrer eigenen Großkotze ersticken werden. Da sitzen sie auf dem Protzhügel in ihren Achtzigtausend-Dollar-Hängern und auf ihren heißgemachten Golfkarren und glauben, ihre Scheiße riecht besser als unsere. Einige dieser Zippelzicken…«

Duke tätschelte ihr kurz den Arm und nickte einer Weißhaarigen zu, die in unsere Richtung starrte.

»Was?« sagte sie. »Ich darf das Wort *Zicke* sagen. Das ist die Koseform von *Ziege;* weibliches Nutztier. Schlag's im Wörterbuch nach, du Votze.« Sie winkte mich näher heran. »Man darf hier nicht fluchen, man kann also gar nicht vorsichtig genug sein, wenn man was sagt, sonst zeigt einen so ein alter Wichser noch an wie nix.« Auf »nix« versuchte sie mit den Fingern zu schnipsen, aber die waren mit Sonnenöl beschichtet und gaben nur ein mattes Patschgeräusch von sich. Roberta klärte mich über jeden auf, wobei sich ihre Gemütslage von Zorn zu einer besoffenen, schlabbrigen Sentimentalität wandelte, die ich abstoßend gefunden hätte, wenn Roberta mir nicht so lieb gewesen wäre. »Sieh mich an«, sagte sie und vertrieb durch Blinzeln eine Träne. »Meine gottverdammten Titten sind mir schon halbwegs auf die Knie gesackt, Fettrollen hängen links und rechts vom Stuhl herunter, aber scheiß doch der Hund drauf; Hauptsache, mir geht's gut, oder?« Ohne Vorwarnung packte sie mein sonnverbranntes Gesicht und barg es an ihrer Brust. Eine fingerhutgroße Brustwarze stach mir ins Auge, sie hielt mich fest und wiegte meinen Kopf, als wäre er ein Baby.

Mir ist aufgefallen, daß die FKKler, wenn sie gezwungenermaßen in die Stadt gehen, in angekleidetem Zustand einen schäbig-exzentrischen und unbehaglichen Eindruck machen, wie Katzen, die man für ein bescheuertes Foto herausstaffiert hat. Sie krallen sich an ihren Knöpfen und Reißverschlüssen fest, ihre Augen sind wild und verzweifelt. Weil Kleidung sie nicht interessiert, sind die meisten imstande, alles zu tragen: Streifen mit Karos; Hosen, drei Größen zu groß oder zu klein –; es ist ihnen schlicht wurscht. Heute morgen habe ich eine Frau gesehen, die ihr Sweatshirt wie eine Toga trug, das Loch für den Kopf unterm Arm, um eine Brust freizulegen. Ich habe viele Trainingsanzüge gesehen, und viele Paare neigen dazu, einen Trainingsanzug als zwei verschiedene komplette Outfits anzusehen. Wenn es morgens noch kühl ist, trägt die Frau das Unter-, der Mann das Oberteil. Ich frage mich, ob es nicht die totale Unfähigkeit ist, sich einigermaßen passend einzukleiden, was sie überhaupt zu Nudisten werden ließ. Wenn man aus New York hierherkommt, ist es ermutigend, einen Raum zu betreten, ohne nach der Kleidung beurteilt zu werden. Trotzdem, so schlecht ich mich auch anziehe: Alles ist angenehmer, als nach meinem Charakter beurteilt zu werden.

Heute abend findet die geplante Penner-Party statt, und wir wurden angewiesen, bis Mittag eine Dose mit Gemüse zum Pavillon zu bringen. Ich nahm die einzige Dosenkonserve, die ich im Lebensmittelladen gekauft hatte, und trug sie hügelab, wo ich zwei nackte Frauen mit Kochmützen traf, die in einem Kessel mit Hackfleisch und Wasser rührten.

»Bete, daß keiner mehr mit Mais ankommt«, sagte die dickere von beiden. »Der Mais kommt uns ja jetzt schon sonstwo raus.«

Ich stellte meine Dose Mais ab und fragte, was sie mit »inkl. Große Plörre« gemeint hätten.

»Eine Suppe. Das hier ist der Fond, und wir kippen alles rein, was die Leute mitbringen, wie, zum Beispiel in deinem Fall, Mais. Gegen fünf haben sich dann alle als Landstreicher verkleidet, und wir essen aus Blechbüchsen. Es gibt sogar einen Preis für das beste Kostüm. Das wird lustig. Du wirst schon sehen.«

Als ich am Abend zur Penner-Party inkl. Große Plörre

zurückkehrte, aßen fast hundert Menschen aus Büchsen. Ein Mann hatte sich Holzkohle auf die Wangen geschmiert. Er trug einen Schlips und einen zerfetzten Sportsakko und hatte einen Spazierstock dabei, an dem er eine Einkaufstüte aus Plastik befestigt hatte. Alle anderen waren nackt, also bekam er den Preis für das beste Kostüm.

Beim Essen sprach ich mit einer kleinen Oben-ohne-Mutter von vier erwachsenen Kindern, und die sagte zu mir: »Ach, du hättest letztes Jahr beim Puddingwerfen dabeisein sollen.«

»Wie bitte?« *Puddingwerfen.* Ich dachte, das wäre vielleicht der nudistische Ausdruck für ein Jeder-bringt-was-mit-und-ißt-was-auf-den-Tisch-kommt-Diner. Pudding sperrt sich doch eher dem Geworfen-werden, oder? »Nein, nein, werfen kann man ihn, man kann ihn nur nicht fangen!« Sie lachte in sich hinein und wischte ihre Blechbüchse mit einer Scheibe Brot aus. »Wir machen den Pudding in mehreren Fünfgallonenzubern und tragen ihn aufs Feld, und da kämpft dann die Schokoladenmannschaft gegen die Vanillen. Man greift einfach voll rein und schmeißt ihn auf die anderen, und das hat ja einen solchen Spaß gemacht. So einen Spaß! Bienen und Fliegen hatten den Platz in den nächsten Wochen ziemlich für sich selbst. Viele sind auch gestochen worden, deshalb machen wir es dies Jahr nicht wieder.« Sie musterte kurz die Rinde ihrer Scheibe Brot. »Immer wieder denke ich, wenn wir vielleicht Diät-Pudding genommen hätten, wäre das nicht passiert, aber nein, nein, ich darf einfach nicht mehr dran denken und muß mich anderem zuwenden. Was vorbei ist, ist vorbei.«

Ihr Mann tätschelte ihr sanft die Hand. Ihr Kummer war so real, daß man meinen konnte, sie hätte ein Kind eingebüßt – und nicht die Gelegenheit, mit einer Handvoll Pudding um sich zu schmeißen.

Heute ist Sonntag, und wenn ich aus dem Schlafzimmerfenster sehe, merke ich, daß viele der heutigen Besucher in der Kirche waren. Männer, Frauen und Kinder stehen neben ihren Autos und ziehen ihre nüchternen Kostüme aus. Die Anzugsjacketts und Kleider werden sorgsam zusammengefaltet und auf Rücksitze gelegt. Es wäre schrecklich, sich hier aus seinem Auto auszusperren, denn der nächste Drahtkleiderbügel hängt wahrscheinlich erst in fünfzehn Meilen Entfernung. Wahrscheinlich wäre es auch schrecklich, hier ein Bügeleisen zu suchen, aber wenn man eine Bibel braucht, hat man kein Problem. Die Regale im Klubhaus sind voller religiöser Bücher und Schriften, und mehrere FKKler waren neulich bei der Christian Nudists Conference, die auf einem Gelände in Ost-North Carolina abgehalten wurde. Einer der heutigen Besucher war presbyterianischer Geistlicher, ein rundlicher Mann mit Sommersprossen im Gesicht und Daffy Duck auf den Arsch tätowiert. Er trug es mit Stolz und lenkte die allgemeine Aufmerksamkeit auf einen Körperteil, den Gott der Herr eindeutig nicht mit Muskeltonus oder reiner Haut gesegnet hatte. Der Schnabel des Erpels war aufgebläht, und er schien an einem Ausschlag aus Erdbeeren zu picken.

Es gab heute eine ganze Reihe neuer Gesichter zu sehen. Ein schwarzer Mann erschien in Gesellschaft zweier enormer weißer Frauen, deren Körper zwiefach eine Masse walzenförmig angeordneten, grübchenbehafteten Fleisches waren. Fett quoll über ihre Knie, und ihre Bäuche fielen wie schwere Säcke mit Vogelfutter, bedeckten ihre Scham und hingen bis halb über die Oberschenkel. Beine wie Baumstämme mündeten schnurstracks in Sandalen und ließen dabei Dinge wie Fußknöchel oder Waden unerwähnt. Die Frauen blieben unbemerkt, doch nicht so der Mann. »Wer ist der farbige Typ?« fragten alle. Es war, als trüge er einen Speer und dazu eine Halskette aus Schrumpfköpfen. Man spekulierte, er sei Zuhälter oder handele mit weißen Sklavinnen und sei auf der Suche nach naiven Nudistenmädchen aus der großen Stadt gekommen. Ich hielt mich beim Schwimmbecken auf, als der schwarze Mann im Gespräch mit Dusty erwähnte, er habe zwei Söhne in Penn State.

»Das ist hart«, sagte Dusty. »Ich habe selbst einen Neffen im Gefängnis und weiß, was du da durchmachst. Wann kommen deine Jungs denn wieder raus?«

Das war der erste Tag, an dem ich das Haus vollständig nackt verließ, ohne auch nur an ein T-Shirt gedacht zu haben. Plötzlich kam es mir ganz normal vor, die Zigaretten in die Socke zu stecken und nur mit einem Handtuch vor die Tür zu gehen. Der Tag war bedeckt gewesen, der Himmel war flach und senffarben. Als ich gerade die Hoffnung auf eine Auffrischung meiner Sonnenbräune begraben wollte, kam die Sonne heraus, und Hunderte von Menschen strömten Richtung Pool. Die Luft füllte sich mit dem Duft von Bräunungslotion, und vom Spiel- bis zum *pétanque*-Platz wurde Wohlwollen verströmt. Die verschiedenen Sonnendecks, -Gehege und -Pferche waren voll ausgelastet, und ich wanderte auf der Suche nach einem Platz für mein Handtuch umher. Duke und Roberta hatten einen Tisch neben dem heißen Whirlpool, ich setzte mich zu ihnen und lauschte mit ihnen einer Frau in den frühen Fünfzigern. Die Frau sprach von einem Nudisten-Kurort in Arizona, wo eine Nacht Lagern nur fünf Dollar kostete. »Und«, sagte sie, »jetzt kommt's: Die holen einen sogar kostenlos am Flughafen ab und fahren einen aufs Gelände! Es ist ganz herrlich da, und die Menschen? Ich kann, glaube ich, sagen, daß es in Arizona ein paar *groß*artige nackte Menschen gibt; laßt euch da bloß nichts anderes erzählen.«

Ich hörte ihr gute zehn Minuten lang zu, bevor mir klar wurde, daß ihre rechte Brustwarze fehlte. Nicht die Brust, nur die Warze. Die Chirurgen hatten ausgezeichnete Arbeit geleistet, die Narbe war kaum zu sehen und ähnelte einem winzigen Stück Angelschnur. Es war, als hätte ich entdeckt, daß jemand sechs Finger hat statt fünf. Wäre sie die erste Nudistin meines Lebens gewesen, hätte ich das sofort bemerkt, aber es gehörte zu meinem unbekümmerten Umgang mit der eigenen Nacktheit, daß ich sie bei anderen nicht mehr wahrnahm.

»Betsy ist ein richtiger Mensch«, sagte Roberta, nachdem die Frau gegangen war. »Und mir gefällt, was sie mit ihrer Möse gemacht hat. Sieht echt niedlich aus. Mir würde sowas eher nicht stehen. Aber ich bin ja auch grobknochiger.«

Ich hatte nichts Ungewöhnliches bemerkt und blickte über den Rand des Sonnendecks, wo die Frau sich jetzt mit dem zu Besuch weilenden Geistlichen unterhielt.

»Da draußen in Arizona gibt es ein paar ganz süße nackte Menschen, und sie bringen einen kostenlos aufs Gelände«, sagte sie gerade. Dann sah ich, daß sie sich das gesamte Schamhaar bis auf ein Hitlerbärtchen abrasiert hatte. Der freigelegte, sonnenlotionbeschichtete Vaginalbereich ähnelte einem dieser glänzenden Kleingeldportemonnaies aus Plastik, die es bei Banken und Autohändlern umsonst gibt und die nur von sehr Jung und sehr Alt verwendet werden. Die Redewendung *Stimmt so* kam mir in den Sinn. Jetzt bin ich schon eine Woche hier und habe immer noch nicht kapiert, wie das mit dem Rasieren läuft. Männer mit Fünf-Uhr-Schatten im Gesicht, aber frischen, blutenden Rasierschmissen auf dem kahlen Skrotum sind ein alltäglicher Anblick. Tut man das, um die Zeckensuche zu beschleunigen, oder rasieren sich diese Männer und Frauen das Grau ab, um jünger zu wirken?

»Damit die Möbel nicht voll Haare sind«, sagte Roberta. »Ich persönlich würde da mit der Staubhexe drübergehen, aber scheiß doch der Hund drauf; jedem das Seine. Da spart man vielleicht ein bißchen Zeit beim Saubermachen, aber wenn man bedenkt, wie viele Stunden die mit Rasieren zubringen, weiß ich nicht, ob das wirklich so rationell ist. Am allerbesten ist es wahrscheinlich, wenn man sich ein Sofa kauft, das zur Haarfarbe paßt; da kann man dann das Rasieren *und* das Saubermachen vergessen. So hab ich das jedenfalls gemacht, und bisher sind keine Klagen gekommen, stimmt's, Duke?«

Das war heute mein letzter Vormittag auf dem FKK-Gelände. Als ich gestern abend aus der Sauna zurückkam, sah ich, wie eine nackte Frau aus meinem Anhänger rannte und in ein wartendes Auto sprang. Es war Roberta, und sie hatte eine Notiz hinterlassen. Sie lud mich ein, Duke und sie zum Frühstück zu besuchen. Bevor ich hier angekommen war, hatte ich mich gefragt, wie es wohl wäre, zum Essen zu jemandem nach Hause zu gehen. Laut meiner Mutter ging es in Ordnung, wenn man seinen Teller als Aschenbecher benutzte, unter gar keinen Umständen dagegen betrat man ein Haus barfuß. Dies bedenkend, trug ich Turnschuhe und nahm, für den wenig wahrscheinlichen Fall, daß sie sich zum Essen anzogen, eine Leinentasche mit, die ich mit Handtuch, Hemd und Shorts gepackt hatte. Als ich hinkam, saßen meine Gastgeber nackt in ihrer Kochnische, spielten SuperNintendo und hörten sich im Radio einen dieser frühmorgendlichen Schlauberger an. Im Gegensatz zu meinem Anhänger, der fest verankert war, war ihrer dazu da, vom Auto gezogen zu werden, und stand auf einem winzigen Rasenstück, die Räder mit Ziegeln blockiert, damit er nicht den Hügel hinunterrollte.

»Warum so förmlich?« fragte Duke. »Zieh dir die Schuhe aus und bleib ein bißchen.«

Wir klemmten uns um einen winzigen Einbautisch, und

Roberta präsentierte ein kissengroßes Omelett, gefüllt, wie sie sagte, »mit allem möglichen Scheiß. Vielleicht ist sogar ein bißchen Katzenstreu drin; möglich ist alles. Wir haben die kleinen Fickbiester zwar zu Hause gelassen, aber der Kram schafft es immer wieder überallhin. Na, nun eßt erstmal auf.«

Hin und wieder gibt jemand eine kleine Information preis, die plötzlich alles ändert. Ich fragte, wie viele Katzen sie hätten, und Roberta holte Block und Blei hervor. »Mal sehen, siebzehn plus zwölf minus zwei plus die eine, die das Arschloch zurückgebracht hat, als sie ihm auf den Teppich geschissen hatte.« Sie plierte das Papier an und kämpfte mit den Zahlen. »Achtundzwanzig. Bei der letzten Zählung hatten wir achtundzwanzig Katzen, aber das ist nun auch schon wieder ein paar Tage her. Coppertone hat letzten Monat acht Junge geworfen, und ich hab noch versucht, diese kleinen Arschlecker unterzubringen, als Wieheißtsienoch, der kleine Krüppel, direkt auf dem gottverdammten Bett vier Babys kriegte, während Duke und ich es gerade so nett miteinander trieben.«

Sie hob die Schultern; das Rätsel blieb. »Ich weiß nicht, wo die verdammten Biester herkommen. Wir haben offenbar besonders spitze Katzen erwischt, nehme ich mal an. Duke hier hat mal eine der Mütter weit hinaus aufs Land gefahren und ihr einen ordentlichen Tritt in den Arsch gegeben und sie ausgesetzt, als er an einem ganz besonders gutaussehenden Bauernhof vorbeikam. Dreißig Meilen hat er sie durch die Gegend gegurkt, aber eine Woche später hat die kleine Nutte bei uns wieder die Möblierung zerstückelt, als wär nix gewesen. Was soll man machen?«

Ein geschwärzter Pilz fiel meiner Gastgeberin aus dem Mund und blieb auf ihrer Büste liegen.

Roberta – und alle anderen, die ich hier kennenlernte, hatten das auch – hatte noch etwas Größeres und Definitiveres an sich als nur die Nacktheit. Die Leute waren Briefmarkensammler und Gärtner, Funkamateure, ehrenamtliche Krankenpfleger und Haustierhalter im großen Stil. Es war nicht anders als anderswo, nur daß diese Menschen, wenn sie ihre Passionen beschrieben, zufällig nackt waren. Sie lebten in Dosen und nicht in Häusern und priesen sich glücklich, wenn ihnen ein warmer, sonniger Tag es erlaubte, ihr Heim zu verlassen und unter Menschen zu wandeln, die in mindestens einem Punkt Gleichgesinnte waren. Das ist doch nicht zuviel verlangt, und wenn ihnen etwas Katzenstreu ins Omelett geraten sein sollte, dann sei es so.

Der Nudismus brachte mich nicht dazu, meinen Körper zu lieben, er gestattete mir lediglich, meinen Platz im Großen Plan zu erkennen. Setzen Sie sich neben einen Achtzigjährigen, und Sie sehen den schlaffen, altersfleckigen Körper, der Sie erwartet. Anstatt in Panik zu verfallen, scheine ich angesichts dieser Wahrheit ruhiger zu werden. Inmitten einer Vielzahl nackter Fremder zum Klubhaus marschierend, fand ich, dieser Vorgang sollte im Off von einer jener gedämpften Gelehrtenstimmen kommentiert werden, wie sie im Fernsehen bei Natursendungen Verwendung finden.

Ich hatte vorgehabt, mit dem Taxi zum Busbahnhof zu fahren, aber Jacki und Millie boten mir an, mich hinzufahren. Es war das erstemal in dieser Woche, daß ich mich anziehen mußte. Man hatte nicht mehr die Wahl, sondern es war Pflicht, und ich stellte fest, daß mich das ärgerte. Man lasse seine Hose kaltwerden, und schon gibt es Ärger. Wir fuhren in die Stadt und zupften an unseren Klamotten. Jacki hatte einen Aufkleber an ihrem Auto – »FKKler an Bord!« –, und ich bemerkte, wie andere Autofahrer dicht auffuhren, bevor sie überholten, wobei sich in ihren Gesichtern tiefe Enttäuschung spiegelte. Wären wir nackt gewesen, hätten sie wahrscheinlich Blut gespien. Es liegt eine gewisse Ironie darin, daß Nudisten so ziemlich die letzten Menschen sind, die man jemals nackt sehen möchte.

Während der Fahrt in die Stadt stellte Millie Überlegungen über den bevorstehenden Sonnenanbeter-Kongreß an, der nächste Woche in Massachusetts stattfinden sollte. »Da habe ich Phil geheiratet«, sagte sie unter Bezugnahme auf ihren zweiten Gatten. »Meine vier Söhne waren Brautführer, so nackt und schön, wie man sie sich nur wünschen konnte. Wir haben immer soviel Spaß miteinander gehabt, meine Kinder und ich. Überall waren wir, im FKK-Gelände und an Nacktstränden, aber dann wurden sie älter und haben textilorientierte Mädchen geheiratet, die nichts mit meinem Lebensstil zu tun haben wollen.« Sie schüttelte den Kopf und betrachtete mißmutig die vorbeiziehende Landschaft. »Warum mußten sie solche Mädchen heiraten? Da versucht man, anständige Menschen aus ihnen zu machen, und dann das.«

Dies war die Klage aller Eltern. Da versucht man, und dann das. Jacki hatte das gleiche Problem: Die Kinder, die sie nackt großgezogen hatte, gaben jetzt ihr ganzes Geld für Klamotten aus. Sie hatten sich noch nicht einmal ihren neuen Wohnanhänger angesehen. Wie war es passiert? Wann hatten sie entschieden, daß es falsch war, ihre Mutter nackt zu sehen, wie sie am Spülstein steht oder niederkniet, um den Mülleimer feucht auszuwischen? Hatte irgendwann ein Schlüsselerlebnis stattgefunden?

»Ich weiß es auch nicht«, sagte Millie. »Vielleicht frage ich sie, wenn sie nächstesmal Geld wollen.«

Die Frauen setzten mich am Busbahnhof ab, ich hatte noch zwanzig Minuten Zeit, rannte die Straße auf und ab, kam an College-Studenten in halblangen Schlabberhosen und an Bankbeamten in marineblauen Anzügen vorbei. Zum erstenmal seit, wie es mir vorkam, Jahren sah ich Strümpfe und Handtaschen. Körper, dick und dünn, waren in Hosen und Faltenröcke gepackt. Jeder Outfit ähnelte einem Kostüm, eigens zu dem Zweck entworfen, die Ziele, Hoffnungen und Sehnsüchte des Trägers zu enthüllen. Der junge Mann auf dem Bürgersteig wäre gern, sobald Skateboardfahren als olympische Disziplin zugelassen wird, in der betreffenden Nationalmannschaft. Das Mädchen mit dem Kunststoffrock wäre liebend gern in einer größeren Stadt. Ich merkte, wie ich diese Menschen ansah und dachte: *Ich weiß, wie du nackt aussiehst. Das sehe ich an deinen Fußgelenken und daran, wie eng du dir den Gürtel schnallst. Dein rotes Gesicht, das Haar, das dir aus dem Kragen sprießt, das Hemd, das dir um die knochige Hüfte schlottert: Vor mir kannst du es nicht verstecken.*

Es war, als hätte ich endlich die echte Röntgenbrille bekommen, die ich als Kind bestellt hatte. Hinten in den Comics wurde für diese Brillen geworben, welche die Fähigkeit verleihen sollten, durch Kleidung hindurchzusehen. Ich hatte die Tage gezählt, bis die Brille endlich kam, und war klinisch enttäuscht, als ich entdeckte, daß man mich betrogen hatte. Sie bestand aus einem schwarzen Plastikgestell mit Gläsern aus Pappe. Die Augäpfel erschienen blutunterlaufen, und die Pupillen waren winzige Gucklöcher vor schlichtem roten Acetat. Die Brille gab mir, wenn ich sie denn trug, den Ausdruck eines Menschen, den das, was er sah, sowohl begeisterte als auch erschöpfte. Sie suggerierte die manische Mattigkeit, die bereits in dem begründet lag, was sie versprach; sie hielt den Augenblick fest, in dem der Glanz zu schwinden beginnt und die neugefundene Gabe zu etwas wird, was eher einer Bürde ähnelt.